ÉVALUATION, APPRENTISSAGE ET NUMÉRIQUE

ÉVALUATION, APPRENTISSAGE ET NUMÉRIQUE

Nathalie Loye et Natacha Duroisin (dir.)

PETER LANG

Bruxelles · Berlin · Chennai · Lausanne · New York · Oxford

Information bibliographique publiée par « Die Deutsche Nationalbibliothek »
« Die Deutsche Nationalbibliothek » répertorie cette publication dans la « Deutsche Nationalbibliografie » ; les données bibliographiques détaillées sont disponibles sur Internet sous ‹http://dnb.d-nb.de›.

Publié avec le soutien de l'Université de Montréal (Montréal, Québec).

ISBN 978-2-87574-878-2 (Print)
E-ISBN 978-2-87574-879-9 (E-PDF)
E-ISBN 978-2-87574-880-5 (E-PUB)
DOI 10.3726/b21721
D/2024/5678/10

Publié par Peter Lang Éditions Scientifiques Internationales - P.I.E., Bruxelles, Belgique

info@peterlang.com http://www.peterlang.com/

PETER LANG Open

Table des matières

Partie 2. La collecte des données

Partie 3. L'analyse et la modélisation des données

Introduction. Les promesses des technologies numériques dans le monde de l'évaluation

Nathalie LOYE, Natacha DUROISIN

Un lien avec plusieurs ouvrages précédents

Dans la lignée des ouvrages précédents sur le thème de l'évaluation des apprentissages à l'aide des technologies de l'information et de la communication (Blais, 2009; Blais et Gilles, 2011) paraissait, en 2015 chez Peter Lang, un troisième ouvrage consacré à la complexité des approches novatrices visant la collecte de données pour l'évaluation, aux dispositifs numériques en ligne, aux outils pour analyser des séquences filmées ou pour modéliser des données. Neuf ans plus tard, nous proposons de revisiter ces thématiques à la lumière de l'évolution fulgurante des technologies, mais aussi à celle du temps nécessaire pour les implanter et les faire accepter par les utilisateurs.

Il est facile d'illustrer ce dernier point. En 2015, Jean-Guy Blais, Jean-Luc Gilles et Agustin Tristan-Lopez proposaient une vision qu'ils qualifiaient d'une «utopie futuriste un peu trop enthousiaste» dans laquelle un élève, assis dans une classe, passait une épreuve ministérielle sur une tablette et obtenait son résultat quelques minutes après être sorti de la salle d'examen grâce à une correction entièrement automatisée de sa production écrite. Ils envisageaient que ceci devienne réalité entre 2025 et 2027.

Dans un sens, ils avaient raison. En 2019, près de 700 élèves (sur plus de 56000) ont passé l'épreuve ministérielle d'écriture au Québec sur un support numérique. Cependant, cette passation a soulevé de nombreuses réactions. Les journaux avaient en effet alerté l'opinion publique sur une potentielle atteinte à l'équité du processus d'évaluation puisque tous les élèves n'étaient pas mis dans les mêmes conditions de passation. En 2022, la controverse s'est réinvitée dans les journaux. Le coupable était cette fois le dictionnaire numérique que l'on autorisait aux élèves qui passaient l'épreuve sur ordinateur comparativement au dictionnaire papier dont les autres élèves disposaient. L'épreuve ministérielle d'écriture à l'écran a de nouveau fait parler d'elle en 2023, les médias rapportant un problème technique ayant bloqué le serveur et perturbé la passation de certains élèves. A cela s'ajoutent les croyances, toujours bien ancrées dans l'esprit des enseignants, quant à l'iniquité d'une passation informatisée qui donnerait un avantage aux élèves y ayant accès comparativement à ceux faisant l'épreuve papier-crayon. Outre le fait qu'en 2024, c'est encore un petit nombre d'élèves (aucune statistique officielle n'est disponible actuellement) qui passent les épreuves de français sur un ordinateur, il n'est pas encore question d'une correction automatisée, dont on peut par ailleurs anticiper l'accueil frileux par l'opinion publique. Cette situation n'est pas le seul apanage du Québec. En France et en Belgique et sans doute ailleurs, les discussions en lien avec le fait d'évaluer sur ordinateur ou sur tablette sont vives. Cependant dans les faits, les expérimentations semblent rares et peu documentées.

S'il nous semble en conséquence peu réaliste de parvenir à la situation décrite par Jean-Guy Blais et ses collègues à l'horizon 2025, ou même à celui de 2027, les avancées dans cette direction existent bel et bien. En témoigne le chapitre 16 du présent ouvrage qui se penche justement sur l'équité du recours à des outils informatiques dans le cadre de cette même épreuve de français. En témoigne aussi le chapitre 8 qui aborde la place de la notation automatique de productions écrites dans un test standardisé de français langue seconde. Ces deux chapitres ne permettent pas d'entrevoir des dates précises quant à l'utilisation massive et acceptée des technologies pour l'évaluation, mais montrent sans l'ombre d'un doute que les épreuves réalisées à l'aide d'ordinateurs ou de tablettes, et potentiellement corrigées par des machines avec l'appui de l'intelligence artificielle, prendront dans un avenir relativement proche le pas, au moins en partie, sur les copies papier-crayon corrigées par l'homme.

Au-delà de la question de l'évaluation des productions faites par les élèves sur support numérique (p. e. écrire un texte ou répondre à des questions dans une épreuve d'évaluation formelle à l'aide d'une interface numérique), l'évolution rapide des technologies met à la portée des chercheurs et des praticiens des outils variés et de plus en plus sophistiqués. Pour cet ouvrage, nous avons donc décidé d'ouvrir largement la thématique et de regrouper les regards de nombreux chercheurs, ayant des expertises pointues et provenant de différents domaines et milieux universitaires. Pour organiser le foisonnement de nouveautés et d'idées proposé par les auteurs qui ont contribué à cet ouvrage, nous avons fait le choix de le structurer en trois parties, guidées par les grandes lignes de la démarche évaluative : le contexte de l'évaluation et sa planification, la collecte des données ainsi que l'analyse et la modélisation de ces données. Evidemment, les parois entre ces trois parties ne sont pas étanches et le lecteur peut, s'il le souhaite, réorganiser ces parties en fonction de ses sensibilités.

Partie 1. Le contexte de l'évaluation et sa planification

Depuis la parution de l'ouvrage de 2015, une des grandes avancées dans le monde de l'évaluation est offerte par la multiplication des environnements virtuels ou simulés. La partie 1 de cet ouvrage leur est consacrée et les cinq chapitres qui la constituent mettent en lumière autant de contextes propices pour évaluer les compétences ou les habiletés des élèves en plaçant ces derniers dans des conditions mobilisant ce type de technologies.

Dans le chapitre 1, Beauset et Duroisin nous emmènent dans l'univers de la géométrie tridimensionnelle (3D) et comparent le niveau de développement de certaines habiletés spatiales d'élèves âgés de 6 à 15 ans selon qu'ils peuvent manipuler ou non des solides virtuels. Leur chapitre apporte un éclairage intéressant sur les différences selon l'âge des élèves ou encore selon les solides utilisés en mathématiques. Il illustre comment des expérimentations inscrites dans le domaine de la psychologie cognitivo-développementale viennent enrichir le domaine de la didactique de la géométrie 3D et 2 1/2D et remettre en doute certaines épreuves couramment utilisées pour évaluer de façon objective les habiletés des élèves en lien avec l'utilisation d'objets en 3D.

Bénard-Linh Quang, Berney, Coutat-Gousseau, Diouf et Matri nous présentent ensuite, dans le chapitre 2, des éléments en lien avec le développement des habiletés spatiales, selon une approche micro-méso-macro, dans un environnement virtuel offert par le projet SPAGEO (*Rethinking the links between spatial knowledge and geometry in primary education through virtual environments*) développé à Genève en Suisse. SPAGEO City est un environnement virtuel qui représente une ville dans laquelle les élèves peuvent naviguer selon trois types de scénarii : découverte, description/reproduction de trajets et exploration libre. Le chapitre présente également le développement des activités d'évaluation qui jalonnent le jeu dans cinq tâches de navigation spatiale. Au nombre de quatre, ces évaluations ont des objectifs spécifiques ancrés dans trois domaines scientifiques porteurs du projet SPAGEO que sont la psychologie cognitive, les technologies éducatives et la didactique de mathématiques. Ce chapitre repose sur une approche d'ingénierie didactique, avec l'application de la théorie des situations didactiques.

Debailleux, Hismans et Duroisin nous invitent, par le biais d'un environnement immersif créé à l'Université de Mons, à visiter la grand-place du centre historique de la ville de Mons en Belgique. Le développement de cet environnement est le fruit d'une collaboration entre les domaines de la psychologie cognitive, des sciences de l'éducation, des TIC et du patrimoine culturel. Les élèves utilisent un casque de réalité virtuelle et une méthode de déplacement sans manette pour se promener librement dans cet environnement virtuel. Le chapitre 3 présente cet environnement virtuel et montre comment les déplacements simulés dans une ville virtuelle permettent aux élèves de se construire une carte mentale à partir de données spatiales et contextuelles dans une expérience ludique, qui contraste l'approche égocentrique de l'approche allocentrique dans une représentation simplifiée de la réalité.

Mengue Topio et Gouzien-Desbiens nous proposent, quant à elles, de réfléchir aux utilisations de la réalité virtuelle avec des personnes présentant un trouble du spectre de l'autisme en répertoriant les retombées des travaux dans le domaine. Ces environnements virtuels qui reproduisent, aussi fidèlement que possible, une variété de situations de la vie courante, permettent d'y faire évoluer ces personnes, à leur rythme et autant de fois que nécessaire, sans risque pour leur sécurité, tout en contrôlant certains paramètres. Ces environnements offrent, par exemple, la possibilité d'évaluer les apprentissages des personnes, de les entrainer ou de mettre en place des interventions cliniques qui leur sont adaptées en minimisant les facteurs de stress liés à la gestion difficile de l'inconnu. Les auteures présentent dans le chapitre 4 un état des lieux critique des avancées scientifiques de ce domaine, un inventaire des défis posés et soulèvent de nouvelles avenues de recherche notamment en lien avec le transfert des apprentissages ou la remédiation cognitive des personnes vivant avec un trouble du spectre de l'autisme. Le projet est centré sur les habiletés cognitives qui sont plus aisées à représenter objectivement, mais pointe vers la nécessité de s'intéresser aussi aux aspects sociaux ou émotionnels qui sont des composantes subjectives à considérer dans un avenir proche.

Pour clôturer cette première partie, Cruz-Panesso et Moussa nous présentent les aspects théoriques et pratiques de la simulation telle qu'elle est utilisée dans la formation des professionnels de la santé. Reproduire de manière standardisée des environnements cliniques avec un haut degré de réalisme et une grande flexibilité offre aux apprenants la possibilité d'être exposés, dès le début de la formation, à des expériences cliniques. Le chapitre 5 offre un tour d'horizon des méthodes pour développer et mettre en œuvre les scénari de ces simulations. Les auteurs illustrent ensuite leur propos en présentant l'examen clinique objectif structuré (ECOS) développé à la Faculté de médecine de l'Université de Montréal et constitué de plusieurs stations de simulation, ainsi que les outils d'évaluation objective qui l'accompagnent.

Partie 2. La collecte des données

Les environnements numériques, incluant ceux qui sont virtuels ou simulés, proposent des dispositifs qui permettent de collecter une variété de données jusqu'alors inaccessibles pour évaluer. C'est à ces dispositifs et aux données qu'ils rendent disponibles que sont consacrés les six chapitres de la deuxième partie de cet ouvrage. Ces chapitres visitent, chacun à leur manière, les défis, mais également les potentialités des outils et des environnements numériques pour collecter des données différentes de celles qui servent habituellement à évaluer.

Coen, Cuko et Etienne-Tomasini s'intéressent aux données qui permettent d'évaluer les enseignements telles que collectées via la plateforme numérique OURA développée à la Haute École pédagogique de Fribourg. Le chapitre 6 nous offre divers repères théoriques qui permettent aux auteurs de définir les dimensions sur lesquelles récolter des données pour obtenir l'appréciation des étudiants sur leurs expériences d'apprentissage. Le but consiste à fournir une rétroaction immédiate sur les activités d'apprentissage et à informer l'institution grâce à ces données récoltées massivement. OURA permet à l'enseignant de générer de courts questionnaires objectifs ciblant les dimensions souhaitées. Les étudiants peuvent répondre directement sur la plateforme et un rapport est généré automatiquement pour l'enseignant. Les auteurs rapportent les résultats d'une recherche-action pour en illustrer l'utilisation.

Ce sont les contextes de la formation professionnelle et de la simulation qui sont au cœur du chapitre 7. Mancas, Rocca, Dubois et Derobertmasure nous proposent de réfléchir à l'usage de l'intelligence artificielle (IA) pour développer des outils visant à décharger cognitivement le formateur humain dans un contexte de simulation caractérisé par trois phases, soit le briefing, la simulation elle-même et le débriefing. Ainsi, ils explorent le potentiel de la détection et du suivi des mouvements, de l'extraction des expressions du visage et des comportements oculaires ou vocaux pour automatiser une partie de l'observation inhérente à l'activité du formateur. Leur chapitre nous montre comment une interface basée sur l'IA pourrait notamment soutenir le débriefing des séances de simulation une fois que certains défis éthiques et de simplification des données seront surmontés.

Casanova, Aw et Demeuse s'intéressent, dans le chapitre 8, à la répartition possible des rôles de l'évaluation humaine et de l'évaluation automatique d'épreuves écrites de langue à forts enjeux. A partir de leurs travaux réalisés dans le cadre de la Chambre de commerce et d'industrie de Paris Île-de-France (Le Français des affaires) sur le Test d'évaluation de français – TEF, ils nous offrent le fruit de leur réflexion. Celle-ci est basée sur la comparaison du niveau du Cadre Européen Commun de Référence (CECR) attribué aux travaux des candidats par plusieurs modèles (issus par exemple des machines à supports de vecteurs et des forêts d'arbres aléatoires) et par le jugement humain. Tout comme dans le chapitre de Mancas et ses collègues (chapitre 7), leur conclusion est que les algorithmes ont un fort potentiel pour décharger cognitivement l'évaluateur humain, sans parvenir, du moins actuellement, à le remplacer.

Dans le chapitre 9, c'est également l'apprentissage machine qui est mobilisé par Loignon et Loye pour étudier les sources de complexité de textes narratifs et non narratifs en français. Les auteurs ont étudié un corpus de textes et les relations entre les attributs linguistiques du texte, sa classification dans un macro-genre (narratif et non narratif) et sa complexité. L'outil ALSI développé par Loignon a permis d'automatiser l'extraction des attributs linguistiques d'un corpus de textes narratifs et non narratifs. Les résultats nous montrent le potentiel de l'analyse automatisée des sources de complexité des textes en mettant en évidence de manière empirique que le macro-genre d'un texte se distingue objectivement par ses attributs linguistiques.

L'apport des outils numériques pour évaluer les troubles de la cognition spatiale fait l'objet du chapitre 10. Perichon et Duroisin examinent les potentiels et les défis inhérents à l'adaptation numérique de tests neuropsychologiques initialement proposés en format papier-crayon. En mettant l'accent sur l'évaluation de la rotation mentale, de la mémoire de travail spatiale et de la visuoconstruction comme éléments de la cognition spatiale, les auteures présentent et analysent plusieurs épreuves informatisées et de type papier-crayon afin de nous offrir un regard critique et comparatif sur ces divers outils d'évaluation dans un environnement haptique.

Finalement, le chapitre 11 porte sur la reconnaissance numérique offerte par les badges. Nizet, Lépine, Léonard-Benoit, Tanguy, Meyer et Boudreau s'intéressent aux dispositifs numériques qui permettent de garder des traces d'apprentissages informels réalisés dans l'univers éducatif. Les auteurs nous expliquent ce que sont les *open badges* numériques à partir d'une variété de repères théoriques, tout en soulevant divers enjeux pédagogiques et opérationnels. Ils en illustrent ensuite la conception dans le cadre d'un projet pilote intitulé *Former de futures enseignantes et futurs enseignants, à titre de passeurs culturels, héritiers, critiques et interprètes d'objets de culture* implanté à l'Université de Sherbrooke au Québec entre 2017 à 2020.

Partie 3. L'analyse et la modélisation des données

La dernière partie de cet ouvrage porte sur l'analyse et la modélisation des données. Dans cette partie, des préoccupations pédagogiques côtoient des approches novatrices dans le but d'assurer la qualité, la pertinence des analyses et la valeur des résultats.

Les objectifs des deux premiers chapitres de cette partie (chapitres 12 et 13) sont de nature pédagogique. Ils visent à accompagner le lecteur dans sa compréhension de certains défis propres à l'échantillonnage complexe, la modélisation des données par des équations structurelles et à lui fournir un soutien pratique s'il doit modéliser à son tour des données. Les chapitres suivants sont consacrés à des approches d'analyse de données moins fréquemment rencontrées (chapitres 14, 16 et 17), au testing adaptatif (chapitre 15) et à la validation de questionnaires (chapitre 18).

Au cœur du chapitre 12 se trouvent les considérations méthodologiques indispensables à prendre en compte pour analyser les données issues des évaluations à grande échelle telles que le PISA (Programme International pour le Suivi des Acquis des élèves, OECD), le TIMSS (*Trends in International Mathematics and Science Study*, IEA) ou le PIRLS (Programme International de Recherche en Lecture Scolaire, IEA). Vohl et Loye mettent en évidence les défis posés par les plans d'échantillonnage complexes, la procédure de rotation des items et l'approche des valeurs plausibles. Pour surmonter chacun de ces défis, les techniques d'analyse les plus à jour sont présentées et illustrées. Le chapitre est complété par des annexes qui nous permettent d'exécuter les analyses présentées.

La perspective du chapitre 13 est de nous guider dans les étapes de la modélisation des données par équations structurelles (MES). Barroso da Costa et de Ajaujo définissent ce qu'est la MES ainsi que les éléments essentiels qui en jalonnent l'application. Ils abordent ainsi la taille des échantillons, les estimateurs, les indices d'ajustement, les indices de modification des modèles et la fiabilité des facteurs latents obtenus. Ils illustrent ensuite leurs propos à l'aide d'un exemple d'application qui porte sur les approches d'apprentissage et la rétroaction offerte aux étudiants universitaires francophones inscrits à la formation initiale à l'enseignement à l'Université du Québec à Montréal.

Le chapitre 14 porte sur les modèles de classification diagnostique (MCD). Duong Thi propose un tour d'horizon des MCD qui ont été appliqués à des données issues de l'évaluation dans le domaine des langues. Dans ce chapitre, l'auteure définit tout d'abord ce que sont les MCD, soit des modèles de classes latentes dans une approche diagnostique cognitive. Elle décrit ensuite en détail les spécificités de ces modèles lorsqu'on les applique à des données en langue à partir d'une synthèse très complète des recherches existantes. Cette synthèse met notamment en évidence les habiletés diagnostiquées dans les recherches en langue et la variété des modèles mobilisés pour évaluer les différentes compétences. Sur la base des avantages et des limites qu'elle fait émerger de son analyse, l'auteure nous propose diverses perspectives et orientations à considérer dans ce domaine de recherche.

Le chapitre 15 porte sur les tests adaptatifs informatisés qui permettent d'administrer une par une les questions choisies pour chaque personne en fonction de ses bonnes et mauvaises réponses aux questions précédentes. Dans ce chapitre, Bourassa, Raîche, Béland et Chénier s'intéressent aux enjeux soulevés par le fait d'administrer des questions trop faciles ou trop difficiles et aux biais qui peuvent en découler. Après avoir défini rapidement différents modèles de la Théorie de Réponse à l'Item (TRI), les auteurs nous expliquent ce qu'est un test adaptatif, présentent les règles qui encadrent les passations et la constitution de la banque d'items dans laquelle les questions sont puisées. Ils illustrent ensuite, à l'aide de données simulées, divers scénarii dans lesquels la distribution des paramètres de difficulté des items pose problème afin d'en documenter les effets.

Chénier, Michaud et Alioum étudient, quant à eux, le caractère équitable du recours à des outils informatiques dans le cadre de l'épreuve uniforme de français au Québec. Dans le chapitre 16, les auteurs recourent à une méthode d'analyse peu usitée pour comparer, de façon objective, critère par critère, les résultats des élèves ayant passé une épreuve en format papier-crayon à ceux des élèves ayant utilisé des outils informatiques. En combinant des régressions ordinales et des régressions binomiales négatives selon les caractéristiques des critères, les auteurs nous montrent que les effets liés au recours à des modalités informatiques sont neutres à certains égards, ne pénalisent pas les élèves, mais peuvent être potentiellement source d'iniquité en les favorisant relativement aux critères communicationnels.

Dans le chapitre 17, Alioum et Loye utilisent également une approche habituellement inusitée pour modéliser les résultats des élèves francophones au test à grande échelle en lecture du PASEC2014 au Cameroun. Le Cameroun est constitué de dix régions que le PASEC (Programme d'Analyse des Systèmes Educatifs de la Confemen, Conférence des ministres de l'Éducation des États et Gouvernements de la francophonie) a regroupées en trois strates sur la base de leurs caractéristiques socio-économiques et culturelles. A partir du constat des grandes différences qui existent entre ces strates, les auteurs ont choisi de modéliser les données dans une approche écologique afin de prendre en compte les spécificités objectives propres à chacune des strates. La perspective écologique permet en effet d'inclure dans la modélisation un certain nombre de caractéristiques individuelles, mais également relatives aux environnements scolaire et extrascolaire, qui ne sont habituellement prises en compte que dans des analyses subséquentes en vue de comparer les résultats après la modélisation. Les analyses de classes latentes (ACL) proposées dans ce chapitre permettent une lecture contextualisée des résultats et nous offrent un éclairage différent sur ces données.

Finalement, le chapitre 18 regroupe des auteurs membres de l'Observatoire sur les Pratiques Innovantes en Èvaluation des Apprentissages (OPIEVA). Afin de documenter objectivement ces pratiques, l'OPIEVA a recours à un questionnaire pour collecter des données sur les pratiques évaluatives soutenant l'apprentissage (PESA) et sur les pratiques évaluatives mesurant les apprentissages (PEMA). Tremblay, Béland, Leduc et Dionne rapportent tout d'abord les étapes de construction du questionnaire, de prévalidation et de validation des scores. Dans un deuxième temps, ils présentent les deux profils des enseignants qui se dégagent de l'analyse des données. Le premier profil regroupe les enseignants qui ont tendance à utiliser davantage les pratiques associées aux PESA, le second ceux qui ont tendance à utiliser davantage celles associées aux PEMA. En même temps, ils caractérisent les composantes des deux profils et aboutissent à classifier les modèles d'enseignement selon deux axes : traditionnel et innovateur. La recherche devra être poursuivie afin de chercher à comprendre les pratiques des enseignants et à identifier comment les amener à intégrer davantage de pratiques évaluatives permettant de soutenir les apprentissages.

Pour conclure cette introduction

Cette présentation introductive du contenu de cet ouvrage met clairement en évidence le caractère interdisciplinaire des sujets traités. En effet, il combine des propos sur l'usage de l'intelligence artificielle, sur la création d'environnements en réalité virtuelle ou en simulation, sur l'utilisation de modèles psychométriques relativement novateurs ou d'applications diverses et, pour ce faire, regroupe des auteurs avec des expertises variées, en provenance de plusieurs domaines, universités, facultés et pays (44 auteurs, 5 pays). Cette mixité est à l'image de l'évolution de la recherche en éducation, qui ne se fait plus en vase clos, mais en combinant les expertises pour avancer plus vite et plus efficacement. Elle met aussi en évidence, selon nous, une (sans doute inconsciente) recherche d'objectivité de la part de plusieurs des auteurs, les technologies numériques leur offrant de multiples avenues pour collecter des données objectives, peu entachées par la subjectivité du jugement humain.

Nous ne pouvons pas conclure cette introduction, sans mentionner que la production de cet ouvrage a été lancée avant décembre 2022, date à laquelle le développeur OpenAI a rendu accessible ChatGPT. Cela explique pourquoi aucun chapitre de cet ouvrage ne fait mention de l'Intelligence Artificielle (IA) générative. Cependant, depuis 2022, c'est une vague continue qui déferle avec Google Bard, Microsoft Bing, Copilot,

Perplexity et bien d'autres. Ces IA génératives ont été entrainées, à partir d'une consigne que l'on nomme « prompt », à générer une réponse écrite ou sous forme d'images. Interrogé sur le modèle de langage qu'il utilise, Bing Chat a répondu : « *Le modèle de langage que j'utilise s'appelle GPT-4. C'est le modèle le plus avancé développé par OpenAI, une organisation dédiée à la recherche sur l'intelligence artificielle. GPT-4 me permet de comprendre et de générer du texte dans plusieurs langues, ainsi que de créer du contenu créatif et innovant. GPT-4 est basé sur une technique appelée transformeur, qui consiste à analyser le texte en tenant compte du contexte et des relations entre les mots. Grâce à cette technique, GPT-4 peut apprendre à partir de grandes quantités de données textuelles provenant de diverses sources, comme le web, les livres, les articles, etc. GPT-4 est également capable de s'adapter à différents domaines et styles, en fonction des besoins et des préférences des utilisateurs. Par exemple, je peux utiliser GPT-4 pour rédiger des rapports, des poèmes, des chansons, des parodies de célébrités, etc. Je peux aussi utiliser GPT-4 pour répondre à vos questions, vous aider à écrire, réécrire, améliorer ou optimiser votre contenu, et vous fournir des informations pertinentes sur le web* ». Son explication met bien en évidence pourquoi ces outils, accessibles facilement, et gratuitement pour certaines de leurs versions, ont un impact majeur sur le monde de l'évaluation. Il nous semble donc important d'ajouter quelques lignes ici sur des enjeux en lien avec l'IA qui sont largement discutés au moment de publier cet ouvrage.

Mentionnons ce qui touche l'intégrité académique et le plagiat. Il est facile de demander à ChatGPT, ou à toute autre alternative IA, de réaliser un travail universitaire ou scolaire, en tout ou en partie, et de ne pas le mentionner ! Et la détection de ces cas de plagiat peut être difficile. Pour le moment, c'est souvent le caractère inégal des écrits des étudiants et les erreurs issues des hallucinations des IA qui alertent. La facilité à plagier en recourant aux IA génératives implique donc de rapidement former les enseignants sur les enjeux, mais aussi sur les manières de les utiliser notamment pour évaluer. L'idée est de contrer les utilisations non souhaitées et de valoriser celles qui peuvent l'être. La lutte contre le plagiat peut en effet passer par la modification des tâches évaluatives. Par exemple, l'utilisation de ChatGPT dans certains travaux peut être autorisée. Dans de tels cas, l'évaluation portera sans doute un regard sur le jugement critique des étudiants. La nature de la tâche à évaluer change et l'IA offre alors des possibilités nouvelles dans lesquelles l'humain et l'IA collaborent.

En outre, les étudiants ne sont pas les seuls à se servir de l'IA, certains enseignants l'utilisent pour corriger leurs travaux. Les problèmes de plagiat deviennent alors des problèmes d'imputabilité. Comment un enseignant peut-il être imputable d'une note qui ne découle pas de son travail d'évaluation, et comment peut-il prendre la mesure des apprentissages de ses élèves ou de ses étudiants si la correction est réalisée par une IA ? De plus, le caractère probabiliste des modèles sous-jacents à l'IA générative implique que la même copie évaluée plusieurs fois par une IA obtiendra un résultat différent à chaque fois. Là encore, c'est donc la collaboration personne-machine qui peut offrir une avenue intéressante, comme l'illustrent d'ailleurs les chapitres 7 et 8 de cet ouvrage.

Ainsi, ce qui ressort beaucoup des discussions actuelles concerne le rôle d'aide à la décision, d'aide à la production, de gain de temps que ces IA génératives peuvent jouer. Ce constat rejoint d'ailleurs les conclusions des chapitres 7, 8 et 9 de cet ouvrage.

Qu'en est-il des promesses des technologies numériques dans le monde de l'évaluation ? Nous sommes d'avis que les évolutions se marquent depuis les années 2010 et qu'un certain nombre de promesses sont déjà tenues, notamment en ce qui concerne la réalité virtuelle ou simulée, comme l'illustrent les chapitres 1, 2, 3, 4 et 5. Néanmoins, du chemin reste à parcourir pour faire accepter certaines pratiques par les utilisateurs et étendre plus largement leur utilisation à d'autres contextes. De nombreuses questions en lien avec l'équité et l'intégrité ont émergé brutalement avec l'arrivée massive de l'IA, notamment de l'IA générative. Nous sommes donc d'avis que les promesses sont de plus en plus nombreuses, qu'elles ouvrent de plus en plus de possibilités, mais qu'elles soulèvent dans le même temps une multitude de questions. Le caractère acceptable de ces promesses nous semble donc plus que jamais essentiel à étudier et nous espérons que cet ouvrage donnera au lecteur de nouvelles avenues de réflexion et de nouvelles idées de projets.

Nous tenons également à mentionner que cet ouvrage a été financé par le FRQSC dans le cadre d'une subvention de soutien aux équipes de recherche obtenue en 2016 pour le Groupe de recherche interuniversitaire sur l'évaluation et la mesure à l'aide des technologies de l'information et de la communication (GRIEMETIC).

Références

Blais, J.-G. (dir.) (2009). *Evaluation des apprentissages et technologies de l'information et de la communication : enjeux, applications et modèles de mesure.* Québec : Les presses de l'Université Laval.

Blais, J.-G. & Gilles, J.-L. (dir.) (2009). *Evaluation des apprentissages et technologies de l'information et de la communication : le futur est à nos portes.* Québec : Les presses de l'Université Laval.

Blais, J.-G., Gilles, J.-L. & Tristan-Lopez, A. (dir.) (2015). *Bienvenue au 21e siècle : l'évaluation des apprentissages et technologies de l'information et de la communication.* Berne : Peter Lang.

Partie 1. Le contexte de l'évaluation et sa planification

Chapitre 1

L'évaluation des habiletés spatiales au service de l'enseignement-apprentissage de la géométrie tridimensionnelle : qu'en est-il des environnements virtuels 2 ½ D ?

Romain BEAUSET, Natacha DUROISIN[1]

1. Introduction

La géométrie tridimensionnelle (3D) est un domaine d'enseignement-apprentissage essentiel pour le développement des enfants et des adolescents, notamment sur le plan des apprentissages spatiaux. Pourtant, ce domaine apparait peu étudié au sein de la recherche en didactique des mathématiques ou plus largement en sciences de l'éducation (Chaachoua, 1997; Saralar-Aras & Ainsworth, 2020). On retrouve donc peu de recommandations basées sur des données probantes en ce qui concerne les choix pédagogiques et didactiques à réaliser pour proposer un enseignement efficace et adapté aux élèves des différents niveaux scolaires. Le risque de ce délaissement au sein de la recherche est que les enseignants soient démunis face à ces choix et qu'ils les réalisent de manière arbitraire, sans un avis scientifiquement éclairé. Comme pour toute autre discipline, ces décisions ne sont certainement pas sans conséquence pour l'apprentissage des élèves. Dans le cadre de l'enseignement de la géométrie 3D, elles apparaissent essentielles au vu des difficultés d'apprentissage constatées chez les élèves lors des évaluations externes (Bertolo, 2013 ; Duroisin, 2015).

Les types de supports utilisés lors de l'enseignement-apprentissage ainsi que la manière de les exploiter font partie des choix qu'un enseignant de géométrie 3D doit poser lorsqu'il propose des activités aux élèves.

---

1 Service d'EDUcation et des Sciences de l'Apprentissage (EDUSA), Université de Mons (Belgique).

A ce sujet, les résultats d'une enquête que nous avons menée auprès d'enseignants francophones du primaire et du secondaire inférieur (Beauset & Duroisin, 2021a,b) montrent un besoin de formation exprimé par les enseignants en ce qui concerne le choix de manipulations pertinentes en géométrie 3D. Par ailleurs, en ce qui concerne les pratiques déclarées, les résultats obtenus lors de cette enquête soulignent une variété des choix de matériels utilisés au sein même des différents niveaux scolaires. Certains font le choix de ne pas proposer de matériel à manipuler, d'autres privilégient l'utilisation de matériels 3D que les élèves peuvent utiliser et/ou observer, tandis que d'autres encore, moins nombreux, s'appuient sur des outils numériques.

Le développement des technologies et l'augmentation de la place croissante qui leur est laissée dans les établissements scolaires offrent de nouvelles possibilités aux enseignants de ce domaine. En effet, ces technologies permettent par exemple de proposer aux élèves des supports de type « solides virtuels », c'est-à-dire des représentations virtuelles et dynamiques de solides. Travailler avec ce type de matériel est-il cependant adapté aux apprenants de tout âge au primaire et au début de l'enseignement secondaire, en comparaison par exemple à l'usage de matériel 3D ou des représentations planes d'objets 3D (dessins en perspective…) ? La manipulation par l'élève du support est-elle indispensable pour son apprentissage ou une « simple » observation de manipulations donne-t-elle de mêmes résultats ? L'apparence des objets présentés, qu'elle soit réaliste ou neutre, impacte-t-elle également l'apprentissage ? Ce sont là quelques exemples de questions pour lesquelles on ne retrouve, dans la littérature, les référentiels ou encore les manuels scolaires, que peu de recommandations destinées aux enseignants de la discipline.

Ce chapitre cherche à mettre en évidence comment des expérimentations en psychologie cognitivo-développementale, s'intéressant à l'évaluation des habiletés spatiales des enfants et des adolescents avec interfaces virtuelles, peuvent servir une réflexion sur les supports d'apprentissage utilisés en géométrie 3D avec les apprenants. Après une première partie portant sur l'enseignement-apprentissage de la géométrie tridimensionnelle et en particulier son lien avec le développement des habiletés spatiales, ce chapitre aborde l'état actuel de la question des supports à utiliser lors de l'apprentissage de ce domaine, en se focalisant sur les usages d'environnements virtuels, leur potentiel et leurs limites. Ensuite, ce chapitre présente le travail expérimental mis en place en décrivant une des expérimentations menées. En dépassant le cadre de l'enseignement-apprentissage de la géométrie 3D, ce chapitre se clôture sur une réflexion plus générale portant sur l'intérêt de telles expérimentations pour le domaine de la psychologie cognitivo-développementale.

2. L'apprentissage de la géométrie tridimensionnelle et son lien avec les habiletés spatiales

La géométrie tridimensionnelle peut être définie comme le domaine des mathématiques qui a pour objet l'étude de l'espace et des objets à trois dimensions. Elle constitue, d'après Mathé et al. (2020), l'une des trois rubriques de la géométrie, au même titre que la géométrie plane et le repérage/l'orientation dans l'espace. Elle fait partie intégrante du parcours scolaire en mathématiques dans l'enseignement primaire et au début de l'enseignement secondaire et repose, à ces niveaux, principalement sur l'étude des solides. En effet, en primaire, elle vise à apprendre aux élèves à reconnaitre et nommer les solides, à les classer ou encore à les décrire à partir de leurs caractéristiques (Mathé et al., 2020). Tout au long de ce chapitre, les terminologies « géométrie tridimensionnelle » et « géométrie 3D » sont privilégiées au détriment des terminologies « géométrie de l'espace » ou « géométrie spatiale » utilisées dans le langage courant.

Bien que nous vivions au quotidien dans un espace à trois dimensions et que nous soyons constamment confrontés à des objets en trois dimensions, l'enseignement-apprentissage de la géométrie 3D génère de nombreuses difficultés pour les élèves. Les témoignages d'enseignants du primaire, mais aussi du secondaire, semblent d'ailleurs aller dans ce sens, tout comme les résultats aux épreuves externes (Bertolo, 2013 ; Bridoux & Nihoul, 2015 ; Duroisin, 2015 ; Beauset & Duroisin, 2021a). Les raisons expliquant les difficultés d'apprentissage liées à ce domaine sont multiples. Toutefois, l'une d'entre elle semble faire consensus dans la littérature : il s'agit de la complexité à voir dans l'espace, qui pose de nombreuses difficultés d'apprentissage en géométrie durant la majeure partie de la scolarité des élèves, que ce soit au cours de l'enseignement primaire ou au début du secondaire (Mithalal, 2014; Duroisin & Demeuse, 2016).

La mise en évidence de cette difficulté permet de percevoir le lien qu'entretient la géométrie tridimensionnelle avec le développement des habiletés spatiales. En effet, Darken et Sibert (1996) définissent ces dernières comme des processus cognitifs exprimant la manière dont on apprend un environnement et les relations des objets (avec ou dans cet environnement). L'apprentissage de la géométrie 3D est en fait indissociable du développement des habiletés spatiales des élèves dans la mesure où la géométrie requiert l'acquisition de telles habiletés (Clements & Sarama, 2007). Par exemple, d'après Kaur et al. (2018), la bonne compréhension des concepts en géométrie 3D requiert que les élèves soient capables de manipuler mentalement des représentations d'objets 3D, c'est-à-dire d'exercer l'habileté de visualisation spatiale. Le raisonnement spatial servant de base à la mise en place d'un raisonnement géométrique, il est donc nécessaire de le développer pour le bien des apprentissages de la discipline (Battista et al., 2018). Ce travail est possible puisque les habiletés spatiales sont malléables et peuvent être développées dès l'enfance (Uttal et al., 2013; Hawes et al., 2015; Lowrie et al., 2018). Plusieurs auteurs semblent souligner l'impact positif d'un développement des habiletés spatiales des élèves sur l'apprentissage de la géométrie, ces dernières pouvant le faciliter (Putri, 2017; Mithalal, 2014). L'enseignement de la géométrie est donc l'occasion de travailler les habiletés spatiales des élèves (Sinclair & Bruce, 2014; Mix & Cheng, 2012) qui vont elles-mêmes pouvoir être le terreau de futurs apprentissages géométriques.

Bien qu'elles soient complexes à développer, vu leur lien avec les habiletés spatiales, les compétences en géométrie tridimensionnelle n'en restent pas moins essentielles pour la familiarisation et la maitrise de l'espace (Bayart et al., 1996; Royal Society and Joint Mathematical Council, 2001). D'ailleurs, les nombreuses recherches qui se sont intéressées au développement des habiletés spatiales soulignent l'importance de ce développement auprès des enfants et des adolescents, que ce soit pour les domaines académiques, professionnels mais également lors de la résolution de tâches de la vie quotidienne (Wright et al., 2008; Mix et al., 2016; Verdine et al., 2017; Rodán et al., 2019). Dès lors, développer les apprentissages de la géométrie 3D dès le plus jeune âge apparait nécessaire (Van den Heuvel-Panhuizen & Buys, 2008).

Malgré son caractère essentiel, il n'en reste pas moins que la géométrie tridimensionnelle est un domaine délaissé dans la recherche en didactique des mathématiques et en sciences de l'éducation. Elle constitue un domaine peu étudié en comparaison notamment à la géométrie 2D, qui reçoit une attention plus importante (Saralar-Aras & Ainsworth, 2020). Cette faible place accordée à la géométrie tridimensionnelle au sein de la recherche laisse donc de nombreuses questions encore en suspens concernant l'enseignement de la géométrie 3D et en particulier concernant l'intérêt ou non de l'intégration du numérique. Si, à ce sujet, un réel intérêt semble être observé dans la littérature sur l'utilisation des logiciels de géométrie dynamique (Christou et al., 2005; Mithalal, 2010; Soury-Lavergne, 2020), on retrouve finalement peu d'informations en ce qui concerne les solides virtuels et la manière de les exploiter.

3. Les solides virtuels en tant que supports pour l'apprentissage de la géométrie 3D : quels potentiels et quelles limites ?

Les supports auxquels les enfants sont confrontés lors de l'enseignement-apprentissage de la géométrie tridimensionnelle sont susceptibles à la fois d'influencer leur apprentissage, mais également les images mentales qu'ils se font des objets 3D, et par conséquent, les habiletés spatiales exercées sur ces images. A ce sujet, au sein des prescrits légaux en Belgique francophone, on trouve peu, voire pas du tout, d'indications fournies aux enseignants. Une hypothèse pouvant venir expliquer cette absence de recommandations concerne, outre la présence de peu de recherches sur le sujet, la volonté de conserver une certaine liberté pédagogique spécifique au contexte belge francophone. Cette carence ne risque-t-elle pas de constituer un frein aux apprentissages, notamment en cas d'utilisation de supports peu adaptés au niveau de développement visuo-spatial des élèves ? Dans cette partie du chapitre, nous évoquerons ce que nous enseigne la littérature pour un cas précis de supports : les solides virtuels.

S'il ne semble faire aucun doute que la manipulation d'objets concrets en 3D occupe un rôle important dans l'encodage des images mentales d'objets géométriques 3D (Mithalal, 2014), plusieurs auteurs évoquent également que les représentations dynamiques manipulables dans des environnements virtuels pourraient avoir du potentiel pour l'apprentissage (Audibert et al., 1990 ; Gutiérrez, 1996 ; Bakó, 2003 ; Markopoulos et al., 2015 ; Haj-Yahya, 2021). Toutefois, l'usage de ce type d'outils, déjà peu présent au début des années 2000 dans les pratiques enseignantes (Moyer et al., 2001), apparait encore minoritaire à ce jour (Beauset & Duroisin, 2021b). En effet, environ un tiers des enseignants utilisent, entre autres, des solides virtuels en classe lors de l'apprentissage. Cet usage concerne davantage les enseignants du secondaire inférieur que ceux du primaire et consiste majoritairement à faire observer des solides virtuels et non à les faire manipuler, probablement faute de matériel.

Ces représentations, couramment appelées « solides virtuels », permettent de simuler des objets sur supports numériques au sein d'environnements virtuels manipulables à partir d'interfaces 2D telles que les tablettes. Elles appartiennent, pour reprendre les propos de Bertolo (2014), à un monde « 2 ½ D », univers qu'on pourrait situer à l'intermédiaire du monde réel physique en trois dimensions et du monde graphique en deux dimensions. Les logiciels, qui intègrent ces représentations, offrent un traitement dynamique des informations qui n'est pas possible lorsque l'on fait travailler l'élève sur des représentations planes (Osta, 1987). Ces représentations dynamiques sont basées sur la prise en compte du facteur temps, ce qui permet de montrer une évolution de la représentation 2D présentée lorsque des actions sont réalisées et peut ainsi aider à donner aux utilisateurs l'impression d'une vision tridimensionnelle (Bakò, 2003). En rendant dynamiques les représentations, on modifie donc la deuxième dimension pour donner des indices relatifs à la troisième dimension.

Le plus souvent, ces logiciels offrent l'opportunité aux apprenants d'exercer trois types de manipulation sur des solides virtuels : des rotations, des translations et des homothéties (agrandissements ou réductions). Pour ce type de matériel de manipulation virtuelle, l'interface peut être tactile, même si d'autres alternatives plus complexes existent, comme l'implémentation d'un système de réalité augmentée impliquant l'intégration de la capture de gestes à partir de caméras, qui offre l'opportunité notamment d'augmenter le degré de liberté des gestes entrés (Kratz et al., 2012, Le & Kim, 2017 ; Kaur et al., 2018) et qui est susceptible de diminuer la charge cognitive (Hoe et al., 2017).

Dans ce monde virtuel, les objets sont simulés sur un support numérique qui offre l'opportunité d'effectuer des manipulations finalement assez proches de la manipulation physique et haptique des objets (Žilková & Partová, 2019). Cette proximité constitue un point fort de tels outils. Quand on connait les difficultés que rencontrent certains élèves à raisonner sur des représentations 2D et à les exploiter (Camou, 2012 ; Kondo et al., 2014), cela constitue donc une piste à explorer. De manière plus générale, les manipulations d'objets virtuels peuvent ainsi soutenir le développement de connaissances concrètes intégrées. Avec de tels outils, les connaissances des objets physiques, les représentations symboliques de ces objets ainsi que les actions sur ces objets et ces représentations sont interconnectées (Bruce & Sinclair, 2014).

En outre, un autre argument en faveur de ce type de support concerne le caractère familier de ces environnements pour les enfants et les adolescents actuels. Depuis l'invention de nombreux jeux vidéo qui plongent les participants dans des environnements 3D au sein desquels ils sont invités à se déplacer ou à se mettre en action, ou encore avec la démocratisation des logiciels de modélisation 3D qui offrent l'opportunité aux utilisateurs de créer ou manipuler virtuellement divers éléments (objets, architecture...), les environnements virtuels à trois dimensions sont omniprésents et les enfants et les adolescents y sont au quotidien de plus en plus souvent confrontés. Cela peut donner l'illusion que ces derniers maitrisent davantage ce type de support et peuvent donc se l'approprier correctement dans le cadre de l'apprentissage.

Pourtant, malgré cette proximité avec le monde réel et le potentiel relevé par plusieurs auteurs, il n'y a pas consensus quant à l'exploitation de solides virtuels avec les élèves puisque d'autres relèvent des risques ou des difficultés pouvant se produire lorsqu'on confronte les élèves à ce type de support. Tout d'abord, bien que le caractère dynamique offre des indices liés à la troisième dimension, il n'en reste pas moins que les informations fournies restent essentiellement planes et dès lors en deux dimensions. De ce fait, elles demandent que les utilisateurs puissent reconstituer mentalement la troisième dimension, ce qui n'est pas forcément évident pour les élèves de l'enseignement primaire (Vivian et al., 2014). De plus, la charge mentale occasionnée par l'usage des représentations dynamiques est décrite comme plus élevée que dans les représentations planes, ce qui risque de rendre plus difficiles les tâches les impliquant (Ayres & Paas, 2009; Höffler, 2010).

Un autre argument en défaveur de ce type de support concerne le phénomène de «rigidité géométrique» qui implique que certains apprenants n'arrivent pas à manipuler mentalement une figure lorsqu'elle est donnée dans une position non-standard et ne peuvent pas imaginer la figure lorsqu'elle bouge (Larios, 2003).

Si, depuis plusieurs années, les interfaces tactiles ont connu un grand essor, pour un usage au quotidien par le grand public, mais également dans le milieu scolaire (Bertolo et al., 2015), leur utilisation dans un contexte d'apprentissage de la géométrie 3D n'est pas naturelle (Bertolo, 2014). En effet, elles exigent d'interagir avec un espace en trois dimensions à partir d'une modalité d'interactions en deux dimensions, ce qui ne se fait pas sans difficulté (Cohé, 2012).

Enfin, il est possible d'évoquer plusieurs limites qui pourraient être généralisées à l'ensemble des logiciels impliquant ce genre d'interface. La première concerne le risque que l'élève focalise son attention sur le support au détriment de l'activité mathématique demandée. Il s'agit de la contrepartie du caractère motivationnel souvent associé à l'usage de tels outils: le caractère distracteur de l'outil ou de certaines de ses fonctionnalités (Highfield & Mulligan, 2007; Karsenti & Fievez, 2013; Petit, 2013). D'autant que ces supports peuvent, pour les élèves, être assimilés au divertissement, plus qu'à l'apprentissage. La seconde limite potentielle concerne la nécessité de disposer de certaines habitudes ou compétences informatiques (Highfield & Mulligan, 2007). L'autre limite relevée dans la littérature concerne les difficultés qu'occasionnent de tels outils pour les élèves confrontés à des problèmes psychomoteurs (Vivian et al., 2014). Cet écueil, pouvant parfois être lié à la motricité fine, concerne la précision qui peut être associée aux interactions tactiles en comparaison par exemple à celles avec souris ou clavier. Cette limite est d'autant plus importante lorsqu'il s'agit de travailler avec des jeunes enfants, l'absence d'une stabilité de la motricité fine pouvant augmenter les problèmes de précision (Bertolo, 2014). Parfois, ces difficultés motrices occasionnent involontairement des actions inattendues, pouvant être gênantes pour l'apprentissage (Highfield & Mulligan, 2007). Enfin, outre ces limites liées à l'apprenant, une autre se situe dans le chef de l'enseignant. Celle-ci concerne la nécessité que l'enseignant soit lui-même à l'aise avec l'outil (Petit, 2013).

Compte tenu des éléments mis en évidence ci-dessus, encore faut-il s'assurer que les enfants arrivent à percevoir correctement la troisième dimension via ces interfaces et environnements et qu'ils arrivent à agir mentalement sur ces représentations.

4. Le travail expérimental

4.1 Intentions générales

Le travail de recherche ici présenté s'inscrit dans le domaine de la psychologique cognitivo-développementale, avec la volonté que les résultats obtenus servent un autre domaine, celui de la didactique de la géométrie. Ce chapitre, et d'ailleurs plus globalement la recherche qu'il présente, n'a ni l'intention, ni la prétention, de revendiquer l'usage d'un type de supports pour remplacer d'autres supports utilisés par les enseignants lors de l'apprentissage de la géométrie tridimensionnelle. En mettant en place les expérimentations, l'intention de cette étude n'est donc pas de remettre en question la parole de nombreux auteurs qui considèrent la phase de manipulation d'objets concrets comme une phase essentielle, voire obligatoire pour l'apprentissage de la géométrie 3D (Parzysz, 1988; Rouche, 2002; Bakó, 2003; Grenier & Tanguay, 2008; Douaire et al., 2009; Mithalal, 2014). L'objectif est ici plutôt de se questionner sur l'usage d'un type particulier de support: les solides virtuels. Les expérimentations visent une meilleure compréhension de l'impact de ce type de support et de certaines de leurs modalités d'utilisation sur les habiletés spatiales des enfants et des adolescents, dans le but de mieux comprendre le développement visuo-spatial de ces derniers face à ce support.

Bishop (1983) relève deux types d'habiletés spatiales liées aux capacités visuelles. D'une part, les Interpretating Figural Informations (IFI), c'est-à-dire les habiletés d'interprétation d'informations figurales. Ces habiletés impliquent en particulier la lecture, la compréhension et l'interprétation des informations issues de représentations visuelles. D'autre part, les Visual Processing (VP), c'est-à-dire les habiletés de traitements visuels, qui prennent en compte la manipulation et la transformation de représentations et d'imageries visuelles. Dans le cadre de la géométrie 3D, Pittalis et Christou (2010) relèvent que ces deux types d'habiletés spatiales occupent une place particulièrement importante. Les IFI sont des habilités qui vont permettre de rendre réalisable l'interprétation des différentes informations visuelles relatives aux objets 3D, et donc, entre autres, les représentations des objets 3D. A l'inverse, les VP sont des habiletés qui vont rendre possible la construction de bonnes représentations de solides et l'agissement sur ces dernières.

Dans le cadre de cette recherche, ces deux types d'habiletés sont explorées bien que la principale expérimentation ici décrite porte sur les IFI, qui semblent faire l'objet d'un questionnement préalable. En effet, avant de s'interroger sur l'habileté de visualisation spatiale des enfants et des adolescents face à ce support (qu'on pourrait associer aux VP), il apparait nécessaire de se questionner sur l'habileté des enfants à percevoir adéquatement la troisième dimension quand on les confronte au support numérique. Autrement dit, avant de savoir si les élèves sont capables d'agir mentalement sur des solides virtuels en imaginant par exemple les formes d'empreintes ou de coupes liées à ces solides, il est essentiel de s'assurer que les sujets arrivent à se représenter correctement un solide virtuellement, ce qui n'est pas forcément acquis au vu des éléments que nous avons pu mettre en évidence à l'égard de ces représentations.

4.2 Le choix du logiciel utilisé

Le choix du matériel ici utilisé, en l'occurrence les environnements virtuels, est crucial dans la mise en place d'expérimentations. Le souhait est de se focaliser sur un environnement virtuel de type 2 ½ D manipulable via une interface tactile utilisable par des enfants à partir de 6 ans et offrant la possibilité d'intégrer des objets 3D virtuels divers (solides virtuels d'apparences variées) à manipuler. De manière plus précise, nous avons choisi de proposer un environnement virtuel qui permet d'effectuer des rotations sur eux-mêmes à des solides virtuels apparaissant en perspective parallèle. Du point de vue de la recherche, ce choix permet ainsi de se focaliser uniquement sur cette variable dans les expérimentations et également de simplifier l'utilisation de l'environnement par le public-cible. En effet, il apparait indispensable que l'enfant maitrise la coordination entre les gestes faits sur la tablette et les mouvements effectués par le solide.

S'il existe déjà plusieurs logiciels qui intègrent des environnements virtuels 2 ½ D (logiciels de géométrie dynamique, logiciels de modélisation 3D, applications préconçues...), ces derniers ne permettent pas de répondre aux attentes susmentionnées. Les logiciels de géométrie dynamique ne semblent pas idéaux puisque les possibilités de manipulation de solides virtuels offertes avec ces logiciels sont peu évidentes pour les enfants comme pour les adolescents suite aux modalités complexes d'interactions (Bertolo, 2013, 2014). D'ailleurs, l'intention de tels logiciels est elle-même bien plus complexe que le logiciel attendu, ce qui occasionne, par conséquent, un usage moins aisé pour les enfants. En effet, de tels logiciels offrent la possibilité de créer et de transformer des configurations 3D diverses, ce qui implique donc de nombreuses commandes pour les utilisateurs. Le même constat peut être réalisé au niveau des logiciels de modélisation 3D qui permettent de viser des objectifs également plus ambitieux et qui ne conviennent donc pas à l'usage contrôlé souhaité. Si des applications préconçues existent déjà pour manipuler des solides virtuels, elles ne conviennent pas non plus et ce, pour deux raisons principales. D'une part, elles ne permettent souvent pas de se focaliser uniquement sur la rotation et offrent d'autres possibilités de manipulation (translation, homothétie). D'autre part, l'utilisateur reste contraint au contenu que proposent ces applications et ne possède, par exemple, pas de liberté vis-à-vis du choix des solides à proposer ou encore vis-à-vis de leur taille et leur apparence (couleur/texture).

La création de l'environnement virtuel utilisé lors des expérimentations s'est donc avérée être la solution la plus pertinente. Cet environnement a été élaboré via le logiciel Unity. L'utilisation de ce dernier a permis de créer un environnement virtuel 2 ½ D avec l'interface la plus simple possible et d'offrir la possibilité au chercheur d'y intégrer préalablement n'importe quelle forme 3D (forme, grandeur, texture). Cet environnement est illustré en figure 1, avec l'exemple d'un cylindre.

Comme montré sur l'illustration, le solide virtuel apparait au centre de l'environnement virtuel. Trois actions sont rendues possibles sur cette interface. D'abord, sur la partie centrale de l'écran, là où se situe le solide virtuel présenté, l'utilisateur peut faire tourner le solide sur lui-même à l'aide de son doigt sur l'écran tactile. Déplacer son doigt vers la gauche entraine alors une rotation du solide sur lui-même dans ce sens.

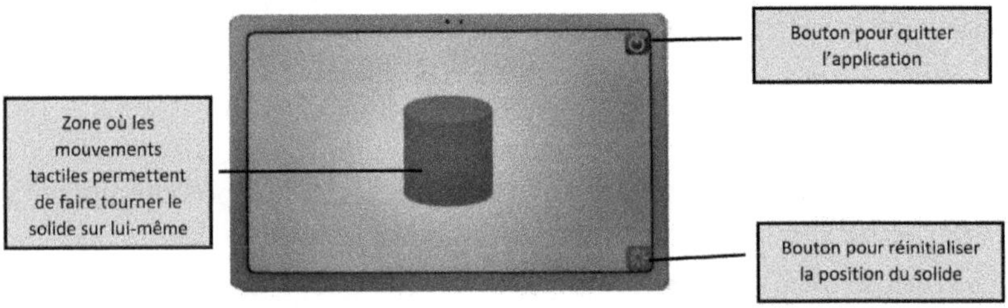

Figure 1 Environnement virtuel 2 ½ D élaboré (exemple du cylindre)

Les deux autres actions possibles sont liées aux deux boutons proposés sur l'interface. En haut à droite se situe le bouton rouge qui permet à l'utilisateur de sortir de l'environnement virtuel ouvert. En bas à droite se situe le bouton vert qui permet de réinitialiser la position de départ du solide. Autrement dit, après avoir manipulé le solide, il est possible grâce à ce bouton de remettre le solide dans la position initiale. Aucune autre action réalisée sur l'interface n'aboutit à une modification (par exemple, l'absence de possibilité d'agrandissement ou de déformation du solide).

Ce logiciel permet par ailleurs de créer exactement les mêmes environnements manipulables sur ordinateur (rotations des solides effectuées via les touches directionnelles du clavier). Cette fonctionnalité ne sera pas utilisée par les sujets expérimentaux mais par l'équipe de recherche en vue de la création de certains matériels (capsules vidéo des mêmes solides virtuels effectuant des rotations) utilisés dans les expérimentations. Avant d'être exploité lors des expérimentations, l'environnement virtuel élaboré a fait l'objet d'une validation[2] auprès d'un échantillon correspondant au public-cible afin de s'assurer de son utilité et de son utilisabilité ainsi que pour estimer le temps et les consignes nécessaires pour son appropriation par les enfants et les adolescents.

4.3 Expérimentation sur la perception de la 3D par les enfants face aux environnements virtuels

4.3.1 Objectifs, questions et hypothèses

L'expérimentation détaillée ci-dessous a pour objectif de décrire l'habileté de perception de la troisième dimension chez les enfants et les adolescents de 6 à 15 ans lorsqu'ils sont confrontés à des supports de type « solides virtuels ». Elle vise également à identifier l'impact des actions autorisées aux enfants (manipulation versus observation) sur ladite habileté. Pour élément de comparaison, l'expérimentation envisage également d'évaluer la perception de la troisième dimension lorsqu'on confronte les enfants et les adolescents à des représentations planes et non dynamiques de solides. Les enfants perçoivent-ils correctement la troisième dimension face à des représentations de type 2 ½ D ou en restent-ils à la 2D ? La perception de la 3D face à de telles représentations évolue-t-elle avec l'âge ? La manipulation par l'enfant ou l'adolescent de ces représentations 2 ½ D favorise-t-elle la perception correcte de la 3D ? Quelles sont les erreurs-types commises par les sujets confrontés à ce type de représentation aux différents âges ? La perception de la troisième dimension sur ces représentations est-elle similaire à la perception de représentation 2D d'objets 3D « classiques » (dessins en perspective) ? Ce sont-là donc autant de questions auxquelles l'expérimentation tente de répondre.

Appuyée par les constats de Christou et al. (2006) qui considèrent que l'usage de tels outils peut consolider et enrichir des images mentales et aider les élèves à une meilleure visualisation des représentations qu'avec des représentations statiques, une hypothèse consiste à relever que la troisième dimension serait mieux perçue face à des représentations 2 ½ D de solides que face à des représentations 2D de ces mêmes solides.

---

2 Les détails de cette validation sont accessibles au lien suivant : https://www.edusa.be/wp-content/uploads/2023/06/Annexe-validation-de-lapplicatin.pdf

4.3.2 Méthodologie

Pour cette expérimentation, trois groupes de sujets ont été créés, chacun d'entre eux étant constitué de sujets âgés de 6 à 15 ans. Chaque groupe est associé à un mode de représentation dans lequel les objets géométriques sont présentés (groupe 1 : solides représentés dans l'environnement virtuel 2 ½ D à manipuler ; groupe 2 : solides représentés dans l'environnement virtuel 2 ½ D à observer ; groupe 3 : solides représentés en 2D). Au total, l'échantillon est constitué de 479 sujets appartenant aux différentes tranches d'âge (6–7 ans, 8–9 ans, 10–11 ans, 12–13 ans, 14–15 ans) et répartis dans les trois groupes (tableau 1).

Tableau 1 Taille d'échantillon par groupe et tranche d'âge

	6–7 ans	8–9 ans	10–11 ans	12–13 ans	14–15 ans	Total
G1 : 2 ½ D à manipuler	28	34	31	34	31	158
G2 : 2 ½ D à observer	31	31	31	34	30	157
G3 : 2D	31	32	32	34	30	159

Préalablement à l'expérimentation, certaines informations sont récoltées soit auprès des professeurs de mathématiques, soit auprès des parents, soit auprès des sujets eux-mêmes. Ces données permettent d'analyser de manière approfondie les résultats, en prenant en considération certaines variables susceptibles, d'après la littérature, de les influencer. C'est notamment le cas de la présence de certains troubles (Amorim et al., 2006; Blank et al., 2012) ou de certaines habitudes telles que la pratique régulière de jeux vidéo (Sims & Mayer, 2002 ; Ault & John, 2010).

L'expérimentation prend la forme d'un entretien individuel d'une quinzaine de minutes. Sans phase d'entrainement, les sujets doivent résoudre sept exercices de reconnaissance, chacun faisant référence à un solide : cylindre, cône, sphère, prisme droit à base triangulaire, anneau rond à bord arrondi, cube, anneau rond à bord droit. La volonté d'intégrer différents solides fait suite à d'autres expérimentations qui ont montré que les résultats à des tâches impliquant les habiletés spatiales pouvaient varier en fonction des objets géométriques présentés (Piaget & Inhelder, 1942 ; Duroisin & Demeuse, 2016). Par ailleurs, le choix des solides a été réalisé pour pouvoir mettre en relation les résultats avec ces mêmes recherches antérieures.

Dans chaque exercice, le sujet est d'abord invité à prendre connaissance du solide selon la modalité du groupe auquel il appartient. Les sujets du groupe 1 doivent donc observer le solide virtuel présenté sur tablette, qu'ils peuvent manipuler au travers de l'application précédemment décrite. Ceux du groupe 2 doivent observer le solide virtuel au travers d'une vidéo présentée sur tablette dans laquelle le solide tourne sur lui-même. Enfin, les sujets du troisième groupe doivent se contenter d'observer uniquement une représentation plane du solide (photographie correspondant à la vue de départ du groupe 1 et du groupe 2, avant manipulation ou commencement de la vidéo) présentée sur tablette.

Après le temps d'observation du solide manipulé ou d'observation de la vidéo/photo, différentes propositions sont dévoilées au sujet, comme l'illustre la figure 2 pour l'exercice du cylindre. Il est demandé au sujet de sélectionner parmi toutes ces propositions celle qui est l'élément observé/ manipulé sur la tablette et de justifier son choix. Le sujet peut soit sélectionner plusieurs propositions, soit ne retenir aucune proposition et justifier ce choix.

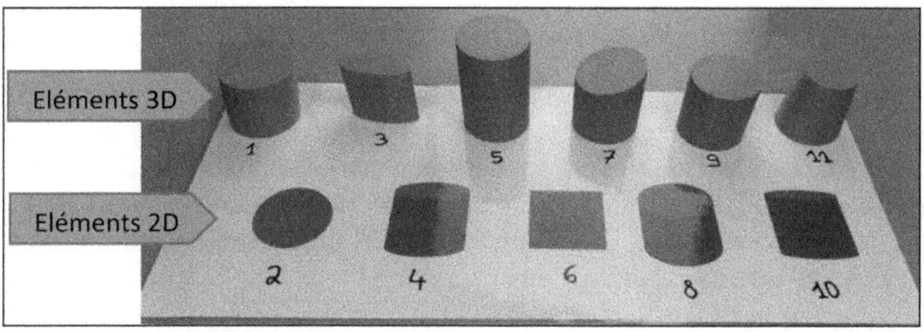

Figure 2 Illustration de propositions

Dans les éléments 3D proposés, il y a systématiquement le solide correct (sur la figure 2: proposition 9) mais il y également d'autres solides proches (solides étirés, penchés, avec une ou plusieurs bases rétrécies ou déformées ou orientées autrement...). Par exemple, sur la figure 2, la proposition 1 correspond au solide penché et la proposition 3 correspond au solide dont les bases ont été déformées pour qu'elles soient exactement de la forme de la base dans la représentation 2D de départ du solide. Dans la proposition 5, seule la hauteur a été modifiée. Dans la proposition 7, l'orientation de la base supérieure a été modifiée alors que c'est la taille de la base supérieure qui a été réduite dans la proposition 11. Parmi les choix 2D, on retrouve des dessins correspondant à différentes vues possibles du solide (vue de départ, vue après rotation du solide vers la gauche/la droite/l'avant/l'arrière, vu du dessus/du côté/ de face du solide). Sur la figure 2, la proposition 4 correspond à la vue en perspective de départ du solide proposé sur la tablette. Les propositions 8 et 10 sont respectivement des vues en perspective du solide après rotation vers l'avant et vers l'arrière. La proposition 2 est une vue du dessus du solide (disque) et la proposition 6 est une vue de l'avant du solide (carré). La volonté a été de suggérer le même type de proposition pour chaque solide dans une optique de comparaison. Néanmoins, cela implique un nombre de propositions variable d'un solide à l'autre notamment à cause du caractère symétrique de certains solides. Par exemple, pour le cylindre, la forme 2D de la vue en perspective de départ sera la même que celle de la forme 2D après rotation du solide vers la droite ou vers la gauche.

L'entretien se termine par un questionnaire visant à récolter les perceptions à postériori (annexe 1) des participants à l'égard des exercices venant d'être réalisés. Ces questionnaires permettent, à l'aide d'une échelle de type Likert, de récolter l'avis des sujets concernant principalement leur sentiment de facilité à résoudre les exercices, leur niveau de compréhension des consignes posées ou encore leur niveau de confiance vis-à-vis des réponses données.

4.3.3 Présentation des premiers résultats

Sont ici présentés quelques résultats de l'expérimentation menée, analysés de manière brute, c'est-à-dire sans prendre en compte les récoltes d'informations préalables et à postériori réalisées (troubles, expérience antérieure...). Le tableau 2 présente pour chaque solide et sans distinction des tranches d'âge, différents taux qu'il parait intéressant de mettre en évidence pour analyser les résultats :

- le taux de sujets ayant sélectionné, uniquement la proposition 3D correcte parmi les propositions 3D, ainsi qu'éventuellement une ou des propositions 2D. Ce dernier pourcentage est apparu plus intéressant à analyser que le taux de sujets ayant sélectionné uniquement la réponse 3D correcte. En effet, en réalisant l'expérimentation, nous nous sommes rendu compte que plusieurs sujets sélectionnaient des propositions 2D en précisant que c'étaient des photos/vues du solide. Ce taux est donc associé à la part des apprenants qui arrivent à percevoir adéquatement la 3D.
- le taux de sujets ayant sélectionné au moins une proposition 3D incorrecte. Ce taux est associé à la part des apprenants qui perçoivent la 3D mais de manière inadéquate.
- le taux de sujets n'ayant sélectionné qu'une ou plusieurs propositions 2D. Ce taux est associé aux sujets qui ne perçoivent pas la 3D et qui restent bloqués à la 2D.

Tableau 2 Résultats de l'expérimentation toutes tranches d'âge confondues

	Cylindre	*Cône*	*Sphère*	*Prisme droit à base triangulaire*	*Anneau à bord arrondi*	*Cube*	*Anneau à bord droit*
Taux de sujets ayant sélectionné uniquement la proposition 3D correcte parmi les propositions 3D, ainsi qu'éventuellement une ou des propositions 2D (en %)							
G1 : 2 ½ D à manipuler	71,5	65,2	83,5	48,1	75,3	75,3	67,7
G2 : 2 ½ D à observer	58,6	61,1	67,5	52,9	63,1	66,2	68,2
G3 : 2D	66,0	40,3	20,8	18,2	38,4	52,8	49,1
Taux de sujets ayant sélectionné au moins une proposition 3D incorrecte (en %)							
G1 : 2 ½ D à manipuler	13,9	26,6	3,8	39,2	17,7	8,2	20,9
G2 : 2 ½ D à observer	20,4	29,3	5,7	31,2	19,7	12,7	17,8
G3 : 2D	24,5	43,4	32,7	56,0	41,5	20,8	31,4
Taux de sujets ayant sélectionné uniquement une/des proposition(s) 2D (en %)							
G1 : 2 ½ D à manipuler	14,6	8,2	10,8	12,0	7,0	15,8	11,4
G2 : 2 ½ D à observer	20,4	8,9	26,1	15,9	16,6	20,4	14,0
G3 : 2D	9,4	15,1	45,9	23,9	20,1	26,4	18,9

4.3.3.1 La perception de la 3D face aux environnements virtuels

Pour ce qui est de la situation globale des groupes confrontés aux solides virtuels, qui font l'objet central de cette recherche, on observe que pour la quasi-totalité des solides, plus de la moitié des apprenants sélectionnent uniquement le choix correct parmi les propositions 3D, même si la plupart du temps, des propositions 2D viennent compléter ce choix. Les taux relatifs à cette situation varient le plus souvent entre 60 et 80 %, excepté pour le prisme droit à base triangulaire pour qui les taux sont inférieurs. On peut donc suspecter que pour la plupart des solides, la majorité des sujets perçoivent adéquatement la 3D face à des représentations 2 ½ D. Toutefois, certains sujets sélectionnent aussi des propositions 3D incorrectes en plus de la proposition 3D correcte tandis que d'autres sélectionnent une ou plusieurs propositions 3D incorrectes sans sélectionner la proposition 3D correcte. Dans ces deux cas de figure, on peut suspecter, chez les apprenants, une perception inadéquate de la 3D. Au total, le pourcentage de sujets qui ont au moins une réponse 3D incorrecte varie entre 3,8 % et 39,2 % pour le groupe 1, et entre 5,7 % et 31,2 % pour le groupe 2. Systématiquement, le taux le moins élevé concerne la sphère et le plus élevé concerne le prisme droit à base triangulaire. Les résultats plus détaillés montrent que pour l'ensemble des solides, la proposition 3D incorrecte qui est la plus souvent choisie concerne celle où seule la hauteur de l'objet est transformée (par exemple, un cône dont la hauteur vaut 1,5 fois la hauteur du cône correct). Enfin, si certains arrivent à percevoir adéquatement et/ou inadéquatement la 3D, d'autres en restent à la 2D et ne semblent pas percevoir la 3D puisqu'ils ne sélectionnent que des propositions de ce type. Cette situation représente entre 7 % et 15,8 % des apprenants pour le groupe 1 et entre 8,9 % et 26,1 % pour le groupe 2.

4.3.3.2 Des situations différentes selon les solides

A première vue, des différences semblent être constatées entre les solides. Certains, comme le prisme droit à base triangulaire, semblent plus difficiles à percevoir que d'autres. Afin de vérifier la significativité de ces différences, des tests de Mac-Nemar ont été appliqués pour comparer les taux de perception adéquate obtenus entre les solides deux à deux, d'abord au sein du groupe 1 et ensuite au sein du groupe 2. Les proportions de sujets sélectionnant uniquement la proposition correcte parmi les propositions 3D et éventuellement des réponses 2D ont été comparées, cela pour statuer sur les différences entre solides au niveau des sujets arrivant à percevoir adéquatement la 3D. Les résultats (Annexe 2) montrent qu'au sein du groupe 1, les différences sont significatives entre le prisme et tous les autres solides, et ce, en défaveur du prisme. Elles le sont aussi, en faveur de la sphère, lors de la comparaison entre la sphère et quatre autres solides : le cône, le prisme à base triangulaire, l'anneau à bord droit et le cylindre. Par ailleurs, des différences sont aussi constatées entre le cône et tous les solides exceptés le cylindre et l'anneau à bord droit, et ce en défaveur du cône. Pour le groupe 2, seul le prisme se distingue significativement de certains solides avec un score significativement plus faible : la sphère, l'anneau à bord arrondi, le cube et l'anneau à bord droit. Aucune autre différence significative n'est observée entre les solides.

4.3.3.3 Manipulation versus observation

La différence entre les taux obtenus auprès des groupes 1 et 2 peut aussi être explorée afin de statuer sur l'impact de la manipulation. Si on s'intéresse au taux d'apprenants sélectionnant uniquement la proposition correcte parmi les propositions 3D, accompagnée éventuellement de propositions 2D, on constate que pour quatre des sept solides (le cône, le prisme à base triangulaire, le cube, l'anneau à bord droit), la différence entre les taux n'excède pas 10 %. Pour chaque solide, un test du χ^2 a été mené en vue de statuer sur le caractère significatif des différences de taux entre les deux groupes. Les résultats (tableau 3) montrent qu'il n'existe pas de différences significatives pour ces 4 solides mais qu'il y a des différences significatives pour les trois autres solides restants, et systématiquement en faveur du groupe autorisé à manipuler les solides virtuels. Il semble donc n'y avoir qu'un impact partiel de la manipulation sur l'indicateur de perception adéquate de la 3D.

Tableau 3 Significativité (p-value) des tests χ^2 effectués pour identifier les différences de taux de sujets sélectionnant uniquement la proposition correcte parmi les propositions 3D et éventuellement des réponses 2D entre les groupes 1 et 2 pour chaque solide

Solides	χ^2	**p-values**
Cylindre	5,784	0,016*
Cône	0,553	0,457
Sphère	10,954	0,001*
Prisme droit à base triangulaire	0,715	0,398
Anneau à bord arrondi	5,533	0,018*
Cube	3,136	0,077
Anneau à bord droit	0,007	0,935

4.3.3.4 Les représentations 2 ½ D versus les représentations 2D : comparaison avec le 3ème groupe

A titre indicatif, les résultats des deux premiers groupes peuvent être comparés avec ceux obtenus par les enfants et les adolescents du groupe 3. Au niveau du taux de sujets sélectionnant uniquement la proposition 3D correcte parmi les propositions 3D, avec éventuellement des choix 2D qui viennent compléter la sélection, les résultats apparaissent nettement en défaveur du troisième groupe, excepté pour le cylindre où les résultats semblent proches entre les trois groupes. Cela incite donc à penser que la plupart du temps, la perception de la 3D semble être plus efficace avec des solides virtuels qu'avec des représentations planes. Le taux de sujets sélectionnant une ou plusieurs propositions 3D incorrectes est systématiquement plus important chez les sujets du troisième groupe que chez ceux des deux premiers et les différences sont parfois très marquées. Les représentations 2D semblent donc davantage inciter un passage inadéquat à la 3D. Si finalement, on regarde l'autre erreur type, à savoir le fait d'en rester à des propositions 2D, on constate que la situation est variable selon les solides. L'erreur pour le cylindre est moins présente avec les représentations 2D que pour les autres solides dans la même représentation.

4.3.3.5 Evolution développementale : comparaison des tranches d'âge

Dans le tableau 4, l'aspect développemental est détaillé en présentant, pour chaque solide et à chaque tranche d'âge, les taux de sujets ayant sélectionné uniquement la réponse 3D correcte parmi les propositions 3D ainsi qu'éventuellement d'autres propositions 2D. Les résultats montrent que le niveau de la perception adéquate de la troisième dimension ne semble pas constant sur l'ensemble des tranches d'âge. Dans certains cas, des différences assez élevées sont même constatées. C'est le cas par exemple pour la perception du cône au sein du groupe 1, où on observe que le taux varie entre 44,1 % à 90,3 %. Cela laisse à penser que l'habileté de perception de la 3D dans des environnements virtuels varie selon les âges. Toutefois, lorsqu'on s'intéresse à cette évolution, on constate des différences marquées entre les solides et parfois entre les groupes pour un même solide. Dans un nombre réduit de cas, on observe un taux qui augmente entre chaque tranche d'âge (par exemple, avec l'anneau à bord arrondi pour le groupe 1). La plupart du temps, on observe une diminution ou une stagnation entre certaines tranches d'âge, principalement dans les tranches 8–9, 10–11 et/ou 14–15 ans. Nous pouvons, à titre d'exemple, citer le cas de la sphère pour le groupe 2 où le taux augmente avec l'âge pour les quatre premières tranches, avant de diminuer pour la dernière, ou le cas du cône pour le groupe 1, qui diminue chez les sujets de 8–9 ans en comparaison aux sujets âgés de 6-7 ans avant d'augmenter pour chacune des tranches d'âge suivantes. Les évolutions semblent être donc différentes selon les solides et selon les actions autorisées sur le matériel. Le score le plus faible est très rarement celui obtenu auprès des 6–7 ans et celui le plus élevé n'est pas systématiquement celui des 14–15 ans.

Tableau 4 Taux de sujets ayant sélectionné uniquement la proposition 3D correcte parmi les propositions 3D ainsi qu'éventuellement des propositions 2D (en %)

Solides	Groupes	*6–7 ans*	*8–9 ans*	*10–11 ans*	*12–13 ans*	*14–15 ans*
Cylindre	G1 : 2 ½ D à manipuler	71,4	70,6	51,6	76,5	87,1
	G2 : 2 ½ D à observer	54,8	61,3	54,8	61,8	60,0
	G3 : 2D	77,4	56,3	59,4	67,6	70,0
Cône	G1 : 2 ½ D à manipuler	57,1	44,1	58,1	76,5	90,3
	G2 : 2 ½ D à observer	67,7	48,4	48,4	70,6	70,0
	G3 : 2D	54,8	31,3	31,3	55,9	26,7
Sphère	G1 : 2 ½ D à manipuler	67,9	85,3	83,9	85,3	93,5
	G2 : 2 ½ D à observer	22,6	54,8	77,4	94,1	86,7

Tableau 4 Suite

Solides	Groupes	*6–7 ans*	*8–9 ans*	*10–11 ans*	*12–13 ans*	*14–15 ans*
	G3 : 2D	38,7	21,9	18,8	8,8	16,7
Prisme droit à base triangulaire	G1 : 2 ½ D à manipuler	35,7	29,4	48,4	55,9	71,0
	G2 : 2 ½ D à observer	38,7	38,7	48,4	67,6	70,0
	G3 : 2D	19,4	18,8	12,5	17,6	23,3
Anneau à bord arrondi	G1 : 2 ½ D à manipuler	60,7	61,8	77,4	82,4	93,5
	G2 : 2 ½ D à observer	35,5	35,5	61,3	97,1	83,3
	G3 : 2D	38,7	37,5	21,9	50,0	43,3
Cube	G1 : 2 ½ D à manipuler	78,6	70,6	74,2	79,4	74,2
	G2 : 2 ½ D à observer	61,3	54,8	67,7	79,4	66,7
	G3 : 2D	61,3	34,4	53,1	55,9	60,0
Anneau rond à bord droit	G1 : 2 ½ D à manipuler	57,1	44,1	71,0	73,5	93,5
	G2 : 2 ½ D à observer	45,2	54,8	67,7	88,2	83,3
	G3 : 2D	45,2	43,8	40,6	55,9	60,0

4.3.4 Discussion des premiers résultats

Au travers des quelques résultats illustrés, nous pouvons d'ores et déjà mettre en évidence différents éléments qui viennent enrichir à la fois la connaissance quant au développement de l'habileté de perception de la troisième dimension des enfants et des adolescents face à des environnements virtuels 2 ½ D, mais également la réflexion par rapport à l'adaptation des supports d'apprentissage utilisés en géométrie. Il est, par exemple, possible de relever que, de manière globale, les environnements virtuels permettent pour bon nombre d'enfants une perception adéquate de la 3D, en comparaison à des représentations planes. Toutefois, les résultats permettent surtout de mettre en évidence que la perception de la 3D n'est pas automatique pour tous les apprenants face à ces environnements. En effet, certains sujets ne sélectionnent pas l'objet 3D correct. Si certains perçoivent la 3D de manière inadaptée en sélectionnant des propositions 3D incorrectes, d'autres n'arrivent pas à percevoir la troisième dimension et choisissent uniquement des propositions 2D. Nous devons cependant rester nuancés vis-à-vis de cette dernière affirmation puisque la sélection d'aucune proposition 3D pourrait être due au fait que les choix 3D ne conviennent pas. Cela constitue une limite des tâches de reconnaissance comme celles utilisées dans l'expérimentation. Les résultats permettent de souligner que, face à de tels environnements, voir dans l'espace peut s'avérer problématique pour certains apprenants, ce qui rejoint les propos de Vivian et al. (2014). En effet, l'apprenant doit pouvoir se reconstituer mentalement la troisième dimension à partir de l'information dynamique qui occasionne une charge mentale plus importante (Höffler, 2010). L'expérimentation permet donc de confirmer que même face à de tels environnements, qui pourtant ont une certaine proximité avec le monde réel, il y a une certaine complexité, déjà identifiée par plusieurs auteurs, à voir dans l'espace (Mithalal, 2014 ; Duroisin & Demeuse, 2016).

Au niveau de la comparaison entre le premier et le deuxième groupe, c'est-à-dire entre les sujets autorisés à manipuler ou non les solides virtuels, il était au départ possible de suspecter, d'une part, que les résultats seraient en faveur de la manipulation, étant donné la proximité de la manipulation d'objets virtuels avec la manipulation physique et haptique des objets 3D (Žilková & Partová, 2019). C'est d'ailleurs ce qui a été observé pour trois des solides. Par contre, cela n'est pas systématiquement le cas. En effet, pour les quatre autres, aucune différence significative n'est observée. Ce résultat apparait intéressant pour guider les pratiques. L'enquête menée auprès des enseignants (Beauset & Duroisin, 2021) a d'ailleurs montré que lorsque des solides virtuels sont utilisés, c'est principalement en les faisant uniquement observer et non en les leur faisant manipuler. Un tel constat au niveau des pratiques est probablement dû aux possibilités matérielles dont disposent les enseignants. En effet, la simple observation de solides virtuels peut se faire via un TBI alors que la manipulation individuelle nécessite davantage de matériel (par exemple, plusieurs tablettes). Des analyses complémentaires semblent tout de même nécessaires en vue de s'assurer que cette absence de différence entre manipulation et observation soit tout aussi valable pour les enfants et les adolescents des différentes tranches d'âge. Si pour certaines tranches d'âge, des différences significatives en faveur de la manipulation venaient à être constatées, il serait alors nécessaire de bien sensibiliser les enseignants à ce sujet.

Par ailleurs, les résultats permettent de montrer que la perception de la 3D varie en fonction des solides, particulièrement lorsqu'on propose des solides virtuels à manipuler. En effet, certains solides virtuels, comme le prisme droit à base triangulaire, sont moins souvent correctement perçus. Cette différence entre solides ne semble pas en incohérence avec les résultats d'autres expérimentations qui ont évalué les habiletés spatiales et ont montré des différences de résultats selon les solides (Duroisin & Demeuse, 2016).

Si, globalement, les résultats vont dans le sens d'une perception majoritairement adéquate de la 3D, les résultats par tranches d'âge invitent à rester prudents. Il apparait nécessaire de poursuivre les analyses menées en vue de pouvoir identifier l'âge à partir duquel il est pertinent de proposer ce type de matériel aux apprenants. Par ailleurs, au vu des résultats laissant apparaitre un nombre élevé d'élèves en difficulté au niveau de la perception de la troisième dimension sur ce support, il apparait intéressant de poursuivre les analyses en vue d'identifier certains profils d'élèves éprouvant lesdites difficultés.

Plusieurs éléments doivent être mis en évidence pour pouvoir prendre du recul vis-à-vis de l'expérimentation ici mise en œuvre. Nous en présentons quelques-uns. Le premier élément, préalablement évoqué, concerne le fait d'avoir opté pour une tâche de reconnaissance et non une tâche de production. Ce choix expérimental risque évidemment d'influencer les résultats. L'alternative d'une tâche de production a été envisagée mais celle-ci occasionnait d'autres limites comme la complexité à faire construire un solide aux enfants avec, de ce fait, la nécessité de compétences spatiales et motrices supplémentaires. Une autre limite concerne l'incompréhension de la tâche liée à la difficulté de distinction entre « élément géométrique » et « représentation » de cet élément. En effet, la consigne donnée était de sélectionner l'élément qui était dans la tablette. Si nous avons choisi d'intégrer des propositions 2D (illustrations de représentations du solide), c'était au départ pour faire référence à des objets à deux dimensions. Pourtant, nous nous sommes vite rendu compte que de nombreux sujets ont sélectionné ces réponses planes en précisant explicitement qu'ils effectuaient ce choix car c'était « une vue/ une représentation/une photo » du solide. Cet élément de discussion nous invite à rester prudents vis-à-vis des apprenants ayant sélectionné uniquement des représentations 2D et pour lesquels nous concluons l'absence d'une perception de la 3D. L'exploitation des arguments utilisés par les enfants et les adolescents devraient permettre d'éclaircir les choix effectués. Enfin, une autre limite de l'expérimentation concerne le manque d'informations sur les modalités, par exemple le type de matériel, des apprentissages antérieurs des participants en géométrie 3D, en particulier pour savoir avec quels supports ils ont appris cette matière. Pour obtenir de telles informations, seuls les enfants et les adolescents ainsi que leur enseignant au moment de l'expérimentation ont été questionnés.

En outre, les résultats ici présentés sont évidemment incomplets et doivent être enrichis par des analyses descriptives et inférentielles complémentaires. Par exemple, ils ne prennent pas encore en compte les nombreuses variables que l'expérimentation permet d'interroger comme les troubles de l'apprentissage et qui sont susceptibles d'avoir un impact sur le développement de l'habileté de perception de la 3D. Ceux-ci devront évidemment être complétés également par l'analyse des gestes réalisés sur l'appareil tactile par les apprenants du groupe 1, notamment pour déterminer si certains gestes occasionnent une meilleure perception de la 3D, mais aussi par l'analyse des justifications apportées par les sujets lors du choix effectué. Toutefois, l'intention, au travers de l'analyse de ces données, était surtout de montrer aux lecteurs le type de résultats qu'il est possible d'obtenir grâce à l'expérimentation et ainsi le type d'interprétation qu'il serait possible d'en faire.

4.4 D'autres expérimentations pour d'autres questionnements complémentaires

Subséquemment à celle-ci, d'autres expérimentations sont également en cours ou envisagées dans un futur proche pour compléter celle présentée ici. L'une de ces expérimentations porte sur l'impact de l'orientation du support par rapport à la perception de la 3D. Elle nait d'un questionnement lié aux pratiques quotidiennes de la classe, lesquelles invitent l'élève tantôt à devoir travailler face à un support vertical, le tableau, tantôt face à un support horizontal, son banc. Une autre expérimentation traite de l'impact de l'apparence des solides virtuels présentés à l'apprenant (solides d'apparence réaliste ou non) sur sa perception de la 3D. Enfin une dernière expérimentation est menée sur l'habileté de visualisation spatiale et s'inscrit dans la poursuite des trois autres puisqu'elle permet d'évaluer si, outre le fait de bien les percevoir, les sujets sont aussi capables d'agir mentalement sur ces solides virtuels, comme ils le feraient sur des objets 3D réels.

5. Conclusion : des expérimentations qui dépassent le cadre de l'enseignement de la géométrie

Au travers de ce chapitre, nous avons voulu montrer que des expérimentations issues du domaine de la psychologie cognitivo-développementale peuvent enrichir les réflexions menées dans le domaine de la didactique de la géométrie tridimensionnelle. Cette idée s'appuie sur le lien pouvant exister entre habiletés spatiales et géométrie 3D (Gutiérrez, 1996; Baldy et al., 2005 ; Marchand, 2009 ; Putri, 2017; Kaur et al., 2018). En l'occurrence, les expérimentations menées permettent de questionner le niveau de développement de certaines habiletés spatiales face à différentes modalités d'usage d'environnements virtuels. De cette façon, une certaine réflexion peut être menée sur l'usage de solides virtuels en classe avec des apprenants du primaire et du secondaire inférieur.

L'objectif n'est pas ici de faire l'apologie de ces outils. Nous partageons d'ailleurs l'opinion d'Accascina et Rogora (2006) qui évoquent que les technologies ne se suffisent pas à elles-mêmes et ne doivent donc pas être le seul moyen utilisé lors de l'apprentissage, bien qu'elles puissent s'avérer être parfois des outils puissants pour l'apprentissage. L'intention est donc plutôt, d'une part, de vérifier l'adéquation de ce type d'outil avec le développement psycho-cognitif des enfants et des adolescents et, d'autre part, d'évaluer l'impact de certaines modalités d'usage de cet outil, le tout afin d'aboutir à des recommandations (public-cible, modalités d'utilisation...) pour un enseignement de la géométrie adapté au développement. Le travail mené pourra permettre notamment d'enrichir le contenu de la formation apportée aux enseignants, ce qui apparait comme une nécessité étant donné les besoins de formation exprimés par ces derniers à l'égard des choix de manipulations pertinents à proposer en géométrie 3D (Beauset & Duroisin, 2021b). Il pourra également permettre d'enrichir le contenu des prescriptions apportées par les autorités. Toutefois, d'autres expérimentations complémentaires à celles menées ici, s'intégrant cette fois purement dans le domaine de la didactique de la géométrie, s'avèrent essentielles si on souhaite voir l'effet de l'usage de tels outils sur les apprentissages et le développement de compétences scolaires en géométrie 3D. On peut par exemple penser à des plans quasi-expérimentaux avec prétest, post-test et dispositifs expérimentaux comparant des séances d'apprentissage dans lesquelles sont intégrés de tels outils.

De manière plus large, les différentes expérimentations permettent de mieux comprendre le développement spatial des enfants et des adolescents. Quand on connait l'importance de telles habiletés spatiales (Wright et al., 2008; Mix et al., 2016; Verdine et al., 2017; Rodán et al, 2019), cela parait d'autant plus important de se questionner à leur sujet. Comme le relèvent Vander Heyden et al. (2016), il est important d'avoir une bonne compréhension des composantes du raisonnement spatial. Cela permet d'obtenir un aperçu théorique de la structure factorielle du raisonnement spatial permettant d'aboutir à un modèle de développement complet comprenant des trajectoires de développement et des mécanismes psychologiques contribuant aux différences individuelles. De telles expérimentations s'inscrivent ainsi dans la poursuite de recherches antérieures, comme celle de Parsons et al. (2004) ou encore de Neubauer et al. (2010) qui ont par exemple souhaité identifier l'impact du type de support utilisé (réalité virtuelle versus support papier-crayon) sur certaines habiletés spatiales comme la rotation mentale, par exemple. En outre, les enfants et les adolescents étant de plus en plus confrontés à des environnements 3D, il apparait intéressant de comprendre leur fonctionnement dans ce contexte.

Plus encore, une telle démarche permet d'ouvrir une réflexion sur l'intégration de tels supports lors de l'évaluation des habiletés spatiales, c'est-à-dire dans les épreuves psychométriques. Cette évaluation apparait importante pour, d'une part, pouvoir identifier des élèves avec des talents dans les domaines des STEM (sciences, technologie, ingénierie et mathématiques), et, d'autre part, proposer aux élèves des interventions et entrainements adaptés à leur développement spatial (Vander Heyden et al., 2016). A ce jour, nombreuses sont les épreuves psychométriques qui permettent d'évaluer le sens spatial ou, de manière spécifique, une ou plusieurs habiletés spatiales (Perichon & Duroisin, présent ouvrage). Si certaines d'entre elles, comme le test des cubes de la NEPSY II (Korkman et al., 2007), se font à partir de matériels en 3D à manipuler, d'autres se font dans un format plus classique d'épreuves «papier-crayon». Ces dernières confrontent donc parfois les élèves à des représentations 2D d'objets 3D. Pourtant, les recherches notamment en didactique de la géométrie ont depuis bien longtemps montré que voir dans l'espace pouvait provoquer des difficultés chez les élèves et que la lecture de représentations 2D pouvait s'avérer problématique pour les enfants. Dès lors, l'usage de telles épreuves possède des limites notamment lorsqu'il s'agit d'interroger les plus jeunes enfants. Enfin, d'autres types d'épreuves proposent aux élèves d'évaluer les habiletés au travers de supports informatisés. Si plusieurs raisons peuvent inciter les utilisateurs à se tourner vers ce type d'outils (pour une automatisation de la cotation, par exemple...), se pose la question du type de représentations utilisées lors de ces épreuves pour évaluer des habiletés se rapportant aux objets 3D. Ces supports permettent évidemment de diffuser des représentations 2D classiques d'objets en trois dimensions, comme le feraient les épreuves papier-crayon, avec toutes les limites que de telles représentations peuvent occasionner notamment sur les enfants. Toutefois, de tels supports permettent d'aller au-delà de représentations planes au profit d'autres représentations: des représentations 2 ½ D. Les résultats des différentes expérimentations pourraient permettre d'envisager la création d'épreuves psychométriques en format informatique pour remplacer les épreuves de type «papier-crayon» incluant des représentations 2D d'objets 3D. La première expérimentation menée, étant donné la diversité des résultats obtenus au sein même des tranches d'âge, pourrait être repensée en tant qu'épreuve à proposer à des apprenants préalablement aux apprentissages, en vue, par exemple, de déterminer auprès desquels il serait légitime de proposer des solides virtuels lors des apprentissages sans que cela ne leur pose des difficultés de perception de la 3D, ou inversement, d'identifier les apprenants pour qui ces supports ne sont pas adaptés.

Référence

Accascina, G., & Rogora, E. (2006). Using cabri 3D diagrams for teaching geometry. *International journal for Technology in mathematics Education, 13*(1), 11–22.

Amorim, M., Isableu, B., & Jarraya, M. (2006). Embodied spatial transformations: body analogy for the mental rotation of objects. *Journal of*

Experimental Psychology: General, 135(3), 327–347. https://doi.org/10.1037/0096-3445.135.3.327

Audibert, G., Brunet, R. & Fages, J. (1990). *La perspective cavalière.* Publication de l'A.P.M.E.P., *75.*

Ayres, P., & Paas, F. (2009). Interdisciplinary perspectives inspiring a new generation of cognitive load research. *Educational Psychology Research, 21*, 1–9. https://doi.org/10.1007/s10648-008-9090-7

Ault, H., & John, S. (2010). Assessing and enhancing visualization skills of engineering students in Africa: A comparative study. *Engineering Design Graphics Journal, 74*(2), 12–20.

Bakó, M. (2003, 28 février-3 mars). *Different projecting methods in teaching spatial geometry.* [Communication]. Proceedings of the Third Conference of the European society for Research in Mathematics Education. Bellaria.

Baldy, R., Devichi, C., Aubert, F., Munier, V., Merle, H., Dusseau, J., & Favrat, J. (2005). Développement cognitif et apprentissages scolaires : l'exemple de l'acquisition du concept d'angle. *Revue française de pédagogie, 152*, 49–61. https://doi.org/10.3406/rfp.2005.3363

Baraudon, C., Lanfranchi, J.-B., Bastien, C., & Fleck, S. (2021). Conception d'une échelle française d'évaluation de l'utilisabilité des nouvelles technologies éducatives par l'enfant. *Médiations et médiatisations, 5*, 44–67. https://doi.org/10.52358/mm.vi5.174

Battista, M. T., Frazee, L. M., & Winer, M. L. (2018). Analyzing the relation between spatial and geometric reasoning for elementary and middle school students. Dans K. S. Mix & M. T. Battista (Eds.), *Visualizing Mathematics: the role of spatial reasoning in mathematical thought* (pp. 195–228). Springer.

Bayart C., et al. (1996). Voir et raisonner : à la conquête de l'espace au collège. *Repères IREM, 33*, 19–36.

Beauset, R., & Duroisin, N. (2021, 12–14 octobre). *Enseigner la géométrie dans l'espace à l'école primaire : conceptions et pratiques d'enseignants francophones.* [Communication]. Colloque L'école primaire au 21e siècle ,Cergy.

Beauset, R., & Duroisin, N. (2021b, 17–19 novembre). *La géométrie 3D : quels enjeux pour la formation des enseignants ? Identification des conceptions et pratiques déclarées des enseignants du primaire et du secondaire inférieur.* [Communication]. 5e colloque international AUPTIC.education, Brigue.

Bertolo, D. (2013, 4 novembre). *Les Interactions sur tablettes Multi-touch améliorent-elles l'apprentissage de la géométrie dans l'espace ?* [Communication]. IHM'13 : 25ème conférence francophone sur l'Interaction Homme-Machine, Bordeaux.

Bertolo, D. (2014). *Apports et évaluations des interactions sur tablettes numériques dans le cadre de l'apprentissage de la géométrie dans l'espace* [Thèse de doctorat non publiée]. Université de Lorraine, France.

Bertolo, D. Vivian, R., & Dinet, J. (2015). *Evaluation de l'apport d'une utilisation de tablettes numériques dans l'apprentissage de la géométrie dans l'espace à l'école primaire.* MathemaTICE

Bishop, A. J. (1983). Spatial abilities and mathematical thinking. Dans M. Zweng et al. (Eds.), *Proceedings of the IV I.C.M.E.* (pp. 176–178), Birkhäuser.

Blank, R., Smits-Engelsman, B., Polatajko, H., & Wilson, P. (2012). European Academy for Childhood Disability (EACD) : ecommendations on the definition, diagnosis and intervention of developmental coordination disorder (long version). *Developmental Medicine et Child Neurology, 54*, 54–93. https://doi.org/10.1111/j.1469-8749.2011.04171.x

Bridoux, S., & Nihoul, C. (2015). Difficultés des élèves à interpréter des constructions dans l'espace. Une étude de cas. *Petit x*, *98*, 53–76.

Bruce, C. D., & Sinclair, N. (2014). The role of tools and technologies in increasing the types and nature of spatial reasoning tasks in the classroom. Dans N. Sinclair, N. & C.D. Bruce (Eds.), *Research forum: spatial reasoning for young learners* (pp. 18–199), Routledge.

Camou, B. J. (2012). *High school students' learning of 3D geometry using iMAT (integrating Multityperepresentations, Approximations and Technology) engineering* [Thèse de doctorat non publiée]. University of Georgia, Athens.

Chaachoua, A. (1997). *Fonctions du dessin dans l'enseignement de la géométrie dans l'espace. Etude d'un cas : la vie des problèmes de construction et rapports des enseignants à ces problèmes* [Thèse de doctorat non publiée]. Université Joseph Fourier, Grenoble.

Christou, C., Pittalis, M., Mousoulides, N., & Jones, K. (2005). Developing 3D dynamic geometry software : theoretical perspectives on design. Dans F. Olivero & R. Sutherland (Eds.), *Visions of mathematics education : Embedding technology in learning* (pp. 69–77). University of Bristol.

Christou, C., Jones, K., Mousoulides, N., & Pittalis, M. (2006). Developing the 3dMath dynamic geometry software : theoretical perspectives on design. *International Journal for Technology in Mathematics Education, 13*(4), 168–174.

Clements, D. H., & Sarama, J. (2011). Early childhood teacher education: the case of geometry. *J Math Teacher Educ,14*(2),133–48. https://doi.org/10.1007/s10857-011-9173-0.

Cohé, A. (2012). *Manipulation de contenu 3D sur des surfaces tactiles. Interface homme-machine* [Thèse de doctorat non publiée]. Université Sciences et Technologies – Bordeaux I.

Darken, R., & Sibert, J. (1996). Navigating Large Virtual Spaces. *International Journal of Human-Computer Interaction, 8*(1), 49–72. https://doi.org/0.1080/10447319609526140

Davis, F. D. (1989). Perceived Usefulness, perceived ease of use and user acceptance of information technology. *MIS Quarterly*, 13(3), 319–339. http://doi.org/10.2307/249008

Douaire, J., Emprin, F., & Rajain, C. (2009). L'apprentissage du 3D à l'école. *Repères, 77*, 23–52.

Duroisin, N., & Demeuse, M. (2016). Le développement de l'habileté de visualisation spatiale en mathématiques chez les élèves âgés de 8 à 14 ans. *Petit x, 102*, 5–25.

Duroisin, N. (2015). *Quelle place pour les apprentissages spatiaux à l'école ? Etude expérimentale du développement des compétences spatiales des élèves âgés de 6 à 15 ans* [Thèse de doctorat]. Université de Mons.

Grenier, D., & Tanguay, D. (2008). L'angle dièdre, notion incontournable dans les constructions pratiques et théoriques des polyèdres réguliers. *Petit x, 78*, 26–52.

Gutiérrez, A. (1996). Visualization in 3-dimensional geometry: In search of a framework. Dans L. Puig & A. Gutiérrez (Eds.). *Proceedings of the 20th conference of the International Group for the Psychology of Mathematics Education* : Vol. 1. (pp. 3–19). University of Valence.

Ha, O., & Fang, N. (2017). Interactive virtual and physical manipulatives for improving students' spatial skills. *Journal of Educational Computing Research, 55*(8), 1088–1110. https://doi.org/10.1177/0735633117697730

Haj-Yahya, A. (2021). Can a number of diagrams linked to a proof task in 3D geometry improve proving ability ? Mathematics Education Research Journal, *35*(1), 215–236. https://doi.org/10.1007/s13394-021-00385-8

Hawes, Z., Lefevre, J.-A., Xu, C., & Bruce, C.D. (2015). Mental rotation with tangible three-dimensional objects: a new measure sensitive to developmental differences in 4- to 8-year-old children. *Mind, Brain, and Education, 9*(1), 10–18. https://doi.org/10.1111/mbe.12051

Highfield, K., & Mulligan, J. T. (2007). The role of dynamic interactive technological tools in preschoolers' mathematical patterning. Dans J. Watson & K. Beswick (Eds.), *Proceedings of the 30th annual conference of the Mathematics Education Research Group of Australasia*: Vol. 1. (pp. 372–381) MERGA.

Hoe, Z.Y., Lee, I.J., Chen, C. H. & Chang, K. P. (2017). Using an augmented reality-based training system to promote spatial visualization ability for the elderly. *Universal Access in the Information Society, 18*, 327–342.

Höffler, T.N. (2010). Spatial ability: its influence on learning with visualizations—a metaanalytic review. *Educational Psychology Review, 22*, 245–269. https://doi.org/10.1007/s10648-010-9126-7

Jansen, P., & Kaltner, S. (2014). Object based and egocentric mental rotation performance in older adults: the importance of gender differences and motor ability. *Aging, Neuropsychology and Cognition, 21*, 296–316. https://doi.org/10.1080/13825585.2013.80572

Karsenti, T., & Fievez, A. (2013). *L'iPad à l'école: usages, avantages et défis: Résultats d'une enquête auprès de 6057 élèves et 302 enseignants du Québec (Canada).* CRIFPE.

Kaur, N., Pathan, R., Khwaja, U., & Murthy, S. (2018). GeoSolvAR: augmented reality based solution for visualizing 3D solids. Dans *2018 IEEE 18th International Conference on Advanced Learning Technologies (ICALT),* (pp 372–376.). IEEE. https://doi.org/10.1109/icalt.2018.00093

Korkman, M., Kirk, U., & Kemp, S. (2007). NEPSY (2nd ed.). San Antonio, TX: Psychological Corporation.

Kondo, Y., Fujita, T., Kunimune, S., Jones, K., & Kumakura, H. (2014). The influence of 3D representations on students' level of 3D geometrical thinking. Dans P. Liljedahl, S. Oesterle, C. Nicol & D. Allan (Eds.). *Proceedings of PME 38 and PME-NA 36* : Vol. 4. (pp. 25–32). PME.

Kratz, S., Rohs, M., Guse, D., Müller, J., Bailly, G., & Nischt, M. (2012). PalmSpace. Proceedings of the International Working. Dans G. Tortora, S. Levialdi & M. Tucci. *AVI '12 : Proceedings of the International Working Conference on Advanced Visual Interfaces*, (pp. 181–188), Association for Computing Machinery. https://doi.org/10.1145/2254556.2254590

Le, H.K., & Kim, J.E. (2017). An augmented reality application with hand gestures for learning 3D geometry. Dans *2017 IEEE International Conference on Big Data and Smart Computing (BigComp)*, (pp. 34–41), IEEE. https://doi.org/10.1109/bigcomp.2017.7881712

Larios, O. V. (2003, 28 février-3 mars). *Geometrical rigidity : an obstacle in using dynamic geometry software in a geometry course.* [Communication]. 3rd Conference of the European Society for Research in Mathematics Education, Bellaria.

Lowrie, T., Logan, T., Harris, D., & Hegarty, M. (2018). The impact of an intervention program on students' spatial reasoning: student engagement through mathematics-enhanced learning activities. *Cognitive Research: Principles and Implications, 3*(50), 1–10. https://doi.org/10.1186/s41235-018-0147-y

Marchand, P. (2009). Le développement du sens spatial au primaire. *Bulletin AMQ , 49*(3), 63– 79.

Markopoulos, C., Potari, D., Boyd, W., Petta, K., & Chaseling, M. (2015). The development of primary school students' 3D geometrical thinking within a dynamic transformation context. *Creative Education*, *6*, 1508–1522. doi:10.4236/ce.2015.614151

Mathé, A.C., Barrier, T., & Perrin-Glorian, M. J. (2020). *Enseigner la géométrie élémentaire : Enjeux, ruptures et continuités.* Academia.

Mithalal, J. (2010). *Déconstruction instrumentale et déconstruction dimensionnelle dans le contexte de la géométrie dynamique tridimensionnelle* [Thèse de doctorat non publiée]. Université de Grenoble.

Mithalal, J. (2014). Voir dans l'espace : est-ce si simple ? *Petit x*, *96*, 51–73.

Mix, K.S., & Cheng, Y.L. (2012). The relation between space and math: developmental and educational implications. *Advances in Child Development and Behavior. 42*, 197–243. https://doi.org/10.1016/B978-0-12-394 388-0.00006-X

Mix, K. S., Levine, S. C., Cheng, Y. L., Young, C. & Hambrick, D. Z. (2016). Separate but correlated: The latent structure of space and mathematics across development. *Journal of Experimental Psychology: General, 145*(9), 1206–1227. https://doi.org/10.1037/xge0000182.

Moyer, P., Bolyard, J., & Spikell, M. (2001). Virtual manipulatives in the K-12 classroom, Dans A. Rogerson (Ed.). *Proceedings of the International Conference on New Ideas in Mathematics Education* (pp. 184–187). Springer Open.

Neubauer, A. C., Bergner, S., & Schatz, M. (2010). Two- vs. three-dimensional presentation of mental rotation tasks: sex differences and effects of training on performance and brain activation. *Intelligence, 38*, 529–539. https://doi.org/10.1016/j.intell.2010.06.001

Osta, I. (1987). Analyse d'une séquence didactique. Représentations graphiques à l'aide d'un ordinateur comme médiateur dans l'apprentissage de notions de géométrie de l'espace. Dans G. Vergnaud, G. Brousseau & M. Hulin (Eds.), *GRECO didactique, CNRS. Didactique et acquisition des connaissances scientifiques : actes du colloque de Sèvres* (pp. 165–184). La pensée sauvage.

Parsons, T. D., Larson, P., Kratz, K., Thiebaux, M., Bluestein, B., Buckwalter, J. G., & Rizzo, A. (2004). Sex differences in mental rotation and spatial rotation in a virtual environment. *Neuropsychologia, 42*(4), 555-562. https://doi.org/10.1016/j.neuropsychologia.2003.08.014

Parzysz, B. (1988). "Knowing" vs "seeing". Problems of the plane representation of space geometry figures. *Educational Studies in Mathematics, 19*(1), 79–92. https://doi.org/10.1007/BF00428386

Petit, M. (2013). Comparing concrete to virtual manipulatives in mathematics Education. *Science Lib, 5*.

Piaget, J., & Inhelder, B. (1947). *La représentation de l'espace chez l'enfant.* Presses Universitaires de France.

Pittalis, M., & Christou, C. (2010). Types of reasoning in 3D geometry thinking and their relation with spatial ability. *Educational Studies in Mathematics, 75*(2), 191–212. https://doi.org/10.1007/s10649-010-9251-8

Pittalis, M., & Christou, C. (2013). Coding and decoding representations of 3D shapes. *The Journal of Mathematical Behavior, 32*(3), 673–689. https://doi.org/10.1016/j.jmathb.2013.08.004

Putri, A. H. (2017). Pengaruh kemampuan spasial terhadap kemampuan geometri pada peserta didik kelas VII SMP swasta di kecamatan kebomas gresik. *Jurnal Pemikiran Pendidikan, 23*(2), 114–121.

Ray-Kaeser, S., Thommen, E., Martini, R., Jover, M., Gurtner, B., & Bertrand, A. M. (2019). Psychometric assessment of the French European Developmental Coordination Disorder Questionnaire (DCDQ-FE). *Plos One, 14*(4). https://doi.org/10.1371/journal.pone.0217280

Rodán, A., Gimeno, P., Elosúa, R., Montoro, P., & Contreras, M.J. (2019). Boys and girls gain in spatial, but not in mathematical ability after mental rotation training in primary education. *Learning and Individual Differences, 70*, 1–11. https://doi.org/10.1016/j.lindif.2019.01.001

Rouche, N. (2002). Vers une géométrie naturelle. Rapport 72(1). CREM.

Royal Society and Joint Mathematical Council working group (2001). *Teaching and Learning Geometry 11–19*, JMC.

Saralar-Aras, I., & Ainsworth, S. (2020). *A categorisation of middle school students' errors in representing three-dimensional shapes.* [Communication]. The EARLI JURE 2020 Conference: Generation Change: The Future of Education in a Diverse Society, Nottingham.

Sims, V. K., & Mayer, R. E. (2002). Domain specificity of spatial expertise: The case of video game players. *Applied Cognitive Psychology, 16*, 97–115. https://doi.org/10.1002/acp.759

Sinclair, N., & Bruce, C. D. (2014). Research forum: spatial reasoning for young learners. Dans P. Liljedahl, C. Nicol, S. Oesterle & D. Allan (Eds.), *Proceedings of the joint meeting of PME 38 and PME-NA, 36* (pp. 173–203). PME.

Soury-Lavergne, S. (2020). Numérique et apprentissage scolaire : La géométrie dynamique pour l'apprentissage et l'enseignement des mathématiques. Le Cnam, Cnesco.

Uttal, D. H., Meadow, N. G., Tipton, E., Hand, L. L., Alden, A. R., Warren, C., & Newcombe, N. S. (2013a). The malleability of spatial skills: A meta-analysis of training studies. *Psychological Bulletin, 139*(2), 352–402. https://doi.org/10.1037/a0028446

Van den Heuvel-Panhuizen, M., & Buys, K. (2008). *Young children learn measurement and geometry: a learning-teaching trajectory with intermediate attainment targets for the lower grades in primary school.* Sense Publishers.

Vander Heyden, K.M., Huizinga, M., Kan, K.-J., & Jolles, J. (2016). A developmental perspective on spatial reasoning: Dissociating object transformation from viewer transformation ability. *Cognitive Development, 38,* 63–74. https://doi.org/10.1016/j.cogdev.2016.01.004

Verdine, B.N., Golinkoff, R.M., Hirsh-Pasek, K., & Newcombe, N.S. (2017). Links between spatial and mathematical skills across the preschool years. *Monographs of the Society for Research in Child Development, 82*(1), 7–30. https://doi.org/10.1111/mono.12280

Vivian, R., Bertolo, D., & Dinet, J. (2014). Interactions tactiles sur tablettes pour l'apprentissage de la géométrie dans l'espace : présentation et premières évaluations. *Revue des Interactions Humaines Médiatisées, 15*(1), 51–90.

Wright, R., Thompson, W. L., Ganis, G., Newcombe, N.S., & Kosslyn, S. M. (2008). Training generalized spatial skills. *Psychonomic Bulletin & Review, 15*(4), 763–771. https://doi.org/:10.3758/PBR.15.4.763

Yeh, A., & Nason, R. (2004). *Towards a semiotic framework for using technology in mathematics education : the case of learning 3D geometry* [Communication]The 2004 International Conference on Computers in Education, Melbourne.

Žilková, K., & Partová, E. (2019). Virtual manipulatives with cubes for supporting the learning process. Dans J. Novotná & H. Moraová (Eds.), *International Symposium on Elementary Maths Teaching. SEMT'19. Proceedings* (pp. 427–437). Wydawka.

Annexes

Annexe 1

Questionnaire utilisé lors de l'expérimentation pour récolter les perceptions à postériori des sujets du groupe 1 vis-à-vis des exercices réalisés lors de l'entretien

1. **Donne ton niveau d'accord sur une échelle en 5 points allant de « Pas du tout d'accord » à « Tout à fait d'accord ».**
   MONTRE le smiley qui correspond le plus à ta réponse

1) Les exercices étaient faciles	**Pas du tout d'accord**	**Plutôt pas d'accord**	**Sans avis**	**Plutôt d'accord**	**Tout à fait d'accord**
2) J'ai compris ce qu'on me demandait de faire dans les exercices	**Pas du tout d'accord**	**Plutôt pas d'accord**	**Sans avis**	**Plutôt d'accord**	**Tout à fait d'accord**
3) Je pense avoir réussi les exercices	**Pas du tout d'accord**	**Plutôt pas d'accord**	**Sans avis**	**Plutôt d'accord**	**Tout à fait d'accord**
4) C'était facile de manipuler sur la tablette lors des exercices	**Pas du tout d'accord**	**Plutôt pas d'accord**	**Sans avis**	**Plutôt d'accord**	**Tout à fait d'accord**
5) Manipuler sur la tablette m'a aidé à résoudre les exercices	**Pas du tout d'accord**	**Plutôt pas d'accord**	**Sans avis**	**Plutôt d'accord**	**Tout à fait d'accord**
6) Si je n'avais pas pu manipuler sur la tablette, j'aurais donné des réponses différentes	**Pas du tout d'accord**	**Plutôt pas d'accord**	**Sans avis**	**Plutôt d'accord**	**Tout à fait d'accord**

2. **MONTRE le smiley qui correspond le plus à ta réponse**

1) Avant aujourd'hui, avais-tu déjà dû résoudre des exercices similaires (choisir parmi plusieurs propositions celles qui correspondent à un objet qu'on te présente) ?	**Non**	**Oui**
2) Avant aujourd'hui, avais-tu déjà manipulé des objets géométriques sur une tablette ?	**Non**	**Oui**

Annexe 2 : Significativité (p-value) au test de Mac Nemar comparant le taux de perception adéquate entre les solides deux à deux pour le groupe 1 et pour le groupe 2

			Cône	*Sphère*	*Prisme droit à base triangulaire*	*Anneau rond à bord rond*	*Cube*	*Anneau rond à bord droit*
Groupe 1	*Cylindre*	*K*	1,761	5,891	20,571	0,500	0,521	0,500
		p-value	0,185	**0,015***	**<0,001***	0,480	0,470	0,480
	Cône	*K*		13,288	11,082	4,018	4,688	0,173
		p-value		**<0,001***	**0,001***	**0,045***	**0,030***	0,677
	Sphère	*K*			39,803	3,064	3,200	10,868
		p-value			**<0,001***	0,080	0,074	**0,001***
	Prisme droit à base triangulaire	*K*				24,845	26,328	15,789
		p-value				**<0,001***	**<0,001***	**<0,001***
	Anneau rond à bord rond	*K*					0,000	3,559
		p-value					1,000	0,059
	Cube	*K*						2,420
		p-value						0,120
Groupe 2	*Cylindre*	*K*	0,173	2,414	1,049	0,571	2,241	3,322
		p-value	0,677	0,120	0,306	0,450	0,134	0,068
	Cône	*K*		1,227	2,717	0,075	0,875	1,754
		p-value		0,268	0,099	0,784	0,350	0,185
	Sphère	*K*			7,934	0,800	0,019	0,000
		p-value			**0,005***	0,371	0,892	1,000
	Prisme droit à base triangulaire	*K*				4,500	7,018	11,500
		p-value				**0,034***	**0,008***	**0,001***
	Anneau rond à bord rond	*K*					0,271	1,225
		p-value					0,603	0,268
	Cube	*K*						0,098
		p-value						0,755

Chapitre 2

La géométrie au primaire via un environnement virtuel

Sophie BÉNARD-LINH QUANG, Sandra BERNEY,
Sylvia COUTAT-GOUSSEAU, Fatou-Maty DIOUF,
Sabrina MATRI[1]

1. Introduction

Les connaissances spatiales se développent dans la vie de tous les jours mais aussi dans le contexte scolaire. Ce chapitre détaille les évaluations du développement de ces connaissances à l'école, pour lesquelles une séquence d'enseignement ainsi qu'un environnement virtuel ont été élaborés. Il présente les choix méthodologiques et les contraintes qui ont amené à la création de quatre types d'évaluations des connaissances spatiales auprès d'élèves de l'école primaire genevoise (grade 2, élèves de 7–8 ans). Parmi ces évaluations, trois concernent les connaissances spatiales investies par les élèves au cours de la résolution d'activités pédagogiques, mesurées localement, à l'échelle des activités (Black & William, 1998). Les feed-back proposés à l'élève peuvent l'amener à réfléchir à son apprentissage dans l'optique de permettre des changements propices à une amélioration de l'action (Hattie, 2009). Une quatrième évaluation, à partir des connaissances investies de l'élève, mesure l'effet de la séquence d'enseignement.

De nos jours, notre quotidien est entouré de technologies virtuelles qui modifient considérablement notre relation à l'espace et certains de nos comportements spatiaux (Duroisin, 2015). Les technologies telles que les environnements virtuels et les services de cartographie (GPS, Google Maps) complètent, voire supplantent, les lectures statiques de cartes en deux dimensions, ce qui modifie les représentations spatiales et dès lors, leur apprentissage et développement.

1 Université de Genève (Suisse).

En effet, le développement de l'espace chez l'enfant débute avec l'acquisition des capacités sensori-motrices. Selon Piaget et Inhelder (1948), l'appropriation de l'espace passe par sa représentation. Au moyen du mouvement, l'espace devient ainsi le lieu où l'enfant apprend à intégrer en permanence son corps, à organiser ses déplacements et finalement, toujours par le mouvement, à se représenter les propriétés intrinsèques de cet « espace agi ». C'est également le lieu où l'enfant apprend à se définir comme point stable référentiel. L'organisation de cet environnement est donc le résultat d'une construction qui part d'un « espace agi » pour aboutir à un « espace représenté ».

La question de l'espace et de son développement est particulièrement étudiée dans le domaine de la cognition spatiale, qui désigne la manière dont les individus acquièrent, organisent, utilisent et actualisent leurs connaissances des propriétés spatiales des objets et des événements dans le monde (Montello, 2001). Ce sont les habiletés spatiales qui permettent à un individu de représenter et manipuler mentalement les informations visuelles perçues, tout en intégrant les relations spatiales entre les éléments d'information (Carroll, 1993). Par exemple, la navigation spatiale représente la capacité à se localiser et à se déplacer dans un espace donné en se basant sur la perception et la compréhension de l'organisation de l'espace (Pick et al., 1999).

Initialement présenté par Piaget (1973), mais toujours d'actualité, la représentation de l'espace pose les bases de la compréhension des mathématiques et notamment des connaissances géométriques. Ainsi malgré leur nature souvent abstraite et formelle, des concepts mathématiques peuvent être abordés par le biais d'expériences sensibles (utilisant les sens comme la vue et le toucher) engageant le corps et la perception comme supports d'une activité cognitive centrale dans le processus de conceptualisation. Les mathématiques enseignées au primaire et en particulier dans les premiers degrés, impliquent souvent des expériences sensibles. Toutefois, les relations entre les expériences spatiales et les connaissances mathématiques ainsi que leur développement chez les enfants entre 7 et 10 ans restent mal connues.

Ce chapitre s'appuie sur des recherches menées dans le cadre du projet SPAGEO « Rethinking the links between spatial knowledge and geometry in primary education through virtual environments » (SFNS-Subside no100019_188947/1). La principale richesse de SPAGEO est liée à la complémentarité de trois domaines scientifiques, à savoir la psychologie, la didactique des mathématiques et les technologies de l'éducation. La combinaison de ces points de vue permet d'enrichir la compréhension et les liens entre l'enseignement de la géométrie, l'apprentissage des connaissances spatiales et leurs représentations par la conception d'un environnement virtuel.

Après avoir caractérisé la cognition spatiale dans le champ de la psychologie cognitive et celui de la didactique des mathématiques, nous précisons le contexte spécifique des environnement virtuels. Les choix relatifs au développement de la séquence d'enseignement, puis de la description de l'environnement virtuel sont ensuite présentés. Enfin nous discutons des différents dispositifs d'évaluations présents dans la recherche. Les résultats de cette recherche étant en cours d'analyse au moment de la rédaction de ce chapitre, ils ne seront pas abordés ici.

2. La cognition spatiale

Le terme « cognition » se rapporte à l'ensemble des processus mentaux relatifs à la connaissance (Neisser, 1976). La cognition spatiale, quant à elle, se réfère plus particulièrement aux facultés mentales nécessaires pour percevoir, se représenter et manipuler les informations spatiales (Denis, 2016). Au sein du vaste champ de la cognition spatiale, ce sont les mécanismes nécessaires à l'exploration et à la navigation dans un environnement à grande échelle ainsi qu'à sa représentation mentale qui sont au centre de nos choix et réflexions.

2.1 Navigation spatiale

La navigation spatiale est fondamentale pour l'être humain. Elle permet de progresser dans un espace, qu'il soit physique ou virtuel, en engageant le mouvement de l'individu. Ainsi, la navigation spatiale peut se définir comme étant la capacité à se localiser et à se déplacer dans un espace donné à partir de la perception et de la compréhension de l'organisation de cet espace (Pick et al., 1999). Il s'agit donc d'une activité ordinaire à travers laquelle l'être humain explore l'espace en mettant en œuvre différents processus cognitifs. Par exemple, il doit identifier des points de repère ou encore se souvenir de l'itinéraire emprunté. Cela implique donc la planification d'un trajet à travers l'environnement, ainsi que la mise à jour de la position et de l'orientation (Loomis et al., 1999). De plus, comme de nombreux travaux l'ont confirmé depuis les recherches princeps de Tolman (1948), la navigation spatiale est soutenue par la construction d'une carte cognitive (*cognitive map*). Il s'agit d'une représentation mentale de l'organisation de l'espace que l'individu a exploré.

2.2 Développement des représentations spatiales

Les représentations mentales permettent à l'individu d'acquérir de nouvelles connaissances dans un domaine spécifique (Seel, 2001). Ainsi, dans le domaine de l'espace, les représentations mentales, nommées représentations spatiales, sont acquises graduellement par le jeune enfant. D'abord, il prend conscience qu'il existe d'autres points de vue que le sien (Piaget & Inhelder, 1948), puis un peu plus tard, vers 10–12 ans, l'enfant prend conscience de la relativité des perspectives. Ce n'est qu'après un certain temps que le jeune acquiert des représentations spatiales plus complètes qui contiennent des informations de type topologique (continuité, recouvrement, chevauchement) et métrique (la taille, la forme, la distance ou la direction) (Piaget & Inhelder, 1948). Siegel et White (1975) ont proposé un modèle de développement des représentations spatiales dans les environnements à grande échelle, ce qui le rend particulièrement adéquat dans le cadre de recherches à visée développementale, comme c'est le cas du projet SPAGEO.

Selon ces auteurs, les représentations internes des connaissances spatiales (*spatial knowledge*) d'un lieu se développent en trois étapes hiérarchiques, depuis la reconnaissance des points de repère (*landmark knowledge*), le développement de la représentation des itinéraires entre les points de repère (*route knowledge*), jusqu'au développement d'une représentation plus configurationnelle de l'environnement : la représentation sous forme de carte (*survey knowledge*). Ainsi, le développement des représentations spatiales commencerait par la connaissance des points de repère. Ces derniers sont définis comme des éléments saillants de l'environnement. Ils peuvent être des objets physiques, construits ou culturellement définis et ils se distinguent de leur environnement. Ainsi, ils sont souvent remarqués et mémorisés en raison de la particularité de leur forme, de leur structure ou de leur configuration (Golledge, 1999). Les points de repère sont des éléments stratégiques vers ou depuis lesquels les individus se déplacent. Ils peuvent aussi être des éléments intermédiaires sur les parcours et les routes et constituent, de ce fait, une aide à la prise de décision spatiale et au maintien de la trajectoire (Golledge, 1999). En d'autres termes, les points de repère peuvent être le lieu d'une action associée (ex. tourner à droite après le parc) ou servir de balise. Il est usuel de distinguer les points de repère locaux des points de repère globaux. Les premiers sont des points de repère uniquement visibles depuis une courte distance, l'élément est perçu indépendamment du reste de la scène visuelle. A l'inverse, les points de repère globaux sont visibles depuis une grande distance et au départ de différentes localisations. Les éléments peuvent être perçus simultanément à la scène visuelle et définissent une direction qui reste relativement stable lors des déplacements (Gardony et al., 2011 ; Siegel & White, 1975 ; Steck & Mallot, 2000).

En ce qui concerne la représentation des points de repère (*landmark knowledge*), les enfants de 8 ans se focalisent plus sur les points de repère que les enfants de 12 ans et plus. En effet, ils sont davantage gênés par la suppression des points de repère dans une tâche de navigation (Cohen

& Schuepfer, 1980). Ainsi, les enfants centrent principalement leur attention sur les points de repère dans un environnement plutôt que sur des caractéristiques spatiales plus complexes. La représentation des itinéraires (*route knowledge*) implique la représentation interne des trajets qui lient les points de repère entre eux. Les enfants de 8 ans manquent encore de connaissances intégrées sur la configuration de l'espace, alors que les adolescents entre 12 ans et 16 ans ont acquis eux une relativement bonne maitrise des informations intégrées sur les trajets (Pine & al., 2002).

En outre, la représentation sous forme de carte (*survey knowledge*) implique une connaissance métrique des distances et des directions entre les différents lieux qui composent l'environnement. Les travaux de Cohen et Schuepfer (1980) et de Schmelter et al. (2009) indiquent que la représentation en carte (*survey knowledge*) se développe progressivement au cours de l'enfance et de l'adolescence pour atteindre son niveau le plus élevé seulement à l'âge adulte. L'étude de Pine et al. (2002) montre effectivement que lorsqu'il s'agit de transposer les représentations acquises durant la navigation en une représentation allocentrée, les adolescents entre 12 ans et 16 ans ont des performances plus faibles que celles des adultes.

Les travaux de Muller et al. (1991), de Trullier et al. (1997) et plus récemment de Chrastil et Warren (2014) complètent le cadre théorique du développement des représentations spatiales de Siegel et White (1975) avec une étape intermédiaire, qui interviendrait entre la représentation des itinéraires (*route knowledge*) et la représentation de la carte (*survey knowledge*). Il s'agit du développement de la représentation topologique (*graph knowledge*) de l'environnement. Elle consiste en une représentation des connexions entre les points de repère, telle une carte en réseaux. Un individu ayant accès à une représentation topologique d'un espace est capable de comprendre les relations spatiales entre les différents points de repère d'un environnement indépendamment des routes qui relient ces points de repère.

Le développement progressif de la cognition spatiale décrit par la littérature implique également des enseignements adaptés et progressifs de l'espace à l'école primaire, car « le développement dirige les apprentissages » (Brossard, 2004, p. 88). Autrement dit, il est nécessaire de tenir compte du niveau de développement de la cognition spatiale de l'élève afin de proposer des activités adaptées. Cette contrainte forte guide le champ de la didactique des mathématiques dans la conception de situations d'apprentissage. En la matière, il est d'usage de distinguer les connaissances spatiales des représentations spatiales ; cela reflète une spécificité liée à un contexte scolaire d'apprentissage.

En effet, si les représentations spatiales se développent au quotidien, les connaissances spatiales, elles, se réfèrent à des développements provoqués par des situations d'enseignement. Berthelot et Salin (1999) définissent les connaissances spatiales comme «les connaissances qui permettent à un sujet un contrôle convenable de ses relations à l'espace sensible» (Berthelot & Salin, 1999, p. 38). Marchand (2020) complète cette définition avec les travaux de Clements (1999) qui utilise les deux composantes: orientation et organisation. La composante «orientation» concerne les connaissances utilisées pour «situer et déplacer un sujet ou un objet dans un espace donné» (p. 142). Ainsi, cette connaissance permet de mettre en relation différents objets à travers les perspectives, les points de repère et les référentiels. La composante «organisation» concerne plus spécifiquement le développement d'images mentales (Marchand, 2006) par l'articulation entre les objets à travers leur position dans l'espace, et leurs relations avec les autres objets. Marchand complète ainsi la définition de Berthelot et Salin en prenant en compte le développement et la coordination des images mentales.

Concernant les connaissances intervenant dans la composante «orientation», différents espaces peuvent être mobilisés. Brousseau (1983) définit trois espaces en géométrie: le micro-espace, le meso-espace et le macro-espace. Le micro-espace, de la taille d'une feuille A3, est entièrement visible par l'élève qui est extérieur à cet espace, ce qui n'est pas le cas pour les deux autres espaces. Le meso-espace, comme la salle de classe par exemple, contient l'élève qui peut percevoir cet espace dans sa globalité en tournant sur lui-même. Le macro-espace est un espace bien plus grand. L'élève doit s'y déplacer pour récolter puis recoller des visions parcellaires du macro-espace parcouru afin de s'en faire une représentation complète. Ce dernier espace peut être une école, un quartier, une ville. Même si le recours au macro-espace est mis en avant dans les travaux de Berthelot et Salin (1992), son investissement dans un contexte scolaire est peu exploité. En ce qui concerne les tâches qui permettent de travailler ces connaissances spatiales, Marchand les a catégorisées en six groupements «propices au développement des connaissances spatiales» (Marchand, 2020, p. 153): «1- Observer ou toucher / Identifier / Décrire; 2- Repérer / Situer / Cartographier / Coordonner les perspectives; 3- Déplacer / Assembler / Décomposer / Plier / Réorganiser; 4- Transformer / Déformer / Sectionner / Mettre à l'échelle; 5- Construire / Représenter; 6- Anticiper / Rechercher». (Marchand, 2020, p. 154). Marchand (2020) précise que le groupement 2 concerne les tâches d'orientation et de repérage dans le plan, les autres groupements ciblant l'appréhension des objets du plan ou de l'espace (1), leur construction (5), les transformations isométriques (3), géométriques (4) et les situations de recherche (6). Ainsi, la navigation spatiale apparait dans le groupement 2 avec, entre autres, le repérage. D'autres travaux sur le développement des connaissances spatiales, en lien avec le repérage dans le plan, ont alimenté les réflexions liées au développement de la séquence d'enseignement comme ceux de Dornier et Coqueret (2009), Berthelot et Salin (1999), Grelier (2009) ou encore Masselot et Zin (2008). Ces travaux utilisent des micro- ou meso -espaces (quadrillage ou salle de classe par exemple) connus des élèves. Une autre manière de mobiliser les connaissances spatiales est d'employer des technologies virtuelles qui permettent de travailler dans différents espaces.

2.3 Navigation en environnement virtuel

Dans le domaine de la recherche sur la navigation spatiale, les environnements virtuels sont aujourd'hui largement employés. Dans ce présent travail, ces environnements virtuels sont définis comme des espaces simulés, générés par ordinateur qui permettent des interactions individuelles (Ellis, 1994). L'apport du numérique permet de virtualiser des environnements de complexité et de taille variables. De plus, l'utilisation d'environnements virtuels permet aux chercheurs, de (re)créer strictement les mêmes conditions de simulation pour tous les participants, tout en offrant la possibilité de varier certaines propriétés si nécessaire (Waller et al., 2007). Le recours à ces environnements permet en outre la récolte des traces, autrement dit, des données et des mesures tout au long de la navigation (temps d'exploration, zones d'exploration, tracés, direction du regard, par exemple). L'usage d'environnement virtuel donne la possibilité également de contrôler des paramètres tels que le nombre, la nature et la position des points de repère (Denis, 2016).

A la question de savoir si ces représentations virtuelles font appel aux mêmes mécanismes cognitifs que ceux impliqués dans la navigation en milieu réel, la littérature indique que ceux impliqués dans la navigation dans les deux types d'environnements sont effectivement très similaires (Kuliga et al., 2015 ; Waller et al., 1998). Des participants peuvent présenter des performances similaires dans des tâches de pointage en direction de points de repère, dans les conditions d'environnement réel ou virtuel (Coutrot et al., 2019 ; Dong et al., 2021 ; Richardson et al., 1999 ; Witmer et al., 1996). Ces auteurs constatent que les tâches d'orientation qu'ils proposent à leurs participants sont aussi bien réussies dans l'environnement réel que dans l'environnement virtuel et qu'un transfert efficace des informations spatiales d'un environnement à l'autre est observé. Les auteurs en concluent que les connaissances spatiales acquises au moyen des environnements virtuels sont transférées dans la navigation dans le monde réel (Coutrot et al., 2019 ; Dong et al., 2021 ; Witmer et al., 1996).

Ainsi, les processus cognitifs nécessaires pour soutenir la navigation dans un environnement physique sont également utilisés en environnement virtuel. L'interface virtuelle permet de préserver les caractéristiques visuo-spatiales (par exemple, les relations entre les objets qui composent la scène, leur disposition) que l'individu expérimente lors de la navigation réelle. L'environnement virtuel a d'une part l'avantage de présenter au moins les informations les plus essentielles, c'est-à-dire les informations qui sont effectivement utilisées et exploitées, et d'autre part, comme l'étude réalisée par Waller et al. (1998) met en avant, que la navigation en environnement virtuel permet la construction de représentations plus efficaces de l'itinéraire parcouru que dans le cas de l'apprentissage de l'environnement par la lecture d'un plan, cet environnement virtuel apparait dès lors même parfois plus efficace que l'utilisation d'un plan (König & al., 2021 ; Waller & al., 1998). Ainsi, bien que l'environnement virtuel ne permette pas de conserver les indices liés à la largeur du champ de vision, ainsi que les informations proprioceptives et sensori-motrices obtenues lors de la navigation en environnement physique, les informations visuelles seraient en grande partie suffisantes pour permettre à l'individu de se construire une représentation spatiale, au fur et à mesure de son exploration, dans l'environnement virtuel (Jansen-Osmann et al., 2007 ; Richardson & al., 1999).

Dans le contexte scolaire, les environnements virtuels, en tant que macro-espaces simulés, apparaissent comme une alternative intéressante pour dépasser la difficulté pratique à exploiter le macro-espace réel. Par exemple, Duroisin (2015) utilise une ville virtuelle dans laquelle les élèves doivent se déplacer en suivant des trajets. Bien que l'écran de l'ordinateur soit par définition un micro-espace, l'environnement qu'il laisse voir ne peut être perçu d'un seul coup d'œil et nécessite des recollements, ce qui fait de lui un macro-espace.

3. La conception de la séquence d'enseignement pour un développement des connaissances spatiales

Avant de présenter la séquence d'enseignement, il convient de situer son contexte en présentant les attentes institutionnelles sur les connaissances spatiales dans l'école genevoise qui sont régies par le Plan d'Etudes Romand (PER) (CIIP, 2010)[2].

2 La Suisse romande est la partie de la Suisse où l'on parle français et le PER régit les 11 années de l'école obligatoire (cycle 1 : 4–8 ans ; cycle 2 : 8–12 ans ; cycle 3 : 12–15 ans) de la deuxième région linguistique du pays.

3.1 Les connaissances spatiales dans les instructions officielles romandes

En mathématiques[3], le domaine « espace » (présenté en annexe) contient les objectifs relatifs aux apprentissages des « figures planes et transformations » (regroupés au cycle 1 mais séparés au cycle 2) ainsi que ceux du « repérage dans le plan et dans l'espace ». Les objectifs associés aux « Figures planes et transformations » renvoient aux connaissances des propriétés géométriques (reconnaissances et constructions de figures planes et de certaines transformations). Les objectifs liés au « repérage dans le plan et dans l'espace » renvoient à la prise en compte des points de repère dans la détermination de sa position, la description de trajet et l'utilisation d'un code personnel pour communiquer ou mémoriser ces positions ou trajets. Ce sont ces derniers objectifs qui guident le développement de la séquence d'enseignement.

Les principales connaissances spatiales visées au grade 2 (le degré concerné par la séquence d'enseignement), soit les élèves de 7 à 8 ans, sont la prise en compte des points de repère pour déterminer sa position ou décrire un trajet et l'utilisation d'un code personnel pour communiquer des itinéraires. Une première mobilisation des représentations mentales liées à la navigation spatiale, dans un contexte scolaire, apparait à travers ces objectifs et les activités associées.

3.2 L'ingénierie didactique

La conception, l'observation et l'analyse des séances d'enseignement s'appuient sur une ingénierie didactique (Artigue, 1988). L'approche didactique émet le constat que les connaissances spatiales et le macro-espace sont peu investis. Ce sont ces deux points faibles que l'on vise à investir dans les classes, en concevant un environnement virtuel de type ville, proche des environnements familiers, associé à des activités de « repérages dans l'espace » avec des élèves de début de primaire. Dès lors, on peut ainsi d'une part simuler un macro-espace qui ouvre de nouvelles perspectives d'enseignement des connaissances spatiales et d'autre part, y implémenter un contrôle des points de repère (reconnaissables, présents ou non...). La conception de l'ingénierie didactique présentée ici s'appuie sur les outils de la « Théorie des Situations Didactiques » (TSD) de Brousseau (1998) pour déterminer les conditions permettant aux élèves de produire, communiquer et apprendre les connaissances mathématiques visées. Chaque séance de classe vise le développement de connaissances spatiales par les interactions des élèves avec un milieu

[3] https://www.plandetudes.ch/web/guest/mathematiques

(Brousseau, 1988). Dans le cas de cette séquence d'enseignement, le milieu est constitué de l'environnement virtuel, des productions de l'élève et de ses connaissances. Celui-ci va utiliser ses connaissances pour agir sur le milieu. Ses actions vont modifier le milieu, lequel va en retour lui renvoyer une rétroaction et chacune des rétroactions du milieu vont permettre des (in)validations des connaissances investies par l'élève (Brousseau, 1988).

L'ingénierie didactique a été mise en place dans cinq classes de grade 2, soit environ 90 élèves. La partie suivante présente les cinq séances d'enseignement conçues par les chercheurs.

3.3 Les activités de la séquence d'enseignement basées sur les attentes du PER

Dans cette partie, nous présentons les conditions et contraintes didactiques qui ont guidé la conception de la séquence d'enseignement et les évaluations formatives accessibles aux élèves.

D'après le PER, les objectifs liés au « repérage dans le plan et l'espace » renvoient à des activités de détermination de position d'objets et de description de trajet en utilisant un code personnel pour communiquer. Ainsi, les objectifs liés au « repérage dans le plan », mentionnés dans le PER, impliquent les représentations des points de repère et des trajets. Si les premières sont au centre des attentions des élèves de 8 ans (ciblés par la séquence d'enseignement), les deuxièmes peuvent être source de certaines difficultés car encore en développement (Cohen & Schuepfer, 1980). Les activités correspondant à ces objectifs relèvent de la composante « orientation » définie par Clements (1999) et reprise par Marchand (2020).

Le tableau 1 présente la chronologie et la nature des activités qui constituent la séquence. Rappelons que toutes ces séances ont pour objectif la description d'un trajet en indiquant les directions à prendre, les repères pertinents et le point d'arrivée, en utilisant un code personnel pour communiquer.

La séquence d'enseignement (tableau 1) propose des situations de communication de trajets impliquant un élève émetteur et un élève récepteur. Ces situations de communication, classiques en didactique des mathématiques, obligent les différents acteurs à prendre en compte les besoins ou les contraintes de l'autre pour se coordonner sur le contenu et sur la forme des informations transmises (Clark & Brennan, 1991). Les interactions entre les élèves peuvent susciter une réflexion autour des éléments pertinents à communiquer et de la forme que peut prendre cette communication.

Les trajets (longueur, nombre de bifurcations, repères possibles, etc..) étant source d'un nombre important de variables, ils sont sélectionnés et contrôlés dans l'ingénierie selon leurs particularités. De plus, pour ne pas influencer de code de description (schéma, texte ou autre), ces itinéraires sont présentés directement dans la ville, sans utiliser de consigne verbale. Ainsi, les trajets que les élèves vont devoir suivre, coder et reproduire leur sont présentés sous forme d'une ligne au sol de couleur et orientée par des flèches qu'ils doivent suivre à l'écran à l'aide d'une manette de jeu. Le codage des trajets peut prendre la forme d'une formulation orale (situation de communication en direct) ou d'un message écrit (situation d'auto-communication ou communication à autrui). Pour l'élève récepteur qui doit reproduire un trajet à l'aide d'un codage (écrit ou oral), la ligne de couleur au sol est absente. Enfin les élèves émetteurs peuvent élaborer leur message seuls ou en groupe.

L'ingénierie commence par une situation de communication orale en direct avec deux élèves en miroir (tableau 1, séance 2, séance 6b) : émetteur et récepteur sont placés face à face, c'est-à-dire que les écrans sont dos à dos. Ils peuvent communiquer tout au long du parcours du trajet et convoquer un vocabulaire spatial (avance, tourne à droite, à gauche, stop, . . .) qui doit être partagé entre les deux jeunes. Cette situation de communication vise l'explicitation d'un code personnel par l'enfant émetteur qui peut être enrichi et adapté par des gestes et les éventuelles demandes de précisions du récepteur. Ces interactions entre les élèves peuvent susciter une réflexion autour des éléments pertinents à communiquer et de la forme orale que peut prendre cette communication.

Puis, il y a une situation d'auto-communication par écrit (tableau 1, séance 3). Dans tous les cas de messages écrits, l'élève ou le groupe dispose d'une feuille blanche et a une entière liberté sur la composition et la forme de son message, c'est-à-dire qu'il peut dessiner des éléments de la ville, écrire un texte ou faire un plan, aucune contrainte n'étant donnée en ce sens dans la consigne. L'élève est dès lors libre de représenter et d'organiser les différents points de repère dans la description de son trajet. Après une situation d'auto-communication immédiate, on introduit du différé (tableau 1, séance 4a). L'élève utilise ce message quelques jours plus tard pour reproduire le trajet. Ce décalage temporel a pour but de restreindre le recours aux éléments mémorisés afin que l'élève se concentre sur les éléments de son message. Cette auto-communication vise d'une part l'élaboration d'un code personnel à l'élève et d'autre part une première sensibilisation aux éléments importants pour la description du trajet, à savoir les points de repère.

Lorsque la communication est différée, l'élève émetteur doit produire un message écrit sur une feuille blanche qui est transmis à l'élève récepteur. L'élève émetteur doit se projeter dans le rôle de l'élève récepteur et anticiper ses besoins selon la spécificité du trajet à reproduire. L'élève récepteur doit quant à lui se projeter dans le rôle de l'élève émetteur pour interpréter les informations reçues. Ces situations de communication en différé peuvent être réalisées en binôme tableau 1, séance 4b, séance 6a) ou en groupe (tableau 1, séance 5). Dans le cas d'une tâche en binôme, un élève émetteur échange avec un élève récepteur. Chacun n'interagit qu'avec l'environnement et sa feuille. Dans le cas d'une tâche en groupe, un groupe d'élèves émetteurs échange son message avec un groupe d'élèves récepteurs ; tous les élèves du groupe participent à l'élaboration du message (émetteurs) ou à la lecture et interprétation du message (récepteurs). Cette production/lecture collective d'un message amène les élèves du groupe à échanger autour d'un code commun mobilisé pour la description du trajet. Si le rôle d'émetteur est celui qui engage les connaissances visées par le PER (description d'un trajet en indiquant le point d'arrivée, les directions à prendre, les repères pertinents avec l'utilisation d'un code personnel), d'un côté, le rôle de récepteur aide l'élève à prendre conscience que les éléments pertinents doivent être communiqués et, de l'autre, que le code de communication doit être compréhensible par un autre élève. Un enjeu de description de position peut être inclus dans la description de trajets, lorsqu'il s'agit de préciser le lieu d'arrivée par exemple ou indiquer une position au cours du trajet.

Comme nous l'avons pointé dans la partie 2, communiquer un trajet passe par l'identification et l'utilisation de points de repère. La présence ou l'absence, le nombre, le lieu et la nature de ceux-ci est une des variables didactiques au cœur de la conception de la séquence d'enseignement. Ils peuvent être locaux ou globaux, nombreux, ou absents, uniques ou répétés. Lors de la navigation, dans un quartier avec de nombreux points de repère, l'élève émetteur doit choisir ceux qui permettront à l'élève récepteur de reproduire le trajet. Lorsqu'ils sont absents (tableau 1, séance 6b), une stratégie spécifique qui n'utilise pas de points de repère est à mobiliser, par exemple une stratégie de comptage des intersections, stratégie mise en évidence chez des élèves de primaire par Duroisin (2015). Nous avons fait le choix d'incorporer des points de repère globaux (montagnes, mer et soleil) qui peuvent être mobilisés sans être suffisants à eux seuls. A ces points de repère globaux s'ajoutent, selon les situations, des points de repère locaux nombreux, uniques ou répétitifs. Cette réflexion est reprise dans la partie 4.

Enfin dans une situation a-didactique, la validation des stratégies investies par les élèves est centrale dans le processus de construction des connaissances. Trois types de validation sont utilisés dans la séquence d'enseignement, nous les détaillons dans la partie 5.

La séance 1, tout comme les séances 7 et 8, utilisées pour les pré et post-tests de navigation spatiale, sont reprises dans la section 5.2.

Tableau 1 Séquence d'enseignement pour le grade 2

N° des séances	Type de communication	Points de repère
Séance 1	Pré-tests de navigation	Locaux
Séance 2	Communication orale à autrui en direct, en binôme	Locaux + globaux
Séance 3	Auto-communication écrite immédiate, en individuel	Locaux + globaux
Séance 4	a) Auto-communication écrite différée b) Communication à autrui, en individuel (a) puis en binôme (b)	Locaux + globaux
Séance 5	Communication écrite à autrui, en groupe	Locaux + globaux
Séance 6	a) Communication écrite à autrui b) Communication orale à autrui en direct En binôme (a et b)	Locaux + globaux Globaux
Séances 7–8	Post-tests de navigation	Locaux + globaux

4. La conception de SPAGEO City au service des activités de navigation spatiale

La conjonction des besoins didactiques et des contraintes technologiques a nécessité de nombreuses réflexions pour permettre de concevoir au mieux un outil technologique permettant d'atteindre les objectifs didactiques. C'est la conception d'un environnement virtuel sous la forme d'une ville – SPAGEO City – qui a été retenue, car d'une part une ville virtuelle est un environnement familier avec lequel les élèves interagissent régulièrement ; d'autre part, cet environnement permet l'implémentation de nombreux éléments optionnels (points de repère, par exemple). Le développement de SPAGEO City a été guidé par différentes questions sur le graphisme, la forme des routes (rectilignes ou courbes), la présence d'ombres au sol ou non, pour n'en citer que quelques-unes.

4.1 L'environnement virtuel SPAGEO City – les choix techniques

SPAGEO City[4] a été développée en langage C# avec Unity©(Unity Technologies), un moteur de jeux multi-plateformes. L'application a été installée sur des ordinateurs portables Windows possédant des écrans de 15 pouces (38,1cm) d'une résolution de 1920x1080. La navigation dans la ville se faisait à l'aide d'une manette de jeu. Une esthétique de dessin animé a été choisie afin de plaire aux élèves. Cette décision a

[4] Une version simplifiée de l'environnement sans scénario d'apprentissage est disponible sur le site web du projet : https://tecfa.unige.ch/tecfa/research/spageo

également permis d'éviter les difficultés techniques que soulèverait le photoréalisme.

L'architecture de SPAGEO City, dont la disposition des pâtés de maisons est en damier (figure 1), a été inspirée par des villes telles que Barcelone ou la Chaux-de-Fonds. La ville s'organise en une section urbaine et une section de banlieue. Chaque section mesure 7x7 blocs de bâtiments de 25 x 25 m^2 ; les sections se chevauchent légèrement. Les routes sont larges (10 m) afin de fournir une ligne de vue dégagée. SPAGEO City a une superficie d'environ 120'000 m^2 incluant les points de repère globaux.

Figure 1 Plan à vue d'oiseau de SPAGEO City

La section urbaine contient 49 blocs et est composée de six zones : un quartier commercial, un centre d'affaires, une vieille ville, une gare, des parcs et des quartiers résidentiels (figure 2). Le quartier commercial comprend un front d'immeubles avec des arbres et des bâtiments bas ; le centre d'affaires est composé de grandes tours ; la vieille ville, de bâtiments historiques ; la gare est bordée de parkings et les parcs sont des espaces verts qui ne peuvent pas être traversés. Il y a des arrêts de bus le long d'une ligne de bus verticale et horizontale. La banlieue est, à l'opposé de la section urbaine, très homogène car ses blocs de pavillons sont tous identiques.

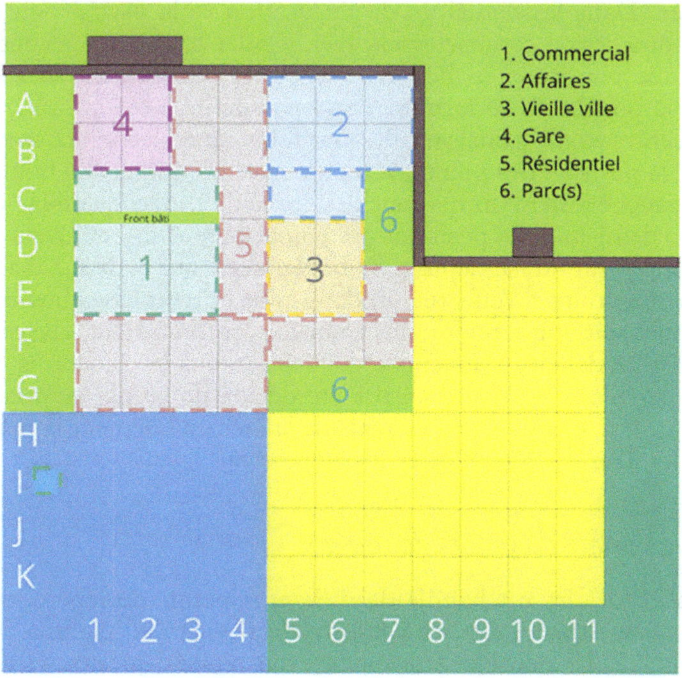

Figure 2 Plan des sections urbaine (en haut) et banlieue (en bas) de SPAGEO City

Les élèves expérimentent une navigation au plus près de la réalité d'un déplacement physique. Pour ce faire, l'exploration de SPAGEO City se fait à la vitesse de la marche, d'un point de vue égocentré à la première personne. La navigation est limitée à la route. La caméra est orientée de 5° vers le haut pour permettre une meilleure visibilité des éléments en hauteur. SPAGEO City ne contient aucun personnage ni véhicule sur les routes, outre des véhicules parqués et ce, afin de ne pas gêner la navigation.

Les commandes au joystick de la manette sont configurées de sorte que le joystick gauche contrôle le déplacement de l'utilisateur et le droit, la rotation de l'utilisateur. Il n'est pas possible de bouger la tête indépendamment du corps, ce qui signifie que pour regarder autour de soi, il faut faire tourner son personnage.

Pour ce qui est des déplacements dans SPAGEO City, les élèves peuvent avancer mais ne peuvent pas reculer. Ce choix a été longuement discuté selon les attentes des différents partenaires impliqués dans le projet. Pour le domaine des technologies de l'éducation, dans les jeux vidéo, il est souvent possible de faire reculer les utilisateurs sur de longues distances. Dans les domaines de l'éducation et la psychologie, qui se veulent proches du comportement réel, reculer semblait peu concevable. Lors d'une pré-étude en lien avec ce projet (Coutat, 2020) les élèves avaient la possibilité de reculer. Cette possibilité a été utilisée par plusieurs d'entre eux. En effet, reculer est moins coûteux cognitivement parlant car la position des points de repère reste identique (La boulangerie sur ma gauche restera sur ma gauche si je recule.), alors que si la personne opère un demi-tour, les positions des points de repère sont inversées relativement à celui qui se déplace (la boulangerie qui était sur ma gauche sera sur ma droite si j'effectue un demi-tour et rebrousse chemin). Bien que reculer soit une action moins coûteuse cognitivement, elle ne reflète pas la réalité des déplacements et sollicite moins les processus d'orientation spatiale. C'est pourquoi il a été décidé de ne pas autoriser cette action sur une longue distance mais de laisser uniquement la possibilité de reculer d'un pas pour ajuster la perspective.

4.2 Une variété de points de repère

SPAGEO City est habillé de différents points de repère, qui sont des éléments stratégiques en contexte de navigation, comme expliqué au point 2.2. Ils peuvent être uniques ou répétés, locaux ou globaux, nombreux ou absents. Les points de repère uniques sont des points d'intérêt spécifiques, particuliers, singuliers (Point Of Interest – POI) qui sont représentés une seule fois dans SPAGEO City, et se prêtent particulièrement à la mémorisation. Ce sont des bâtiments (par exemple, le musée ou l'hôtel) ou des vitrines (par exemple, le bowling), comme sur la figure 3. Les points de repère uniques peuvent également prendre la forme de points de repère globaux, qui sont des éléments extérieurs à la ville et restent accessibles lors de toutes activités de navigation. Ce sont des éléments du paysage lointain comme les montagnes, le soleil, la mer ou des hautes tours du centre d'affaires. A l'inverse, le point de repère local peut être incarné par tout élément visible uniquement depuis une courte distance qui est facilement repérable, par sa saillance perceptive, sa singularité visuelle, et/ou sa signification personnelle. Certains points de repère sont présents plusieurs fois dans la ville. Ces points de repère répétés sont par exemple les arrêts de bus, les passages piétons, les bouches d'incendie ou les panneaux stop. SPAGEO City contient 40 POI uniques et environ 400 points de repère.

Figure 3 Trois exemples de POI uniques

4.3 L'implémentation des activités didactiques dans SPAGEO City

Les activités dans SPAGEO City suivent les séances d'enseignement et s'organisent principalement autour de la communication et de la reproduction de trajets. Ces trajets sont définis comme une liste d'intersections codées à l'aide d'un système de coordonnées. Les trajets à reproduire sont enregistrés dans des fichiers textes lus par l'application au démarrage. Ils peuvent donc être modifiés à tout moment, selon les besoins de l'ingénierie. Chaque description de trajet se définit par un nom, une position et une orientation de départ ainsi que par les coordonnées du trajet à suivre. Un trajet peut commencer aussi bien dans une intersection que dans un segment (figure 4).

```
Nom*PositionEtOrientationDeDépart,Coord1,Coord2,Coord3,…
ROUTE3-DÉPART-INTERSECTION*1_0S,2_0,3_0,4_0,4_1,3_1,3_2,4_2,…
ROUTE3-DÉPART-SEGMENT*1.5 0S.2 0.3 0.4 0.4 1.3 1.3 2.4 2.…
```

Figure 4 Extrait de fichiers textes pour un trajet commençant dans une intersection (x =1, y =0) ou dans un segment (x =1.5, y =0)

Dans SPAGEO City, les trajets à suivre ou à reproduire prennent la forme d'une ligne fléchée sur la route. La figure 5 présente un exemple d'un trajet dans SPAGEO City avec la vue de l'élève. La figure 6 présente une vue de dessus du trajet à reproduire; cette vue n'a jamais été accessible aux élèves de grade 2.

Figure 5 Exemple d'un trajet à suivre-reproduire

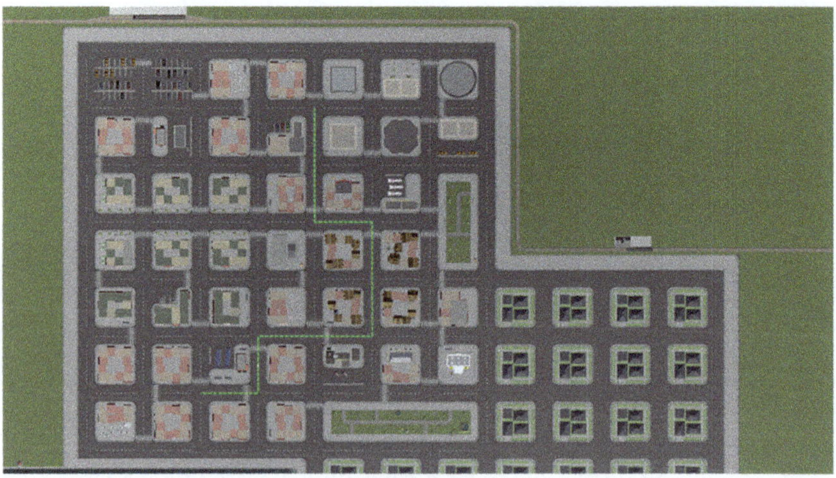

Figure 6 Vue de dessus d'un trajet à suivre traits discontinus verts dans la section urbaine de SPAGEO City

4.4 Mise en œuvre en classe

A l'aide des différents choix didactiques, trois types de scénarios d'apprentissage sont développés : découverte, description/reproduction de trajets et exploration libre. Dans le scénario *découverte*, les élèves interagissent avec l'environnement suivant un enchainement d'instructions qui les accompagnent dans la découverte de la ville. Le scénario *description/reproduction de trajet* consiste en la description à partir d'un trajet dessiné sur la route dans SPAGEO City (figure 5), la reproduction et la validation d'un trajet, à partir d'un message issu d'une communication. Le scénario *exploration libre* permet d'explorer librement SPAGEO City, les trajets pouvant être préalablement tracés ou non. Ces différents scénarios sont accessibles via un menu de démarrage. Pour chaque scénario plusieurs trajets ou enchainements d'instructions sont possibles.

5. Évaluations

Comme vu précédemment, les modalités de travail entre les élèves varient selon les séances, les élèves travaillant seuls, en binômes ou en groupes. L'évaluation formative est présente tout au long de la séquence et s'adapte à la modalité de travail. Cela permet à l'élève de réguler, adapter ou valider les procédures qu'il mobilise. Une évaluation formative utilise des informations qui permettent de repérer les écarts entre ce que l'élève sait et ce qu'il est censé savoir. Classiquement des écarts sont identifiés par l'enseignant qui peut ainsi réguler son enseignement (Black & Wiliam 1998). Dans le cas de la séquence présentée, l'enseignant est relativement absent des interactions avec l'élève. Les interactions entre l'élève et le milieu sont favorisés et exploités. Ainsi, les écarts sont mesurés par SPAGEO City qui renvoie à l'élève des feed-back. Ces derniers, appelés rétroactions dans le cadre de la TSD (Brousseau, 1998) et apportés par le milieu, proviennent des interactions entre les élèves (évaluation par les pairs) ou avec SPAGEO City (auto-évaluation et feed-back). Nous développons ces différentes évaluations dans le contexte de la séquence d'enseignement dans les parties suivantes.

Du point de vue de la psychologie cognitive, l'objectif de l'évaluation ne remplit plus seulement un rôle formatif pour l'élève. La séquence d'enseignement peut également être considérée comme une intervention expérimentale. Dans ce paradigme, des mesures collectées avant (prétest) et après (post-test) la séquence d'enseignement permettent alors de déterminer ou non l'existence d'une différence entre ces deux mesures. La quatrième évaluation décrite dans ce chapitre explore l'effet de la séquence d'enseignement sur les représentations spatiales des élèves. Le changement sur la connaissance des points de repère (*landmark knowledge*), des lieux (*location knowledge*) et des itinéraires (*path knowledge)* est étudié. Il est attendu une amélioration des connaissances et des représentations spatiales après la séquence d'enseignement.

5.1 Évaluation au cours de l'activité – évaluation formative

La séquence d'enseignement utilise trois évaluations formatives différentes : une évaluation par les pairs, une auto-évaluation et une évaluation par feed-back.

5.1.1 L'évaluation par les pairs

L'évaluation par les pairs est appelée « évaluation mutuelle » par Allal (2002) ; elle permet à l'élève de positionner son travail par rapport à celui des autres. Elle se distingue de l'auto-évaluation, au sens strict, qui est l'évaluation par l'apprenant de sa propre production et des procédures mobilisées dans la réalisation de celle-ci. L'évaluation par les pairs, aussi appelée rétroaction par les pairs (Morrissette, 2010) a tout son sens dans un processus d'évaluation formative.

Dans la séquence d'enseignement, cette évaluation par les pairs intervient dans les situations de communication à autrui en direct (séances 2 et 6) ainsi que pendant les séances en groupe (séance 5). Dans le premier cas, l'élève émetteur propose des informations (orales ou gestuelles) qui peuvent concerner des points de repères, des directions ou autres éléments qu'il souhaite intégrer à son message. L'élève récepteur reçoit cette information, l'interprète et renvoie une rétroaction à l'élève émetteur. Ses rétroactions participent à une évaluation des informations données par l'élève émetteur. Elles peuvent permettre un réajustement des points de repère utilisés, des directions mentionnées ou du vocabulaire utilisé. Ci-dessous, un exemple d'une évaluation entre pairs lors de la séance 2.

« El1 : Tu vas avancer un tout tout tout petit peu plus.
El2 : Jusqu'au…
El1 : Jusqu'au…
El2 : Au parc ?
El1 : Non, c'est trop loin. Un tout petit peu plus… Euh… Un petit peu moins que le truc [.].là, je sais pas comment ça s'appelle.
El2 : Un petit peu… Ah oui, la… la… Le truc, ouais. Ok… Oui.
El1 : Un petit peu… Peu moins que là. Et tu vas tourner.
El2 : A… A droite ?
El1 : Oui.
El2 : Vers le truc.
El1 : Oui. Et tu vas…
El2 : Y a des camions de pompiers et des taxis là. Y a des camions de pompiers à droite et des taxis à droite et des camions de pompiers à gauche, devant.
El1 : Oui. »

Ces interactions entre les élèves leur ont permis non seulement de vérifier leur compréhension mais également d'adapter les informations échangées et d'en ajouter. Par exemple, nous voyons, dans l'extrait cité, que le fait que l'élève 2 dise "jusqu'au" incite l'élève 1 à fournir cette information à laquelle il n'avait pas forcément pensé de lui-même. De même lorsque l'élève 2 a demandé s'il devait tourner à droite, il a obtenu la réponse qui n'aurait pas été nécessairement mentionnée par l'élève s'il n'y avait pas eu d'interactions. Les échanges ayant lieu simultanément à leurs déplacements dans la ville, les élèves ont pu ajuster leurs vocabulaire et gestes pour les adapter au mieux aux besoins du binôme. Voici un deuxième exemple issu de la séance 5 (par groupe de quatre).

« *El1 : Maintenant, on avance, avance jusqu'au passage piéton.*

El2 : Jusqu'au gratte-ciel.

[...]

El1 : Jusqu'au passage piéton.

El3 : Ouais mais non, sinon la personne va aller juste là.

El1 : Attends ça c'est là, ça c'est droite ?

El3 : Oui.

[...]

El1 : Tu dis euh. Avance, avance un peu... jusque...

El3 : Euh non, avance jusqu'au deuxième passage piéton.

El1 : Non... Euh attend. Attends stop. Stop. R.

El2 : Voilà.

El1 : Tourne à droite... Attends. Juste. Attendez. Tourne à droite juste au...

El3 : Bah non, parce que... on n'aurait pas dit tout droit.

El1 : Mais non.

El3 : Bah si. Regarde. Regarde.

El1 : Qui veut écrire ?

El2 : Euh ouais.

El3 : Regarde. On est allé tout droit.

El1 : Euh non, regarde. Oui, je sais. Tout droit. Attends. Qui veut écrire avance tout droit. »

Lors des échanges en groupe, nous constatons les mêmes ajustements que lors des séances en binôme avec davantage d'interventions à prendre en compte. Dans l'extrait ci-dessus, les élèves 1 et 2 parlaient d'avancer mais sans le mentionner sur la feuille. Alors l'élève 3 leur a rappelé qu'avant de parler de tourner il faut dire : « Avancer tout droit ». Ces interactions à plusieurs ont permis de prendre en compte les différents points de vue et de fournir des indications qui soient les plus précises possibles, ou du moins qui répondent aux attentes de plusieurs visions d'élèves.

Cette première évaluation permet de faire évoluer les connaissances des élèves grâce aux interactions entre ces intervenants ; ces dernières sont dépendantes des élèves impliqués (les récepteurs ou les élèves du groupe). Une deuxième catégorie d'évaluation utilisée dans la séquence d'enseignement ne s'appuie pas sur les échanges entre élèves mais sur des développements spécifiques de SPAGEO City.

5.1.2 *Feed-back de vérification (juste-faux)*

L'utilisation de technologies pour l'enseignement permet d'individualiser les évaluations et de varier les feed-back fournis à l'apprenant. Nous considérons les feed-back comme des informations produites par l'environnement à destination de l'élève (Hattie & Timperley, 2007) dans le but de réduire l'écart entre ce que l'élève a produit et ce qui est visé par la tâche. L'environnement virtuel de SPAGEO City permet d'envoyer deux types de feed-back directement à l'élève : un feed-back de vérification et un feed-back d'élaboration (Shute, 2008)

D'une part, celui de vérification (juste/faux) informe de l'exactitude de la réponse de l'élève alors que celui d'élaboration prend la forme d'une auto-évaluation réalisée par l'élève. Ces deux feed-back sont détaillés dans les parties suivantes.

Comme expliqué précédemment, les séances 2 et 6 sont des séances de communication directe de trajets. Une évaluation entre pairs sur la pertinence, la précision et la validité des termes utilisés est présente tout au long des échanges. Une fois que l'élève récepteur, avec l'aide de l'élève émetteur, considère être arrivé à la fin du trajet, il enregistre et valide sa position finale. En réponse à cet enregistrement, l'élève récepteur reçoit un feed-back de l'environnement du type juste/faux sans autre information. Il relève du « knowledge of result » (KR) selon Shute (2008). Cette (in)validation par l'environnement apparait lors des reproductions de trajets et fait partie des données collectées par l'application. Un trajet est considéré comme valide si les coordonnées du trajet à reproduire correspondent exactement à celles du trajet reproduit. Au moindre écart, le trajet est considéré comme invalide (figure 7). En plus des coordonnés du trajet, l'application enregistre la position et l'orientation toutes les secondes.

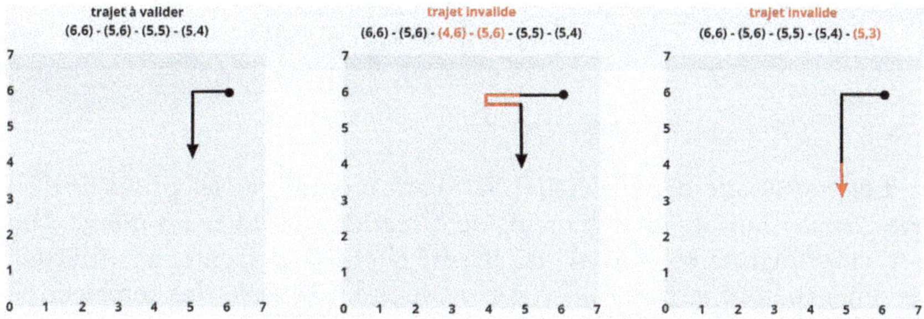

Figure 7 Exemple de trajets invalides

5.1.3 Feed-back par images en vue d'une auto-évaluation

Ce deuxième feed-back produit par l'environnement ne valide pas directement la reproduction du trajet par l'élève. Cependant, il apporte toutes les informations permettant cette auto-évaluation. Cette deuxième évaluation implémentée dans SPAGEO City relève d'un feed-back élaboré (EF) au sens de Shute (2008). Morissette (2010) considère l'auto-évaluation comme «le moteur de la progression des apprentissages» de l'élève et comme «une constituante importante de l'évaluation formative» (Morissette, 2010, p. 10). En ce sens, l'auto-évaluation peut être vue comme une manière dont l'élève va apprécier la qualité de sa production au vu des objectifs visés et dont il va mettre en place des stratégies dans le but d'atteindre les objectifs (Allal, 1999). Dans la séquence d'enseignement, elle prend la forme d'une validation par images.

Lorsqu'un récepteur reçoit un message écrit, il l'utilise pour reproduire un trajet. Lorsque l'élève considère avoir atteint l'arrivée, il enregistre son trajet et SPAGEO City lui donne la possibilité d'évaluer lui-même sa reproduction. Cette évaluation passe par la comparaison de son trajet effectif avec le trajet à reproduire. Elle a nécessité le développement spécifique d'un outil de comparaison de trajets; cet outil devant répondre à deux contraintes: non seulement, le positionnement précis de l'utilisateur, son orientation ainsi que la durée du trajet ne doivent pas influencer la comparaison (1); mais aussi, il doit permettre une auto-évaluation par l'élève de son trajet effectué (2).

Cet outil de comparaison de trajets présente une série d'images des intersections traversées sous la forme d'une bande d'images (figure 8). Le trajet de l'élève étant enregistré par l'environnement en temps réel, la bande d'images est générée immédiatement après la validation du trajet.

Figure 8 Bande d'images

Les travaux de Brunyé et al. (2018) ont montré que les prises de décisions concernant les changements de direction se font avant même d'entrer dans une intersection. Ainsi, il a été choisi de présenter à l'utilisateur des images dont le point de vue correspond à l'entrée des intersections plutôt que depuis leur milieu, afin d'avoir une meilleure visibilité sur les blocs d'immeubles en face.

Les changements de direction sont illustrés par des quarts de tour composés de trois images prises respectivement (figure 9). Ce choix a été confirmé par des tests utilisateurs qui ont montré une préférence vers une représentation à trois images plutôt qu'à deux images (0° et 90°) (Diouf, 2021).

Figure 9 Quarts de tour illustrés avec 3 images

L'interface de l'outil de comparaison est constituée de deux bandes d'images avec des images numérotées qui représentent des moments du parcours (figure 10). Les bandes d'images sont construites en deux étapes. Tout d'abord, les coordonnées du trajet sont converties en une liste d'images ; ensuite, des images pré-générées sont placées à intervalles réguliers dans l'ordre de la liste pour construire la bande. Pour chaque intersection, des captures d'écran ont été prises dans les huit directions cardinales (N, NE, E, SE, S, SW, W et NW) avec le même champ de vision et la même hauteur et inclinaison de caméra que dans l'environnement virtuel.

Figure 10 Une bande d'images dans l'interface

La figure 11 présente l'interface de l'élève. Pour chaque bande, trois images de 640 x 340 pixels sont visibles à la fois. La bande du haut représente le trajet à suivre (en vert) et celle du bas, le trajet effectué par l'élève (en jaune). Les élèves visualisent un trajet en utilisant des boutons pour faire défiler les bandes vers l'avant [>] ou vers l'arrière [<]. La comparaison des images de la bande du haut à celle du bas doit permettre à l'élève d'auto-évaluer son activité. En effet, si deux images diffèrent, il peut alors conclure que son trajet est incorrect. En étudiant plus attentivement les différences entre les bandes d'images, il pourrait, par ce biais, comprendre le lieu et/ou la cause de son erreur. Par exemple, dans la figure 11, à l'intersection de l'image n°5, l'élève a tourné dans une mauvaise direction : il a tourné à gauche au lieu de continuer tout droit.

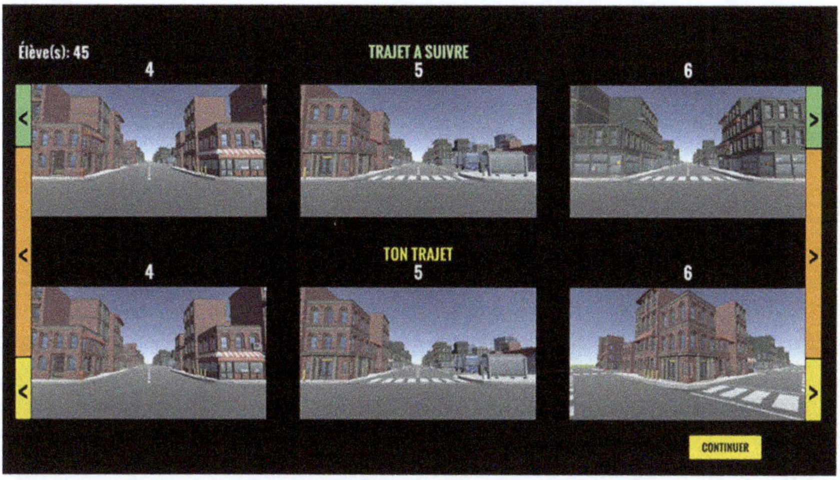

Figure 11 Interface élève

En somme, ces évaluations illustrent trois types d'interactions apportés par le milieu en réponses aux actions de l'élève, lui permettant de faire évoluer ses procédures et processus cognitifs. Les évaluations entre pairs permettent un réajustement des formulations orales ou gestuelles des élèves. L'évaluation « juste/faux » donne peu d'informations de remédiation à l'élève, contrairement à l'auto-évaluation très riche d'informations. L'élève peut exploiter ces dernières pour évaluer sa reproduction, relativement au modèle et, en cas d'erreur, il peut comprendre son origine ce qui en fait une évaluation riche.

5.2 Evaluation de la séquence d'enseignement

Cette dernière évaluation examine l'effet de la séquence d'enseignement, à partir des connaissances spatiales que les élèves ont acquises lors des différentes activités (tableau 1) dans SPAGEO City. Dans ce cadre, cinq tâches de navigation ont été conçues pour évaluer les représentations spatiales des élèves. Ces tâches ont été réalisées avant (pré-test) et après (post-test) la séquence d'enseignement (tableau 1, séances 1 et 7/8). Les scores des tâches obtenus lors du pré-test donnent un aperçu des représentations spatiales initiales des élèves, avant qu'ils ne débutent les activités de navigation dans SPAGEO City. En analysant les scores des tâches en post-test par rapport à ceux du pré-test, il est possible d'observer et d'évaluer l'effet de la séquence d'enseignement sur la cognition spatiale des élèves.

5.2.1 Conception des tâches d'évaluation des représentations spatiales

Les études menées jusqu'à présent dans le domaine de l'évaluation de la navigation n'ont souvent administré qu'une petite sélection de tâches, ne reflétant pas toujours les différents types de représentations spatiales impliqués (Hegarty & al., 2006; Menenghetti & al., 2014, 2016; Waller, 2000). Afin de proposer une vision plus complète des représentations spatiales qui se forment lors de la navigation en environnement virtuel, Van der Ham et al. (2020) ont construit un outil permettant d'évaluer les compétences de navigation en distinguant trois composantes de la navigation: la connaissance des points de repère (*landmark knowledge*), la connaissance des lieux (*location knowledge*) et la connaissance des itinéraires (*path knowledge*), et selon deux cadres de référence: egocentré et allocentré. Après avoir visionné un trajet dans un environnement virtuel, leurs participants devaient effectuer cinq tâches de navigation: une tâche de reconnaissance des points de repère rencontrés lors de la navigation (*landmark task*), deux tâches visant à examiner la représentation des lieux, d'un point de vue égocentré (*location egocentric task*) et d'un point de vue allocentré (*location allocentric task*), et deux tâches visant à examiner la représentation des chemins d'un point de vue égocentré (*path route task*) et allocentré (*path survey task*). Cette étude, qui décrit l'évolution des représentations spatiales d'un point de vue développemental, souligne la nécessité de procéder à un examen approfondi de la navigation en prenant en considération les connaissances dissociables qui la composent.

Dans le cadre de la présente étude, une série de cinq tâches de navigation, basées sur les travaux menés par Van der Ham et al. (2020), a été conçue dans le but d'évaluer les représentations spatiales des élèves de grade 2, avant et après l'intervention didactique. Ces tâches proposent une mesure relativement complète des capacités de navigation selon un référentiel égocentré et reflètent la complexité des processus cognitifs impliqués dans la navigation. Elles ont été intégrées dans l'environnement virtuel conçu dans le cadre de la séquence d'enseignement et implémentées en ligne à l'aide du logiciel QualtricsXM ©. Dans le cadre de cette dernière évaluation, si l'environnement virtuel était le même que celui utilisé pour la séquence d'enseignement, des points de repère uniques, spécifiques aux tâches de navigation, ont été placés à chaque intersection suivant les itinéraires du pré-test et du post-test. Autrement dit, les élèves ne pouvaient pas rencontrer ces points de repère lors de la séquence d'enseignement à proprement parler. Ainsi, dans le cadre de l'évaluation cognitive, chaque point de repère placé à une intersection constituait un lieu d'intérêt.

L'évaluation de la connaissance des points de repère était divisée en deux parties. La première consistait en une *tâche de reconnaissance des points de repère*. Huit points de repère ont été présentés de façon successive aux élèves (figure 12.a). Afin de limiter la part de hasard dans les réponses des élèves, seulement quatre des huit points de repère présentés étaient effectivement présents dans l'environnement exploré, les quatre autres étant des éléments distracteurs. Lorsque les élèves indiquaient avoir reconnu un point de repère, ils devaient ensuite associer le point de repère reconnu avec son emplacement. Il s'agissait alors de la deuxième partie de l'évaluation des points de repère, soit la *tâche de localisation des points de repère*. Plus précisément, il leur était demandé d'identifier le lieu où l'élément avait été vu, parmi quatre emplacements possibles (figure *12*.b).

Figure 12 Exemple pour les tâches de reconnaissance et de localisation des points de repère

La *tâche d'itinéraire* consistait en l'évaluation de la connaissance du chemin parcouru. Une capture d'écran représentant un lieu d'intérêt, c'est-à-dire une intersection avec un point de repère unique, était présentée aux élèves. Ces derniers devaient alors indiquer la direction qu'ils avaient suivie à partir de ce lieu d'intérêt. La consigne était la suivante :

« Rappelle-toi le trajet fléché que tu as suivi, depuis ici, quelle route as-tu suivie ?» (figure *13*). En fonction du lieu d'intérêt, deux ou trois directions possibles étaient proposées : gauche, droite et tout droit. Cette opération a été répétée pour quatre lieux d'intérêt parmi les huit rencontrés lors de la navigation.

Figure 13 Exemple pour la tâche d'itinéraire

Afin d'évaluer la représentation de la direction entre deux points de repère, *une tâche de pointage* a été mise en place. Une image d'un lieu d'intérêt avec huit flèches directionnelles couvrant 360 degrés était présentée (figure *14*). Les élèves devaient alors sélectionner la flèche pointant dans la direction du second point de repère. Cette opération a été répétée pour quatre lieux d'intérêt parmi les huit rencontrés lors de la navigation.

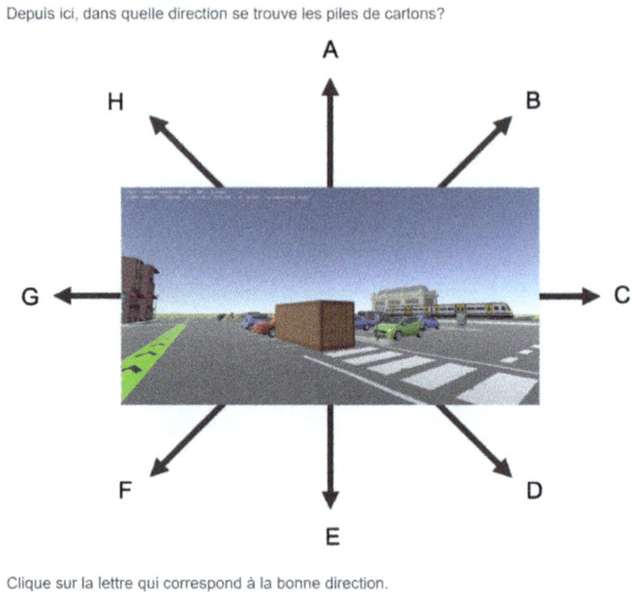

Figure 14 Exemple pour la tâche de direction

La tâche de distance, visait l'évaluation de la représentation de la distance relative entre les lieux. Elle consistait en trois lieux d'intérêt présentés simultanément (figure *15*). Les élèves devaient identifier, parmi deux images quel était le lieu d'intérêt le plus proche à vol d'oiseau de la première image. Cette tâche a également été répétée pour quatre lieux d'intérêt parmi les huit rencontrés lors de la navigation et toujours présentés selon un ordre aléatoire.

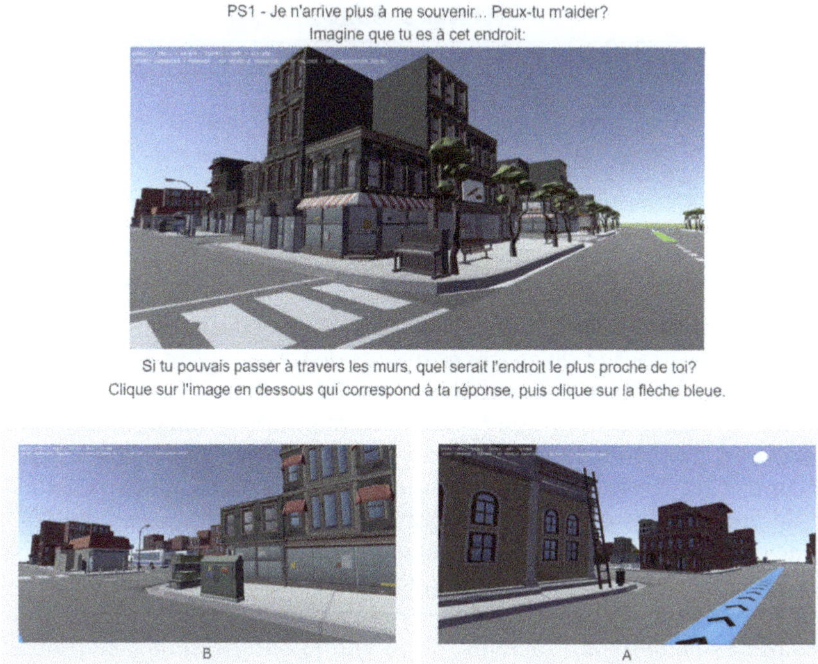

Figure 15 Exemple pour la tâche de distance

5.2.2 Procédure

Les cinq tâches d'évaluation des représentations spatiales des élèves se sont déroulées en deux sessions (pré-tests et post-tests) et ont été administrées sur quatre séances de la séquence d'enseignement. Chaque session était composée de cinq tâches qui se sont déroulées sur deux séances (séances 1 et 2, séances 7 et 8) (tableau 2). La procédure des pré-tests et des post-tests était identique, les élèves devaient effectuer les cinq tâches décrites précédemment. Cependant, les itinéraires et les points de repère différaient entre le pré-test et le post-test (figure *16*).

Tableau 2 Interventions en psychologie cognitive

N° Séances didactiques	Sessions	Evaluation (Tâches)
Séance 1	Pré-test	Connaissance des points de repère (reconnaissance et localisation)
Séance 2		Connaissance de l'itinéraire Représentation des distances Représentation des directions

(*suite*)

Tableau 2 Suite

N° Séances didactiques	Sessions	Evaluation (Tâches)
Séance 7	Post-test	Connaissance des points de repère (reconnaissance et localisation)
Séance 8		Connaissance de l'itinéraire Représentation des distances Représentation des directions

Lors de la première séance (séance 1 ou séance 7), les élèves étaient amenés à suivre deux itinéraires fléchés. Chaque trajet était composé de quatre intersections et de quatre segments de route (figure 16). A chaque intersection, les élèves rencontraient un élément de décor unique qui devait faire office de point de repère. Ils avaient pour consigne de suivre le parcours fléché en faisant bien attention aux éléments qu'ils allaient rencontrer, et d'essayer de retenir un maximum de choses lors de leur navigation car des questions allaient leur être posées par la suite. A la fin de chaque itinéraire, les élèves étaient ensuite automatiquement dirigés vers les tâches de points de repère (reconnaissance et localisation). Etant donné que la tâche de reconnaissance des points de repère comprenait des éléments distracteurs, elle était toujours présentée en premier aux élèves afin d'éviter des effets d'interférence avec les autres tâches de navigation.

Lors de la seconde séance (séance 2 ou séance 8), les élèves étaient amenés à regarder une vidéo de l'itinéraire qu'ils avaient suivi lors de la séance précédente (une semaine plus tôt). Ils avaient pour consigne de regarder très attentivement la vidéo qui allait leur être présentée, en faisant bien attention aux éléments qu'ils allaient rencontrer, et d'essayer de retenir un maximum de choses car des questions allaient leur être posées par la suite. A la suite du visionnage de cette vidéo, les élèves devaient effectuer les trois tâches de navigation restantes (itinéraire, direction et distance). Afin de neutraliser un effet d'ordre, ces dernières tâches étaient présentées dans un ordre aléatoire.

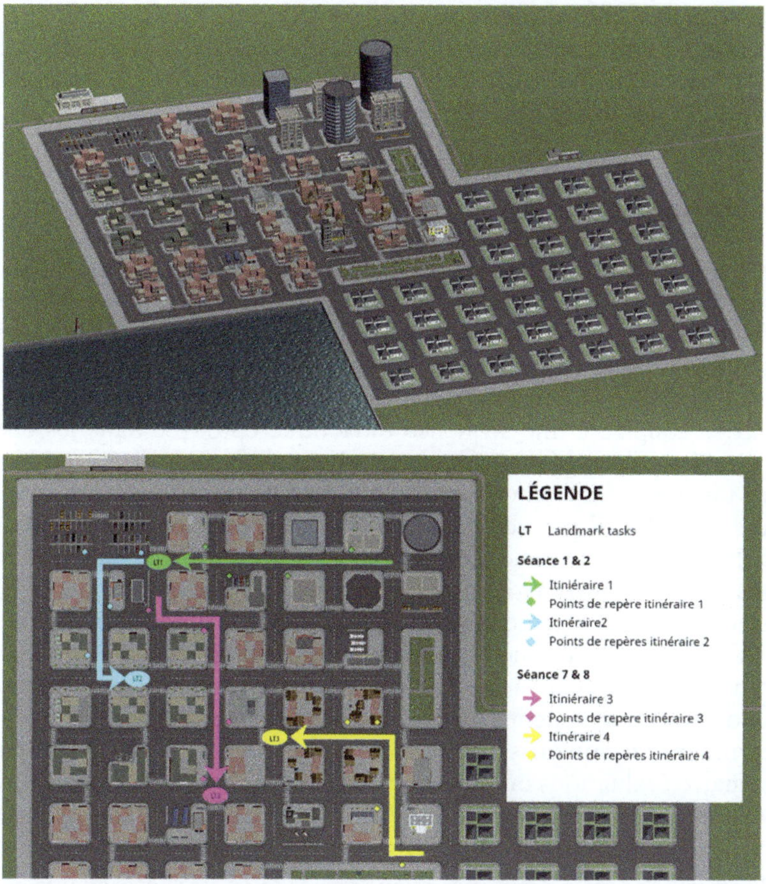

Figure 16 Itinéraires empruntés et emplacements des points de repère pour les tâches de navigation

En résumé, cinq tâches de navigation ont été conçues afin d'évaluer les représentations spatiales des élèves qui ont résulté de leur navigation dans l'environnement virtuel, avant (pré-test) et après (post-test) la séquence d'enseignement. Il est attendu que les scores des tâches effectuées durant le post-test soient plus élevés qu'en pré-test. Cela indiquerait un effet positif de la séquence d'enseignement sur le développement des représentations spatiales. De plus, l'évaluation divisée en plusieurs tâches reflète les différents aspects développementaux des connaissances spatiales. En se basant sur les étapes du développement de la cognition spatiale (Piaget & Inhelder, 1948 ; Seigel & White, 1975), il est attendu que les élèves de grade 2 développent davantage les connaissances liées aux points de repère et aux itinéraires. Afin de mieux distinguer un effet de la séquence d'enseignement sur l'évolution de la cognition spatiale d'un effet de développement, ces résultats pourront être comparés à ceux d'un groupe contrôle longitudinal pour qui la séquence d'enseignement ne serait pas proposée.

6. Conclusion

La conception de l'environnement virtuel SPAGEO City, l'élaboration de l'ingénierie didactique pour les élèves de grade 2 et les différentes évaluations des connaissances investies ont été pensées et développées en parallèle. C'est ce développement que nous présentons dans ce chapitre. En effet, nous avons présenté l'introduction d'une technologie novatrice couplée à une séquence didactique éprouvée dans les classes de primaire. Si SPAGEO City est principalement utilisé pour reproduire un macro-espace virtuel dans le but de développer les connaissances spatiales, il permet aussi des évaluations formatives spécifiques. Ces dernières prennent différentes formes avec des feed-back plus ou moins riches d'informations pour les élèves. La séquence d'enseignement contient elle-même trois évaluations différentes, deux s'appuyant sur SPAGEO City et une évaluation entre pairs grâce aux situations de communication. Quant à la quatrième évaluation, elle mesure l'effet de la séquence d'enseignement par des tâches expérimentales spécifiques qui déterminent les connaissances spatiales des élèves en pré- et post-test. Ces quatre évaluations ont chacune des objectifs spécifiques ancrés dans trois domaines scientifiques porteurs du projet SPAGEO : la psychologie cognitive, les technologies éducatives et la didactique de mathématiques.

Bien que ces trois domaines scientifiques aient des antécédents culturels et épistémologiques distincts, ils ont su combiner leurs points de vue sur l'éducation, l'apprentissage et le développement cognitif autour des technologies et utiliser ainsi leur complémentarité pour enrichir la compréhension de la cognition spatiale en environnement virtuel. Ce chapitre a décrit des évaluations selon des points de vue et des objectifs théoriques et méthodologiques multiples, parfois difficile à articuler. Par exemple toutes les activités de groupes sont fondamentales d'un point de vue didactique mais plus difficilement exploitables sur le plan des processus cognitifs impliqués dans l'activité. La conception de l'ingénierie didactique a concilié les besoins des questionnements de la psychologie tout en favorisant un développement des connaissances spatiales. L'environnement virtuel développé dans le cadre de l'étude a permis une flexibilité dans les choix didactiques comme la diversité des points de repère et des évaluations.

Dès les premières séances, l'implication et le travail fourni par les élèves ont laissé entrevoir un fort potentiel de l'environnement pour le développement de leurs connaissances et habiletés spatiales. En effet, les situations de communication ont été riches d'échanges, de formulations et d'informations tant à l'oral qu'à l'écrit. Si lors des premières séances les élèves étaient motivés par l'aspect ludique que pouvaient laisser supposer l'environnement virtuel, l'ordinateur ou la manette, leur posture d'élève a évolué au fur et à mesure des séances. Les données récoltées nous renseigneront sur l'impact de la technologie et de la séquence d'enseignement sur les connaissances spatiales des élèves entre 7 et 8 ans.

La recherche se poursuit actuellement avec la conception de nouvelles séquences d'enseignement destinées aux mêmes élèves dans les deux années qui suivent (grade 3 en 21–22 et grade 4, l'année scolaire 2022–2023). Cette recherche longitudinale permettra également de présenter les trajectoires développementales de la cognition spatiale mesurées à partir de l'évaluation annuelle des représentations spatiales des élèves. A terme, les ressources développées dans le cadre du projet SPAGEO, dont font partie la séquence d'enseignement et ses évaluations, pourraient obtenir le statut de ressources scolaires pour les classes genevoises des grades 2, 3 et 4.

Références

Allal, L. (1999). Impliquer l'apprenant dans le processus d'évaluation : promesses et pièges de l'auto-évaluation. Dans C. Depover & B. Noël (Eds.), *L'évaluation des compétences et des processus cognitifs. Modèles, pratiques et contextes* (pp. 35–54). De Boeck Université. https://doi.org/10.7202/009951ar

Allal, L. (2002). Acquisition et évaluation des compétences en situation scolaire. Dans J. Dolz (Ed.), *L'énigme de la compétence en éducation* (pp. 75–94). De Boeck Supérieur. https://doi.org/10.3917/dbu.dolz.2002.01.0075

Artigue, M. (1988). Ingénierie didactique. *Recherches en Didactique des Mathématiques*, *9*(3), 281–308. https://revue-rdm.com/1988/ingenierie-didactique-2/

Berthelot, R., & Salin, M.-H. (1992). *L'enseignement de l'espace et de la géométrie dans la scolarité obligatoire.* [Thèse de doctorat, Université Bordeaux 1]. TEL (Thèses-en-ligne). https://theses.hal.science/tel-00414065/

Berthelot, R., & Salin, M.-H. (1999). L'enseignement de l'espace à l'école primaire. *Grand N*, *65*, 37–59. https://irem.univ-grenoble-alpes.fr/medias/fichier/65n4_1562227030012-pdf

Black, P. & William, D. (1998). *Inside the black box : raising standards through classroom assessment.* Granada Learning.

Brossard, M. (2004). *Vygotski : Lectures et perspectives de recherches en éducation*. Presses universitaires du Septentrion. https://doi.org/10.4000/books.septentrion.14157

Brousseau, G. (1983). Etude des questions d'enseignement. Un exemple : La géométrie. *Séminaire de Didactique des Mathématiques et de l'Informatique, 45*,183–226.

Brousseau, G. (1988). Le contrat didactique : le milieu. *Recherches en Didactique des Mathématiques, 9*(3), 309–336. https://revue-rdm.com/1988/le-contrat-didactique-le-milieu/

Brousseau, G. (1998). *Théories des situations didactiques*. La pensée sauvage.

Brunyé, T. T., Gardony, A. L., Holmes, A., & Taylor, H. A. (2018). Spatial decision dynamics during wayfinding: intersections prompt the decision-making process. *Cognitive Research: Principles and Implications, 3*. https://doi.org/10.1186/s41235-018-0098-3

Carroll, J. B. (1993). *Human cognitive abilities : a survey of factor-analytic studies*. Cambridge University Press.

Chrastil, E. R. (2013). Neural evidence supports a novel framework for spatial navigation. *Psychonomic Bulletin & Review, 20*, 208–227. https://doi.org/10.3758/s13423-012-0351-6

Chrastil, E. R., & Warren, W. H. (2014). From cognitive maps to cognitive graphs. *Plos One, 9*(11). https://doi.org/10.1371/journal.pone.0112544

Clark, H., & Brennan, S. (1991). Grounding in communication. Dans L. B. Resnick, J. M. Levine & S. D. Teasley (Eds.), *Perspectives on socially shared cognition*. (pp. 127–149). APA Books.

Clements, D. H. (1999). Geometric and spatial thinking in young children. Dans J. V. Copley (Ed.), *Mathematics in the early years* (pp. 66–79). National Association for the Education of Young Children. ED436232.pdf

Cohen, R. & Schuepfer, T. (1980). The representation of landmarks and routes. *Child Development, 51*(4), 1065–1071. https://doi.org/10.2307/1129545

Conférences Intercantonale de l'Instruction publique de la Suisse romande et du Tessin. (2010). *Plan d'Etudes Romand*.

Coutat, S. (2020). Environnements virtuels pour le développement de connaissances spatiales. *Revue De Mathématiques Pour l'école, 233*, 105–116.

Coutrot, A., Schmidt, S., Coutrot, L., Pittman, J., Hong, L., Wiener, J. M., Hölscher, C., Dalton, R. C., Hornberger, M. & Spiers, H. J. (2019). Virtual navigation tested on a mobile app is predictive of real-world wayfinding navigation performance. *Plos One 14*(3). https://doi.org/10.1371/journal.pone.0213272

Denis, M. (2016). *Petit traité de l'espace : Un parcours pluridisciplinaire.* Mardaga. https://doi.org/10.3917/mard.denis.2016.01

Diouf, F. (2021). *Development of an application to compare routes in a virtual environment : Illustrating routes as sequence of images.* [Master Thesis, University of Geneva]. Unige. Microsoft Word – Diouf Thesis 2021_v3.5_submitted.docx (unige.ch)

Dong, W., Qin, T., Yang, T., Liao, H., Liu, B., Meng, L., & Liu, Y. (2021). Wayfinding behavior and spatial knowledge acquisition : are they the same in virtual reality and in real-World environments ? *Annals of the American Association of Geographers, 112*(1), 226–246. https://doi.org/10.1080/24694452.2021.1894088

Dornier, J., & Coqueret, M. (2009). « On retrouve sa place ! » : De l'espace vécu à l'espace appréhendé au cycle 2. *Grand N, 83*, 85–85. https://irem.univ-grenoble-alpes.fr/medias/fichier/83n8_1554711026203-pdf

Duroisin, N. (2015). *Quelle place pour les apprentissages spatiaux à l'école ? Etude expérimentale du développement des compétences spatiales des élèves âgés de 6 à 15 ans* [Thèse de doctorat, Université de Mons]. TEL (thèses-en-ligne). https://hal.science/tel-01152392v1/document

Ellis, S.R (1994). What are virtual environments ? *IEEE Computer Graphics and Applications, 14*(1), 17–22. https://doi.org/10.1109/38.250914

Gardony, A., Brunyé, T. T., Mahoney, C. R., & Taylor, H. A. (2011). Affective states influence spatial cue utilization during navigation. *Presence: Teleoperators and Virtual Environments, 20*(3), 223–240. https://doi.org/10.1162/pres_a_00046

Golledge, R. G. (1999). *Wayfinding behavior, Cognitive mapping and other spatial processes.* JHU Press.

Grelier, F. (2009). Constituer des espaces fictifs à l'aide de boites retournées pour aborder la représentation d'espaces à trois dimensions et réfléchir sur l'espace urbain : quelques pistes du cycle 2 au cycle 3. *Grand N, 84*, 33–45. https://irem.univ-grenoble-alpes.fr/medias/fichier/84n2_1554709119740-pdf

Hattie, J. (2009). The black box of tertiary assessment : an impending revolution. *Tertiary assessment & higher education student outcomes : Policy, practice & research, 259*, 275. https://citeseerx.ist.psu.edu/document?repid=rep1&type=pdf&doi=ef18bd57b49bf1cb99b4b7fd150c893e607c6b6b

Hattie, J., & Timperley, H. (2007). The power of feedback. *Review of Educational Research, 77*(1), 81–112. https://doi.org/10.3102/003465430298487

Hegarty, M., Montello, D. R., Richardson, A. E., Ishikawa, T., & Lovelace, K. (2006). Spatial abilities at different scales : individual differences in aptitude-test performance and spatial-layout learning. *Intelligence, 34*(2), 151–176. https://doi.org/10.1016/j.intell.2005.09.005

Jansen-Osmann, P. (2002). Using desktop virtual environments to investigate the role of landmarks. *Computers in Human Behavior, 18*(4), 427–436. https://doi.org/10.1016/s0747-5632(01)00055-3

Jansen-Osmann, P., Schmid, J., & Heil, M. (2007). Wayfinding behavior and spatial knowledge of adults and children in a virtual environment : the role of the environmental structure. *Swiss Journal of Psychology, 66*(1), 41–50. https://doi.org/10.1024/1421-0185.66.1.41

König, S., Keshava, A., Clay, V., Rittershofer, K., Kuske, N., & König, P. (2021). Embodied spatial knowledge acquisition in immersive virtual reality : comparison to map exploration. *Frontiers in virtual reality*, 2. https://doi.org/10.3389/frvir.2021.625548

Kuliga, S. F., Thrash, T., Dalton, R. C., & Hölscher, C. (2015). Virtual reality as an empirical research tool : exploring user experience in a real building and a corresponding virtual model. *Computers, Environment and Urban Systems, 54*, 363–375. https://doi.org/10.1016/j.compenvurbsys.2015.09.006

Loomis, J. M., Klatzky, R. L., Golledge, R. G., & Philbeck, J. W. (1999). Human navigation by path integration. Dans R. G. Golledge (Ed.), *Wayfinding behavior : Cognitive mapping and other spatial processes* (pp. 125–151). JHU press. loomis_wayfindingBehavior 1999.pdf (gwu.edu)

Marchand, P. (2020). Quelques assises pour valoriser le développement des connaissances spatiales à l'école primaire. *Recherches en Didactique des Mathématiques, 40*(2), 135–178. https://revue-rdm.com/2020/quelques-assises-pour-valoriser-le-developpement-des-connaissances-spatiales-a-lecole-primaire/

Marchand, P. (2006). Comment développer les IM reliées à l'apprentissage de l'espace en trois dimensions ? *Annales de Didactique et des Sciences Cognitives, 11*, 103–121. https://mathinfo.unistra.fr/websites/math-info/irem/Publications/Annales_didactique/vol_11_et_suppl/adsc11-2006_004.pdf

Masselot, P., & Zin, I. (2008). Exemple d'une situation de formation pour aborder la structuration de l'espace aux cycles 1 et 2. Dans ARPEM (Ed.), *Actes du XXXIV colloque COPIRELEM* (pp. 1–25). https://publimath.univ-irem.fr/numerisation/WO/IWO08007/IWO08007.pdf

Meneghetti, C., Ronconi, L., Pazzaglia, F., & De Beni, R. (2014). Spatial mental representations derived from spatial descriptions : the predicting and mediating roles of spatial preferences, strategies, and abilities. *British Journal of Psychology, 105*(3), 295–315. https://doi.org/10.1111/bjop.12038

Meneghetti, C., Zancada-Menéndez, C., Sampedro-Piquero, P., Lopez, L., Martinelli, M., Ronconi, L., & Rossi, B. (2016). Mental representations derived from navigation : The role of visuo-spatial abilities and working memory. *Learning and individual differences, 49*, 314–322. https://doi.org/10.1016/j.lindif.2016.07.002

Montello, D. R. (2001). Spatial cognition. Dans N. Smelser & P.B. Baltes (Eds.), *International Encyclopedia of the Social & Behavior Sciences* (pp. 14771–14775). Pergamon Press. https://doi.org/10.1016/B0-08-043076-7/02492-X

Morrissette, J. (2010). Un panorama de la recherche sur l'évaluation formative des apprentissages. *Mesure et Evaluation en Education, 33*(3), 1–27. https://doi.org/10.7202/1024889ar

Muller, R. U., Kubie, J. L., & Saypoff, R. (1991). The hippocampus as a cognitive graph (abridged version). *Hippocampus, 1*(3), 243–246. https://doi.org/10.1002/hipo.450010306

Neisser, U. (1976). *Cognitive psychology*. Appleton-Century-Crofts.

Piaget, J. (1973). *Introduction à l'épistémologie génétique. (I) La pensée mathématique.* Presses Universitaires de France.

Piaget, J., & Inhelder, B. (1948). *La représentation de l'espace chez l'enfant.* Presses Universitaires de France.

Pick, H. L., Jr., Rieser, J. J., Wagner, D., & Garing, A. E. (1999). The recalibration of rotational locomotion. *Journal of Experimental Psychology : Human Perception and Performance, 25*(5), 1179–1188. https://doi.org/10.1037/0096-1523.25.5.1179

Pine, D. S., Grun, J., Maguire, E. A., Burgess, N., Zarahn, E., Koda, V., Fyer, A., Szeszko, P. R. & Bilder, R. M. (2002). Neurodevelopmental aspects of spatial navigation : a virtual reality fMRI study. *NeuroImage, 15*(2), 396–406. https://doi.org/10.1006/nimg.2001.0988

Qualtrics XM© [Logiciel]. (2020). https://fpse.eu.qualtrics.com/

Richardson, A. E., Montello, D. R., & Hegarty, M. (1999). Spatial knowledge acquisition from maps and from navigation in real and virtual environments. *Memory & Cognition, 27*, 741–750. https://doi.org/10.3758/bf03211566

Schmelter, A., Jansen, P., & Heil, M. (2009). Empirical evaluation of virtual environment technology as an experimental tool in developmental spatial cognition research, *European Journal of Cognitive Psychology, 21*(5), 724–739. https://doi.org/10.1080/09541440802426465

Seel, N. M. (2001). Epistemology, situated cognition, and mental models : 'Like a bridge over troubled water'. *Instructional Science, 29*, 403–427. https://doi.org/10.1023/A:1011952010705

Siegel, A. W., & White, S. H. (1975). The development of spatial representations of large-scale environments. *Advances in Child Development and Behavior, 10*, 9–55. https://doi.org/10.1016/s0065-2407(08)60007-5

Shute, V. J. (2008). Focus on formative feedback. *Review of Educational Research, 78*(1), 153–189. https://doi.org/10.3102/0034654307313795

Steck, S.D., & Mallot, H.A. (2000). The role of global and local landmarks in virtual environment navigation. *Presence: Virtual and Augmented Reality, 9*(1), 69–83. https://doi.org/10.1162/105474600566628

Tolman, E. C. (1948). Cognitive maps in rats and men. *Psychological Review, 55*(4), 189–208. https://doi.org/10.1037/h0061626

Trullier, O., Wiener, S. I., Berthoz, A., & Meyer, J. A. (1997). Biologically based artificial navigation systems : review and prospects. *Progress in Neurobiology, 51*(5), 483–544. https://doi.org/10.1016/s0301-0082(96)00060-3

Van der Ham, I. J., Claessen, M. H., Evers, A. W., & van der Kuil, M. N. (2020). Large-scale assessment of human navigation ability across the lifespan. *Scientific Reports, 10*, 1–12. https://doi.org/10.1038/s41598-020-60302-0

Waller, D. (2000). Individual differences in spatial learning from computer-simulated environments. *Journal of Experimental Psychology : Applied, 6*(4), 307–321. https://doi.org/10.1037/1076-898X.6.4.307

Waller, D., Bachmann, E., Hodgson, E., & Beall, A. C. (2007). The HIVE : a huge immersive virtual environment for research in spatial cognition. *Behavior Research Methods, 39*, 835–843. https://doi.org/10.3758/bf03192976

Waller, D., Hunt, E., & Knapp, D. (1998). The transfer of spatial knowledge in virtual environment training. *Presence : Virtual and Augmented Reality*, 7(2), 129–143. https://doi.org/10.1162/105474698565631

Witmer, B. G., Bailey, J. H., Knerr, B. W., & Parsons, K. C. (1996). Virtual spaces and real world places : transfer of route knowledge. *International Journal of Human-Computer Studies, 45*(4), 413–428. https://doi.org/10.1006/ijhc.1996.0060

Annexes

Connaissances visées pour le « Repérage dans le plan et dans l'espace » pour l'école primaire

Elèves de 4–5 ans (1–2)	**Elèves de 8–9 ans (5–6)**
Découverte, exploration de l'espace et orientation en variant les points de référence *(son propre corps, d'autres personnes, d'autres objets...)* Détermination de sa position ou de celle d'un objet *(devant, derrière, à côté, sur, sous, entre, à l'intérieur, à l'extérieur...)* selon différents points de repère	Utilisation d'un code personnel pour mémoriser et communiquer des itinéraires de son environnement familier
Elèves de 6–7 ans (3–4)	Elèves de 10–11 ans (7–8)
Description d'un trajet dans son espace familier en indiquant le point de départ, le point d'arrivée, les directions à prendre, les repères pertinents Détermination de sa position ou de celle d'un objet *(devant, derrière, à côté, sur, sous, entre, à l'intérieur, à l'extérieur, à gauche, à droite...)* selon différents points de repère Utilisation d'un code personnel pour mémoriser et communiquer des itinéraires de son espace familier	Utilisation d'un système de repérage personnel (plan et espace) ou conventionnel (plan), pour mémoriser et communiquer des positions et des itinéraires Orientation du support *(plan, carte...)* à partir de points de repère choisis
Attendus de fin de cycle 1 ($1^{è}$-$4^{è}$)	Attendus de fin de cycle 2 ($5^{è}$ – $8^{è}$)
Situe des objets par rapport à lui et par rapport à d'autres objets (*devant, derrière, sur, sous, à côté de, entre, à l'intérieur de, à l'extérieur de)*	Trace un parcours sur un plan à partir de consignes (6e année) Situe sur un plan des positions relatives d'objets (6e année) Utilise un système d'axes orthonormés pour placer un point ou pour communiquer sa position

Chapitre 3

Utilisation de la réalité virtuelle comme outil d'apprentissage du patrimoine culturel. Expérimentations menées auprès d'élèves présentant un développement typique

Laurent DEBAILLEUX,[1] Geoffrey HISMANS,[1]
Natacha DUROISIN[2]

1. Introduction

Le développement constant des technologies de l'information et de la communication (TIC) offre un panel d'outils aux possibilités accrues pour visualiser et interagir avec de multiples contenus interactifs, seul ou avec d'autres utilisateurs connectés à travers le monde. On peut ainsi constater une offre pléthorique d'applications de réalité virtuelle (RV), augmentée et mixte, disponibles sur le marché (Bebele et al., 2018). Dans ce cadre, les casques virtuels permettent d'offrir une expérience immersive inégalée (Jung et al., 2016; Fernández-Palacios et al., 2017; Schofield et al., 2018; Kljajevic 2021). On peut ainsi référencer une variété d'utilisations de ces environnements virtuels dans des domaines scientifiques très variés, tels que l'architecture (Banfi et al., 2019; Tournon et al., 2020), les soins de santé (Kebele et al., 2018; Nivière et al., 2021) ou encore la médecine (Hoffman et al., 2014). Vallejo et al. (2017) ont ainsi exploité un modèle 3D pour le diagnostic des troubles cognitifs. Dans le domaine des sciences de l'éducation, domaine porteur de cette recherche, il a par ailleurs été prouvé que les métadonnées liées à des modèles 3D constituent une valeur ajoutée permettant de renforcer l'apprentissage par le biais d'expériences immersives interactives (See et al.,

[1] Département Architecture de la Faculté Polytechnique de Mons (Belgique)
[2] Service d'Education et des Sciences de l'Apprentissage (EDUSA), Université de Mons (Belgique).

2018; Kusuma et al., 2021). Le domaine culturel est également particulièrement ciblé par l'utilisation des casques virtuels qui permettent de rendre les contenus muséaux plus attractifs et ludiques, tout en développant une interaction avec le visiteur (Wang, 2018; Othman et al., 2021). Ce bénéfice a également été rapporté dans le domaine du tourisme et de la mise en valeur des monuments et sites de notre patrimoine culturel (Anthes et al., 2016; Bekele et Champion, 2019; Mafkereseb, 2019; Othman et al., 2021; Schofield, 2018; Yulie et al., 2021) ou de monuments disparus (Caggianese et al., 2018; Petrelli, 2019).

Le monde du jeu vidéo est à la source des développements en réalité immersive. La nécessité première est de rendre l'expérience la plus réaliste possible pour l'utilisateur déconnecté du moment présent et de sa réalité. Pour qu'elle soit réussie, l'expérience de divertissement doit pouvoir retenir l'attention du public et être capable de susciter aux esprits, un monde parallèle empreint d'imaginaire (Champion, 2016). L'utilisation du jeu pour faciliter l'apprentissage ne déroge pas à ces deux règles (Kusuma et al., 2021; Colliver & Veraksa, 2019). Dans le domaine des sciences de l'éducation, Mendoza et al. (2015) ont étudié la manière dont le processus d'apprentissage était soutenu par l'utilisation des TIC pour l'enseignement du patrimoine culturel. Leur recherche montre que les environnements qui utilisent notre patrimoine culturel comme modèle sont particulièrement adaptés à l'apprentissage contextualisé d'un public adulte.

Dans ce chapitre, les auteurs présenteront tout d'abord le concept de cognition spatiale et le modèle Landmarks-Route-Survey (LRS) afin de mieux comprendre le développement du processus d'assimilation des données spatiales d'un espace construit. Ce schéma d'acquisition sera ensuite étudié sous le regard du rôle joué par la réalité virtuelle pour l'apprentissage de jeunes utilisateurs. Nous préciserons de plus les caractéristiques du modèle utilisé pour l'expérience immersive ainsi que l'outil développé pour interagir avec l'environnement. Enfin, nous conclurons sur les perspectives de cette recherche.

2. Eléments théoriques et contextualisation de la recherche

2.1 Le modèle « Landmark-Route-Survey » et son utilisation en cognition spatiale

Comme l'indiquent Latini Corazzini et al. (2006), «l'étude de la cognition spatiale trouve ses origines [...] dans la psychologie, [...] dans la géographie de la perception, de l'urbanisme et de l'architecture» (p.189). Dans le domaine de l'architecture, l'ouvrage de Lynch (1960) intitulé «L'image de la ville» est une référence incontournable. Dans ses écrits, l'auteur démontre clairement que les images mentales que les individus se font d'une ville sont différentes de leurs propres expériences. Il a proposé une catégorisation des images mentales basée sur les notions de marqueurs (éléments ponctuels), de chemins et de frontières (éléments linéaires permettant de relier les éléments ponctuels et délimitant une zone), et des nœuds (éléments de jonction). Lynch a inspiré tous les chercheurs en cognition spatiale (géographes, cognitivistes et neurocognitivistes) pour l'analyse et la compréhension des images mentales d'un espace donné.

Selon Hart & Moore (1973), la cognition spatiale est « la connaissance et la représentation interne ou cognitive de la structure, des entités et des relations de l'espace ; [...] la réflexion intériorisée et la reconstruction de l'espace dans la pensée » (p.248). La cognition spatiale est donc présentée comme une représentation spatiale de l'environnement, de son contenu et de l'organisation des connaissances spatiales nécessaires à la manipulation et au traitement de l'information spatiale. En d'autres termes, la cognition spatiale peut être considérée comme un processus par lequel un individu perçoit, stocke, se souvient, édite et communique des images spatiales (Duroisin, 2015).

Freksa (2003) insiste sur le fait que les environnements mobilisés peuvent être de nature différente et décrivent la cognition spatiale comme « l'acquisition, l'organisation, l'utilisation et la révision des connaissances sur les environnements spatiaux qu'ils soient réels ou abstraits, humains ou machines » (p.453). Du point de vue de la recherche, comme l'indiquent Duroisin, Demeuse et Bohbot (2016), l'espace n'est donc plus seulement un objet que l'on apprend (à l'école notamment) et que l'on utilise au quotidien, mais c'est aussi un moyen d'appréhender et de comprendre les processus cognitifs impliqués dans diverses activités. C'est en ce sens que la cognition spatiale a été et est encore travaillée par les chercheurs en sciences cognitives notamment. Que les recherches soient menées sur des animaux (rongeurs, chiens...) ou sur des humains (au développement typique ou atypique), l'un des principaux objectifs poursuivis par les recherches en psychologie cognitive est de comprendre comment l'information spatiale s'organise en mémoire pour être réutilisée ultérieurement dans des situations similaires ou nouvelles.

La manière dont un individu appréhende un espace donné a été modélisée par plusieurs auteurs. L'une des taxonomies de connaissances spatiales les plus utilisées est le modèle « Landmark-Route-Survey » (LRS) développé par Thorndyke & Hayes-Roth (1982). Trois types de connaissances interdépendantes, essentielles à toute représentation mentale complète d'un environnement donné, sont définis dans ce modèle.

Le premier type est la « connaissance par points de repère » (*landmarks knowledge*, en anglais). Alors que Vinson (1999) indique que tout objet qui fournit des informations de direction peut être un point de repère, d'autres auteurs, à l'instar de Nys et al. (2021), soulignent que ces points sont des objets perçus et reconnus par un individu compte tenu de leurs caractéristiques spécifiques (formes, structures et/ou significations socioculturelles) et de leur visibilité. De manière générale, un repère peut être considéré comme un objet qui, du fait de ses qualités intrinsèques et compte tenu des caractéristiques extrinsèques définies par un observateur donné, permet d'une part de se différencier de l'environnement dans lequel il se trouve et d'autre part, de servir de référence.

Les repères peuvent avoir une fonction directionnelle, constituer des aides à la décision pour s'orienter dans l'espace ou simplement avoir une fonction de repère (la présence d'un tel repère indique que je suis à un endroit précis). Les repères sont considérés comme des points d'ancrage à partir desquels l'individu est capable de localiser plus précisément des objets ou d'élaborer une carte mentale plus complète d'une partie de son environnement. La « connaissance par points de repère » est considérée comme une connaissance déclarative et Darken, Allard et Achille (1999) insistent sur son caractère statique. Les points de repère sont identifiés et reconnus par quelqu'un comme des objets ou des lieux existants, mais l'individu ne peut pas se déplacer d'un objet ou d'un lieu à un autre du fait de la méconnaissance des chemins qui séparent chaque point de repères.

Pour se rendre d'un endroit à un autre, les gens doivent acquérir un deuxième type de connaissances : la « connaissance des itinéraires » (« *route knowledge* », en anglais). Comme le soulignent Bovy et Stern (1990), la manière la plus universelle d'apprendre l'espace est de le parcourir. Ce type de connaissance implique l'apprentissage de séquences de points de repère, de segments d'angles et d'actions effectuées lors de la navigation dans un environnement. La « connaissance des itinéraires » peut être définie comme une forme de connaissance procédurale. Ce type de savoir s'acquiert par l'expérience personnelle dans un environnement donné, en référence à un cadre égocentrique, et dépend de la mémorisation visuelle. C'est en naviguant dans l'environnement que les individus perçoivent et enregistrent les stimuli rencontrés, tels que les repères, la localisation des repères, les relations entre repères, etc.

Utilisant le référentiel allocentrique (ou exocentrique), le troisième type de connaissance est celui de la configuration (« *survey knowledge* », en anglais). Le codage des informations spatiales dans un référentiel allocentrique est réalisé par rapport à un référentiel arbitraire externe. Ce type de codage permet d'évaluer les distances et de juger les relations relatives entre deux objets extérieurs à l'individu. Le calcul des distances et des angles prend place indépendamment de la position de l'individu. Ainsi, il n'est pas nécessaire d'effectuer la mise à jour des positions des objets lors de chaque déplacement réel ou simulé de l'individu. La position des objets et les distances séparant ceux-ci, composant un environnement donné, définissent donc la connaissance de la configuration.

Utilisé dans bon nombre de recherches en cognition spatiale (Parong et al., 2020; Nys et al., 2015; Duroisin & Demeuse, 2015), ce modèle sert ici de base théorique à la reconstruction virtuelle de la ville de Mons et de base méthodologique pour le design expérimental.

2.2. Contexte et enjeux de la recherche

Cette recherche est le fruit d'une collaboration interdisciplinaire qui réunit les domaines d'études de la psychologie cognitive, des sciences de l'éducation, des TIC et du patrimoine culturel. Ce chapitre présente les résultats issus du développement d'un outil d'interaction avec un monde virtuel réaliste auquel sont associées des informations contextuelles (textes, photos, bandes sonores). L'utilisation d'un casque de RV est ici présentée comme l'unique interface permettant à l'utilisateur de se déplacer librement par de simples mouvements intuitifs de la tête. La technologie numérique est donc ici utilisée afin de favoriser l'intuition de l'utilisateur dans la chaine de commandes qui relie ses pensées à ses actions, c'est-à-dire de ses décisions de mouvements à ses déplacements virtuels.

L'objectif de cette recherche est de dresser un constat préliminaire sur les effets induits d'une réalité virtuelle sur les perceptions cognitives et les acquis d'apprentissage d'un jeune public d'utilisateurs familiers avec les TIC depuis leur plus jeune âge. En d'autres termes, cette recherche tend à tester le potentiel d'un environnement 3D et du casque virtuel pour se construire une carte mentale, aidé par l'assimilation de données spatiales et contextuelles. Dans ce but, une méthodologie pour la reconstruction réaliste 3D d'un environnement existant a été développée et une méthode d'interaction sans manette de commande a été élaborée pour se déplacer librement dans un environnement virtuel associé à des contenus multimédias.

3. Méthodologie

3.1 Le cas d'étude et sa reconstruction virtuelle

La Grand-Place de Mons en Belgique a été utilisée comme modèle pour créer l'environnement immersif réaliste. Ce haut lieu touristique de la ville est ceinturé de bâtiments historiques aux caractéristiques variées qui témoignent de l'histoire séculaire de la cité médiévale (figure 1). Le site présente plusieurs intérêts pour cette recherche. D'une part, le site de la Grand-Place de Mons est un ensemble patrimonial classé qui recèle de nombreux édifices anciens et donc aussi une variété d'informations historiques et architecturales utiles à notre étude. Par ailleurs, il s'agit d'un espace relativement clos, facilement délimitable spatialement.

Parmi tous les bâtiments de la Grand-Place, dix d'entre eux ont été retenus pour faire partie d'un parcours animé de contenus multimédias spécifiques. Parmi eux, le « blanc lévrier » et l'hôtel de ville construits au moyen-âge, le grand théâtre inauguré en 1843, ainsi que l'hôtel de la Couronne de style néoclassique (figure 2).

Chaque façade a préalablement été photographiée pour obtenir, après traitement, une ortho-photo, c'est-à-dire une image non déformée de l'objet. Le logiciel Rhino 3D a été utilisé comme logiciel de modélisation surfacique pour la représentation des façades et de la voirie en trois dimensions. Chaque objet est modélisé en basse résolution afin de générer un modèle 3D mobilisant peu d'espace mémoire et permettant à l'utilisateur une interaction fluide et rapide en temps réel. Ce choix est donc un compromis puisqu'il entraine une perte de qualité au niveau des détails architecturaux, mais donne la possibilité néanmoins de conserver un rendu réaliste tel que celui présent dans les jeux vidéo.

L'expérience réalisée est construite autour d'un parcours séquencé, proposé sous la forme d'un jeu de piste, constitué de dix points de repère ou étapes (au sens de Bovy et Stern, 1990) (figure 3).

Figure 1 Vue d'ensemble du centre historique de la ville de Mons
Notons que seule la Grand-Place (à droite sur la photo) a été modélisée.

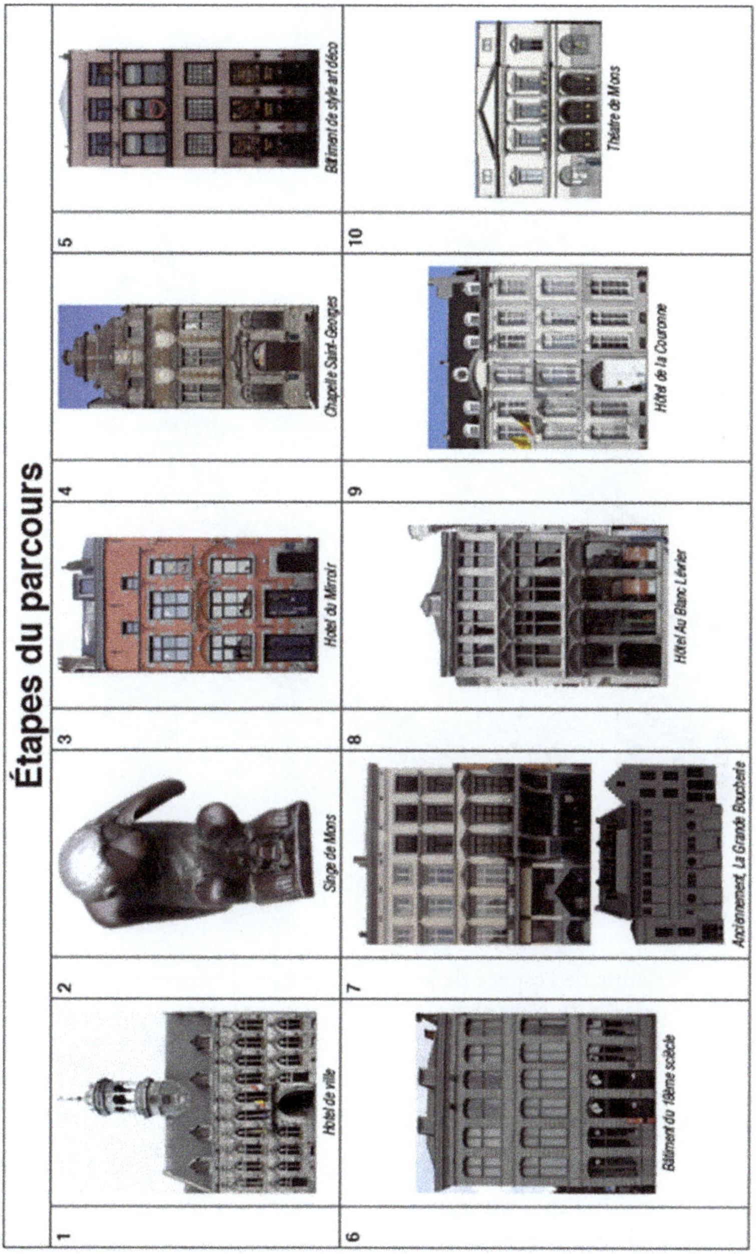

Figure 2 Ortho-photo des dix points de repère (façades) du parcours séquencé

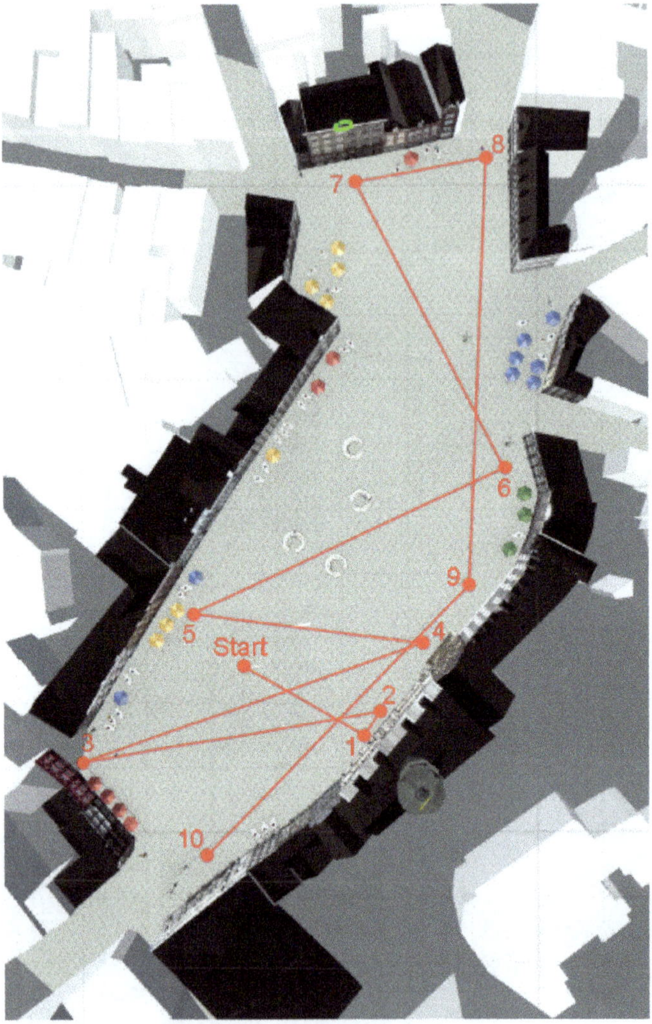

Figure 3 Vue aérienne de l'espace de jeux constitué par l'environnement de la Grand-Place et présentation du cheminement (représentées par des segments de couleur rouge) menant d'un point de repère à un autre

3.2. Le casque de réalité virtuelle et son interface de commande

Le casque de RV permet d'offrir une expérience immersive visuelle à 360 degrés qui ne serait que statique si elle n'était couplée à des manettes permettant à l'utilisateur de se mouvoir virtuellement et d'interagir avec un monde virtuel réaliste ou non (figure 4).

Figure 4 Casque RV

Si l'on admet que le système offre une solution efficace pour la visualisation, d'autres modes d'interactions restent à développer, en particulier en ce qui concerne le mode de déplacement. Nos réflexions nous ont donc poussés à nous interroger sur l'ergonomie de cet outil et à proposer une technique capable de faciliter l'intuition des déplacements virtuels, c'est-à-dire renforcer l'interaction personne-machine et fournir un outil de navigation qui réduit le chemin de transmission de nos pensées à nos actes (figure 5).

Dans le cadre de la présente recherche, la solution technologique apportée est d'utiliser un viseur visible dans la scène 3D, pour permettre d'interagir avec l'environnement 3D. Ce viseur correspond au centre de vision de l'utilisateur dans l'espace virtuel et lui permet de se mouvoir, sans marcher dans l'espace réel, par de simples mouvements de tête verticaux (avancer/reculer) et horizontaux (gauche/droite).

L'outil permet également à l'utilisateur de sélectionner librement des éléments contextuels, de visualiser ou d'écouter du contenu audio associé à sa visite (textes, illustrations, descriptions). Pour ce faire, l'utilisateur doit se placer suffisamment près d'un bâtiment et sélectionner une icône d'information. Cette sélection s'opère en superposant trois secondes le viseur sur l'icône. Un texte audio renseigne l'utilisateur sur la nature et l'histoire de l'édifice. Cette sélection permet également à l'usager de faire apparaitre, dans la scène 3D, un texte explicatif plus complet ou des images anciennes du bâtiment, qu'il peut faire défiler par des mouvements de la tête. Au terme de chaque étape du parcours, une consigne audio lui est donnée afin qu'il puisse poursuivre le jeu de piste et ainsi rejoindre un autre point d'information.

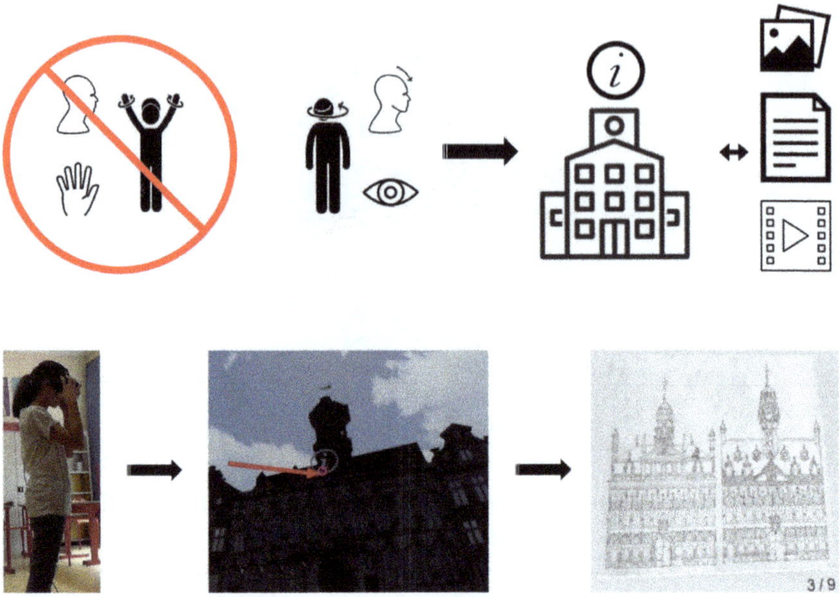

Figure 5 Organigramme d'interaction avec les métadonnées de l'environnement virtuel de la Grand-Place

3.3 Parcours séquencé proposé sous la forme d'un jeu de piste

L'environnement 3D et le casque virtuel ont été mis à l'essai auprès d'un public de 18 jeunes enfants de la région de Mons âgés de 9 à 12 ans. L'échantillonnage est de convenance et les sujets ont été recrutés à l'occasion d'un stage d'été dans un centre de vacances. Le but de l'expérience, organisée sous la forme d'un parcours découverte, est de dresser un constat préliminaire sur les effets induits d'un tel environnement sur les perceptions cognitives et les acquis d'apprentissage des utilisateurs. Aucun ne présentait de trouble ou de handicap visible. Parmi ces jeunes, un seul avait déjà utilisé un casque de réalité virtuelle, mais tous étaient déjà familiarisés avec les jeux sur consoles ou ordinateurs. Une prise en main du casque et de ses fonctionnalités a été un préliminaire avant l'expérience immersive. Cette première étape permet à l'enfant de s'accoutumer à la technique de déplacement et d'acquisition des métadonnées. L'enfant est ici évalué sur sa capacité à reconnaitre les couleurs élémentaires et à s'orienter suivant les directions des quatre points cardinaux de l'espace.

L'expérience immersive dans l'environnement 3D débute au centre de la Grand-Place virtuelle reconstituée, face à l'hôtel de ville. Le jeu commence immédiatement après le lancement d'un premier contenu audio narratif relatif à cet édifice, suivi par une première consigne indiquant à l'enfant un premier point de rendez-vous. Le parcours entier est constitué de dix arrêts vers des points de repère que l'enfant doit suivre dans l'ordre sans aucune limite de temps imposée. Chacun des trajets entre les points de repère est considéré comme une « route » au sens du modèle de Thorndyke et Hayes-Roth (1982).

Après la réalisation du parcours comprenant les dix points de repère, les perceptions sensorielles des utilisateurs sont recueillies à l'aide de questionnaires à choix multiples. Les objectifs de ces questionnaires sont d'évaluer :

- la capacité de l'utilisateur à reconnaitre la morphologie exacte de la Grand-Place parmi un échantillon de six propositions (figure 6) ;
- la capacité de l'utilisateur à reconnaitre les dix différentes façades des bâtiments qui forment le jeu de piste ;
- la capacité de l'utilisateur à localiser les dix façades du jeu de piste sur un plan de la Grand-Place.

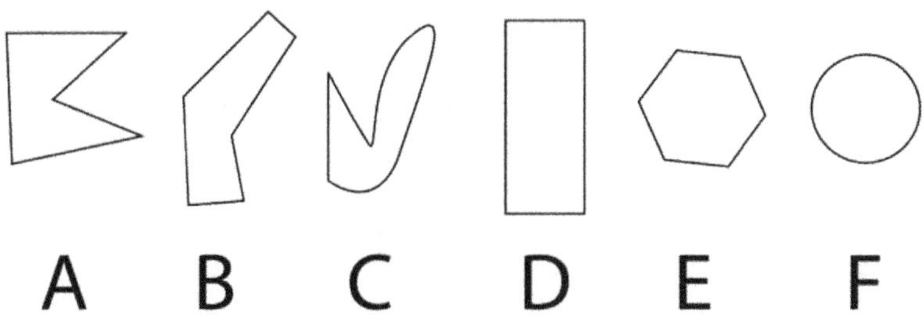

Figure 6 Proposition de configurations (« survey knowledge ») représentant l'empreinte au sol de la Grand-Place

Une proposition de localisation est considérée comme correcte si elle appartient effectivement à l'un des six côtés de l'enveloppe de la Grand-Place. L'évaluation des acquis d'apprentissage relatifs au contenu audio se poursuit en demandant à chaque enfant de nommer chaque bâtiment (points de repère) reconnu et d'en évoquer le plus de détails significatifs repris dans les séquences audio.

4. Retour concernant l'expérience immersive et discussion

4.1 *Ergonomie de l'interface personne-machine*

L'utilisation du casque de réalité virtuelle comme outil de visualisation et d'interaction s'est montrée très satisfaisante pour l'ensemble des enfants qui n'ont montré aucun problème pour le prendre en main. L'environnement 3D a été perçu comme très réaliste et attrayant, provoquant même des pertes d'équilibre momentanées et des réflexes naturels d'évitement d'obstacles ou de préhension d'objets virtuels chez certains sujets. Aucune difficulté majeure n'a été répertoriée pour se déplacer ou sélectionner des objets.

4.2 *Acquis d'apprentissage relatifs à la cognition spatiale et au patrimoine culturel*

L'étude des perceptions spatiales de l'environnement virtuel révèle que les utilisateurs ont une représentation simplifiée, voire biaisée, de leur environnement puisque 12 utilisateurs sur 18 n'ont pas pu reconnaitre l'empreinte exacte de la Grand-Place. Ces utilisateurs ne disposent donc pas d'une connaissance correcte de la configuration du lieu (*survey knowledge*). Cinq enfants sur dix-huit ont malgré tout perçu un espace d'emprise rectangulaire, ce qui n'est pas totalement étranger à la configuration exacte de l'espace. A contrario, 5 enfants sur 18 ont identifié l'espace comme étant circulaire ou hexagonal. Ce résultat met en exergue l'influence de la représentation égocentrique de l'utilisateur dans son environnement.

Le test montre également que les éléments de détail présents sur les façades sont généralement gardés en mémoire alors que ces mêmes détails ne contribuent pas toujours à localiser les bâtiments dans leur contexte. Les façades ont été correctement reconnues, au minimum 10 fois sur 18 selon les exemples, même si leur localisation précise sur un plan est plus souvent aléatoire (entre 3 et 10 bonnes réponses sur 18 selon les exemples). Les objets qui, visuellement, sont les plus emblématiques du parcours, semblent avoir mobilisé plus d'attention. Le contenu audio qui accompagne chaque étape de la visite apparait dès lors très structurant pour l'apprentissage. Des références précises aux détails évoqués lors des saynètes sont régulièrement nommées par les enfants. Citons par exemple le cas du théâtre (étape 10) où l'explication des motifs qui figurent sur les grilles d'entrée du bâtiment est une information contextuelle retenue très largement par les utilisateurs (figure 7). Précisons cependant que le regroupement de ces quelques bâtiments à proximité du point de départ du parcours (étape 1), dans une zone de l'espace où chaque enfant a effectué des passages répétés, a pu contribuer à établir un souvenir plus marqué.

Figure 7 Grilles du théâtre royal de Mons ornées de motifs

La fonction d'usage du bâti (hôtel de ville, restaurant, hôtel particulier, théâtre, banque, etc...) a régulièrement été utilisée pour lever un doute ou confirmer un choix (reconnaissance et/ou localisation), ce qui souligne encore une fois l'importance et l'influence du contenu narratif pour l'apprentissage. On trouve ainsi une corrélation importante entre la reconnaissance de la façade, la fonction d'usage du bâtiment et la localisation correcte de celui-ci, prouvant aussi que l'échantillon d'enfants était très attentif aux spécificités visuelles et que celles-ci ont joué un rôle prépondérant pour la localisation à postériori des édifices. Nous avons cependant constaté que la couleur ne semble pas être un critère jouant dans cette identification puisque parmi les propositions, une façade est systématiquement identifiée, qu'elle soit représentée en couleur ou en noir et blanc.

5. Conclusion

Cette recherche vise l'évaluation de certains apprentissages relatifs à la cognition spatiale et au patrimoine culturel auprès de jeunes enfants par l'utilisation d'un outil de réalité virtuelle. Le casque de RV est utilisé pour visualiser et interagir intuitivement avec un environnement qui reproduit fidèlement les caractéristiques formelles du lieu réel connu des utilisateurs.

La représentation spatiale de l'environnement virtuel acquise par chaque enfant a été évaluée sur base du modèle « Landmark-Route-Survey ». L'étude a montré que l'enfant est très attentif aux détails parfois anecdotiques, mais que ceux-ci sont véritablement structurants pour construire sa carte mentale.

L'étude a mis en évidence l'influence du point de vue égocentrique (depuis la vue 3D), et non allocentrique (à postériori depuis la vue 2D) de l'enfant lors du test. Les résultats ont montré qu'il existait une forte corrélation entre les variables « reconnaissance » et « localisation » des différentes étapes du parcours. Peu de sujets ont pu identifier la configuration exacte de l'empreinte au sol de la Grand-Place (*survey knowledge*). Celle-ci est pourtant explorée dans l'environnement 3D alors que le contexte constitué par les façades, leurs détails architecturaux et les descriptions architecturales et/ou historiques qui s'y rapportent ont clairement été assimilés par la grande majorité du public cible, permettant même de reconnaitre des exemples ne figurant pas dans l'environnement parcouru. A ce titre, l'expérience a montré la pertinence d'utiliser des textes narratifs pour solliciter la mémoire des jeunes sujets.

Nul doute que le réalisme de la reconstruction 3D de la Grand-Place de Mons a contribué à l'expérience ludique du jeu vécue par les enfants. Ce pouvoir de distraction qu'a le jeu doit certainement être pris en compte dans l'évaluation des résultats. L'utilisation d'un pointeur visuel utilisé pour les déplacements et la sélection des objets s'est montrée très efficace et facile à prendre en mains, même pour un public qui n'était pas forcément familiarisé à l'utilisation d'un casque de RV.

Au vu des ressentis exprimés par les utilisateurs, cette technique d'interaction avec un environnement 3D semble avoir répondu à l'objectif poursuivi : perdre pied avec sa réalité, interagir intuitivement avec un monde virtuel mais si réel pourtant, qui permet d'apprendre en s'amusant.

Des développements futurs devraient permettre d'évaluer à plus grande échelle les effets de cet outil ainsi que son potentiels, sur un échantillon plus large, afin de prendre en compte l'influence de l'âge des utilisateurs sur les résultats.

Références

Anthes, C., García-Hernández, R. J., Wiedemann, M., & Kranzlmüller, D. (2016, mars). State of the art of virtual reality technology. Dans *2016 IEEE Aerospace Conference* (pp. 1–19). IEEE. https://doi.org/10.1109/AERO.2016.7500674

Banfi, F., Previtali, M., Stanga, C., & Brumana, R. (2019, 6–8 février). A layered-web interface based on hbim and 360° panoramas for historical, material and geometric analysis. Dans *8th International Workshop on 3D Virtual Reconstruction and Visualization of Complex Architectures, 3D-ARCH 2019* : Vol. *42(*2), (pp. 73–80). Copernicus GmbH. https://doi.org/10.5194/isprs-archives-XLII-2-W9-73-2019

Bekele, M. K., & Champion, E. (2019). A comparison of immersive realities and interaction methods : Cultural learning in virtual heritage. Front. Robot.AI, 6. https://doi.org/10.3389/frobt.2019.00091

Bovy, P. & Stern, E. (1990). Route choice : wayfinding in transport networks. *Studies in Operational Regional Science, 9.* Kluwer Academic Publishers, Dordrecht.

Caggianese, G., Gallo, L., Neroni, P. (2018). Evaluation of spatial interaction techniques for virtual heritage applications : A case study of an interactive holographic projection, *Future Generation Computer Systems, 81*, 516–527. https://doi.org/10.1016/j.future.2017.07.047

Champion, E. (2016). Entertaining the similarities and distinctions between serious games and virtual heritage projects. *Entertainment Computing, 14*, 67–74. https://doi.org/10.1016/j.entcom.2015.11.003

Colliver, Y., & Veraksa, N. (2019). The aim of the game : a pedagogical tool to support young children's learning through play. *Learning, Culture and Social Interaction, 21,* 296–310. https://doi.org/10.1016/j.lcsi.2019.03.001

Darken, P., R., Allard, T., & Achille, L., B. (1999). Spatial orientation and wayfinding in large-scale virtual spaces : an introduction. Presence : Virtual and Augmented Reality, 8(6), 3–6. https://doi.org/10.1162/pres.1999.8.6.iii

Duroisin, N. (2015). *Quelle place pour les apprentissages spatiaux à l'école ? Etude expérimentale du développement des compétences spatiales des élèves âgés de 6 à 15 ans* [Thèse de doctorat, Université de Mons]. https://doi.org/10.13140/RG.2.1.3987.3449

Duroisin, N., & Demeuse, M. (2015). Impact of the spatial structuring of virtual towns on the navigation strategies of children aged 6 to 15 years old. *PsychNology Journal*, 13(1), 75–100. Microsoft Word – PSYCHNOLOGY_JOURNAL_13_1_DUROISIN.doc (umons.ac.be)

Duroisin, N., Demeuse, M., & Bohbot, V. D. (2016). Apprendre l'espace à l'école. *Cahiers pédagogiques*, *71*(527), 48–49. DuroisinDemeuseBohbot_____.pdf

Fernández-Palacios, B. J., Morabito, D., & Remondino, F. (2017). Access to complex reality-based 3D models using virtual reality solutions. *Journal of Cultural Heritage, 23*, 40–48. https://doi.org/10.1016/j.culher.2016.09.003

Freksa, C. (2004). Spatial Cognition an AI perspective. Dans de R. L. Mantaras & L. Saitta (Eds.), *ECAI'04: Proceedings of the 16th European Conference on Artificial Intelligence* (pp. 1122–1128). IOS Press, Amsterdam. Microsoft Word – Spatial Cognition ECAI04-17.doc (frontiersinai.com)

Jung, T., Dieck M. C., Lee H., & Chung, N. (2016). Effects of virtual reality and augmented reality on visitor experiences in museum. Dans A. Inversini & R. Schegg (Eds.), *Information and Communication Technologies in Tourism 2016* (pp. 621–635). Springer. https://doi.org/10.1007/978-3-319-28231-2_45

Hart, T. & Moore, G. (1973). The development of spatial cognition : a review. Dans R. M. Downs & D. Stea (Eds.), *Image and environment : Cognitive mapping and spatial behavior* (pp. 246–288). Aldine Transaction.

Hoffman, H. G., Meyer, W. J., Ramirez, M., Roberts, L., Seibel, E., Atzori, B., Sharar, S., & Patterson, D. R. (2014). Feasibility of articulated arm mounted oculus rift virtual reality goggles for adjunctive pain control during occupational therapy in pediatric burn patients. *Cyberpsychology, Behavior, and Social Networking, 17* (6), 397–401. https://doi.org/10.1089/cyber.2014.0058

Kljajevic, V. (2021). Spatial cognition in virtual reality. *Consensual Illusion : The Mind in Virtual Reality. Cognitive Systems Monographs, 44,* 113–134.

Kusuma, G.P., Suryapranata, L.K.P., Wigati, E.K., & Utomo, Y. (2021). Enhancing historical learning using role-playing game on mobile platform, *Procedia Computer Science, 179,* 886–893. https://doi.org/10.1016/j.procs.2021.01.078

Latini Corazzini, L., Peruch, P., Geminiani, G. et al. (2006). Forgetting rate of topographical memory in a virtual environment. Cognition Processing, 7 (1), 56–58. https://doi.org/10.1007/s10339-006-0064-8

Lynch, K. (1960). The image of the City, MIT Press.

Mafkereseb, K. B. (2019). Walkable mixed reality map as interaction interface for virtual heritage. *Digital Applications in Archaeology and Cultural Heritage, 15.* https://doi.org/10.1016/j.daach.2019.e00127

Mendoza, R., Baldiris, S., Fabregat, R. : Framework to heritage education using emerging technologies. In: Agresti, W., Aje, J.O., Baek, S., Bojanova, I., Bouthillier, F., Cantú Ortiz, F.J., Carswell, A., Casas, I., Darkazalli, G., Edmonds, E.A., Ghezzi, C., Khan, R., Koval, M., Levy, M., Lin, B., McCarthy, R.V. (eds.) International Conference on Virtual and Augmented Reality in Education (2015). *Procedia Comput. Sci.* 75, 239–249. https://doi.org/10.1016/j.procs.2015.12.244

Nivière, P., Da Fonseca, D., Deruelle, C., & Bat-Pitault, F. (2021). Utilisation de la réalité virtuelle dans les troubles des conduites alimentaires. *L'Encéphale*, *47*(3), 263–269. https://doi.org/10.1016/j.encep.2020.11.003

Nys, M., Gyselinck, V., Orriols, E., & Hickmann, M. (2015). Landmark and route knowledge in children's spatial representation of a virtual environment. *Frontiers in Psychology*, 5, 15–22. https://doi.org/10.3389/fpsyg.2014.01522

Nys, M., Gras, D., & Gyselinck, V. (2021). Mention of landmarks and actions in spatial descriptions : a developmental study. *Enfance*, 1, 51–67. https://doi.org/10.3917/enf2.211.0051

Othman, M. K., Nogoibaeva, A., San Leong, L., & Barawi, M. H. (2021). Usability evaluation of a virtual reality smartphone app for a living museum. *Universal Access in the Information Society, 21*, 995–1012. https://doi.org/10.1007/s10209-021-00820-4

Parong, J., Pollard, K. A., Files, B. T., Oiknine, A. H., Sinatra, A. M., Moss, J. D., Passaro, A., & Khooshabeh, P. (2020). The mediating role of presence differs across types of spatial learning in immersive technologies. *Computers in Human Behavior, 107.* https://doi.org/1016/j.chb.2020.106290

Petrelli, D. (2019). Making virtual reconstructions part of the visit : an exploratory study. *Digital Applications in Archaeology and Cultural Heritage*, 15. https://doi.org/10.1016/j.daach.2019.e00123

Schofield, G., Beale, G., Beale, N., Fell, M., Hadley, D., Hook, J., Murphy, D., Richards, J., & Thresh, L. (2018). Viking VR : designing a virtual reality experience for a museum. Dans *DIS'18 : Proceedings of the 2018 Designing Interactive Systems Conference.* Association for Computing Machinery, 805–815. https://doi.org/10.1145/3196709.3196714

See, Z. S., Santano, D., Sansom, M., Fong, C. H., & Thwaites, H. (2018, Octobre). Tomb of a Sultan : a VR digital heritage approach. Dans *2018 3rd Digital Heritage International Congress (DigitalHERITAGE) held jointly with 2018 24th International Conference on Virtual Systems & Multimedia (VSMM 2018)* (pp. 1–4). IEEE. https://doi.org/10.1109/DigitalHeritage.2018.8810083

Thorndyke, P., & Hayes-Roth, B. (1982). Differences in spatial knowledge acquired from maps and navigation. *Cognitive Psychology, 14*, 560–589. https://doi.org/10.1016/0010-0285(82)90019-6

Tournon, S., Delevoie, C., Chayani, M., & Granier, X. (2020). *Le Conservatoire National des Données 3D SHS : publier et conserver des données 3D créées pour des recherches en SHS / OUTILS DE LA RECHERCHE. La Lettre de l'InSHS, Institut des Sciences Humaines et Sociales, 67*, 10–12.

Le Conservatoire National des Données 3D SHS : publier et conserver des données 3D créées pour des recherches en SHS / OUTILS DE LA RECHERCHE (hal.science)

Vallejo, V., Wyss, P., Rampa, L., Mitache, A.V., Müri, R. M., Mosimann, U. P., & Nef, T (2017). Evaluation of a novel serious game based assessment tool for patients with Alzheimer's disease. *Plos One*, *12*(5). https://doi.org/10.1371/journal.pone.0175999

Vinson, N. (1999, 15–20 mai). Design guidelines for landmarks to support navigation in virtual environments. Dans M. G. Williams & M. W. Altom (Eds.), *CHI'99 : Proceedings of the SIGCHI conference on Human Factors in Computing Systems,* Association for Computing Machinery. https://doi.org/10.1145/302979.303062

Wang, D. (2018). Exploring a narrative-based framework for historical exhibits combining JanusVR with photometric stereo. *Neural Computing and Applications, 29*, 1425–1432. https://doi.org/10.1007/s00521-017-3201-7

Yulie, W., Sun, Y., & Chongwu, Z. (2021). Research on the development and application of museum cultural Resources display based on virtual reality technology. Dans *E3S Web of Conferences : 3rd International Conference on Energy Resources and Sustainable Development*, *236*. EDP Sciences. https://doi.org/10.1051/e3sconf/202123601048

Chapitre 4

Utilisation de la réalité virtuelle chez les personnes présentant un trouble du spectre de l'autisme : intérêt, freins et perspectives à propos du transfert des apprentissages

Hursula MENGUE-TOPIO, Agnès GOUZIEN-DESBIENS[1]

L'autisme ou trouble du spectre de l'autisme (TSA) est un trouble du neurodéveloppement dont les signes cliniques se manifestent précocement au cours de l'enfance. A ce jour il existe de nombreux travaux à propos des retentissements de ces troubles sur le développement cognitif, socio-émotionnel et sensoriel des individus concernés. En outre, des programmes de remédiation et d'intervention visant à réduire les effets de tels troubles pour améliorer la qualité de vie et l'inclusion sociale de ces personnes au quotidien sont proposés. Au cours des deux dernières décennies, se sont multipliés les travaux utilisant la Réalité Virtuelle (RV) auprès des personnes présentant un TSA et investiguant au sujet de la faisabilité, l'efficacité de cet outil pour entrainer les dimensions du développement qui apparaissent comme étant déficitaires chez ces individus. L'objectif de ce chapitre consiste à interroger la littérature scientifique à propos de l'avancement des travaux au sujet du transfert des apprentissages et des compétences acquises, à la suite des interventions réalisés en RV.

[1] Université de Lille (France). ULR 4072 - PSITEC - Psychologie: Interactions Temps Émotions Cognition, F-59000 Lille, France

1. Introduction

La réalité virtuelle (RV), définie comme une réalisation informatique qui permet à un ou plusieurs individus de vivre une expérience dans un environnement créé numériquement et qui simule la réalité ou un monde imaginaire, fait son apparition au cours des années 1960 (Thouvenin & Lelong, 2020). A la fin des années 1990, la RV et ses dérivés se sont imposés comme un outil privilégié au service de l'éducation et de la formation dans plusieurs domaines : la médecine, l'aviation et l'aérospatiale, l'armée, les transports, le secteur médical et psychologique, et le secteur de l'éducation spécialisée.

Les premiers travaux utilisant la RV chez les personnes présentant un trouble du spectre de l'autisme (TSA) remontent aux années 1990 (Brown et al., 2002 ; Rose et al., 2002). De telles recherches avaient déjà pour objectif d'investiguer au sujet de la faisabilité et de l'efficacité de cet outil pour l'évaluation, l'acquisition ou le transfert des habiletés qui permettent à cette population de vivre de façon autonome et indépendante au quotidien : faire ses courses, cuisiner un repas, traverser la chaussée, acquérir des compétences en lien avec une formation professionnelle, pratiquer certains loisirs, apprendre à utiliser les transports en commun, etc. Les travaux utilisant cette technique ne se substituent pas à ceux réalisés en environnement réel mais les complètent comme le rappellent Courbois et al. (2013). En effet, cet outil permet aux chercheurs de définir précisément et d'évaluer l'apprentissage des personnes avec TSA, c'est-à-dire, leur niveau de connaissance initial face à une tâche, leur rythme d'apprentissage, le nombre et la nature des erreurs commises au cours de la tâche, leur réussite ou échec à un critère d'apprentissage fixé, etc. Une telle démarche permet de prendre en compte l'hétérogénéité des profils cognitifs individuels, les trajectoires individuelles en termes de développement (cognitif, socio-émotionnel, sensoriel et moteur) et de proposer ainsi des interventions cliniques adaptées en fonction du potentiel d'apprentissage et des points forts identifiés chez ces individus.

L'utilisation de la RV auprès de personnes présentant un TSA (enfants, adolescents et adultes) apparait comme un atout tant d'un point de vue de la recherche fondamentale que clinique à plus d'un titre :

- Cet outil permet notamment aux chercheurs de contrôler strictement les paramètres des environnements conçus tout en offrant une flexibilité qui est appréciable pour étudier une grande variété de scénarios sociaux contrairement aux environnements physiques. Ainsi, les environnements conçus à l'aide de la RV, les tâches et consignes proposées peuvent être générés autant de fois que nécessaire, ce qui améliore la standardisation des protocoles. Différents participants peuvent alors reprendre les mêmes scénarios et bénéficier des mêmes consignes. En retour, cette standardisation renforce à la fois la validité et la fiabilité des études (maintien du contrôle des variables de l'étude et de la mesure) comme le rappellent Bioulac et al. (2018). En outre, les chercheurs peuvent répliquer la procédure expérimentale d'une étude à une autre pour vérifier le caractère robuste des résultats obtenus.

- Il est possible de construire des environnements virtuels (EV) aussi proches que possible des environnements naturels (salle de classe, supermarché, cafétéria, chaussée...) et qui permettent de mimer les tâches de la vie quotidienne. Cette possibilité, qu'offre la RV, permet de renforcer la validité écologique des évaluations et sessions d'apprentissage ou de remédiation, comparativement à ce que l'on peut observer dans les évaluations psychométriques classiques (tâches papier-crayon) dont les items présentent de faibles liens avec les contextes dans lesquels les personnes avec TSA évoluent au quotidien (Bon et al., 2016; Schopler & Mesibov, 1988; Gouzien-Desbiens & Leroy-Depiere, 2021).
- Pour cette population spécifique, relativement à la vie quotidienne réelle, la moindre sollicitation des compétences de communication sociale par les EV permet d'étudier finement d'autres processus tels que la régulation émotionnelle, le fonctionnement cognitif, le fonctionnement sensoriel, etc., sans être empêché par les déficits de communication sociale présents chez ces personnes et qui peuvent entraver l'évaluation ou les apprentissages dans les contextes éducatifs ordinaires (Grossard & Grynszpan, 2015). Les informations sont présentées de manière séquentielle, prédictive; les réponses (feed-back) sont apportées aux personnes immédiatement. De ce fait, la personne peut apprendre à son rythme et recommencer l'apprentissage autant de fois que nécessaire (Moore et al., 2000; Knight et al., 2013), ce qui convient particulièrement bien aux personnes avec TSA. En outre, ces dernières restent actives dans leur apprentissage et peuvent réitérer la tâche sans générer autant de fatigue que dans l'environnement réel et, surtout, sans se mettre en danger comme lors d'un déplacement réel dans un environnement inconnu, par exemple. La RV pourrait alors permettre de réduire les facteurs de stress liés à la gestion difficile de l'inconnu et la non-maitrise sensorielle des environnements réels. L'habituation à l'EV peut se produire immédiatement: le sujet a les moyens de s'approprier l'EV progressivement, peut arrêter ou faire une pause s'il est submergé sensoriellement, alors qu'il ne peut pas le faire en environnement réel.
- Un autre atout de la RV mentionné dans les travaux réalisés auprès de cette population concerne leur acceptation de l'outil, leur forte

implication dans les tâches proposées et la satisfaction que ces personnes expriment à l'issue des passations expérimentales. Cette motivation est encore plus marquée chez les enfants et adolescents par rapport aux adultes (Bioulac et al., 2018).

– Un dernier argument permettant d'expliquer l'engouement actuel pour la RV auprès de ces personnes est que l'autisme est un trouble du neurodéveloppement dont les signes cliniques se manifestent précocement et augmentent en intensité au fur et à mesure que les contraintes sociales augmentent elles-mêmes pour les individus. La période de l'enfance et l'adolescence retiennent alors particulièrement l'attention de la communauté scientifique en raison des effets des troubles sur leur développement, leur inclusion scolaire et leur qualité de vie ainsi que celle des familles. De même, on sait qu'un diagnostic précoce et la mise en place de mesures éducatives adaptées, ciblées, ayant une validité scientifique reconnue, sont autant de mesures ayant montré des améliorations dans les différentes dimensions du développement des enfants et adolescents. C'est donc à la suite de nombreux programmes d'intervention et méthodes d'éducation structurée traditionnelles (méthode TEACCH, Time flore, ABA, etc.) que s'inscrivent les travaux utilisant la RV, en raison de ses nombreux atouts et avec pour objectif de surmonter les limites et contraintes des premières approches : d'une part, un temps d'intervention relativement long peut être nécessaire avant d'observer les retombées des programmes traditionnels ; d'autre part, l'intervention de professionnels de l'éducation spécialisée formés au TSA et aux particularités de cette population est nécessaire pour intervenir auprès de ces personnes, or cette ressource humaine peut être difficile d'accès d'un point de vue géographique ou onéreuse pour les familles, etc.

La RV apporterait alors une réponse satisfaisante en raison de ses nombreux atouts. Pour autant, qu'en est-il du maintien des apprentissages après les interventions réalisées en milieu virtuel ? Qu'en est-il de la généralisation des compétences acquises et de leurs transferts aux environnements réels ? L'objectif de ce chapitre est de partir des principaux déficits identifiés dans le diagnostic du TSA actuellement (American Psychiatric Association-DSM-5, 2015), afin d'établir l'intérêt que présente la RV dans les travaux menés auprès de cette population tout en questionnant le maintien des apprentissages et le transfert des compétences aux environnements réels souvent désignés comme retombées majeures de la RV dans ces travaux. En effet, les technologies numériques (RV, technologies mobiles, avatars et jeux sérieux, robots) présentent un potentiel indéniable pour l'évaluation et l'entrainement de nombreuses compétences chez les personnes avec TSA, d'où une mobilisation massive des communautés de chercheurs comme l'atteste le nombre de travaux publiés au cours des quinze dernières années sur ce sujet (Courgeon et al., 2014; Gouzien-Desbiens, 2018; Grossard & Grynszpan, 2015 ; Jung et al., 2006).

Suite à une définition des concepts et la présentation du public concerné, cette synthèse tentera de répertorier les retombées des travaux utilisant la RV, les défis que pose l'utilisation de cette technologie auprès de cette population et de soulever de nouvelles questions, de nouvelles recherches à mener, en lien notamment avec le transfert des apprentissages ou la remédiation cognitive chez les personnes avec TSA.

2. Définitions, terminologies et intérêts

2.1 *La Réalité virtuelle : définitions et clarifications terminologiques*

Au début des années 1970 se développent les premières recherches et applications relatives à la RV (Rapport d'expertise collective ANSES[2], juin 2021). Depuis lors, les définitions de la RV se sont multipliées. Nous retiendrons ici celle proposée par Fuchs en 1996 et reprise par le comité de rédaction du traité de RV (CRTRV) qui s'appuie sur Berthoz et al. (2003). Cette définition reste d'actualité et fournit, à notre sens, une vision complète des principes de la RV. On entend par RV un domaine scientifique et technique qui utilise l'informatique et des interfaces pour simuler dans un environnement virtuel, le comportement d'entités 3D qui interagissent en temps réel entre elles et avec un utilisateur en immersion pseudo naturelle par le biais de canaux sensori-moteurs (ibid.). La RV vise, pour une ou plusieurs personnes, la possibilité de vivre à un niveau sensori-moteur et cognitif, une situation d'un monde « artificiel ». Cette situation est créée à partir d'une construction numérique, cette dernière pouvant être imaginaire, symbolique ou représenter une simulation évoquant certains aspects de l'environnement réel (Fuchs, 2006).

Selon Berthoz et al. (2003), un environnement virtuel (EV), dérivé de la RV massivement utilisée dans les études en sciences humaines et sociales notamment, correspond alors à une « simulation informatique » (création à partir de matériels et logiciels informatiques, modélisations numériques) d'un environnement réel ou imaginaire. Cette simulation nécessite un dispositif artificiel ou « interface » pour accéder et interagir avec les entités 3D présentes dans l'environnement : écrans d'ordinateur, clavier, joystick, souris, visiocasque, gant de données, audiophone,

[2] ANSES : Agence nationale de sécurité sanitaire de l'alimentation, de l'environnement et du travail.

oculomètre... Un tel dispositif s'appuie sur les connaissances relatives à la motricité et la perception humaine telles qu'exprimées dans le comportement en milieu réel et permet donc une « interaction » (réception et transmission des données) entre l'utilisateur et les entités se trouvant au sein de l'EV. Il s'agit d'une simulation dynamique, car les entités 3D (objets, personnages) sont animées en temps réel, c'est-à-dire que l'utilisateur interagit avec ces dernières, sans pour autant qu'il ne perçoive une latence entre son action sur l'EV et les conséquences de cette action. Les capacités d'un tel système à isoler l'utilisateur du monde réel, en délivrant des informations riches, multisensorielles et cohérentes, autorisent à parler « d'immersion » (Slater et al, 2009). En effet, les informations sensorielles émanant du monde réel sont substituées par des informations sensorielles venant de l'EV et donc générées par le système. Toutefois, il s'agit d'une immersion qui n'est pas tout à fait naturelle : des biais sensori-moteurs sont créés pour générer la sensation, l'impression d'être dans un monde réel Par ailleurs, l'immersion dans l'EV, bien que totale d'un point de vue sensori-moteur et cognitif grâce aux capacités du système qui génère le monde virtuel et grâce aux interfaces utilisées, reste partielle d'un point de vue physique puisque l'individu reste bien présent dans l' environnement réel au sein duquel se déroule l'expérimentation : salle expérimentale d'un laboratoire de recherche au sein d'une université ou d'un centre de recherche, salle dédiée dans un cabinet clinique privé, établissement spécialisé, etc. Pour Bioulac et al. (2018), l'immersion participe au sentiment de présence à l'intérieur de l'EV (c'est-à-dire la perception psychologique de la personne d'être là) au même titre que la crédibilité. Selon ces auteurs, la crédibilite dépend,

> d'une part, du degré de ressemblance avec la réalité de l'environnement (agencement des lieux, tâches à réaliser, modalités d'interactions. . .) et, d'autre part, de la pertinence de l'expérience vécue par le sujet. Cette perception est fortement influencée par l'expérience émotionnelle et par le vécu du sujet ainsi que par son implication (engagement) dans «l'expérience virtuelle» (Bioulac et al., 2018, p.281).

L'immersion dans les EV est facilitée par deux interfaces spécifiques comme l'expliquent Bioulac et al. (2018) :

- Le CAVE (Cave Automatic Virtual Environment) : Il s'agit alors d'un environnement de RV immersif dans lequel le sujet peut se déplacer et percevoir les objets en trois dimensions (Bioulac et al., 2018). En outre, plusieurs individus peuvent partager le même environnement au même moment (Thouvenin & Lelong, 2020). Ces dispositifs, plutôt acquis par des centres de recherches et groupes industriels, continuent d'être améliorés sans cesse pour augmenter l'immersion.

- Le visiocasque (Head Mounted Display-HMD) : Cette interface plus accessible aux particuliers facilite l'immersion du sujet grâce à deux écrans placés à proximité des yeux.

Un EV n'est pas une copie identique, fidèle d'un environnement réel, non pas seulement à cause de la technique (qui à la fois permet l'essor de ce type de réalisation et contraint aussi leur portée), mais aussi parce que le but recherché peut être de modifier certains aspects de la réalité pour étudier finement un processus qui ne peut justement pas être analysé au quotidien pour de nombreuses raisons (coût, dangerosité...). Un EV peut également être un monde symbolique, irréel (science-fiction, arts...). Dans ce domaine, l'une des réalisations la plus aboutie et la plus répandue actuellement concerne les mondes virtuels appelés métavers (exemples : Second Life, Le deuxième monde, etc.). Il s'agit d'une réalisation informatique permettant de créer un univers virtuel ou monde virtuel dans lequel les individus peuvent interagir. Ce monde est uniquement accessible en ligne (sur Internet). L'environnement virtuel créé est composé d'éléments de paysages ou de décors, d'objets divers et d'êtres animés autonomes ou contrôlés depuis le monde réel ; on parle alors « d'avatars » (Guitton & Roussel, 2022). La notion d'avatar désigne la représentation de soi à l'intérieur du monde numérique créé, cette représentation étant le plus souvent anthropomorphe (ANSES, juin 2021). Comme le rappellent Guitton et Roussel (2022), l'environnement peut reproduire une partie du monde réel, matérialiser des éléments abstraits de celui-ci ou proposer un monde totalement nouveau. Les lois de cet EV, l'aspect et le comportement de ce qui le compose peuvent être similaires à ceux du monde réel, ou non (exemple tiré de Guitton et Roussel (2022) : « un avatar humain peut avoir la possibilité de survoler une ville » (p.1)) ; des interfaces classiques (clavier, souris et/ou manette, écran éventuellement tactile) ou spécifiques (casque, lunettes, gants, etc.) permettent l'accès à cet environnement. Le monde virtuel peut être perçu via une représentation visuelle, sonore, haptique ou encore olfactive. Ces interfaces permettent aussi d'interagir avec d'autres éléments présents dans l'environnement. Différentes activités sont possibles dans les métavers : se déplacer ; observer ; créer ou modifier des éléments ; en acquérir ou en échanger ; collaborer ou rivaliser avec d'autres personnes présentes, etc. L'environnement est accessible et utilisable simultanément par un très grand nombre de personnes : plus de 128 joueurs à la fois pour Péquignot et Roussel (2015). L'environnement persiste dans la durée, c'est-à-dire qu'il est accessible de manière permanente. Le métavers est en perpétuelle évolution, qu'on y accède ou non, il évolue constamment. Finalement ces mondes virtuels sont conçus et s'organisent de façon analogue à ce que l'on observe dans la réalité (organisation sociale, culture, économie propre, etc.). Le commerce s'y développe déjà : on peut vraiment acheter des vêtements pour son avatar ou des décors pour son EV.

Parallèlement à la RV, d'autres technologies se sont développées et sont régulièrement utilisées ou mentionnées dans différents travaux relatifs à l'usage des technologies numériques auprès de différentes populations cliniques dans un objectif de dépistage, d'évaluation de processus cognitifs spécifiques ou de remédiation, de prise en charge thérapeutique, éducative ou pédagogique. De telles technologies se distinguent de la RV en termes de procédés ou encore de finalités. Ainsi, la Réalité Augmentée (RA) est une technologie introduite au début des années 1990, comme le rappelle l'ANSES (2021), qui renvoie à l'enrichissement de l'information véhiculée par les objets et l'environnement réel, au moyen du virtuel. Cette technologie agrandit les images de la réalité et combine des éléments virtuels et réels (sons, images 2D, 3D, vidéos, etc.) pour créer un environnement mixte et interactif en ajoutant des informations virtuelles générées par ordinateur, tablette ou smartphone (Berenguer et al., 2020). La réalité augmentée (RA), qui est une modalité plus récente de la RV dont elle fait partie, permet une interaction dans l'environnement physique, contrairement à la RV (Quintero et al., 2019). C'est ainsi que nous pouvons observer, via une application spécifique, des informations artificielles ajoutées à notre environnement réel ; ces objets peuvent donc se chevaucher dans le monde réel sans se substituer à celui-ci (ANSES, 2021). Par exemple, l'application Argoplay permet d'ajouter des vidéos, photos ou commentaires écrits, directement dans un texte réel que les élèves peuvent avoir à lire et comprendre. Cela permet d'enrichir le texte de compléments vers lesquels l'élève pourra s'orienter lui-même. Dans le cas de nos sujets avec TSA, cela peut être intéressant dans la mesure où leur compréhension des implicites et des concepts véhiculés est souvent indiquée comme fragile, à vérifier par leurs enseignants (Ancona, 2018 ; Attwood et al., 2018). Cela dit, toutes prometteuses que soient ces pistes, elles ne sont encore qu'émergentes et nous ne disposons pas encore de résultats solides quant à leur efficacité en matière d'amélioration effective de la compréhension chez les sujets avec TSA, faute de recherches sur ce point.

Pour accroitre le sentiment de présence de l'individu à l'intérieur du monde virtuel, la RV nécessite des interfaces spécifiques (CAVE ou HMD) relativement couteuses ou encombrantes et, de ce fait, elle peut être difficile à utiliser au quotidien pour de nombreux enfants et adolescents avec TSA (Berenguer et al., 2020). Cette difficulté ne se pose pas, ou dans une moindre mesure, avec les technologies RA, qui, elles, sont plus simples et plus accessibles car ces dernières peuvent être implantées dans différents dispositifs mobiles (tablettes numériques, smartphones) permettant ainsi un maintien des interactions multimodales dans le monde réel.

Ci-dessous, en image 1, se trouve une illustration du visiocasque HMD (Head Mounted Display) muni de deux écrans situés près des yeux pour faciliter le sentiment d'immersion et en image 2, le système CAVE (automatic virtual environment) qui doit faciliter le sentiment de déplacement et de perception des objets en trois dimensions. Ce matériel, souvent utilisé en RV, a un certain poids et les personnes avec une hypersensibilité tactile pourraient ne pas le supporter. Cela ne concerne cependant pas toutes les personnes avec TSA. Le sujet ne peut pas non plus se déplacer hors de la zone du système CAVE et devrait rester sur place ; cela représente une contrainte trop lourde pour des enfants avec des profils hypo-sensibles au niveau vestibulaire ou kinesthésique, qui ont besoin d'être toujours en mouvement pour rester attentifs (Dunn, 2015).

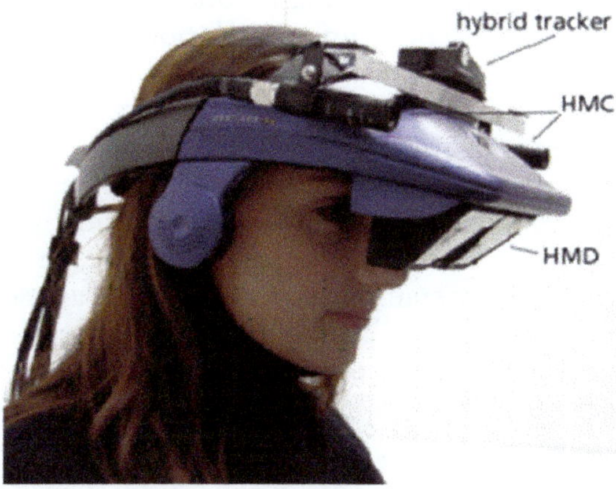

Figure 1 Visiocasque HMD

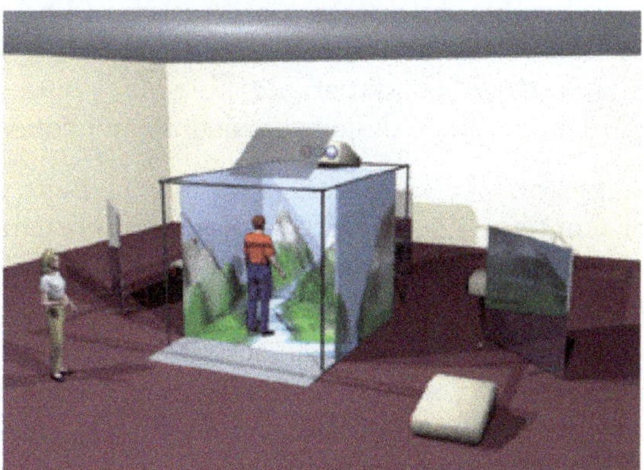

Figure 2 Dispositif CAVE

La flexibilité que confère la RA dans les usages permet d'évaluer et d'entrainer les compétences des individus avec TSA dans leurs milieux de vie respectifs (école, domicile, centres de loisirs, cabinet du clinicien, etc.) et non pas uniquement dans les centres de recherches universitaires, ce qui confère un avantage certain de ce type d'outil pour l'inclusion sociale de ces personnes. En effet, la finalité ultime est de favoriser, chez ces individus, une pleine participation sociale et une vie autonome, indépendante au sein de leur communauté.

Le développement des recherches et applications relatif à ce domaine interdisciplinaire, que représente la RV et que nous décrivons ci-après, ont conduit à un accroissement des travaux utilisant des jeux sérieux, avatars ou encore le paradigme de la robotique développementale (voir Gouzien-Desbiens, 2018, pour une description complète de ce point). Si ces travaux confirment l'attrait des jeunes avec TSA pour les technologies numériques, facilitant l'attention, la persévérance sur l'activité engagée et l'apprentissage social avec ces technologies, ils ne montrent pas encore de plus-value nette relativement aux programmes d'entrainements aux habiletés sociales existants avec thérapeute humain. En effet, c'est encore ce dernier qui évalue le jeune, paramètre, en conséquence, le niveau de difficulté du programme, comme il le fait dans son programme habituel, et obtient au moins d'aussi bons résultats. Ces développements technologiques récents et leur contribution ne seront pas traités dans le cadre de ce chapitre.

2.2 Troubles du spectre de l'autisme (TSA) : présentation de la population et critères diagnostiques

L'autisme, ou Trouble du Spectre de l'Autisme (TSA) est actuellement défini par l'Association Américaine de Psychiatrie (APA) à travers Le manuel diagnostique et statistique (DSM-V publié par l'APA, 2013) comme un ensemble de déficits persistants qui concernent :

- la communication et l'interaction sociale : déficits de réciprocité sociale et émotionnelle, déficits dans les comportements non verbaux au cours des interactions sociales, déficits du maintien et de la compréhension des relations,
- des comportements, intérêts ou activités restreints ou répétitifs dont le caractère stéréotypé des mouvements, l'intolérance au changement, les intérêts extrêmement restreints et l'hyper ou l'hyporéactivité aux stimuli sensoriels.

L'apparition de ces symptômes est observée au cours des premières années de vie, mais également plus tard au cours du développement. Les perturbations associées aux TSA peuvent être remarquées en l'absence d'un trouble du développement intellectuel bien que fréquemment comorbides. Par conséquent, le diagnostic doit préciser le niveau de fonctionnement intellectuel (avec ou sans retard de développement), décrire le profil langagier de l'individu (atteinte modérée, absence de langage ou langage intact) et le profil sensoriel fortement en lien avec le comportement. Enfin, le diagnostic doit préciser le niveau de gravité des troubles en évaluant le niveau de soutien nécessaire pour la personne (soutien très important- soutien important- soutien requis). Le niveau de soutien requis dépend de la sévérité des déficits dans les deux domaines que sont la communication et les interactions sociales d'une part et les comportements répétitifs et restreints d'autre part.

Dans 10 à 15 % des cas, le TSA serait associé à une origine génétique (Wood et al., 2015, Courchesne et al., 2020). Chez l'enfant, le TSA peut être associé à des comorbidités tels que le trouble déficitaire de l'attention avec ou sans hyperactivité (TDA/H), les troubles anxieux, le syndrome de Gilles de la Tourette, les troubles du sommeil, le trouble développemental de la coordination...Très variables dans leur présentation clinique, les signes caractéristiques du TSA évoluent considérablement en fonction de la période du développement : on peut observer une absence des signes au cours de certaines périodes ou une présence accrue, puis une stabilisation à d'autres périodes du développement. Les signes cliniques du TSA s'atténuent avec l'avancée en âge comme le soulignent Courchesne et al. (2020). Le TSA est désormais reconnu comme renvoyant à un ensemble de troubles complexes, hétérogènes, d'origines multifactorielles, comportant différentes formes et une variété de trajectoires développementales chez les individus concernés (Masi et al., 2017). Ce tableau clinique extrêmement complexe est désormais reconnu par le DSM-V qui regroupe, sous la désignation de TSA, différents troubles diagnostiqués antérieurement de façon isolée dans les précédentes classifications, comme le précisent Zhao et al. (2021) : trouble de l'autisme, syndrome d'Asperger, trouble désintégratif de l'enfance, appartenant autrefois aux troubles envahissants du développement.

Les troubles rattachés au TSA ont un effet significatif dans la vie sociale et professionnelle des individus concernés. Comme le précisent Berenguer et al. (2020), les déficits concernent différents domaines tels les interactions sociales entre pairs, les capacités cognitives et l'apprentissage, les compétences en lien avec la vie quotidienne, la réussite scolaire, la santé mentale ainsi que la qualité de vie des individus concernés et de leurs proches (entourage professionnel et familial). Les particularités sensorielles, dont l'évaluation précise est aujourd'hui considérée comme indispensable, sont également fortement corrélées aux difficultés adaptatives et comportementales en général (Delacato, 1974 ; Dunn, 2015 ; Degenne-Richard, 2014). Il nous semble donc évident que toute visée d'amélioration du comportement adaptatif doit prendre en compte le profil sensoriel des sujets avec TSA.

Si les recherches semblent beaucoup s'être focalisées sur le diagnostic et le soutien des habiletés sociales des personnes avec TSA, il serait tout aussi crucial de développer des outils pour améliorer les habiletés nécessaires à la vie quotidienne (Bellani et al., 2011). En effet, les particularités de fonctionnement des personnes avec TSA sont telles que le transfert de leurs habiletés, pourtant présentes et entrainées dans des contextes structurés et épurés, se fait difficilement en contexte écologique lorsque les sujets doivent traiter en direct et en surplus tous les « imprévus ». Examinons ces particularités.

2.3 Le transfert des apprentissages

La question du transfert des apprentissages est incontournable pour notre sujet puisque nous cherchons à identifier les effets des dispositifs construits en RV sur l'amélioration des habiletés des personnes avec TSA, notamment en vie quotidienne. Définissons tout d'abord les termes de transfert proche, éloigné, vertical, horizontal et de généralisation.

La notion de transfert a longtemps été assimilée à la mobilisation réussie d'un raisonnement par analogie, entre une situation source et cible, dans un même domaine de connaissances ou d'habiletés, à partir des indices de surface et de structure communs repérés par un individu donné (Holyoak & Koh, 1987). Autrement dit, le transfert peut être défini comme la capacité d'un individu à réutiliser des savoirs ou des savoir-faire, appris dans une situation donnée, dans un contexte nouveau (Frenay & Bédard, 2011 ; Vianin, 2009). On trouve une définition plus large du transfert chez Péladeau et al. (2005), le désignant comme « toute influence, positive ou négative que peut avoir l'apprentissage ou la pratique d'une tâche sur les apprentissages ou les performances subséquentes » (p.188). Lorsque l'apprenant est capable d'utiliser les apprentissages effectués dans n'importe quelle situation qui l'exige, on parle de généralisation des apprentissages, c'est-à-dire l'idéal du transfert (Vianin, 2009). La généralisation concernerait davantage l'aptitude à mettre en relation des compétences construites dans un domaine de tâches avec un autre domaine de tâches et à réussir à mobiliser ces compétences dans cet autre domaine (Gouzien-Desbiens, 2000). L'expression de transfert « inter-domaines » peut être utilisée en équivalence (Case & Okamoto, 1996).

Aussi bien en psychologie qu'en sciences de l'éducation, le transfert des apprentissages a fait l'objet de nombreux travaux qui ont contribué à enrichir nos connaissances au sujet de ce processus. De telles études ont permis de définir la finalité ou les raisons de s'intéresser au transfert des apprentissages (Frenay & Bédard, 2011 ; Samson, 2014). Elles ont aussi contribué à préciser l'objet du transfert à la suite d'un apprentissage (connaissances déclaratives, procédures, méthodes, stratégies, etc.), à distinguer les niveaux ou types de transfert (Parlebas & Dugas, 2005 ; Samson, 2014), mais également les facteurs individuels et contextuels qui influencent l'efficacité du transfert (Clerc & Lecomte-Lambert, 2005 ; Clerc et al., 2021).

Le transfert permet aux apprenants de mobiliser des savoirs acquis à partir d'une première tâche, que l'on appelle une tâche principale, pour les réutiliser dans une seconde tâche, dite tâche de transfert (Leclercq, 2021). Ce processus permet aux apprenants d'accorder du sens aux apprentissages qu'ils réalisent. Il favorise l'engagement et la persévérance ainsi que l'adaptation d'un apprentissage dans un contexte nouveau et inhabituel (Samson, 2014). Suite à la réalisation d'une tâche, il est possible de transférer aussi bien des connaissances déclaratives, que des procédures, méthodes ou des stratégies générales (Frenay & Bédard, 2011 ; Samson, 2014)

A travers la littérature (Tardif, 1992 ; Perkins & Salomon, 1988 ; Barnett & Ceci, 2002 ; Bosson, 2008), le transfert des apprentissages est décliné en plusieurs niveaux ou types, selon que l'on prend en compte le domaine du transfert avec des tâches d'apprentissage et de transfert qui appartiennent au même domaine (transfert intra-domaine ou intra-spécifique) versus des tâches d'entrainement et de transfert relevant de plusieurs domaines de connaissances différents (transfert général, interspécifique). On distingue aussi « le transfert proche » du « transfert éloigné ou lointain » (Vianin, 2009). L'objet de notre réflexion ici concerne le réinvestissement des apprentissages réalisés par les individus avec TSA au sein des EV dans la vie quotidienne. Il convient dans ce cas de prendre en compte la distance qui sépare la situation d'apprentissage et celle de réutilisation des savoirs comme le suggère Vianin (2009). Ainsi, le transfert intra-domaine ou transfert intra-tâche renvoie à l'utilisation de connaissances similaires dans un contexte proche de la situation d'apprentissage. Ici, les connaissances transférées ne font pas l'objet d'une modification de la part de l'individu : le transfert est implicite. Clerc et al. (2021) considèrent que ce transfert proche est possible lorsque que les tâches d'apprentissage et celles de transfert partagent les mêmes structure, contenu, contexte (physique, social, fonctionnel, temporel, etc.), requièrent les mêmes modalités de traitement de l'information (modalités visuelles, verbales, écrites, etc.) et sollicitent des processus cognitifs identiques (Bürki et al., 2014). Ce niveau de transfert peut être assimilé à ce que certains chercheurs ont appelé un transfert de type *low road*, c'est-à-dire une réutilisation spontanée et automatique d'une connaissance (Bosson, 2008). Un second niveau de transfert nécessite en revanche, de modifier les connaissances, stratégies connues pour les réutiliser dans une nouvelle situation qui nécessite pour l'apprenant de modifier, réorganiser, ajouter, réajuster ses connaissances au nouveau contexte d'utilisation. Il s'agit du « transfert inter-domaine ou transfert éloigné » (Parlebas & Dugas, 2005 ; Vianin, 2009). Selon Barnett et Ceci (2002), le transfert éloigné est attesté lorsque l'individu réutilise des connaissances, des stratégies acquises précédemment en dépit de nombreuses différences entre la tâche d'apprentissage et la tâche de transfert, comme le lieu où l'étude a été menée (école versus maison), les personnes qui ont recueilli les données (expérimentateur versus enseignant ou parent), ou le contexte fonctionnel (scolaire versus ludique). Ce type de transfert requiert une prise de conscience personnelle et intentionnelle (Perkins & Salomon, 1988), un effort intellectuel pour réutiliser les acquis précédents dans des tâches relativement proches de la situation d'apprentissage, mais aussi dans des contextes aussi éloignés que ceux en lien avec la vie quotidienne. Ce type de transfert qualifié de « *high road* » (Bosson, 2008) requiert de la part de l'élève ou l'apprenant de se distancier de la tâche effectuée, de décontextualiser la connaissance issue de cette tâche pour la réutiliser par ailleurs. Dans le même ordre d'idées, on retrouve également une autre conceptualisation dans la littérature et qui distingue le transfert vertical du transfert horizontal. Le transfert vertical désigne les situations dans lesquelles le sujet mobilise des habiletés simples pour construire des habiletés plus complexes du même domaine et sous-entend une hiérarchie temporelle dans la maitrise des habiletés d'abord les plus simples, pour arriver à maitriser ensuite les habiletés plus complexes. Le transfert horizontal concernerait des relations établies entre des compétences de même niveau de complexité. Le transfert peut être spontané ou assisté ; dans ce dernier cas, l'hétérorégulation par autrui plus compétent peut favoriser le transfert, soit par simple incitation à établir une relation entre deux situations, soit grâce à un étayage plus poussé (Gick & Holyak, 1987).

A propos des effets du transfert, on parle de « *transfert positif* » lorsqu'une situation antérieure facilite, favorise l'apprentissage ou la résolution d'un problème. Ce transfert positif s'oppose au cas de figure ou le processus inhibe ou rend la résolution d'une tâche plus difficile, on parle alors de « *transfert négatif* ». A partir de différents travaux (Samson, 2014 ; Luxembourger et al, 2014 ; Frenay & Bédard, 2011 ; Clerc et al., 2017 ; Clerc et al., 2021) il est à présent établi que pour être effectif, le transfert mobilise à la fois des facteurs individuels et contextuels. Du point de vue des individus, le transfert mobilise des connaissances, des habiletés cognitives (flexibilité cognitive, niveau de fonctionnement intellectuel, fonctions exécutives, etc.) et métacognitives (par exemple, le processus d'autorégulation). Le modèle de Klahr et Chen (2011) apporte un éclairage pertinent au sujet des facteurs contextuels qui augmentent la survenue du transfert. Ainsi, la similarité entre la tâche d'apprentissage et celle de transfert du point de vue de la structure et du contenu des tâches augmente la survenue du transfert. De même, le contexte physique (par exemple, le lieu où se déroule l'entrainement et le transfert), le contexte social (les personnes qui réalisent la tâche avec l'apprenant), le délai temporel qui s'écoule entre la tâche d'apprentissage et celle de transfert (plus le délai temporel est court, plus la probabilité de transfert est forte.) relèvent des éléments du contexte qui influencent la probabilité de survenue du transfert.

Le transfert des habiletés construites dans une situation vers une autre n'est évidemment pas automatique, celui-ci dépend d'abord des phases préalables d'acquisition et de rétention, comme le rappellent Péladeau et al., en 2005. De plus, le niveau initial du sujet, la qualité de l'attention et de la discrimination, la quantité de pratiques réalisées sur la situation et la quantité de « surapprentissage » (rappels, réactivations), le sens donné aux tâches, les habiletés métacognitives du sujet conditionnent déjà en soi la possibilité de transfert (ibid.). Ces paramètres varient d'un domaine de connaissances à l'autre, mais aussi d'un sujet à l'autre. On sait par exemple que les personnes avec déficience intellectuelle ont besoin de davantage de répétitions et de réactivations qu'un sujet neurotypique, dans des tâches proches, avant de réussir à abstraire les points communs entre les activités (Petitpierre & Squillaci, 2020).

A travers la littérature certains freins au transfert sont à présent bien identifiés chez les personnes présentant un TSA :

Dans le domaine des apprentissages scolaires et précisément l'acquisition de la lecture, les personnes avec TSA, même dans la fourchette haute du spectre, face à un texte à lire et comprendre, peuvent être excellentes dans le décodage du texte mais leur compréhension reste fragile. On leur reconnait souvent un défaut d'imagination, des difficultés à comprendre les inférences, le second degré et une mobilisation moins efficace de leurs fonctions exécutives (Ancona, 2018). La lecture du mot par soi-même ou autrui n'active pas automatiquement la relation avec le signifié, au point que le sujet avec TSA peut passer à côté du sens du texte. Généralement, on considère qu'associer, aussi longtemps que nécessaire, le signifiant-mot avec la photo ou l'image signifiante de l'objet désigné, favorise la compréhension du texte. On peut également disposer d'un carnet de vocabulaire illustré, tant que l'association n'est pas établie entre le signifiant mot et le signifié. De même, leurs difficultés de cohérence centrale et d'imagination font que la construction d'une représentation cohérente du texte pourrait être compromise (ibid.). Ce besoin de complément d'informations pourrait être pris en compte en réalisant un enrichissement du texte en réalité augmentée, par exemple avec l'application Argoplay, tout comme par l'enseignant qui vérifie en classe la compréhension du vocabulaire, du scénario, du sens global du texte. Cela reste à l'enseignant d'anticiper les difficultés qui pourraient se présenter pour son élève, avec ou sans RV.

Nous avons vu que le transfert nécessitait des phases antérieures d'acquisition et de rétention des informations, elles-mêmes conditionnées par le niveau initial du sujet, la qualité de l'attention et de la discrimination, le nombre de fois que la situation à transférer a été vue, le nombre de rappels, réactivations de la notion, le sens donné aux tâches en rapport avec la notion ou le comportement à transférer, les habiletés métacognitives liées à ces connaissances ou compétences (Quand, où et pourquoi mobiliser ces compétences ?). Rien que sur la dimension attention/ discrimination, il est bien connu maintenant que les personnes avec TSA ont des difficultés de filtrage des informations sensorielles : trop faible à certains moments, trop fort à d'autres, ils ont une pensée focalisée sur des détails qui ne garantissent pas un encodage efficient des éléments les plus pertinents à prendre en compte dans une situation (Degenne-Richard, 2014). Là encore, tout dispositif aidant à filtrer les informations sensorielles facilite l'accès aux informations pertinentes. On sait que ralentir le flux sensoriel facilite en effet l'attention sélective des sujets avec TSA, par exemple avec Logiral (Tardif & Gepner, 2014). Cette application, insérée dans un ordinateur, une tablette ou un smartphone, permet au sujet de choisir sa vitesse de traitement du flux sensoriel d'une scène en train de se dérouler ou de tout autre épisode vidéo préalablement enregistré. Alors le sujet parvient à traiter quasiment toutes les informations qui le nécessitent.

Les fonctions exécutives sont aussi déficitaires, notamment le manque de flexibilité mentale rendrait compte des difficultés les plus fréquentes de transfert, expliquant par exemple qu'un enfant avec TSA puisse montrer une couleur donnée sur sa tablette mais ne pas donner sur demande un objet de la même couleur (Labruyère, 2018).

De ce qui précède on voit que les difficultés à obtenir des transferts d'apprentissage proches ou éloignés se heurtent aux particularités de fonctionnement des sujets avec TSA eux-mêmes et, nous le verrons plus loin, aux difficiles garanties de satisfaction des préalables : comment s'assurer dans les études rapportées que les jeunes avec TSA aient réellement acquis et retenu les éléments transférables ?

Pour donner suite à ces clarifications au sujet du processus du transfert des apprentissages et de ses particularités chez les personnes avec TSA, il convient à présent d'interroger la littérature à propos de l'intérêt d'utiliser la RV auprès des personnes présentant un TSA et précisément d'examiner le bénéfice généré en termes de transfert après les interventions.

3. La réalité virtuelle et ses dérivés dans les travaux relatifs aux troubles du spectre de l'autisme

Les travaux utilisant la RV auprès des personnes avec TSA sont en constante progression depuis ces deux dernières décennies, contribuant dès lors à améliorer nos connaissances au sujet de ce trouble neurodéveloppemental. Comme le rappelle Vandrome (2018), ces travaux sont très variables aussi bien par leur contenus (émotion, conscience corporelle, communication, cognition et habiletés sociales, etc.) que par leurs finalités, qui peuvent être diagnostiques, thérapeutiques, éducatives ou en lien avec la formation. Enfin, les progrès récents de la technique permettent actuellement de mobiliser des environnements très différents : environnement virtuel de type bureau (desktop), simulation d'un monde virtuel hautement interactif de type métavers, environnement multisensoriel totalement immersif dans les laboratoires (Mikropoulos & Natsis, 2011). Ceci donne lieu à une multiplication de travaux dont l'objectif est de comparer les performances d'apprentissages dans ces différents environnements (Lorenzo et al., 2016). Loin d'être exhaustifs, les travaux présentés dans cette section du chapitre reprennent les principaux domaines de symptômes que l'on retrouve dans le diagnostic du TSA actuellement (American Psychiatric Association-DSM-5, 2015) ainsi que leurs répercussions dans la vie quotidienne. Nous proposons d'examiner l'intérêt que présente la RV dans les travaux en lien avec les habiletés sociales, émotionnelles et pratiques (habiletés permettant aux individus de « fonctionner » de manière autonome au quotidien) tout en discutant du transfert des apprentissages dans les environnements réels souvent désignés comme retombées de la RV dans ces travaux.

Le choix de ces habiletés se justifie par plusieurs raisons : une revue systématique récente de Mesa-Gresa et al. (2018) qui propose un examen de l'efficacité de la RV pour les enfants et adolescents présentant un TSA, analyse fondée sur des données probantes, met en évidence plusieurs résultats. Tout d'abord, on constate qu'une large majorité des travaux scientifiques, utilisant la RV auprès des personnes avec TSA, concernent l'évaluation des habiletés sociales et émotionnelles ainsi que l'évaluation et l'entrainement des habiletés en lien avec la vie quotidienne. Ensuite, ces travaux concernent surtout des enfants et adolescents âgés de 5 à 15 ans. Enfin, des méta-analyses récentes mettent en évidence des améliorations remarquables avec une taille d'effet relativement importante pour des programmes utilisant la RV et ciblant ces différentes habiletés. Ainsi, l'effet le plus fort est observé pour les programmes qui ciblent les habiletés fonctionnelles (apprendre à faire des achats, utiliser de l'argent, prendre le bus, recevoir un entrainement pour un entretien d'embauche, etc.). Cet effet est plus modéré pour ce qui est des compétences de régulation et de reconnaissance des émotions, il en est de même pour les compétences sociales et relative à la communication (Karami et al., 2021 ; Zhang et al., 2022 ; Mesa-Gresa et al., 2018).

3.1 Evaluation, entrainement des habiletés sociales et émotionnelles

L'autisme est un trouble neurodéveloppemental caractérisé, entre autres, par des déficits persistants dans la communication et l'interaction sociale dans plusieurs contextes. Ces déficits concernent précisément la réciprocité sociale et émotionnelle, allant d'une approche sociale anormale et des déficits dans la conversation, à des difficultés à partager des intérêts ou des émotions. D'autres lacunes concernent aussi l'impossibilité d'initier et de maintenir des interactions sociales avec des pairs, ou encore de répondre de manière appropriée aux stimuli sociaux émis par les autres (Sigman et al., 1999 ; Courchesnes et al., 2020). Les habiletés sociales émergent précocement dans le cadre du développement typique ; elles sont primordiales pour partager ses expériences avec les autres, coopérer, négocier. De ce fait, elles sont requises dans la majorité des contextes de vie (Ke et al., 2020 ; Ip et al., 2018). Chez les personnes présentant un TSA, les déficits en lien avec les habiletés sociales ont généré de nombreux travaux utilisant la RV avec pour objectif d'examiner l'intérêt que présente cet outil aux fins de remédiation. Ainsi, on note une utilisation très importante de jeux sérieux qui ciblent des habiletés spécifiques : Virtual reality in Second life (Didehbani et al., 2016) qui cible la reconnaissance des émotions et entraine à la communication sociale ; Story Table (Gal et al., 2009) qui entraine les habiletés collaboratives telles que la négociation, le tour de rôle, la planification en commun, ou encore ECHOES (Bernadini et al., 2014) qui propose un entrainement de la communication sociale.

Dans la grande majorité des cas, de tels travaux concernent des enfants et adolescents. En effet, la RV présente l'avantage de fournir un cadre sécuritaire, qui propose des situations d'apprentissages réalistes, motivantes, variables, pour entrainer les compétences sociales des participants. A partir de scénarios sociaux plausibles et reproduisant des lieux de la vie courante (café, supermarché, salle de classe, etc.), les participants sont amenés à se comporter et à répondre aux échanges avec différents interlocuteurs (des avatars) selon les conventions sociales habituelles et observables dans le monde réel : identifier, interpréter les comportements des autres présents dans les EV, initier des interactions sociales, exprimer son point de vue et comprendre celui des autres interlocuteurs, changer de règles, trouver des alternatives en fonction du contexte (Ke et al, 2022 ; Parsons, 2015). La finalité de tels travaux consiste à évaluer l'effet d'un entrainement sur plusieurs compétences sociales et les comportements stéréotypés (Mitchell et al., 2007; Bauminger, 2007; Ehrlich & Miller, 2009; Josman et al., 2008). Dans l'ensemble, les équipes de chercheurs apportent la preuve d'une amélioration des compétences sociales, entre autres, la communication sociale, l'initiation d'interactions, les attributions sociales et une diminution des comportements stéréotypés à l'issue des entrainements, montrant ainsi l'efficacité de la RV dans l'entrainement de telles compétences. Une réflexion qui émerge de ces travaux est que les EV sont employés pour étudier la faisabilité et l'efficacité d'un tel outil pour entrainer les compétences ciblées. Souvent, il s'agit d'un apprentissage incident, qui exploite l'attrait des enfants et adolescents pour ce média. Alors, on ne sait pas si cet effet d'amélioration des comportements-cibles et la baisse de comportements stéréotypés sont dus au choix des supports d'entrainement ou à une forme d'habituation. En outre, la répétition pourrait être favorable à une diminution des comportements stéréotypés car les profils sensoriels sont généralement peu renseignés (Degenne-Richard, 2014)

Par ailleurs, différents travaux ont mis en évidence l'existence de déficits relatifs à la reconnaissance, l'expression, la compréhension ou encore la régulation des émotions chez les personnes avec TSA (Rieffe et al., 2011; Samson et al., 2012; Samson et al., 2015; Fage et al., 2019). Ces personnes disposeraient elles-mêmes de ressources, stratégies limitées pour faire face à des situations nouvelles, complexes, imprévisibles, difficiles à interpréter pour elles (Jackson, 2008; Rodgers et al., 2012 cités dans Fage et al., 2019). Dans ces cas, les personnes avec TSA et particulièrement à l'adolescence, s'appuieraient principalement sur l'entourage (parents, professionnels) pour identifier, modifier leurs réactions et apaiser les tensions émotionnelles (Fage et al., 2019; Samson et al., 2015; Gulsrud et al., 2010). En retour, de tels déficits relatifs à la régulation émotionnelle entravent l'inclusion sociale et la qualité de vie des personnes ainsi que celle de leur entourage. Comme dans le cas des habiletés sociales, on peut identifier un certain nombre de jeux sérieux et de travaux expérimentaux portant sur différentes compétences émotionnelles chez des enfants et adolescents avec TSA (Lorenzo et al., 2016; Ip et al., 2018). A partir de scénarios sociaux explorant des interactions sociales avec des avatars, de tels travaux visent l'intervention et l'entrainement des compétences émotionnelles telles que l'identification ou la reconnaissance des émotions chez soi et chez les autres: le jeu sérieux «*The transporters*» (Golan et al., 2010) sollicite l'identification et la reproduction des émotions observées. «*Je stimule*» (Serret et al., 2014), un autre jeu sérieux, requiert d'identifier, reconnaitre l'émotion traduite par un avatar à partir de signaux non-verbaux. D'autres travaux s'attardent sur des compétences plus complexes comme la régulation d'émotions ressenties dans les situations mimant le quotidien et adaptées à l'enfance et à l'adolescence: routines en lien avec le départ à l'école dans lesquelles des situations contrariantes sont mimées (exemple : rater le bus virtuel pour se rendre à l'école), repas à la cantine scolaire au cours duquel certaines interactions avec d'autres élèves se déroulent de façon inappropriée (exemple : avatars qui n'attendent pas leur tour dans la queue), ambiance bruyante en salle de classe virtuelle pendant la transmission des consignes par le professeur, etc. L'intérêt d'utiliser la RV dans ces travaux réside dans le fait que tout en proposant des scénarios qui n'exposent pas les participants à des dangers potentiels, ni à un embarras inutile, comme cela pourrait être le cas dans l'environnement physique, le programme d'intervention peut proposer des scénarios sociaux différents à chaque session d'apprentissage. La complexité de ces derniers augmente progressivement quant à la compréhension des situations sociales mimées et les compétences émotionnelles requises pour répondre aux tâches proposées aux participants. De tels travaux ont mis en évidence des résultats contrastés avec une reconnaissance correcte et une compréhension des émotions de l'avatar dans certains cas (Awad Elzouki et al, 2007 ; Fabri et al, 2007) ; une amélioration de l'expression et de la régulation des émotions dans les tâches proposées (Ip et al., 2018) mais aussi des interactions inappropriées avec l'avatar dans d'autres cas (Ehrlich & Miller, 2009), la compréhension des consignes pouvant parfois être difficile. S'ils permettent de comprendre les particularités liées au TSA, ces travaux en lien avec les habiletés sociales et émotionnelles et qui utilisent la RV soulèvent un certain nombre de questions : les scenarios sociaux planifiés traduisent souvent des comportements humains répétitifs, prévisibles ; or, dans les contextes de vie quotidienne, les comportements sont plutôt imprévisibles. Alors, comment les personnes avec TSA sont-elles préparées à ces imprévus ? L'augmentation des comportements-cibles entre le pré et le post-test traduit-elle réellement une efficacité du programme proposé en RV ou plutôt une meilleure compréhension des scénarios par les participants ? Quelle stabilisation des performances chez les participants puisque très peu de travaux prévoient un suivi dans un délai d'un à trois mois après les sessions en EV ? Qu'en est-il du transfert proche ou éloigné des habiletés sociales et émotionnelles travaillées à partir de la RV ? En effet, une fois la faisabilité de l'EV et celle du programme évaluées, les tâches proposées pour estimer un transfert proche ou lointain ne sont pas déclinées pas les chercheurs. A l'exception de certains travaux qui proposent d'évaluer de manière formelle (grille d'entretien, questionnaire validé) le maintien des apprentissages, le transfert est apprécié auprès des proches (famille, enseignants) à partir des changements qu'ils auraient observés chez la personne avec TSA à la suite des passations en RV, peut-on considérer ces mesures comme suffisantes, valides pour attester du transfert des habiletés acquises en RV à d'autres contextes dans la vie quotidienne ?

3.2 *Evaluation et entrainement des compétences en lien avec la vie quotidienne*

Les personnes avec TSA présentent des ressources limitées quant au développement de leurs habiletés en lien avec la vie quotidienne et dépendent très souvent de leur entourage (familles et professionnels). En effet, ces personnes ont besoin de guidance pour acquérir et améliorer des habiletés telles que l'utilisation de l'argent, cuisiner leur repas, veiller à leur hygiène personnelle, faire leurs courses, utiliser les transports en commun, etc. (Lamash et al., 2017 ; Thomsen & Adjorlu, 2021). Entrainées suffisamment tôt (au cours de l'enfance et de l'adolescence), on retrouve à travers la littérature des données qui mettent en avant une efficacité des programmes d'interventions ciblant cette période du développement et ces habiletés en lien avec la vie quotidienne. C'est dans cette lignée que s'inscrivent les travaux utilisant la RV pour évaluer et exercer ces habiletés fonctionnelles chez les personnes avec TSA. Le but de tels travaux consiste alors à promouvoir une vie indépendante au quotidien et l'inclusion sociale des personnes avec TSA. L'apport de la RV dans ces travaux réside dans la possibilité pour l'apprenant d'apprendre, d'avancer à son rythme sans que cela génère de fatigue ou de démotivation chez la personne elle-même ou d'impatience chez les professionnels. De même, pour certaines situations spécifiques (traverser la chaussée, prendre le bus), la personne ne se met pas en danger. Dans le cas de la formation professionnelle, la personne peut commettre des erreurs sans que celles-ci aient une incidence réelle sur un éventuel recrutement. Le recruteur virtuel apporte des feed-back immédiats, objectifs et explicites, sans craindre de « blesser » la personne avec TSA. Couvrant de nombreux domaines de la vie quotidienne, nous proposons de rapporter ici les travaux regroupés dans les catégories suivantes :

– Effectuer des achats dans un supermarché, utiliser de la monnaie virtuelle pour régler le montant des achats (Adjorlu et al., 2017 ; Thomsen & Adjorlu, 2021 ; Lamash et al., 2017) : l'objectif des auteurs consistent à entrainer les habiletés procédurales nécessaires à la réalisation de courses alimentaires. Muni d'une liste qu'il doit suivre, le participant doit se déplacer au sein d'un supermarché virtuel, identifier les produits placés sur les étagères et prendre uniquement ceux qui correspondent à la liste, ranger ensuite les produits dans son panier et repartir vers la caisse du supermarché (Adjorlu et al., 2017). Ce scénario de départ est complexifié dans certains travaux qui ajoutent, par exemple, l'utilisation d'une balance pour peser des fruits et légumes, l'utilisation de pièces et de billets de banque pour régler le montant des achats, tout en imposant la présence de plusieurs avatars au même moment dans le supermarché pour augmenter la validité écologique de l'étude, en simulant des conditions proches de la réalité (Thomsen & Adjorlu, 2021). Ainsi, les chercheurs évaluent et exercent les habiletés procédurales et conceptuelles relatives au fait de faire des courses et utiliser de l'argent pour régler ses achats. En outre, les habiletés sociales du participant sont sollicitées en raison d'une exposition à une présence massive d'autres clients et d'employés du supermarché (avatars), situation qui peut générer une forme d'anxiété chez les personnes avec TSA dans le contexte réel. Ces tâches peuvent être associées ou non à de la remédiation cognitive, de l'évaluation du fonctionnement cognitif et du contrôle exécutif, c'est-à-dire l'ensemble des fonctions exécutives qui permettent aux individus de planifier, réaliser des tâches dans des situations nouvelles, conflictuelles ou complexes (Lamash et al., 2017). Dans leur ensemble les résultats indiquent des performances élevées aux tâches assignées par les groupes entrainés à partir de la RV, par rapport aux groupes contrôles qui reçoivent un entrainement à partir de supports de type guidance verbale fournie par les professionnels sans couplage avec la RV. De même, l'augmentation des performances chez les participants entre l'évaluation prétest et le post-test autorise à conclure à une efficacité de l'entrainement couplé à l'utilisation de la RV.

- L'orientation et la navigation au sein d'un environnement : un second domaine pour lequel on retrouve de nombreux travaux utilisant la RV auprès de notre population concerne les déplacements. En effet, la RV permet aux chercheurs d'évaluer puis d'entrainer, sans mettre les personnes en danger et sans les fatiguer, les compétences requises pour pouvoir naviguer de façon efficace, sécuritaire et sans dépendre d'autrui. Certains travaux se sont intéressés aux capacités d'enfants et adolescents à s'orienter dans une ville virtuelle (Fornasari et al., 2013). D'autres travaux ont pour visée de permettre aux participants de reconnaitre des panneaux de signalisation et d'apprendre à traverser la chaussée en toute sécurité (Strickland et al., 1996 ; Josman et al., 2008 ; Dixon et al., 2020) ; ou encore à suivre un itinéraire au sein d'une ville puis à élaborer une vue de type carte cognitive de l'environnement (Saiano et al. 2015 ; Yang et al. 2021 ; McMahon et al., 2015), ce niveau de connaissance spatiale permet en général aux individus d'inférer un chemin alternatif (raccourci ou détour) à ceux qu'ils ont explicitement appris (Poucet, 1993). D'autres travaux s'intéressent plutôt à l'évaluation puis à l'entrainement de routines relatives à l'utilisation des transports en commun tels que le bus (Simões et al., 2018) : marcher jusqu'à l'arrêt du bus ; identifier le bon bus une fois arrivé à l'arrêt ; attendre, si le bus qui passe n'est pas le bon ; si c'est son bus, laisser descendre les passagers qui sortent avant d'entrer ; monter dans le bus ; acheter un ticket ou valider son abonnement ; s'asseoir ou attendre debout ; reconnaitre son arrêt; signaler l'intention de descendre à l'arrêt souhaité en appuyant sur un bouton dédié; ouvrir les portes et enfin descendre du bus. Cette succession de comportements requis, la gestion des horaires et de la complexité du trafic; les imprévus liés au trafic (retard, grève, etc.) et le caractère imprévisible des autres usagers et le fait d'être exposé à la foule pendant des heures de pointes sont autant de facteurs qui peuvent expliquer les difficultés rencontrées par les personnes avec TSA au quotidien lorsqu'elles se déplacent au sein de leur communauté mais aussi l'intérêt d'évaluer et d'entrainer de telles habiletés au préalable à partir de la RV.

Ces différents travaux au sujet de la navigation mettent en évidence des profil contrastés de performances chez les personnes avec TSA. On retrouve ainsi une exposition et une exploration insuffisante de l'EV (nombre de zones explorées, distance totale parcourue, nombre d'objets retrouvés, etc.) comparativement à des enfants au développement typique de même âge chronologique; en revanche, une absence de différences entre les groupes lorsque la navigation à travers la ville virtuelle est planifiée et comporte un but défini et annoncé préalablement aux participants (Fornasari et al., 2013). Dans le même ordre d'idées, une étude de Yang et al. (2021), réalisée en EV avec des adolescents, met en évidence des performances similaires à celles des personnes au développement typique de même âge chronologique pour ce qui est de la capacité à suivre un itinéraire, rappeler des points de repères sur le chemin et estimer où tourner au prochain nœud de décision (intersection, croisement). En revanche, les performances des adolescents avec TSA sont déficitaires pour ce qui est de réaliser un itinéraire dans le sens du retour et ce déficit ne s'expliquerait pas par le niveau de fonctionnement intellectuel mais bien par un fonctionnement particulier.

Pour ce qui est de la connaissance des règles, procédures pour traverser la chaussée en toute sécurité, les travaux mettent en évidence des résultats contrastés quant à la compréhension et la maitrise des consignes de sécurité : la moitié des participants, dans certaines études, parviennent à améliorer leurs résultats à l'issue des sessions d'entrainement en EV (Josman et al., 2008) ; dans d'autres cas l'entrainement ne se poursuit pas en environnement naturel (Saiano et al., 2015). Actuellement, les travaux utilisant un environnement immersif enrichi montrent une atteinte du critère d'apprentissage qui consiste à identifier le moment opportun pour traverser la chaussée chez l'ensemble des participants (Dixon et al., 2020).

Enfin, dans leur étude, Simões et al. (2018) ont développé un jeu sérieux permettant d'évaluer et d'entrainer les routines et procédures qu'il faut maitriser lorsqu'on prend le bus ; les résultats mettent en évidence une augmentation des connaissances et procédures chez les participants du groupe expérimental (adultes avec TSA) entre le prétest et le post- test. Une mesure électrodermale permettant de mesurer le niveau d'anxiété des participants pendant les sessions d'entrainement a mis en évidence des pics d'anxiété à des moments spécifiques du parcours (aux arrêts de bus, près des zones de départ et d'arrivée, lorsque les participants cherchent la destination finale) par rapport à d'autres étapes du parcours (ar exemple, lorsque les participants se trouvaient à l'intérieur du bus.). Cette étude pilote n'a pas fait l'objet d'une validation ultérieure évaluant, par exemple, la stabilisation ou le réinvestissement de ce qui a été appris par les participants.

- Le dernier domaine que nous rapportons dans ce chapitre concerne les habiletés en lien avec la recherche d'emploi, la formation professionnelle. Si des progrès notables au sujet de l'inclusion scolaire des enfants et adolescents avec TSA sont aujourd'hui observés dans de nombreux pays occidentaux, il n'en demeure pas moins qu'à l'âge adulte une grande majorité de ces personnes n'accèdent pas à un emploi en milieu ordinaire, même s'il s'agit d'un vecteur d'inclusion sociale pour elles. Récemment se sont multipliés des travaux utilisant la RV pour préparer des jeunes adultes avec TSA à des entretiens d'embauche (par exemple, améliorer son aisance à l'oral pour un entretien d'embauche virtuel) ou toute autre compétences professionnelles (Smith et al., 2015 ; Smith et al., 2020 ; Van Laarhoven et al., 2018 ; Smith et al., 2017). Ainsi, une formation en RV payante, est proposée aux jeunes adultes et adultes avec TSA quant à la manière de remplir les demandes d'emploi. Ils sont également formés aux entretiens d'embauche grâce à des contenus d'apprentissage en ligne et des exercices pratiques. Les stagiaires reçoivent un retour d'information immédiat par le biais d'indices non verbaux, de critiques et de recommandations pour améliorer leur performance. La RV comporte ici de nombreux atouts : les personnes avec TSA peuvent s'entrainer à passer un entretien d'embauche avec un chargé de recrutement (avatar) sans générer de fatigue chez elles ni chez le recruteur virtuel et à partir de n'importe quel endroit où elles se trouvent. Les retours d'informations sont immédiats, ce qui permet de rectifier ses erreurs. Les réponses appropriées aux questions posées, à savoir celles pour lesquelles les personnes mobilisent correctement leurs habiletés sociales, émotionnelles et communicationnelles, requises dans une telle situation, sont encouragées et elles reçoivent une désapprobation de la part de l'avatar chargé de la communication verbale au cours de l'entretien en cas de réponses inappropriée. Le système prévoit donc des critiques explicites ainsi que des recommandations, ce qui n'est pas toujours évident avec un recruteur dans des conditions réelles. Cette plateforme a fait l'objet de nombreuses études randomisées auprès de populations cliniques différentes y compris de personnes avec TSA. Les résultats sont clairement en faveur d'une amélioration des compétences pour les personnes ayant suivi ces sessions d'entrainement virtuel par rapport à d'autres personnes ne l'ayant pas fait : le nombre d'entretiens virtuels réalisés prédit clairement le maintien des compétences acquises par les candidats après les sessions et ces derniers reçoivent davantage d'offres d'emploi que les autres n'ayant pas suivi cette formation (Smith et al., 2020 ; Smith et al., 2017 ; Smith et al, 2015).

3.3 Transfert des apprentissages réalisés à partir de la RV chez les personnes avec TSA : quelques freins et pistes de réflexion

Depuis quelques années, de nouveaux outils et paradigmes sont élaborés, notamment le développement de jeux sérieux (Vandromme, 2018) et la robotique développementale, en vue d'évaluer et d'entrainer, chez les personnes avec TSA, les compétences sociales, émotionnelles mais aussi d'autres fonctions cognitives plus spécifiques et les habiletés en lien avec la vie quotidienne. Comme le rappellent Cohen et al. (2017), les résultats des différentes études montrent une progression lors de l'entrainement des compétences (le taux de réussite à la tâche et la vitesse de réalisation). Pour autant, ces travaux comportent des limites qui ont des effets variables sur la validité des résultats : un faible nombre de participants, une faible standardisation des protocoles d'une recherche à l'autre et une faible, voire l'absence de, prise en compte des profils sensoriels.

Par ailleurs, le processus du transfert, étudié depuis de nombreuses années, requiert de respecter de nombreux préalables pour être effectif. Très peu de travaux utilisant la RV auprès des personnes avec TSA apportent la preuve d'un transfert et à fortiori d'une généralisation des compétences acquises, que l'on évoque un transfert intra-domaine de tâches ou d'un milieu à un autre. Le transfert ici se heurte à plusieurs freins.

Jusqu'ici, la préoccupation majeure des chercheurs concerne la faisabilité, l'intérêt d'utiliser cet outil auprès de ces personnes avec TSA pour évaluer, entrainer différentes habiletés. Dès lors, les aspects techniques relatifs à la conception des EV peuvent souvent être privilégiés au détriment des tâches utilisées, de la constitution des groupes de participants (nombre de personnes, évaluation préalable du fonctionnement sensoriel, intellectuel), du maintien des apprentissages après les interventions et de leur réutilisation dans des tâches proches, intermédiaires ou éloignées de la tâche principale. Une collaboration étroite et interdisciplinaire entre chercheurs issus des sciences de l'informatique, de l'interaction homme-machine et ceux relevant des sciences de l'éducation et de la psychologie ne peut qu'être encouragée pour qu'à la fois les aspects techniques mais aussi la validité de contenu ainsi que la validité écologique et le transfert soient réellement pensés dans ces travaux.

- Le transfert requiert des phases antérieures d'acquisition et de rétention des informations apprises. On constate que les possibilités qu'offre la RV laissent place à des travaux de contenu différent (émotions, fonctions cognitives spécifiques, habiletés sociales, habiletés fonctionnelles en lien avec la vie quotidienne, etc.) qui conduisent à une variété de protocoles d'une recherche à une autre. Or, l'absence de répétitions ne favorise pas le maintien puis le transfert des apprentissages. De ce fait, très peu de travaux menés conduisent à une comparaison systématique des résultats observés dans la vie réelle et en RV. Plus souvent, une habileté est entrainée à partir de la RV, puis des tentatives de transfert en environnement réel sont observées. Pour autant, les chercheurs ne vérifient pas toujours de façon rigoureuse la stabilisation de l'apprentissage dans un environnement ou dans un autre avant de s'intéresser réellement au transfert, alors que cette stabilisation des acquis pourrait favoriser le transfert ne serait-ce qu'intra-domaine. De plus, très peu d'informations sont actuellement disponibles au sujet du délai temporel optimal à respecter entre la stabilisation des apprentissages en EV puis leur réutilisation dans un autre contexte par les personnes avec TSA.
- Du point de vue des individus, le transfert mobilise à la fois des connaissances (niveau initial ou antérieur du sujet par rapport à une tâche), des habiletés cognitives (flexibilité cognitive, niveau de fonctionnement intellectuel, fonctions exécutives, etc.) et métacognitives (par exemple, le processus d'autorégulation) pour être effectif. De même, comme évoqué précédemment, ce processus peut être implicite (transfert proche) ou au contraire nécessiter pour l'apprenant qu'il modifie, réorganise, réajuste ses connaissances au nouveau contexte d'utilisation (transfert éloigné). Ces caractéristiques du transfert peuvent entrer en conflit avec le sens donné à l'apprentissage qui est fait, avec le fonctionnement intellectuel, cognitif et métacognitif, sensoriel de la personne avec TSA, alors que ces variables conditionnent déjà en soi la possibilité de transfert. Ces variables individuelles ne sont que très peu prises en compte dans les travaux utilisant la RV. Bien que ces travaux comportent souvent un faible nombre de participants, des groupes hétérogènes, cela étant la conséquence du trouble neurodéveloppemental étudié, ces variables font souvent défaut dans les travaux publiés. Des devis mixtes de recherche alliant études qualitatives et quantitatives pourraient surmonter cette difficulté. Les études

qualitatives viseraient, lorsque le niveau et le fonctionnement des personnes le permet, à recueillir leur point de vue, celui de leurs proches, le sens donné aux apprentissages réalisés, la prise de distance avec les différentes tâches proposées à la suite de l'apprentissage, etc. Les études quantitatives permettraient, à l'aide d'autres indices, de mesurer l'efficacité ou la plus-value-de la RV par rapport à d'autres supports, le maintien et le transfert des apprentissages. Actuellement très peu de travaux utilisant la RV proposent une comparaison des performances entre un groupe de participants ayant reçu un entrainement à partir des environnements virtuels et un autre groupe contrôle ayant été formé aux mêmes habiletés à partir d'autres supports pour pouvoir comparer la plus-value de la RV entre les deux groupes. De même, peu de travaux proposent aux participants des tâches d'entrainement aux compétences visées puis des tâches de transfert (proche ou lointain). Or, cette démarche permettrait, à notre sens, de mesurer la capacité de transfert des apprentissages des participants, ne serait-ce qu'un transfert proche. Mais pour cela, les conditions préalables pour observer le transfert (évoquées dans la section 2.3, le transfert des apprentissages) devraient être garanties dans les études, ce qui n'est pas toujours le cas.

– Le transfert des apprentissages peut être spontanément mis en œuvre par l'individu ou hétéro-régulé. Dans le cas de l'autisme, les ressources propres pour réguler ses habiletés sociales et émotionnelles sont mobilisées de manière insuffisante et pas toujours adaptées au contexte. Les individus s'appuient alors sur l'entourage pour faire face aux situations nouvelles, complexes, conflictuelles. On relève dans certains travaux la volonté d'inclure les proches dans ces travaux, en recueillant le point de vue des familles quant à la perception de changements à la suite des interventions en RV ou en les invitant à participer aux sessions d'entrainements en RV (co-présence). Cette démarche pourrait aller plus loin en nouant un véritable partenariat personne avec TSA-famille-professionnels-chercheurs pour mieux observer l'effet du contexte social (présence de pairs, professionnels, membres de la famille) autrement dit l'hétéro-régulation sur l'acquisition d'habiletés ciblées puis le transfert de celles-ci.
– On pourrait également s'interroger sur l'effet du contexte, lieu physique (par exemple : centre de recherche universitaire versus école, domicile du participant) sur les performances observées. En effet, l'entrainement aux habiletés sociales, cognitives, émotionnelles ou fonctionnelles à partir de la RV a pour ambition de réduire les couts générés (humains, financiers) par les programmes d'éducation structurés traditionnels, cependant quelle incidence a le

changement de contexte physique sur les performances des participants ?

A notre connaissance, peu d'études utilisant la RV se sont proposées d'évaluer les différents niveaux de transfert ou encore de distinguer les différentes habiletés (simples versus complexes) à mobiliser dans les différentes tâches proposées au sujet. Quelle démarche conceptuelle adopter pour proposer des tâches qui prennent en compte la similarité de structure, de surface ou requérant les mêmes modalités de réponses (verbales, visuelles, écrites, etc.) qui soient adaptées aux personnes avec TSA pour évaluer et attester du transfert des apprentissages réalisés initialement à partir de la RV ?

Les points précédents invitent à davantage de prudence quant aux retombées des outils, à questionner réellement leur pertinence quant à l'acquisition, au transfert, à la généralisation et au maintien à long terme des compétences. Au-delà du caractère ludique et de l'engagement des participants à ces études, de tous les avantages bien documentés aujourd'hui et des atouts des technologies numériques, il reste que le partenariat entre les milieux de recherche, de pratique clinique et les familles doit être effectif pour que les compétences mises en avant par les études soient véritablement étudiées du point de vue conceptuel et théorique mais aussi méthodologique et clinique comme cela prévaut pour la construction d'outils psychométriques traditionnels ou de programmes classiques d'entrainement aux habiletés sociales et à la régulation émotionnelle. L'enjeu qui se pose est aussi de nature éthique : les comportements évalués et entrainés par les EV et toutes les technologies numériques actuelles sont-ils l'équivalent des comportements analogues observés au quotidien ? Les travaux mettant en avant l'utilisation d'outils numériques devraient apporter des données suffisamment probantes de leur efficacité dans l'évaluation et la remédiation chez les personnes avec TSA.

Par ailleurs, nous ne pouvons que regretter la cherté des dispositifs pour une appropriation effective par les différents terrains (par les familles, clubs de loisirs, milieux éducatifs et scolaires, petites entreprises, cliniciens...). Il semblerait que beaucoup d'EV restent trop souvent expérimentaux pour une adoption environnementale réelle. En effet, la précision sur l'apport des technologies numériques dans les travaux auprès de cette population clinique devient une nécessité. La RV et ses dérivés existent maintenant depuis de nombreuses années. On ne devrait plus évoquer seulement leur potentiel mais passer à présent à des applications plus pérennes.

Enfin, il est important de requestionner la nature des dimensions, des comportements et des compétences qu'on évalue, ce qui est exercé à l'aide de ces outils. Il est nécessaire de comprendre que les compétences entrainées le sont dans un contexte sans variables parasites et avec une complexité moindre que celle qui prévaut dans l'environnement réel. Par conséquent, la finalité de ces travaux pourrait être d'identifier les composantes d'une compétence, d'une conduite et voir ce qu'il en est de leur acquisition dans un contexte relativement épuré, contrôlé. Cette démarche semble judicieuse, contrairement à une présentation de la RV comme permettant d'entrainer réellement des compétences et de prétendre à des possibilités de généralisation ou de transfert qui restent hypothétiques. Ou alors, on pourrait penser que les travaux en RA auraient plus de chances de favoriser les effets de transfert attendus, du fait de leur plus grande proximité avec les situations réelles (Bernard-Opitz et al., 2001 ; Berenguer et al., 2020).

4. Conclusion

La RV présente plusieurs avantages qui rencontrent les besoins des personnes avec TSA : la possibilité de séquencer les tâches, la disponibilité immédiate des feed-back, la conception et la réalisation d'environnements épurés, les consignes verbales simples, les interactions sociales peu sollicitantes pour la personne et l'exploration au rythme de la personne sans entrainer de danger ou de risque réel.

En revanche, il semble actuellement difficile d'attendre de la RV un transfert immédiat des habiletés sociales, émotionnelles et communicatives dans les situations de la vie quotidienne (souvent entrainées) tant que les profils développementaux et sensoriels individuels des sujets avec TSA ne sont pas pris en compte systématiquement et tant que la relation avec les environnements réels et les besoins des personnes ne sont pas examinés plus précisément dans leur rapport avec les projets individualisés des personnes suivies. Tous les domaines de la vie quotidienne, scolaire et professionnelle ne sont pas encore pleinement investigués, de nombreuses recherches sont en émergence sur ce point.

Cela dit, on peut tout à fait utiliser ces EV à des fins de recherche, pour explorer comment les sujets avec TSA construisent certaines habiletés spécifiques et progressent dans le dispositif lui-même sans nécessairement en attendre un transfert en vie quotidienne mais pour en apprendre davantage sur les fonctionnements cognitifs des personnes. En effet, la RV requiert de l'individu qu'il reproduise des comportements déjà acquis dans les contextes de vie quotidiennes, or, ces derniers sont beaucoup plus complexes et nécessitent un temps souvent très long pour les cliniciens et les familles pour déceler les caractéristiques du spectre de l'autisme chez les jeunes enfants et adolescents. Compte tenu des opportunités inhérentes à la RV, celle-ci pourrait constituer une aide efficace dans la construction de scénarios permettant d'évaluer le profil (cognitif, social, émotionnel, communicatif et sensoriel) de la personne avec TSA et être couplée avec les outils traditionnels d'évaluation. Dans ce contexte, la RV permettrait au clinicien d'évaluer l'individu avec TSA (jeune enfant, adolescent, adulte) dans un contexte optimal, en proposant des situations proches de la vie quotidienne pour évaluer les compétences fonctionnelles, adaptatives mais également une évaluation de processus cognitifs, neuromoteurs, sensoriels, ou communicatifs spécifiques. Après avoir beaucoup évolué techniquement, la RV semble à présent être en passe de fournir une aide précieuse pour le diagnostic et l'évaluation des personnes avec TSA. Ces nouvelles fonctions que peut revêtir la RV sont importantes pour que les familles, les praticiens et les chercheurs aient une connaissance probante à propos des ressources, des besoins des personnes avec TSA pour pouvoir, in fine, mieux les accompagner dans leur projet d'inclusion sociale.

Références

Adjorlu, A., Høeg, E. R., Mangano, L., & Serafin, S. (2017, 9–13 octobre). Daily living skills training in virtual reality to help children with autism spectrum disorder in a real shopping scenario. Dans *2017 IEEE 16th International Symposium on Mixed and Augmented Reality (ISMAR-Adjunct)* (pp. 294–302). IEEE. https://doi.org/10.1109/ISMAR-Adjunct.2017.93

American Psychiatric Association. (2015). *DSM-5 : manuel diagnostique et statistique des troubles mentaux* (traduit par M.-A. Crocq et J.-D. Guelfi; 5e éd.). Elsevier Masson.

Ancona, L. (2018). TSA, communication et langage. Dans B. Bouchoucha (Ed.), *Autisme et scolarité: Des outils pour comprendre et agir, 1,* 20–23. Canopé éditions.

ANSES – Agence nationale de sécurité sanitaire de l'alimentation, de l'environnement et du travail (2021). *Expositions aux technologies de réalité virtuelle et/ou augmentée : Avis de l'Anses, Rapport d'expertise collective* (N° 2017-SA-0076 ; p. 314). Agence nationale de sécurité sanitaire de l'alimentation, de l'environnement et du travail. https://www.anses.fr/fr/system/files/AP2017SA0076Ra.pdf

Attwood, T., Taveau, E., Malterre, C., & Schovanec, J. (2018). *Le syndrome d'Asperger : Guide complet* (4e éd.). De Boeck supérieur.

Awad Elzouki, S.Y., Fabri, M, & Moore, D.J. (2007, 3–7 septembre). Teaching severely autistic children to recognise emotions : Finding a methodology. Dans *Proceedings of HCI, 21st British HCI Group Annual Conference University of Lancaster,* UK 21. https://doi.org/10.14236/ewic/HCI2007.79

Barnett, S. M., & Ceci, S. J. (2002). When and where do we apply what we learn ? : a taxonomy for far transfer. *Psychological Bulletin*, *128*(4), 612–637. https://doi.org/10.1037/0033-2909.128.4.612

Bauminger, N. (2007). Brief report : group social-multimodal intervention for HFASD. *Journal of Autism Developmental Disorders, 37*, 1605–15. https://doi.org/10.1007/s10803-006-0246-3.

Bellani, M., Fornasari, L., Chittaro, L., & Brambilla, P. (2011). Virtual reality in autism : state of the art. *Epidemiology and Psychiatric Sciences, 20*(3), 235–238. https://doi.org/10.1017/s2045796011000448

Berenguer, C., Baixauli, I., Gómez, S., Andrés, M. de E. P., & De Stasio, S. (2020). Exploring the impact of augmented reality in children and adolescents with autism spectrum disorder : a systematic review. *International Journal of Environmental Research and Public Health, 17*(17). https://doi.org/10.3390/ijerph17176143

Bernardini, S., Porayska-Pomsta, K., & Smith, T. J. (2014). ECHOES : An intelligent serious game for fostering social communication in children with autism. *Information Sciences, 264*, 41–60. https://doi.org/10.1016/j.ins.2013.10.027

Bernard-Opitz, V., Sriram, N., & Nakhoda-Sapuan, S. (2001). Enhancing social problem solving in children with autism and normal children through computer-assisted instruction. *Journal of Autism and Developmental Disorders, 31*, 377–384. https://doi.org/10.1023/A:1010660502130

Berthoz, A., Vercher, J.-L., Fuchs, P., & Moreau, G. (2003). *Le traité de la réalité virtuelle volume 1 – L'Homme et l'environnement virtuel.* Paris : Mines.

Bioulac, S., de Sevin, E., Sagaspe, P., Claret, A., Philip, P., Micoulaud-Franchi, J. A., & Bouvard, M. P. (2018). Qu'apportent les outils de réalité virtuelle en psychiatrie de l'enfant et l'adolescent ? *L'Encéphale, 44*(3), 280–285. https://doi.org/10.1016/j.encep.2017.06.005

Bon, L., Lesur, A., Hamel-Desbruères, A., Gaignard, D., Abadie, P., Moussaoui, E., Guillery-Girard, B., Guénolé, F., & Baleyte, J.-M. (2016). Cognition sociale et autisme : Bénéfices de l'entraînement aux habiletés sociales chez des adolescents présentant un trouble du spectre de l'autisme. *Revue de neuropsychologie, 8*(1), 38–48. https://doi.org/10.1684/nrp.2016.0371

Bosson, M. (2008). *Acquisition et transfert de stratégies au sein d'une intervention métacognitive pour des élèves présentant des difficultés d'apprentissage* [Thèse de doctorat, Université de Genève]. https://doi.org/10.13097/archive-ouverte/unige:80

Brown, D. J., Shopland, N., & Lewis, J. (2002). Flexible and virtual travel training environments. Dans *Proceeding of 4th International Conference on Disability, Virtual Reality and Associated Technologies*, 181–188.

https://www.semanticscholar.org/paper/Flexible-and-virtual-travel-training-environments-Brown-Shopland/4e6a811a87e06adfbccc6558ba02eecf47d0a615

Bürki, C. N., Ludwig, C., Chicherio, C., & de Ribaupierre, A. (2014). Individual differences in cognitive plasticity : An investigation of training curves in younger and older adults. *Psychological Research*, *78*, 821–835. https://doi.org/10.1007/s00426-014-0559-3

Case, R., & Okamoto, Y. (1996). The role of central conceptual structures in the development of children's thought. *Monographs of the Society for Research in Child Development*, *61*(1–2), 1–295.

Charitos, D., Karadanos, G., Sereti, E., Triantafillou, S., Koukouvinou, S., & Martakos, D. (2000). Employing virtual reality for aiding the organisation of autistic children behaviour in everyday tasks. *Computer science, Proceedings of ICDVRAT.* https://www.researchgate.net/publication/228541923_Employing_virtual_reality_for_aiding_the_organisation_of_autistic_children_behaviour_in_everyday_tasks

Clerc, J., Leclercq, M., Paik, J., & Miller, P. H. (2021). Cognitive flexibility and strategy training allow young children to overcome transfer-Utilization Deficiencies. *Cognitive Development*, *57*. https://doi.org/10.1016/j.cogdev.2020.100997

Clerc, J., & Leconte-Lambert, C. (2005). L'école maternelle a-t-elle vocation à enseigner le transfert de stratégies cognitives ? *Spirale – Revue de recherches en éducation*, *36*, 27–35. https://doi.org/10.3406/spira.2005.1322

Clerc, J., Rémy, L., & Leclercq, M. (2017). Quand le transfert d'une stratégie cognitive devient efficace : une étude longitudinale entre 4 et 5 ans. *Enfance*, *2*(2), 217–237. https://doi.org/10.3917/enf1.172.0217

Cohen, D., Grossard, C., Grynszpan, O., Anzalone, S., Boucenna, S., Xavier, J., Chetouani, M., & Chaby, L. (2017). Autisme, jeux sérieux et robotique : réalité tangible ou abus de langage ? *Annales Médico-psychologiques, revue psychiatrique*, *175*(5), 438–445. https://doi.org/10.1016/j.amp.2017.03.013

Courbois, Y., Mengue-Topio, H., & Sockeel, P. (2013). Navigation spatiale et autonomie dans les déplacements : apports des environnements virtuels. Dans R. Broca, *La déficience intellectuelle face aux progrès des neurosciences : Repenser les pratiques de soin* (pp. 214–223). Chronique Sociale.

Courchesne, V., Nader, A.-M., & Mottron, L. (2020). L'autisme. Dans S. Majerus, I. Jambaqué, L. Mottron, M. Van Der Linden & M. Poncelet (Eds.), *Traité de neuropsychologie de l'enfant* (2e éd., p. 260–283). Deboeck supérieur.

Courgeon, M., Rautureau, G., Martin, J.-C., & Grynszpan, O. (2014). Joint Attention Simulation Using Eye-Tracking and Virtual Humans. IEEE

Transactions on Affective Computing 5(3): 238–250. DOI: 10.1109/TAFFC.2014.2335740.

C.R.T.V. (2004). Le comité de rédaction du traité de la réalité virtuelle. Dossier de présentation du TRV3. En ligne.

Dawson, G., Toth, K., Abbott, R., Osterling, J., Munson, J., Estes, A., & Liaw, J. (2004). Early social attention impairments in autism : social orienting, joint attention, and attention to distress. *Developmental Psychology*, *40*(2), 271–283. https://doi.org/10.1037/0012-1649.40.2.271

Delacato, C. (1974). *The ultimate stranger : the autistic child.* Doubleday.

Degenne-Richard, C. (2014). *Evaluation de la symptomatologie sensorielle des personnes adultes avec autisme et incidence des particularités sensorielles sur l'émergence des troubles du comportement* [Tèse de doctorat, Université René Descartes – Paris V]. TEL (thèses-en-ligne). https://tel.archives-ouvertes.fr/tel-01037912

Denis, M. (2016). Espaces virtuels. Dans *Petit traité de l'espace : un parcours pluridisciplinaire* (pp. 251–266). https://www.cairn.info/petit-traite-de-l-espace--9782804703226-p-251.htm

Didehbani, N., Allen, T., Kandalaft, M., Krawczyk, D., & Chapman, S. (2016). Virtual reality social cognition training for children with high functioning autism. *Computers in Human Behavior*, *62*, 703–711. https://doi.org/10.1016/j.chb.2016.04.033

Dixon, D. R., Miyake, C. J., Nohelty, K., Novack, M. N., & Granpeesheh, D. (2020). Evaluation of an immersive virtual reality safety training used to teach pedestrian skills to children with autism spectrum disorder. *Behavior Analysis in Practice*, *13*, 631–640. https://doi.org/10.1007/s40617-019-00401-1

Dunn, W. (2015). *Profil sensorial 2.* Pearson.

Ehrlich, J. A., & Miller, J. R. (2009). A virtual environment for teaching social skills : AViSSS. *IEEE Computer Graphics and Applications*, *29*(4), 10–16. https://doi.org/10.1109/MCG.2009.57

Fabri, M., Awad Elzouki, S. Y., & Moore, D. (2007). Emotionally expressive avatars for chatting, learning and therapeutic intervention. Dans J. A. Jacko (Ed.), *Human-Computer Interaction. HCI Intelligent Multimodal Interaction Environments* (pp. 275–285). Springer. https://doi.org/10.1007/978-3-540-73110-8_29

Fage, C., Consel, C., Etchegoyhen, K., Amestoy, A., Bouvard, M., Mazon, C., & Sauzéon, H. (2019). An emotion regulation app for school inclusion of children with ASD : Design principles and evaluation. *Computers & Education*, *131*, 1–21. https://doi.org/10.1016/j.compedu.2018.12.003

Fornasari, L., Chittaro, L., Ieronutti, L., Cottini, L., Dassi, S., Cremaschi, S., Molteni, M., Fabbro, F., & Brambilla, P. (2013). Navigation and exploration of an urban virtual environment by children with autism spectrum disorder compared to children with typical development. *Research in Autism Spectrum Disorders*, 7(8), 956–965. https://doi.org/10.1016/j.rasd.2013.04.007

Frenay, M., & Bédard, D. (2011). Chapitre 8. Le transfert des apprentissages. Dans *Apprendre et faire apprendre* (pp. 125–137). Presses Universitaires de France. https://doi.org/10.3917/puf.brgeo.2011.01.0125

Fuchs, P. (2006). *Le traité de la réalité virtuelle. Volume 1 : L'homme et l'environnement virtuel.* Presses des MINES.

Gal, E., Bauminger, N., Goren-Bar, D., Pianesi, F., Stock, O., Zancanaro, M., & Weiss, P. L. (T) (2009). Enhancing social communication of children with high-functioning autism through a co-located interface. *AI & SOCIETY, 24*(1), 75–84. https://doi.org/10.1007/s00146-009-0199-0

Gick, M. L., Holyoak, K. J. (1987). The cognitive basis on knowledge transfer. Dans S. M. Cormier & J. D. Hagman (Eds.), *Transfer oflearning. Contemporary research and applications* (pp. 9–46). AcademicPress.

Golan, O., Ashwin, E., Granader, Y., McClintock, S., Day, K., Leggett, V., & Baron-Cohen, S. (2010). Enhancing emotion recognition in children with autism spectrum conditions : an intervention using animated vehicles with real emotional faces. *Journal of Autism and Developmental Disorders*, *40*, 269–279. https://doi.org/10.1007/s10803-009-0862-9

Gouzien-Desbiens, A. (2000). *De la construction à la généralisation d'un schème relationnel numérique : rôles d'aspects fonctionnels et structuraux chez des enfants de sept et huit ans.* [Thèse de doctorat, Université de Provence, Aix-Marseille]. Presses Universitaires du Septentrion. https://www.theses.fr/1998AIX10056

Gouzien-Desbiens, A. (2018). L'enfant autiste, le robot et l'ordinateur : intérêts et limites comme remédiation, soutien à l'apprentissage et à l'accessibilité. *ANAE – Approche Neuropsychologique des Apprentissages chez l'Enfant*, *157*, 764–771. http://hdl.handle.net/20.500.12210/74701

Gouzien-Desbiens, A., & Leroy-Depiere, C. (2021). Enquête sur la scolarisation des élèves avec TSA de la maternelle au collège : Identifier des points de vulnérabilité récurrents pour mieux accompagner leur scolarité. *La nouvelle revue – Education et société inclusives*, *89–90* (2), 89–109.

Grossard, C., & Grynszpan, O. (2015). Entrainement des compétences assistées par les technologies numériques dans l'autisme : une revue. *Enfance*, *1*(1), 67–85. https://doi.org/10.3917/enf1.151.0067

Grynszpan, O., Nadel, J., Martin, J.-C., Simonin, J., Bailleul, P., Wang, Y., Gepner, D., Le Barillier, F., & Constant, J. (2012). Self-monitoring of gaze in high functioning autism. *Journal of Autism and Developmental Disorders*, *42*, 1642–1650. https://doi.org/10.1007/s10803-011-1404-9

Guitton, P., & Roussel, N. (2022). *Le métavers, quels métavers ?*. Hal. https://hal.inria.fr/hal-03599140

Gulsrud, A. C., Jahromi, L. B., & Kasari, C. (2010). The co-regulation of emotions between mothers and their children with autism. *Journal of Autism and Developmental Disorders, 40*, 227–237. https://doi.org/10.1007/s10803-009-0861-x

Holyoak, K. J., & Koh, K. (1987). Surface and structural similarity in analogical transfer. *Memory & Cognition, 15*, 332–340. https://doi.org/10.3758/BF03197035

Ip, H. H. S., Wong, S. W. L., Chan, D. F. Y., Byrne, J., Li, C., Yuan, V. S. N., Lau, K. S. Y., & Wong, J. Y. W. (2018). Enhance emotional and social adaptation skills for children with autism spectrum disorder : a virtual reality enabled approach. *Computers & Education, 117*, 1–15. https://doi.org/10.1016/j.compedu.2017.09.010

Josman, N., Reisberg, A., Weiss, P. L., Garcia-Palacios, A., & Hoffman, H. G. (2008). BusWorld : an analog pilot test of a virtual environment designed to treat posttraumatic stress disorder originating from a terrorist suicide bomb attack. *Cyberpsychology & Behavior: The Impact of the Internet, Multimedia and Virtual Reality on Behavior and Society, 11*(6), 775–777. https://doi.org/10.1089/cpb.2008.0048

Jung, K.-E., Lee, H.-J., Lee, Y.-S., Cheong, S.-S., Choi, M.-Y., Suh, D.-S., Suh, D., Oah, S., Lee, S., & Lee, J.-H. (2006). The application of a sensory integration treatment based on virtual reality-tangible interaction for children with autistic spectrum disorder. *PsychNology Journal, 4*(2), 145–159.

Karami, B., Koushki, R., Arabgol, F., Rahmani, M., & Vahabie, A.-H. (2021). Effectiveness of virtual/augmented reality–based therapeutic interventions on individuals with autism spectrum disorder : a comprehensive meta-analysis. *Frontiers in Psychiatry, 12*. https://www.frontiersin.org/article/10.3389/fpsyt.2021.665326

Ke, F., Moon, J., & Sokolikj, Z. (2022). Virtual reality–based social skills training for children with autism spectrum disorder. *Journal of Special Education Technology, 37*(1), 49–62. https://doi.org/10.1177/0162643420945603

Klahr, D., & Chen, Z. (2011). Finding one's place in transfer space. *Child Development Perspectives, 5*(3), 196–204. https://doi.org/10.1111/j.1750-8606.2011.00171.x

Klin, A., Jones, W., Schultz, R., Volkmar, F., & Cohen, D. (2002). Visual fixation patterns during viewing of naturalistic social situations as predictors of social competence in individuals with autism. *Archives of General Psychiatry, 59*(9), 809–816. https://doi.org/10.1001/archpsyc.59.9.809

Knight, V., McKissick, B. R., & Saunders, A. (2013). A review of technology-based interventions to teach academic skills to students with autism spectrum disorder. *Journal of Autism and Developmental Disorders, 43*, 2628–2648. https://doi.org/10.1007/s10803-013-1814-y

Labruyère, N..(2018). TSA : modèles neuropsychologiques. In B. Bouchouba (Ed.). *Autisme et scolarité, des outils pour comprendre et agir volume 2*, (pp.16–19). Futuroscope : Canopé.

Lamash, L., Klinger, E., & Josman, N. (2017). Using a virtual supermarket to promote independent functioning among adolescents with autism spectrum disorder. Dans *2017 International Conference on Virtual Rehabilitation (ICVR)* (pp. 1–7). IEEE. https://doi.org/10.1109/ICVR.2017.8007467

Leclercq, M. (2021). *Autorégulation des apprentissages chez le jeune enfant : influence de la Flexibilité et de la Métacognition sur les buts et stratégies* [Thèse de doctorat, Université de Lille]. http://www.theses.fr/2021LILUH028

Lorenzo, G., Lledó, A., Pomares, J., & Roig, R. (2016*)*. Design and application of an immersive virtual reality system to enhance emotional skills for children with autism spectrum disorders. *Computers & Education., 98*, 192–205. https://doi.org/10.1016/j.compedu.2016.03.018

Luxembourger, C., Mengue-Topio, H., & Clerc, J. (2014). Training for transfer in children and adolescents with intellectual disabilities. Dans R. Chen (Ed.), *Cognitive Development : Theories, Stages and Processes, and Challenges* (pp. 229–254). Nova Science Publishers. https://hal.univ-lille.fr/hal-03602371

Masi, A., DeMayo, M. M., Glozier, N., & Guastella, A. J. (2017). An overview of autism spectrum disorder, heterogeneity and treatment options. *Neuroscience Bulletin*, *33*, 183–193. https://doi.org/10.1007/s12264-017-0100-y

McMahon, D. D., Cihak, D. F., & Wright, R. (2015). Augmented reality as a navigation tool to employment opportunities for postsecondary education students with intellectual disabilities and autism. *Journal of Research on Technology in Education, 47*(3), 157–172. https://doi.org/10.1080/15391523.2015.1047698

Mesa-Gresa, P., Gil-Gómez, H., Lozano-Quilis, J.-A., & Gil-Gómez, J.-A. (2018). Effectiveness of virtual reality for children and adolescents with autism spectrum disorder : an evidence-based systematic review. *Sensors (Basel, Switzerland)*, *18*(8). https://doi.org/10.3390/s18082486

Mikropoulos, T. A., & Natsis, A. (2011). Educational virtual environments : a ten-year review of empirical research (1999–2009). *Computers & Education*, *56*(3), 769–780. https://doi.org/10.1016/j.compedu.2010.10.020

Mitchell, P., Parsons, S., & Leonard, A. (2007). Using virtual environments for teaching social understanding to 6 adolescents with autistic spectrum disorders. *Journal of Autism and Developmental Disorders*, *37*, 589–600. https://doi.org/10.1007/s10803-006-0189-8

Moore, D., McGrath, P., & Thorpe, J. (2000). Computer-aided learning for people with autism – a framework for research and development. *Innovations in Education and Training International*, *37*(3), 218–228. https://doi.org/10.1080/13558000050138452

Parlebas, P., & Dugas, E. (2005). Le transfert d'apprentissage dans les activités physiques et sportives. *Carrefours de l'éducation*, *20*(2), 27–43. https://doi.org/10.3917/cdle.020.0027

Parsons, S. (2015). Learning to work together : designing a multi-user virtual reality game for social collaboration and perspective-taking for children with autism. *International Journal of Child-Computer Interaction*, *6*, 28–38. https://doi.org/10.1016/j.ijcci.2015.12.002

Péladeau, N., Forget, J., & Gagné, F. (2005). Le rôle du transfert des apprentissages dans l'acquisition des habiletés simples et complexes. *Revue des Sciences de l'Education*, *31*, 187–209. https://doi.org/10.7202/012364ar

Péquignot, J., Roussel, F.-G. (2015). Les Métavers. Dispositifs, usages et représentations Paris : L'Harmattan.

Petitpierre, G., & Squillaci, M. (2020). Pédagogie et polyhandicap : quels enjeux et conditions pour l'apprentissage de la personne polyhandicapée ? *Nouvelle Revue Education et Société Inclusives*, *88*(1), 51–64.

Perkins, D. N., & Salomon, G. (1988). Teaching for transfer. *Educational Leadership*, *46*(1), 22–32.

Poucet, B. (1993). Spatial cognitive maps in animals: New hypotheses on their structure and neural mechanisms. *Psychological Review*, *100*(2), 163–182. https://doi.org/10.1037/0033-295X.100.2.163

Quintero, J., Baldiris, S., Rubira, R., Cerón, J., & Velez, G. (2019). Augmented reality in educational inclusion : a systematic review on the last decade. *Frontiers in Psychology*, *10*. https://doi.org/10.3389/fpsyg.2019.01835

Rieffe, C., Oosterveld, P., Terwogt, M. M., Mootz, S., van Leeuwen, E., & Stockmann, L. (2011). Emotion regulation and internalizing symptoms in children with autism spectrum disorders. *Autism*, *15*(6), 655–670. https://doi.org/10.1177/1362361310366571

Rodgers, J., Glod, M., Connolly, B., & McConachie, H. (2012). The relationship between anxiety and repetitive behaviours in autism spectrum disorder. *Journal of Autism and Developmental Disorders*, *42*, 2404–2409. https://doi.org/10.1007/s10803-012-1531-y

Rose, F. D., Brooks, B. M., & Attree, E. A. (2002). An exploratory investigation into the usability and usefulness of training people with learning disabilities in a virtual environment. *Disability and Rehabilitation*, *24*(11–12), 627–633. https://doi.org/10.1080/09638280110111405

Saiano, M., Pellegrino, L., Casadio, M., Summa, S., Garbarino, E., Rossi, V., Dall'Agata, D., & Sanguineti, V. (2015). Natural interfaces and virtual environments for the acquisition of street crossing and path following skills in adults with autism spectrum disorders : a feasibility study. *Journal of NeuroEngineering and Rehabilitation, 12.* https://doi.org/10.1186/s12984-015-0010-z

Samson, A. C., Huber, O., & Gross, J. J. (2012). Emotion regulation in Asperger's syndrome and high-functioning autism. *Emotion*, *12*(4), 659–665. https://doi.org/10.1037/a0027975

Samson, A. C., Wells, W. M., Phillips, J. M., Hardan, A. Y., & Gross, J. J. (2015). Emotion regulation in autism spectrum disorder : evidence from parent interviews and children's daily diaries. *Journal of Child Psychology and Psychiatry*, *56*(8), 903–913. https://doi.org/10.1111/jcpp.12370

Samson, G. (2014). *Le transfert des apprentissages, tout le monde en parle, mais.... Le tableau, 3* (4). https://pedagogie.uquebec.ca/le-tableau/le-transfert-des-apprentissages-tout-le-monde-en-parle-mais

Serret, S., Hun, S., Iakimova, G., Lozada, J., Anastassova, M., Santos, A., Vesperini, S, & Askenazy, F. (2014). Facing the challenge of teaching emotions to individuals with low- and high-functioning autism using a new Serious Game: a pilot study. *Molecular Autism*, *5*, 37. doi.org/10.1186/2040-2392-5-37. https://molecularautism.biomedcentral.com/articles/10.1186/2040-2392-5-37

Sigman, M., & Ruskin, E. (1999). Continuity and change in the social competence of children with autism, Down syndrome, and developmental delays. *Monographs of the Society for Research in Child Development*, *64*(1), v–114. https://doi.org/10.1111/1540-5834.00001

Simões, M., Bernardes, M., Barros, F., & Castelo-Branco, M. (2018). Virtual travel training for autism spectrum disorder: proof-of-concept interventional study. *JMIR Serious Games*, *6*(1). https://doi.org/10.2196/games.8428

Slater, M., Lotto, B.-R., Arnold, M.-A., & Sanchez-Vives, M.-V. (2009). How we experience immersive virtual environments: The concept of presence and its measurement. *Anuario de Psicología, 40 (2),* 193–210.

Smith, M. J., Fleming, M. F., Wright, M. A., Jordan, N., Humm, L. B., Olsen, D., & Bell, M. D. (2015). Job offers to individuals with severe mental illness after participation in virtual reality job interview training. *Psychiatric Services*, *66*(11), 1173–1179. https://doi.org/10.1176/appi.ps.201400504

Smith, M. J., Fleming, M. F., Wright, M. A., Losh, M., Humm, L. B., Olsen, D., & Bell, M. D. (2015). Brief report : vocational outcomes for young adults with autism spectrum disorders at six months after virtual reality job interview training. *Journal of Autism and Developmental Disorders, 45*, 3364–3369. https://doi.org/10.1007/s10803-015-2470-1

Smith, M. J., Pinto, R. M., Dawalt, L., Smith, J. D., Sherwood, K., Miles, R., Taylor, J., Hume, K., Dawkins, T., Baker-Ericzén, M., Frazier, T., Humm, L., & Steacy, C. (2020). Using community-engaged methods to adapt virtual reality job-interview training for transition-age youth on the autism spectrum. *Research in Autism Spectrum Disorders, 71.* https://doi.org/10.1016/j.rasd.2019.101498

Smith, M. J., Smith, J. D., Fleming, M. F., Jordan, N., Brown, C. H., Humm, L., Olsen, D., & Bell, M. D. (2017). Mechanism of action for obtaining job offers with virtual reality job interview training. *Psychiatric Services, 68*(7), 747–750. https://doi.org/10.1176/appi.ps.201600217

Schopler, E., & Mesibov, G. (1988). *Diagnosis and assessment in autism.* Springer. https://doi.org/10.1007/978-1-4899-0792-9

Strickland, D., Marcus, L. M., Mesibov, G. B., & Hogan, K. (1996). Brief report : two case studies using virtual reality as a learning tool for autistic children. *Journal of Autism and Developmental Disorders, 26*, 651–659. Scopus. https://doi.org/10.1007/BF02172354

Swettenham, J., Baron-Cohen, S., Charman, T., Cox, A., Baird, G., Drew, A., Rees, L., & Wheelwrigt, S. (1998). The frequency and distribution of spontaneous attention shifts between social and non-social stimuli in autistic, typically developing, and non-autistic developmentally delayed infants. *Journal of Child Psychology and Psychiatry, 39(5)*, 747–753.

Tardif, J. (1992). *Pour un enseignement stratégique : l'apport de la psychologie cognitive.* Montréal : Éditions Logiques.

Tardif, C., & Gepner, B. (2014). *Logiral, application pour Android.* Paris : Auticiel.

Thouvenin, I., & Lelong, R. (2020). *La réalité virtuelle démystifiée : principe, interfaces, applications, perspectives.* Editions Eyrolles.

Thomsen, L. A., & Adjorlu, A. (2021). A Collaborative Virtual Reality Supermarket Training Application to Teach Shopping Skills to Young Individuals with Autism Spectrum Disorder. *2021 IEEE Conference on Virtual Reality and 3D User Interfaces Abstracts and Workshops (VRW)*, 50–55. https://doi.org/10.1109/VRW52623.2021.00015

Van Laarhoven, T., Carreon, A., Bonneau, W., & Lagerhausen, A. (2018). Comparing mobile technologies for teaching vocational skills to individuals with autism spectrum disorders and/or intellectual disabilities using universally-designed prompting systems. *Journal of Autism and Developmental Disorders, 48*, 2516–2529. https://doi.org/10.1007/s10803-018-3512-2

Vandromme, L. (2018). Introduction: Regards et perspectives sur les nouvelles technologies et l'autisme. *Enfance*, *1*(1), 5–12. https://doi.org/10.3917/enf2.181.0005

Vianin, P. (2009). Chapitre 5. Le transfert et la généralisation des apprentissages. Dans P. Vianin (Ed.), *L'aide stratégique aux élèves en difficulté scolaire : Comment donner à l'élève les clés de sa réussite ?* (pp. 175–190). De Boeck Supérieur. https://www.cairn.info/l-aide-strategique-aux-eleves-en-difficulte-9782804106676-p-175.htm

Whyte, E. M., Smyth, J. M., & Scherf, K. S. (2015). Designing serious game interventions for individuals with autism. *Journal of Autism and Developmental Disorders*, *45*, 3820–3831. https://doi.org/10.1007/s10803-014-2333-1

Wood, C. L., Warnell, F., Johnson, M., Hames, A., Pearce, M. S., McConachie, H., & Parr, J. R. (2014). Evidence for ASD recurrence rates and reproductive stoppage from large UK ASD research family databases. *Autism Research: Official Journal of the International Society for Autism Research*, *8*(1), 73–81. https://doi.org/10.1002/aur.1414

Yang, Y., Li, W., Huang, D., He, W., Zhang, Y., & Merrill, E. (2021). An evaluation of wayfinding abilities in adolescent and young adult males with autism spectrum disorder. *Research in Autism Spectrum Disorders*, *80*. https://doi.org/10.1016/j.rasd.2020.101697

Zhang, M., Ding, H., Naumceska, M., & Zhang, Y. (2022). Virtual reality technology as an educational and intervention tool for children with autism spectrum disorder : current perspectives and future directions. *Behavioral Sciences*, *12*(5), 138. https://doi.org/10.3390/bs12050138

Zhao, J.-Q., Zhang, X.-X., Wang, C.-H., & Yang, J. (2021). Effect of cognitive training based on virtual reality on the children with autism spectrum disorder. *Current Research in Behavioral Sciences*, *2*. https://doi.org/10.1016/j.crbeha.2020.100013

Chapitre 5

La simulation comme outil d'évaluation dans les professions médicales : enjeux, limites et réalités

Ilian CRUZ-PANESSO, Ahmed MOUSSA[1]

1. Introduction

La médecine a radicalement évolué au cours des 50 dernières années. Les changements sociétaux, les découvertes scientifiques et le développement de nouvelles technologies ont contribué à l'amélioration de la qualité des soins, ce qui a également influencé l'évolution du rôle du médecin, de la pratique clinique et de la formation médicale (Guze, 2015). Contrairement à l'enseignement médical du milieu du siècle dernier, dans lequel les étudiants consacraient une bonne partie de leurs études à la maitrise des sciences fondamentales, avec peu d'expositions à la pratique clinique ou une intégration tardive de celle-ci dans leur parcours, les facultés de médecine d'aujourd'hui promeuvent des opportunités d'immersion clinique précoce dès la première année (Rose, 2020). Les étudiants sont en conséquence immergés très tôt dans le milieu hospitalier et ambulatoire, en contact direct avec les patients et les réalités de leur futur métier, ce qui leur donne des opportunités d'intégrer et de consolider les connaissances théoriques en les alliant à la pratique (Weller, 2004). Ce virage de l'enseignement médical s'appuie sur les principes de l'approche par compétences, adoptée depuis le début du 21e siècle par les organismes qui assurent la certification des médecins au Canada (Collège des médecins de famille du Canada) (Oandasan, 2011).

Le paradigme de l'approche par compétences élargit celles requises pour devenir médecin et remet en question l'idée qu'elles peuvent toutes être acquises dans un laps de temps fixe (Ten Cate, 2017). Ce n'est ni le temps ni le savoir qui définissent la compétence médicale, c'est au contraire la démonstration du savoir-faire de l'ensemble des compétences requises pour la sécurité des soins aux patients qui garantit leur

[1] Université de Montréal (Québec, Canada).

acquisition (Stodel et al., 2015). Ce changement de paradigme a encouragé des approches novatrices d'enseignement et d'évaluation comme la simulation. Cette dernière est une méthodologie d'éducation particulièrement adaptée pour aborder la formation et l'évaluation des compétences cognitives, techniques et comportementales (Arafeh, 2011). A l'instar d'autres domaines professionnels à haut risque comme l'aviation, la médecine a adopté la simulation médicale comme méthode complémentaire pour former et évaluer les compétences cliniques. Cette méthode est considérée comme l'une des innovations curriculaires les plus importantes des vingt dernières années (Passiment et al., 2011).

Au-delà de sa fonction d'outil d'enseignement, la simulation offre aussi une fonction d'évaluation formative grâce au débriefing intégré dans la séance. Les discussions qui y ont lieu informent l'enseignant du niveau d'acquisition des compétences visées et proposent une rétroaction aux apprenants afin de réfléchir sur leurs apprentissages et ajuster leurs objectifs futurs (Fontaine & Loye, 2017). L'évaluation par simulation offre une opportunité unique de reproduire les tâches ainsi que les cas les plus représentatifs et les plus complexes de l'environnement clinique, et ce, avec un haut degré de réalisme et de standardisation (Hall et al., 2020). Pour cette raison, la communauté en éducation a développé l'intérêt d'utiliser la simulation à des fins d'évaluations sommatives, soit l'évaluation de l'apprentissage afin de prendre des décisions administratives de réussite des apprenants. Toutefois, cette démarche crée des tensions au sein de la communauté de la simulation (Fontaine & Loye, 2017). En effet, la simulation au service de l'évaluation sommative peut apparaitre comme une menace au principe d'apprentissage, puisque c'est au service de l'apprentissage qu'elle a été initialement introduite dans l'enseignement médical. « La simulation est un espace sécuritaire », avec des apprenants craignant une évaluation négative (Hall et al., 2020). Néanmoins, l'examen clinique objectif structuré (ECOS) est une des méthodes de simulation la plus couramment utilisée pour réaliser des évaluations à enjeux élevés (Schuwirth & Van der Vleuten, 2003). L'ECOS combine souvent plusieurs modalités de simulation et consiste en un circuit de stations dans lequel les participants se voient présenter individuellement des cas cliniques qu'ils doivent résoudre dans un laps de temps prédéterminé (entre 5 et 30 minutes) tout en démontrant leurs habiletés techniques et relationnelles.

Dans le présent chapitre, nous présenterons tout d'abord les aspects théoriques et pratiques de la simulation. Après avoir défini la simulation et les théories pédagogiques qui soutiennent cette stratégie d'enseignement et d'évaluation, nous aborderons ensuite les différents volets pour opérationnaliser les séances de simulation. Nous allons de plus brièvement discuter du débriefing comme forme d'évaluation formative pour poursuivre sur les ECOS, une forme d'évaluation sommative. Nous décrirons enfin la nature des ECOS, les étapes d'opérationnalisation ainsi que les outils spécifiques d'évaluation intégrés au sein des ECOS pour terminer par une présentation d'un exemple d'ECOS en médecine.

2. La simulation médicale en pratique

Bien que la majeure partie de l'éducation médicale du 20e siècle ait été construite sur les principes de l'adage «*see one, do one, teach one*», l'éducation médicale du 21e siècle est plutôt définie par l'adage «*see one, simulate many, demonstrate competency, do one once qualified*» (Murphy et al., 2007). «La simulation est une technique qui remplace et amplifie les expériences réelles par des expériences guidées, souvent de nature immersive, qui évoquent ou reproduisent des aspects substantiels du monde réel de manière totalement interactive» (Gaba, 2004, p. i2[2]). La simulation de base peut consister en la pratique d'un geste technique spécifique dans un environnement isolé sur un simulateur de tâche: le mannequin d'une partie du corps humain (par exemple, un bras) ou un mannequin humain complet. Elle peut aussi consister en la pratique d'une activité professionnelle plus intégrée telle que l'entrevue médicale, ou plus complexe, telle que la réanimation d'un patient en état de maladie grave dans un environnement de soins simulé. Dans ces deux derniers cas, le patient consiste alors en un acteur ou un mannequin humain complet; un scénario dicte l'évolution de la situation selon la performance de l'apprenant. Les simulations peuvent être observées directement par un ou plusieurs évaluateurs dans la salle ou via la diffusion d'une vidéo filmée par des caméras placées de manière stratégique dans la salle de simulation. La simulation est donc un environnement idéal pour introduire et exposer les apprenants à des scénarios qui ciblent à la fois des compétences non techniques ou transversales et des compétences techniques. Dès lors, la simulation est le milieu propice pour reproduire des scénarios cliniques complexes avec une grande standardisation permettant à tous les apprenants de bénéficier de l'apprentissage d'événements critiques et/ou rares qui ne peuvent pas être enseignés ou évalués sur de vrais patients (Datta et al., 2012).

2.1 Les scénarios de simulation

Les scénarios de simulation doivent être soigneusement conçus, selon un processus structuré, pour répondre à des objectifs d'apprentissage spécifiques ou pour susciter les compétences cliniques à évaluer.

---

[2] Traduction libre

Ce processus guide la conception des expériences de formation et d'évaluation de manière à se dérouler de manière standardisée pour tous les apprenants (Alinier, 2011 ; Hall et al., 2020). La conception de scénarios est donc considérée comme la pierre angulaire de l'enseignement et de l'évaluation, basée sur la simulation (Boulet et al., 2010). La rigueur suivie pour développer des scénarios de simulation rend compte de la validité du contenu et donc, de la valeur prédictive de la simulation (Traynor et al., 2021).

La conception de scénarios de simulation est une tâche complexe, qui doit être éclairée par des théories de l'apprentissage (Babin et al., 2019; McGaghie & Harris, 2018) et qui implique des investissements significatifs en termes de temps et de ressources. La participation de différents professionnels est nécessaire pour assurer une simulation valide et efficace, d'autant plus si on utilise cette simulation pour des évaluations à enjeux élevés. Par exemple, les équipes de conception de scénarios de simulation peuvent inclure des experts de contenu, des spécialistes de l'éducation, des techniciens en simulation et parfois même des équipes d'effets visuels (moulage), selon le niveau de réalisme ou de fidélité requis pour susciter les compétences visées à enseigner ou à évaluer (Harrington & Simon, 2022).

Bien qu'il existe différentes méthodes pour concevoir des scénarios de simulation, les étapes suivantes sont communes à plusieurs méthodes (Boulet et al., 2010 ; Harrington & Simon, 2022).

2.1.1 Sélectionner le ou les domaines de compétences

La première consiste à sélectionner le ou les domaines de compétences qui conviennent le mieux à la formation ou à l'évaluation par simulation, comme le travail d'équipe, la communication médecin-patient ou les compétences techniques. Malgré qu'une variété de modalités de simulation peut être utilisée pour atteindre un bon niveau de réalisme, certains objectifs de formation et d'évaluation peuvent être difficiles à atteindre en raison des limites de la méthode de simulation. Par exemple, lorsqu'il s'agit d'aborder des compétences techniques de haut niveau telles que celles impliquées dans les compétences d'intubation chez les résidents en anesthésie, il est important de considérer les limites de l'environnement de simulation en termes de réalisme. Dans ce contexte et jusqu'au moment de la rédaction de ce chapitre, les mannequins ne sont pas capables de reproduire les changements corporels (par exemple, des changements de couleur de la peau, la transpiration et la réponse à des stimuli douloureux), qui, dans la vie réelle, sont des indicateurs d'une détérioration pouvant entrainer des changements dans l'intervention médicale.

Selon la compétence spécifique à évaluer, l'éducateur devrait déterminer le niveau de fidélité tout comme le simulateur le mieux adapté à la formation ou l'évaluation et non l'inverse, c'est-à-dire de déterminer la compétence à former ou évaluer en fonction de la disponibilité des ressources de simulation (Hamstra et al., 2014), ce piège pouvant entrainer un problème de validité (Cook et al., 2014). Lors de la définition des compétences d'un programme de simulation, il est important de ne pas oublier que la simulation médicale est un complément à la formation clinique et non un substitut de celle-ci (Watson et al., 2012).

2.1.2 Choix des scénarios

Une fois les compétences définies, il faut ensuite « choisir les scénarios qui offrent les meilleures opportunités pour susciter les connaissances et les compétences que l'on souhaite mesurer » (Boulet et al., 2010, p.1043). Les scénarios de simulation sont conçus sur la base de situations réelles qui sont systématiquement analysées pour déterminer les compétences suscitées par les experts en contexte clinique (Nadolski et al., 2008). Certaines des stratégies pour identifier les cas les plus représentatifs dans une spécialité donnée comprennent l'analyse des bases de données hospitalières et le consensus d'experts pour déterminer les conditions et les procédures les plus répandues (Boulet et al., 2010). Au cours de cette phase, l'équipe de conception de la simulation doit décider de la méthodologie qui correspond le mieux aux objectifs, au niveau de l'apprenant et à la complexité anticipée souhaitée. L'alignement pédagogique entre les objectifs d'apprentissage ou d'évaluation et les outils de simulation est en effet essentiel pour assurer l'efficacité de la simulation (Skoogh et al., 2012).

2.1.3 Le niveau de fidélité

Un aspect clé à considérer est le niveau de fidélité[3] nécessaire pour évaluer les compétences établies. Feinstein et Cannon (2002) définissent la fidélité comme le « degré auquel la simulation reproduit l'événement réel et/ou le lieu de travail » (p. 426), qui, dans ce cas, est l'environnement clinique. Le degré de fidélité de la simulation dépend des éléments recréés dans celle-ci, incluant les aspects physiques, psychologiques et environnementaux du milieu clinique (Lioce, 2020). La fidélité d'un scénario de simulation favorise l'engagement des participants, les amène à oublier le caractère artificiel de la simulation et les aide à performer comme ils le feraient dans une situation réelle (Dieckmann et al., 2007). Un niveau de fidélité adéquat est un moyen d'assurer la validité de la simulation. Dans le contexte de la simulation, le degré auquel les concepteurs de la simulation peuvent garantir que les conclusions tirées de la performance

---

[3] Le concept de fidélité est défini différemment dans le contexte de la mesure en éducation.

d'un apprenant en simulation seraient similaires à celles déduites de la performance atteinte dans un environnement réel contribue à sa validité (Feinstein & Cannon, 2002).

Le niveau de fidélité d'une simulation doit être défini avec prudence en fonction du niveau de l'apprenant et de la nature des compétences visées. Une simulation haute-fidélité qui n'est pas alignée avec le niveau de l'apprenant peut entrainer une trop grande charge cognitive et diminuer l'apprentissage (Carey & Rossler, 2022 ; Norman et al., 2012). Bien qu'il puisse être tentant pour les éducateurs de se concentrer sur les aspects de la technologie de simulation, il est très important que l'accent soit mis sur les besoins en matière d'éducation et d'évaluation plutôt que sur la technologie (Cook et al., 2014).

2.1.4 Modalités de simulation

Il existe différentes modalités de simulation (Carey & Rossler, 2022), qui, selon leur utilisation, peuvent mener à créer différents niveaux de fidélité (faible, moyenne et haute-fidélité).

Tout d'abord, les simulateurs de tâches partielles sont des modèles d'anatomie humaine conçus pour aider les apprenants à maitriser une compétence spécifique comme la mesure de la pression artérielle, le massage cardiaque, l'examen des seins, etc. Ils peuvent être utilisés individuellement ou être combinés ou intégrés à d'autres modalités de simulation. Bien que les simulateurs de tâches partielles offrent des possibilités d'acquérir une fidélité physique au niveau du corps humain, ils sont généralement associés à un faible niveau de fidélité en raison du fait qu'ils sont souvent statiques. Ceci implique que ce type de simulateur est souvent le mieux adapté pour évaluer, de manière isolée, les habiletés techniques telles que l'intubation endotrachéale ou la ponction veineuse (tableau 1).

A l'autre extrémité des modalités de simulation, nous trouvons les simulateurs patients haute-fidélité. Ceux-ci recréent des environnements cliniques en utilisant souvent des mannequins informatisés qui imitent l'anatomie et la physiologie humaines. Ces mannequins, connus sous le nom de « Human Patient Simulator (HPS) », peuvent être programmés pour réagir aux interventions médicales et fournir des informations physiologiques continues telles que la respiration, la fréquence cardiaque, la pression artérielle et la saturation en oxygène (Solnick & Weiss, 2007). Ils peuvent également être programmés ou scénarisés pour réagir d'une certaine manière afin d'atteindre les objectifs d'apprentissage du scénario de simulation (figure 1 et tableau 1).

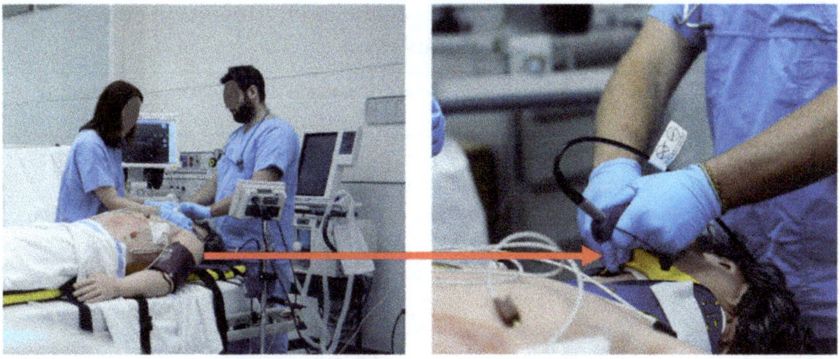

Figure 1 Exemple de simulateur de patient humain intégré dans un scénario d'intubation

Exemple de simulateur de patient humain intégré dans un scénario d'intubation où le travail d'équipe et la gestion d'une situation de crise étaient les objectifs. Le mannequin a permis à l'équipe participante d'effectuer des manœuvres d'intubation afin de répondre à la détérioration de l'état du mannequin affichée sur les moniteurs.

Enfin, il y a les Patients Standardisés (PS), des acteurs formés pour représenter des patients dans les scénarios. Les PS contribuent à atteindre une fidélité psychologique souvent nécessaire pour atteindre les objectifs de communication et d'apprentissage relationnel. Lorsque les PS sont intégrés dans la formule pédagogique, les participants peuvent éprouver des sentiments et des émotions similaires à ceux qu'ils ressentent lorsqu'ils interagissent avec de vrais patients ou dans de vraies situations cliniques (Ignacio et al., 2015). La modalité de PS peut être mise en œuvre de manière isolée ou dans des simulations hybrides (Tuzer et al., 2016). Par exemple, un PS peut jouer le rôle d'un membre de la famille d'un mannequin, adulte ou pédiatrique/néonatal, celui d'un patient en milieu hospitalier ou celui qui reçoit des mauvaises nouvelles.

Tableau 1 Exemples de compétences évaluées en simulation et modalités de simulation

Compétence ciblée	Exemples de scénarios	Exemple de type d'équipement de simulation
Compétences procédurales	Gestion des voies respiratoires, technique de ponction veineuse, administration de médicaments et étapes cognitives de la prise de décision (Boulet & Murray, 2010)	Simulateur de tâche partielle pour simuler la gestion des voies respiratoires 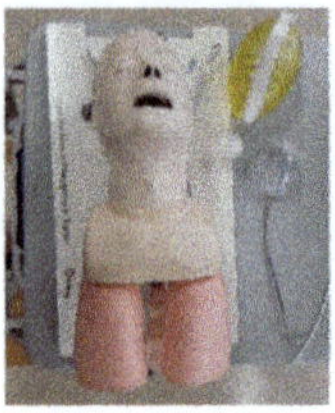 Simulateur de tâche partielle pour simuler la ponction artérielle 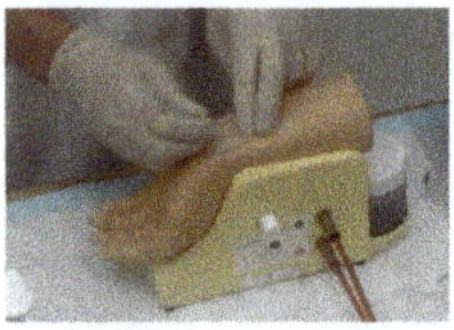
Compétences de communication, raisonnement clinique et de travail d'équipe	Compétences non techniques d'équipes de réanimation dans la gestion d'une crise aigüe.	Simulation d'équipe de soins dans un environnement haute-fidélité avec un simulateur de patient néonatal haute-fidélité 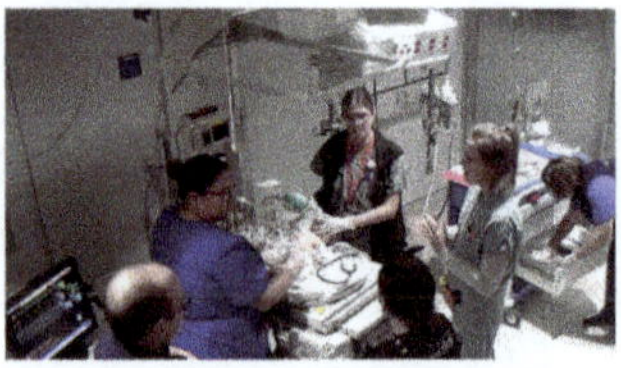

2.2 *Les avantages de l'enseignement et la formation par simulation*

Les avantages de la simulation dans l'éducation médicale ont été largement rapportés dans la littérature, le principal mis en avant étant la sécurité des patients. Plus la simulation permet d'améliorer les compétences des professionnels de la santé, plus il y a de possibilités d'éviter les erreurs cliniques (Kiernan & Olsen, 2020). Contrairement à l'environnement clinique, l'erreur, en simulation, est une source d'apprentissage permettant aux étudiants d'augmenter leur confiance et de développer leurs compétences dans un environnement sécuritaire. De plus, du point de vue de l'apprenant, la simulation offre une opportunité de s'engager dans une pratique délibérée avec des conseils d'experts. Cette méthode s'est aussi avérée idéale comme stratégie pédagogique pour exposer les étudiants aux principes d'interdisciplinarité (Mahmood et al., 2021 ; Martins & Pinho, 2020).

2.3 *Théories d'apprentissage qui éclairent la conception de la formation et l'évaluation basée sur la simulation*

L'enseignement par simulation est basé sur les principes fondamentaux du constructivisme (Aebersold, 2018), qui s'appuient sur l'idée que l'apprentissage est un processus constant dans lequel l'apprenant est un agent actif de son propre apprentissage, capable d'acquérir des compétences complexes par l'expérience et la réflexion. L'apprentissage par l'expérience se produit quand les apprenants s'engagent activement dans un cycle récursif de pratiques dans le but d'acquérir à la fois une certaine expérience et des connaissances conceptuelles (Kolb, 2015).

La théorie de l'apprentissage expérientiel de Kolb (2015), largement appliquée en simulation, propose un processus d'apprentissage en quatre étapes (figure 2). La première, appelée **expérience concrète**, implique l'exposition des apprenants à une expérience sensorielle, mentale ou physique telle que le scénario de simulation (Poore et al., 2014 ; Stocker et al., 2014). La deuxième étape, appelée **expérience réflexive,** engage les apprenants dans l'analyse de l'expérience. En simulation, cette étape équivaut à la séance de débriefing, cette stratégie de rétroaction animée par l'instructeur de simulation, pendant lequel les apprenants sont invités dans un premier temps (phase de réaction) à réfléchir non seulement sur leurs comportements, mais aussi sur les aspects émotionnels et cognitifs qui ont affecté leur performance de manière positive ou négative. Lors du débriefing, les instructeurs de simulation explorent le processus de prise de décision des apprenants, les aspects de communication, l'utilisation des ressources, le leadership et les aspects de travail d'équipe lorsque cela est pertinent. Selon Kolb (2015), la troisième phase de l'apprentissage expérientiel est la **conceptualisation abstraite**. Cette étape fait référence au processus d'assimilation cognitive dans lequel les apprenants transforment la réflexion, réalisée lors de l'expérience réflexive de la phase précédente, en modèles mentaux ou en concepts qui auront des implications lors de nouvelles actions. En simulation, cela fait également partie du processus de débriefing (Poore et al., 2014 ; Stocker et al., 2014), on l'appelle généralement la phase application/résumé du débriefing (Eppich & Cheng, 2015).

Enfin, la quatrième phase du modèle d'apprentissage expérientiel de Kolb (2015) fait référence à **l'expérimentation active**, qui consiste à utiliser ce qui a été appris dans les phases précédentes comme guide pour orienter la pratique future. Bien que la simulation aborde principalement les trois premières étapes, on peut s'attendre à ce que la quatrième soit complétée plus tard par l'apprenant avec la pratique clinique où, lorsque cela est possible (Stocker et al., 2014), dans des simulations auto-orientées proposées sur ordinateur.

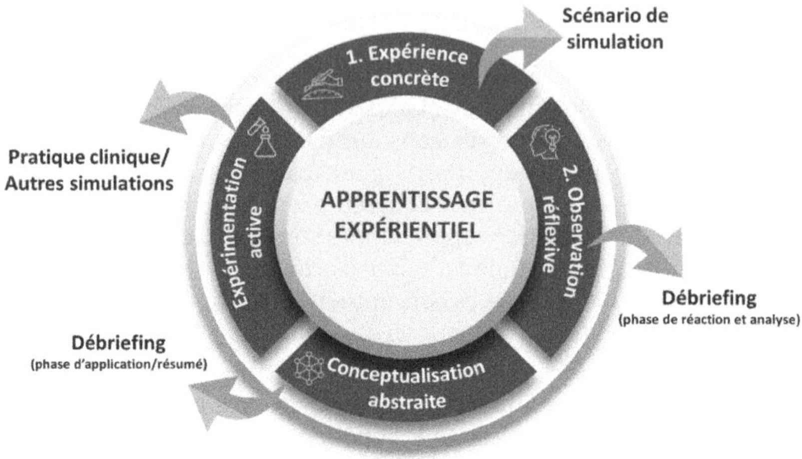

Figure 2 Le cycle d'apprentissage expérientiel de Kolb appliqué à la simulation
Source : (Kolb, 2015)

2.4 La simulation en tant qu'outil d'évaluation – où commençons-nous ?

Bien que l'objectif principal de la simulation médicale était au début l'amélioration de la formation des cliniciens, cette technique a également fait ses preuves dans l'évaluation des performances et des compétences aussi bien des individus que des équipes (Gaba, 2004). Contrairement à d'autres méthodes d'évaluation classiques telles que les examens à choix multiples qui se concentrent principalement sur l'évaluation des connaissances, le « savoir », l'évaluation par simulation évalue la performance des participants, c'est-à-dire le « savoir-faire » (Norcini & McKinley, 2007). Des variétés des compétences observables, techniques et non techniques, peuvent y être évaluées (Hall et al., 2020) telles que la communication, le travail d'équipe, le raisonnement clinique et la prise de décision. L'utilisation de la simulation permet aussi d'uniformiser la situation d'évaluation et d'augmenter l'authenticité de l'évaluation des compétences médicales (Munshi et al., 2015 ; Schuwirth & Van der Vleuten, 2003).

Par exemple, la simulation permet de recréer des rencontres cliniques au cours desquelles les capacités des étudiants à communiquer et/ou à examiner un patient, ou à exécuter une compétence technique spécifique (par exemple, la mesure de la pression artérielle, le massage cardiaque, l'examen des seins, etc.) peuvent être évaluées.

3. Le débriefing, un exemple d'évaluation formative

La simulation en tant qu'outil d'évaluation formative a pour objectif d'offrir aux apprenants des opportunités pratiques d'apprendre et d'améliorer leurs compétences cliniques et techniques (Rudolph et al., 2008). Cependant, afin d'atteindre cet objectif, il est important de concevoir des scénarios de simulation qui présentent des situations légèrement au-delà des capacités des apprenants. (Harrington & Simon, 2022; Mislevy, 2013). Une simulation avec un bon niveau de difficulté est primordiale pour favoriser l'engagement des apprenants et la réflexion sur leurs forces et leurs faiblesses (McKimm & Forrest, 2013). D'un point de vue théorique, la perspective constructiviste sociale de Vygotsky suggérerait qu'une évaluation formative efficace devrait cibler ce qu'on appelle la zone proximale de développement (ZPD) (Ash & Levitt, 2003; Mislevy, 2011) (figure 3). Le terme «proximale» fait référence aux compétences que l'apprenant n'est pas capable de mettre en œuvre de manière autonome, alors que c'est possible avec suffisamment de conseils et d'encouragements par un expert (Vygotsky, 1997).

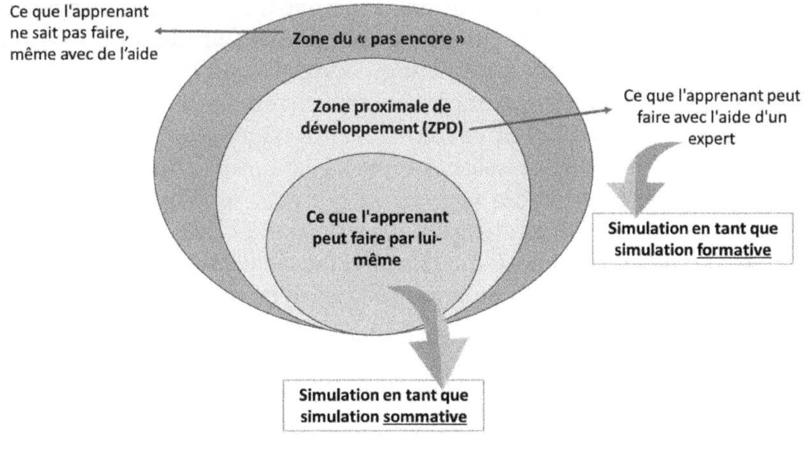

Figure 3 La cible de l'évaluation formative et sommative en simulation du point de vue du socioconstructivisme

Un scénario de simulation bien conçu fournit la base pour engager les apprenants dans le processus réflexif de l'évaluation formative. Le débriefing post-scénario est un forum idéal pour l'évaluation formative car il permet aux instructeurs de simulation de fournir des rétroactions spécifiques aux apprenants sur leur performance (Rudolph et al., 2008). Malgré le fait que le débriefing soit structuré par l'enseignant, il s'agit d'un processus d'évaluation interactif, où les apprenants sont les protagonistes et ont de nombreuses occasions de réfléchir à leurs performances et aux variables cognitives et émotionnelles qui les ont affectées (Rudolph et al., 2008). Le rôle du formateur est de faciliter la réflexion et d'amener les apprenants à passer à travers les deuxième et troisième phases du cycle d'apprentissage expérientielle (Rudolph et al., 2008), à savoir la phase d'observation réflexive et la phase de conceptualisation abstraite (figure 2) décrites dans la section précédente.

En simulation, il existe de multiples techniques et modèles de débriefing; cependant la majorité est structurée à partir de trois phases, incluant la phase de réaction, la phase d'analyse et la phase de synthèse (Carstens, 2020). La **phase de réaction** du débriefing consiste dans un premier moment à faire ressortir les réactions émotionnelles (positives et négatives) des apprenants et les aspects de difficulté de la performance. Dans cette phase, les apprenants peuvent aussi exprimer des sentiments de frustration liés aux aspects techniques ou artificiels de la simulation. L'instructeur de simulation doit aider les apprenants à équilibrer les aspects positifs et négatifs. Certaines questions comme: comment vous sentez-vous ? Comment avez-vous vécu la simulation qui vient de se terminer ? peuvent guider la phase de réaction (Rudolph et al., 2008).

Une fois que les apprenants ont exprimé leurs réactions émotionnelles, l'instructeur doit les amener à une **phase de réflexion ou d'analyse**. Cette phase est principalement guidée par l'enseignant, qui suscite, par des questions, le raisonnement des apprenants soutenant leur performance. Les apprenants sont encouragés à partager leur point de vue et leur compréhension personnels et/ou partagés du scénario de simulation. Le processus de réflexion des apprenants pendant la phase d'analyse peut être abordé en quatre étapes (figure 4) destinées à mieux comprendre les variables cognitives et émotionnelles affectant la performance des apprenants lors du scénario de simulation (Rudolph et al., 2008).

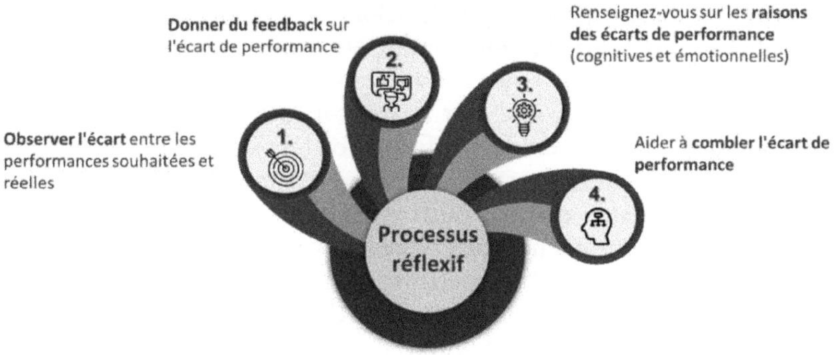

Figure 4 Etapes pour susciter le processus réflexif pendant le débriefing post-scénario Etapes pour susciter le processus réflexif pendant le débriefing post-scénario, le forum idéal pour l'évaluation formative selon Rudolph (2008)

Enfin, la troisième phase du débriefing est la **phase de synthèse/ résumé** dans laquelle les messages clés d'apprentissage sont explicités et partagés soit par les apprenants, soit par l'instructeur. Deux stratégies peuvent être appliquées dans le débriefing à ce moment, soit la stratégie centrée sur l'étudiant dans laquelle les instructeurs invitent les apprenants à partager leurs propres messages à retenir et les aspects de performance qu'ils feraient différemment s'ils devaient refaire la simulation ou se retrouver eux-mêmes dans une situation similaire dans la pratique clinique; soit la stratégie centrée sur l'instructeur dans laquelle ce dernier met concrètement en évidence les principaux points d'apprentissage du scénario de simulation en fonction des objectifs d'apprentissage et des procédures cliniques les mieux adaptées pour des situations cliniques similaires à celles présentées dans les scénarios de simulation.

Bien que les débriefings puissent suivre une certaine structure, il est important de garder à l'esprit qu'en tant qu'outil d'évaluation formatif, celui-ci doit s'adapter aux besoins des apprenants. En ce sens, le débriefing peut sortir parfois de son format traditionnel en fonction de nombreux facteurs, notamment en fonction de la complexité du scénario, de l'expérience des apprenants, du temps alloué à la simulation, du nombre d'instructeurs ou des compétences de débriefing des instructeurs (Abulebda et al., 2021).

3.1 L'examen clinique objectif structuré, un exemple d'évaluation sommative

La simulation comme outil d'évaluation sommative ou de certification des compétences a pour but de préciser le niveau de performance des étudiants ou des professionnels selon des standards prédéterminés. Les simulations de certification conduisent à des décisions importantes, par exemple à décider (a) si les candidats peuvent accéder à des niveaux d'études plus élevés ou à une certification médicale, (b) si les candidats peuvent continuer à exercer leur profession ou (c) s'ils ont davantage besoin d'opportunités de pratique sur une compétence spécifique. Lorsque la simulation est utilisée comme outil d'évaluation dans des situations à enjeux élevés, les compétences attendues doivent être définies à un niveau où les apprenants doivent bien performer (Harrington & Simon, 2022). Si nous nous appuyons à nouveau sur la théorie de Vygotsky, l'évaluation sommative devrait cibler le premier cercle (figure 3), dans lequel les apprenants ont la possibilité de démontrer leurs compétences dans un environnement sécuritaire sans constituer une menace pour les patients.

La méthode de simulation la plus couramment utilisée pour réaliser des évaluations à enjeux élevés est l'**Examen Clinique Objectif Structuré (ECOS)** (Schuwirth & Van der Vleuten, 2003). L'ECOS expose les candidats à un minimum de 8 et un maximum de 20 stations de simulation dans lesquelles leur sont présentées des situations cliniques extraites de la vie réelle qui les confrontent dans leur capacité à mettre en pratique leurs connaissances et leurs compétences cliniques. Par exemple, on peut leur demander de réaliser un entretien clinique avec un PS, de faire des examens généraux ou focalisés selon les cas et de proposer un plan de traitement à un patient qui consulte pour une certaine situation. Chaque station d'ECOS aborde un domaine qui est généralement cartographié avec les objectifs du programme d'étude établis en fonction des directives des organismes d'accréditation. Tous les candidats doivent compléter le même circuit de stations de simulation (figure 5), ce qui permet une standardisation de la situation d'évaluation et de multiples possibilités d'analyse et de comparaison des résultats aux modalités évaluatives (par exemple, comparaisons intragroupes ou intergroupes). Un circuit montre l'ordre dans lequel les candidats traversent les stations. Il peut y avoir autant de circuits que de stations ECOS ; cependant, et afin d'augmenter la fiabilité, il est important « d'inclure un large éventail de compétences cliniques et de disposer d'un temps d'examen suffisant » (Mash, 2007, p. 5).

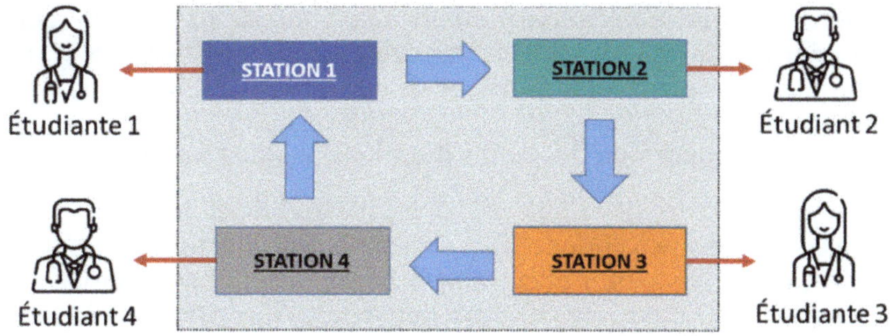

Figure 5 Représentation graphique d'un circuit ECOS à quatre stations
Tous les candidats commencent à une station différente. Par exemple, l'étudiante 1 commence à la station 1 et, quand elle a terminé, elle passe à la station 2, tandis que l'étudiante qui était à la station 3 passe à la station 4. Le circuit ECOS se terminera une fois que tous les étudiants auront traversé toutes les stations.

Dans chacune des stations, les participants sont évalués par différents médecins examinateurs. Le nombre de ces médecins peut varier selon le nombre de stations et le nombre de circuits. Par exemple, à la Faculté de médecine de l'Université de Montréal, l'ECOS pour les étudiants de premier cycle comporte souvent quatre circuits qui se déroulent simultanément sur deux sites, dont le centre de simulation et un hôpital universitaire affilié. Des circuits simultanés sont effectués pour augmenter la validité de l'ECOS en s'assurant que les scores de performance sont dus à la compétence du candidat et non à un filtrage d'informations, que nous appelons contamination, sur la solution du cas clinique et les exigences de performance.

3.1.1 Outils d'évaluation lors d'un ECOS

Généralement, l'évaluation des compétences lors d'une station d'ECOS se fait à partir de deux outils différents, soit des listes de vérification ou *checklists* (liste d'observables notés de manière binaire: observé ou non observé) et une ou plusieurs échelles d'évaluation globales ou «*global rating scales*» (échelle numérique de 3, 5 ou 7 points évaluant différentes compétences spécifiques ou globales). Dans les stations évaluant l'anamnèse ou les compétences de communication, une liste de vérification et/ou une échelle d'évaluation notée par les patients standardisés ou le professionnel de la santé standardisé est souvent incluse et pondérée avec un faible pourcentage dans la note finale de la station d'ECOS (Yazbeck Karam et al., 2018). La pondération pour chaque station est déterminée arbitrairement par le groupe d'experts de contenu qui élaborent les scénarios et qui répartissent les pourcentages selon les objectifs de l'ECOS, le niveau des apprenants et les principales tâches liées à la situation clinique recréée. La moyenne des notes de passage de toutes les stations détermine la note de passage globale pour l'ECOS et, par conséquent, chaque station contribue de manière égale à la note finale.

3.1.1.1 Développement des outils d'évaluation de la simulation

Les concepteurs de simulation doivent développer les éléments de jugements et de perceptions dans les outils d'évaluation pour déterminer qu'un apprenant a effectivement acquis un niveau approprié de compétences. Comme dans d'autres domaines, l'identification des bons critères de jugements et de perceptions pour certifier l'acquisition d'une compétence n'est pas facile. « Après avoir défini l'objectif global d'une évaluation, les aspects du comportement dans le scénario clinique simulé qui doivent être mesurés doivent être identifiés » (Gale & Roberts, 2013, p. 63). Les marqueurs comportementaux peuvent relever de domaines de compétences techniques (par exemple, les connaissances et l'expertise requises pour effectuer un acte médical), de compétences relationnelles et communicationnelles (par exemple, la capacité à établir un rapport avec le patient et à effectuer une bonne anamnèse), de compétences de raisonnement clinique (par exemple, la capacité à générer des hypothèses diagnostiques et à les évaluer), et de compétences de travail en équipe (par exemple, la capacité à travailler en collaboration afin de gérer et de traiter un patient). Ces domaines de compétences à évaluer doivent être alignés sur les objectifs de la simulation.

Une **liste de vérification (*checklist*)** précisant la description détaillée des comportements/actions à observer doit être définie dans chacun des domaines à évaluer (Gale & Roberts, 2013). Cette checklist est le résultat d'un consensus entre experts qui déterminent les actions et le niveau de précision attendu dans la tâche en fonction du niveau des apprenants (pour un exemple, tableau 2). Afin d'assurer une validité de la liste de vérification, les évaluateurs peuvent utiliser la technique de l'analyse cognitive des tâches (*Cognitive Task Analysis – CTA*) (Cannon-Bowers et al., 2013 ; Mislevy et al., 1999). Il s'agit d'une technique utilisée pour identifier les tâches les plus pertinentes ou critiques (au niveau cognitif, moteur et comportemental) pour résoudre une situation.

Les informations permettant l'analyse des tâches cognitives peuvent provenir de différentes sources. Il peut par exemple s'agir d'observations fournies par les experts lors de leur exécution de la tâche, ou dans des entretiens rétrospectifs dans lesquels ils sont interrogés sur leur processus de prise de décision. Ces informations peuvent également provenir d'une revue de la littérature ou d'enquêtes destinées aux apprenants et aux experts (Riggle et al., 2011). La technique d'analyse cognitive des tâches peut être utilisée pour comprendre les composants de n'importe quelle tâche, mais elle est particulièrement utile lorsque l'objectif est de décomposer des procédures complexes telles, par exemple, que les procédures de cathétérisme veineux central (Riggle et al., 2011), le processus décisionnel dans les équipes de traumatologie (Ahluwalia et al., 2019; Cruz-Panesso, 2015) ou encore le processus décisionnel en réanimation néonatale (Baxter et al., 2005).

Les marqueurs comportementaux issus des analyses de tâches cognitives peuvent être utilisés différemment selon les objectifs de la simulation. En effet, si celle-ci a un objectif de formation, comme c'est le cas des simulations d'évaluation formative, elle peut être utilisée pour fournir aux apprenants une rétroaction d'informations spécifiques afin d'améliorer leurs performances; alors que, si la simulation est utilisée dans une évaluation à enjeux élevés (évaluation sommative), elle peut servir à structurer l'évaluation et les décisions prises par les évaluateurs.

Les figures 6a et 6b illustrent une analyse de tâches cognitives de la gestion des patients blessés sur le champ de bataille, effectuée par les équipes militaires de traumatologie médicale dans un établissement de soins de niveau 3 (hôpital de soutien au combat) (Cruz-Panesso, 2015). Cette étude a été effectuée dans le but de caractériser les comportements de coordination nécessaires à évaluer dans le cadre d'un entrainement par simulation de deux semaines des équipes militaires qui allaient être déployées à Kandahar pendant la guerre d'Afghanistan. Cette illustration montre les cinq phases impliquées dans la prise en charge d'un patient blessé sur le champ de bataille (figure 6a). La figure 6b montre les objectifs et les sous-objectifs d'une des phases, celle de l'enquête primaire, dans laquelle les rôles des membres de l'équipe, les exigences ou règles de performance de l'équipe, les exceptions et les erreurs possibles selon le niveau d'expertise de l'équipe sont décrits.

Sur le côté droit de la figure 6b, une description détaille les connaissances, les attitudes et les compétences du chef d'équipe et des autres membres de l'équipe pendant la phase de l'enquête primaire. Dans cet exemple particulier, la représentation graphique de l'analyse des tâches cognitives constituait une représentation d'une performance d'équipe idéale («blueprint») qui servait également de modèle pour comparer les performances des apprenants. Ces représentations graphiques de l'analyse de tâches cognitives ont ensuite été utilisées pour créer la liste de vérification afin d'évaluer les simulations d'équipe proposées lors d'une formation de deux semaines. Le tableau 2 montre un extrait de la liste de vérification dérivée de l'analyse de tâches cognitives.

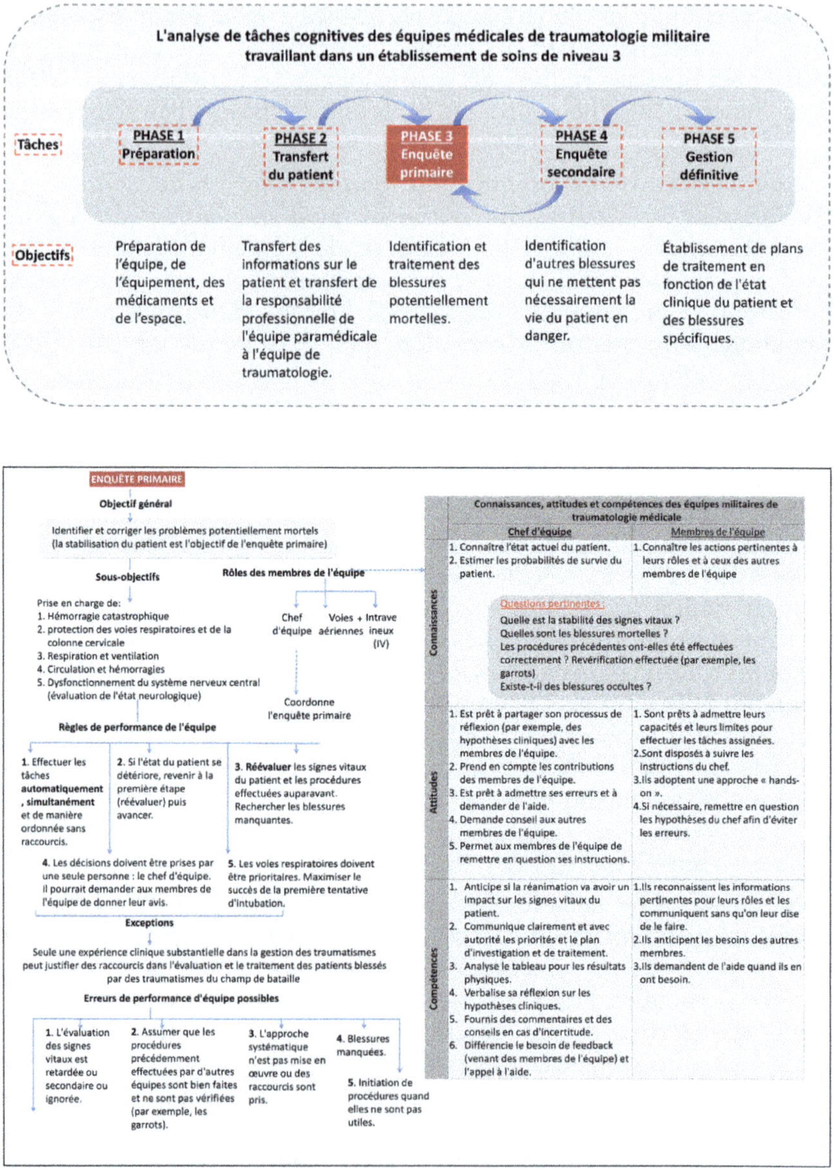

Figure 6 Illustration d'une analyse des tâches cognitives

Illustration d'une analyse de tâches cognitives de la gestion des patients blessés sur le champ de bataille, effectuée par les équipes militaires de traumatologie médicale et utilisée pour évaluer des simulations en équipe dans le cadre d'une formation intensive de deux semaines. (Cruz-Panesso, 2015).

Tableau 2 Extrait d'une liste de vérification issue d'une analyse de tâches cognitives

Critères à observer	Définition	Exemple	Bien fait	Adéquat	Pas fait / inadéquat
Identification/ reconnaissance des informations pertinentes	Les membres de l'équipe **recherchent et communiquent** des informations pertinentes à leurs rôles.	Le membre de l'équipe jouant le rôle de la prise en charge des voies respiratoires rapporte : « Il y a une complication, le patient ne respire pas ».			
Reconnaissance du besoin de nouvelles informations ou de matériel médical supplémentaire	Les membres de l'équipe se rendent compte qu'ils disposent d'informations limitées ou qu'ils ont besoin de collecter de nouvelles informations (laboratoires, imagerie, informations sur le patient, etc.) pour comprendre et traiter le patient.	« Nous n'avons pas de résultats de laboratoire ni d'informations sur les patients. » « Nous n'avons plus de sang et nous en avons besoin. »			
Partage d'informations	Les membres de l'équipe partagent des informations pertinentes pour les tâches.	Lorsque le médecin insère un drain thoracique : « Donc, le drain thoracique à gauche est connecté, ohh il y a un problème, ohhh, il y a du sang. »			
Utilisation optimale du partage d'informations	Les informations communiquées par les membres de l'équipe sont utilisées de plusieurs façons (par exemple, pour clarifier une tâche, pour fournir des informations pour la prise de décision, pour attirer l'attention des membres de l'équipe)	Après qu'un membre communique que les signes vitaux du patient se détériorent, le chef de l'équipe décide de commencer une procédure.			

Extrait d'une liste de vérification d'une analyse de tâches cognitives, réalisée dans le cadre de l'identification des comportements de coordination devant être évalués dans un programme de deux semaines d'entrainement par simulation, pour les équipes militaires de traumatologie médicale intervenant dans un hôpital de combat. (Cruz-Panesso, 2015).

Les analyses de tâches cognitives prennent du temps et doivent être effectuées par des spécialistes tels que des psychologues cognitifs, lesquels ne font pas toujours partie des équipes qui conçoivent les activités d'évaluation basées sur la simulation. Lorsque de telles ressources ne sont pas disponibles, des listes de vérification d'évaluation de simulation normalisées peuvent toutefois être utilisées. Un large éventail d'outils d'évaluation validés pour évaluer les compétences médicales dans divers domaines sont disponibles et il est conseillé de les prendre en compte lorsque cela est possible afin d'augmenter la validité de l'évaluation par simulation (Cook et al., 2014). Quelques exemples de ces outils comprennent le questionnaire sur les perceptions du travail d'équipe Team STEPPS (Battles & King, 2010), le système de marqueurs comportementaux pour évaluer les compétences non techniques des anesthésistes (Anaesthetists non-technical skills, ANTS) (Flin et al., 2011), l'échelle d'évaluation du professionnalisme (Professionalism Assessment Scale, PAS) (Klemenc-Ketis & Vrecko, 2014) ou encore l'évaluation structurée objective des compétences techniques (Objective Structured Assessment of Technical Skills (OSATS)) (Martin et al., 1997). L'utilisation des outils existants donne la possibilité aux éducateurs de comparer leurs résultats avec des travaux antérieurs, ce qui permet également d'atteindre un plus grand consensus de validation pour l'évaluation par simulation (Cook et al., 2014).

Les **échelles d'évaluation globale (*global rating scales)***, également intégrées dans les éléments d'évaluation de l'ECOS, consistent soit en l'évaluation globale de la performance du candidat soit de l'évaluation d'une compétence attendue pendant la situation clinique. En médecine, le référentiel CanMEDS du Collège royal des médecins et chirurgiens du Canada est souvent utilisé pour identifier les compétences ou les capacités à évaluer lors d'un ECOS (Collège Royal des Médecins et Chirurgiens du Canada, 2023). Les manifestations des compétences et leurs jalons peuvent aussi être utilisés pour créer des descriptions de ce qui est attendu à chaque niveau de l'échelle numérique. Par exemple, il est possible d'évaluer, à l'aide d'une échelle d'évaluation globale, la compétence de communication de manière globale ou plutôt une capacité de cette compétence, soit « informer le patient, sa famille et ses proches aidants quant aux soins de santé qui lui sont prodigués ». Le candidat qui se ferait attribuer un score de 5 sur l'échelle fournit « des informations et des explications claires, exactes et en temps opportun, et s'assure que le patient, sa famille et ses proches aidants les ont bien comprises ». Les scores 1 à 4 auraient des descriptifs de cette même manifestation, mais effectuée soit de manière incomplète, soit avec une moins bonne qualité.

3.2 Etablissement de la note de passage

Le score seuil de l'ECOS ou le score minimum requis pour démontrer une performance acceptable peut être calculé de différentes manières : d'une part, en tenant compte de la performance du groupe ou des candidats les mieux notés qui passent l'examen, ce qui est connu sous le nom de méthodes normatives ou relatives (1) (Dwivedi et al., 2020) ; d'autre part en fonction du niveau de compétence attendu des candidats sur le contenu examiné, ce que l'on appelle les méthodes critériées ou absolues (2). Ceux-ci peuvent également être classés comme centrés sur l'examen (par exemple, la méthode Angoff (Cizek & Bunch, 2007) où le contenu du test est examiné par les juges experts) ou centrés sur le candidat (les décisions d'experts sont basées sur la performance réelle des candidats) en utilisant la méthode de régression borderline (Borderline Regression Method (BRM)) (Hejri et al., 2013). « Dans la méthode BRM, les examinateurs évaluent les performances cliniques sur une échelle d'évaluation globale. Les scores de la liste de vérification sont ensuite mis en lien avec les notes globales. L'équation résultante est ensuite utilisée pour calculer la note de passage de la liste de vérification » (Kramer et al., 2003, p. 132). Il pourrait sans doute y avoir une meilleure méthode pour établir les scores seuils des ECOS, cependant la méthode BRM est la plus fréquemment citée dans la littérature d'ECOS (Dwivedi et al., 2020 ; Homer et al., 2020 ; Yazbeck Karam et al., 2018) et référencée comme celle nécessitant moins de ressources par rapport à d'autres procédures comme Angoff (Hejri et al., 2013).

3.2.1 Les enjeux de validité dans l'évaluation par simulation

La **validité** fait référence au degré auquel une évaluation mesure avec précision ce qu'elle est censée mesurer (Wass et al., 2001). Plus précisément, la validité indique si la méthode d'évaluation est appropriée pour évaluer ce que nous voulons évaluer et si les interprétations dérivées de l'évaluation peuvent être utilisées pour prendre des décisions (Cook & Hatala, 2016). La validité en simulation dépend de la **fiabilité** de la simulation. Le terme fiabilité, correspondant davantage à la fidélité en mesure, est utilisé pour se différencier de la fidélité de la simulation, soit la capacité à reproduire une situation se rapprochant le plus possible de la réalité. Dans la simulation médicale, « la fiabilité fait référence à la capacité de reproduire systématiquement une simulation et que la reproduction d'un cadre de simulation peut exposer systématiquement les participants aux mêmes conditions, obtenant ainsi la fiabilité de la simulation » (Yauger et al., 2020, p. 2). Cependant, la réplicabilité d'une simulation peut être affectée par certains des attributs opérationnels qui sont spécifiques à la simulation. Par exemple, la variabilité peut provenir de la performance d'un patient simulé (Yauger et al., 2020).

Bien que les performances des PS soient standardisées pour les évaluations à enjeux élevés telles que l'examen clinique objectif et structuré (ECOS), les différences individuelles et la fatigue peuvent affecter leur performance conduisant les participants à aller dans une direction différente et impactant ainsi la cohérence du scénario de simulation et la performance des participants (Yauger et al., 2020). De plus, lors de la mise en œuvre d'autres modalités de simulation dans lesquelles l'intégration de simulateurs à tâches partielles ou de simulateurs haute-fidélité est prévue, il peut y avoir des cas dans lesquels des simulateurs de différentes marques, indiqués pour la même procédure, ont une validité anatomique, mais une faible fiabilité. Par exemple, dans une étude réalisée par Schebesta et al. (2015) pour valider la fidélité des voies respiratoires supérieures dans deux simulateurs haute-fidélité (HAL et SimMan), les chercheurs ont constaté que bien que les deux mannequins aient une validité anatomique pour l'intubation endotrachéale, il y avait des différences dans la difficulté à intuber les deux mannequins. La rétroaction des mannequins, du point de vue du soulèvement du thorax, était plus visible chez l'un des mannequins, ce qui a entrainé des différences de performances des participants qui pouvaient ventiler avec succès le mannequin SimMan et non le mannequin Hall. Cette variation en termes de rétroaction du mannequin a également engendré des différences de temps de performance (Schebesta et al., 2015).

Dans notre établissement, nous avons également constaté, de manière informelle, que la précision de la procédure et le niveau de difficulté peuvent être affectés aussi bien par la marque du simulateur que par l'usure du matériel. Par exemple, dans le cas des simulateurs à tâches partielles utilisés pour effectuer un accès intraveineux, la sensation et la texture de la peau changent entre les marques et, également, lors de l'usure du matériel, affectant ainsi la difficulté de la procédure.

Le tableau 3 décrit les facteurs qui influencent la validité et la fiabilité des ECOS.

Tableau 3 Les facteurs qui influencent la validité et la fiabilité des ECOS

Facteurs	Description
Validité	
• Échantillon approprié des compétences	«Il est important que les éléments évalués dans l'ECOS reflètent les résultats et que les possibilités d'apprentissage du programme de formation soient reconnus comme pertinents et importants et soient fondés sur des données probantes» (Mash, 2007, p.5). Le contenu des stations doit correspondre au plan du programme (Varkey et al., 2008).
• Temps de test suffisant	Le temps alloué pour résoudre les cas cliniques doit être approprié et réaliste (Al Ghaithi, 2016; Mash, 2007), il doit être calculé en fonction de l'objectif de l'examen et du contenu de la station elle-même (Al Ghaithi, 2016). Une telle considération augmente la validité et la fiabilité des ECOS.
• Critères d'évaluation bien définis	Les critères de performance reflétés dans la liste de vérification doivent être précis et adaptés aux tâches impliquées dans la station, ce qui influencera à nouveau la validité et la fiabilité (Khan et al., 2013)
Fiabilité	
• Nombre de compétences cliniques évaluées et nombre de stations	L'inclusion d'un large éventail de compétences cliniques augmente la fiabilité (Mash, 2007). Assurer un nombre adéquat de stations par examen améliore la fiabilité (Khan et al., 2013).
• Evaluation de la station de la même manière avec chaque candidat	La standardisation des examinateurs augmente la fiabilité. Ils doivent être préalablement formés à l'utilisation de la grille d'évaluation, au processus de notation et également sensibilisés aux comportements attendus des candidats afin d'assurer la cohérence, l'exactitude des notes, et donc la fiabilité de l'ECOS (Mash, 2007; Yazbeck Karam et al., 2018).
• Nombre d'évaluateurs	Les valeurs du coefficient de fiabilité sont plus homogènes (variabilité plus faible) lorsqu'elles impliquent plus d'un évaluateur (≥2) par station, car cela rend le score moins idiosyncratique/subjectif pour l'examinateur (Al Ghaithi, 2016).
• Performance de la station de la même manière avec chaque candidat	Coaching de patients standardisés effectué par une personne ayant des connaissances cliniques afin de représenter avec précision un patient et de présenter une communication verbale et non verbale cohérente, des caractéristiques de personnalité, des émotions et des résultats physiques de manière cohérente pour chaque participant (Gerzina & Stovsky, Updated 2022, Jul 25).

3.2.2 *Exemple d'une structure d'évaluation pour l'ECOS nationale en médecine néonatale et périnatale*

La médecine néonatale et périnatale est une surspécialité de la pédiatrie qui s'occupe des nouveau-nés prématurés ou à terme, qui sont atteints de différentes affections médicales et qui nécessitent des soins de santé avancés comme des soins intensifs par exemple. Au Canada, cette formation de deux ans peut être complétée dans l'un des quatorze programmes de formation. La certification finale par le Collège royal des médecins et chirurgiens du Canada se fait à l'aide d'un examen écrit de type questions à réponses ouvertes courtes. Depuis plus de vingt ans, les programmes de formation, voulant évaluer la progression des compétences des médecins en formation, se sont réunis pour mettre en place un ECOS national se tenant une fois par année, au printemps, sur quatre sites physiques à travers le pays.

L'ECOS est composé de dix stations d'une durée de 10 à 12 minutes chacune, ayant comme thématique un des dix domaines couvrant les compétences visées par la formation. Les modalités de simulation incluent l'utilisation de mannequins à basse fidélité, des patients standardisés et des professionnels de la santé standardisés. Un examinateur par station évalue le candidat.

L'évaluation de chaque station comprend cinq éléments : une liste de vérification constituée d'un certain nombre de tâches que le candidat doit accomplir, une série d'échelles d'évaluation globale (*global rating scale*) spécifique à une compétence complétée par l'examinateur, une évaluation globale complétée par l'examinateur, une série d'évaluations globales axées sur la communication/collaboration complétée par le PS ou le professionnel de la santé standardisé et une évaluation globale complétée par le PS ou le professionnel de la santé standardisé. Les éléments de la liste de vérification sont binaires, tandis que les autres éléments sont des échelles numériques linéaires. A l'aide d'une feuille de calcul, chaque réponse est normalisée sur une échelle de 0 à 1. Par exemple, un élément de la liste de vérification rempli reçoit un score de 1 et un élément omis reçoit un score de 0, tandis que les notes globales de 1, 3 et 5 sur 5 sont converties en scores de 0, 0,5 et 1. Chaque élément de chaque composante est ensuite multiplié par le poids prédéterminé de la composante. La pondération est utilisée pour obtenir un rapport de 30:70 entre la valeur des éléments de la liste de vérification et la valeur des échelles d'évaluation globale car cela a historiquement donné lieu à une plus grande fiabilité. Les scores normalisés pondérés des éléments sont ensuite combinés afin d'obtenir un score total pour la station, à son tour converti en pourcentage du score total possible.

L'analyse psychométrique est effectuée après l'administration de l'examen. Le score moyen pour chaque item de réponse est calculé comme une mesure de la difficulté de l'item, et la corrélation point-bisériale entre les scores de l'item de réponse unique et les scores de la station entière est calculée comme une mesure de la discrimination de l'item. De même, le score moyen de chaque station est calculé pour mesurer sa difficulté et la corrélation point-bisériale entre les scores de la station unique et les scores de l'ensemble de l'examen est calculée pour mesurer sa discrimination. La fiabilité est calculée pour chaque station en utilisant l'alpha de Cronbach, ainsi que pour l'examen dans son ensemble. De 2016 à 2019, la fiabilité des stations individuelles a varié de 0,856 à 0,944, tandis que la fiabilité de l'ensemble de l'examen a varié de 0,789 à 0,865, ce qui est considéré comme acceptable.

Les directeurs de programme reçoivent les résultats de leurs candidats individuels, ainsi que les résultats moyens et le classement de leur programme. Les données au niveau individuel comprennent le score à chaque station, le score global (le score moyen des stations individuelles) et la performance moyenne, basée sur les échelles de notation globale de chaque compétence. Ils obtiennent également la moyenne et les écarts-types pour la première année et la deuxième année de tous les candidats, pour chaque station, tant pour l'examen global que pour chaque compétence.

Au cours des années précédentes, il était demandé aux examinateurs d'effectuer un jugement global de la performance du candidat en lui attribuant les mentions « réussite », « limite » ou « échec ». Une note de passage pour chaque station était ensuite déterminée en utilisant l'intersection de la distribution des notes (incluant les listes de vérifications et les échelles d'évaluation globale) des candidats ayant reçu une note globale de « réussite » et de ceux ayant reçu une note globale d'« échec ». Ce jugement de réussite/limite/échec était également communiqué aux directeurs de programme. Avec l'introduction de l'approche par compétence au sein du programme de formation, l'évaluation globale a été remplacée par une échelle de confiabilité telle que décrite par le Collège royal des médecins et chirurgiens du Canada dans son approche de *Compétence par conception*. C'est maintenant le résultat de cette évaluation qui est communiqué aux directeurs de programme.

4. Orientations futures de l'évaluation par simulation

Les ECOS sont reconnus pour être logistiquement complexes car ils nécessitent une grande quantité d'espace, de préparation, de PS et d'examinateurs (Mash, 2007). Dans le contexte de la pandémie de COVID-19, l'enseignement à distance et les méthodes d'apprentissage en ligne ont été désignés comme le nouveau paradigme éducatif en éducation médicale (McCarthy et al., 2020). La télé-simulation, une modalité éducative émergente dans laquelle les ressources de télécommunication et de simulation sont utilisées ensemble pour fournir une formation et/ou une évaluation des compétences aux apprenants hors site, représente une occasion unique d'étendre l'évaluation par simulation au-delà des centres de simulation et de surmonter les barrières économiques et géographiques (Cruz-Panesso et al., 2022). Par exemple, à la Faculté de médecine de l'Université de Montréal, un programme de télé-simulation pour de grandes cohortes comprenant des ECOS formatifs et sommatifs a été développé avec succès. Un guide pratique, dérivé de notre expérience, pour traduire les programmes de simulation en personne en télé-simulation a été publié et peut être consulté pour fournir des informations sur les aspects logistiques et pédagogiques à prendre en compte lors de l'utilisation des plateformes en ligne pour mener une formation et une évaluation par simulation (Cruz-Panesso et al., 2022).

L'utilisation de plateformes numériques pour effectuer des évaluations par simulation offre également des opportunités d'intégrer des patients virtuels, pouvant adapter les cas de manière dynamique au niveau de l'apprenant (Courteille et al., 2008 ; Quail & Boyle, 2019). Ces plateformes permettent de générer des bases de données riches sur les performances des apprenants à différents moments de l'ECOS. La collecte massive de données d'évaluation au format numérique pourrait potentiellement ouvrir la porte à l'intégration des principes de l'analyse des mégadonnées. Bien que l'utilisation de données massives (*Big Data*) s'impose comme une nouvelle tendance dans la formation et l'évaluation des professionnels de la santé (Chahine et al., 2018), force est de constater que la formation médicale accuse de façon générale un retard dans l'adoption de cette approche (Chan et al., 2018). Les données longitudinales, traitées par l'analyse des traces d'apprentissage numériques, permettent d'approfondir la relation entre la qualité de l'éducation et la qualité des soins de santé (Chahine et al., 2018) et des initiatives de ce type existent déjà aux Etats-Unis. Elles proposent des normes communes de réussite éducative (« *educational achievement standards* ») extraites de données massives dans le but de documenter les compétences et les réalisations des apprenants à travers le continuum de leur formation (voir www.medbiq.org).

En conclusion, l'intégration de la technologie dans l'évaluation par simulation présente de nombreux avantages ; par exemple, cela peut permettre l'intégration de scénarios plus réalistes, des métriques de performance plus objectives, des expériences d'apprentissage adaptatives et des mécanismes de retour d'information améliorés. Les données de l'évaluation basée sur la simulation peuvent également être utilisées pour identifier les modèles de données des apprenants ayant des difficultés dans des compétences spécifiques, pour lesquels il serait utile de fournir des solutions adaptatives d'apprentissage par simulation qui les aident à maîtriser les compétences encore en développement.

Références

Abulebda, K., Auerbach, M., & Limaiem, F. (2021). *Debriefing techniques utilized in medical simulation.* StatPearls Publishing. https://www.ncbi.nlm.nih.gov/books/NBK546660

Aebersold, M. (2018). Simulation-based learning: no longer a novelty in undergraduate education. *OJIN: The Online Journal of Issues in Nursing, 23*(2), 1–1. https://doi.org/10.3912/OJIN.Vol23No02PPT39

Ahluwalia, T., Toy, S., & Kennedy, C. (2019). Use of cognitive task analysis to understand decision-making for management of blunt abdominal trauma in children. *Cureus, 11*(2). https://doi.org/10.7759/cureus.4095

Al Ghaithi, I. (2016). *Reliability & validity of the objective structured clinical examination (OSCE) : A meta-analysis* [Master's thesis, University of Calgary]. https://prism.ucalgary.ca/handle/1880/100031

Alinier, G. (2011). Developing high-fidelity health care simulation scenarios : a guide for educators and professionals. *Simulation & Gaming, 42*(1), 9–26. https://doi.org/10.1177/1046878109355683

Arafeh, J. M. (2011). Simulation-based training : the future of competency? *The Journal of Perinatal & Neonatal Nursing, 25*(2), 171–174. https://doi.org/10.1097/JPN.0b013e3182116e55

Ash, D., & Levitt, K. (2003). Working within the zone of proximal development : formative assessment as professional development. *Journal of Science Teacher Education, 14*(1), 23–48. https://doi.org/10.1023/A:1022999406564

Babin, M.-J., Rivière, E., & Chiniara, G. (2019). Chapter 8 – Theory for practice : learning theories for simulation. Dans G. Chiniara (Ed.), *Clinical Simulation (2e éd.)* (pp. 97–114). Academic Press. https://doi.org/10.1016/B978-0-12-815657-5.00008-5

Battles, J., & King, H. (2010) *TeamSTEPPS® Teamwork Perceptions Questionnaire Manual.* Agency for Healthcare Research and Quality. https://www.ahrq.gov/teamstepps/instructor/reference/teamperceptionsmanual.html

Baxter, G. D., Monk, A. F., Tan, K., Dear, P. R. F., & Newell, S. J. (2005). Using cognitive task analysis to facilitate the integration of decision support systems into the neonatal intensive care unit. *Artificial Intelligence in Medicine, 35*(3), 243–257. https://doi.org/10.1016/j.artmed.2005.01.004

Boulet, J. R., Murray, D. J., & Warner, D. S. (2010). Simulation-based assessment in anesthesiology : requirements for practical implementation. *Anesthesiology, 112*(4), 1041–1052. https://doi.org/10.1097/ALN.0b013e3181cea265

Cannon-Bowers, J., Bowers, C., Stout, R., Ricci, K., & Hildabrand, A. (2013). Using cognitive task analysis to develop simulation-based training for medical tasks. *Military medicine, 178*(10), 15–21. https://doi.org/10.7205/MILMED-D-13-00211

Carey, J. M., & Rossler, K. (2022). *The how when why of high fidelity simulation.* StatPearls Publishing. https://www.ncbi.nlm.nih.gov/books/NBK559313/

Carstens, P. K. (2020). Assessment in simulation. Dans P. K. Carstens, A. Paulman, M. J. Stanton, B. M. Monaghan & D. Dekker (Eds.), *Comprehensive Healthcare Simulation: Mobile Medical Simulation* (pp. 51–59). Springer Cham. https://doi.org/10.1007/978-3-030-33660-8

Chahine, S., Kulasegaram, K. M., Wright, S., Monteiro, S., Grierson, L. E. M., Barber, C., Sebok-Syer, S. S., McConnell, M., Yen, W., De Champlain, A., & Touchie, C. (2018). A call to investigate the relationship between education and health outcomes using big data. *Academic Medicine, 93*(6), 829–832. https://doi.org/10.1097/acm.0000000000002217

Chan, T., Sebok-Syer, S., Thoma, B., Wise, A., Sherbino, J., & Pusic, M. (2018,). Learning analytics in medical education assessment: the past, the present, and the future. *AEM Education and Training, 2*(2), 178–187. https://doi.org/10.1002/aet2.10087

Cizek, G. J., & Bunch, M. B. (2007). Standard Setting – A Guide to Establishing and Evaluating Performance Standards Tests. Sage Publication.

Collège Royal des Médecins et Chirurgiens du Canada. (2023). *CanMEDS: L'excellence des normes des médecins et des soins.* https://www.royalcollege.ca/rcsite/canmeds/canmeds-framework-f

Cook, D., & Hatala, R. (2016). Validation of educational assessments: a primer for simulation and beyond. *Advances in Simulation, 1.* https://doi.org/10.1186/s41077-016-0033-y

Cook, D. A., Zendejas, B., Hamstra, S. J., Hatala, R., & Brydges, R. (2014). What counts as validity evidence ? Examples and prevalence in a systematic review of simulation-based assessment. *Advances in Health Sciences Education, 19,* 233–250. https://doi.org/10.1007/s10459-013-9458-4

Courteille, O., Bergin, R., Courteille, O., Bergin, R., Stockeld, D., Ponzer, S., & Fors, U. (2008). The use of a virtual patient case in an OSCE-based exam–A pilot study. *Medical Teacher, 30*(3). https://doi.org/10.1080/01421590801910216

Cruz-Panesso, I. (2015). *Understanding the role of team coordination in military medical teams* [Doctoral dissertation, McGill University] Montréal. Theses & Dissertations. https://escholarship.mcgill.ca/concern/theses/ff365818f

Cruz-Panesso, I., Perron, R., Chabot, V., Gauthier, F., Demers, M.-M., Trottier, R., Soulières, F., Juste, L., Gharavi, S., MacDonald, N., Richard, A., Boivin, A., Deligne, B., Bouillon, K., & Drolet, P. (2022).

A practical guide for translating in-person simulation curriculum to tele-simulation. *Advances in Simulation, 7*, 1–14. https://doi.org/10.1186/s41077-022-00210-7

Datta, R., Upadhyay, K., & Jaideep, C. (2012). Simulation and its role in medical education. *Medical Journal Armed Forces India, 68*(2), 167–172. https://doi.org/10.1016/S0377-1237(12)60040-9

Dieckmann, P., Gaba, D., & Rall, M. (2007). Deepening the theoretical foundations of patient simulation as social practice. *Simulation in Healthcare, 2*(3), 183–193. https://doi.org/10.1097/SIH.0b013e3180f637f5

Dwivedi, N. R., Vijayashankar, N. P., Hansda, M., Dubey, A. K., Nwachukwu, F., Curran, V., & Jillwin, J. (2020). Comparing standard setting methods for objective structured clinical examinations in a caribbean medical school. *Journal of Medical Education and Curricular Development, 7*. https://doi.org/10.1177/2382120520981992

Eppich, W., & Cheng, A. (2015). Promoting excellence and reflective learning in simulation (PEARLS) : development and rationale for a blended approach to health care simulation debriefing. *Simulation in Healthcare, 10*(2), 106–115. https://doi.org/10.1097/SIH.0000000000000072

Feinstein, A. H., & Cannon, H. M. (2002). Constructs of simulation evaluation. *Simulation & Gaming, 33*(4), 425–440. https://doi.org/10.1177/1046878102238606

Flin, R., Patey, R. J. B. P., & Anaesthesiology, R. C. (2011). Non-technical skills for anaesthetists : developing and applying ANTS. *Best Practice & Research Clinical Anaesthesiol, 25*(2), 215–227. https://doi.org/10.1016/j.bpa.2011.02.005

Fontaine, S., & Loye, N. (2017). L'évaluation des apprentissages : une démarche rigoureuse★ [10.1051/pmed/2018013]. *Pédagogie médicale, 18*(4), 189–198. https://doi.org/10.1051/pmed/2018013

Gaba, D. M. (2004). The future vision of simulation in health care. BMJ *Quality and Safety in Health Care, 13*(1), i2–10. https://doi.org/10.1136/qshc.2004.00**techamp**li9878

Gale, T., & Roberts, M. (2013). Assessment. Dans K. Forrest, J. McKimm & S. Edgar (Eds.), *Essential simulation in clinical education* (pp. 59–86). John Wiley & Sons. https://doi.org/10.1002/9781118748039.ch5

Gerzina, H. A., & Stovsky, E. (Updated 2022, Jul 25). *Standardized patient assessment of learners in medical simulation*. Treasure Island (FL) StatPearls Publishing. https://www.ncbi.nlm.nih.gov/books/NBK546672/

Guze, P. A. (2015). Using technology to meet the challenges of medical education. *Transactions of the American Clinical and Climatolological Association, 126*, 260–270. https://www.ncbi.nlm.nih.gov/pmc/articles/PMC4530721/

Hall, A. K., Chaplin, T., McColl, T., Petrosoniak, A., Caners, K., Rocca, N., Gardner, C., Bhanji, F., & Woods, R. (2020). Harnessing the power of simulation for assessment: consensus recommendations for the use of simulation-based assessment in emergency medicine. *Canadian Journal of Emergency Medicine, 22*(2), 194–203. https://doi.org/10.1017/cem.2019.488

Hamstra, S. J., Brydges, R., Hatala, R., Zendejas, B., & Cook, D. A. (2014). Reconsidering fidelity in simulation-based training. *Academic Medicine, 89*(3), 387–392. https://doi.org/10.1097/ACM.0000000000000130

Harrington, D., & Simon, L. (2022). *Designing a simulation scenario.* Treasure Island (Fl) StatPearls Publishing. https://www.ncbi.nlm.nih.gov/books/NBK547670/

Hejri, S. M., Jalili, M., Muijtjens, A. M. M., & Van Der Vleuten, C. P. M. (2013). Assessing the reliability of the borderline regression method as a standard setting procedure for objective structured clinical examination. *Journal of Research in Medical Sciences, 18*(10), 887–891. https://www.ncbi.nlm.nih.gov/pmc/articles/PMC3897074/

Homer, M., Fuller, R., Hallam, J., & Pell, G. (2020). Setting defensible standards in small cohort OSCEs: Understanding better when borderline regression can 'work'. *Medical Teacher, 42*(3), 306–315. https://doi.org/10.1080/0142159x.2019.1681388

Ignacio, J., Dolmans, D., Scherpbier, A., Rethans, J.-J., Chan, S., & Liaw, S. Y. (2015). Comparison of standardized patients with high-fidelity simulators for managing stress and improving performance in clinical deterioration: a mixed methods study. *Nurse Education Today, 35*(12), 1161–1168. https://doi.org/10.1016/j.nedt.2015.05.009

Khan, K. Z., Gaunt, K., Ramachandran, S., & Pushkar, P. (2013). The objective structured clinical examination (OSCE): AMEE Guide No. 81. Part II: organisation & administration. *Medical Teacher, 35*(9), e1447–e1463. https://doi.org/10.3109/0142159X.2013.818635

Kiernan, L. C., & Olsen, D. M. (2020). Improving clinical competency using simulation technology. *Nursing, 50*(7), 14–19. https://doi.org/10.1097/01.NURSE.0000668448.43535.4f

Klemenc-Ketis, Z., & Vrecko, H. (2014). Development and validation of a professionalism assessment scale for medical students. *International Journal of Medical Education, 5*, 205–211. https://doi.org/10.5116/ijme.544b.7972

Kolb, D. A. (2015). *Experiential learning: experience as the source of learning and development* (2e éd.). Pearson Education.

Kramer, A., Muijtjens, A., Jansen, K., Düsman, H., Tan, L., & Van Der Vleuten, C. (2003). Comparison of a rational and an empirical standard setting procedure for an OSCE. *Medical Education, 37*(2), 132–139. https://doi.org/10.1046/j.1365-2923.2003.01429.x

Lioce, L. (2020). Fidelity. Dans L. Lioce, J. Lopreiaito, D. Downing, T. Chang, J. Robertson, D. Diaz & A. Spain (Eds.), *Healthcare Simulation Dictionary* (2e éd.). Agency for Healthcare Research and Quality. http://www.ssih.org/dictionary

Mahmood, L. S., Mohammed, C. A., & Gilbert, J. H. (2021). Interprofessional simulation education to enhance teamwork and communication skills among medical and nursing undergraduates using the TeamSTEPPS® framework. *Medical Journal Armed Forces India, 77(1)*, S42–S48. https://doi.org/10.1016/j.mjafi.2020.10.026

Martin, J. A., Regehr, G., Reznick, R., Macrae, H., Murnaghan, J., Hutchison, C., & Brown, M. (1997). Objective structured assessment of technical skill (OSATS) for surgical residents. *The British Journal of Surgery, 84*(2), 273–278. https://doi.org/10.1046/j.1365-2168.1997.02502.x

Martins, A. D., & Pinho, D. L. (2020). Interprofessional simulation effects for healthcare students : a systematic review and meta-analysis. *Nurse Education Today, 94*. https://doi.org/10.1016/j.nedt.2020.104568

Mash, B. (2007). Assessing clinical skills—standard setting in the objective structured clinical exam (OSCE). *South African Family Practice, 49*(3), 5–7. https://doi.org/10.1080/20786204.2007.10873520

McCarthy, C., Carayannopoulos, K., & Walton, J. M. (2020). COVID-19 and changes to postgraduate medical education in Canada. *Canadian Medical Association Journal, 192*(35), 1018–1020. https://doi.org/10.1503/cmaj.200882

McGaghie, W. C., & Harris, I. B. (2018). Learning theory foundations of simulation-based mastery learning. *Simulation in Healthcare : Journal of the Society for Simulation in Healthcare, 13*(3), S15–S20. https://doi.org/10.1097/SIH.0000000000000279

McKimm, J., & Forrest, K. (2013). Essential simulation in clinical education. Dans K. Forrest, J. McKimm & S. Edgar (Eds.), *Essential simulation in clinical education* (pp. 1–10). John Wiley & Sons, Ltd. https://doi.org/10.1002/9781118748039

Mislevy, R. J. (2011). *Evidence-centered design for simulation-based assessment. CRESST Report 800*. The National Center for Research on Evaluation, Standards, and Student Testing. https://files.eric.ed.gov/fulltext/ED522835.pdf

Mislevy, R. J. (2013). Evidence-centered design for simulation-based assessment. *Military medicine, 178*(10), 107–114. https://doi.org/10.7205/MILMED-D-13-00213

Mislevy, R. J., Steinberg, L. S., Breyer, F. J., Almond, R. G., & Johnson, L. (1999). A cognitive task analysis with implications for designing simulation-based performance assessment. *Computers in Human Behavior, 15*(3–4), 335–374. https://doi.org/10.1016/S0747-5632(99)00027-8

Munshi, F., Lababidi, H., & Alyousef, S. (2015). Low-versus high-fidelity simulations in teaching and assessing clinical skills. *Journal of Taibah University Medical Sciences, 10*(1), 12–15. https://doi.org/10.1016/j.jtumed.2015.01.008

Murphy, J. G., Torsher, L. C., & Dunn, W. F. (2007). Simulation medicine in intensive care and coronary care education. *Journal of Critical Care, 22*(1), 51–55. https://doi.org/10.1016/j.jcrc.2007.01.003

Nadolski, R. J., Hummel, H. G., Van Den Brink, H. J., Hoefakker, R. E., Slootmaker, A., Kurvers, H. J., & Storm, J. (2008). EMERGO : a methodology and toolkit for developing serious games in higher education. *Simulation & Gaming, 39*(3), 338–352. https://doi.org/10.1177/1046878108319278

Norcini, J. J., & McKinley, D. W. (2007). Assessment methods in medical education. International *Journal of Health Sciences : A Scientific Publication by Quassim University, 2*(2), 3–7. https://www.ncbi.nlm.nih.gov/pmc/articles/PMC3068728/

Norman, G., Dore, K., & Grierson, L. (2012). The minimal relationship between simulation fidelity and transfer of learning. *Medical Education, 46*(7), 636–647. https://doi.org/10.1111/j.1365-2923.2012.04243.x

Oandasan, I. (2011). Pour l'avancement du cursus en médecine familiale au Canada : Triple C. *Canadian Family Physician, 57*(6), e237–e238. https://www.ncbi.nlm.nih.gov/pmc/articles/PMC3114695/

Passiment, M., Sacks, H., & Huang, G. (2011). *Medical simulation in medical education : results of an AAMC survey.* Association of American Medical Colleges. https://www.aamc.org/system/files/c/2/259760-medicalsimulationinmedicaleducationanaamcsurvey.pdf

Poore, J. A., Cullen, D. L., & Schaar, G. L. (2014). Simulation-based interprofessional education guided by Kolb's experiential learning theory. *Clinical Simulation in Nursing, 10*(5), e241–e247. https://doi.org/10.1016/j.ecns.2014.01.004

Quail, N. P. A., & Boyle, J. G. (2019). Virtual patients in health professions education. Dans P. M. Rea (Ed.), *Biomedical Visualisation. Advances in Experimental Medicine and Biology* (pp. 25–35). Springer International Publishing. https://doi.org/10.1007/978-3-030-24281-7_3

Riggle, J. D., Wadman, M. C., Brown-Clerk, B., Lowndes, B. R., Thraillkill, E. A., Carstens, P. K., & Hallbeck, M. S. (2011). Cognitive task analysis for assessment and standardization of central venous catheterization (CVC) Procedures. *Proceedings of the Human Factors and Ergonomics*

Society Annual Meeting, 55(1), 1611–1615. https://doi.org/10.1177/1071181311551336

Rose, S. (2020). Medical student education in the time of COVID-19. *Jama, 323*(21), 2131–2132. https://doi.org/10.1001/jama.2020.5227

Rudolph, J. W., Simon, R., Raemer, D. B., & Eppich, W. J. (2008). Debriefing as formative assessment: closing performance gaps in medical education. *Academic Emergency Medicine, 15*(11), 1010–1016. https://doi.org/10.1111/j.1553-2712.2008.00248.x

Schebesta, K., Spreitzgrabner, G., Hörner, E., Hüpfl, M., Kimberger, O., & Rössler, B. (2015). Validity and fidelity of the upper airway in two high-fidelity patient simulators. *Minerva Anestesiologica, 81*(1), 12–18. https://pubmed.ncbi.nlm.nih.gov/24861717/

Schuwirth, L. W., & Van der Vleuten, C. P. (2003). The use of clinical simulations in assessment. *Medical Education, 37*, 65–71. https://doi.org/10.1046/j.1365-2923.37.s1.8.x

Skoogh, A., Johansson, B., & Williams, E. J. (2012). Constructive alignment in simulation education. Dans *Proceedings of the 2012 Winter Simulation Conference (WSC)* (pp. 1–11). IEEE. https://doi.org/10.1109/WSC.2012.6465055

Solnick, A., & Weiss, S. (2007). High fidelity simulation in nursing education: a review of the literature. *Clinical Simulation in Nursing, 3*(1), e41–e45. https://doi.org/10.1016/j.ecns.2009.05.039

Stocker, M., Burmester, M., & Allen, M. (2014). Optimisation of simulated team training through the application of learning theories: a debate for a conceptual framework. *BMC Medical Education, 14*. https://doi.org/10.1186/1472-6920-14-69

Stodel, E. J., Wyand, A., Crooks, S., Moffett, S., Chiu, M., & Hudson, C. C. (2015). Designing and implementing a competency-based training program for anesthesiology residents at the University of Ottawa. *Anesthesiology Research and Practice*, 7. https://doi.org/10.1155/2015/713038

Ten Cate, O. (2017). Competency-based postgraduate medical education: past, present and future. *GMS journal for medical education, 34*(5), 13. https://doi.org/10.3205/zma001146

Traynor, D., Lydon, A., Hickerson, K. A., Je, S. & Nishisaki, A. (2021). Development of simulation-based assessment for pediatric intensive care nurse orientation. *Clinical Simulation in Nursing, 56*, 37–45. https://doi.org/10.1016/j.ecns.2021.01.003

Tuzer, H., Dinc, L., & Elcin, M. (2016). The effects of using high-fidelity simulators and standardized patients on the thorax, lung, and cardiac examination skills of undergraduate nursing students. *Nurse Education Today, 45*, 120–125. https://doi.org/10.1016/j.nedt.2016.07.002

Varkey, P., Natt, N., Lesnick, T., Downing, S., & Yudkowsky, R. (2008). Validity evidence for an OSCE to assess competency in systems-based practice and practice-based learning and improvement : a preliminary investigation. *Academic Medicine, 83*(8), 775–780. https://doi.org/10.1097/ACM.0b013e31817ec873

Vygotsky, L. (1997). Interaction between learning and development. Dans M. Cole, V. Jon-Steiner, S. Scribner et E. Souberman (Eds.), *Mind and Society : The Development of Higher Psychological Processes (2e* éd.) (pp. 29–36). Harvard University Press. https://innovation.umn.edu/igdi/wp-content/uploads/sites/37/2018/08/Interaction_Between_Learning_and_Development.pdf

Wass, V., Van der Vleuten, C., Shatzer, J., & Jones, R. (2001). Assessment of clinical competence. *The Lancet, 357*(9260), 945–949. https://doi.org/10.1016/S0140-6736(00)04221-5

Watson, K., Wright, A., Morris, N., McMeeken, J., Rivett, D., Blackstock, F., Jones, A., Haines, T., O'Connor, V., & Watson, G. (2012). Can simulation replace part of clinical time? Two parallel randomised controlled trials. *Medical Education, 46*(7), 657–667. https://doi.org/10.1111/j.1365-2923.2012.04295.x

Weller, J. M. (2004). Simulation in undergraduate medical education : bridging the gap between theory and practice. *Medical Education, 38*(1), 32–38. https://doi.org/10.1111/j.1365-2923.2004.01739.x

Yauger, S. J., Konopasky, A., & Battista, A. (2020). Reliability in healthcare simulation setting : a definitional review. *Cureus, 12*(5), e8111–e8111. https://doi.org/10.7759/cureus.8111

Yazbeck Karam, V., Park, Y. S., Tekian, A., & Youssef, N. (2018). Evaluating the validity evidence of an OSCE : results from a new medical school. *BMC Medical Education, 18*, 313. https://doi.org/10.1186/s12909-018-1421-x

Partie 2. La collecte des données

Chapitre 6

Évaluer et réguler les enseignements : l'utilisation de « OURA », un outil numérique pour apprécier les expériences d'apprentissage des apprenants

Pierre-François COEN[1], Kostanca CUKO[2],
Delphine ETIENNE-TOMASINI[2]

1. Introduction

L'ajustement des dispositifs d'enseignement-apprentissage aux besoins des apprenants constitue un enjeu majeur pour favoriser les apprentissages. Cet élément est très souvent un critère caractérisant la qualité d'un enseignement. Dans ce contexte, il semble que la collecte des avis des étudiants soit pertinente (Detroz, 2008). De nombreuses recherches démontrent l'intérêt de cette démarche à la fois pour les enseignants – qui disposent ainsi de données pertinentes pour réguler leurs dispositifs de formation -, mais également pour les étudiants qui peuvent ainsi devenir de vrais acteurs légitimes du système de formation (Abernot et al., 2012 ; Aubert-Lotarski et al., 2017). L'évaluation des enseignements par les étudiants regroupe de nombreuses formes qui mobilisent des types de données très différentes, collectées autant par des questionnaires standardisés que par des outils singuliers développés par les enseignants eux-mêmes. Par ailleurs, comme le rappelle Bernard (1998), ces pratiques ne sont qu'un des moyens, parmi de nombreux autres, qui permettent de faire évoluer les pratiques enseignantes et de conduire les professionnels à prendre conscience des effets de ce qu'ils proposent à leurs apprenants.

L'évaluation des enseignements par les étudiants vise prioritairement deux buts : le premier est celui de répondre à des injonctions institutionnelles dans le cadre de l'assurance qualité. La plupart des institutions de formation se soumettent à cette logique et cherchent, par ce biais, à

1 Université de Fribourg (Suisse).
2 Haute école pédagogique de Fribourg (Suisse).

garantir des formations de qualité ou à détecter d'éventuels problèmes. Le second est de donner aux enseignants des feed-back leur permettant de réguler leurs enseignements et d'apporter, si nécessaire, des ajustements pédagogiques en contribuant ainsi à leur développement professionnel (Perret, 2017). Ces améliorations ne vont pas de soi, car elles sont influencées par de nombreux facteurs comme les croyances des enseignants, leurs perceptions, la confiance qu'ils accordent à l'instrument et au dispositif (Arthur, 2009). De plus, ces dispositifs d'évaluation peuvent engendrer des réactions émotionnelles parfois importantes (Barras, 2017). Dans cette logique, il nous semble intéressant de questionner les leviers d'action qui permettent aux formateurs de réguler leurs enseignements, en particulier dans un contexte où la numérisation de l'enseignement se développe de manière importante.

Aujourd'hui, de nombreuses institutions inscrivent l'évaluation des enseignements dans une logique de contrôle en demandant par exemple aux étudiants de répondre à des sondages ou à des questionnaires qui renvoient à l'évaluation d'un cours en entier. Les données sont recueillies au terme d'un enseignement de plusieurs semaines; elles sont globales et permettent de saisir l'impression générale des répondants sur les qualités pédagogiques, didactiques, organisationnelles ou encore relationnelles de leurs professeurs. Ces feed-back généraux sont certes utiles pour apprécier globalement un enseignement, mais ne sont pas toujours très opérants pour l'enseignant qui ne sait pas exactement ce qu'il convient de changer ou de modifier pour améliorer ses cours. Dans ce sens, nous questionnons ici la nature des données collectées lors de ces évaluations. Nous faisons l'hypothèse qu'il est plus facile d'apporter des changements à un dispositif pédagogique lorsque celui-ci est immédiatement évalué par les apprenants. Ainsi, en obtenant le feed-back instantané des étudiants, par exemple sur une activité réalisée en groupe, sur un moment de synthèse, sur un apport frontal ou encore sur une séance de débat, le professeur est plus à même de savoir ce qui a bien ou mal fonctionné. Il peut y apporter des améliorations plus pertinentes et plus ciblées.

L'évaluation immédiate d'une expérience d'apprentissage n'est cependant pas facile à réaliser parce qu'elle peut prendre du temps et interrompre le flux du cours. C'est la raison pour laquelle nous avons développé une plateforme numérique simple à utiliser, peu invasive pour le public-cible, et qui permet la saisie de données de manière récurrente, dans plusieurs groupes-classes et à maintes reprises. Au final, le professeur dispose de données qu'il peut exploiter très simplement ou de manière plus approfondie pour rétroagir. Il pourra évaluer la pertinence et l'efficacité des expériences d'apprentissage qu'il propose à ses étudiants, mais il pourra également comparer les avis d'apprenants provenant de différents groupes présentant des caractéristiques particulières (années d'études, niveaux de maitrise, parcours scolaires, etc.).

L'objectif de ce chapitre est de présenter la plateforme numérique « OURA » et son fonctionnement. Nous commencerons par évoquer les jalons théoriques qui balisent le développement de l'outil, puis nous rendrons compte d'une recherche qui illustre son utilisation dans le contexte de la formation des enseignants généralistes à la Haute école pédagogique de Fribourg en Suisse (HEP|PH FR). Pour terminer, nous amènerons quelques éléments de discussion en insistant sur l'opportunité de mettre en place un contrat de formation dans lequel les formateurs et les apprenants contribuent mutuellement à leur développement réciproque.

2. Repères théoriques

2.1 *Différents types de données possibles à collecter*

Dans leurs pratiques quotidiennes, les professeurs ajustent constamment leurs actions essentiellement à partir de cinq sources de données différentes (tableau 1). Ils s'appuient d'abord sur leurs impressions et leurs ressentis immédiats (Vanlommel et al., 2017), perçus par exemple en observant la manière dont les élèves s'impliquent dans les tâches ou répondent à leurs questions (colonne 1). Ensuite, ils disposent de toutes les productions factuelles des apprenants, qui apparaissent sous forme de fiches, d'exercices, ou plus formellement encore lors d'évaluations formatives ou sommatives (colonne 2). Ces données sont à la base des interactions pro-, inter- et rétroactives que l'enseignant orchestre via des échanges avec ses élèves (Allal & Laveault, 2009 ; Mottier Lopez, 2015). Tout ce matériau est pris en compte par l'enseignant lorsqu'il souhaite soutenir et évaluer la qualité des apprentissages réalisés par ses élèves (Black & Wiliam, 2009), mais aussi lorsqu'il souhaite apprécier la pertinence des dispositifs d'enseignement – apprentissage qu'il propose à ses apprenants. Il est encore possible de saisir d'autres données qui sont constituées des avis explicités par les apprenants eux-mêmes via les dispositifs d'évaluation des enseignements par les étudiants (EEE) (colonne 3). Ces avis concernent généralement les cours dans leur ensemble. La collecte de ces données peut être très spontanée (si elle est faite par l'enseignant) ou, au contraire, faire l'objet d'un dispositif institutionnel par lequel les apprenants répondent à des sondages ou des questionnaires dont la qualité et la validité ont fait l'objet de nombreuses controverses (Detroz, 2021 ; Greenwald, 1997 ; Spooren et al., 2013). Aujourd'hui, le numérique permet de compléter ces approches par la saisie de données massives, produites automatiquement par les plateformes d'enseignement. Le nombre de connexions, le temps passé sur une tâche ou les scores obtenus aux activités proposées ou encore le nombre et la nature des ressources consultées peuvent faire l'objet de collecte systématique d'informations (colonne 4). Ces pratiques s'inscrivent dans les *Learning Analytics* (Peraya, 2019) qui sont, en raison de leur complexité, plus souvent mobilisées par les institutions que par les enseignants eux-mêmes. Les algorithmes mis en place délivrent par exemple des prédictions sur les performances académiques des étudiants (Lu et al. 2018 ; Ranjeeth et al., 2020) et permettent aux institutions d'ajuster les ressources à disposition ou de mettre en place des dispositifs de soutien ou de conseil. Vatapru et al. (2013) et plus récemment, Prieto et al. (2016) proposent le concept de *Teaching Analytics* lorsque les données recueillies sont centrées sur l'enseignement (colonne 5) ou des aspects particuliers d'une expérience d'apprentissage. C'est bien dans cette perspective qu'il faut voir le développement de la plateforme « OURA » (Alvarez et al., 2021) comme **ou**til de **r**égulation des **a**ctivités d'enseignement – apprentissage dont l'enseignant garde la complète maitrise.

Tableau 1 Différents types de données possibles à prendre en compte pour réguler l'activité d'enseignement

	1	2	3	4	5
Types	Les perceptions spontanées de l'enseignant	Les données factuelles liées aux activités d'apprentissage	Les données centrées sur la qualité d'un enseignement (EEE)	Les données massives sur les apprenants (*Learning Analytics*)	Les données centrées sur l'enseignement (*Teaching Analytics*)
Nature des données	Invoquées	Provoquées par les activités d'apprentissage	Provoquées à la demande des institutions	Invoquées	Provoquées à la demande de l'enseignant
Focus	Les attitudes et comportements visibles des élèves	La réalisation (et la réussite) des tâches	L'appréciation générale des enseignements	Les comportements traçables et enregistrés	Les attitudes et avis non explicites des élèves
Exemples	Enthousiasme, implication des élèves, climat des échanges ...	Exercices, fiches d'application, traces diverses, évaluations ...	Questionnaires visant des aspects généraux de l'enseignement ...	Logins, statistiques de connexions, scores de performances automatisés...	L'attrait, le sentiment de compétence, la valeur perçue, le fonctionnement d'un groupe ...
Limites	Subjectives et inscrites dans les souvenirs labiles de l'enseignant	Partielles et liées aux traces écrites des activités	La finesse de l'instrument, l'exploitation des données	Massives et difficiles à traiter sans recourir à des algorithmes	Partielles et liées aux choix de focus de l'enseignant

C'est sur la base de ces différentes données (recueillies et traitées de manière singulière) que les enseignants régulent continuellement leurs actions dans leur classe. Ces régulations constituent le cœur de l'activité pédagogique et s'inscrivent dans un processus de prise de décisions qui, selon le modèle d'Ebbeler et al. (2016), s'articule en plusieurs étapes. La première consiste en l'expression d'intentions et/ou de questionnements qui orientent la prise de données (invoquées ou provoquées). La seconde se poursuit par la mobilisation des cadres de référence et d'analyse de l'enseignant qui peut ainsi interpréter ces informations et les traduire en rétroactions, dont il mesure ensuite les effets. La boucle se répète constamment et peut enclencher des décisions prises à chaque instant dans la classe (Jackon, 1990) ou des choix qui renvoient aux activités planifiées et aux événements d'apprentissage (Leclercq & Poumay, 2008) vécus par les élèves. Des décisions qui concernent l'organisation générale du cours ou du programme de formation sont également possibles (Rieunier, 2014).

Nous considérons ce mécanisme de prise de décisions comme un geste d'enseignement (Sensevy, 2010) qui témoigne des compétences réflexives de l'enseignant (Perrenoud, 2001). La qualité et l'efficacité de ce geste restent cependant étroitement liées à la pertinence et à la validité des données collectées. En effet, pour pouvoir décider et rétroagir au mieux, il convient de s'appuyer sur des informations probantes, ciblées sur des événements ou des éléments particuliers sur lesquels il est possible d'agir. Un enseignant qui ne se fie qu'à ses impressions ou ses observations risque de ne pas percevoir les vraies difficultés de ses élèves; celui qui ne voit que les productions écrites peut passer à côté d'éléments importants comme le processus de réalisation. En effet, une partie des facteurs déterminant les apprentissages comme le sentiment de compétence des élèves, leur attrait, leur anxiété ou la valeur qu'ils accordent aux activités, échappent complètement à l'enseignant s'il ne prend pas soin de consulter ses élèves. Le recours aux regards des premiers intéressés (c'est-à-dire les apprenants) semble ainsi des plus pertinents.

2.2 Variables à prendre en compte pour réguler les dispositifs d'enseignement

Un enseignant qui prépare des activités pour sa classe doit prendre en compte de très nombreuses variables. Ces dernières touchent des aspects didactiques, pédagogiques, organisationnels ou encore relationnels. Dans sa définition des variables didactiques, Brousseau (1982) juge que celles qui sont manipulables et sur lesquelles l'enseignant peut agir sont particulièrement intéressantes parce qu'elles ont un impact sur la réalisation d'une activité. Par le biais de sept domaines, qui englobent eux-mêmes deux à quatre dimensions, la plateforme OURA reprend cette logique et cible des variables sur lesquelles l'enseignant peut précisément agir.

Alvarez et al. (2021) décrivent toutes les dimensions implémentées dans la plateforme OURA (tableau 2) et les étayent en s'appuyant sur divers théories ou modèles. Nous reprenons ici les principaux éléments qui justifient la présence de ces variables dans la plateforme. Sur le plan motivationnel (1) (Viau, 1994), en jouant sur la difficulté des tâches ou sur les aides à disposition, l'enseignant peut renforcer le sentiment de compétence des élèves. L'habillage qu'il donne aux activités peut susciter plus ou moins d'attrait, de même que la place qu'il laisse aux choix des apprenants peut plus ou moins les motiver (Ryan & Deci, 2009). Les dimensions affectives (2) sont également prises en compte, car on sait que le plaisir, le stress et encore le sentiment de fierté sont des facteurs importants lorsque l'on parle d'apprentissage (Lafortune & Mongeau, 2002). L'engagement, la concentration ou la manière dont les élèves s'organisent pour réaliser leur tâche (3) sont de précieux indicateurs qui renseignent l'enseignant sur l'implication des élèves (Jumel, 2014). L'organisation du dispositif d'enseignement-apprentissage est elle aussi un facteur déterminant pour les élèves : ont-ils eu assez de temps, les ressources à disposition étaient-elles pertinentes ou accessibles, se sont-ils sentis soutenus et aidés ? Autant d'éléments qui renvoient au *Learning Design* (Charlier, 2019), à l'ingénierie pédagogique ou encore aux aspects ergonomiques des situations (4) (Renaud, 2020). Accéder à l'avis des élèves sur leurs propres apprentissages (5) constitue un levier intéressant pour évaluer la pertinence d'une activité. Il peut être intéressant de les inciter à s'objectiver, à nommer ce qu'ils ont appris et à voir dans quelle mesure ils ont atteint les objectifs fixés.

Tableau 2 Domaines et dimensions implémentés dans OURA

Domaines	Dimensions			
1. Motivation	Utilité perçue	Sentiment de compétence	Contrôlabilité	
2. Affectivité	Attrait-plaisir	Stress- anxiété	Sentiment de fierté	
3. Implication	Engagement	Concentration	Organisation	
4. Conditions	Acceptation	Utilisabilité	Soutien	
5. Apprentissages	Objectivation	Performance	Intérêt personnel	
6. Métacognition	Anticipation	Autorégulation	Prise de conscience	Transfert
7. Collectif	Fonctionnement	Apports du groupe		

Sur le plan métacognitif (6), l'activation d'opérateurs tels que l'anticipation, l'autorégulation, la prise de conscience ou encore la possibilité de transférer des connaissances acquises peut donner à l'enseignant des clés sur ce qu'il faut faire encore pour favoriser les apprentissages des élèves (Wolfs, 1998). Enfin, disposer d'indications sur le fonctionnement d'un groupe (7) ou les apports qu'il peut générer va renseigner l'enseignant sur les relations entre élèves et le climat social de sa classe (Bennacer, 2005).

3. Fonctionnement de la plateforme

OURA[3] se présente sous la forme d'une plateforme numérique libre et ouverte à tous. Elle a été développée dans le cadre du programme *Digital Skills* soutenu par *Swiss Universities* et les Hautes écoles pédagogiques de Fribourg (HEP|PH FR) et de Berne-Jura-Neuchâtel (BEJUNE). Elle répond à des questionnements pédagogiques issus des professeurs de ces institutions. En effet, les systèmes d'évaluation des enseignements mis en place dans ces institutions montrent certaines limites; c'est pourquoi plusieurs formateurs se sont interrogés sur le développement d'un outil numérique permettant de mieux saisir les avis des étudiants. Partant du principe que ces derniers étaient les mieux placés pour dire ce qui leur convenait ou non, la mise au point de OURA est apparue comme la «bonne» réponse à ce besoin. En outre, le caractère numérique de l'outil s'est avéré particulièrement pertinent, à la fois pour réduire son impact dans les cours, mais aussi – et surtout – pour s'insérer dans les dispositifs d'enseignement à distance mis en œuvre au moment du *lock down* de 2020.

Le développement de la plateforme s'appuie sur les éléments théoriques précédemment décrits et s'inscrit dans les principes généraux suivants:

- OURA produit des données susceptibles d'aider les enseignants à évaluer, à partir des avis des élèves, la qualité et la pertinence des expériences d'apprentissage qui leur sont proposées; la plateforme permet ainsi d'outiller la réflexivité des enseignants et de questionner leurs pratiques.
- OURA cible des domaines et des dimensions dont la pertinence pour les apprentissages est avérée et étayée par les résultats de la recherche; ces différents domaines touchent des variables sur lesquelles les enseignants ont un réel pouvoir d'action.
- L'utilisation de OURA est simple pour tous les utilisateurs (professeurs et apprenants) et son usage s'insère dans le flux pédagogique sans le perturber;

---

[3] www.oura2.ch. Le site présente plusieurs vidéos et tutoriels.

- Les données produites par OURA sont anonymes : les professeurs ne connaissent pas le nom des répondants ; les élèves restent propriétaires de leurs propres données et peuvent en disposer librement.

Sur le plan pratique, la plateforme OURA permet à l'enseignant de générer de petits questionnaires ciblant les dimensions souhaitées (figure 1). Les questions sont automatiquement générées en fonction de ces dernières. Une fois ce choix terminé, un code d'accès (et un QR-CODE) permet aux apprenants de répondre aux questions directement sur un ordinateur, une tablette ou un smartphone. Les données sont immédiatement traitées et présentées sous forme de graphiques.

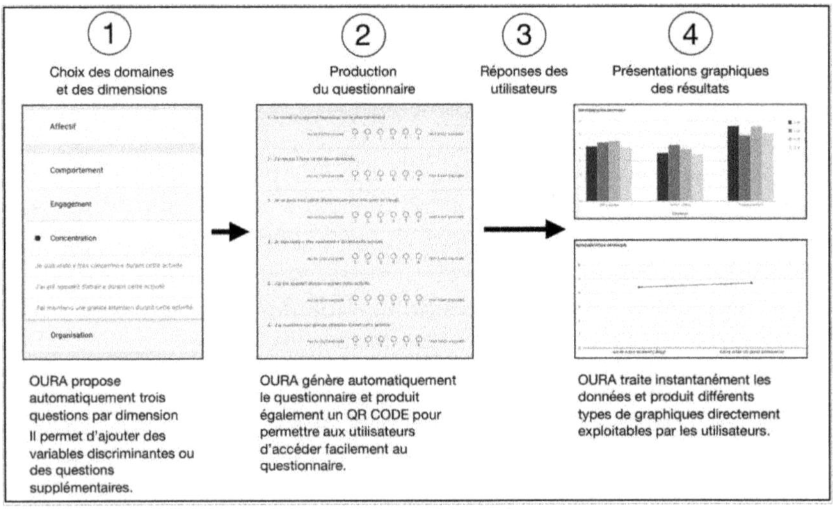

Figure 1 Étapes d'utilisation de OURA

Dans le but de mettre la plateforme OURA à l'épreuve de la réalité, une recherche-action a été conduite pour évaluer un dispositif de formation.

4. Recherche-action avec OURA

4.1 Contexte et objectifs de la recherche

La HEP|PH FR est une institution bilingue (français – allemand), qui s'assure que les étudiants maitrisent la langue partenaire, au niveau C1 (selon le Cadre européen commun de référence pour les langues), au terme de leur formation initiale et qu'ils soient capables de réaliser une séquence d'enseignement-apprentissage dans l'autre langue. Un test de positionnement (oral et écrit) en langue seconde (en français pour les germanophones et en allemand pour les francophones), au début de la formation, détermine le parcours d'apprentissage des étudiants. En effet, ce test leur donne un feed-back dès leur entrée en formation et leur permet de s'autoévaluer afin de mesurer le travail à réaliser en vue de l'obtention du niveau linguistique attendu par l'institution. Certains d'entre eux choisissent une voie bilingue mais la grande majorité prennent la voie standard, dans laquelle 15 à 20 % des cours sont donnés dans la langue partenaire.

Lors de la rentrée 2020, face aux défis de la pandémie, mais aussi dans un souci de personnalisation de la formation grâce à la digitalisation, la réalisation du test de français en langue 2 (L2) est passée du mode présentiel à une modalité en ligne. Les étudiants de la section germanophone ont été les premiers à vivre cette expérience, en ayant une semaine à disposition pour effectuer le test à leur convenance. Cependant, à partir du démarrage effectif du test, les étudiants n'avaient qu'une heure pour le terminer. En ce sens, cette épreuve couvrait non seulement des compétences langagières, mais également l'aptitude à gérer son temps et son stress. Par ailleurs, le format d'examen était tout nouveau pour les étudiants, puisqu'ils étaient seuls, chez eux, devant leur ordinateur, sans possibilité de poser des questions ou de demander de l'aide si nécessaire. Cette épreuve a ainsi requis la mobilisation des ressources numériques et linguistiques des étudiants, leur capacité à comprendre les consignes ainsi que le maintien d'un rythme de travail adéquat en L2. Au terme de l'épreuve et en fonction des résultats obtenus, l'institution leur a proposé diverses options de formation personnalisées.

Indépendamment du résultat du test des 22 étudiants germanophones concernés, nous nous sommes interrogés sur leurs perceptions du format de l'épreuve, de son contenu et de l'importance accordée au test de placement dans une perspective de personnalisation de la formation. Quels capitaux et quelles stratégies mobilisaient-ils pour vivre cette expérience réalisée à distance ? Les perspectives qui se dégagent de cette interrogation sont apparues pluridimensionnelles. Pour faire face à ce défi, l'équipe enseignante de langue seconde (L2) et celle en charge du projet *Digital Skills* se sont réunies dans une démarche pluridisciplinaire articulant plurilinguisme et numérique avec l'idée d'intégrer la plateforme OURA comme un outil de collecte de données sur l'expérience des étudiants. Cette collaboration les a incités aussi à réfléchir autour des compétences techno-pédagogiques des formateurs, nécessaires à une intégration pertinente du numérique. Dès lors, l'intégration pédagogique de OURA dans le test de placement français L2 apparait comme doublement pertinente. D'abord, parce qu'elle a permis la collecte de données sur les modalités de passation du test et sur d'éventuels ajustements à faire et, ensuite, parce qu'elle a permis de documenter les premières expériences liées à l'utilisation d'OURA en contexte de formation. Les objectifs de cette recherche sont donc de comprendre :

- dans quelle mesure l'utilisation du numérique (en particulier de OURA) implique une nouvelle manière de s'interroger à propos des besoins du public plurilingue dans une institution officiellement bilingue ;
- dans quelle mesure l'utilisation de la plateforme OURA permet de questionner les termes du contrat de formation, en particulier la personnalisation des dispositifs d'apprentissage et le paradigme de formation dans lequel elle est implantée.

4.2 Méthode de recherche et d'analyse

Étant donné le caractère interdisciplinaire de notre recherche, nous avons opté pour l'articulation entre recherche-action et recherche-formation comme des modes coopératifs de production de savoirs (Perrenoud et al., 2008). La recherche-action-formation nous permet de mettre l'accent tant sur un « agir en réponse à un besoin pédagogique » (Anquetil, 2006, p. 51) que sur la formation des acteurs pédagogiques (formateurs et chercheurs) impliqués dans la recherche.

Concrètement, en août 2020, 22 étudiants étaient inscrits pour la passation du test de positionnement en français L2. En dépit de leur statut d'étudiants inscrits en première année de formation, leur parcours académique (en particulier pour ce qui est de l'apprentissage du français), leur âge, leur capital linguistique et leur provenance géographique sont très différents.

Avant le test, les étudiants ont suivi une séance de formation à distance durant laquelle l'équipe pédagogique de français L2 leur a transmis des informations liées au test, notamment en ce qui concerne le format et l'organisation. A la fin de cette séance, l'équipe de *Digital Skills* a présenté la plateforme OURA aux étudiants, ses fonctionnalités ainsi que l'objectif de son implémentation dans le cadre du test de placement 2020. Après avoir passé leur examen de langue, les étudiants ont répondu au sondage OURA préparé par l'équipe pédagogique.

Les questions des sondages ont ciblé plusieurs domaines et dimensions intimement liés à cette expérience et ont permis de mettre en évidence les grandes lignes du processus tel qu'il a été vécu par les étudiants. Il s'agit du sentiment de compétence des étudiants en lien avec le test, de leur attrait, de l'utilité perçue du test, de la contrôlabilité de la tâche, du soutien proposé et de la métacognition.

Par la suite, des entretiens semi-directifs d'une durée moyenne de 60 minutes (Kaufmann, 1996) ont été conduits auprès de ces mêmes futurs enseignants. Le but de ces entretiens était de mieux comprendre les réponses données dans les sondages, grâce à la contextualisation de chaque réponse et la prise en compte des particularités de chaque interlocuteur.

En parallèle à cela, d'autres entretiens semi-directifs avec les formateurs de l'équipe pédagogique du groupe de français L ont eu lieu. Trois professeurs de la HEP|PH FR, avec un minimum de 5 ans d'expérience dans la formation des enseignants y ont participé. Les objectifs de ces entretiens étaient de connaitre leur perception sur l'utilisation de la plateforme OURA, mais aussi de mettre en exergue son éventuel apport quant à la régulation de leur offre pédagogique liée au test d'emplacement et à l'enseignement linguistique en français L2. D'une durée de 90 minutes en moyenne, ces entretiens ont été transcrits de manière intégrale. Voici quelques exemples de questions posées aux formateurs :

- Quelles sont vos compétences techno-pédagogiques ?
- Que pensez-vous de l'utilisation d'OURA ?
- En regardant les fonctionnalités de la plateforme, comment son utilisation pourrait-elle aider à réguler votre enseignement ?
- Comment voyez-vous le rôle de l'étudiant dans la personnalisation de la formation ?

Pour opérationnaliser cette recherche, nous avons opté pour une méthode d'analyse multimodale qui a permis d'analyser chaque corpus séparément et, par la suite, de croiser les résultats d'analyse dans l'ordre suivant :

1. L'analyse des données des questionnaires ;
2. L'analyse des entretiens des étudiants ;
3. L'analyse des entretiens des professeurs ;
4. L'analyse croisée des résultats.

Les données récoltées grâce aux sondages ont été traitées et restituées sous différentes formes graphiques donnant accès à des synthèses immédiates. (Ces dernières (si synthèses) ou ces derniers (graphiques) ont permis de mener nos réflexions en prenant en compte à la fois/d'une part les questions des entretiens, d'autre part leur exploitation. . .). Nous avons opté pour une analyse thématique interprétative des entretiens semi-directifs, nous appuyant sur des concepts opératoires tels que perceptions, capitaux (Bourdieu, 1986) et stratégies (Camilleri, 1990). Dans un premier temps, l'étude des entretiens des étudiants nous a permis de mieux comprendre le sens que ces derniers donnent à leur expérience pédagogique, d'accéder à leur réflexivité, à leur capacité à s'autoévaluer en L2 et à leur manière de s'autoréguler dans leur appropriation langagière en L2. Par la suite, nous avons croisé les résultats des différents corpus afin de mettre en exergue des informations susceptibles de permettre aux enseignants de personnaliser et réguler la formation linguistique en s'appuyant sur des données produites par les étudiants et ainsi de mettre en évidence l'apport de l'utilisation de la plateforme OURA dans ce processus.

4.3 Présentation des résultats des étudiants

4.3.1 Utilité perçue du test

Nous avons donc questionné les étudiants sur l'utilité perçue du test et, comme on peut le constater sur la figure 2, les étudiants perçoivent tous une grande utilité du test d'entrée en français L2. Sur le graphique, l'axe vertical indique les scores de l'utilité perçue selon une échelle de Likert (1 correspondant à pas du tout d'accord et 6 correspondant à tout à fait d'accord). L'axe horizontal indique les catégories d'âge des étudiants sondés (plusieurs catégories ne sont pas représentées) et leur choix d'études (diplôme bilingue (DiBi) ou en allemand uniquement (D)). Comme nous pouvons le voir sur le graphique, la perception de l'utilité du test est plus élevée chez les étudiants inscrits dans une formation pour l'obtention d'un diplôme bilingue, âgés de 18 à 25 ans.

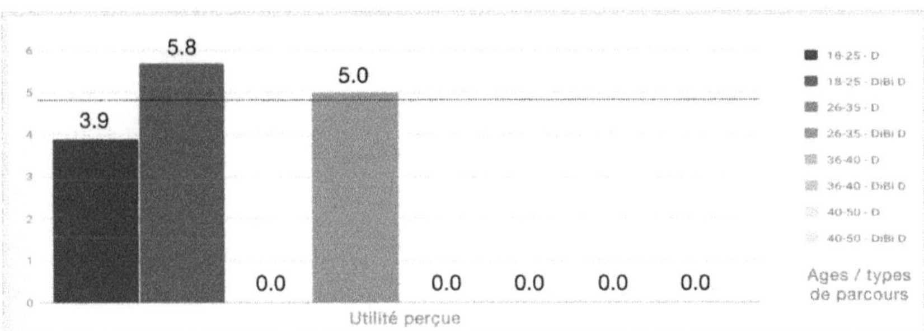

Figure 2 Résultats des étudiants sur la dimension « Utilité perçue » selon les huit catégories d'âge des étudiants et leurs deux regroupements (allemand ou DiBi[4])

[4] DiBi = diplôme bilingue.

Les entretiens semi-directifs ont mis en évidence les raisons de cette haute conscience de l'utilité perçue. Par exemple, un répondant affirme que ce test lui a permis d'avoir un feed-back rapide sur son niveau auto-perçu : « *Ce test a confirmé mon niveau B2, car j'avais passé deux ans à l'Université, j'ai étudié le français et j'ai passé le niveau B2* » [R2]. Cet autre étudiant voit une grande utilité au test pour choisir le type de parcours qu'il peut effectuer : « *je me questionne si je veux toujours faire le diplôme bilingue, si je suis capable de réussir le DiBi* » [R1]. A partir de ces informations, ce dernier étudiant a pu choisir un des dispositifs d'accompagnement linguistique personnalisé offert à la HEP|PH FR pour atteindre le niveau C1 : « *après le feed-back, je suis venue au cours pour le niveau C1* » [R3].

4.3.2 Sentiment de compétence lié au test

Nous avons aussi questionné les étudiants sur le sentiment de compétence ressenti pendant le test, puisque cette dimension fait référence à la croyance de l'apprenant en sa capacité à réaliser la tâche demandée (Perreault et al., 2010). De manière générale, les étudiants se sont sentis compétents et pensent avoir fourni du bon travail en français L2. Or, nous avons constaté que le sentiment de compétence est moins élevé chez les étudiants plus âgés ayant choisi la formation bilingue, troisième barre à droite sur la figure.

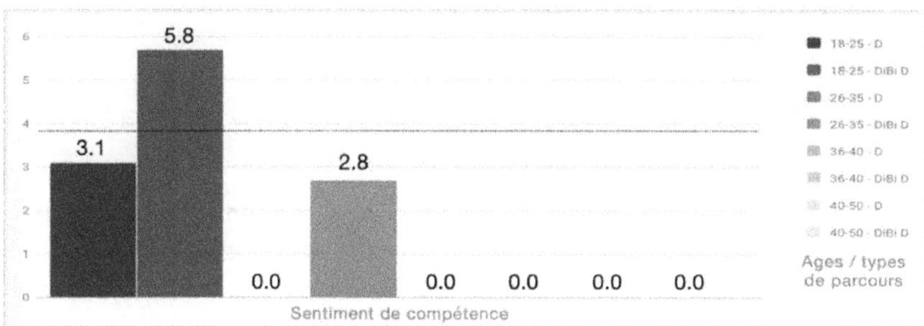

Figure 3 Réponses des étudiants à la dimension « Sentiment de compétence » selon les huit catégories d'âge des étudiants et leurs deux regroupements (allemand ou DiBi)

Pendant les entretiens, nous avons compris que le sentiment de compétence est moins élevé chez les étudiants qui ont choisi la formation bilingue parce que leurs objectifs de formation sont différents (le niveau plus élevé). Cette autoévaluation se base sur plusieurs piliers : le capital culturel et linguistique de l'étudiant, le parcours ou les études antérieures comme l'indique un des répondants: «*J'évalue mon niveau par rapport à la grammaire, des cours de français que j'ai suivis dans d'autres écoles ou des cours de langue*» [R2]. D'autres se basent sur leur capital pour créer leur propre stratégie d'évaluation en procédant d'une langue à l'autre, comme l'indique cet interlocuteur: «*J'évalue ma performance en français en comparaison avec l'anglais que je considère comme ma langue étrangère*» [R1] Plusieurs étudiants ont évalué leur sentiment de compétence à partir de l'appréciation qui a suivi leur test en ligne.

4.3.3 Organisation du test en ligne

Comme expliqué un peu plus tôt, les étudiants avaient une semaine à leur disposition pour effectuer ce test mais, une fois le test commencé, ils n'avaient qu'une heure pour le finaliser. Cette organisation a pu être source de stress, au sens des éléments conatifs associés aux processus cognitifs. Comme on peut le voir sur la figure 4, les étudiants ont tous fait un retour positif sur la dimension *organisation*.

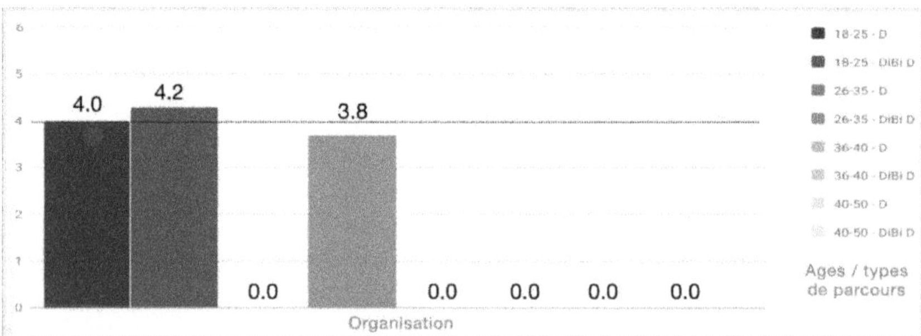

Figure 4 Réponses des étudiants à la dimension « Organisation » selon les huit catégories d'âge des étudiants et leurs deux regroupements (allemand ou DiBi)

Pendant les entretiens, nous avons réalisé que, de manière générale, les étudiants ont apprécié la possibilité de passer le test en autonomie. Deux d'entre eux affirmant : « *C'est bien d'avoir le temps et de choisir quand on peut passer le test, pour pouvoir se mettre dans la situation* » [R1]. Les étudiants se sont sentis plus concentrés et engagés, l'un d'eux affirmant: « *On était seuls et c'est mieux pour se concentrer aussi* », même si un certain stress a été engendré par des difficultés de compréhension des consignes « *C'était un peu stressant, car on n'a pas de possibilité de poser des questions* » [R2], « *Quand je ne comprenais pas les consignes, ça prenait trop de temps pour dire comment on fait* » [R3].

4.3.4 Perceptions des étudiants sur l'utilisation d'OURA

Pendant les entretiens semi-directifs, nous avons également questionné les étudiants par rapport à la plateforme OURA. Nous étions particulièrement intéressés de connaitre leur avis sur les apports de la plateforme dans l'enseignement du français L2. De manière générale, les étudiants ont tous apprécié l'articulation entre le numérique et le plurilinguisme. Selon eux, les questions posées dans les sondages aidaient à mieux comprendre les objectifs d'apprentissage en français langue seconde ainsi que le processus d'accompagnement linguistique proposé par la HEP|PH FR. De plus, les domaines et les dimensions de la plateforme OURA leur ont permis de comprendre de manière plus approfondie leur rôle d'étudiant dans le processus d'apprentissage. Un répondant souligne que ça permet d' *«[.].être au clair avec mon rôle à jouer, ça m'aide dans ma manière d'être en tant qu'étudiant»* [R5]. Le développement d'une pensée réflexive sur leur propre manière d'apprendre, de s'engager ou de s'investir intellectuellement est ainsi bien présent. En tant que futurs enseignants, ils ont également apprécié qu'on demande leur avis sur cette expérience qui apparait comme le début du processus de coconstruction du dispositif d'accompagnement linguistique qui se veut personnalisé aux besoins de chacun.

4.4 Présentation des résultats des professeurs

4.4.1 Ergonomie de la plateforme

Les professeurs ont relevé les avantages ergonomiques de la plateforme: *«La plateforme est très intuitive, les fonctionnalités et le traitement des données ne demandent pas de compétences technopédagogiques très élevées»* [P3]. En ce sens, la plateforme respecte bien le principe d'accessibilité et convient bien aux utilisateurs.

L'utilisation de la plateforme ainsi que la préparation des sondages ne demande pas de changer complètement ses habitudes pour améliorer l'engagement et les performances des apprenants:*« C'est un point positif, celui de ne pas demander des compétences techniques exceptionnelles ou faire de grand changement dans ma façon de m'organiser»* [P4]. Ces avantages ergonomiques ont une influence positive sur l'intégration de la plateforme OURA dans les pratiques des professeurs. Elle facilite en outre les interactions et la coopération avec les étudiants et favorise ainsi les régulations individuelles et collectives liées à l'expérience d'apprentissage.

4.4.2 Feed-back direct

Selon différents interlocuteurs, un autre avantage de la plateforme OURA est de permettre des interactions directes avec les étudiants grâce au feed-back instantané: *«Dans une salle remplie de 80 étudiants, on n'a pas le temps de questionner ou de comprendre le vécu de tout le monde. Par contre avec OURA, on pourrait avoir ce feed-back direct qu'on pourrait après utiliser de sorte que cela améliore la productivité.* » [P5]. Les informations transmises sont précieuses et permettent d'élargir le point de vue du professeur. En effet, elles complètent ses observations – sans les remplacer pour autant – et élargissent la base de données sur lesquelles il peut prendre des décisions pédagogiques « *Cet outil élargit mon point de vue de la classe, de l'ensemble des étudiants et de chacun d'eux, comme si je pouvais voir, écouter et sentir des choses que je ne peux pas faire autrement.* » [P4]. Ces rétrospections permettent de s'approcher de plus en plus de la « boîte noire » de l'apprenant, de renforcer la capacité du professeur à poser un « diagnostic » et de mieux connaitre les besoins des étudiants pour proposer une formation adaptée. Le professeur inclut l'étudiant tout au long du processus de régulation de l'expérience proposée : « *L'idée d'amener l'étudiant à s'exprimer vraiment clairement, librement, ne pas avoir la peur du jugement, c'est un grand plus, que je vois aussi .[.] Avoir son avis, avant un cours ou après un cours, c'est très bien, on ne se fie pas uniquement à notre feeling* » [P1].

4.4.3 La régulation de l'enseignement

Les professeurs considèrent la plateforme OURA comme efficace sur le plan pédagogique, en particulier lors d'une réflexion sur les dispositifs d'apprentissage proposés aux étudiants : « *Prendre une minute pour voir ce qui est vraiment très important dans le cadre de telle expérience d'apprentissage et ce que le prof veut vraiment que les étudiants voient comme important et avoir le point de vue des étudiants sur ce même aspect, c'est vraiment positif. La préparation va devenir plus réfléchie dans ce sens* » [P4]. Un répondant souligne l'intérêt des sondages effectués auprès des étudiants. En effet, si les réponses des apprenants indiquent des problèmes, : « *On peut travailler à la remédiation immédiate avec les acteurs concernés, ce qui me semble très difficile à saisir et à traiter uniquement avec et à travers notre seul regard, je veux dire à l'œil nu* » [P5]. Le professeur peut procéder à une analyse rigoureuse et à un réinvestissement des traces comportementales et cognitives d'une expérience d'apprentissage sur plusieurs facettes de l'enseignement pour réguler aisément son enseignement. Grâce aux avis des étudiants, il dispose de leviers concrets qui lui permettent d'agir immédiatement : « *ça permet de savoir ce qu'il faut repérer ou réguler par rapport à la planification, par rapport au contenu, à la manière d'amener le contenu en classe ou les modalités d'organisation en classe, quel type d'organisation on fait et quel type d'évaluation* » [P3].

4.4.4 OURA comme contrat de formation

Sans faire directement référence aux impératifs institutionnels liés aux standards de qualité, les enseignants interrogés font mention, dans leur discours, d'un lien entre l'utilisation de la plateforme OURA et la perspective d'un nouveau contrat de formation entre l'enseignant et les étudiants : *« on est dans un monde où la concurrence est accrue et je le vois bien dans d'autres contextes, demander l'avis du consommateur, client ou étudiant, c'est toujours valorisant, ça veut dire qu'on tient à son avis, et que la personne qui pose la question est une professionnelle, qui n'hésite pas à se questionner, à se remettre en question et en doute dans une démarche d'amélioration et collaborative »* [P3]. Impliquant les étudiants dans son fonctionnement pédagogique, l'enseignant pose de nouvelles bases qui les aident à développer une meilleure connaissance de son fonctionnement individuel ainsi que sa capacité d'intervention sur son propre projet pédagogique. Cette démarche favorise la communication, la coaction, la coopération et la métacognition. Or, selon nos interlocuteurs, le regard serait restrictif si on se focalisait uniquement sur le contexte de classe dans le cadre d'un cours :*« Ce serait dommage de ne prendre cela que pour les cours, on peut aussi l'utiliser pour faire autre chose. Je parle de mentorat* [ndlr suivi individualisé des étudiants lors des stages pratiques] *par exemple, parce que le mentorat, on n'a pas souvent de feed-back, parfois on peut passer plusieurs semaines sans voir l'étudiant, son avis serait précieux »* [P2], remarque qui peut aussi s'appliquer à l'accompagnement linguistique en L2. Le potentiel adaptatif de OURA est important et il est possible de le mobiliser dans des contextes liés à la formation afin d'améliorer l'accompagnement des étudiants ainsi que leurs habitudes de travail.

5. Discussion et conclusion

A ce stade, nous pouvons revenir sur les deux objectifs de notre recherche. Les résultats montrent que les avis des étudiants, autant que des professeurs, sont positifs envers l'usage de la plateforme, d'abord pour des raisons ergonomiques, mais également sur le plan pédagogique. Les données recueillies via les questionnaires de OURA contribuent à développer une réflexion sur les expériences et les dispositifs d'enseignement-apprentissage proposés dans la formation. Les répondants (plus particulièrement les formateurs ou professeurs) s'accordent à relever que la plateforme leur permet d'enrichir leurs perceptions et qu'elle met à leur disposition des informations pertinentes pour réguler et réajuster leurs enseignements. Dans ce sens, on peut dire que la contribution de OURA s'inscrit pleinement dans trois axes de discussion.

Le premier axe est celui du développement professionnel, favorisé par une action réflexive sur ses pratiques. L'idée n'est pas nouvelle puisque dans les années quatre-vingt, Schön (1983) donnait déjà l'impulsion qui a permis d'ériger ce concept comme un des principes fondateurs de la professionnalisation des enseignants (Tardif et al., 2012). Ainsi cette réflexion *dans* l'action et *sur* l'action (Perrenoud, 2001) se trouve désormais enrichie et renouvelée par l'accès à des données nouvelles. Par effet miroir, l'attitude réflexive des formateurs de la HEP|PH FR peut conduire les futurs enseignants en formation à mieux comprendre l'intérêt de ce questionnement, pour ajuster leurs enseignements aux besoins des apprenants.

Ce constat nous conduit au deuxième axe de réflexion qui concerne les analytiques de l'enseignement. Ce domaine, à l'image des *Learning analytics* (analytique de l'apprentissage), s'appuie sur les technologies pour guider et soutenir les choix des utilisateurs (Prieto et al., 2016). Certes, les données collectées par OURA sont essentiellement le fruit de choix délibérés opérés par les formateurs, non issus de processus automatisés et ces informations sont loin d'être « ultra massives ». Néanmoins, l'utilisation réitérée des questionnaires OURA permet de disposer de données suffisamment importantes pour prendre des décisions pertinentes. La conjonction entre collecte d'informations et expériences d'apprentissage vécues par les apprenants est incontestablement une force du dispositif qui enjoint les utilisateurs, non seulement à réfléchir à ce qu'ils font, mais également à agir ponctuellement, peut-être modestement dans certains cas. Cette logique du pas-à-pas conduit, selon cette recherche, à des changements pédagogiques progressifs, mais sans doute plus importants sur le long terme.

Le troisième axe de questionnement intègre les réflexions sur l'EEE qui sous-tendent la démarche proposée par OURA et invite à se questionner sur les buts de l'évaluation des enseignements. Dépassant ainsi l'idée d'un contrôle qualité du travail des formateurs, cette approche contribue très clairement au développement professionnel des enseignants (Barbier et al., 1994). Les domaines et dimensions proposés dans OURA permettent de voir des évolutions, d'effectuer des comparaisons entre les tâches proposées aux étudiants et à des groupes d'apprenants. OURA pourrait soutenir les analyses de pratiques, inciter les professeurs à échanger entre eux sur la base des résultats obtenus et à s'engager ainsi dans des dispositifs d'intervision et dans des communautés de pratique(s) (Perreard Vité & Tessaro, 2018).

Enfin, si l'on aborde notre second objectif de recherche, on peut aisément conclure que l'utilisation de OURA contribue à un renouvellement des paradigmes de formation. En traitant de l'intégration pédagogique des technologies, Tardif et Presseau (1998) en évoque deux : le premier, défini comme le paradigme d'enseignement, met en évidence le professeur dans son rôle de transmetteur du savoir. Il est un expert de la matière, c'est lui qui conçoit les tâches et les évaluations. Le second, défini comme le paradigme d'apprentissage, place l'élève au centre en tant qu'acteur de son propre développement. Ce dernier ne subit pas le rythme et le chemin de son professeur mais est, au contraire, amené à construire son itinéraire, à prendre des responsabilités, à s'autoévaluer et à construire un propre rapport au savoir. On caractérise souvent ces deux approches d'instructiviste et de constructiviste. Il nous semble pertinent d'amener ici une troisième manière de voir les choses, une autre approche qui pourrait se définir comme le paradigme des contributions réciproques. Dans cette logique, l'expertise est partagée : l'enseignant est le spécialiste du savoir et des médiations pédagogiques (Rézeau, 2002) et l'apprenant est un spécialiste de son apprentissage et des stratégies qu'il met en œuvre. Le *Learning Design* est construit par l'enseignant, mais il est constamment remodelé et adapté à partir du feed-back donné par les apprenants. Se dessine alors une sorte de partenariat dans lequel les apprenants s'engagent à être actifs, à se mobiliser et à entrer dans les tâches proposées par leur formateur, lequel s'engage en retour à les interroger pour que l'enseignant puisse s'adapter et ajuster son enseignement aux besoins. Dans ce sens, chacun contribue au développement de l'autre.

La recherche conduite ici pour illustrer un usage possible de OURA rencontre bien sûr des limites. Elle touche un dispositif d'évaluation diagnostique (le test de français L2), et non des expériences d'apprentissage vécues par les étudiants. Les réponses données ont produit des prises de conscience au sein de l'équipe enseignante, qui va pouvoir réajuster le dispositif. Il serait évidemment intéressant de creuser les effets du feed-back de OURA lorsqu'il touche plus directement les conceptions de l'apprentissage des formateurs ou leurs approches didactiques. Le nombre restreint de formateurs concernés ici (liés à l'équipe pédagogique du test L2) n'expose qu'un point de vue très partiel qu'il conviendrait de compléter pour voir jusqu'où les avis des apprenants peuvent être pris en compte par les enseignants/pédagogues. Par ailleurs, les avis collectés sont ceux de personnes n'ayant pas nécessairement un *a priori* positif envers l'intégration pédagogique des technologies. Si l'on peut admettre que les opinions concernant l'ergonomie et la simplicité de la plateforme sont largement partagées avec d'autres enseignants, il est probable que l'intégration de cet outil dans la réalité même de l'enseignement fasse l'objet de controverse, par exemple en raison des perturbations qu'il pourrait amener dans les cours.

L'intégration de OURA dans les dispositifs de formation n'en est encore qu'à ses débuts. De nombreuses questions restent ouvertes et concernent par exemple l'implémentation systématique de OURA qui devrait alors trouver l'adhésion d'un large public, l'usage intensif des questionnaires dans de nombreuses disciplines pouvant sans doute lasser les étudiants. Le choix des domaines et des dimensions pourrait s'ouvrir aux champs des affects et des émotions (Audrin, 2020).

Pour terminer, nous pouvons dire que, à ce stade, la plateforme OURA permet une bonne association entre évaluation et technologies. L'outil proposé semble correspondre à un besoin. Nous gageons qu'il permettra de contribuer à la fois au renouvellement des pratiques de formation et au développement des compétences professionnelles des enseignants, mais aussi qu'il mettra en évidence aussi bien le rapport que les formateurs entretiennent avec les technologies (et la collecte de données en particulier) que dans la posture qu'ils adoptent envers leurs apprenants.

Références

Abernot, Y., Gangloff-Ziegler, C., & Weisser, M. (2012). Contribution à l'épistémologie de l'évaluation des enseignements par les étudiants. *Les cahiers du CERFEE, 32*. https://doi.org/10.4000/edso.361

Allal, L., & Laveault, D. (2009). Assessment for learning : évaluation-soutien d'apprentissage. *Mesure et évaluation en éducation, 32*(2), 99–106. https://doi.org/10.7202/1024956ar

Alvarez. L., Boéchat-Heer, S., Cuko, K., & Coen, P.-F. (2021). Soumettre ses gestes d'enseignement à la rétroaction : établir les variables mesurables dans des analytiques de l'enseignement. *Revue suisse des sciences de l'éducation, 43*(3), 366–375. https://doi.org/10.24452/sjer.43.3.2

Anquetil, M. (2006). *Mobilité Erasmus et communication interculturelle : une recherche-action pour un parcours de formation*. Peter Lang.

Arthur, L. (2009). From performativity to professionalism : lecturers' responses to student feed-back. *Teaching in Higher Education, 14*(4), 441–454.
https://doi.org/10.1080/13562510903050228

Aubert-Lotarski, A., Zhang, T., & Van den Eede, P. (2017). De l'étudiant "consulté" à l'expert-étudiant : légitimité et valeur ajoutée des experts étudiants dans les évaluations de programme en Belgique francophone. *Éducation & Formation, 207*, 168–182.

Audrin, C. (2020). Les émotions : l'avenir de la formation enseignante. *Recherches en éducation, 41*, 3–4. https://doi.org/10.4000/ree.539

Barras, H. (2017). Impact émotionnel de l'évaluation de l'enseignement par les étudiants (EEE) chez les enseignants d'une haute école en Suisse. *Education & Formation, 307*, 73–90.

Barbier, J.-M., Chaix, M.-L., & Demailly, L. (1994). Recherche et développement professionnel. *Rechercheet Formation, 17*, 5–8.

Bennacer, H. (2005). Le climat social de la classe et son évaluation au collège. *L'orientation scolaire et professionnelle, 34*(4), 461–478. https://doi.org/10.4000/osp.409

Berger, J.-L. (2012). Croyances motivationnelles, habiletés numériques et stratégies dans l'apprentissage des mathématiques en formation professionnelle. *Revue des sciences de l'éducation, 38*(1), 71–99. https://doi.org/10.7202/1016750ar

Bernard, H. (1998). Evaluer pour améliorer l'enseignement. *Mesure et évaluation en éducation, 21*(2), 1–3. https://doi.org/10.7202/1091303ar

Black, P., & Wiliam, D. (2009). Developing the theory of formative assessment. *Educational Assessment, Evaluation and Accountability, 21*, 5–13. https://doi.org/10.1007/s11092-008-9068-5

Bourdieu, P. (1986). L'illusion biographique. *Actes de la recherche en sciences sociales, 62/63*, 69–72.

Burdet, C., & Guillemin, S. (2016). Lire, comprendre, collecter des mots clés et rappeler le récit oralement en utilisant un média. De la compréhension au rappel de texte. Dans M. Depeursinge, S. Florey, & N. Cordonier (Eds.), *L'enseignement du français à l'ère informatique. 12e colloque de l'Association internationale pour la Recherche en Didactique du Français.* (pp. 43–54). Haute Ecole pédagogique du canton de Vaud.

Brousseau, G. (1998). *Théorie des situations didactiques.* La pensée sauvage.

Camilleri, C. (1990). *Stratégies identitaires.* PUF.

Charlier, B. (2019). Les environnements numériques d'apprentissage : éléments d'intelligibilité pour la e-Formation. Dans A. Jézégou (Ed.) *Traité de la e-Formation des adultes.* (pp. 49–68). De Boeck Supérieur.

Detroz. P. (2008). L'évaluation des enseignements par les étudiants : état de la recherche et perspectives. *Revue française de pédagogie,* 165, 117–135. https://doi.org/10.4000/rfp.1165

Detroz, P. (2021). Évaluation des enseignements par les étudiants : Ariane recherche fil désespérément ! Dans C. Barroso da Costa, D. Leduc & I. Nizet (Eds.), *40 ans de mesure et d'évaluation* (pp. 193–214) Presses de l'Université du Québec.

Ebbeler, J., Poortman, C. L., Schildkamp, K., & Pieters, J. M. (2016). Effects of a data use intervention on educators' use of knowledge and skills. *Studies in Educational Evaluation, 48*, 19–31. https://doi.org/10.1016/j.stueduc.2015.11.002

Frenay, M., Boudrenghien, G., Dayez, J.-B., & Paul, C. (2007). Persévérer et accorder de la valeur à l'école : quelle diversité de profils motivationnels chez les élèves de l'enseignement qualifiant ? Dans M. Frenay & X. Dumay (Eds.), *Un enseignement démocratique de masse : une réalité qui reste à inventer (pp.* 229–247). Presses Universitaires de Louvain.

Greenwald, A. G. (1997). Validity concerns and usefulness of student ratings of instruction. *American Psychologist,* 52(11), 1182–1186. https://psycnet.apa.org/doi/10.1037/0003-066X.52.11.1182

Jackon, P.W. (1990). *Life in classrooms.* Teachers College Press.

Jumel, B. (2014). *Les troubles de l'attention chez l'enfant.* Dunod.

Kaufmann, J.-C. (1996). *L'entretien compréhensif.* Nathan.

Lafortune, L., & Mongeau, P. (2002). *L'affectivité dans l'apprentissage.* Presses de l'Université du Québec.

Leclercq, D. & Poumay, M. (2008). *Le Modèle des événements d'apprentissage – Enseignement.* LabSET – IFRES, Université de Liège.

Lu, O. H. T., Huang, A. Y. Q., Lin, A. J. Q., Ogata, H., & Yang, S. J. H. (2018). Applying learning analytics for the early prediction of students' academic performance in blended learning. *Educational Technology & Society,* 21(2), 220–232.

Mottier Lopez, L. (2015). Evaluation-régulation interactive: étude des structures de participation guidée entre enseignant et élèves dans le problème mathématique "Enclos de la chèvre". *Mesure et évaluation en éducation,* 38(1), 89–120. https://doi.org/10.7202/1036552ar

Peraya, D. (2019). Les learning analytics en question: Panorama, limites, enjeux et visions d'avenir. *Distances et Médiations des Savoirs, 25.* https://doi.org/10.4000/dms.3485

Perréard Vité, A., & Tessaro, W. (2018). Entre formation et accompagnement en formation continue: analyse d'une expérience au secondaire. Dans S. Boucenna, E. Charlier, A. Perréard Vité & R. Wittorski (Eds.), *L'accompagnement et l'analyse des pratiques professionnelles, des vecteurs de professionnalisation* (pp. 81–103). Éditions Octares.

Perreault, B., Brassart, S.G., & Dubus, A. (2010). Le sentiment d'efficacité personnelle comme indicateur de l'efficacité d'une formation. Une application à l'évaluation de formation des enseignants. *Actes du congrès de l'Actualité de la recherche en éducation et en formation (AREF).* Université de Genève.

Perrenoud, P. (2001). *Développer la pratique réflexive : Dans le métier d'enseignant. Professionnalisation et raison pédagogique.* ESF.

Perrenoud, P., Altet, M., Lessard, C., & Paquay, L. (2008). *Conflits de savoirs en formation des enseignants :Entre savoirs issus de la recherche et savoirs issus de l'expérience.* De Boeck Supérieur.

Perret, C. (2017). L'évaluation des enseignements par les étudiants peut-elle participer au développement professionnel pédagogique des enseignants de l'université française ? *Education & Formation, 307,* 91–106.

Prieto, L. P., Sharma, K., Dillenbourg, P., & Jesús, M. (2016). Teaching analytics : towards automatic extraction of orchestration graphs using wearable sensors. *LAK'16 : Proceedings of the Sixth International Conference on Learning Analytics & Knowledge,* 148–157. https://doi.org/10.1145/2883851.2883927

Ranjeeth, S., Latchoumi, T.P., & Victer Paul, P. (2020). A Survey on Predictive Models of Learning Analytics. *Procedia Computer Science, 167*, 37–46. https://doi.org/10.1016/j.procs.2020.03.180

Radford, L. (2019). Trace, ontologie, politique et apprentissage. *Formation et pratiques d'enseignement en questions. Hors série 3*,, 15–31.

Renaud, J. (2020). Evaluer l'utilisabilité, l'utilité et l'acceptabilité d'un outil didactique au cours du processus de conception continuée dans l'usage : Cas d'un outil pour l'enseignement de la lecture de textes documentaires numériques *Education et didactique, 14*(2), 65–84. https://doi.org/10.4000/educationdidactique.6756

Rézeau, J. (2002). Médiation, médiatisation et instruments d'enseignement : du triangle au "carré pédagogique". *ASp – La revue du GERAS, 35/36*, 183–200.

Rieunier, A. (2014). *Concevoir un projet de formation. Compétences, objectifs, affectivités, instructional design*. ESF.

Ryan, R. M., & Deci, E. L. (2009). Promoting self-setermined school engagement : Motivation, learning, and well-being. In Dans K. R. Wentzel & A. Wigfield (Eds.), *Handbook of Motivation at School*, (pp. 171–195). Routledge Taylor & Francis Group.

Schön, D. A. (1983). *The reflective practitioner : How professionals think in action*. Basic Books.

Sensevy, G. (2010). Notes sur la notion de geste d'enseignement. *Travail et formation en éducation, 5*, 28–62. http://journals.openedition.org/tfe/1038

Siemens, G., & Long, P. (2011). Penetrating the fog : analytics in learning and education. *Educause, 46*(5), 30. https://er.educause.edu/articles/2011/9/penetrating-the-fog-analytics-in-learning-and-education

Spooren, P., Brockx, B., & Mortelmans, D. (2013). On the validity of student evaluation of teaching : The state of the art. *Review of Educational Research, 83*(4), 598–642. https://doi.org/10.3102/0034654313496870

Tardif, J., & Presseau, A. (1998). *Intégrer les nouvelles technologies de l'information : quel cadre pédagogique ?* ESF.

Tardif, M., Borgès, C., & Malo, A. (2012). *Le virage réflexif en éducation : Où en sommes-nous 30 ans après Schön ?* De Boeck Supérieur.

Taurisson-Mouret, D. (2006). *L'analyse formelle des egodocuments dans un système informatique de production de ressources électroniques. Corpus en lettres et sciences sociales : des documents numériques à l'interprétation.* Papier présenté au Colloque international et école d'été d'Albi, Langages et signification.

Vanlommel, K., Van Gasse, R., Vanhoof, J., & Van Petegem, P. (2017). Teachers' decision-making : Data based or intuition driven? *International Journal of Educational Research, 83*, 75–83. https://doi.org/10.1016/j.ijer.2017.02.013

Vatapru, R.K., Kocherla, K., & Pantazos, K. (2013). iKlassroom : real-rime, real-place teaching analytics.. https://ceur-ws.org/Vol-985/paper2.pdf

Viau, R. (1994). *La motivation en contexte scolaire.* De Boeck.

Wolfs, J.-L. (1998). *Méthodes de travail et stratégies d'apprentissage.* De Boeck.

Chapitre 7

L'intelligence artificielle au service de la formation professionnelle basée sur la simulation

Matei MANCAS[1], François ROCCA[1], Laurie-Anna DUBOIS[2], Antoine DEROBERTMASURE[3]

1. Introduction

Depuis une dizaine d'années, l'arrivée de l'Intelligence Artificielle (IA) basée sur l'apprentissage profond (deep learning) dans le domaine de l'observation et de la mesure centrée sur l'humain bouleverse l'état de l'art technologique. En effet, les possibilités de détection et de suivi des personnes ainsi que de leurs interactions sont désormais plus matures et permettent d'obtenir des informations précises en temps réel. Analyser l'activité des apprenants dans des situations à visée de formation professionnelle devient donc une application possible de l'IA. Dans ce contexte, la simulation est un outil utilisé par les formateurs pour instruire de futurs professionnels issus de différents secteurs d'activités (par exemple : les forces de l'ordre, la sécurité civile, les soins de santé, l'enseignement...) à tel ou tel type de tâches ou situations de travail (Béguin & Weill-Fassina, 1997). De nos jours, il existe de nombreux dispositifs permettant l'enregistrement audio-vidéo de l'activité des apprenants dans des formations professionnelles basées sur la simulation. Mais force est de constater que ces dispositifs, bien que pertinents pour l'observation en temps réel, ne réalisent aucune analyse automatique de cette activité. Ils ne « déchargent cognitivement » dès lors en rien le formateur qui, en simulation, remplit de nombreuses missions (missions d'observateur, de modérateur, de médiateur, d'acteur...).

1 Service d'Information, Signal et Intelligence Artificielle, Université de Mons (Belgique).

2 Service de Psychologie du Travail, Université de Mons (Belgique).

3 Service de Méthodologie et Formation, Université de Mons (Belgique).

Face à un tel constat, des laboratoires de recherche se mettent à coopérer. Ces derniers sont d'une part spécialisés dans le domaine de la formation professionnelle et d'autre part familiarisés aux nouvelles technologies. L'objectif poursuivi, dans le cadre de cette collaboration, est de mutualiser les connaissances et, sur cette base, de développer des outils technologiques contribuant à rendre l'activité du formateur plus efficace en simulation, en permettant, par exemple, une labélisation semi-automatique des vidéos, un résumé automatique des moments-clés, etc.

Ce chapitre est le fruit d'une coopération (encore à ses débuts) de tels laboratoires de recherche. Il est structuré en trois grandes parties : une première partie (cf. point 2) qui vise à clarifier les objectifs pédagogiques poursuivis dans le cadre d'une formation professionnelle par simulation et à caractériser l'activité du formateur dans pareil dispositif. La deuxième partie (cf. point 3) a pour objectif de souligner l'intérêt qu'il peut y avoir pour un formateur de mobiliser les nouvelles technologies dans le cadre de sa pratique professionnelle en simulation. Elle vise également à dresser un rapide état de l'art relatif aux possibilités techniques déjà disponibles (ou en passe de le devenir) et à donner un aperçu des pistes à creuser en matière de technologies IA centrées sur l'humain, susceptibles de soutenir l'activité du formateur dans le cadre d'une formation par simulation. Enfin, la troisième partie (cf. point 4) porte sur les conditions à satisfaire pour viser une adaptation réciproque et optimale entre formateur et nouvelles technologies dans le cadre d'une formation par simulation. Le pari est fait que les technologies recourant à l'IA, dans un futur très proche, se verront de plus en plus développées et utilisées. S'il est pratiquement certain que ces avancées vont largement transformer la recherche sur la formation, rien ne nous garantit, en effet, que la rencontre de ces deux mondes s'inscrive dans une logique de continuité.

2. Les simulations à visée de formation professionnelle : quels objectifs pédagogiques poursuivis ? Quelle activité du formateur ?

2.1 *Les objectifs pédagogiques des formations basées sur la simulation*

La simulation est un outil qui, de nos jours, est de plus en plus utilisé pour former de futurs professionnels issus de différents secteurs d'activités tels que les forces de l'ordre, la sécurité civile, les soins de santé, l'enseignement, etc. Dans le cadre particulier de la formation des enseignants, les simulations visent à amener chaque futur enseignant (l'apprenant) à présenter une leçon de quarante minutes (sur la base d'une leçon qu'il a préparée) devant ses collègues, lesquels endossent le rôle d'observateur ou celui d'élève du niveau visé. Ces simulations se déroulent sous le regard attentif d'un formateur, chargé de l'organisation et de la gestion des simulations auxquelles prend part l'enseignant qui est ici l'apprenant (Dubois et al. 2019).

Une formation par simulation se caractérise habituellement par trois phases (Samurçay, 2009) : le briefing, la séance de simulation et le débriefing. Le briefing est une phase qui permet de préparer la séance de simulation. Cette séance correspond, elle, au moment où l'apprenant est confronté à la situation simulée et où il construit (ou met en œuvre) des compétences opérationnelles. Enfin, le débriefing est une étape au cours de laquelle l'apprenant doit, en étant guidé par le formateur, porter un regard réflexif sur son activité en séance. Cette dernière étape contribue à une exploitation plus poussée de la simulation : il s'agit de construire son savoir professionnel par la réflexion sur l'action et non uniquement par sa reproduction (Pastré, 2009).

En formation, les simulations peuvent poursuivre deux grandes catégories d'objectifs pédagogiques (Béguin & Weill-Fassina, 1997) : viser la réussite de l'action en situation, en agissant sur la performance des apprenants et/ou viser le développement de compétences permettant de « réussir » dans d'autres situations.

2.1.1 Agir sur la performance des apprenants et viser la réussite de l'action

Les simulations peuvent permettre aux apprenants d'apprendre à « faire ». De telles simulations peuvent prendre la forme d'exercices de « drill » visant la mise en pratique (cf. l'application) de techniques ainsi que l'acquisition de gestes professionnels qui y sont liés (par exemple : la mise en pratique de manœuvres d'accouchement dans le cadre d'une formation par simulation pour sages-femmes). Le but de l'enseignement par simulation est, dans ce cas-ci, la réussite de l'action par l'apprenant. En simulation, le formateur vise à agir sur la performance des apprenants.

2.1.2 Agir sur le développement des compétences et viser la réussite dans d'autres situations

Les simulations peuvent aussi avoir pour objectif d'apprendre à « savoir faire » en situation. Dans ce cas, le formateur cherche à agir sur les compétences des apprenants. Il ne s'agit pas seulement, pour les apprenants, de mettre en pratique ce qui leur a été préalablement enseigné de manière théorique (c'est-à-dire d'appliquer des règles prescrites ou de reproduire un geste technique. . .), il s'agit aussi de mettre en place des réponses adaptées aux problèmes posés, et ce, dans des situations complexes. Ce qui doit amener les apprenants à adapter, dans certains cas, ce qui leur a été enseigné aux situations auxquelles ils sont confrontés en simulation. Et pour cause, les cas d'école ne se rencontrent que rarement sur le terrain (Caens-Martin, 2009).

Dans une formation par simulation, le formateur peut donc chercher à agir sur la performance des apprenants ou chercher à agir sur leurs compétences (Béguin & Weill-Fassina, 1997). Lorsque le formateur cherche à agir sur les compétences des apprenants, on peut dire qu'on dépasse le niveau de la réussite immédiate de l'action et qu'on vise l'acquisition de compétences permettant ultérieurement et dans d'autres situations de réussir. Partant de ces constats, on conçoit aisément l'intérêt des formations professionnelles basées sur la simulation. On ne peut également ignorer le rôle non négligeable exercé par les formateurs sur les compétences construites par les apprenants dans pareils dispositifs.

2.2 L'activité du formateur dans le cadre d'une formation par simulation

2.2.1 Une activité professionnelle

Tout dispositif de formation professionnelle basé sur la simulation implique, au moins, deux catégories d'acteurs : le formateur et l'apprenant. Tous deux développent en formation une activité.

L'activité du formateur en situation de formation par simulation peut être envisagée comme une activité professionnelle (Rogalski, 2003, 2007, 2012 ; Vidal-Gomel & Rogalski, 2009). Comme pour tout professionnel, des tâches sont prescrites au formateur : il doit atteindre des buts sous certaines conditions (Leplat & Hoc, 1983). L'activité qu'il réalise renvoie non seulement à ce qu'il fait (ce qui est de l'ordre de l'observable tel que ses déplacements, ses gestes...), mais aussi à ses diagnostics, ses anticipations, ses représentations (à savoir, ce qui n'est pas directement observable : son activité mentale) et à ce qu'il s'empêche éventuellement de faire, ou ce qu'il souhaiterait faire mais ne peut pas faire (en raison de certaines contraintes institutionnelles auxquelles il est soumis par exemple) (Rogalski, 2007). Rogalski (2003, 2007, 2012) souligne que l'activité du formateur est déterminée par ses propres caractéristiques (les déterminants « intrinsèques » tels que ses compétences vis-à-vis de la matière qu'il est chargé d'enseigner) mais aussi par la situation de travail dans laquelle son activité se déploie (les déterminants « extrinsèques » tels que les caractéristiques des apprenants ou encore le contexte de la situation de formation). Toujours selon cette auteure, l'activité telle que déployée par le formateur génère un double système d'effets : des effets sur le formateur lui-même et des effets sur la situation, en particulier, sur l'objet de l'action du formateur. L'objet de l'action du formateur porte sur le rapport entre les apprenants et le contenu enseigné. Le formateur compare l'effet de son action au but à atteindre, but qu'il s'est donné ou qui lui a été prescrit. Le résultat de cette comparaison est à l'origine du processus de régulation de l'action (Rogalski & Colin, 2018) : en effet, si le formateur estime que l'effet de son action est trop éloigné de l'état-cible, il procède alors à des ajustements de son action, soit dans le moment même de l'action, soit à plus long terme.

2.2.2 Une activité de gestion de deux environnements dynamiques emboités

Dans le cadre d'une formation par simulation, le formateur met en œuvre une activité qui peut être appréhendée comme un cas particulier de gestion d'un environnement dynamique (Rogalski, 2003, 2007, 2012), à savoir un environnement qui « *a comme caractéristique d'évoluer même en l'absence d'intervention d'un acteur* » (Rogalski, 2012, p.11). Comme mentionné dans le point précédent, l'objet de l'action du formateur porte sur le rapport entre les apprenants et le contenu enseigné. Plus concrètement, le formateur cherche à modifier ce rapport de façon à atteindre des objectifs de compétence (Rogalski, 2007). Or, Rogalski (2007) précise que « *le rapport entre apprenant et contenu enseigné est évolutif* » (p.9). En effet, le développement de compétences chez les apprenants ne dépend pas uniquement des actions du formateur. En fait, « *le résultat de l'action du formateur sur les apprenants dépend à la fois de ses actions mais aussi de la dynamique propre du travail et de l'apprentissage des apprenants* » (Rogalski, 2007, p.6). Lors de la séance de simulation, le formateur est amené à gérer cet environnement puisqu'il doit agir sur la dynamique de développement des compétences chez les apprenants. Pour ce faire, le diagnostic de l'état des compétences des apprenants à un moment donné et le pronostic de ses évolutions à court et à plus long terme (après la formation) constitue une activité centrale du formateur. Diagnostic et pronostic contribuent à déterminer le choix des situations de simulation qui seront proposées aux apprenants (Vidal-Gomel et al., 2008 ; Vidal-Gomel & Rogalski, 2009).

Il convient de préciser qu'un autre processus dynamique, au sein duquel la construction de compétences chez les apprenants est emboitée, doit aussi être géré au cours de la séance de simulation. Il s'agit de la situation de simulation elle-même qui est généralement caractérisée par une évolution propre, c'est-à-dire par une évolution en partie indépendante des actions des participants. Le formateur se doit donc aussi d'agir en temps réel dans le but de maintenir la situation de simulation dans la zone proche du développement de l'apprenant[4] (Vygotsky, 1934/1997). Plus concrètement, il doit analyser la situation de simulation, vérifier que les actions entreprises par l'apprenant sont et vont être pertinentes pour gérer les éventuels risques que comporte cette situation, guider l'apprenant pour l'aider à faire face aux éventuels problèmes rencontrés, voire prendre en charge, lorsque cela est nécessaire, une partie de l'activité de l'apprenant (Boccara et al., 2013 ; Vidal-Gomel et al., 2008). De ce fait, le formateur est amené à gérer deux environnements dynamiques imbriqués : la dynamique propre au développement des compétences de l'apprenant et la dynamique de la situation de formation. Pour ce faire, il doit donc constamment prélever des informations sur l'activité des apprenants mais aussi sur la situation en cours (Vidal-Gomel & Rogalski, 2009).

2.2.3 Une activité de médiation

Comme le souligne le point précédent, les fonctions et missions du formateur dans le cadre d'une formation par simulation ne se résument pas à concevoir des formations ou encore à prescrire des tâches. Le formateur joue également un rôle de médiateur entre les apprenants et les compétences que ces derniers doivent construire. L'activité de médiation du formateur peut à la fois s'opérer au travers des tâches données à l'apprenant et de manière plus directe «*par des actions portant sur l'activité de l'apprenant lors de la réalisation des tâches*» (Rogalski, 2007, p.9). En outre, il convient de noter que cette activité se déploie lors de la conduite des trois phases de la simulation : le briefing, la séance de simulation et le débriefing.

L'activité du formateur lors du briefing

Lors du briefing, le formateur amène les apprenants à préparer et à planifier l'action qu'ils déploieront lors de la séance de simulation. Cette réunion préparatoire constitue également le moment propice pour négocier le contrat didactique. Rogalski (1997) souligne l'importance du contrat didactique qui renvoie aux attentes mutuelles du formateur et des apprenants ainsi qu'aux objectifs de la formation. Dans le cadre d'une formation basée sur la simulation, un déterminant commun de l'activité du formateur et de l'apprenant est le dispositif de formation lui-même

[4] *Cette zone se situe entre la zone d'autonomie et la zone de rupture. La zone d'autonomie renvoie à la zone où l'apprenant est capable de faire la tâche de manière autonome (sans aide) tandis que la zone de rupture correspond à la zone où l'apprenant arrivera difficilement à faire la tâche même avec beaucoup d'aide. Ainsi la zone proximale de développement se définit comme la zone où l'apprenant est capable de réaliser la tâche moyennant l'aide d'autrui (Rivière, 1990).*

(Rogalski & Colin, 2018) : l'activité du formateur, tout comme celle de l'apprenant, doivent poursuivre un même but : acquérir (du point de vue de l'apprenant) ou faire acquérir (du point de vue du formateur) des compétences « cibles », à savoir les compétences attendues des tâches qui sont la cible de la formation. Selon ces mêmes auteurs (Rogalski & Colin, 2018), « *un élément central dans l'articulation de l'activité de l'apprenant et du formateur en formation est donc la convergence des buts* » (p.8) évoqués ci-avant. Toutefois cette convergence n'est pas donnée a priori : elle est à constituer. L'apprenant est certes un objet de l'action du formateur mais il est aussi le sujet de son activité avec des motivations et des préoccupations qui ne sont pas forcément tournées vers l'apprentissage. De ce fait, il est préconisé pour le formateur d'agir à plusieurs niveaux : il doit certes « *préparer et gérer la « route didactique » conçue pour faire agir les apprenants sur des tâches visant leur apprentissage* » (Rogalski, 2007, p.14). Mais il lui faut également « *enrôler les apprenants dans le procédé didactique retenu* » (Rogalski, 2007, p.14). En effet, prescrire des tâches ne suffit pas à engager les apprenants dans l'activité voulue. Il s'avère nécessaire d'établir un contrat didactique. Cependant, plusieurs facteurs sont susceptibles de favoriser ou d'entraver cet enrôlement. En formation initiale, Rogalski et Colin (2018) soulignent que l'organisation de la situation de simulation représente un composant de cet enrôlement et que les caractéristiques personnelles du formateur (par exemple : son expérience d'opérationnel) en est un autre. Il convient également de noter que les démarches visant l'enrôlement des apprenants ne doivent pas uniquement être entreprises au moment de l'entrée dans les tâches. Elles doivent également viser à maintenir les apprenants sur la route didactique que le formateur veut leur faire suivre (Rogalski, 2007). En cours de séance, cela peut se traduire par un rappel des conventions de l'exercice.

L'activité du formateur lors de la séance de simulation

Comme déjà évoqué dans le point 2.2.2, l'activité du formateur en séance peut être analysée en termes de gestion d'un environnement dynamique (Samurçay & Rogalski, 1998). Plus concrètement, le formateur est amené à gérer à la fois la dynamique et le tempo de la simulation mais aussi ceux de l'activité des apprenants, sous des contraintes de temps liées à sa propre activité, telles que la durée fixée pour la séance. Le formateur doit élaborer un diagnostic sur la nature des problèmes rencontrés par les apprenants dans la réalisation des tâches et doit choisir d'intervenir en temps réel ou de manière différée sur l'activité de ceux-ci, mais également sur des paramètres de la situation simulée (c'est notamment le cas lorsqu'il prend la décision de « geler » l'évolution de la situation ou encore d'arrêter prématurément la séance). Les interventions du formateur en séance peuvent porter sur les étapes qui précèdent la réalisation d'une action : le formateur peut intervenir pour transmettre des informations ou aider au repérage d'un problème (alerte). Il peut aussi intervenir dans le cadre de l'identification d'un but. De plus, le formateur peut intervenir pendant l'action : il peut aider à exécuter celle-ci. Enfin, le formateur peut également intervenir lors de l'étape relative au contrôle des effets de l'action. Si ces effets se révèlent trop éloignés du but visé, les interventions du formateur peuvent avoir pour but d'aider à orienter l'ajustement de l'action ou à réaliser les ajustements nécessaires (Rogalski & Colin, 2018). Globalement, Samurçay et Rogalski (1998) soulignent que l'activité du formateur en séance peut être repartie entre trois catégories : la gestion didactique de la séance (apport de connaissances, contrôle des acquis et guidage des apprenants), la gestion de la simulation elle-même (modifications des paramètres de la situation) et la gestion de l'activité propre (gestion de la temporalité des séances, du contrat institutionnel. . .).

L'activité du formateur lors du débriefing

La simulation se conclut généralement sur un débriefing, durant lequel l'activité de médiation des formateurs doit concerner la compréhension de l'action mise en œuvre ainsi que des résultats de celle-ci (Olry & Vidal- Gomel, 2011). Pour le formateur, un piège fréquent doit être évité s'il veut assurer une bonne conduite du débriefing. Cette embuche consiste à s'engouffrer et à persister dans un débat portant uniquement sur les aspects techniques et les prescriptions (Vidal-Gomel et al., 2011). Par ailleurs, pour un formateur, il n'est pas suffisant de pouvoir uniquement statuer, globalement, sur la réussite ou non de l'activité des apprenants. Le débriefing doit être vu comme une discussion du métier, qui se base sur ce qui a été vécu en cours de simulation. La qualité du contenu du débriefing est donc dépendante de ce qui s'est passé en séance de simulation. Elle découle également de la qualité et de la pertinence des informations recueillies par le formateur concernant l'activité des apprenants en séance. Or, la récolte de ces informations ne se révèle pas toujours aisée à réaliser, compte tenu des nombreuses missions décrites ci-avant que doit remplir simultanément le formateur en simulation. Partant de ce constat, il peut être jugé pertinent de soutenir l'activité du formateur par des aides techniques lui permettant de décoder et d'analyser finement l'activité des apprenants en simulation, afin de mieux paramétrer la gestion des séances et/ou des débriefings.

3. Technologies d'analyse automatique pour la simulation à visée de formation professionnelle

Les techniques de captation liées au comportement humain ont beaucoup évolué ces dernières années. On peut désormais extraire des informations très diverses liées au corps (postures, comportements sociaux liés aux espaces interpersonnels ou à la disposition relative des corps), liées au visage (expressions, âge, sexe, ethnie...), liées à la direction du visage et des yeux. Enfin, le domaine vocal permet aussi d'extraire des informations précieuses sur l'état de la personne, notamment sur son état émotionnel, sans entrer dans le domaine de la parole et donc d'une langue en particulier. Toutes ces informations peuvent être rendues nominatives puisqu'il est possible de suivre une personne pendant de bien plus longues périodes qu'auparavant, grâce aux technologies utilisant l'intelligence artificielle. Il est donc possible d'extraire, en temps réel, un flux d'informations de plus en plus important d'une personne ou d'un groupe de personnes dans des situations écologiques, ce qui ouvre des portes dans de nombreux domaines dont celui de la formation et, en particulier, de la formation par simulation.

3.1 Intérêt des nouvelles technologies pour l'activité du formateur en simulation

Les présupposés théoriques sous-jacents à un plaidoyer pour une assistance des formateurs reposent sur plusieurs arguments majeurs. Tous d'abord, plusieurs recherches (Labrucherie, 2011; Rogalski et al., 2002; Salas & Cannon-Bowers, 2000) tendent à montrer que les formateurs, mêmes expérimentés, éprouvent des difficultés à observer, analyser et guider l'activité des apprenants en simulation. Autrement dit, il ne s'avère pas aisé pour un formateur de mener à bien les différentes missions qui lui sont assignées en simulation. Ensuite, dans les situations simulées sans simulateur technologique (à savoir, des formations par simulation se déroulant à partir de mises en situation), il existe peu d'aides aux formateurs leur permettant d'analyser l'activité des apprenants en cours de simulation et de mieux paramétrer la gestion des séances ou le débriefing. Les outils existants, comme The Observer ou Vosaic Connect[5], s'ils outillent le formateur pour l'observation directe, ne réalisent cependant aucune analyse automatique des comportements et ne « déchargent cognitivement » donc en rien le formateur. Or, pour ce dernier, pouvoir uniquement statuer globalement sur la réussite ou non de l'activité des apprenants est insuffisant: il est nécessaire de lui permettre de décoder et d'analyser finement cette activité, afin de guider la séance de simulation et/ou de réinjecter ces données lors des débriefings. A ce niveau, les techniques de captation liées au comportement humain telles que décrites dans le point 3 de ce présent chapitre détiennent un potentiel non négligeable en matière de recueil d'informations riches et

5 *Pour plus d'informations sur l'outil, voir :* https://vosaic.com/products/vosaic-connect.

très diversifiées sur l'activité des apprenants. Certains de ces outils technologiques (par exemple : outils de détection et de suivi des mouvements du corps) peuvent contribuer à renseigner le formateur sur la part observable de l'activité des apprenants (par exemple : leurs déplacements, leurs gestes, leurs postures en séance) tandis que d'autres (par exemple : le suivi oculaire ou eye-tracking) peuvent contribuer à capter la part inobservable de cette même activité (par exemple : la prise d'informations des apprenants en séance). Enfin, ce besoin d'outils est d'autant plus crucial que, d'une part, le formateur n'est pas forcément compétent pour analyser l'activité des apprenants en cours de simulation et que, d'autre part, pour des raisons économiques et chronologiques, les séances de simulation sont le plus souvent peu nombreuses, ce qui met en exergue la nécessité d'être efficace d'emblée. En outre, le débriefing suit rapidement la séance de simulation proprement dite, laissant peu de temps à une préparation poussée.

3.2 Avancées des technologies d'analyse utiles pour la simulation à visée de formation professionnelle

3.2.1 Détection et suivi des mouvements du corps

Dans le but de pouvoir analyser le comportement qu'exprime une personne, il faut d'abord être capable de détecter et de suivre ses mouvements d'une manière suffisamment précise. Afin de représenter un individu et de pouvoir facilement suivre ses mouvements tout en gardant une fidélité, son corps est modélisé par un squelette numérique. Ce squelette se compose de « points caractéristiques » reliés par des « bâtonnets » (figures 1 et 2) et dont le suivi en 3 dimensions (3D) au cours du temps permet une représentation du mouvement du corps de la personne. Ces points et bâtonnets peuvent être assimilés aux articulations et aux os d'un squelette humain simplifié.

Aujourd'hui, il existe deux familles de méthodes de capture de mouvements (MOCAP) : la capture de mouvements sans marqueur et celle avec marqueurs. La capture de mouvements avec marqueurs nécessite des équipements couteux et encombrants ainsi que le port de costumes équipés : 1) de marqueurs pouvant par exemple réfléchir une lumière infrarouge ou 2) de capteurs actifs permettant de fournir des informations de position (gyroscope, accéléromètre, magnétomètre. . .). Invasive mais qualitative, cette approche est toujours utilisée dans des applications nécessitant une grande précision, comme pour l'industrie du cinéma ou du jeu vidéo. En ce qui concerne la capture de mouvements sans marqueur, le suivi du squelette requiert une ou plusieurs caméras idéalement munies de capteurs de profondeur qui permettent d'obtenir directement des informations de profondeur d'un objet par rapport à la caméra et donc des données en 3 dimensions pour suivre le mouvement d'un être humain.

A partir de 2010, la commercialisation, par Microsoft, du capteur Kinect ouvre la capture de mouvements sans marqueur au grand public. Par la suite, plusieurs constructeurs ont commercialisé des capteurs et logiciels de suivi de mouvements permettant aux chercheurs et développeurs de créer leurs propres projets et applications de MOCAP à moindre coût (ASUS Xtion, Intel® RealSense™...). Les caméras Kinect possèdaient des capteurs de profondeur. Ces caméras différenciaient le corps humain de l'arrière-plan et utilisaient des forêts d'arbres de décision pour identifier les parties du corps. Les positions étaient quant à elles identifiées à l'aide d'un certain nombre de points caractéristiques ou d'articulations appelées «joints» (telles que les épaules, les genoux, les coudes et les mains) pour former un squelette (figure 1) (Shotton, et al., 2013).

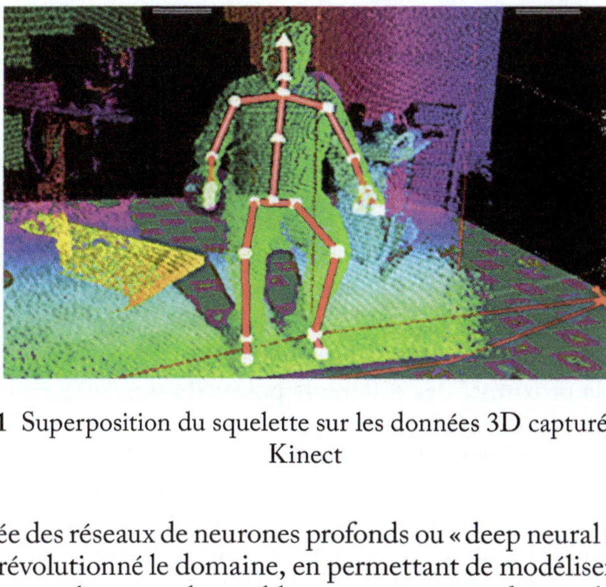

Figure 1 Superposition du squelette sur les données 3D capturées par la Kinect

L'arrivée des réseaux de neurones profonds ou « deep neural networks » (DNN) a révolutionné le domaine, en permettant de modéliser des squelettes plus complexes et plus stables même à partir de simples caméras 2D, sans avoir besoin de capteurs spécifiques de profondeur. OpenPose est un des algorithmes pionniers dans le domaine qui a connu un énorme succès. Ce système propose un squelette de 18 points puis, de 25 points, plus rapide à calculer, qui fonctionne directement sur des images 2D, à partir de simples caméras couleurs ou noir et blanc, comme le système d'images infra-rouges (figure 2). Le calcul des squelettes implique cependant une machine puissante pour avoir des résultats en temps réel et le paiement d'une licence au coût non négligeable en cas d'utilisation commerciale (Cao et al., 2019).

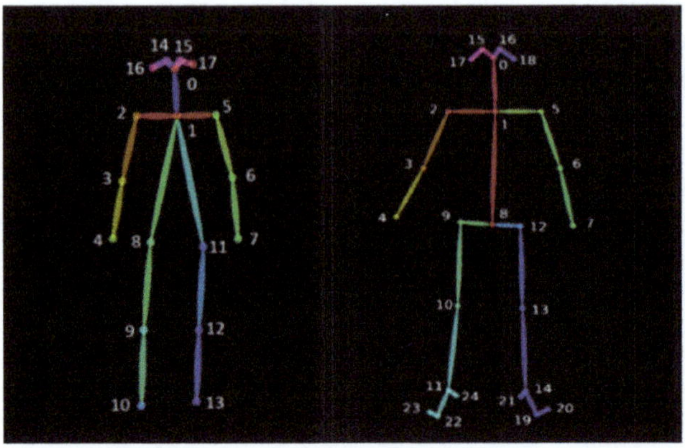

Figure 2 Squelettes de OpenPose (18 points puis 25 points)

D'autres méthodes de détection de pose (à savoir, des techniques de vision par ordinateur pour suivre les mouvements d'une personne ou d'un objet), dont certaines bien plus légères en termes de calcul, existent directement dans des plateformes comme TensorFlow (Abadi et al., 2015) et peuvent être implémentées même sur des téléphones portables. Pour avoir une vue plus globale sur des algorithmes de détection de pose, l'outil MMPose (MMPose Contributors, 2020) en propose, à l'heure où nous écrivons, 18 modèles.

Une fois le squelette détecté, il est alors suivi au cours du temps, en se basant sur la proximité des différents points du squelette entre les différentes images de la vidéo. Cette approche fonctionne assez bien en 2D mais performe moins bien lorsqu'une personne passe derrière une autre (occlusion). Les coordonnées 2D ne sont alors pas suffisantes. Dans ce cas, l'utilisation de caméras qui ont la possibilité de calculer la profondeur permet d'obtenir des coordonnées 3D qui offrent une résistance beaucoup plus grande aux occlusions. En outre, des caméras comme la OAK-D (OpenCV (D, 2021) (OpenCV (D-PoE), 2021) ou la ZED2 de Stereolabs (Stereolabs, 2021) et ZED2i (Stereolabs (i), 2021) permettent d'extraire de l'information de profondeur dans des situations écologiques. Les caméras ZED2 permettent, par exemple, de faire un suivi plus robuste des personnes et donc, une modélisation plus fidèle de leur mouvement avec des méthodes de détection de squelette qui ne nécessitent pas des licences supplémentaires en cas d'utilisation commerciale (figure 3).

Figure 3 Suivi des squelettes de personnes en 3D avec la caméra ZED2

Le suivi de personnes (ou « tracking ») peut être effectué en utilisant des squelettes ou bien des boites englobantes (qui vont fournir moins de données qu'un squelette). La figue 4 montre un exemple d'application de suivi de personnes dans un contexte de simulation de micro-enseignement. Les différents élèves sont détectés et chacun possède une boite englobante d'une couleur différente, qui restera la même durant l'ensemble du cours. L'enseignant (ici l'apprenant en simulation) possède aussi une boite englobante qui va suivre ses mouvements. Cette simulation est relativement simple du point de vue de la détection et du suivi de personnes : en effet, la seule personne à pouvoir changer de position librement est l'enseignant, les élèves étant relativement fixes. Les résultats d'un suivi de personnes 3D sont généralement satisfaisants dans ce type d'environnement.

Figure 4 Un identifiant est attribué à chaque apprenant, avec un suivi plus robuste sur le long terme. Ce suivi est basé sur des boites englobantes, dans un environnement de micro-enseignement.

Bien que le suivi des squelettes ou de boites englobantes se soit grandement amélioré en une dizaine d'années, des erreurs de détection et de suivi restent possibles dans des situations de mouvements plus complexes. Deux possibilités sont alors envisageables pour un suivi long-terme des squelettes. Pour éviter un maximum les occlusions, il peut s'avérer pertinent soit de placer les caméras en hauteur, soit d'utiliser plusieurs caméras. Cette démarche peut être entreprise à l'aide de caméras 2D ou directement avec des caméras 3D. Dans les deux cas, celles-ci doivent avoir un moyen de synchronisation (software ou hardware) suffisamment efficace pour être en mesure de fusionner les bonnes données au bon moment. En cas de perte du suivi malgré l'approche multi-caméra, qui arrivera tôt ou tard si l'environnement à suivre est complexe, il reste une deuxième possibilité : la réidentification (REID). L'idée est ici de pouvoir reconnaitre « qui est qui » au moment où les méthodes de suivi donnent une confiance de suivi faible. Dans le cas où la probabilité de perte du suivi est forte, il faut réidentifier chaque personne afin de repartir sur un suivi avec la même identité (ID) qu'avant l'évènement problématique (perte d'ancien ID et création de nouvel ID, inversion d'ID…). La réidentification peut se baser sur l'apparence de la personne et ses mouvements (Zhou & Xiang, 2019). Pour faciliter la réidentification dans un environnement écologique, deux pistes sont à envisager. La première est l'utilisation de marqueurs visibles sur les personnes comme des QRCodes par exemple. Chaque QRCode aurait un ID unique qu'il suffirait de relire correctement lorsque l'algorithme de suivi de personne est en difficulté. Toutefois, il n'est pas toujours possible d'appliquer un QRCode sur les personnes dans un environnement écologique. L'autre solution consisterait alors à utiliser la reconnaissance de visages, en utilisant FaceNet (Schroff et al., 2015 ; Siv et al., 2020) (figure 5). Cette approche présente tout de même quelques inconvénients : 1) gérer de grandes bases de données de personnes peut se révéler fastidieux et générer des difficultés en termes de gestions de données d'un point éthique ; 2) la taille du visage doit être suffisamment grande sur l'image et le visage doit être suffisamment visible pour que l'algorithme fonctionne ; 3) l'utilisation de masque sur le visage (en période de crise sanitaire) risque d'entraver le processus d'identification et de reconnaissance des visages ; 4) la personne doit rester statique pendant quelques secondes afin de permettre l'identification et la reconnaissance du visage par l'algorithme. La figure 5 montre le suivi d'un groupe dans des situations très complexes où les occlusions potentielles sont courantes. Dans ces cas, l'utilisation de la reconnaissance de visage est la seule technique sans marqueur qui fonctionne suffisamment bien pour reconnaitre une personne à l'heure où nous écrivons. Les méthodes basées sur l'apparence (vêtements…) ne sont en effet pas encore suffisamment précises.

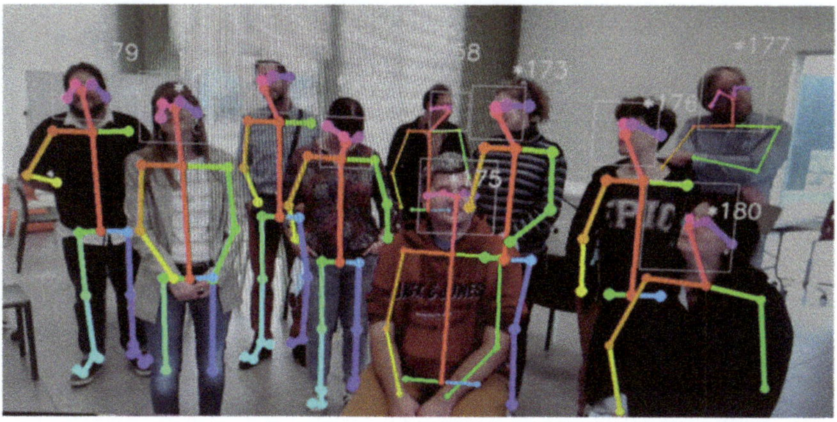

Figure 5 Un identifiant est attribué à chacun suivi long terme plus robuste. Suivi basé sur des squelettes dans un environnement de groupe complexe (en termes d'occlusions) utilisant la REID de visage

3.2.2 Analyse des mouvements du corps

Une fois le corps suivi grâce aux techniques décrites précédemment, il est possible d'en tirer des informations de haut niveau. En effet, inconsciemment, les gens créent des zones autour d'eux définissant les interactions qu'ils peuvent avoir avec leur environnement et avec d'autres personnes. La distance qui sépare deux individus, appelée distance interpersonnelle, peut délivrer des informations par rapport à la relation sociale qu'ils entretiennent. Dans les années 1960, le psychologue et comportementaliste Hall fut l'un des premiers scientifiques à proposer un modèle de relations entre les individus en fonction des distances interpersonnelles ; il le nommera « proxémie ». Les études de la proxémie menées par Hall (1963, 1966) ont permis de décrire la manière dont l'homme organise ses distances interpersonnelles en fonction de différentes données sensorielles perçues. Ce modèle est théorique car il dépend évidemment du contexte, comme la place disponible, et des cultures. Il permet cependant de tirer des informations dans le cadre d'une formation par simulation. Concernant le classement des distances, quatre grandes zones sont mises en évidence :

- La distance intime (de 0 à 45 cm) correspond à la distance pour toucher, murmurer ou embrasser quelqu'un. A distance intime, la présence d'une personne étrangère est inconfortable/intolérable en raison de l'apport sensoriel intensifié au travers d'éléments comme l'olfaction, la chaleur du corps de l'autre, le son, l'odeur et la sensation de la respiration.

- La distance personnelle (45 cm à 1,2 m) renvoie à la distance pour interagir avec des proches. La pénétration non sollicitée de cet espace provoquera des postures défensives ou d'évitement.
- La distance sociale (1,2 m à 3,5 m) est la distance naturelle en cas de rencontre d'un étranger pour établir un processus de communication avec lui. Elle correspond à des interactions plus formelles ou impersonnelles.
- La distance publique (3,5 m à l'infini) se rapporte à la distance perçue comme adéquate dans le cadre d'une réunion de groupe, salle de conférence ou interactions avec des personnalités importantes. La vision centrale permet d'englober plusieurs visages et la vision périphérique permet de voir plusieurs personnes.

Une fois la détection et le suivi de personnes effectués correctement, de nombreuses mesures de signal social peuvent être extraites (Dingler et al., 2015 ; Leroy et al., 2011 ; Mancas et al., 2011 ; Mead & Mataric, 2016). Comme le montre la figure 6, il s'avère possible de visualiser l'intersection des zones de proxémie de deux individus, zones représentées par les sphères colorées entourant les squelettes modélisant les deux individus. Dans un contexte de formation par simulation, la mesure et l'étude de la proxémie permet d'apporter de nombreuses informations quant aux contacts, aux relations et échanges interpersonnels « entre les élèves mais également vis-à-vis de l'apprenant (futur enseignant) ».

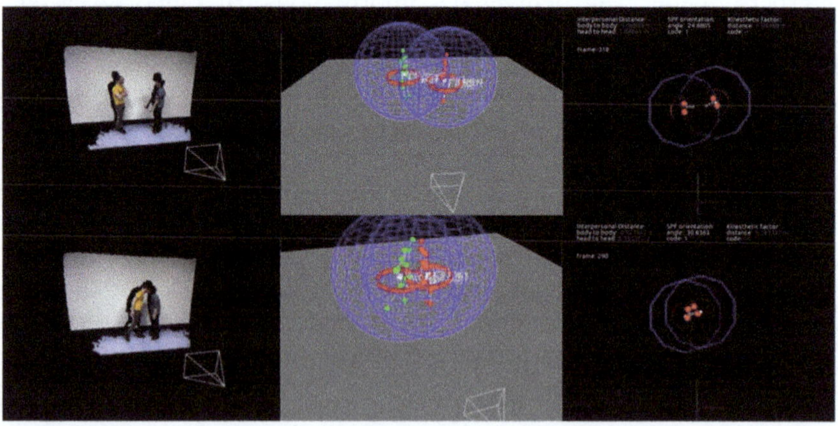

Figure 6 Données 3D (gauche), squelettes et espaces intimes (cylindre rouge) et personnel (sphère bleue) au centre, facteurs kinesthésiques et orientation mutuelle des personnes (droite). Résultats basés sur un capteur Kinect

3.2.3 Comportement de la tête et du visage

L'analyse de certaines caractéristiques extraites du suivi de la tête et du visage permet d'estimer l'âge, le sexe, d'analyser les expressions ou encore de déterminer la direction de la tête afin d'en déduire la direction du regard. Comme pour le corps, il y a deux familles de méthodes : celle basée sur des marqueurs et celle sans marqueur. Les méthodes avec marqueurs exigent d'équiper chaque personne pour détecter et effectuer le suivi de leur tête. L'approche sans marqueur rend quant à elle la détection et le suivi de tête moins intrusif pour la personne observée. Dans le cadre d'une formation par simulation (cf. une situation de micro-enseignement), ce type de démarche peut permettre au formateur de récolter des informations précises sur l'état émotionnel des élèves mais aussi de l'enseignant (ici l'apprenant en simulation) grâce à l'analyse des expressions du visage. Il peut aussi contribuer à repérer parmi les élèves, ceux qui sont distraits (les élèves dont la tête est orientée en direction de la fenêtre alors que la situation ne le requiert pas) et d'établir des statistiques de participation par exemple en fonction des personnes.

3.2.3.1 Détection du visage et ses caractéristiques générales (âge, sexe, ethnie ...)

Avant d'extraire des informations du visage, la première étape est d'être capable de détecter automatiquement les visages. A ce sujet, l'arrivée des réseaux de neurones profonds (DNN) a permis le développement de modèles précis comme Dlib (King, 2009), MTCNN (Zhang et al., 2016) ou encore RetinaFace (figure 7) (Deng, et al., 2019).

Figure 7 Détection de visages basée sur RetinaFace capable de détecter des visages quelle que soit leur taille ou orientation

Aujourd'hui, grâce à des algorithmes tels que RetinaFace, il s'avère possible d'extraire de nombreux attributs des visages observés tels que le sexe, l'âge ou encore l'ethnie. Pour ce faire, ces réseaux de neurones profonds procèdent à une analyse des visages et comparent les informations récoltées à ceux d'une base de données. Pour rendre ce travail d'analyse et de comparaison performant, il s'avère nécessaire d'intégrer dans la base de données des informations représentatives de la population en termes de sexe, d'ethnie ou de style (longueur des cheveux, barbe, lunettes. . .). Alors que la détection du visage est à la base des sections qui suivent, les données statistiques liées au sexe, à l'âge ou à l'ethnicité peuvent aussi présenter un intérêt pour le formateur. Y a-t-il plus de réponses et de participation de la part des élèves hommes de certaines ethnies dans un cours de sciences par exemple ? L'enseignant (ici l'apprenant en simulation) passe-t-il plus de temps à interagir avec certains élèves plutôt qu'avec d'autres ? Y a-t-il quelque chose à changer au niveau des interactions pour un enseignement plus inclusif ?

3.2.3.2 Les expressions du visage

Si l'on se concentre sur l'analyse des mouvements au niveau du visage, il est possible d'estimer l'état émotionnel d'une personne. Les expressions du visage ne sont qu'un moyen parmi d'autres d'exprimer des émotions. En effet, celles-ci peuvent aussi se manifester au travers de la voix (cf. point 3.2.5), des gestes, des postures, etc. Les expressions faciales font pleinement partie de la communication non verbale et peuvent être involontaires ou volontaires (clin d'œil, expression actée/simulée, etc.). Dans le cadre de la formation des enseignants (micro-enseignement), l'étude et l'analyse de l'expression des émotions permet d'apporter des informations non verbales sur l'état émotionnel des élèves (peur, joie, etc.) ou lors des interactions entre les élèves et l'enseignant (ici l'apprenant en simulation), ainsi que lors des échanges entre les élèves.

Jusqu'à la moitié du XXe siècle, peu de travaux ont été réalisés sur l'expression des émotions chez l'homme privilégiant le fait que l'expressivité est uniquement culturelle. Ce n'est que vers 1960 que Paul Ekman a entrepris des recherches détaillées sur l'expression des émotions en étudiant les contractions des muscles du visage en lien avec les émotions. Il en tira six expressions universelles : la peur, le dégout, la colère, le bonheur, la tristesse et la surprise, sur lesquelles tous les individus s'accordent, quelle que soit leur culture (Ekman, 1971). A ces six expressions d'émotions, on y ajoute parfois le « mépris » considéré comme un mélange de colère et de dégout, mais non considéré comme une expression d'émotion de base (figure 8).

Les recherches sur l'expression des émotions ont permis à Paul Ekman et à Wallace Friesen, de créer un guide de codification appelé « FACS » pour « Facial Action Coding System », publié en 1978 et révisé en 2002 (Ekman & Friesen, 1978). Le FACS est un index des expressions faciales, dont le but est de lister des unités d'action (AU) qui sont les actions fondamentales des muscles ou des groupes de muscles individuels (figure 8).

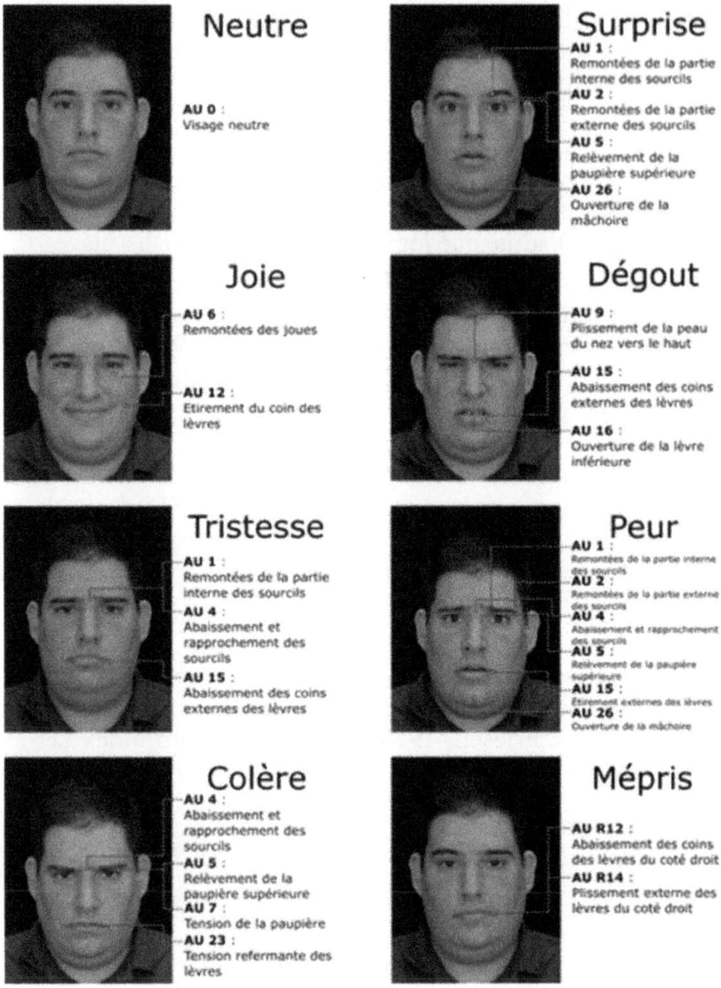

Figure 8 Codification des expressions de base selon le FACS

La détection d'unités d'action (AU) sur des visages présents dans des vidéos au moyen de modèles d'apprentissage automatique est actuellement envisageable. L'existence de plusieurs collections de vidéos annotées (Zhang, et al., 2014), (Mavadati et al., 2013) permettent de concevoir et d'entrainer de tels systèmes.

L'index des expressions faciales qu'est le FACS comporte presqu'une centaine d'unités d'action. Certaines permettent de décrire les expressions principales mais d'autres portent plutôt sur le comportement du visage, des yeux ou même des mouvements de la tête. L'analyse de ces autres mouvements caractéristiques du visage et de la tête permet, par exemple, d'identifier des mouvements de la mâchoire, des lèvres, des joues que l'on peut lier à la parole (et donc au temps de parole), à la mastication, à un bâillement (et donc, à la fatigue), ou encore à des grimaces. L'analyse des yeux permet aussi de coder des clignements d'œil et la fermeture des yeux (et dès lors la vigilance).

De nombreux modèles de détection des six émotions (en plus de l'émotion dite « neutre ») ont été mis au point et on retrouve les émotions aussi dans de nombreuses interfaces de programmation d'application comme ceux d'IBM, de Microsoft, de Google, ... (Faceplusplus, 2021). En général, ils fonctionnent assez bien sur des grands visages de face. Il convient toutefois de souligner que les résultats peuvent être très variables selon les émotions. Alors que « joie » versus « non-joie » est relativement facile à reconnaitre, il en est tout autre pour les autres émotions. Des recherches sont en cours pour améliorer les bases de données existantes (Wang et al., 2020).

3.2.3.3 Les mouvements de la tête et des yeux

Connaitre la direction du visage d'un individu nous donne des informations quant à son comportement : regarde-t-il une personne ou un objet particulier ? Sur quoi le sujet porte-t-il son attention ? Combien de temps dure la fixation de cette personne ou cet objet ?

Si le visage peut être détecté, sa direction peut l'être aussi sur des caméras 2D et encore plus grâce à des caméras RGB-D qui donnent de l'information 3D. A titre d'exemple, la caméra OAK-D light (OpenCV (Lite), 2021) permet permet d'extraire la direction du visage mais aussi d'obtenir une approximation de la direction du regard si le visage est suffisamment grand et que les yeux sont visibles (figure 9).

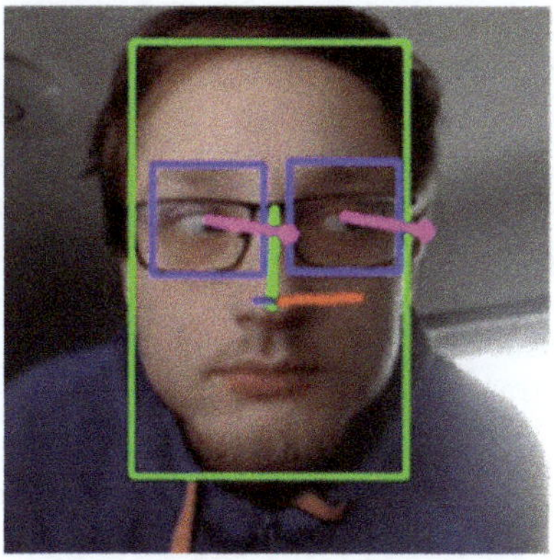

Figure 9 Direction du visage et des yeux (OAK – D light)

Si une direction du regard performante reste très difficile à obtenir sur des images classiques et impossible lorsque les yeux deviennent petits, la direction du visage permet, dans certaines circonstances, de résoudre partiellement le problème. Des études (Langton et al., 2004; Rocca et al., 2014) ont montré que le regard provient d'une combinaison de la direction des yeux et de la direction de la tête et qu'à défaut de pouvoir faire le suivi oculaire (eye tracking), l'orientation de la tête donne une indication fiable sur l'attention ou la concentration. Cette corrélation est forte dans le cas précis où l'action est proche et couvre un large espace qui implique des mouvements de tête. La distance entre le visage et le capteur est évidemment fondamentale: plus la personne est éloignée du capteur qui cherche à l'analyser, plus les erreurs sur les mesures augmentent. A très courte distance (<1 mètre), le suivi oculaire est ce qui apporte les résultats les plus précis pour savoir sur quoi l'utilisateur porte son attention (Seeing Machines, 2010; Tobii, 2021). Au-delà de cette distance, la direction du regard peut être substituée par l'estimation de l'orientation de la tête dans certains scénarios d'utilisation, comme dans le cas de l'attention visuelle face à un écran de télévision (Rocca et al., 2015).

3.2.4 Comportement oculaire

Le regard d'une personne ne se pose pas sur son environnement de manière linéaire mais au contraire, il se concentre sur des zones spécifiques de son environnement dans une exploration très dynamique (Mancas et al., 2016). Cette approche permet de prioriser les informations entrantes dans le cerveau en fonction: 1) des tâches/volontés précises (attention top-down) ou 2) de la difficulté de comprendre/compresser l'information; une information difficile à compresser étant vécue par une personne comme « surprenante » et donc « intéressante » (attention bottom-up). Dans ce sens, analyser le mouvement oculaire d'une personne peut livrer de nombreuses informations telles que son état de fatigue, son niveau de concentration ainsi que ce qui attire son attention à tel et tel moment. Il s'agit d'une information très intéressante à obtenir pour un formateur en simulation dans le sens où le regard est lié aux tâches qui sont effectuées (attention top-down) et qu'il peut témoigner du degré d'assimilation des connaissances en lien avec ces tâches. En outre, l'analyse du mouvement oculaire peut aussi renseigner le formateur en simulation sur les facteurs qui facilitent la réalisation de ces tâches ou, au contraire, l'entravent comme la présence de distracteurs (attention bottom-up).

En ce qui concerne la technologie visant à capter la direction du regard, il existe trois grandes approches permettant d'extraire des données utilisables dans des situations écologiques. La première nécessite de maintenir le sujet à une distance constante de caméras spéciales qui travaillent dans l'infra-rouge. Des constructeurs tels que Tobii fournissent des systèmes de ce type sous la forme de barrettes mobiles aisément transportables et pouvant être branchées en USB (Tobii, 2021). Ce type d'approche implémentable sur ordinateurs et tablettes vise à faire du suivi sur un écran, même si l'utilisation de caméras de scène reste possible (mais plus complexes à mettre en œuvre) pour observer l'interaction de l'utilisateur avec son environnement (figure 10, en haut).

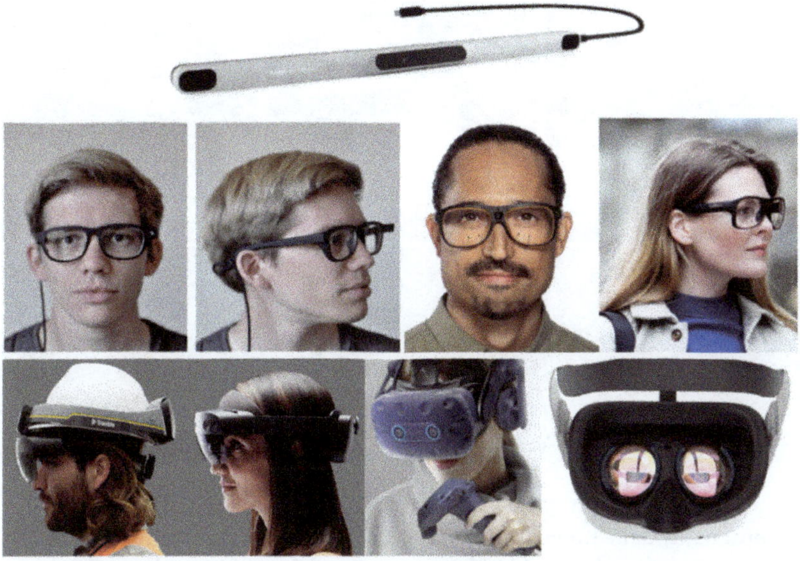

Figure 10 Haut : barrettes de suivi du regard (ici Tobii PCEye), milieu : lunettes de suivi du regard (Pupil invisible à gauche et Tobii glasses à droite), bas (dispositifs AR à gauche et dispositifs VR à droite)

La deuxième approche consiste à placer les caméras près de l'œil du sujet pour lequel on souhaite obtenir des informations sur le mouvement oculaire. Parmi les technologies inhérentes à ce type d'approche, on retrouve les lunettes de suivi du regard (figure 10, au milieu). Plus discret, ce type de dispositif permet de recueillir des données relatives aux interactions de plusieurs utilisateurs avec des objets dans leur environnement réel. Le potentiel de cette technologie ne se limite donc pas au suivi du mouvement oculaire d'un sujet statique ou sur un écran. De plus, les lunettes de suivi du regard permettent d'enregistrer les données sur des petits appareils de type téléphones portables, facilement transportables par les utilisateurs. Ceci laisse les mains des utilisateurs libres pour accomplir des gestes en lien avec leur activité principale. La figure 11 montre les possibilités de retour à l'apprenant (ici le futur enseignant) qui porte des lunettes de suivi du regard. En effet, le formateur pourra, lors de la phase de débriefing, donner à l'apprenant un feed-back « instantané » avec la position du regard à un moment précis (figure 11, en haut) ou un retour avec une carte de chaleur qui agrège toutes les données oculaires sur la période (ou une partie) du micro-enseignement (figure 11, en bas).

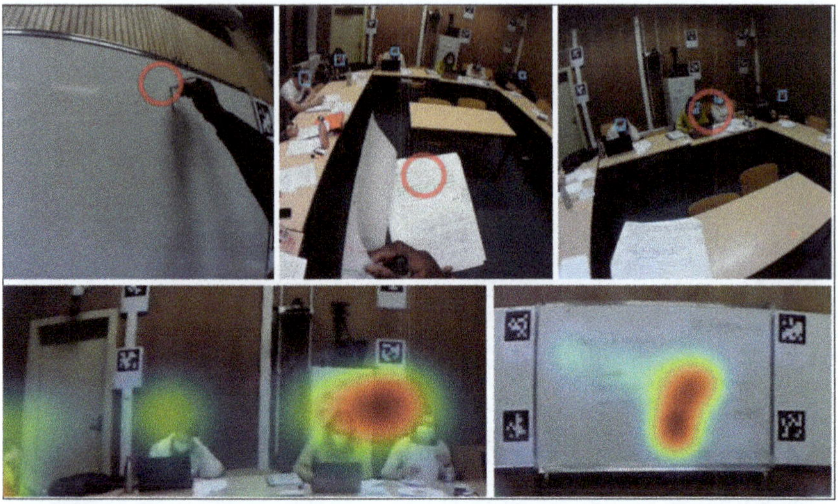

Figure 11 Résultats de suivi du regard sur un futur enseignant (ici l'apprenant) dans un environnement de micro-enseignement en utilisant des lunettes Pupil Invisible Haut : position du regard (cercle rouge), bas : agrégation du regard depuis le début du cours sous forme de carte de chaleur

Une troisième approche, qui prend de plus en plus d'importance, est celle de l'intégration du suivi du regard dans des casques de réalité augmentée (AR) (comme les Microsoft Hololens 2) (Microsoft HoloLens, 2021) ou des casques de réalité virtuelle (VR) (tels que le HTC Vive Pro Eye) (HTC Corporation, 2021) ou le Pico Neo 3 Pro Eye (Pico Interactive, 2021) (figure 10, en bas). Ces technologies permettent d'immerger des apprenants dans des environnements de travail proche de la réalité, de les confronter à des situations, qui peuvent être à risques ou d'urgence, pour lesquelles il s'avère nécessaire de développer des compétences professionnelles et de recueillir des informations, via l'analyse du mouvement oculaire, sur les interactions des apprenants avec les objets de leur environnement.

3.2.5 Comportement vocal

L'extraction d'informations de la voix a été traditionnellement effectuée à l'aide de valeurs appelées « descripteurs » ou « caractéristiques ». Ces descripteurs ont été pensés et conçus à partir d'équations visant à représenter ou modéliser certains phénomènes acoustiques ou même morphologiques dans la production de parole. Ces équations ont été notamment établies manuellement en étudiant le signal lui-même. Le pitch (terme utilisé dans la littérature pour désigner « la fréquence fondamentale ») ou les Mel-Frequency Cepstral Coefficients (MFCC) font partie des descripteurs traditionnels les plus connus pour la représentation de la répartition et de la dynamique fréquentielle de la voix.

Ces descripteurs ont contribué au développement de nombreuses applications technologiques liées à la parole comme la reconnaissance de locuteur, la transcription de voix en texte, la génération de voix à partir de texte, etc. Récemment, une grande attention a été portée sur les émotions et l'expressivité. Des groupes de descripteurs, dont une grande partie dérive directement du pitch et des MFCC, ont même été établis uniquement pour cette tâche-là, comme les descripteurs eGeMAPs (Eyben, et al., 2015).

Avec l'avancée de l'apprentissage machine et des réseaux neuronaux profonds (DNN) en particulier, est arrivée une nouvelle forme de représentation des descripteurs plus performante : les « embeddings ». De nos jours, ces embeddings sont très explorés pour l'extraction d'informations de la voix et des émotions que l'on peut y découvrir (Salamon & Bello, 2017 ; Stowell et al., 2015). Parmi les systèmes les plus connus grâce à leur robustesse et potentiel de généralisation, on trouve Soundnet (Aytar et al., 2016) et VGG-ish (Hershey et al., 2017), système crée par Google.

Plusieurs travaux ont prouvé leur efficacité par rapport aux descripteurs traditionnels dans différents domaines comme la reconnaissance d'émotions (Nandan & Vepa, 2020 ; Tits et al., 2018). L'intérêt de ces méthodes est d'utiliser la voix en dehors de toute considération liée à la langue, pour y trouver des informations liées à l'état d'esprit des apprenants qui parlent, plutôt qu'au contenu de leur parole.

4. L'usage d'outils technologiques dans le cadre de formations professionnelles basées sur la simulation : sous quelles conditions ?

Comme décrit dans le point 3 du chapitre, de nombreuses technologies peuvent contribuer à renseigner le formateur sur l'activité des apprenants dans le cadre d'une formation, en particulier une formation par simulation. Elles permettent ainsi de « décharger cognitivement » le formateur et de le soutenir dans son activité de médiation en séance et lors du débriefing. Toutefois l'usage d'outils technologiques dans le cadre de formations professionnelles par simulation ne peut s'opérer que sous certaines conditions.

Le premier écueil à éviter, tout comme pour la réalisation de la recherche, serait de considérer que le recours à la technologie (et ici les technologies IA centrées sur l'humain) constitue à priori la panacée ou même le gage d'une quelconque efficacité ou plus-value dans les difficultés susceptibles d'être rencontrées par le formateur en formation par simulation. Elles peuvent certes constituer une aide en matière de prise et d'analyse d'informations en séance concernant l'activité des apprenants, et ainsi contribuer à soutenir l'activité du formateur lors de la conduite des différentes phases d'une simulation. Mais elles nécessiteront toujours l'activité réflexive du formateur... qu'il faut d'ailleurs veiller à ne pas « étouffer » du fait du recours à une multitude d'informations (risque de surcharge cognitive).

L'une des pistes à privilégier pour maximiser l'impact de ces technologies reste donc bien une centration sur le formateur et sa formation, tant technique que (voire surtout) « pédagogique » à la mise en œuvre du dispositif/scénario pédagogique recourant à la technologie. Ses compétences doivent à la fois être valorisées et perçues comme contributives à sa performance en simulation mais également « soutenues » dans la perspective d'un développement professionnel et de la mise en œuvre d'une véritable formation continuée du formateur, notamment en l'amenant à consulter les résultats de la recherche sur les dispositifs recourant aux modalités pédagogiques qu'il mobilise dans sa pratique.

Toujours dans une perspective de développement professionnel du formateur, nous soutenons l'idée que ces outils technologiques devraient également avoir pour but de recueillir des informations sur l'activité du formateur en simulation. Ces informations ainsi recueillies pourraient être exploitées ultérieurement par le formateur afin d'améliorer sa pratique professionnelle.

Partant de ces constats, l'implémentation de technologies (de la technologie) dans le cadre d'une formation par simulation doit être pensée en amont en traitant les questions suivantes : quelle acceptation par les formateurs et les apprenants, notamment en lien avec le caractère intrusif ou non de la solution retenue ou le type de traitement réservé aux données ? Quel niveau de complexité en regard des compétences des formateurs et/ou des perspectives de formation ? Quel objectif et quelle efficacité visée (appropriée, perçue comme telle par les formateurs, atteignable, justifiant le déploiement technologique) ?

5. Conclusion : où en est-on et que reste-t-il encore à faire ?

Les points 3 et 4 de ce chapitre soulignent d'une part la possibilité d'extraire une multitude d'informations en temps réel au sujet d'humains en formation et, de l'autre, la nécessité de garder le formateur au centre de la boucle d'interactions de la formation, que cela soit avant (briefing), durant la formation proprement dite et après celle-ci (débriefing). Cette approche va dans le sens plus large du fait de garder l'humain dans la boucle de l'IA (Human-in-the-AI-loop) au lieu de le remplacer complètement. Quand on regarde les applications créatives de l'IA, à chaque fois que celle-ci est laissée « seule », le résultat est pour le moins étrange et peu qualitatif (pensons aux IA qui écrivent seules des livres par exemple). L'IA est là pour lui fournir des informations objectives sur les apprenants et des propositions de modification du processus de formation en temps réel d'une part et d'autre part, un résumé de l'expérience de formation pour le débriefing offline.

Pour les propositions de changement en temps réel dans le scénario de formation, il s'agit aussi d'expliquer pourquoi la proposition de sa modification est effectuée et laisser la possibilité au formateur de valider ou non la proposition. En cas de validation, il revient également à l'instructeur de choisir le moment où ce changement dans le scénario peut être le plus efficace.

Pour les propositions de débriefing, l'expérience de formation est automatiquement annotée avec des informations compréhensibles par le formateur liées à l'activité des apprenants en séance de simulation.

Dans les deux cas, le système doit recueillir, en plus des informations relatives à l'activité des apprenants, la réaction du formateur par rapport aux propositions de l'IA ou par rapport aux annotations qu'elle produit et ce, afin d'améliorer le système de recommandation et d'annotation automatique dans le temps. Le système doit également donner un feed-back au formateur, lequel va peut-être, en fonction, adapter sa façon de faire. Il s'agit donc bien de chercher une symbiose entre le formateur et l'IA pour servir les objectifs de la formation professionnelle.

En ce qui concerne les problèmes éthiques liés à l'extraction de données sur les apprenants et éventuellement le formateur, il s'agit d'un réel point d'attention. Les systèmes mis en place doivent être pensés éthiquement dès le départ afin qu'ils soient acceptables et acceptés par les utilisateurs dans des sociétés démocratiques où il est possible de refuser l'utilisation de systèmes technologiques. Il faut donc penser à utiliser des données globales agrégées plutôt que des données que l'on peut affecter à une personne précise. Le fait de ne pas enregistrer des données compréhensibles par de humains (vidéos, visages, etc.) mais seulement des informations de haut niveau est très important. Pour cela il faut être capable de faire un pré-traitement des données au plus près des capteurs en utilisant des algorithmes suffisamment légers et rapides pour ce faire. L'éthique est donc un facteur de créativité important dans les technologies liées à l'IA car celui-ci pose des défis technologiques très intéressants et il est très important de considérer ce paramètre comme un allié du système plutôt que comme un obstacle.

Alors, l'IA dans la formation : rupture radicale ou continuité ? Tout semble indiquer qu'il s'agit bien d'une continuité où les deux mondes, celui de la formation et celui de l'IA doivent apprendre l'un de l'autre, afin de pouvoir vivre dans une relative symbiose. Dans ce sens, le défi technologique le plus important dans la formation n'est paradoxalement pas la quantité d'informations qu'il est possible d'extraire des humains et de leurs interactions mais bien la manière de simplifier ces informations. Parallèlement, la conception de l'interface, qui permettra aux formateurs d'utiliser toute cette information sans ajouter une charge cognitive et qui permettra une réelle plus-value dans la compréhension de la formation par le formateur, constituera un maillon important du dispositif. Idéalement, l'enregistrement de l'utilisation de cette interface permettra d'étudier l'activité du formateur.

A court terme, en ce qui concerne les développements, c'est l'étape permettant au formateur de réaliser le débriefing offline qui apparait la plus plausible. L'enrichissement de l'interface d'annotations et la proposition des zones problématiques qui nécessitent que le formateur se penche dessus lors du débriefing est la tâche la plus réaliste d'un point de vue technologique dans un horizon à court terme. Par zones problématiques, on entend les zones « atypiques » par rapport au développement normal de l'activité. . ., cette détection pouvant potentiellement être réalisée automatiquement par rapport à l'étude d'un grand nombre de scènes similaires à celles reproduites en simulation. A moyen et plus long terme, l'aide en temps réel du formateur durant la formation est la prochaine étape dans le mouvement de transformation de la formation.

Références bibliographiques

Abadi, M. A., Barham, P., Brevdo, E., Chen, Z., Citro, C., Corrado, G. S., Davis, A., Dean, J., Devin, M., Ghemawat, S ., Goodfellow, I., Harp, A., Irving, G., Isard, M., Jia, Y., Jozefowicz, R., Kaiser, L., Kudlur, M., Levenberg, J., Mane, D., Monga, R., Moore, S., Murray, D., Olah, C., Schuster, M., Shlens, J., Steiner, B., Sutskever, I ., Talwar, K., Tucker, P., Vanhoucke, V., Vasudevan, V., Viegas, F., Vinyals, O., Warden, P., Wattenberg, M., Wicke, M., Yu, Y., & Zheng, X. (2015). Tensorflow: Large-scale machine learning on heterogeneous distributed systems. doi.org/10.48550/arXiv.1603.04467

Aytar, Y., Vondrick, C., & Torralba, A. (2016). Soundnet : learning sound representations from unlabeled video. *Advances in neural information processing systems*, 892–900. https://doi.org/10.48550/arXiv.1610.09001

Béguin, P., & Weill-Fassina, A. (1997). De la simulation des situations de travail à la situation de simulation. Dans P. Béguin & Weill-Fassina (Eds.), *La simulation en ergonomie : connaitre, agir et interagir* (pp. 5–28). Octarès.

Boccara, V., Vidal-Gomel, C., & Rogalski, J. (2013, 5–7 juin). *Analyse multiniveaux de l'activité de médiation des formateurs* [Communication]. Colloque international : Les question vives en éducation et formation : regards croisés France-Canada, Nantes. https://www.researchgate.net/publication/296831739_Analyse_multiniveaux_de_l%27activite_de_mediation_des_formateurs

Caens-Martin, S. (2009). Concevoir un simulateur pour apprendre à gérer un système vivant à des fins de production : la taille de la vigne. Dans P. Pastré & P. Rabardel (Eds.), *Apprendre par la simulation. De l'analyse du travail aux apprentissages professionnels* (pp. 81–106). Octarès.

Cao, Z., Hidalgo, G., Simon, T., Wei, S.-E., & Sheikh, Y. (2019). OpenPose : realtime multi-person 2D pose estimation using part affinity fields. *IEEE transactions on pattern analysis and machine intelligence, 43*(1), 172–186. https://doi.org/10.1109/TPAMI.2019.2929257

Deng, J., Guo, J., Zhou, Y., Yu, J., Kotsia, I., & Zafeiriou, S. (2019). Retinaface : single-stage dense face localisation in the wild. https://doi.org/10.48550/arXiv.1905.00641

Dingler, T., Funk, M., & Alt, F. (2015, 10–12 juin). Interaction proxemics : combining physical spaces for seamless gesture interaction. Dans S. Gerhing & A. Krüger (Eds.), *PerDis'15 : Proceedings of the 4th International Symposium on Pervasive Displays* (pp.107–114). Association for Computing Machinery. https://doi.org/10.1145/2757710.2757722

Dubois, L-A., Bocquillon, M., Romanus, C., & Derobertmasure, A. (2019). Usage d'un modèle commun de la réflexivité pour l'analyse de débriefings post-simulation : le cas de futurs policiers, sages-femmes et enseignants. *Le travail humain, 82*(3), 213–251.

Ekman, P. (1971). Universals and cultural differences in facial expressions of emotions. *Nebraska Symposium on Motivation*, 207–283.

Ekman, P., & Friesen., W. (1978). *Facial Action Coding System (FACS) : Manual.* Consulting Psychologists Press. https://psycnet.apa.org/doi/10.1037/t27734-000

Eyben, F., Scherer, K., Schuller, B. W., Sundberg, J., André, E., Busso, C., Devillers J. E., Laukka, P., & Narayanan, S. (2015, 1 avril – juin). The Geneva minimalistic acoustic parameter set (GeMAPS) for voice research and affective computing. Dans *IEEE transactions on affective computing, 7*(2), 190–202. https://doi.org/10.1109/TAFFC.2015.2457417.

Hall, E. T. (1963). A system for the notation of proxemic behavior. *American anthropologist, 65*(5), 1003–1026.

Hall, E. T. (1966). *The Hidden Dimension* (Vol. 6). Doubleday.

Hershey, S., Chaudhuri, S., Ellis, D. P. W., Gemmeke, J. F., Jansen, A., Moore, C., Plakal, M., Platt, D., Saurous, R. A., Seybold, B., Slaney, M., Weiss, R., & Wilson, K. (2017). CNN architectures for large-scale audio classification. Dans *2017 IEEE International Conference on Acoustics, Speech and Signal Processing (ICASSP)* (pp. 131–135). IEEE. https://doi.org/10.1109/ICASSP.2017.7952132.

HTC Corporation. (2021, 10). *Vive pro eye.* Vive.com. https://www.vive.com/fr/product/vive-pro-eye/overview/

King, D. E. (2009). Dlib-ml : a machine learning toolkit. *The Journal of Machine Learning Research, 10*, 1755–1758.

Labrucherie, M. (2011). Le pilotage des avions de ligne. Dans Ph. Fauquet-Alekhine & N. Pehuet (Eds.), *Améliorer la pratique professionnelle par la simulation* (pp. 9–36). Octarès.

Langton, S. R., Honeyman, H., & Tessler, E. (2004). The influence of head contour and nose angle on the perception of eye-gaze direction. *Perception & Psychophysics, 66*, 752–771. https://doi.org/10.3758/BF03194970

Leplat J., & Hoc J-M. (1983). Tâche et activité dans l'analyse psychologique des situations. *Cahiers de Psychologie cognitive, 3*(1), 49–63.

Leroy, J., Mancas, M., & Gosselin, B. (2011, 10–11 mai). Personal space augmented reality tool. Dans *32nd WIC Symposium on Information Theory in the Benelux 2011 : First joint WIC/IEEE SP Symposium on Information Theory and Signal Processing in the Benelux (pp. 89–96).* Curran Associates.

Mancas, M., Ferrera, V. P., Riche, N., & Taylor, J. G. (2016). From human attention to computational attention : A multidisciplinary approach. *Springer Series in Cognitive and Neural Systems, 10.* Springer. https://www.springer.com/series/8572

Mancas, M., Riche, N., Leroy, J., Gosselin, B., & Dutoit, T. (2011). Toward a social attentive machine. *2011 AAAI Fall Symposium Series, 5.*

Mavadati, S., Mahoor, M., Bartlett, K., Trinh, P., & Cohn, J. (2013). DISFA : a spontaneous facial action intensity database. Dans *IEEE Transactions on Affective Computing, 4(2)*,151–160. http://doi.org/10.1109/T-AFFC.2013.4

Mead, R., & Mataric, M. J. (2016). Perceptual models of human-robot proxemics. Dans M. Hsieh, O. Khatib & V. Kumat (Eds.), *Experimental robotics. Springer Tracts in Advanced Robotics, 109*, 261–276. Springer. https://doi.org/10.1007/978-3-319-23778-7_18

Microsoft. (2021). *Kinect pour Windows*. learn.microsoft.com. https://developer.microsoft.com/fr-fr/windows/kinect/

Microsoft HoloLens. (2021, 10). *HoloLens 2*. Microsoft.com. https://www.microsoft.com/fr-fr/hololens/buy

MMPose Contributors. (2020, 8). *OpenMMLab pose estimation toolbox and benchmark*. Github.com. https://github.com/open-mmlab/mmpose

Nandan, A., & Vepa, J. (2020). *Language agnostic speech embeddings for emotion classification*. Computer Science

Olry, P., & Vidal-Gomel, C. (2011). Conception de formation professionnelle continue : tensions croisées et apports de l'ergonomie, de la didactique professionnelle et des pratiques d'ingénierie. *Activités, 8*(2), 115–149. https://doi.org/10.4000/activites.2604

OpenCV (D). (2021). *OpenCV AI Kit : OAK—D*. Store.opencv.ai. https://store.opencv.ai/products/oak-d

OpenCV (D-PoE). (2021). *OpenCV AI Kit : OAK—D-PoE*. Store.opencv.ai. https://store.opencv.ai/products/oak-d-poe

OpenCV (Lite). (2021). *OpenCV AI Kit – Lite (and Tiny)*. Kickstarter.com. https://www.kickstarter.com/projects/opencv/opencv-ai-kit-oak-depth-camera-4k-cv-edge-object-detection/posts

Pastré, P. (2009). Apprendre par la résolution de problèmes : le rôle de la simulation. Dans P. Pastré & P. Rabardel (Eds.), *Apprendre par la simulation. De l'analyse du travail aux apprentissages professionnels* (pp. 17–40). Octarès.

Pico Interactive. (2021, 10). *Neo 3 pro – Neo3 pro eye*. Business.picoxr.com. https://www.pico-interactive.com/us/neo3.html

Rivière, A. (1990). Les relations entre apprentissage et développement. La zone proximale de développement. Dans A. Rivière (Ed.), *La psychologie de Vygotsky* (pp. 89–95). Mardaga.

Rocca, F., De Deken, P., Grisard, F., Mancas, M., & Gosselin, B. (2015b, 11–13 mai). Real-time marker-less implicit behavior tracking for user profiling in a TV context. Dans *CASA 2015 : 28th International Conference on Computer Animation and Social Agents*.

Rocca, F., Mancas, M., & Gosselin, B. (2014). Head pose estimation by perspective-n-point solution based on 2D markerless face tracking. Dans D. Reidsma, L. Choi & R. Bargar (Eds.), *Intelligent Technologies for Interactive Entertainment. INTETAIN 2014. Lecture Notes of the Institute for Computer Sciences, Social Informatics and Telecommunications Engineering*, Vol. 136 (pp. 67–76). Springer. https://doi.org/10.1007/978-3-319-08189-2_8

Rocca, F., Mancas, M., Grisard, F., Leroy, J., Ravet, T., & Gosselin, B. (2015a). Head pose estimation & TV Context : current technology.

EAI Endorsed Transactions on Creative Technologies, 2(3). http://dx.doi.org/10.4108/ct.2.3.e2

Rogalski, J. (1997). Chapitre 4 : Simulations : fonctionnalités ? Validités ? Approche sur le cas de la gestion d'environnements dynamiques ouverts. Dans P. Béguin & A. Weill-Fassina (Eds.), *La simulation en ergonomie : connaitre, agir et interagir* (pp. 55–76). Octarès.

Rogalski, J. (2003*)*. Y a-t-il un pilote dans la classe ? Une analyse de l'activité de l'enseignant comme gestion d'un environnement dynamique ouvert. *Recherches en Didactique des Mathématiques, 23*(3), 343–388.

Rogalski, J. (2007, 11–15 juin). *Approche de psychologie ergonomique de l'activité de l'enseignant* [Communication]. Séminaire international : La professionnalisation des enseignants de l'éducation de base : les recrutements sans formation initiale, Sèvres. https://www.academia.edu/4497036/APPROCHE_DE_PSYCHOLOGIE_ERGONOMIQUE_DE_L ACTIVITE_DE_LENSEIGNANT

Rogalski, J. (2012). Théorie de l'activité et didactique, pour l'analyse conjointe des activités de l'enseignant et de l'élève. *International Journal for Studies in Mathematics Education, 5*(1), 1–37.

Rogalski, J., & Colin, B. (2018). Le rôle du formateur dans l'articulation des compétences acquises sur simulateur et des compétences cibles (« terrain ») : Le cas du moniteur dans la formation de pilotes militaires d'hélicoptères – armée de Terre. *Activités, 15*(2), 1–25. https://doi.org/10.4000/activites.3333

Rogalski, J., Plat, M., & Antolin-Glenn, P. (2002). Training for collective competence in rare and unpredictable situations. Dans N. Boreham, R. Samurçay & M. Fischer (Eds.), *Work process knowledge* (pp. 134–147). Routledge.

Salamon, J., & Bello, J. P. (2017, 17 mars). Deep convolutional neural networks and data augmentation for environmental sound classification. *IEEE Signal processing letters 24,* 279–283. https://doi.org/10.1109/lsp.2017.2657381

Salas, E., & Cannon-Bowers, J. A. (2000). The anatomy of team training. Dans S. Tobias & J.D. Fletcher (Eds.), *Training and retraining : A handbook for business, industry, government, and the military* (pp. 312– 335). Macmillan Reference.

Samurçay, R. (2009). Concevoir des situations didactiques pour la formation professionnelle : une approche didactique. Dans P. Rabardel & P. Pastré (Eds.), *Modèles du sujet pour la conception* (pp. 53–72). Octarès. https://doi.org/10.4000/rfp.205

Samurçay, R., & Rogalski, J. (1998). Exploitation didactique des situations de simulation. *Le travail humain, 61*(4), 333–359.

Schroff, F., Kalenichenko, D., & Philbin, J. (2015, 17 juin). Facenet : a unified embedding for face recognition and clustering. Dans *Proceedings of the IEEE conference on computer vision and pattern recognition*, 815–823. IEEE. https://arxiv.org/pdf/1503.03832.pdf

Seeing Machines. (2010). FaceLAB.

Shotton, J., Sharp, T., Kipman, A., Fitzgibbon, A., Finocchio, M., Blake, A., Cook, M., & Moore, R. (2013). Real-time human pose recognition in parts from single depth images. CVPR 2011 (pp. 1297–1304). https://doi.org/10.1109/CVPR.2011.5995316.

Siv, R., Mancas, M., Sreng, S., Chhun, S., & Gosselin, B. (2020). People tracking and re-identifying in distributed contexts : PoseTReID framework and dataset. Dans *2020 12th International Conference on Information Technology and Electrical Engineering (ICITEE)*, 323–328. https://doi.org/10.1109/ICITEE49829.2020.9271712

Stereolabs (i). (2021). *ZED 2i – Industrial AI Stereo Camera | Stereolabs.com.* https://www.stereolabs.com/zed-2i/

Stereolabs. (2021). *ZED 2 – AI Stereo Camera | Stereolabs*.com. https://www.stereolabs.com/zed-2/

Stowell, D., Giannoulis, D., Benetos, E., Lagrange, M., & Plumbley, M. D. (2015). Detection and classification of acoustic scenes and events. *IEEE Transactions on Multimedia*, 17(10), 1733–1746. http://dx.doi.org/10.1109/TMM.2015.2428998

Tits, N., Haddad, K. E., & Dutoit, T. (2018). Asr-based features for emotion recognition : a transfer learning approach. https://doi.org/10.48550/arXiv.1805.09197

Tobii. (2021). *Tobii – Hardware, software, and services.* Tobii.com. https://tech.tobii.com/products/

Vidal-Gomel, C., Boccara, V., Rogalski, J., & Delhomme, P. (2008). Les activités de guidage des formateurs au cours d'un audit destiné à des conducteurs expérimentés et âgés. *Travail et Apprentissage, 2*, 46–64. https://www.cairn.info/revue-travail-et-apprentissages-2008-2-page-46.htm

Vidal-Gomel, C., Fauquet-Alekhine, P., & Guibert, S. (2011). Réflexions et apports théoriques sur la pratique des formateurs et de la simulation. Dans Ph. Fauquet-Alekhine & N. Pehuet (Eds.), *Améliorer la pratique professionnelle par la simulation* (pp. 115–141). Octarès.

Vidal-Gomel, C., & Rogalski, J. (2009). Analyser l'activité des formateurs en conduite automobile : une étude exploratoire des aspects collectifs du travail. *Savoirs, 20*(2), 85–118. https://www.cairn.info/revue-savoirs-2009-2-page-85.htm

Vygotski, L. (1934/1997). *Pensée et langage*. La dispute.

Wang, K., Peng, X., Yang, J., Lu, S., & Qiao, Y. (2020). Suppressing uncertainties for large-scale facial expression recognition. Dans *2020 IEEE/CVF Conference on Computer Vision and Pattern Recognition* (pp. 6897–6906). https://doi.org/10.1109/cvpr42600.2020.00693

Zhang, K., Zhang, Z., Li, Z., & Qiao, Y. (2016). Joint face detection and alignment using multitask cascaded convolutional networks. *IEEE Signal Processing Letters, 23*(10), 1499–1503. https://doi.org/10.1109/LSP.2016.2603342.

Zhang, X., Yin, L., Cohn, J., Canavan, S. J., Reale, M., Horowitz, A., & Liu, P. (2014). BP4D-Spontaneous : a high-resolution spontaneous 3D dynamic facial expression database. *Image and Vision Computing, 32*(10), 692–706. https://doi.org/10.1016/j.imavis.2014.06.002

Zhou, K., & Xiang, T. (2019). *Torchreid: a library for deep learning person re-identification in pytorch.* Computer Vision and Pattern Recognition. https://doi.org/10.48550/arXiv.1910.10093

Chapitre 8

Quelle place pour la notation automatique de productions écrites dans un test standardisé de français langue étrangère ?

Dominique CASANOVA[1], Alhassane AW[1],
Marc DEMEUSE[2]

1. Introduction

La notation des épreuves d'expression écrite et orale des tests de langue à forts enjeux présente un cout généralement élevé, du fait de la mobilisation d'évaluateurs humains qualifiés. De surcroit, celle-ci étant humaine, elle est empreinte de subjectivité et requiert en général des évaluations multiples pour garantir la fidélité des résultats, ce qui accroit d'autant les frais et le temps de traitement. Or, les épreuves d'expression écrite se déroulent de plus en plus fréquemment sur ordinateur, phénomène qui s'est accéléré lors de la pandémie de la COVID-19 pour limiter les échanges physiques entre personnes. Cela donne, aux organismes concepteurs de tests, l'opportunité de constituer des corpus de productions au format numérique, qui peuvent être exploités à des fins de recherche ou d'amélioration de la qualité de ces tests. Le développement des méthodes, outils et recherches en traitement automatique des langues et en intelligence artificielle rend également accessible l'élaboration de systèmes de notation automatique qui existaient jusqu'ici principalement en langue anglaise. C'est ainsi que *Le français des affaires* a conçu un premier prototype pour la notation automatique pour l'épreuve d'expression écrite d'un test standardisé de français langue étrangère.

La notation humaine et la notation automatique ne peuvent cependant pas être considérées comme équivalentes (Attali, 2013), quand bien

[1] Le français des affaires, CCI Paris Ile-de-France.

[2] Université de Mons (Belgique).

même elles conduiraient à des classements similaires (Bennet & Bejar, 1997). Le construit évalué par chacun des deux systèmes de notation diffère. Remplacer l'humain par la machine serait prendre une décision en négligeant l'évaluation de certains aspects de la compétence à écrire, plus complexes à évaluer automatiquement, comme l'utilisation de figures de rhétorique telles que l'ironie ou le second degré. Une réflexion doit donc être menée par les concepteurs de tests qui souhaitent intégrer une part de notation automatique dans leurs dispositifs d'évaluation. Cette réflexion porte sur l'usage envisagé de la notation automatique, sur les moyens de rendre compte de sa pertinence et sur son articulation possible avec l'évaluation humaine.

2. Évaluation humaine versus évaluation automatique

L'évaluation automatique est souvent présentée en opposition à l'évaluation humaine, qui est notoirement imparfaite. Mais l'évaluation automatique a ses propres lacunes : si elle offre la possibilité d'une évaluation objective, elle ne permet, aujourd'hui, d'appréhender que de façon médiocre certains aspects des écrits qui peuvent être caractéristiques du construit évalué.

2.1 L'évaluation par des humains, une activité hautement cognitive

Le processus d'évaluation est un processus complexe, qui mobilise un ensemble d'actions cognitives et métacognitives. Il se situe au sommet de la taxonomie de Bloom. La modélisation des processus cognitifs mobilisés reste à approfondir pour une meilleure compréhension de leur impact sur la notation. L'image générale qui se dégage des modèles proposés pour l'acte évaluatif dans le domaine médical (Gauthier et al., 2016) et dans le domaine des langues (Bejar, 2012 ; Han, 2016 ; Wolfe, 2005) est la suivante : l'évaluateur possède une représentation interne du modèle théorique de la compétence à évaluer et des degrés de maitrise de cette compétence, teintée par son expérience professionnelle et sociale, et sa compréhension des cadres de référence officiels ou auxquels il se réfère par ailleurs dans son activité.

Cette représentation s'élabore notamment lors des sessions de formation et de standardisation auxquelles il peut participer en amont des sessions d'évaluation. Il réactive, à la lecture de la grille d'évaluation, cette représentation et celle des critères à considérer dans le contexte du test qu'il doit évaluer. S'il est mis en présence du candidat ou peut observer ce dernier, il active inconsciemment ses filtres perceptifs et se fait une représentation catégorielle (sociale, culturelle...) du candidat (Macrae & Bodenhausen, 2001). Le début de la performance vient renforcer ou activer, si l'évaluateur n'a pas eu l'opportunité d'observer le candidat au préalable, cette perception catégorielle dont il doit se départir pour tendre à l'objectivité.

Étonnamment, cette dimension n'est pas prise en compte dans les modèles précités propres à l'évaluation en langue. Pourtant, cette représentation du candidat par l'évaluateur à travers un ensemble de filtres catégoriels est difficilement évitable, y compris dans des épreuves d'expression écrite où l'évaluateur n'est pourtant pas en contact avec le candidat. Par exemple, si la tâche consiste en la rédaction d'une lettre formelle (pour formuler une demande, donner un avis, informer...), la phrase d'adresse au lecteur peut être très marquée culturellement (par un style très direct ou, au contraire, particulièrement ampoulé), ce qui ne manquera pas d'être relevé par l'évaluateur, même s'il sait que cela ne doit pas entrer en ligne de compte dans sa notation. De même, si la lettre est rédigée à la première personne, la présence d'adjectifs attributs ou de participes passés pourra informer l'évaluateur sur le sexe du rédacteur, qui notera cette information tout en sachant que sa prise en compte doit être limitée à la vérification du respect de l'accord en genre tout au long du texte.

L'observation permet à l'évaluateur de se construire une image mentale de la performance, perçue à travers les filtres des aspects qu'il considère pertinents pour l'évaluation de la compétence, image qu'il réajuste au fil de l'observation. Il confronte cette image à sa représentation interne de la compétence à évaluer et à des exemples de performances stéréotypées ou passées pour catégoriser l'information recueillie. Il intègre progressivement cette information pour quantifier la performance et finaliser sa prise de décision en la justifiant.

Cette étape d'intégration est fortement dépendante de l'instrumentation de l'évaluateur (le type de grille d'évaluation utilisé, par exemple analytique ou holistique, et les descripteurs qu'elle comporte) (Lumley, 2002) et de la nécessité ou non de justifier l'évaluation en la commentant. Tout au long du processus, l'évaluateur subit l'influence d'un ensemble de caractéristiques qui lui sont propres (sa vision du monde, ses connaissances générales), qui introduisent une variabilité non souhaitée dans ses jugements.

2.2 *Les différences entre évaluateurs, source de variation des scores*

La docimologie critique a depuis longtemps mis en évidence la variabilité des évaluations humaines (Leclercq et al., 2004; Martin, 2002).

Cette connaissance et la sensibilisation des évaluateurs à cette problématique n'ont cependant pas suffi à en réduire l'impact (Suchaut, 2008).

Pour cela, il faut être en mesure d'identifier plus précisément les sources de ces variations, notamment sur le plan cognitif. Gingerich et al. (2014) distinguent trois perspectives différentes d'appréhension des origines et des solutions envisageables à la question de la variabilité des jugements évaluatifs (dans le domaine médical). Selon la première perspective, les variations sont principalement dues à des comportements qui peuvent évoluer au moyen d'actions de formation et d'une meilleure instrumentation. De nombreux travaux ont cependant montré l'effet limité de la formation sur la variation des scores, que ce soit pour l'évaluation des compétences langagières (Lumley & McNamara, 1995; Weigle, 1998) ou dans d'autres cadres, comme l'évaluation des performances au travail (Landy & Farr, 1980). La deuxième perspective voit dans ces variations le résultat des limitations de la cognition humaine et du fait que les évaluateurs sont prompts à être influencés par leur contexte immédiat. Les capacités de mémoire de travail étant réduites, l'information est rapidement perdue, à moins d'être traitée et rattachée aux structures de connaissance de l'évaluateur pour être retenue et exploitée à des fins de notation (van Merriënboer & Sweller, 2010). Par ailleurs, l'être humain a aisément tendance à produire des jugements comparatifs et donc, à être influencé par la performance précédente (effet de contraste). La troisième perspective concerne davantage des situations dont la complexité ou la spécificité nécessitent ou justifient le recours à l'expérience individuelle de l'évaluateur, comme dans le cas de l'évaluation sur le lieu de travail, dans le domaine médical (Gingerich et al., 2014). Dans de telles situations, non standardisées du fait de leur emprise avec le réel, différents évaluateurs peuvent former des interprétations différentes, mais également légitimes et pertinentes, avec pour conséquence des différences de notation.

La première perspective a largement été explorée dans le domaine des langues étrangères. La formation des évaluateurs n'a montré qu'un impact limité sur la réduction de variabilité interévaluateurs (Lumley & McNamara, 1995 ; Weigle, 1998). Si elle semble réduire les tendances extrêmes à la sévérité ou à l'indulgence et favoriser la stabilité des évaluateurs, c'est-à-dire la constance avec laquelle ils font preuve de sévérité ou d'indulgence, ces derniers ne deviennent pas pour autant interchangeables. Les retours (in)formatifs individuels, quoiqu'appréciés par les évaluateurs, semblent également avoir un impact mitigé (Elder et al., 2005). La formation et l'accompagnement restent utiles et nécessaires, mais ils sont loin de remédier à la présence d'écarts de notation. En favorisant la stabilité des évaluateurs, la formation et l'accompagnement permettent toutefois de modéliser plus efficacement les biais de sévérité et d'en tenir compte dans l'expression d'un score ajusté (Linacre, 1989), mais non parfait, d'autres facteurs intervenant dans la variabilité des résultats. Pour aller au-delà, il faut mieux comprendre les processus cognitifs mobilisés lors de l'évaluation et pourquoi ils sont mobilisés différemment selon les évaluateurs.

Une grande attention a notamment été portée aux éléments sur lesquels les évaluateurs fondent leur jugement. Différentes études ont montré que ces derniers avaient tendance à se concentrer sur des aspects différents de la performance ou avaient une interprétation différente des critères d'évaluation ou des exigences, en dépit de la formation reçue et de leur expérience en évaluation (Ang-Aw & Goh, 2011 ; Ince, 2022 ; Orr, 2002). Les grilles d'évaluation sont censées guider les évaluateurs dans les aspects de la performance à considérer pour l'évaluation, mais ceux-ci accordent plus ou moins d'importance aux différents critères. Dans le cas d'évaluations basées sur des échelles holistiques, cela peut conduire à des décisions très différentes (Barkaoui, 2010), mais cela impacte également les évaluations recourant à des grilles analytiques (Eckes, 2008). Même lorsque les évaluateurs semblent s'accorder sur les aspects à prendre en compte pour l'évaluation, des différences de notation peuvent être mises en évidence du fait d'une interprétation différente de certaines caractéristiques de la performance (Brown et al., 2005). Une explication avancée par Han (2016) est que les évaluateurs, s'appuyant sur leurs expériences personnelles, professionnelles et culturelles, ont une représentation ancrée de ce qui compose le construit de l'épreuve. Cette connaissance est stockée dans leur mémoire à long terme. En dépit de la formation qu'ils peuvent recevoir, la représentation qu'ils se font des critères et des exigences du test est susceptible d'être influencée par cette connaissance ancrée, à laquelle ils accèdent également lors de leur prise de décision. D'autres études ont cherché à mettre en évidence, à travers l'analyse de rapports verbaux, la fréquence de mobilisation de différents processus cognitifs lors du processus d'évaluation (Wolfe, 1997, 2005 ; Wolfe et al. 1998).

Dans l'analyse des facteurs pouvant être à l'origine de ces différences, une emphase particulière a été mise sur les caractéristiques individuelles des évaluateurs, leur niveau d'expertise en évaluation et leur formation à l'acte évaluatif (Weigle, 2002). Eckes (2008) a montré que les variables contextuelles de l'évaluateur (comme l'âge, le nombre de langues étrangères parlées, le nombre d'années passées à l'étranger, le nombre d'années d'activité en tant qu'évaluateur et le nombre de sessions d'évaluation auxquelles il a participé) expliquent en partie les différences de profil de notation. Wolfe (2005) a également montré que, selon leur degré d'expertise, des évaluateurs présentaient des différences dans les informations qu'ils prenaient en compte pour l'évaluation et leur traitement.

Néanmoins, les processus mobilisés dépendent également de la personnalité de l'évaluateur et de son style cognitif. Scott et Bruce (1995) ont mis en évidence l'existence de cinq types principaux de stratégie de prise de décision, qui peuvent influer sur le jugement de l'évaluateur. Selon son style cognitif, un évaluateur peut notamment être plus à l'aise avec une grille holistique qu'avec une grille analytique. Barkaoui (2010) a mis en évidence que l'utilisation de grilles différentes pouvait avoir un effet plus important que l'expérience des évaluateurs sur leur comportement lors de la prise de décision et sur les aspects de la copie auxquels ils portent leur attention. Une grille analytique semble préférable pour des évaluateurs peu expérimentés du fait qu'elle contribue à fixer leur attention sur la tâche et les critères d'évaluation, à alléger la charge cognitive en ne laissant pas aux évaluateurs la responsabilité de pondérer l'importance des différents critères dans leur jugement et à améliorer leur consistance interne.

Les facteurs à prendre en considération sont donc multiples, les modes de fonctionnement sont complexes et ne peuvent être qu'en partie révélés au moyen des rapports verbaux. Par exemple, Isaacs et Trofimovich (2010) ont mis en évidence que la compétence musicale d'évaluateurs novices avait un impact sur la notation du critère d'accentuation de productions orales de personnes dont l'anglais n'était pas la langue maternelle, particulièrement pour les locuteurs de compétence faible en anglais. On peut également s'interroger sur la systématicité de l'influence des caractéristiques individuelles et sur leur perméabilité à des facteurs contextuels. Rappelons par exemple que les résultats donnés par un évaluateur humain à une même copie, à deux occasions différentes suffisamment éloignées dans le temps pour neutraliser l'effet de mémoire, ne sont pas toujours identiques. Il semble donc difficile de trouver, à court terme, un remède à la variabilité des évaluations humaines.

2.3 Les limites de l'évaluation humaine

L'évaluation humaine est sujette à la variabilité, ce qui a un impact direct sur la fidélité des épreuves à base de performance. La validité des jugements peut également être mise en question, aussi bien quand on considère la notation d'une épreuve d'expression écrite sans contact visuel ou auditif avec le candidat que lorsque l'épreuve est passée sur ordinateur (sans confrontation à une écriture manuscrite), évaluée au moyen d'une grille analytique à échelles descriptives (précisant les critères à considérer pour l'évaluation et donnant des indicateurs de la performance attendue aux différents échelons), par des évaluateurs formés et bénéficiant de sessions de standardisation.

Il est en effet difficile de savoir si ce qui est à l'œuvre dans la prise de décision d'un évaluateur correspond, effectivement, à ce qui est attendu par le concepteur du test. Quelle représentation réelle l'évaluateur a-t-il des différents critères au moment de la notation ? Dans quelle mesure note-t-il, réellement indépendamment, les différents critères ? Quelle est sa représentation des standards de niveau pour chacun des critères ? Comment relie-t-il ses observations à ces standards lors de la notation ? Qu'est-ce qui garantit qu'il ne donne pas une importance exagérée à un critère donné en modérant les notes qu'il délivre aux autres critères ou qu'il n'est pas sensible à un aspect particulier de la copie, comme la précision orthographique ou les tournures stylistiques utilisées, au détriment des autres observations ? Autant de questions qui invitent à la prudence dans l'exploitation des résultats notés par des évaluateurs même qualifiés.

2.4 L'évaluation par les machines, une mécanique algorithmique

Contrairement à l'évaluation humaine, l'évaluation par les machines est une mécanique algorithmique, qui ne laisse pas de place à une interprétation au-delà de ce qui a été prévu par l'algorithme. La machine ne comprend pas le texte et ne peut donc pas l'interpréter. L'algorithme va toujours rechercher les mêmes informations, qu'il combinera de la même manière pour chacune des productions afin d'aboutir à un résultat qui sera toujours le même pour une copie donnée, tant que le modèle n'aura pas été mis à jour ou entrainé avec de nouvelles données. Les informations à extraire peuvent être identifiées de sorte à être toutes pertinentes au regard du construit mesuré et le nombre d'informations différentes prises en considération peut dépasser celui des évaluateurs humains, qui ont un fonctionnement plus global.

Les systèmes de notation automatique suivent souvent une chaîne de traitement comportant plusieurs phases (Lim et al., 2021). La première phase, après récupération du texte produit par le candidat, est une phase de prétraitement, durant laquelle le système procède à une standardisation typographique de la copie, identifie les mots du texte qui ne figurent pas dans son dictionnaire et les remplace par les mots que le candidat a le plus probablement voulu écrire (étape de normalisation). L'algorithme de normalisation est un composant essentiel, surtout dans le cas de copies rédigées en langue étrangère et donc susceptibles de comporter un nombre élevé d'erreurs morphologiques. De sa qualité dépendra celle du traitement syntaxique subséquent, qui reconstruira d'autant mieux la logique de la phrase, qu'il reconnaitra les mots la constituant.

La seconde phase consiste, pour les systèmes reposant sur un apprentissage automatique, en l'extraction quantitative d'attributs ou « caractéristiques textuelles ». L'enjeu est d'extraire des informations quantitatives pertinentes pour rendre compte de la qualité de la copie. Ce peut être en rapport avec le thème du sujet proposé au candidat (par exemple, le nombre de mots se situant dans le champ lexical du sujet), avec le type d'écrit attendu (variété des marqueurs de discours pertinents pour la tâche considérée), le développement thématique (variété des articulateurs logiques), les mécanismes utilisés pour maintenir la cohésion et la cohérence du texte ou encore des éléments liés à la syntaxe et à la correction lexicale et grammaticale.

La phase de notation proprement dite communique cet ensemble d'attributs quantifiés en entrées d'un modèle préalablement entrainé pour produire les résultats de la notation (score, niveau, degré de certitude...). La constitution du modèle est l'autre pierre angulaire du système. Elle consiste à trouver la combinaison, souvent non linéaire, entre les différentes variables quantitatives pour prédire au mieux le score ou le niveau de la copie, en se basant sur un historique large de copies évaluées par des humains, pour lesquelles le niveau de confiance dans l'évaluation est élevé. Différents types d'algorithmes peuvent être exploités à cette fin (régressions linéaires multiples, régressions logistiques ordinales, forêts d'arbres aléatoires, séparateurs à vaste marge, réseaux neuronaux...), selon qu'il s'agit de délivrer un score ou un niveau et selon la taille de l'échantillon d'apprentissage.

2.5 Les limites supposées de la notation automatique

Selon Cori (2020, p. 203), « les ordinateurs ne comprennent rien à nos langues, ce qui ne les empêche pas de nous rendre des services, de nous apporter une aide dans l'accomplissement de tâches diverses et variées relatives à nos productions langagières. ».

Est-il nécessaire de comprendre le contenu des textes produits par les candidats pour pouvoir les évaluer ? Dans le contexte du *Test d'évaluation de français*, où les tâches proposées sont des tâches communicatives, destinées à des lecteurs humains, la réponse semble affirmative. Pourtant de nos jours, des articles de presse sont produits automatiquement par un algorithme, alors qu'ils s'adressent à des lecteurs humains, dans une démarche communicative (Raynaud & Didier, 2018), et il est parfois difficile de s'en rendre compte.

Les humains interagissent également de plus en plus souvent avec des robots artificiels, qui les aident à formuler ou résoudre un problème. L'interaction s'effectue sans que le robot ne « comprenne » réellement l'échange langagier : il analyse le texte produit pour détecter l'intention du locuteur et les mots porteurs de sens, afin d'interroger une base de connaissances et restituer l'information la plus pertinente. Si la réalisation d'une tâche d'évaluation nécessite que le candidat inscrive son texte dans un champ lexical en lien avec la thématique proposée et qu'il mette en œuvre des fonctions langagières prévisibles, la « machine » saura en rendre compte.

Cette limite peut toutefois s'avérer lorsqu'on ne s'intéresse pas simplement à la capacité du candidat à produire un discours organisé en mobilisant de manière pertinente une variété de ressources linguistiques en réponse à une tâche donnée, mais que le contenu précis du texte produit revêt une importance particulière. On peut alors penser qu'un expert saura porter un jugement plus approprié (Laurier & Diarra, 2008). De même, une copie rédigée avec une approche très originale, qui pourra être perçue positivement par un évaluateur humain, risque d'être évaluée de manière erronée par le système de correction si la base sur laquelle il a effectué son apprentissage comporte peu de textes de ce type. Il s'agit là d'une situation marginale, mais qui montre l'intérêt de conserver une évaluation humaine aux côtés de l'évaluation automatique. Cela permet de ne pas pénaliser à tort des productions originales. Une autre possibilité serait de doter le système de notation automatique de la capacité à identifier des copies s'éloignant fortement de sa base d'apprentissage pour les adresser à un correcteur humain (van Dalen et al., 2015). Enfin, si la maitrise des codes linguistiques était suffisante pour caractériser la compétence à rédiger un texte, un test à réponses fermées ciblant ces connaissances serait probablement plus efficace qu'une épreuve de rédaction. Pour Attali (2013) et Deane (2013), une machine ne peut pas réellement comprendre un écrit, ne le lit pas comme le lirait un humain et ne peut pas en interpréter le sens. En conséquence, les scores ne peuvent pas être interprétés de la même manière, l'ordinateur n'ayant pas accès au sens, contrairement à l'évaluateur humain.

D'autres critiques formulées à l'encontre des systèmes de notation automatique (Deane, 2013) concernent le comportement du candidat, qui peut différer s'il sait qu'il va être évalué par un système automatique de notation. Dans un contexte d'apprentissage, le fait que son écrit s'adresse à « une machine » et non à un humain peut entrainer un manque de motivation. Dans un contexte à fort enjeu tel que celui dans lequel nous nous situons, le candidat pourra chercher à tromper le système pour obtenir une surévaluation de sa compétence (McGee, 2006), notamment en tenant compte du fait que les systèmes de notation automatique sont réputés accorder plus d'importance que les humains à la longueur des textes produits (Pereleman, 2014, Kumar et al., 2017). Pour y remédier, les concepteurs de tests peuvent développer des modèles de détection de copies atypiques qui ne devraient pas être corrigées par les systèmes de notation automatique classique (Higgins et. al., 2004). Il faut toutefois être conscient que des stratégies similaires sont déjà présentes dans les dispositifs reposant sur la notation humaine où, par exemple, les candidats recourent parfois à des schémas rédactionnels et des structures syntaxiques mémorisés qu'ils se contentent de contextualiser pour les adapter à la thématique de la tâche proposée. C'est d'ailleurs une des sources de divergence dans la notation humaine, les évaluateurs pouvant apprécier différemment la part d'apport personnel dans la copie reflétant la compétence réelle du candidat. Le comportement d'un individu en situation de test diffère en général de son comportement dans la vie réelle.

Enfin, selon Dean (2013), il ne faut pas se laisser abuser par les corrélations élevées entre les scores délivrés par des systèmes de notation automatique et des humains, du fait de la relation forte existant entre l'aisance à produire un texte et la capacité à mobiliser des ressources cognitives pour traiter des problèmes d'ordre conceptuel ou rhétorique. Pour Dean (2013), les systèmes de correction automatique fournissent peu de preuves directes de leur capacité à apprécier la force argumentative ou l'efficacité rhétorique d'un écrit, ce qui est problématique si ces éléments font partie du construit évalué. Les travaux de Kumar et al. (2017) accréditent cette thèse. Ces derniers ont montré qu'il était possible de concevoir un système d'évaluation automatique rudimentaire qui, en ne considérant que cinq attributs (reflétant la correction orthographique, la précision grammaticale, la similarité sémantique des phrases consécutives du texte, la connectivité et la diversité lexicale) et en s'appuyant sur une régression linéaire multiple pour prédire les scores, était capable de rivaliser avec les systèmes de notation automatique commerciaux. Il est dès lors légitime de s'interroger sur la prise en compte, par les systèmes de notation automatique, d'habiletés linguistiques de plus haut niveau. Le système SAGE, auquel ont contribué Zupanc et Bosnic (2017), qui se distingue des systèmes précédents par sa capacité à intégrer des attributs relatifs à la cohérence sémantique des textes et à la cohérence de l'énoncé, s'est d'ailleurs montré plus performant que ces systèmes commerciaux, ce qui renforce l'idée que cette dimension est prise en compte par les évaluateurs humains, mais pas suffisamment par les programmes.

Ainsi, les systèmes de notation automatique sont encore imparfaits, ont notamment des difficultés à accéder au sens et à intégrer les dimensions relevant de l'esprit critique dans l'évaluation (Deane, 2013). Mais des progrès sont réalisés continument et, à défaut d'envisager le remplacement des évaluateurs humains par des ordinateurs, les systèmes de notation automatique ont sans doute une place à trouver aux côtés des évaluateurs humains.

3. Évolutions récentes dans le domaine de la notation automatique

Dans un précédent ouvrage, Laurier et Diarra (2008) ont décrit plusieurs systèmes de notation automatique en langue anglaise (*Project Essay*

Grader – PEG, *Intelligent Essay Assessor* – IEA, *IntelliMetric*[3] et *e-rater*). Au-delà de son intérêt historique, cette présentation mettait en évidence la pluralité des approches proposées jusqu'alors. Ces quatre systèmes commerciaux ont participé en 2012, aux côtés de cinq autres, à une compétition baptisée *kaggle* (*Automated Student Assessment Prize* – ASAP) et destinée à favoriser l'émergence de solutions de notation automatique de productions écrites d'étudiants (Shermis, 2014). En dépit des réserves qui peuvent être émises sur les données utilisées (types d'écrits et notation humaine) et sur les résultats (Pereleman, 2013, 2014), l'initiative a ravivé l'intérêt pour la notation automatique. En effet, les organisateurs ont par la suite rendu publiques les données de la compétition et les performances des systèmes de notation automatique mis en concurrence. Cela a permis à d'autres acteurs, notamment universitaires, d'accéder à des échantillons conséquents de productions écrites au format numérique, étiquetées par leurs évaluations, matériau qui était jusqu'alors l'apanage des grands organismes de tests. Cela leur a également donné la possibilité de comparer les performances des systèmes qu'ils ont par la suite développés à l'état de l'art de 2012 (Zupanc & Bosnic, 2015). Cette émulation a favorisé l'innovation et l'émergence de systèmes plus performants (selon les résultats obtenus à partir des données du concours).

Notre intention dans cette partie n'est pas de faire une revue de l'existant. Nous renvoyons pour cela le lecteur à différentes revues en langue anglaise, sur lesquelles nous nous appuyons pour informer des tendances qui se dégagent (Zupanc & Bosnic, 2015 ; Hussein et al., 2019 ; Ke & Ng, 2019 ; Uto, 2021).

Un premier constat, à la lecture de Zupanc et Bosnic (2015), est l'apparition dans les années 2000 de systèmes de notation automatique dans au moins douze autres langues que l'anglais. Pour le français, l'article cite le programme Apex (système d'aide à la préparation d'examens) (Lemaire & Dessus, 1999), qui s'appuie sur l'analyse sémantique latente. La numérisation des tests, la dynamique actuelle autour de l'apprentissage automatique et la présence de nombreux articles et outils en libre accès, notamment pour le traitement automatique des langues et l'apprentissage automatique, ne peuvent qu'encourager cette tendance, même si l'accès à des productions notées reste limité.

Ce foisonnement fait également apparaitre de nouvelles méthodes pour l'extraction d'attributs, la classification des copies en niveaux ou la prédiction d'un score. Au-delà de la qualité des attributs extraits, la performance des systèmes de notation devient fortement dépendante des modèles et algorithmes utilisés pour la prédiction (régressions logistiques ordinales, forêts d'arbres aléatoires, machines à support de vecteurs,

---

[3] Désormais disponible en plusieurs langues.

ordonnancement, réseaux neuronaux...). La pluridisciplinarité devient alors une des clés du succès d'un projet. Une illustration détaillée d'un projet de ce type peut être trouvée dans Yannakoudakis (2013), l'université de Cambridge ayant fait une entrée remarquée dans le domaine de la notation automatique[4].

Le développement des plateformes de formation à distance encourage, par ailleurs, le développement d'outils de notation capables de produire un retour formatif (feed-back) sur la qualité linguistique des écrits produits, si possible en temps réel, notamment pour accompagner les étudiants ou candidats à la préparation d'examens (Gutierrez et al., 2012; Lemaire & Dessus, 1999; Rich et al., 2013). Les principaux systèmes commerciaux de notation automatique sont ainsi souvent adossés à une plateforme d'entrainement ou de formation: *Criterion* pour *e-rater*, *WriteToLearn* pour *IEA*, *MyAccess !* pour *Intellimetric* (Zupanc & Bosnic 2015), *Write&Improve et Speak&Improve* pour le système de notation automatique du test *Linguaskill*, conçu par *Cambridge English Assessment.* Ces plateformes de formation leur permettent de collecter massivement des productions de candidats qui alimentent les recherches menées en vue d'améliorer le système de notation automatique.

Selon Ke et Ng (2019), Taghipour et Ng (2016) sont les premiers à avoir proposé un système de notation automatique s'appuyant sur des réseaux neuronaux, suivi de près par Alikaniotis et al. (2016). Ils ont ainsi ouvert la voie à une multiplicité de systèmes neuronaux, qu'Uto (2021) classifie en quatre catégories selon qu'ils proposent une évaluation holistique ou multitraits[5] et selon qu'ils sont liés à un sujet spécifique ou applicables à des sujets différents. Alors qu'une grande partie du travail des concepteurs de systèmes de notation automatique consistait jusque-là à identifier des attributs pertinents et à en programmer manuellement l'extraction (Ke & Ng, 2019), les réseaux neuronaux holistiques prédisent directement le score des individus sur la base de la

[4] L'université de Cambridge a regroupé en 2013 une équipe multidisciplinaire autour de l'institut virtuel ALTA (*Automated Language Teaching and Assessment*) pour développer la recherche et proposer des solutions opérationnelles dans le domaine de l'évaluation et de l'enseignement automatiques. Depuis quelques années, leurs travaux portent surtout sur l'évaluation automatique de l'expression orale, comme l'indique la part importante de leurs publications sur ce thème, dont la plupart sont accessibles librement sur le site https://aclanthology.org/.

[5] Ici, un trait représente un aspect caractéristique de la compétence à évaluer. Une évaluation multitraits restitue des résultats pour un ensemble de traits, qui peuvent ensuite être combinés en un résultat global. L'évaluation au moyen de grilles analytiques peut être considérée comme une évaluation multitraits, chaque critère d'évaluation renvoyant à un trait particulier du construit, qui permet d'établir un profil de compétences. Encore faut-il pour cela que les différents critères soient évalués de manière indépendante.

séquence de mots du texte. Le rôle de l'ingénieur ou du chercheur est alors de concevoir une architecture qui permettra au réseau neuronal, par apprentissage supervisé (c'est-à-dire connaissant la note délivrée à chacune des copies de l'échantillon d'apprentissage), de déterminer de son propre chef les attributs qu'il est pertinent d'extraire pour prédire au mieux les résultats. Une telle architecture comporte généralement plusieurs niveaux (ou « couches ») et on parle par exemple de table de consultation, de couche de convolution, de couche récurrente, de réseau de mémoire à long terme, de couche à activation sigmoïdale (Taghipour & Ng, 2016). Les lecteurs non familiers avec la notion de réseaux neuronaux seront sans doute étonnés de voir que la conception de systèmes de notation automatique évolue ainsi vers la définition d'architectures technologiques susceptibles de capturer des attributs potentiellement intéressants pour la tâche d'évaluation. Il est clair que des efforts importants sont à fournir pour rendre de tels systèmes interprétables et explicables, sans quoi ils seront difficilement acceptés par la communauté éducative.

La revue proposée par Uto (2021) présente vingt-six systèmes de notation automatique à base de réseaux neuronaux. Vingt-deux systèmes proposent une évaluation holistique et quatre seulement proposent une évaluation multitraits. Les raisons pour lesquelles une majorité des systèmes développés concernent l'évaluation holistique sont notamment d'ordre pratique. Il existe davantage de corpus étiquetés avec des scores humains holistiques dans le domaine public (notamment depuis la compétition *kaggle*) que des corpus comportant des notes détaillées par trait. Or, les réseaux neuronaux ont besoin de grandes quantités de données d'entrainement pour être performants (Ke et Ng, 2019), ce qui est une limitation à leur essor, notamment dans des langues autres que l'anglais (ou sans doute le chinois). Cependant une évaluation holistique est souvent peu satisfaisante dans un contexte d'apprentissage, où l'étudiant a besoin de savoir quels aspects de son écrit il peut améliorer. Il est donc probable que, pour un temps encore, l'extraction artisanale d'attributs perdure dans la mise au point de systèmes opérationnels, probablement aux côtés de réseaux neuronaux plus à même de capturer efficacement certains attributs spécifiques. Une autre limite des systèmes à base de réseaux de neurones est que beaucoup d'entre eux sont entrainés sur des sujets (*prompts*) spécifiques (vingt sur vingt-six dans la recension d'Uto, 2021). Pour corriger des copies concernant un autre sujet, il faut alors procéder à un nouvel entrainement du modèle et donc, disposer de copies étiquetées par un score pour ce sujet. D'une part, c'est un processus couteux et, d'autre part, il induit que les poids attribués à chacun des attributs dans l'établissement du résultat (et donc le construit) varieront d'un sujet à l'autre (Attali, 2013) alors qu'un des atouts de la notation automatique était jusqu'alors justement sa constance dans l'importance accordée à chacun des aspects de la compétence à évaluer, contrairement à l'évaluation humaine.

4. Le système de notation automatique du Français des affaires

Le *Français des affaires*, établissement de la Chambre de commerce et d'industrie de Paris Ile-de-France, conçoit et diffuse un *Test d'évaluation de français – TEF*, utilisé notamment dans des démarches d'accès au territoire, de résidence ou d'acquisition de la nationalité dans plusieurs pays francophones. *Le français des affaires* a amorcé en 2019 un projet de conception d'un système de notation automatique, dans une perspective exploratoire. Il s'interroge désormais sur les usages possibles d'un tel système de notation automatique dans le cadre de son activité d'évaluation en langue française.

4.1 L'épreuve d'expression écrite du TEF

L'épreuve d'expression écrite du TEF a commencé à être proposée sur ordinateur en janvier 2018 et son utilisation a été généralisée au cours de l'année 2020. Cette épreuve comporte, dans son format complet, deux tâches distinctes : la première tâche évalue la capacité à transmettre des informations, via un récit, alors que la seconde évalue la capacité à argumenter. Pour certaines versions du test, seule la seconde tâche est proposée aux candidats. Nous nous situons donc dans le contexte d'un test préexistant, dont les tâches de l'épreuve d'expression écrite n'ont pas été sélectionnées en vue d'une notation automatique.

Chaque production écrite est systématiquement évaluée par deux évaluateurs, de manière indépendante, lesquels utilisent pour cela une grille d'évaluation analytique à échelles descriptives. La numérisation de l'épreuve a ainsi permis la constitution d'un corpus de productions écrites de candidats pour lesquelles *Le français des affaires* dispose des deux notes individuelles délivrées par les évaluateurs pour chacun des critères, ainsi que du score final délivré à la performance (qui peut résulter d'un arbitrage lorsque les deux évaluations initiales diffèrent fortement).

La grille d'évaluation comporte deux critères pragmatiques, qui concernent la capacité à réaliser chacune des deux tâches, ainsi que trois critères linguistiques, qui évaluent la syntaxe, le lexique et la cohérence/cohésion. L'évaluation de chacun des critères est transcrite en une note allant de 0 à 10 (soit onze modalités). Les notes aux critères sont combinées selon un système fixe de pondérations de façon à exprimer un score à l'épreuve. L'échelle des scores et subdivisée en sept niveaux principaux: un niveau <A1 et les niveaux A1 à C2 du Cadre européen commun de référence (désormais CECR).

Les résultats des candidats ayant passé l'épreuve complète d'expression écrite du TEF au cours de l'année 2021 (soit environ 35.000 copies) sont distribués de façon asymétrique: 8 % des candidats ont un niveau A1 ou A2, 59 % un niveau B1 ou B2 et 33 % un niveau C1 ou C2. Les notes attribuées par les évaluateurs aux candidats à chacun des critères sont fortement corrélées entre elles. La corrélation de Spearman entre les séries notes de chacun des deux critères pragmatiques est de 0,88. Les corrélations entre notes impliquant un critère pragmatique et un critère linguistique varient entre 0,88 et 0,93. Les corrélations entre les notes correspondant aux critères linguistiques sont les plus élevées (0,93 à 0,95). Une analyse en composantes principales des cinq séries de notes montre que le premier facteur explique à lui seul 92,1 % de la variance. Ces corrélations élevées confèrent à chacun des critères un pouvoir prédictif fort concernant le score final de la copie. Chaque critère renvoie lui-même à différents mécanismes langagiers (Il existe, par exemple, différentes façons d'assurer la cohérence et la cohésion d'un texte.), mais là encore on peut supposer que si une note était attribuée à chacun des mécanismes mobilisables, un facteur commun prépondérant se dégagerait de l'ensemble des notes. Il semble donc raisonnable de penser que, en comptabilisant tout un ensemble de caractéristiques présentes dans la copie, il est possible de prédire efficacement le score qui sera délivré par un jury d'évaluateurs humains.

Les scores délivrés par les deux évaluateurs d'une même copie ne sont toutefois pas toujours identiques et le niveau associé peut différer. La corrélation de Pearson entre les scores délivrés par les évaluateurs aux copies de l'année 2021 était de 0,738 avant arbitrage. L'accord exact des classements (même niveau CECR délivré par les évaluateurs) était de 45 % et l'accord adjacent (même niveau ou un niveau d'écart) de 92 %. Lorsqu'on considère les notes attribuées à chacun des critères, l'accord exact entre les deux évaluateurs (même note) varie entre 25 % et 27 % selon les critères et l'accord adjacent (notes différant au plus de 1 point) varie entre 62 % et 65 %. Pour la mise au point de son outil de notation automatique, *Le français des affaires* a fait le choix de ne considérer que les copies pour lesquelles les deux évaluateurs attribuaient un niveau identique.

4.2 L'extraction d'information à partir des textes

Le Test d'évaluation de français s'adressant majoritairement à un public dont le français n'est pas la langue maternelle, les textes produits peuvent comporter un nombre important d'erreurs morphologiques. De telles erreurs ont un impact important sur la qualité de l'annotation des copies par l'outil d'analyse syntaxique (Pour l'analyse syntaxique, nous avons utilisé la librairie *udpipe* de R, qui recourt aux modèles du projet Dépendances Universelles.) (Nivre et al., 2018). L'étape de normalisation des textes est donc cruciale, notamment pour les copies de niveau faible et le simple usage d'un correcteur automatique comme *Hunspell* s'avère insuffisant. *Le français des affaires* s'est appuyé sur les travaux de Bergé (2007) pour encoder phonétiquement un dictionnaire ainsi que les textes produits. Cela permet, en utilisant une distance entre les encodages phonétiques (comme la distance de Levenshtein), de suggérer, à partir du dictionnaire, des mots proches phonétiquement des mots erronés saisis par les candidats. Un modèle d'apprentissage automatique a été développé pour choisir, parmi ces propositions et celles de *Hunspell*, la plus pertinente en s'appuyant sur un ensemble de variables extraites du mot saisi par le candidat. La fréquence des erreurs morphologiques est un indicateur de la compétence orthographique et, le nombre total de mots différents, un premier indicateur de la richesse lexicale du candidat.

L'analyse syntaxique des textes normalisés permet de récupérer un ensemble d'informations grammaticales concernant les mots utilisés, comme la catégorie de mot (ou partie du discours – *part of speech*), le genre, le nombre, le temps verbal (s'il s'agit d'un verbe) et les relations de dépendance entre les constituants de la phrase. De telles caractéristiques sont porteuses d'information tant isolément que lorsqu'elles sont mises en relation. L'utilisation de conjonctions de subordination sera plus fréquente dans les modèles de niveau avancés et il est possible de vérifier le respect de règles d'écriture au sein de la copie, comme l'accord en genre et en nombre. Cet étiquetage va permettre le calcul de variables de différentes catégories. Certaines variables, comme la fréquence des erreurs morphologiques, sont autosuffisantes. D'autres variables se réfèrent à des règles d'écritures fixes, comme l'accord en genre et en nombre. D'autres variables se réfèrent à des listes de références préétablies, comme la diversité des temps verbaux existants, ou à des listes plus ouvertes constituées manuellement, comme les groupes de mots marquant l'expression d'une opinion, ou encore des listes de références externes comme l'outil FLELex (François et al., 2014). La liste FLELex a été établie à partir d'un corpus de textes issus de manuels d'apprentissage du français langue étrangère à différents niveaux du CECR. Elle fournit une fréquence d'apparition dans ces manuels d'un vaste ensemble de mots à chacun des niveaux CECR. A cela s'ajoutent des variables qui s'obtiennent en mettant en relation différentes parties du texte, comme la similarité entre les mots de phrases successives pour rendre compte de la cohérence du texte, ou entre les mots du texte et les mots du sujet pour vérifier que le texte produit s'inscrit dans le champ lexical du sujet. D'autres outils non encore exploités, comme ALSI (Loignon, 2021) ou FABRA (Wilkens et al., 2022), devraient permettre à l'avenir d'ajouter de nouvelles variables.

Enfin il est possible de constituer d'autres types de variables en réservant une partie du corpus de copies à la création de modèles de langue à base de n-grammes (Jurafsky & Martin, 2020) pour chacun des niveaux du CECR. Les modèles à base de n-grammes (où les textes sont transformés en séquences de n mots ou de n caractères contigus) sont fréquemment utilisés pour l'identification de l'auteur d'un texte (Kešelj et al., 2003). Il s'agit de constituer un modèle par auteur en stockant une table comportant chacun des n-grammes présents dans les textes de référence produits par cet auteur (échantillon d'apprentissage) avec sa fréquence d'apparition, ce qui permet de calculer, pour tout nouveau texte, après décomposition en n-grammes, la probabilité qu'il ait été généré par chacun des auteurs modélisés. Dans notre cas, les modèles n-grammes permettent d'identifier la probabilité que l'auteur de la copie soit d'un niveau CECR donné. Différents modèles n-grammes sont utilisés, lesquels portent soit directement sur les mots soit, après analyse syntaxique automatique, sur les catégories de mots. La fréquence d'apparition des mots complexes dans un texte sera généralement plus élevée dans les modèles de niveau avancé, de même que les conjonctions de subordination. Les modèles varient également selon la taille des n-grammes, des unigrammes rendant compte de fréquence d'apparition des mots (ou catégories de mots) indépendamment du contexte, alors que des bigrammes comptabilisent les fréquences d'apparition de paires de mots et renseignent sur l'utilisation de collocations ainsi que sur l'organisation de la phrase.

4.3 La notation et ses limites

Une fois les variables recueillies, elles peuvent servir à entrainer un modèle de prédiction du score ou du niveau de la copie à partir d'un échantillon d'apprentissage. Afin que le modèle fasse sa prédiction sur la base du texte uniquement et que cette dernière ne soit pas influencée par la distribution de la compétence dans la population, il est important de veiller à ce que l'échantillon d'apprentissage comporte un nombre comparable de copies pour chacun des niveaux. Cette condition étant difficilement réalisable au vu de l'asymétrie des niveaux dans l'échantillon de départ, qui comporte peu de copies de niveau A1 ou A2, *Le français des affaires* a intégré à l'échantillon d'apprentissage des copies de niveau A1 et A2 provenant des versions du test ne proposant que la seconde tâche (argumentative), en attribuant aux variables spécifiques de la première tâche (non traitée par les candidats) une valeur identique à celles obtenues pour les variables spécifiques de la seconde tâche. Une fois le modèle entrainé, il peut être appliqué à de nouvelles copies pour en prédire le résultat.

Nous avons utilisé le reste du corpus comme échantillon de test pour évaluer les performances des différents modèles testés. Les modèles basés sur des machines à supports de vecteurs et les forêts d'arbres aléatoires sont ceux qui ont montré la meilleure capacité de prédiction. Ils ont permis de retrouver, sur l'échantillon de test, le niveau CECR délivré par les évaluateurs dans 76 % des cas et l'écart n'a été de 2 niveaux CECR ou plus que dans moins de 1 % des cas.

Ces résultats sont encourageants, mais ne peuvent pas être généralisés à l'ensemble des copies. En effet, les échantillons retenus tant pour l'apprentissage que pour le test sont constitués de copies pour lesquelles les deux évaluations humaines initiales étaient de niveau identique. Or il se peut que les copies, pour lesquelles les évaluations humaines sont en désaccord, correspondent plus fréquemment à des copies atypiques que le système de notation automatique aura plus de difficultés à évaluer précisément. De surcroit, l'échantillon de test comportait davantage de copies de niveau B1 et B2, alors que la prédiction est moins bonne pour les niveaux extrêmes.

Par ailleurs, les variables auxquelles les modèles de classification accordent le plus d'importance sont des variables lexicales, à savoir les probabilités des modèles unigrammes portant sur les lemmes pour les niveaux <A1 à B1, le taux de mots du texte qui ont été reconnus (c'est-à-dire qui figuraient dans le dictionnaire), le nombre de mots différents présents dans la copie (les mots non identifiés ayant tous été remplacés par un même code). Viennent ensuite majoritairement les variables se rapportant aux trigrammes sur les catégories de mots, qui se rapportent à la syntaxe. Les attributs auxquels le modèle accorde le moins d'importance sont ceux qui sont en rapport avec les critères pragmatiques et la cohérence du texte. Cela questionne la validité du construit évalué, les aspects pragmatiques étant sous-considérés alors qu'il s'agit des critères de notation qui ont un poids prépondérant dans l'élaboration des scores à partir des grilles de notation.

C'est pourquoi *Le français des affaires* oriente désormais ses travaux vers une prédiction de la note délivrée à chacun des critères, ce qui permettra de combiner les notes prédites en un score en utilisant le même système de pondération que pour la notation humaine. Cela nécessite de réorganiser les corpus pour n'exploiter, pour chaque critère, que les copies dont les notes délivrées par les deux évaluateurs ne diffèrent de pas plus de 1 point, la somme des deux notes variant entre 0 et 20. Il faudra également procéder à une phase de sélection des variables pertinentes à considérer pour chacun des critères, en limitant le nombre de variables communes à plusieurs d'entre eux. Cette approche par critère permettra d'identifier les aspects de la compétence que le système de notation automatique est le plus capable d'évaluer (à priori les critères relatifs au lexique et à la syntaxe) et ceux pour lesquels les variables actuellement recueillies sont insuffisantes pour porter un jugement proche du jugement humain (probablement les critères pragmatiques).

Cette estimation des forces et faiblesses pourra orienter l'usage qui sera fait de l'outil. Pour les raisons évoquées plus haut, il semble illusoire de vouloir remplacer, dans le contexte d'un test à forts enjeux et à visée communicative, les évaluateurs humains par un système de notation automatique. Mais un tel système doit pouvoir trouver sa place aux côtés des évaluateurs humains (Davis & Papageorgiou, 2021). S'il s'avère particulièrement fidèle pour l'évaluation de certains critères, il pourrait être utilisé pour préremplir les grilles d'évaluation pour ces derniers. Les évaluateurs seraient alors invités à se concentrer sur l'évaluation des autres aspects de la langue et à ne modifier les choix du système de notation automatique que lorsque leur perception de la performance pour ces critères est fortement différente. Un autre usage possible serait d'exploiter les résultats pour rendre compte de la sévérité relative avec laquelle les évaluateurs humains notent certains critères, en bénéficiant d'une comparaison directe avec le résultat attribué par le système de notation automatique.

6. Conclusion

Le développement de systèmes de notation automatique s'est beaucoup focalisé sur sa capacité à reproduire des scores humains, dans le but de les substituer, à terme, à l'évaluation humaine. Mais pour atteindre un tel objectif, il faudrait montrer que les deux systèmes de notation mesurent le même construit. Or, on ne comprend pas finement les modes de fonctionnement de l'évaluateur humain. Deux évaluateurs humains peuvent aboutir à un même score en considérant différents traits ou en appréciant différemment un même ensemble de traits. Les efforts de formation visent justement à harmoniser les pratiques pour s'assurer que le construit est suffisamment bien respecté. La similarité entre scores n'est donc pas une garantie suffisante : il faut comprendre comment la machine aboutit à une note, en s'appuyant sur quels attributs, avec quelles pondérations et s'assurer que ces attributs offrent une couverture suffisante du construit mesuré. Or aujourd'hui la machine n'est pas réellement en mesure de comprendre et d'interpréter un texte. Pas plus sans doute qu'elle n'est en mesure d'apprécier l'originalité d'un écrit ni la pensée critique du rédacteur. Il semble donc préférable de s'orienter vers une répartition des rôles entre l'homme et la machine (Attali, 2013), du moins lorsque le test prétend évaluer d'autres aspects que le simple respect de la mécanique langagière.

Compte tenu de la charge cognitive de l'évaluation, l'humain ne peut raisonnablement prendre en considération qu'un nombre limité d'aspects dans son évaluation. De ce fait, les critères qui sont proposés dans les grilles d'évaluation sont relativement globaux et imprécis, ce qui fait qu'on ne sait pas réellement sur quels attributs l'évaluateur humain s'appuie pour noter un critère et en quelles proportions. En réduisant son champ d'intervention aux aspects du construit que le système de notation automatique ne sait pas traiter efficacement, il serait en mesure d'apprécier différents aspects de haut niveau de la compétence à écrire au lieu de les amalgamer. La combinaison homme/machine fait donc la promesse d'une évaluation plus riche, avec une meilleure représentation du construit d'expression écrite. Une profonde réflexion sur ce construit en lien avec la répartition des rôles entre l'homme et la machine nous semble primordiale.

Dissocier ainsi les rôles, c'est aussi opter pour une approche par traits, qui présente plusieurs autres avantages. Cela permet notamment d'expliquer plus facilement à la communauté éducative ce qu'évalue le système de notation automatique et de contrôler l'importance prise par chacun des traits dans l'évaluation finale. Le niveau inférieur, qui correspond à la sélection et la pondération des attributs pour aboutir à la notation du trait, pourra quant à lui être plus complexe par le nombre d'attributs considérés, l'algorithme de notation utilisé et l'importance attribuée à chacun des attributs, mais devra rester interprétable et explicable. Cette capacité d'interprétation ouvre aussi la voie à un retour formatif plus riche à destination du rédacteur du texte. Intégrer cette dimension formative dans le développement d'un système de notation automatique peut d'ailleurs être un garde-fou qui aidera à privilégier la compréhension des mécanismes de notation à l'efficacité brute de boites noires.

En conclusion, plutôt que d'envisager la notation automatique sous son aspect purement économique ou comme solution aux failles de l'évaluation humaine et d'opposer ainsi l'homme à la machine, il convient sans doute de la penser comme une aide à l'évaluation et à l'apprentissage. Elle permettrait aux évaluateurs humains de se concentrer sur les aspects de l'écrit, pour lesquels leur appréciation a la plus forte valeur ajoutée, c'est-à-dire ceux qui mobilisent leur capacité d'inférence et leur expérience de lecteur et sont sans doute les plus stimulants intellectuellement. Ainsi toutes les parties prenantes pourraient tirer profit d'un tel système, qui devrait toutefois faire l'objet d'une étude de validation approfondie avant d'être utilisé dans des situations à enjeux élevés.

Références

Alikaniotis, D., Yannakoudakis, H., & Rei, M. (2016). Automatic text scoring using neural networks. Dans K. Erk & N. A. Smith (Eds.), *Proceedings of the 54th Annual Meeting of the AssociationVol. 1Long Papers* (pp. 715–725). Association for Computational Linguistics. https://doi.org/10.18653/v1/p16-1068

Ang-Aw, H., T., & Chuen Meng Goh, C. (2011). Understanding discrepancies in rater judgement on national-level oral examination tasks. *RELC journal, 42*(1), 31–51. https://doi.org/10.1177/0033688210390226 *for Computational Linguistics:* .

Attali, Y. (2013). Validity and reliability of automated essay scoring. Dans M. D. Shermis & J. Burstein (Eds.), *Handbook of Automated Essay Evaluation: Current Applications and New Directions* (pp. 181–198). Routledge.

Barkaoui, K. (2010). Variability in ESL essay rating processes: the role of the rating scale and rater experience ESL essay rating processes. *Language Assessment Quarterly,* 7(1), 54–74. https://doi.org/10.1080/15434300903464418

Bejar, I. I. (2012). Rater cognition: implications for validity. *Educational Measurement Issues and Practice, 31*(3), 2–9. https://doi.org/10.1111/j.1745-3992.2012.00238.x

Bennett, R. E., & Bejar, I. I. (1997). Validity and automated scoring: It's not only the scoring. *ETS Research Report Series, 1997*, i-30. https://doi.org/10.1002/j.2333-8504.1997.tb01734.x

Bergé, E. (2007). *Phonetic for the french language via "SOUNDEX FR"-algorithm.* https://github.com/voku/phonetic-algorithms/blob/master/src/voku/helper/PhoneticFrench.php

Brown, A., Iwashita, N., & McNamara, T. (2005). An examination of rater orientations and test-taker performance on english-for-academic-purposes speaking tasks. *ETS Research Report Series, 2005*, i-157. https://doi.org/10.1002/j.2333-8504.2005.tb01982.x

Casanova, D. (2021). *Optimiser l'arbitrage grâce à la notation automatique ?* [Communication orale]. *ALTE 1st International Digital Symposium.* https://www.alte.org/DigitalSymposium2021-videos

Cori, M. (2020). *Le traitement automatique des langues en question. Des machines qui comprennent le français ?* Cassini.

Davis, L., & Papageorgiou, S. (2021). Complementary strengths ? Evaluation of a hybrid human- machine scoring approach for a test of oral academic english. *Assessment in Education: Principles, Policy & Practice, 28*(4), 437–455. https://doi.org/10.1080/0969594X.2021.1979466

Deane, P. (2013). On the relation between automated essay scoring and modern views of the writing construct. *Assessing Writing, 18*(1), 7–24. https://doi.org/10.1016/j.asw.2012.10.002

Eckes T. (2008). Rater types in writing performance assessments: A classification approach to rater variability. *Language Testing, 25*(2), 155–185. https://doi.org/10.1177/0265532207086780

Elder, C., Knoch, U., Barkhuizen, G., & von Randow, J. (2005) Individual feedback to enhance rater training: Does it work? *Language Assessment Quarterly, 2*(3), 175–196. https://doi.org/10.1207/s15434311laq0203_1

François, T., Gala, N., Watrin, P., & Fairon, C. (2014). FLELex: a graded lexical resource for French foreign learners. Dans N. Calzolari, K. Choukri, T. Declerck, H. Loftsson, B. Maegaard, J. Mariani, A. Moreno, J. Odijk & S. Piperidis (Eds.), *LREC'14 Proceedings of the 9th International Conference on Language Resources and Evaluation* (pp. 3766–3773) European Language Resources Association (ELRA).

Gauthier, G., St-Onge, C., & Dory, V. (2016). Synthèse et conceptualisation des processus cognitifs du jugement évaluatif de l'enseignant clinicien. *Pédagogie Médicale, 17*(4), 261–267. https://doi.org/10.1051/pmed/2017014

Gingerich, A., Kogan, J., Yeates, P., Govaerts, M., & Holmboe, E. (2014). Seeing the 'black box' differently: assessor cognition from three research perspectives. *Medical Education, 48*, 1055–1068. https://doi.org/10.1111/medu.12546

Gutierrez, F., Dou, D., Fickas, S., & Griffiths, G. (2012). Providing grades and feedback for student summaries by ontology-based information extraction. Dans X. Chen, G; Lebanon, H. Wang & M. J. Zaki (Eds.), *CIKM'12 Proceedings of the 21st ACM international conference on Information and knowledge management* (pp. 1722–1726). Association for Computing Machinery. https://doi.org/10.1145/2396761.2398505

Han, Q. (2016). Rater cognition in L2 speaking assessment: a review of the Literature. *Studies in Applied Linguistics & TESO: Vol. 16*(1), 1–24. https://doi.org/10.7916/salt.v16i1.1261

Higgins, D., Burstein, J., Marcu, D., & Gentile, C. (2004). Evaluating multiple aspects of coherence in student essays. Dans K. Toutanova (Ed.), *Proceedings of the Human Language Technology Conference of the North American Chapter of the Association for Computational Linguistics: HLT-NAACL* (pp. 185–192). Association for Computational Linguistics. https://aclanthology.org/N04-1024=

Hussein M.A., Hassan, H., & Nassef, M. (2019). Automated language essay scoring systems: a literature review. *PeerJ Computer Science* 5: e208. https://doi.org/10.7717/peerj-cs.208

Ince, E. (2022). *Le jugement des examinateurs dans le cas de l'épreuve d'expression orale du TEF* [Thèse de doctorat, Université de Montréal]. Papyrus. https://doi.org/1866/27537

Isaacs, T., & Tromfimovich, P. (2010). Falling on sensitive ears ? The iof musical ability on extreme raters' judgments of L2 pronunciation. *TESOL Quarterly, 44*(2), 375–386. https://onlinelibrary.wiley.com/doi/abs/10.5054/tq.2010.222214

Jurafsky, D., & Martin, J. (2020). *Speech and language processing : an introduction to natural language processing, computational linguistics, and speech recognition* (3rd Edition draft). https://web.stanford.edu/~jurafsky/slp3/ed3book_jan72023.pdf

Ke, Z., & Ng, N. (2019). Automated essay scoring: a survey of the state of the Art. Dans *Proceedings of the 28th International Joint Conference on Artificial Intelligence* (IJCAI-19) (pp. 6300–6308). https://doi.org/10.24963/ijcai.2019/879

Kešelj, V., Peng, F., Cercone, N., & Thomas, C. (2003). N-gram-based author profiles for authorship attribution. Dans *Proceedings of the Conference Pacific Association for Computational Linguistics, PACLING, 3*, (pp. 255–264). https://www.researchgate.net/publication/2872982_N-Gram-Based_Author_Profiles_For_Authorship_Attribution

Kumar, V., Fraser, S., N., & Boulanger, D. (2017). Discovering the predictive power of five baseline writing competences. *Journal of Writing Analytics, 1*, 176–226. https://doi.org/10.37514/JWA-J.2017.1.1.08

Landy, F. J., & Farr, J. L. (1980). Performance rating. *Psychological Bulletin, 87*(1), 72–107. https://doi.org/10.1037/0033-2909.87.1.72

Laurier, M., D., & Diarra, L. (2008). L'apport des technologies dans l'évaluation de la compétence à écrire. Dans J.-G. Blais (Ed.), *Évaluation des apprentissages et technologies de l'information et de la communication. Enjeux, applications et modèles de mesure* (pp. 77–104). Presses de l'Université Laval.

Leclercq, D., Nicaise, J., & Demeuse, M. (2004). Docimologie critique : des difficultés de noter des copies et d'attribuer des notes aux élèves. Dans M. Demeuse (Ed.), *Introduction aux théories et aux méthodes de la mesure en sciences psychologiques et en sciences de l'éducation* (pp. 273–292). Les éditions de l'Université de Liège. https://hal.science/hal-00844778

Lemaire, B., & Dessus, Ph. (1999). APex, un système d'aide à la préparation d'examens. *Sciences et Technologies de l'Information et de la Communication pour l'Éducation et la Formation, 6*(2), 409–415. https://doi.org/10.3406/stice.1999.1637

Lim, C. T., Bong, C. H., Wong, W. S., & Lee, N. K. (2021). A comprehensive review of automated essay scoring (AES) research and development. *Pertanika Journal of Science and Technology, 29*(3), 1875–1899. https://doi.org/10.47836/pjst.29.3.27

Linacre, J. M. (1989). *Many-faceted Rasch measurement.* MESA Press.

Lumley, T., & McNamara, T. F. (1995). Rater characteristics and rater bias : implications for training, *Language Testing, 12*, 54–71. https://doi.org/10.1177/026553229501200104

Lumley, T. (2002). Assessment criteria in a large-scale writing test : what do they really mean to the raters ? *Language Testing, 19*(3). https://doi.org/10.1191/0265532202lt230oa

Loignon, G. (2021). *Une approche computationnelle de la complexité linguistique par le traitement automatique du langage naturel et l'oculométrie.* [Thèse de doctorat, Université de Montréal]. Papyrus. https://doi.org/1866/26189

Macrae, C. N., & Bodenhausen, G. V. (2001). Social cognition : Categorical person perception. *British Journal of Psychology, 92*(1), 239–255. https://doi.org/10.1348/000712601162059

Martin, J. (2002). Aux origines de la « science des examens » (1920–1940). *Histoire de l'éducation, 94*, 177–199. https://doi.org/10.4000/histoire-education.817

McGee, T. (2006). Taking a spin on the intelligent essay assessor. Dans P. Freitag Ericsson et R. H. Haswell (Eds.), *Machine Scoring of Student Essays : Truth and Consequences?* (pp. 79–92). Utah State University Press.

Orr, M. (2002). The FCE Speaking test: using rater reports to help interpret test scores. *System 30*(2), 143–154. https://doi.org/10.1016/S0346-251X(02)00002-7

Pereleman, L. (2013). Critique of Mark D. Shermis & Ben Hammer, "Contrasting state-of-the-art automated scoring of essays: Analysis". *Journal of Writing Assessment, 6*(1). https://escholarship.org/uc/item/7qh108bw

Pereleman, L. (2014). When "the state of the art" is counting words. *Assessing Writing, 21*, 104–111. https://doi.org/10.1016/j.asw.2014.05.001

Raynaud, P., & Didier, I. (2018). Production automatique de textes : l'IA au service des journalistes. *La revue des médias.* https://larevuedesmedias.ina.fr/production-automatique-de-textes-lia-au-service-des-journalistes

Rich, C. S., Schneider, M. C., & D'Brot, J. M. (2013). Applications of automated essay evaluation in West Virginia. Dans M. D. Shermis et J. Burstein (Eds.), *Handbook of Automated Essay Evaluation : Current Applications and New Directions* (pp. 99–123). Routledge.

Scallon, G. (2004). *L'évaluation des apprentissages dans une approche par compétences.* Éditions du renouveau pédagogique.

Shermis, M. D. (2014). State-of-the-art automated essay scoring : competition, results, and future directions from a United States demonstration. *Assessing Writing, 20*(1), 53–76. https://doi.org/10.1016/j.asw.2013.04.001

Scott, S. G., & Bruce, R. A. (1995). Decision-making style : the development and assessment of a new measure. *Educational and Psychological Measurement, 55*(5), 818–831. https://doi.org/10.1177/0013164495055005017

Suchaut, B. (2008). La loterie des notes au bac : un réexamen de l'arbitraire de la notation des élèves. *Les Documents de Travail de l'IREDU.* https://shs.hal.science/halshs-00260958v2

Taghipour, K., & Ng, H. T. (2016). A neural approach to automated essay scoring. Dans J. Su, K. Duh & X. Carreras (Eds.), *Proceedings of the 2016 Conference on Empirical Methods in Natural Language Processing* (pp.1882–1891). Association for Computational Linguistics. https://doi.org/10.18653/v1/D16-1193

Uto, M. (2021). A review of deep-neural automated essay scoring models. *Behaviormetrika, 48,* 459–484. https://doi.org/10.1007/s41237-021-00142-y

van Dalen, R. C., Knill, K., & Gales, M. (2015). Automatically grading learners' english using a Gaussian process. *Workshop on Speech and Language Technology in Education.* ISCA. https://www.repository.cam.ac.uk/handle/1810/249186

van Merriënboer, J. J. G., & Sweller, J. (2010). Cognitive load theory in health professional education : design, principles and strategies. *Med Educ, 44*(1), 85–93. https://doi.org/10.1111/j.1365-2923.2009.03498.x

Weigle S. C. (1998). Using FACETS to model rater training effects. *Language Testing, 15*(2), 263–287. https://doi.org/10.1177/026553229801500205

Weigle, S. C. (2002). *Assessing Writing.* Cambridge University Press. https://doi.org/10.1017/CBO9780511732997

Wilkens, R., Alfter, D., Wang, X., Pintard, P., Tack, A., Yancey, K., & François, T. (2022). FABRA : French aggregator-based readability assessment toolkit. Dans N. Calzolari, F. Béchet, P. Blache, K. Choukri, C. Cieri, T. Declerck, S. Goggi, H. Isahara, B. Maegaard, J. Mariani, H. Mazo, J. Odijk & S. Piperidis (Eds.), *LREC 2022 Proceedings of the thirteenth international conference on language resources and evaluation.* European Language Resources Association https://aclanthology.org/2022.lrec-1.130

Wolfe, E. W. (1997). The relationship between essay reading style and scoring proficiency in a psychometric scoring system. *Assessing Writing, 4,* 83–106. https://doi.org/10.1016/S1075-2935(97)80006-2

Wolfe, E. (2005). Uncovering rater's cognitive processing and focus using think-Aloud protocols. *Journal of Writing Assessment, 2*(1), 37–56. Hampton Press Inc. https://escholarship.org/uc/item/83b618ww

Wolfe, E. W., Kao, C. W., & Ranney, M. (1998). Cognitive differences in proficient and nonproficient essay scorers. *Written Communication, 15*, 465–492. https://doi.org/10.1177/0741088398015004002

Yannakoudakis, H. (2013). *Automated assessment of English-learner writing*. University of Cambridge, Computer Laboratory, TR-842. https://doi.org/10.48456/tr-842

Nivre, J., Abrams, M., Agic, Z., Ahrenberg, L. et al. (2018). *Universal dependencies 2.3. LINDAT/CLARIN digital library at the Institute of Formal and Applied Linguistics (UFAL)*, Faculty of Mathematics and Physics, Charles University. https://lindat.mff.cuni.cz/repository/xmlui/handle/11234/1-2895

Zupanc, K., & Bosnic, Z. (2015). Advances in the field of automated essay evaluation. *Informatica, 39*, 383–395. https://www.proquest.com/docview/1783257662

Zupanc, K., & Bosnic, Z. (2017). Automated essay evaluation with semantic analysis. *Knowledge-Based Systems, 120,* 118–132. http://dx.doi.org/10.1016/j.knosys.2017.01.006

Chapitre 9

Difficulté des textes narratifs et non-narratifs : quand les attributs linguistiques racontent aussi leur histoire

Guillaume LOIGNON[1], Nathalie LOYE[2]

Les macro-genres textuels se définissent comme des regroupements de genres textuels apparentés. Ces genres peuvent être identifiés grâce à des caractéristiques pragmatiques telles que l'intention de communication, le registre et le contexte de production (Melissourgou & Frantzi, 2017). Au Québec, la lecture de textes de genres variés fait partie des compétences à acquérir tout au long du parcours scolaire primaire et secondaire (Ministère de l'Éducation du Québec, 2001). Cette approche du curriculum québécois s'inscrit dans une lignée de travaux affirmant que la sensibilisation aux genres textuels est un aspect fondamental de la littératie (Dionne, 2015 ; Sadeghi et al., 2013 ; Tardy, 2006). Les élèves québécois se familiarisent ainsi avec différents genres textuels qui se distinguent par leur objectif de communication. Le conte, la nouvelle littéraire et le récit biographique sont des exemples de genres dont l'intention de communication est de raconter ; nous regroupons ces genres sous le macro-genre *narratif*.

Les défis du texte non-narratif

Le texte narratif est typiquement structuré par un enchainement causal de péripéties, une structure que les élèves maitrisent assez tôt dans le parcours scolaire (Best et al., 2008). Comme il est plus facile de reconstruire mentalement la situation décrite dans un texte narratif, ces textes ont tendance à être lus plus aisément et leur contenu est plus facilement

[1] Université du Québec à Montréal (Québec, Canada).

[2] Université de Montréal (Québec, Canada).

mémorisé (McNamara et al., 2012; Nyhout & O'Neill, 2013). En revanche, les textes *descriptifs* (qui visent à informer) et *argumentatifs* (qui visent à convaincre) posent des défis particuliers en compréhension de texte. Comparativement au macro-genre *narratif*, les textes descriptifs emploient des structures plus complexes et variées, formées de relations abstraites dont la compréhension demande une charge cognitive accrue (Best et al., 2005; Sáenz & Fuchs, 2002). Des difficultés à comprendre une structure argumentative ont été observées au niveau primaire (Newell et al., 2011), secondaire (Parodi, 2007; Tozzi, 2012) et post-secondaire (Skipper, 2005). En somme, alors que la structure même du texte narratif semble constituer un facteur facilitant, celle des textes explicatifs et argumentatifs peut poser des défis en compréhension. Ces textes, que nous regroupons sous le macro-genre « non-narratif », revêtent pourtant une grande importance dans le cursus scolaire du Québec, faisant l'objet d'épreuves obligatoires en 2e année du secondaire pour le texte descriptif et en 5e année du secondaire pour le texte argumentatif.

Genres textuels et traitement automatique des langues

Nous avons vu que la présence d'une trame narrative peut faciliter la lecture. Mais la narrativité n'est peut-être pas le seul facteur influençant la difficulté intrinsèque du texte. Il est aussi possible d'estimer la difficulté du texte à partir de ses attributs (en anglais, *features*), les caractéristiques mesurables du texte. La proportion de mots considérés comme difficiles est un exemple d'attribut lexical (portant sur les mots), tandis que la longueur moyenne des phrases est une mesure classique estimant la complexité syntaxique (portant sur la structure de la phrase). Alors que le genre textuel est typiquement déterminé par une évaluation humaine, les attributs mesurant la difficulté textuelle peuvent être extraits automatiquement à l'aide d'outils informatiques mettant en œuvre des méthodes de plus en plus sophistiquées (François, 2015). Plusieurs travaux de traitement automatique des langues, notamment celui de Balyan et al. (2020), ont ainsi comparé la difficulté du texte évaluée par intelligence humaine à la difficulté estimée par traitement automatique.

L'intersection du genre textuel et du traitement automatique des langues demeure un terrain moins exploré. Pour le texte de langue anglaise, une méta-étude conduite par Jagaiah et al. (2020) indique que peu d'études (9 sur 36) portant sur les attributs syntaxiques avaient considéré le genre textuel comme une variable d'intérêt. Plusieurs études ont traité de l'estimation automatique de difficulté du texte de langue française (Loignon, 2021), mais ces travaux incluent rarement le genre textuel dans leurs modèles prédictifs. Quelques recherches se démarquent néanmoins et sont pertinentes dans le cadre d'une réflexion sur la difficulté et le genre textuel. François (2014) décrit un corpus (un ensemble de textes) de 2042 textes en français et rapporte quelques statistiques portant sur les genres textuels. Dans un article influent,[3] Karlgren et Cutting (1994) ont appliqué une technique d'analyse discriminante pour prédire le genre textuel de 500 textes en anglais à l'aide de 20 attributs extraits automatiquement. Leurs résultats suggèrent que des attributs typiquement employés pour estimer la difficulté de textes pourraient également servir à identifier le genre textuel. Des résultats similaires ont été rapportés par Falkenjack et al. (2016) pour un corpus suédois, et par Qureshi et al. (2019) pour deux corpus anglais. McNamara et al. (2012) ont analysé à l'aide de l'outil Coh-Metrix (Graesser et al., 2004) un vaste corpus constitué de 37 651 passages de texte de langue anglaise divisés en textes narratifs, descriptifs en sciences sociales, et descriptifs en sciences naturelles. Leurs résultats indiquent que les textes narratifs étaient lexicalement plus simples mais syntaxiquement plus complexes, utilisant des phrases plus longues et une cohésion référentielle (reprise d'information entre les segments de texte) plus faible.

Objectifs de la présente étude

Le survol de l'état des connaissances actuelles montre le potentiel de techniques d'apprentissage machine pour estimer la difficulté linguistique ou identifier le macro-genre de textes. Les travaux explorant les sources de difficulté propres aux macro-genres restent cependant rares ; pour le texte en langue française, ce sujet demeure largement inexploré. Considérant la place que prend la sensibilisation aux genres textuels dans plusieurs programmes éducatifs, y compris celui du Québec, il nous semble pertinent et important d'examiner les relations entre les attributs linguistiques du texte, sa classification dans un macro-genre et sa difficulté. Outre la présence d'une structure narrative, existe-t-il d'autres caractéristiques mesurables des textes narratifs qui pourraient contribuer à expliquer leur facilité relative ?

La présente étude s'intéresse aux sources de difficulté du texte de langue française. Notre objectif était de comparer, dans une perspective de traitement automatique des langues, la difficulté de textes narratifs et non-narratifs. Pour répondre à cet objectif, nous avons extrait des attributs linguistiques de textes de niveau secondaire, et les avons comparés par macro-genre (narratif; non-narratif) et par cycle scolaire (premier cycle : 1re à 3e secondaire dans le système d'éducation québécois ; 2e cycle : 4e et 5e secondaire).

3 L'article avait 457 citations sur Google Scholar au moment de la rédaction de ce chapitre.

Méthodologie

Corpus et attributs linguistiques utilisés

Le corpus était composé de 327 textes tirés de manuels scolaires, d'évaluations et d'autres ressources pédagogiques créées pour le système québécois[4]. Chaque texte était déjà associé à une année scolaire allant de la 1re à la 5e secondaire, l'année étant typiquement spécifiée par l'éditeur du manuel dont le texte fut tiré. Les attributs linguistiques des textes ont été extraits automatiquement à l'aide de l'outil ALSI (Loignon, 2021). En résumé, ALSI emploie le système *UDPipe* (Straka et al., 2016) pour identifier la nature et le rôle syntaxique des mots. Les fréquences des mots sont obtenues à partir des lexiques spécialisés tels Manulex (Lété et al., 2004). Au départ de ces mesures, ALSI fait émerger une variété d'attributs linguistiques fondés sur des travaux de psycholinguistique et s'inspirant d'efforts précédents en traitement automatique des langues, notamment l'outil Coh-Metrix (Graesser et al., 2004).

Sur les attributs extraits par ALSI, nous en avons retenu 6 ayant montré, dans une étude précédente, un potentiel intéressant pour estimer la difficulté du texte du primaire et secondaire québécois (Loignon, 2021). Une liste des attributs utilisés, avec leur description, est donnée au tableau 1 ; nous en présentons ci-après un sommaire.

Trois des attributs estiment la difficulté associée aux mots du texte (complexité lexicale). La longueur des mots, en lettres, est un attribut linguistique fréquemment employé, notamment dans les formules comme le Flesch-Kincaid (Crossley et al., 2011), qui suppose une corrélation positive entre la difficulté de lecture des mots et le nombre de lettres qu'ils contiennent. L'âge d'exposition au mot indique l'âge auquel un mot est réputé avoir été aperçu par l'élève en classe pour la première fois. Nous employons la base de données Manulex (Lété et al., 2004) pour induire l'âge d'exposition de chaque mot du texte ; les mots absents de Manulex ne sont pas considérés. L'indice de Maas (1972) quantifie la tendance à employer un vocabulaire plus varié. Cet indice est calculé, pour la présente étude, à partir des lemmes (formes canoniques des mots).

Les trois autres attributs estiment la complexité de la structure des phrases (complexité syntaxique). La longueur des phrases (*longPh_m*) est un attribut linguistique présent dans des formules classiques de lisibilité du texte et qui demeure pertinent comme estimateur de la complexité de

[4] La constitution du corpus est détaillée dans Loignon (2021) : un peu plus de la moitié des textes provenaient d'un ensemble constitué lors du développement et l'étalonnage de l'outil SATO-Calibrage (Daoust, 1996), le reste des textes provenait majoritairement de manuels scolaires québécois publiés après l'an 2000.

la phrase (Szmrecsányi, 2004). Dans cette perspective, une phrase ayant une structure plus complexe requiert plus de mots pour exprimer cette complexité ; un texte plus difficile aura donc en moyenne des phrases plus longues. La hauteur de l'arbre syntaxique (*hauteurPh_m*) est une autre manière d'estimer la complexité de la phrase sur la base des relations hiérarchiques qui existent entre les mots de celle-ci. En effet, les travaux de linguistique représentent souvent la structure de la phrase sous forme de graphes en arbre ; cet attribut estime donc la complexité de la phrase, en comptant le nombre de niveaux hiérarchique dans l'arborescence de la phrase (Yang, 2018)[5]. Enfin, la cohésion syntaxique (*cohesionSyn_m*) mesure à quel point les phrases adjacentes ont une structure qui se ressemble (Crossley et al., 2016). Cet attribut repose sur le postulat voulant qu'un texte soit plus accessible lorsque les phrases maintiennent une certaine constance dans la structure syntaxique ; les valeurs possibles pour cet attribut varient entre 0 et 1, un score plus élevé indiquant une plus grande cohésion syntaxique.

Tableau 1 Liste des attributs linguistiques utilisés

Attributs	Type	Description
ageManulex_m	Lexique	Age moyen d'exposition au mot, selon la base de données Manulex.
cohesionSyn_m	Syntaxe	Cohésion syntaxique moyenne des phrases adjacentes.
hauteurPh_m	Syntaxe	Hauteur moyenne des arbres de dépendances syntaxiques des phrases.
longMotOrtho_m	Lexique	Longueur orthographique moyenne (nombre de caractères).
longPh_m	Syntaxe	Longueur moyenne des phrases, en mots.
maas_lemma_i	Lexique	Indice de Maas calculé sur les formes lemmatisées.

Procédures

Les attributs linguistiques des 327 textes ont été extraits avec l'outil ALSI (Loignon, 2021). Le résultat est une matrice[6] où chaque ligne

[5] Dans l'outil ALSI, l'attribut *hauteurPh_m* est obtenu en produisant un graphe représentant les relations hiérarchiques entre les mots formant la phrase, puis en trouvant la plus longue « branche » de cet arbre. On fait ensuite la moyenne pour toutes les phrases du texte. Une explication illustrée est proposée dans Loignon (2021).

[6] Ces données sont disponibles sous forme de supplément numérique à ce chapitre au https://github.com/gloignon/chapitre_genre_txt

représente un texte et les colonnes représentent les 6 attributs linguistiques, le cycle du secondaire et le macro-genre. Conformément à la structure du système scolaire québécois, les textes de manuels ou de ressources d'apprentissage dédiés aux niveaux secondaires 1 à 3 ont été classés dans le premier cycle, les textes des niveaux 4 et 5 ont été classés dans le deuxième cycle. La classification des textes par macro-genre a été effectuée conjointement par l'auteur principal et un assistant. La procédure de classification a consisté à lire les textes ensemble afin de parvenir à un consensus quant à la dominante du texte: argumentative, descriptive (explicative) ou narrative. Nous avons ensuite formé le macro-genre non-narratif utilisé dans nos analyses en combinant les textes argumentatifs et descriptifs. Le tableau 2 présente la distribution du corpus utilisé entre les cycles du secondaire et les macro-genres.

Tableau 2 Répartition du corpus entre les cycles du secondaire et les macro-genres

	Premier cycle	Deuxième cycle	Total
Narratif	66	73	*139*
Non-narratif	63	125	*188*
Total	*129*	*198*	*327*

Note. Corpus tiré de manuels et ressources pédagogiques utilisées pour le niveau secondaire au Québec. La classification entre les deux cycles scolaires a été établie sur la base des années scolaires déjà associées au materiel; premier cycle indique la 1re, 2e et 3e secondaire, deuxième cycle indique la 4e et 5e secondaire dans le système québécois. La classification par macro-genre a été établie par le consensus de deux évaluateurs.

Analyses statistiques

Afin d'analyser les associations statistiques entre le macro-genre, le cycle scolaire et les attributs linguistiques, nous avons effectué pour chaque attribut une analyse de variance (ANOVA) à deux facteurs[7]. Les variables indépendantes étaient le macro-genre, le cycle scolaire et l'interaction entre le macro-genre et le cycle; la variable dépendante était l'attribut. Nous avons en outre calculé la taille d'effet ε^2 (epsilon carré) généralisée pour les effets principaux et pour l'interaction; cette mesure est utilisée comme un remplacement moins biaisé au η^2 (eta carré) produit typiquement par le logiciel SPSS. Les seuils d'interprétations du ε^2 étaient ceux suggérés par Cohen et al. (2014) soit 0,01 pour un effet de faible ampleur, 0,05 pour un effet moyen et 0,14 pour un effet de forte

7 L'implémentation de l'ANOVA était celle de la bibliothèque *rstatix* pour R (Kassambara, 2023).

ampleur. L'ANOVA nous permettait donc de vérifier l'effet principal du macro-genre, l'effet principal du cycle du secondaire et l'effet d'interaction entre ces deux facteurs. Les valeurs *p* ont été ajustées par la méthode de Bonferroni-Hochberg afin de diminuer le risque de fausse découverte.

Pour visualiser et vérifier les différences entre les attributs par macro-genre et par cycle scolaire, nous avons produit une série de diagrammes en boites montrant les attributs d'intérêt. Le graphique a été généré avec *ggplot* pour R (Wickham, 2006) et montre les intervalles de confiance sous forme d'encoches; la non-superposition de ces encoches indique une différence significative (Chambers et al., 1983).

Résultats

Nous avons conduit une série d'ANOVA à deux facteurs afin d'estimer l'effet du macro-genre sur la complexité linguistique tout en considérant le cycle du secondaire, les résultats sont présentés dans le tableau 3.

Tableau 3 Résultats des analyses de variance à deux facteurs

Attribut	**Macro-genre**		**Cycle du secondaire**		**Interaction Macro-genre : Cycle**	
	F	ε^2	*F*	ε^2	*F*	ε^2
			Attributs lexicaux			
ageManulex_m	35,62***	0,10	9,3**	0,03	2,26 ns	0,01
longMotOrtho_m	26,5***	0,08	13,84***	0,04	6,01 ns	0,02
maas_lemma_i	81,13***	0,20	26,52***	0,08	0,1 ns	0,00
			Attributs syntaxiques			
longPh_m	31,31***	0,09	10,59**	0,03	0,35 ns	0,00
cohesionSyn_m	30,32***	0,09	5,57*	0,02	0,42 ns	0,00
hauteurPh_m	47***	0,13	8,69**	0,03	1,85 ns	0,01

Note. Analyses pour 327 textes. Chaque ligne donne les résultats d'une ANOVA de type III à deux facteurs. ε^2 indique la taille d'effet epsilon-carré généralisée. * indique $p < 0{,}05$. ** indique $p < 0{,}01$, *** indique $p < 0{,}001$, *ns* indique $p >= 0.05$; les valeurs *p* ont été ajustées par la méthode de Bonferroni-Hochberg.

Au niveau de signification nominale $p < 0{,}05$, l'effet principal du macro-genre (narratif versus non-narratif) était statistiquement significatif pour les six attributs linguistiques examinés. Les tailles d'effet associées avaient une ampleur allant de moyenne ($\varepsilon^2 = 0{,}08$ pour *longMotOrtho_m*) à grande ($\varepsilon^2 = 0{,}20$ pour *maas_lemma_i*) selon les seuils suggérés par Cohen et al. (2014). De même, l'effet principal du cycle scolaire (1er cycle versus 2e cycle du secondaire québécois) était statistiquement significatif pour les 6 attributs. Les tailles d'effet associées étaient d'ampleur faible (ε^2 = 0,02 pour *cohesionSyn_m*) à forte (ε^2 = 0,08 pour *maas_lemma_i*). Pour les six attributs, le cycle expliquait une proportion inférieure de la variance (indiquée par la taille d'effet) comparativement au macro-genre. Enfin, les effets d'interaction n'étaient pas statistiquement significatifs, bien que l'attribut *longMotOrtho_m* ait présenté une tendance statistique notable (*p ajusté* = 0,114) suggérant que, pour cet attribut, l'effet du macro-genre pourrait varier selon le cycle scolaire. Afin de vérifier les résultats des ANOVAs en visualisant le sens et la magnitude des différences observées, la méthode de comparaison graphique (Chambers et al., 1983) a été appliquée. La figure 1 illustre par des diagrammes en boites les différences entre les scores des attributs d'intérêt par macro-genre et par cycle scolaire.

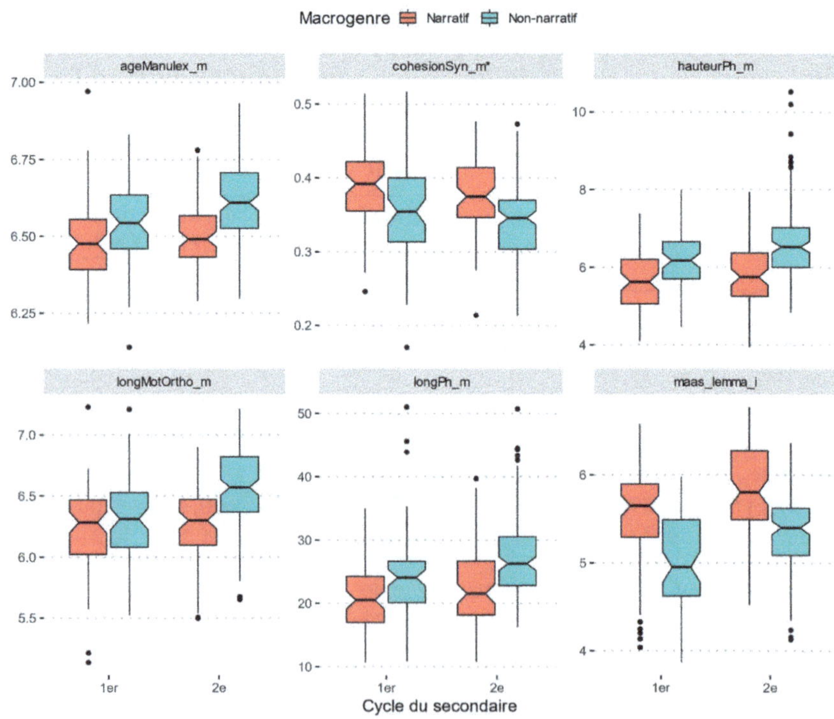

Figure 1 Comparaison des attributs par macro-genre et cycle du secondaire (N = 327)

Note. Attributs extraits de 327 textes et montrés sur leurs échelles respectives. * indique un attribut pour lequel un accroissement de la valeur signifie une diminution de la difficulté. Les boites contiennent les percentiles 25 à 75, la ligne dans la boite indique la médiane, les encoches représentent environ l'intervalle de confiance à 95 % de la médiane (médiane ±1,58 fois l'écart interquartile divisé par $\sqrt{N}$).

La comparaison graphique des attributs par macro-genre montre que les textes non-narratifs étaient généralement plus complexes que les textes narratifs, ce qui confirme et précise les résultats des ANOVA (Tableau 3). La figure 1 montre que les textes non-narratifs employaient des mots en moyenne plus longs et ayant un âge d'exposition plus élevé, comparativement aux textes narratifs. Les textes non-narratifs employaient également des phrases plus longues (environ cinq mots de plus par phrase) et ayant une hiérarchie plus complexe telle qu'estimée par la hauteur de l'arbre syntaxique. La cohésion syntaxique des textes non-narratifs était plus faible, suggérant une difficulté accrue. Un attribut sur 6 présente un effet contraire, soit une diversité lexicale (*maas_lemma_i*) plus élevée pour les textes narratifs que non-narratifs, suggérant que les textes narratifs du corpus analysé avaient un vocabulaire plus riche.

Concernant les différences par cycle du secondaire, les comparaisons graphiques de 5 des 6 attributs suggèrent une plus grande difficulté linguistique au 2e cycle qu'au 1er. La cohésion syntaxique (*cohesionSyn_m*) était cependant équivalente entre les cycles, apportant un bémol aux résultats de l'ANOVA (Tableau 3) indiquant une différence significative bien que d'ampleur négligeable. Enfin, les diagrammes en boite de la figure 1 montrent que la longueur orthographique (*longMotOrtho_m*) était similaire entre les macro-genres au premier cycle mais différait au deuxième cycle, où les textes non-narratifs utilisaient des mots plus longs que les textes narratifs. Cette observation soutient partiellement les résultats des ANOVA, qui suggéraient une interaction possible entre le macro-genre et le cycle pour l'attribut *longMotOrtho_m*.

Discussion

L'objectif de la présente étude était d'explorer les sources de difficulté linguistique d'un corpus du secondaire québécois en comparant les attributs linguistiques des textes en fonction du macro-genre (narratif ou non-narratif) et cycle du secondaire (1er ou 2e cycle). Les analyses ont montré qu'en considérant le cycle du secondaire, plusieurs attributs liés à la difficulté linguistique différaient entre le macro-genre narratif et le macro-genre non-narratif. Les textes non-narratifs (argumentatifs ou descriptifs) étaient plus complexes à l'égard de 5 des 6 attributs considérés. Ce résultat rejoint un certain consensus en psycholinguistique concernant la relative facilité du texte narratif et dont nous avons fait le survol en début de chapitre. Ainsi, les textes non-narratifs tendaient à employer des mots plus complexes et plus longs. Les textes non-narratifs employaient aussi, en moyenne, des phrases plus longues manifestant une structure plus complexe et avaient une plus faible cohésion syntaxique, ce qui pourrait rendre leur lecture plus difficile.

L'indice de diversité lexicale (*maas_lemma_i*) était cependant plus élevé du côté des textes narratifs, suggérant que ce macro-genre emploie un vocabulaire plus varié et donc, potentiellement plus complexe. Les textes narratifs peuvent ainsi être considérés comme plus complexes en raison de leur richesse au niveau du vocabulaire. Bien que cette hypothèse doive encore être vérifiée par des analyses plus approfondies, il est plausible que le texte narratif utilise davantage de mots inusités propres à certains genres de fiction (fantastique, science-fiction, légendes, etc.). Des travaux futurs pourraient ainsi s'intéresser à l'impact du vocabulaire spécialisé sur la complexité lexicale.

Les résultats de la présente étude suggèrent que les textes narratifs utilisés au secondaire québécois sont généralement plus simples lexicalement et syntaxiquement que les textes non-narratifs du même cycle scolaire. Ces résultats sont partiellement en contradiction avec ceux de McNamara et al. (2012), selon qui le texte narratif est plus simple que le texte non-narratif sur le plan lexical mais plus complexe sur le plan syntaxique. Outre les différences liées à la langue, cette divergence pourrait s'expliquer par le fait que notre corpus couvrait le niveau secondaire exclusivement (spécifiquement de 13 à 17 ans au Québec) alors que celui employé par McNamara et al. (2012) couvrait la maternelle jusqu'à la fin du secondaire (de 5 à 18 ans aux Etats-Unis).

Sans grande surprise, selon tous les attributs analysés, les textes du 2e cycle étaient plus complexes que ceux du 1er cycle. Ce qui nous a paru surprenant est que, sur la base des tailles d'effet observées, la difficulté linguistique variait davantage en fonction du macro-genre qu'en fonction du cycle scolaire dans lequel le texte était utilisé. Ce résultat soutient l'idée que les caractéristiques de genre devraient être prises en compte conjointement aux attributs linguistiques lors de la sélection de textes pour l'apprentissage ou l'évaluation.

Notre étude montre le potentiel de l'analyse automatisée pour explorer les sources de difficulté dans un corpus de langue française. D'autres analyses seraient toutefois requises afin d'examiner la contribution relative des attributs d'intérêt dans un modèle multivariable et pour évaluer plus rigoureusement quels types d'attributs de difficulté linguistique permettent de distinguer les textes narratifs et non-narratifs. Une perspective intéressante consisterait à étudier l'interaction entre la difficulté et la narrativité du texte en combinant des attributs mesurant la difficulté, tels qu'employés dans la présente étude, et des attributs sémantiques comme les plongements lexicaux (*word embeddings*).

Conclusions

Cette étude a utilisé des techniques de linguistique de corpus et de traitement automatique des langues pour comparer la difficulté intrinsèque de textes selon leur macro-genre et le cycle du secondaire où ils sont utilisés. Nous avons employé un corpus québécois de 327 textes, classifiés manuellement comme *narratifs* et *non-narratifs* puis analysés avec l'outil ALSI (Loignon, 2021). Nous avons conduit des ANOVA qui, validées à l'aide de diagrammes en boites, ont montré que les textes narratifs étaient généralement plus simples que les textes non-narratifs alors que ces premiers utilisent un vocabulaire plus diversifié.

Bien que la généralisabilité de nos résultats demeure limitée par la constitution du corpus et le choix des attributs linguistiques, nous avons tout de même fourni un support empirique à l'idée selon laquelle le texte narratif ne se distingue pas uniquement par la présence d'un narratif mais également, par des attributs linguistiques mesurables. L'enseignement des genres descriptifs et argumentatifs doit tenir compte du fait que l'absence de narration ne suffit pas à expliquer la difficulté accrue ; ces genres comportent leurs propres défis linguistiques, tant au niveau de la syntaxe que du vocabulaire. Nos résultats invitent à développer du matériel didactique qui, tel que proposé par Melissourgou et Frantzi (2017), irait au-delà de la familiarisation avec les macro-genres en utilisant activement leurs caractéristiques saillantes pour contextualiser les apprentissages en lecture et en écriture. L'introduction d'un nouveau genre textuel pourrait ainsi s'accompagner d'enseignement ciblant explicitement des difficultés linguistiques qu'on retrouve typiquement dans ce genre, par exemple les constructions du français servant à présenter une argumentation. Reconnaitre que les genres textuels peuvent intrinsèquement présenter des niveaux de difficulté variables peut aider les éducateurs à encadrer et à soutenir de manière appropriée le développement de la compréhension et des compétences linguistiques des élèves. Il est donc essentiel de prendre en compte ces spécificités, lors de la planification des activités d'enseignement et d'évaluation, et de fournir l'encadrement approprié pour surmonter les défis linguistiques propres à chaque genre.

Références

Balyan, R., McCarthy, K. S., & McNamara, D. S. (2020). Applying natural language processing and hierarchical machine learning approaches to text difficulty classification. *International Journal of Artificial Intelligence in Education, 30*, 337–370. https://doi.org/10.1007/s40593-020-00201-7

Best, R. M., Floyd, R. G., & Mcnamara, D. S. (2008). Differential competencies contributing to children's comprehension of narrative and expository texts. *Reading psychology, 29*(2), 137–164. https://doi.org/10/bcsbt3

Best, R. M., Rowe, M., Ozuru, Y., & McNamara, D. S. (2005). Deep-level comprehension of science texts : The role of the reader and the text.

Topics in Language Disorders, *25*(1), 65–83. https://doi.org/10.1097/00011363-200501000-00007

Chambers, J. M., Cleveland, W. S., Tukey, P. A., & Kleiner, B. (1983). *Graphical Methods for Data Analysis* (1st edition). Duxbury Press.

Cohen, P., West, S. G., & Aiken, L. S. (2014). *Applied multiple regression/correlation analysis for the behavioral sciences*. Psychology press.

Crossley, S. A., Allen, D. B., & McNamara, D. S. (2011). Text readability and intuitive simplification : A comparison of readability formulas. *Reading in a Foreign Language*, *23*(1), 84–101. https://files.eric.ed.gov/fulltext/EJ926371.pdf

Crossley, S. A., Kyle, K., & McNamara, D. S. (2016). The development and use of cohesive devices in L2 writing and their relations to judgments of essay quality. *Journal of Second Language Writing*, *32*, 1–16. -https://doi.org/10/f8rtzh

Daoust, F., Laroche, L., & Ouellet, L. (1996). SATO-CALIBRAGE : Présentation d'un outil d'assistance au choix et à la rédaction de textes pour l'enseignement. *Revue québécoise de linguistique*, *25*(1), 205–234. https://doi.org/10/ghhd3p

Dionne, A.-M. (2015). Lire des textes informatifs ou narratifs aux élèves ? Choix et conceptions des enseignants. *Revue des sciences de l'éducation*, *41*(3), 431–455. https://doi.org/10/gmhrw7

Falkenjack, J., Santini, M., & Jönsson, A. (2016). *An exploratory study on genre classification using readability features*. Computer Science.

François, T. (2015). When readability meets computational linguistics : A new paradigm in readability. *Revue Francaise de Linguistique Appliquee*, 2, 79–97.

François, T. (2014). An analysis of a french as a foreign language corpus for readability assessment. Dans E. Volodina, L. Borin & I. Pilán (Eds.), *Proceedings of the third workshop on NLP for computer-assisted language learning*, 13–32. https://www.aclweb.org/anthology/W14-3502

Graesser, A. C., McNamara, D. S., Louwerse, M. M., & Cai, Z. (2004). Coh-Metrix : Analysis of text on cohesion and language. *Behavior research methods, instruments, & computers*, *36*, 193–202. https://doi.org/10/ft568w

Jagaiah, T., Olinghouse, N. G., & Kearns, D. M. (2020). Syntactic complexity measures : Variation by genre, grade-level, students' writing abilities, and writing quality. *Reading and Writing*, *33*, 2577–2638. https://doi.org/10/ghhwcg

Karlgren, J., & Cutting, D. (1994). Recognizing text genres with simple metrics using discriminant analysis. https://doi.org/10.48550/arXiv.cmp-lg/9410008

Kassambara A (2023). *Rstatix: pipe-friendly framework for basic statistical tests.* R package [Version 0.7.2]. https://CRAN.R-project.org/package=rstatix.

Lété, B., Sprenger-Charolles, L., & Colé, P. (2004). MANULEX : a grade-level lexical database from french elementary school readers. *Behavior Research Methods, Instruments, & Computers, 36*, 156–166. https://doi.org/10/djzxmb

Loignon, G. (2021). ALSI : un nouvel outil d'analyse automatisée de la complexité linguistique pour le français québécois. *Mesure et évaluation en éducation, 44*(3), 29–57. https://doi.org/10.7202/1093065ar

McNamara, D. S., Graesser, A. C., & Louwerse, M. M. (2012). Sources of text difficulty : Across genres and grades. *Measuring up: Advances in how we assess reading ability*, 89–116.

Melissourgou, M. N., & Frantzi, K. T. (2017). Genre identification based on SFL principles : the representation of text types and genres in english language teaching material. *Corpus Pragmatics, 1*, 373–392. https://doi.org/10/gkbsgg

Ministère de l'Education du Québec (2001). *Programme de formation de l'école québécoise : Éducation préscolaire et enseignement primaire.* Gouvernement du Québec. http://www.education.gouv.qc.ca/fileadmin/site_web/documents/dpse/formation_jeunes/prform2001.pdf

Newell, G. E., Beach, R., Smith, J., & VanDerHeide, J. (2011). Teaching and learning argumentative reading and writing : a review of research. *Reading Research Quarterly, 46*(3), 273–304. https://doi.org/10.1598/RRQ.46.3.4

Nyhout, A., & O'Neill, D. K. (2013). *Constructing spatial representations from narratives and non-narrative descriptions : evidence from 7-year-olds* [Application]. Schloss Dagstuhl-Leibniz-Zentrum fuer Informatik. https://doi.org/10/gj8rbp

Parodi, G. (2007). Reading–writing connections : Discourse-oriented research. *Reading and Writing, 20*, 225–250. https://doi.org/10/dpm9dx

Qureshi, M. R., Ranjan, S., Rajkumar, R., & Shah, K. (2019). A simple approach to classify fictional and non-fictional genres. Dans F. Ferraro, T.-H. 'K.' Huang, S. M. Lukin & M. Mitchell (Eds.), *Proceedings of the Second Workshop on Storytelling* (pp. 81–89). https://doi.org/10/gj8q9s

Sadeghi, B., Hassani, M. T., & Hemmati, M. R. (2013). The effects of genre-based instruction on ESP learners' reading comprehension. *Theory and practice in language studies, 3.* https://doi.org/10/gmhr59

Sáenz, L. M., & Fuchs, L. S. (2002). Examining the reading difficulty of secondary students with learning disabilities : expository versus narrative text. *Remedial and Special Education*, *23*(1), 31–41. https://doi.org/10/bk9d4j

Skipper, R. B. (2005). Aliteracy in the philosophy classroom. *Teaching Philosophy*, *28*(3), 261–276. https://doi.org/10.5840/teachphil200528332

Straka, M., Hajic, J., & Strakova, J. (2016). UDPipe : Trainable pipeline for processing CoNLL-U files oerforming tokenization, morphological analysis, POS tagging and parsing. Dans N. Calzolari, K. Choukri, T. Declerck, S. Goggi, M. Grobelnik, B. Maegaard, J. Mariani, H. Mazo, A. Moreno, J. Odijk & S. Piperidis (Eds.), *LREC'16 : Proceedings of the 10th international conference on language resources and evaluation* (pp. 4290–4297).

Szmrecsányi, B. (2004). On operationalizing syntactic complexity. *Dans G.* Purnelle, C. Fairon & A. Dister 5 (Eds.), *JADT 2004 Actes des 7es Journées internationales d'analyse statistique des données textuelles, Le poids des mots,* Presses universitaires de Louvain (pp. 1032–1039). http://www.benszm.net/omnibuslit/Szmrecsanyi2004.pdf

Tardy, C. M. (2006). Researching first and second language genre learning : a comparative review and a look ahead. *Journal of Second Language Writing*, *15*(2), 79–101. https://doi.org/10.1016/j.jslw.2006.04.003

Tozzi, M. (2012). Une approche par compétences en philosophie ? *Rue Descartes*, *73*(1), 22–51. https://doi.org/10.3917/rdes.073.0022

Yang, J. (2019). Syntactic hierarchy depth : distribution, interrelation and cross-linguistic properties. *Journal of Quantitative Linguistics, 26(*2), 129–145. https://doi.org/10.1080/09296174.2018.1453962

Wickham, H. (2006). *Ggplot: an implementation of the grammar of graphics in R*, Computer sciences.

Chapitre 10

Potentiels et défis liés à l'évaluation neuropsychologique des compétences visuo-spatiales par les outils d'évaluations numériques

Nelly PERICHON, Natacha DUROISIN[1]

Introduction

La cognition spatiale occupe un rôle essentiel au quotidien (Diersch & Wolbers, 2019) ; son développement impacte tant les apprentissages informels que les apprentissages formels (Buckley et al., 2019 ; Wai et al., 2009). La cognition spatiale peut être considérée comme un ensemble de capacités mentales permettant d'appréhender l'espace (Reznikova, 2020). Il s'agit d'une branche de la psychologie cognitive qui investigue les processus mentaux impliqués dans la perception, l'interprétation et les représentations mentales des caractéristiques spatiales de l'environnement (Waller & Nadel, 2013). La cognition spatiale est nécessaire au traitement et à la manipulation mentale des informations spatiales qui caractérisent un environnement telles que les relations entre les objets dans l'espace, la taille, la forme, la distance, l'orientation, l'emplacement et la position de ceux-ci.

Le développement de la cognition spatiale ne s'achève pas avec l'enfance (Newcombe & Huttenlocher, 2000). Au fil de la scolarité, des changements significatifs s'opèrent, en particulier au niveau du raisonnement spatial, du codage de l'information spatiale et de l'analyse des systèmes de symboles spatiaux.

Les troubles de la cognition spatiale peuvent avoir un impact important sur la scolarité (Critten et al., 2018), la vie professionnelle et le quotidien des individus (Malanchini et al., 2020). Par ailleurs, le déclin de la cognition spatiale peut constituer l'un des symptômes précoces du

[1] Université de Mons (Belgique).

vieillissement pathologique (van der Ham & Claessen, 2020; Coughlan et al., 2018).

Par conséquent, l'évaluation d'un éventuel trouble de la cognition spatiale est cruciale pour permettre un diagnostic et une prise en charge adaptée, aussi bien auprès d'une population d'enfants et d'adolescents que d'adultes. Pour contribuer au diagnostic des troubles de la cognition spatiale, des évaluations neuropsychologiques peuvent être utilisées afin de mesurer les performances des sujets. Les évaluations neuropsychologiques doivent répondre à certains critères: grâce à une procédure standardisée, elles doivent être reproductibles lors de mesures répétées (fiabilité) et mesurer les habiletés cognitives ciblées (validité). Ces mesures peuvent être effectuées à l'aide de tests neuropsychologiques proposés au fil de l'évaluation et doivent être indépendantes de l'administrateur. Il est donc nécessaire que ce dernier fasse preuve d'objectivité lors de l'administration des tests neuropsychologiques (Krohn et al., 2020). L'évaluation de la cognition spatiale s'effectue souvent à l'aide d'épreuves de type «papier-crayon» ou informatisées qui requièrent la manipulation mentale d'objets statiques, comme les tests de rotation mentale (Moffat, 2009). La majorité des épreuves de type «papier-crayon» peuvent être couteuses: elles nécessitent la présence d'un professionnel formé à l'administration d'épreuves psychométriques et sont souvent administrées de manière individuelle. Lors de ces évaluations, les sujets sont accueillis dans un environnement contrôlé; ils sont amenés à compléter diverses tâches chronométrées ou non, en utilisant le matériel mis à leur disposition. La passation d'une évaluation neuropsychologique de type «papier-crayon» implique plusieurs interactions entre l'administrateur et le sujet, lesquelles peuvent potentiellement influencer les réponses et biaiser les résultats (Xiao et al., 2022), et dès lors entraver la standardisation des évaluations (Noyes & Garland, 2008). Les outils d'évaluation informatisés peuvent, quant à eux, permettre une cotation précise et automatisée des différents tests. En effet, la mesure du temps de réaction peut se faire de manière automatisée et objective et s'en voit donc moins impactée par les erreurs de l'expérimentateur liées à l'enregistrement manuel des données (Jagaroo, 2009). L'utilisation d'outils informatisés peut aussi faciliter la standardisation de tests neuropsychologiques mesurant certains aspects de la cognition spatiale tels que la mémoire de travail visuo-spatiale (Claessen et al., 2015). L'évaluation neuropsychologique avec l'outil informatique peut également permettre aux praticiens et chercheurs d'administrer le test auprès de plusieurs personnes en utilisant la même machine et en réduisant le temps, le matériel et les couts associés à la cotation des tests (Wade, 2020). Si certains praticiens ressentent une pression pour rendre la procédure de testing moins couteuse et plus efficace (Howieson,

2019), les mesures effectuées à l'aide d'évaluations neuropsychologiques informatisées ne sont cependant pas systématiquement équivalentes aux mesures obtenues par la passation d'épreuves de type « papier-crayon » (Bailey et al., 2018).

Afin de proposer des méthodes d'évaluation valides et fiables, il est nécessaire d'examiner les potentiels et les défis soulevés par l'utilisation des nouvelles technologies dans le développement et l'adaptation de tests neuropsychologiques informatisés évaluant les compétences visuo-spatiales.

Ce chapitre propose d'investiguer plusieurs questions. Tout d'abord, nous évoquerons les tests permettant d'évaluer certains aspects de la cognition spatiale. Puis, nous nous questionnerons sur les avantages et les limites de l'utilisation d'évaluations neuropsychologiques mesurant la cognition spatiale à l'aide des outils numériques.

Ensuite, nous évoquerons les recherches permettant de comparer la validité des outils informatisés évaluant la mémoire de travail visuo-spatiale, la visuo-construction et la rotation mentale par rapport à leurs équivalents de type « papier-crayon ». Enfin, nous traiterons des perspectives offertes par les outils numériques qui permettent l'évaluation des compétences visuo-spatiales.

Les évaluations neuropsychologiques mesurant certains aspects de la cognition spatiale

Les troubles de la cognition spatiale engendrent des difficultés au niveau de la mémoire spatiale et de la rotation mentale (Barisnikov et al., 2020) qui peuvent entrainer des répercussions importantes sur la vie quotidienne ainsi que dans le parcours scolaire et professionnel des personnes concernées par ces troubles (Malanchini et al., 2020). Afin de contribuer efficacement au diagnostic de ces troubles et difficultés, il est donc nécessaire d'examiner les avantages et limites des évaluations neuropsychologiques permettant de mesurer la mémoire de travail spatiale des sujets ainsi que leur capacité de rotation mentale. En raison du large éventail de troubles visuo-spatiaux et des habiletés visuo-spatiales impliquées, nous avons dirigé le focus de ce chapitre sur l'évaluation de la rotation mentale, de la mémoire de travail spatiale, ainsi que sur l'évaluation de la visuo-construction, dans la mesure où l'impact négatif des troubles visuo-constructifs sur les activités du quotidien et les apprentissages semble clairement établi (Mazeau & Le Lostec, 2010).

Les évaluations neuropsychologiques (papier-crayon) mesurant la mémoire de travail visuo-spatiale

L'encodage, le stockage et la récupération d'information spatiale dépendent de la mémoire spatiale (De Renzi et al., cité dans Kessels et al., 2002, p.1465). Cette dernière permet, par exemple, de mémoriser la position d'objets dans l'espace ; elle intervient également dans l'apprentissage d'un itinéraire et dans diverses tâches cognitives complexes qui requièrent la manipulation et le maintien à court terme ou à long terme d'informations spatiales. La mémoire de travail spatiale peut être définie comme un type de mémoire à court-terme (Guidetti et al., 2020) qui permet le stockage temporaire et la manipulation d'informations spatiales telles que la localisation, la relation et l'orientation des objets dans l'espace.

La performance de la mémoire de travail visuo-spatiale peut être évaluée en mesurant l'empan spatial des sujets (Lin & Matsumi, 2022), c'est-à-dire en proposant une tâche dans laquelle les sujets retiennent des informations sur l'ordre et la position d'un nombre limité d'objets (Gathercole & Alloway, 2004). Dans les tâches d'empan spatial, l'examinateur indique une série d'emplacements dans l'espace, puis le sujet doit immédiatement désigner ces emplacements dans le même ordre (empan spatial avant) (Corsi, 1972). L'empan spatial arrière peut également être mesuré si le sujet réalise cette tâche en indiquant les emplacements dans l'ordre inverse (Kessels et al., 2008). Les sujets doivent réaliser plusieurs séries de séquences mesurant l'empan spatial en respectant avec exactitude le nombre d'emplacements et l'ordre dans lequel ils ont été désignés par l'administrateur (Paulraj et al., 2018). Les sujets peuvent commettre des erreurs d'omission (oubli d'un élément), des erreurs d'addition (en ajoutant involontairement un élément à la séquence) et des erreurs de permutation (en modifiant involontairement l'ordre de la séquence). Des erreurs de substitution peuvent également se manifester lorsque le sujet substitue certains emplacements par d'autres qui ne correspondent pas à la séquence initiale (Woods et al., 2016).

Les tâches évoquées dans la littérature sont généralement standardisées avec des données normatives publiées (Paulraj et al., 2018). Le Block-Tapping Test (BTT) de Corsi est l'un des tests les plus utilisés afin d'évaluer la mémoire de travail visuo-spatiale (Duroisin, 2015 ; Fischer, 2001 ; Lin & Matsumi, 2022 ; Richardson, 2007 ; Wang et al., 2018). Lors de ce test, les sujets utilisent du matériel tangible, ils sont face à une planche où sont fixés neuf cubes (figure 1). Les cubes sont placés selon une disposition pseudo-aléatoire et dans une position fixe. Les chiffres affichés sur les cubes font face à l'examinateur et ne sont pas visibles par les sujets. Les sujets doivent observer l'ordre dans lequel l'examinateur touche les cubes. Ensuite, ils sont amenés à reproduire de mémoire les séquences de mouvements en touchant des cubes dans le même ordre que l'examinateur et/ou dans l'ordre inverse (Claessen et al., 2015).

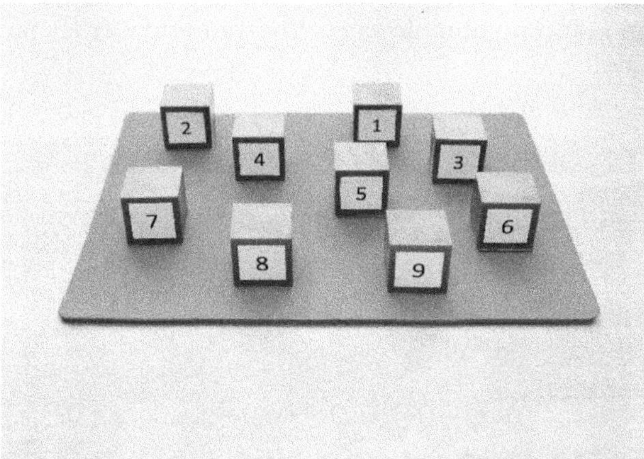

Figure 1 Représentation du Corsi Block-Tapping Test

Une certaine variabilité dans l'administration de cette épreuve a été constatée. En effet, des problèmes de standardisation du BTT liés au manque de précisions méthodologiques fournies par les premières versions de l'épreuve ont été relevés (Fischer, 2001). Selon la revue de la littérature menée par Murray et al., (2018) les versions « papier-crayon » du BTT (Kessels et al., 2008 ; DeDe et al., 2014) présentent d'importants problèmes de fiabilité test-retest. De plus, la fiabilité inter-juge de ces épreuves n'est pas mentionnée dans ces versions.

Les évaluations neuropsychologiques informatisées mesurant la mémoire de travail visuo-spatiale

Le BTT a fait l'objet d'une adaptation informatisée. En effet, une version récente nommée « e-Corsi » a été développée sur tablette (Claessen et al., 2015) et d'autres adaptations informatisées du BTT (Figure 2) sur ordinateur ont fait l'objet de plusieurs recherches. Selon la revue systématique menée par Arce & McMullen (2021), ces vingt dernières années, parmi les 39 recherches traitant des adaptations modernes du BTT, des variables comme la position, la forme et la couleur des blocs ne sont pas toujours correctement rapportées. Des problèmes de cohérence dans la méthodologie appliquée pour étudier ces différentes versions du

BTT sont également soulignées. La revue de la littérature permet de constater que la majorité des comparaisons entre les versions numériques et tangibles du test n'indiquent aucune différence significative dans la performance des sujets. Par conséquent, le développement d'une application numérique permettant d'administrer le BTT selon la même méthodologie à un grand nombre de sujets pourrait atténuer les problèmes de standardisation.

Figure 2 Représentation du Digital-Corsi block-tapping test

Une version élargie du BTT nommée Walking Corsi Test (WalCT) a été conçue pour des sujets adultes dans le but d'analyser les différents aspects de la mémoire de travail visuo-spatiale impliqués dans l'orientation spatiale (Piccardi et al., 2008). Cette épreuve a été validée auprès d'une population d'enfants âgés de 4 à 11 ans (Piccardi et al., 2014). Par rapport au BTT, cette version pourrait permettre d'évaluer certains aspects de la cognition spatiale à plus grande échelle. Au lieu de taper sur des blocs de petites tailles placés sur un simple plateau, les sujets sont amenés à se déplacer en marchant sur des carrés au sol pour reproduire l'enchainement permettant de mesurer la performance de leur mémoire de travail visuo-spatiale. Ce test a fait l'objet d'une version informatisée (figure 3) utilisant la réalité virtuelle (RV), il s'agit du « Virtual Walking Corsi Task ». Une recherche menée auprès de 120 participants semble indiquer que cette épreuve en RV pourrait être plus sensible que les tests traditionnels (León et al., 2018) ce qui implique que les variations dans la performance des sujets sont mieux détectées.

Figure 3 WSBRT
Note. Capture d'écran de la pièce virtuelle vue par les participants. Tiré de "Virtual Reality Assessment of Walking and Non-Walking Space in Men and Women with Virtual Reality-Based Tasks", par León et al., 2018, *PloS One, 13(10), e0204995.* (https://doi.org/10.1371/journal.pone.0204995*)*. © 2018 León, Tascón, Ortells-Pareja, Cimadevilla. CC BY.

En ce qui concerne l'évaluation neuropsychologique de la cognition spatiale, une batterie de tests visant à dépister l'héminégligence visuo-spatiale chez les patients victimes d'un accident vasculaire cérébral est proposée sur tablette (Vaes et al., 2015). L'héminégligence, causée par une lésion de l'hémisphère gauche ou droit du cerveau, peut provoquer une incapacité à orienter son attention vers des stimuli dans l'espace situé du côté opposé à la lésion (Cox & Aimola Davies, 2020). D'importants déficits de la mémoire de travail visuo-spatiale peuvent être détectés chez les sujets atteints d'héminégligence visuo-spatiale. Cette batterie de test (Vaes et al., 2015) propose un logiciel simple d'utilisation pour permettre aux sujets de répondre à neuf tâches informatisées (subtests) à l'aide d'une tablette graphique et d'un stylo numérique connectés à un ordinateur. Par rapport aux épreuves de type « papier-crayon », plusieurs avantages ont été relevés concernant cette approche. Parmi celles-ci, on peut citer l'automatisation (et la précision) des mesures standardisées (mesure du temps pour entourer ou barrer chaque item, mesure de la longueur en millimètre de chaque tracé, prise en compte de l'ordre des tracés...) qui facilite la récupération de données, l'accès rapide à des données quantitatives ainsi que le contrôle des performances en ligne. L'utilisation de cette batterie permet d'évaluer la mémoire visuo-spatiale selon une tâche qui n'existe pas au format « papier-crayon ». Lors de cette dernière, les sujets reçoivent la consigne de mémoriser un maximum de dessins présentés à l'écran. Les stimuli s'affichent au fur et à mesure puis disparaissent. Ensuite, les sujets sont encouragés à reproduire un maximum de dessins dont ils se souviennent en les dessinant (rappel immédiat). Vingt minutes plus tard, un rappel différé leur est proposé et les sujets doivent reconnaitre, parmi plusieurs distracteurs, les dessins qu'ils ont mémorisés précédemment.

Afin de mesurer la négligence visuo-spatiale, des évaluations ont également été élaborées pour être utilisées avec un casque RV. Selon la revue de littérature proposée par Pedroli et al. (2015), au moins treize recherches ont investigué l'utilisation de la RV pour évaluer et/ou rééduquer les patients atteints d'héminégligence visuo-spatiale. Les résultats de cette revue systématique révèlent que la RV peut être hautement engageante pour les sujets. Cet outil est particulièrement prometteur pour l'évaluation et la réhabilitation des patients atteints d'héminégligence visuo-spatiale. Toutefois, lors des expériences analysées, les sujets utilisaient fréquemment des manettes de consoles de jeux vidéo (Wii et Xbox). Les auteurs suggèrent que pour améliorer l'utilisation de ces dispositifs de RV, il pourrait être intéressant d'utiliser des gants connectés afin de permettre aux utilisateurs d'interagir de manière plus fluide et naturelle avec les environnements virtuels. Une caméra, comme le capteur Kinect de la Xbox, représente également un outil pertinent pour capturer les mouvements des sujets sans l'intermédiaire d'une manette (Pedroli et al., 2015).

La RV permet de fournir des situations pertinentes pour la vie de tous les jours et réduit la nécessité d'utiliser des environnements réels qui ne sont pas systématiquement disponibles dans un hôpital. Par rapport aux épreuves « papier-crayon », la RV représente une méthode d'évaluation plus engageante et immersive pour les patients ou les sujets expérimentaux (Tsirlin et al., 2009). Elle permet d'avoir accès à des données additionnelles pouvant être utiles pour détecter des déficits subtils au niveau des mouvements oculaires, de la tête et l'évolution de la posture (Pedroli et al., 2015). L'utilisation d'évaluations à l'aide d'outils numériques (qu'ils s'agisse de la RV, de tablettes graphiques ou tactiles, ou d'interfaces écran/clavier) peut présenter de nombreux avantages. Toutefois, des problèmes éthiques peuvent être relevés, notamment en ce qui concerne la sécurité et la conservation des données recueillies (Bush, 2004).

2.3 Equivalence entre les versions « papier-crayon » et informatisées des évaluations neuropsychologiques mesurant la mémoire de travail visuo-spatiale (« Block Tapping Test de Corsi », BTT)

En ce qui concerne les épreuves neuropsychologiques permettant d'évaluer la mémoire de travail spatiale, il semble pertinent de s'interroger sur la validité et la fiabilité des évaluations informatisées par rapport aux épreuves « papier-crayon ».

Les adaptations du BTT ont fait l'objet de plusieurs recherches. Cependant, ces recherches nous permettent de remarquer qu'une certaine hétérogénéité est présente dans les modalités de présentations des blocs d'une version du BTT à l'autre. En effet, les versions informatiques existantes peuvent proposer des formes en 2D (cercles ou carrés) ou des cubes représentés en 3D. A l'heure actuelle, aucune recherche n'a directement examiné l'influence de la forme des blocs en 3D ou en 2D sur les performances des sujets (Arce & McMullen, 2021).

Dans la batterie de test Visuo-Spatial Abilities Diagnosis (VSAD), un test s'inspirant du Block Tapping Test de Corsi (Corsi, 1972) et du test informatisé eCorsi (Claessen et al., 2015) a été développé sur tablette afin de proposer une évaluation adaptée aux enfants. Une introduction scénaristique justifie les séquences d'enchainement que l'enfant doit reproduire. Le test propose la modalité empan endroit et empan envers, où l'enfant doit appuyer sur des cercles affichés sur la tablette tactile en suivant attentivement les consignes (figure 4). Les sujets doivent reproduire la séquence de « sauts » du perroquet à l'endroit ou à l'envers avec l'écran tactile de la tablette (Lacroix et al., 2021). Cette batterie contient également une épreuve de rotation mentale et une épreuve d'orientation spatiale sur tablette, spécifiquement conçues pour une population d'enfants.

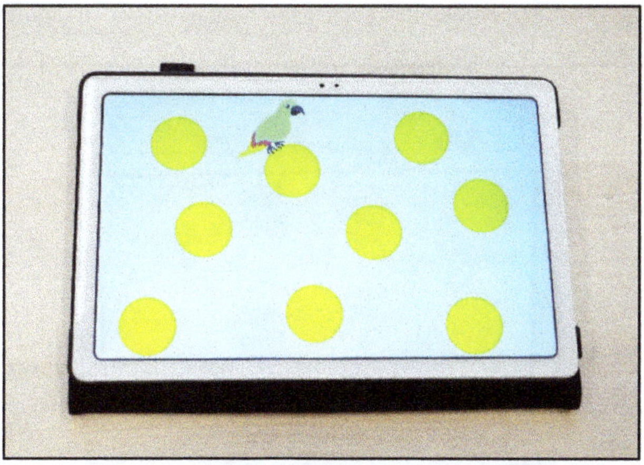

Figure 4 Représentation de la Visuospatial working memory task

Afin de comparer leur validité par rapport à leur équivalent « papier-crayon », lors de l'épreuve « papier-crayon », les résultats des 54 sujets du groupe contrôle ont été comparés aux résultats obtenus à l'aide de la batterie VSAD (Lacroix et al., 2021). Pour mesurer la mémoire de travail visuo-spatiale, le subtest « Mémoire spatiale » de l'échelle non verbale d'intelligence de Wechsler (Wechsler & Naglieri, 2009) a été utilisé. Les résultats indiquent une bonne validité concourante entre l'épreuve « papier-crayon » et l'épreuve informatisée. En effet, le coefficient de corrélation de Spearman est compris entre 0,432 et 0,657 ($p<0.001$). En ce qui concerne la performance au test informatisé et « papier-crayon » évaluant la mémoire de travail visuo-spatiale, les résultats semblent indiquer une corrélation modérée à forte. De plus, la fiabilité test-retest est bonne pour l'empan endroit et excellente pour l'empan envers (Lacroix et al., 2021).

Il existe au moins trois autres versions informatisées du BTT pour une population adulte et/ou âgée ; toutefois, pour deux de ces tests, nous ne disposons pas d'informations concernant la validité concourante et/ou la fiabilité test-retest (Smyth & Scholey, 1994 ; Stoffers et al., 2003). Nous considérons donc le test eCorsi pour adulte qui nous permet d'aborder ces propriétés psychométriques. Cette épreuve neuropsychologique utilise une interface tactile (figure 5) afin que la tâche soit similaire à la version « papier-crayon » sur le plan psychomoteur, la tailles des « blocs » et du plateau est également semblable au test BTT « classique » (Brunetti et al., 2014). Comme dans l'épreuve « papier-crayon », lors de la passation du test e-Corsi (Figure 5), les sujets ne peuvent pas voir la numérotation indiquant l'ordre de la séquence pour mesurer l'empan spatial. Toutefois, les blocs sont remplacés par des cercles.

Figure 5 Représentation du test eCorsi

Au vu des résultats obtenus lors de l'expérience menée par Claessen et al. (2015) auprès de 40 sujets afin de comparer le BTT non-numérique et l'eCorsi sur tablette, les chercheurs supposent que le test informatisé évalue des processus cognitifs différents par rapport à la version standard. En effet, les performances de sujets divergent significativement lorsque l'empan endroit du BTT et de l'eCorsi sont comparés. Cette divergence pourrait provenir d'un effet d'amorçage moteur qui apparait dans le BTT classique où le sujet doit suivre les mouvements de l'administrateur (Claessen et al., 2015). Dans l'épreuve du eCorsi, le sujet doit suivre l'ordre dans lequel les carrés «s'illuminent» et non les mouvements de l'expérimentateur. La fiabilité test-retest n'est pas mentionnée dans cette étude (Claessen et al., 2015). Dans la recherche de Brunetti et al. (2014) au sujet de l'implémentation du test eCorsi auprès de sujets adultes et âgés, les résultats obtenus n'indiquent pas de différence significative par rapport aux données normatives du BTT «classique». Les chercheurs affirment donc que cette version numérique du test fonctionne de manière similaire au test «papier-crayon»; ces résultats sont congruents avec une étude plus récente qui compare également la version «classique» du BTT et l'eCorsi (Robinson & Brewer, 2016) et qui n'indique aucune différence significative dans les mesures d'empan.

2.4 Les évaluations neuropsychologiques «papier-crayon» mesurant les habiletés visuo-constructives

D'après Lehman et al. (1967), le concept de déficit visuo-constructif est issu des travaux de Kleist (1934) sur l'apraxie. Les habiletés visuo-constructives désignent la capacité à agencer correctement des éléments entre eux afin de réaliser un dessin ou une construction voulue (ce qui permet par exemple de réaliser des constructions en 2D ou en 3D à partir d'un modèle).

Les habiletés visuo-constructives peuvent notamment être mesurées à l'aide du subtest «Cubes» issu des échelles de Wechsler (Leneman et al., cité dans Simic et al., 2013, p.1120). Ce test consiste à recréer des motifs à partir d'un modèle en 2D à l'aide d'un ensemble de cubes de Kohs bicolores (rouges et blancs). Ce subtest (figure 6) est également utilisé afin d'évaluer le raisonnement visuo-spatial (Cha et al., 2018), la coordination visuo-motrice et la mémoire de travail visuo-spatiale (Begum et al., 2017). Le subtest «Cubes» est l'un des subtests principaux de l'Echelle d'intelligence de Wechsler pour enfant et adolescents – 5ème édition (WISC-V). Dans le WISC-V, la passation de ce subtest doit se dérouler avec le matériel prévu pour l'administrateur (manuel d'administration et cotation, un chronomètre et le cahier d'administration) et le sujet (livre de stimuli et 9 cubes bicolores).

Figure 6 Représentation de l'épreuve – "Cubes"

L'administrateur assure le bon déroulement de l'épreuve en suivant les consignes du manuel d'administration et cotation. Une série d'images avec des motifs rouges et blancs est présentée au sujet. Pour chaque item, celui-ci doit reproduire les motifs rouges et blancs à l'aide des cubes qui sont mis à sa disposition. Certaines faces des cubes sont entièrement rouges ou entièrement blanches, d'autres à moitié rouges et à moitié blanches, ce qui permet de réaliser divers motifs au niveau de la surface des cubes. Ce subtest est constitué de 13 items de difficulté croissante, c'est-à-dire que le sujet est amené à réaliser 13 constructions en fonction de son âge et de sa réussite aux items. La passation de ce subtest (Kaufman et al., 2015) demande à l'administrateur de mesurer le temps mis par le sujet pour réaliser les constructions à l'aide d'un chronomètre pour chaque item. L'administrateur doit prêter attention à un certain nombre de détails (il doit observer les constructions réalisées par le sujet en notant, par exemple, si le sujet entame ses constructions par essai-erreur ou au hasard. . .). La performance du sujet est encodée par l'administrateur dans le cahier d'administration. L'administrateur stoppe la passation du subtest après l'obtention de deux notes 0 consécutives. Il doit être vigilant à respecter la cotation précisée dans le manuel d'administration et de cotation.

Des erreurs dans l'administration et la cotation des échelles de Wechsler sont plutôt courantes chez les étudiants en psychologie et psychologues diplômés (Oak et al., 2019). Les plus fréquentes concernent l'omission d'administrer certains items « tests », les problèmes de calculs de scores bruts et l'encodage des réponses mot à mot des sujets. En pratique, les psychologues administrant ce type d'épreuve de construction peuvent éprouver des difficultés à recueillir des informations supplémentaires sur le comportement des sujets tout en enregistrant en temps réel et avec précision les réponses des sujets. L'administration du test, la collecte des réponses pour obtenir les scores de base et la gestion d'autres aspects de la session de test peuvent poser un problème (Milberg et al., 2009). C'est pourquoi, il semble pertinent de s'intéresser aux mesures automatisées des tests évaluant la visuo-constuction à l'aide de l'outil informatique (Cha et al., 2018).

2.5 Les évaluations neuropsychologiques informatisées mesurant les habiletés visuo-constructives

Des évaluations informatisées inspirées du subtest des échelles de Wechsler ont été développées pour être utilisées à l'aide d'un ordinateur (figure 7) équipé d'une interface clavier/écran/souris (Rozencwajg & Corroyer, 2001).

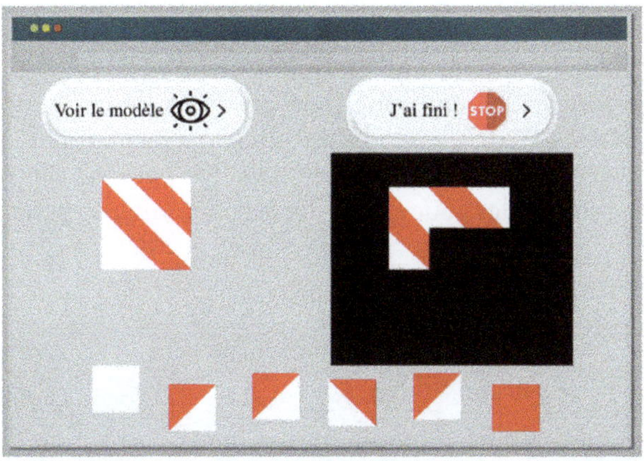

Figure 7 Représentation du Digital-Corsi block-tapping test

Une version informatique très similaire au subtest «Cubes» utilisant une interface haptique, un écran et des lunettes de vision 3D a également été conçue. Cette interface comprenant un bras haptique permet au sujet de manipuler les cubes en les saisissant à l'aide d'un stylet. Les sujets ressentent des stimuli tactiles lorsqu'ils manipulent les cubes. En effet, ils doivent les sélectionner à l'aide d'un curseur affiché à l'écran et appuyer sur un bouton au niveau du stylet pour attraper les cubes (Clamann et al., 2013). Ce dispositif haptique est doté d'un «retour d'effort», qui donne la sensation d'une résistance physique lorsque les sujets saisissent les cubes virtuels.

Ce dispositif représente une piste intéressante pour tenir compte de la modalité tactile de la mémoire de travail notamment chez les sujets atteints de troubles visuels. Cette modalité doit être prise en compte lors de l'évaluation du fonctionnement cognitif des personnes présentant un handicap visuel en raison de son importance dans le quotidien des personnes non-voyantes et malvoyantes. En effet, chez les enfants aveugles, la mémoire de travail tactile se développe différemment par rapport aux enfants malvoyants ou tout-venant (Cohen et al., 2011). Cette composante haptique de la mémoire de travail de travail peut être entrainée et se construit au fil des expériences et du développement de l'enfant. Les subtests visuo-spatiaux des échelles de Wechsler, comme le subtest « Cubes », peuvent être administrés aux personnes présentant une vision résiduelle (Groenveld & Jan, 1994). Cependant, pour les personnes ne présentant pas de vision résiduelle, la modalité tactile de la mémoire de travail ne peut pas être évaluée de la même manière que la mémoire de travail visuo-spatiale, c'est-à-dire en administrant un subtest visuo-spatial tel que les cubes de Kohs utilisés dans les échelles d'intelligence de Wechsler.

Pour les sujets tout-venant, il existe également un test inspiré de l'épreuve Cubes adaptée à l'utilisation d'un casque RV qui permet au sujet de reproduire des constructions avec des cônes et cubes en 3D (Wikström et al., 2020). Cependant, ce test n'a pas fait l'objet d'une validation. Il permet pour le moment d'offrir des possibilités de collaboration en proposant à des joueurs en ligne de coopérer pour réaliser des tâches de construction.

Figure 8 Exemple d'un test RV inspiré de l'épreuve « Cubes » utilisant un casque de réalité virtuelle

Note. Capture d'écran de l'environnement virtuel de la tâche inspirée de "Cubes". Tiré de "Collaborative block design task for assessing pair performance in virtual reality and reality", par Wikström et al., 2020, *Heliyon*, 6(9). (https://doi.org/10.1016/j.heliyon.2020.e04823). © 2020 Wikström, Martikainen, Falcon, Ruistola, Saarikivi. CC BY 4.0.

A la lumière de ce qui vient d'être présenté, il semble que les tests neuropsychologiques informatisés puissent offrir de nombreux avantages pour faciliter l'administration des épreuves neuropsychologiques. Toutefois, il parait important de s'interroger sur la validité et la fiabilité de ces épreuves neuropsychologiques informatisées par rapport aux épreuves «papier-crayon». Dans cette partie, nous abordons la fiabilité et la validité en fonction des données disponibles pour les épreuves neuropsychologiques visant à évaluer les habiletés visuo-constructives, afin de les comparer à leur équivalent «papier-crayon».

2.6 Equivalence entre les versions «papier-crayon» et informatisées des évaluations mesurant les habiletés visuo-constructives (block design, cubes, blocs de kohs)

Depuis 2012, le développement de la plateforme en ligne Q-interactive de Pearson permet l'administration de plusieurs échelles de Weschler notamment le WPPSI-IV, WISC-V et WAIS-IV. L'administration se déroule à l'aide de deux tablettes, l'une pour l'examinateur (afin de coter la performance du sujet/patient) et l'autre pour le patient. Cependant, cet outil ne suffit pas pour l'administration virtuelle du subtest «Cubes». En effet, lors de la passation de ce subtest, le patient doit manipuler du matériel tangible. Cette épreuve n'est donc pas proposée sur tablette, bien que la majorité des autres subtests soient informatisés (Pearson, 2021).

Un subtest proposant une version informatisée de l'épreuve «Cubes» pourrait être envisagé sous la forme d'un jeu impliquant la rotation de cubes virtuels afin de reproduire des constructions, comme dans l'épreuve de l'échelle de Wechsler. Toutefois, il semble nécessaire d'investiguer l'équivalence de la performance des sujets qui utilisent de cubes virtuels ou tangibles (Vrana & Vrana, 2017). C'est pourquoi nous nous interrogeons sur les tests numériques comparables à cette évaluation.

La batterie d'évaluations neuropsychologiques informatisée Automated Neuropsychological Assessment Metrics (ANAM) propose des subtests conçus pour évaluer les fonctions cognitives à un moment donné précis ou de manière longitudinale (Vincent et al., 2018). Elle met à disposition un subtest investiguant les habiletés visuo-spatiales, semblable au test «Cubes» des échelles de Wechsler. En effet, la tâche proposée dans le test Matching to Sample (MTS) est constituée d'un plan avec des blocs rouges et bleus. Ce subtest sollicite la mémoire de travail visuo-spatiale (Rice et al., 2011) et demande au sujet d'effectuer une tâche de discrimination visuo-spatiale (Vincent et al., 2018) mais n'implique pas de réaliser des constructions avec des cubes. Lors de cette épreuve, des plans représentant la disposition des blocs sont brièvement affichés à l'écran (Figure 9 A) puis disparaissent. Le sujet dispose de 20 essais, au cours desquels il doit observer et mémoriser rapidement des plans, pour ensuite pouvoir retrouver parmi deux choix (Figure 9 B) le plan correspondant au stimulus perçu précédemment.

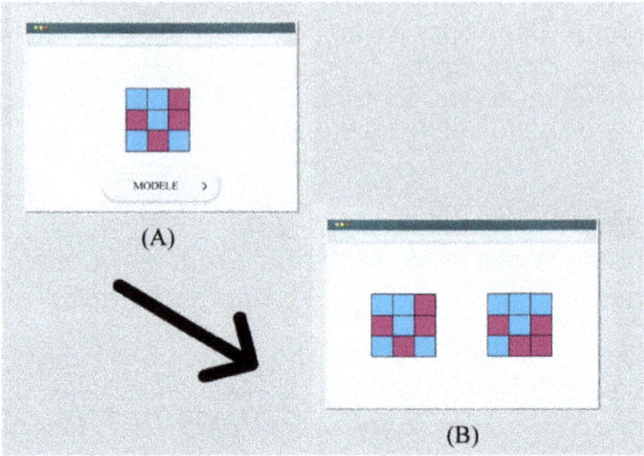

Figure 9 Représentation du test Matching to sample (MTS)

Toutefois, selon une recherche menée auprès de 122 élèves issus de l'enseignement secondaire et supérieur, il semble que par rapport au subtest Cubes au format « papier-crayon » de la batterie de test WAIS-R, aucune corrélation significative n'a été détectée entre la performance au test MTS et le subtest Cubes (Bleiberg et al., 2000). L'homogénéité de l'échantillon et sa taille réduite représentent des limites importantes à cette recherche. Cette étude a été menée auprès de sujets sains de 15 à 27 ans. Les résultats concernant la performance à la batterie ANAM et au subtest Cubes seraient probablement différents auprès d'un échantillon moins homogène.

Une autre étude a été menée afin d'investiguer l'utilisation de blocs cubiques, avec des capteurs intégrés, permettant de mesurer la performance des sujets lors d'une évaluation informatisée similaire au subtest Cubes des échelles de Wechsler. Lors de cette épreuve, les sujets sont invités à jouer au jeu de construction géométrique TAG-Game(a) à l'aide de blocks cubiques appelés SIG-Blocks (figure 10). Cette expérimentation a été proposée à un échantillon de 40 enfants âgés de 4 à 8 ans.

Figure 10 Tangible Geometric Games (TAG-Games) : block assembly tasks

Note. Cubes interactifs et motifs du test de construction TAG-Game. Tiré de "Interactive Block Games for Assessing Children's Cognitive Skills : Design and Preliminary Evaluation", par Lee et al., 2018, *Frontiers in Pediatrics, 6.* (https://doi.org/10.3389/fped.2018.00111). © 2018 Lee, Jeong, Schindler, Hlavaty, Gross and Short. CC BY.

La corrélation entre la performance au subtest Cubes des échelles de Wechsler et le TAG-GameS-GS (r = 0,31, p = 0,05) est modérée. La taille réduite de l'échantillon ne permet pas de se prononcer sur la fiabilité et la validité de ce test (Lee et al., 2018). Selon ces auteurs, il n'existe pas, pour le moment, d'outil informatique permettant d'automatiser entièrement le subtest Cubes en raison de la manipulation de matériel tangible pour réaliser des constructions.

En raison de certains aspects du fonctionnement exécutif et de la cognition spatiale, notamment en ce qui concerne l'évaluation des habiletés visuo-constructives, il semble important de souligner que l'évaluation neuropsychologique informatisée est limitée par les logiciels et le matériel informatique accessibles (Bauer et al., 2012). Certaines évaluations psychométriques permettant de mesurer les habiletés visuo-constructives impliquent la manipulation de matériel tangible comme dans l'épreuve « Cubes » originale. A l'heure actuelle, il semble qu'en dépit du développement de la RV, l'administration informatisée de ce test demeure limitée et ne peut pas remplacer l'épreuve traditionnelle administrée avec du matériel tangible.

2.7 Evaluation neuropsychologiques (papier-crayon) de la rotation mentale

La rotation mentale peut se définir comme la capacité à manipuler/ faire tourner mentalement un objet en 2D ou 3D autour d'un axe dans l'espace (Nguyen & Rank, 2016). Le terme « rotation mentale » provient des travaux de Shepard et Metzler (1971). Cette capacité peut être évaluée à travers une tâche de rotation mentale qui invite les sujets à comparer des figures géométriques ou objets à une image afin de déterminer s'il s'agit ou non du même objet ayant subi une rotation (parfois ces images sont simplement des images « miroir » ou présentées selon une orientation différente, etc.). Les compétences spatiales des sujets vont être sollicitées pour comparer, mettre à l'échelle, transformer, décomposer et recomposer les formes, afin de réaliser les tâches de rotation mentale (Città et al., 2019).

Chez les enfants et les adolescents âgés de 5 à 16 ans, un subtest de la batterie d'évaluation neuropsychologique NEPSY-II propose de mesurer la performance à une tâche de rotation mentale intitulée « puzzles géométriques ». Lors de cette tâche (figure 11), le sujet doit observer des formes géométriques contenues dans une grille. Des figures géométriques sont représentées en dehors de la grille et le sujet doit effectuer des rotations mentales pour bien choisir, dans la grille, les figures identiques à celles qui sont présentes à l'extérieur de la grille (Fernandez-Baizan et al., 2020). Le sujet reçoit la consigne suivante : « Montre-moi les deux formes dans le grand cadre qui sont identiques à celles au bord de la page. Il n'y a que deux formes identiques ». Le sujet doit donc pointer du doigt les bonnes figures présentes à l'intérieur de la grille.

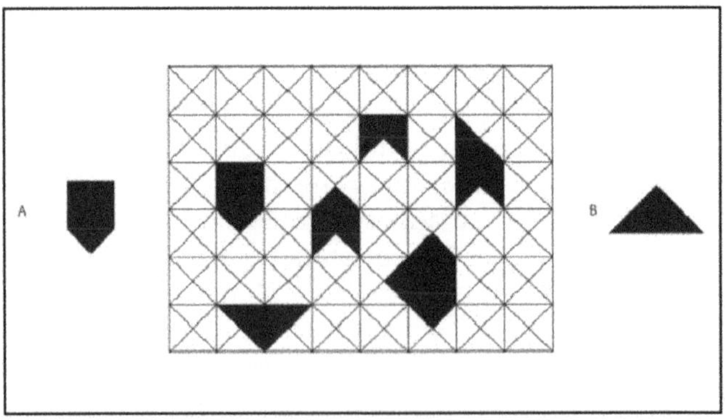

Figure 11 Item d'apprentissage 1 issu du subtest Puzzles géométriques de la NEPSY-II

Note. Illustration de l'item d'apprentissage 1 du subtest Puzzles géométriques. Tiré de "NEPSY-II Bilan neuropsychologique de l'enfant – 2nde édition", par Korkman et al., 2012. Paris : ECPA. © 2007 NCS Pearson, Inc. Tous droits réservés. Adapté et reproduit par Pearson France. © 2012 Pearson France. Reproduit avec permission.

Chez l'adulte, la tâche de rotation mentale de Shepard & Metzler (1971) peut être administrée. Lors de cette épreuve chronométrée, les sujets adultes se voient présenter des paires d'images qui représentent des formes tridimensionnelles créées à partir d'un ensemble de 10 cubes. En observant le plus rapidement possible les paires d'objets (figure 12), les sujets doivent signaler si celles considérées sont identiques (c'est-à-dire, s'il s'agit du même objet ayant subi une rotation) ou non.

Figure 12 Représentation de la Shepard-Metzler mental rotation task

Cependant, l'accès aux évaluations neuropsychologiques en présentiel n'est pas toujours possible. L'outil informatique peut permettre l'évaluation neuropsychologique par écran interposé, dans les cas où les patients ou sujets expérimentaux ne sont pas en mesure de se déplacer. Il semble donc intéressant de prendre en considération les méthodes d'évaluation à distance.

En effet, dans les espaces ruraux, où l'accès au suivi neuropsychologique est restreint en raison du manque de praticien en neuropsychologie, il peut être pertinent de proposer des évaluations à distance (Vahia et al., 2015). Des téléconsultations peuvent également être proposées par visioconférence, en ligne ou par téléphone, ce qui peut considérablement faciliter l'accès aux soins (Czaja, 2016). En raison du contexte sanitaire récent lié à la pandémie de Covid-19, certains chercheurs se sont penchés sur l'administration d'évaluations cognitives à distance notamment par téléphone. Une revue de la littérature récente a permis de recenser au moins vingt batteries d'évaluations cognitives adaptées spécifiquement pour être administrées par téléphone (Carlew et al., 2020). Selon les données recueillies lors d'une recherche pilote, les évaluations neuropsychologiques à distance par visioconférence sont généralement bien reçues et jugées comme acceptables par les sujets âgés (Turner et al., 2012). Cependant, l'évaluation de la cognition spatiale ne peut se faire exclusivement sur base d'un échange à l'oral. Nous aborderons donc les épreuves informatisées en présentiel et en distanciel permettant d'évaluer les capacités de rotation mentale des sujets.

Les évaluations neuropsychologiques informatisées mesurant la rotation mentale chez l'enfant, l'adolescent et l'adulte

En ce qui concerne les enfants et les adolescents, une recherche portant sur l'évaluation neuropsychologique en distanciel des habiletés visuo-spatiales a été menée sur 162 sujets de 1re année secondaire. A l'aide de l'outil informatique (interface ordinateur/clavier/écran/souris), cette étude visait à évaluer la visualisation spatiale avec le « Mental Cutting Test » (MCT) et les rotations mentales avec le « Purdue Spatial Visualization Test : Visualization of Rotations » (PSVT : R) ainsi que la capacité à visualiser des formes en 2D et 3D avec le « Space Relations subtest of the Differential Aptitude Test » (DAT : SR). Les résultats de cette recherche suggèrent que l'utilisation en ligne du PSVT : R et du MCT peut être intéressante pour recueillir les résultats de grandes cohortes de participants. Cependant, la fiabilité de ces tests s'est avérée relativement faible dans cette étude et leur utilisation n'est pas recommandée pour examiner la performance individuelle des sujets (Buckley et al., 2016). Les auteurs pensent que cette faible fiabilité peut être attribuée au fait que les habiletés spatiales peuvent évoluer et sont encore malléables chez les sujets de cette tranche d'âge (12 à 13 ans).

En ce qui concerne les tests de rotation mentale pour enfants en présentiel sur tablette, la batterie VSAD présente également une épreuve informatisée nommée « Mental rotation task ». Ce test comprend un scénario et des illustrations adaptés à ce public. Le sujet doit aider un chevalier à reconnaitre son bouclier parmi d'autres, en fonction des figures géométriques disposées sur celui-ci (figure 10).

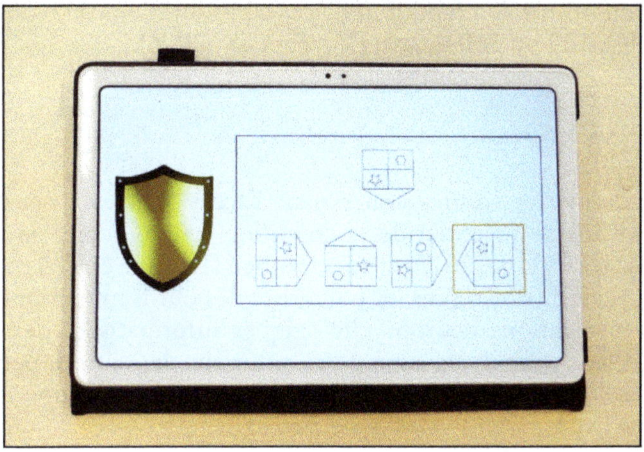

Figure 13 Représentation de la Mental rotation task

Au cours de la recherche menée par Lacroix et al. (2021), une bonne validité concourante avec ce test « papier-crayon » a été relevée pour l'épreuve de rotation mentale numérique de la VSAD, ainsi qu'une bonne fiabilité. Cette recherche a été menée auprès de 54 enfants tout-venant et de 13 enfants atteints de troubles vestibulaires. Ce trouble peut induire des problèmes d'équilibre, d'importants vertiges (Wiener-Vacher, 2005) ainsi que des difficultés affectant les habiletés visuo-spatiales (Sokolov et al., 2019).

Chez l'adulte, une recherche menée en 2006 auprès de 157 sujets adultes investigue la validité concourante à travers des corrélations entre la performance au Mental Rotations Test (MRT) et un test informatisé, intitulé Computerized Mental Rotation (CMR), inspiré de la tâche de rotation mentale de Shepard et Metzler (1971). Bien que ces deux formats soient différents, des corrélations significatives entre la performance à la tâche « papier-crayon » et la tâche informatisée ont été relevées en fonction des résultats de sujets selon l'angle de rotation. De plus, une corrélation de 0,657 (*p.* < 0,01) entre la précision globale de la tâche informatisée et du test « papier-crayon » a été constatée. Ces corrélations modérées à fortes soutiennent la possibilité que ces tests mesurent des aspects similaires de la cognition spatiale. Toutefois, la tâche demandée lors du test « papier-crayon » impliquait l'identification de stimuli correspondant à une cible parmi plusieurs alternatives tandis que la tâche informatisée nécessitait de sélectionner des formes identiques ou différentes sur des paires de stimuli. En effet, cette dernière demandait au sujet de déterminer si des paires de figures en 3D composées de blocs représentés en blanc sur fond noir étaient identiques ou s'il s'agissait d'images en miroir. L'orientation de ces configurations de blocs différait de 0, 40, 80, 120 ou 160 degrés (Voyer et al., 2006).

Conclusion

Etant donné les limites concernant l'accès aux tests neuropsychologiques et le rôle essentiel de la cognition spatiale dans de multiples apprentissages (Khine, 2017) et au quotidien (Diersch & Wolbers, 2019), il est pertinent d'investiguer les potentiels des outils numériques dans le cadre des évaluations neuropsychologiques informatisées des habiletés spatiales. Dans cette conclusion nous traiterons des défis et perspectives offertes par l'utilisation d'outils numériques dans l'évaluation neuropsychologique des habiletés visuo-spatiales.

Bien que certains articles suggèrent que la performance des sujets aux tests informatisés puisse être similaire aux épreuves « papier-crayon » (Daniel et al., 2014 ; Voyer et al., 2006), il semble que ce n'est pas systématiquement le cas (Gilbert et al., cité dans Farmer et al., 2021, p.30). En effet, dans le cadre des évaluations numériques des habiletés visuo-spatiales, l'administration de tests impliquant l'agencement de solides ou figures géométriques par le sujet représente un défi dans la mesure où l'adaptation numérique de tests ne permet pas de la part du sujet de manipuler du matériel tangible (Brearly et al., 2017). En ce qui concerne les tests mesurant la mémoire de travail visuo-spatiale à l'aide de matériel tangible, tel que le BTT, des adaptations informatisées sont envisageables (Arce & McMullen 2021). Cependant, il demeure nécessaire de prendre en considération l'impact de l'outil informatique sur les habiletés cognitives que le test des blocs de Corsi est censé évaluer et de poursuivre les recherches à ce sujet (Claessen et al., 2015). Dans le cas du subtest « Cubes » mesurant les habiletés visuo-constructives, la manipulation et la construction à l'aide de cubes virtuels pourraient substituer l'utilisation de cubes tangibles. Grâce à la RV, des possibilités intéressantes pour l'adaptation informatisée de ce subtest pourraient être proposées dans un futur proche (Wikström et al., 2020). Toutefois, l'équivalence de la performance des sujets qui utilisent des cubes virtuels ou tangibles n'est pas encore établie (Vrana & Vrana, 2017). Les sujets n'effectuent pas les mêmes mouvements s'ils interagissent avec des solides tangibles, un casque de RV, un écran et une manette ou une tablette, ce qui rend leur performance difficilement comparable en fonction de l'interface, du matériel utilisé et des conditions de passation. On peut également noter que les recherches traitant des adaptations informatisées de tests mesurant les capacités de rotation mentale chez les enfants et les adultes présentent des résultats avec une bonne validité (Lacroix et al., 2021 ; Voyer et al., 2006) ; cependant ces recherches ont été menées auprès d'échantillons restreints de sujets et les résultats ne sont dès lors pas généralisables.

A distance, l'administration de tests neuropsychologiques informatisés requiert du matériel et une bonne connexion à Internet, ce dont les sujets ne disposent pas tous (Marra et al., 2020). Une connexion à Internet stable est nécessaire dans le cas où l'administrateur et le sujet communiquent par visioconférence. Cependant, la qualité des observations comportementales peut être limitée par les angles de vue restreint lié à l'utilisation d'une webcam (Turner et al., 2012). L'administration à distance de tests neuropsychologiques standardisés pourrait représenter une option viable à l'avenir ; cependant, des questions subsistent quant à la possibilité d'obtenir systématiquement des résultats d'évaluation rapides, fiables et valides. Il semble indispensable que les professionnels de l'évaluation prennent connaissance des limites des outils et instruments de mesures à disposition et qu'ils agissent en conséquence (Farmer et al., 2021). En effet, les téléconsultations peuvent permettre d'améliorer l'accessibilité à la prise en charge neuropsychologiques et la passation de tests à distance pour les populations n'ayant pas l'opportunité de consulter en présentiel (Harrell et al., 2014). Par ailleurs, les épreuves informatisées en présentiel pourraient être pertinentes pour compléter les tests psychométriques « papier-crayon » (Lacroix et al., 2021).

En présentiel, les sujets peuvent avoir accès à des logiciels, équipements spécialisés et à l'espace adéquat pour utiliser la RV. Ceci permet de faciliter l'immersion des sujets et d'améliorer leur interaction avec les environnements virtuels (Kourtesis et al., 2021). Il semble que l'utilisation de la RV et la conception de tâche neuropsychologiques à l'aide de l'outil informatique représentent également un défi dans la mesure où l'adaptation et/ou la création de logiciels de RV requiert des notions de programmation dont les cliniciens disposent rarement. La bonne collaboration entre les cliniciens et les développeurs semble indispensable pour concevoir plus d'outils adaptés aux besoins des patients. De plus, le développement de formations et d'applications plus intuitives serait pertinent pour permettre une meilleure accessibilité aux cliniciens et une meilleure maitrise de cet outil (Pedroli et al., 2015).

Il semble également important de poursuivre les recherches concernant les méthodes d'évaluation écologiques. Par rapport aux tests « papier-crayon », la RV peut permettre d'évaluer des habiletés visuo-spatiales immersives à petite échelle, ainsi que des stratégies de navigation à grande échelle, notamment chez les sujets atteints de lésions cérébrales ou de schizophrénie (Cogné et al., 2017). La RV peut également être utilisée comme un outil d'évaluation dans le contexte du vieillissement et de la démence (Ijaz et al., 2019), ce qui ouvre des perspectives intéressantes pour faciliter l'évaluation et la prise en charge des sujets de manière écologique. Ces outils numériques ont le potentiel de réduire les problèmes liés à l'ennui des sujets en ajoutant des éléments de gamification engageants. De plus amples recherches concernant la gamification des épreuves neuropsychologiques sont donc requises en raison de la taille souvent réduite des échantillons dans les études récentes (Lumsden et al., 2016).

L'utilisation d'épreuves neuropsychologiques informatisées peut considérablement réduire le risque d'erreurs dans la cotation et l'administration des tests (Corcoran, 2022). Le développement de tests neuropsychologiques informatisés en vue d'une utilisation à distance et/ou en présentiel offre de nombreuses perspectives attrayantes et prometteuses pour faciliter l'accès aux soins et améliorer la pratique des cliniciens. Malgré la multitude d'avantages fournis par les tests informatisés (Bauer et al., 2012; Vaes et al., 2015), à l'heure actuelle, il n'est cependant pas clairement établi que les épreuves neuropsychologiques numériques soient équivalentes aux tests «papier-crayon» (Bailey et al., 2018). Il demeure indispensable de tenir compte des limites liées au nombre restreint de recherches permettant d'établir clairement l'équivalence entre les tests «papier-crayon» classiques et les tests numériques (Bailey et al., 2018) développés sur tablette et ordinateur. D'après Bauer et al. (2012), l'académie américaine de neuropsychologie clinique recommande d'ailleurs que les versions numériques des évaluations neuropsychologiques «papier-crayon» soient utilisées avec des données normatives et soigneusement analysées en termes de caractéristiques psychométriques (fiabilité et validité).

Références

Arce, T., & McMullen, K. (2021). The Corsi block-tapping test: evaluating methodological practices with an eye towards modern digital frameworks. *Computers in Human Behavior Reports*, *4*. https://doi.org/10.1016/j.chbr.2021.100099

Bailey, S. K. T., Neigel, A. R., Dhanani, L. Y., & Sims, V. K. (2018). Establishing measurement equivalence across computer- and paper-based tests of spatial cognition. *Human Factors*, *60*(3), 340–350. https://doi.org/10.1177/0018720817747731

Bauer, R. M., Iverson, G. L., Cernich, A. N., Binder, L. M., Ruff, R. M., & Naugle, R. I. (2012). Computerized neuropsychological assessment devices: joint position paper of the American Academy of Clinical Neuropsychology and the National Academy of Neuropsychology. *The Clinical Neuropsychologist*, *26*(2), 177–196. https://doi.org/10.1080/13854046.2012.663001

Barisnikov, K., Saj, A., Majerus, S., & Thibault, J.-P. (2020). Troubles des fonctions visuo-perceptives et visuo-spatiales. Dans S. Majerus, I. Jambaqué, L. Mottron, M. Van Der Linden & M. Poncelet (Eds.), *Traité de neuropsychologie de l'enfant* (2e éd., pp. 138–156). De Boeck Supérieur.

Begum, F. A., Begum, T., & Reza, F. (2017). Hand dominance and WAIS-R block design performance. *Journal of Advances in Medical and Pharmaceutical Sciences, 12*(2), 1–5. https://doi.org/10.9734/JAMPS/2017/31420

Bleiberg, J., Kane, R. L., Reeves, D. L., Garmoe, W. S., & Halpern, E. (2000). Factor analysis of computerized and traditional tests used in mild brain injury research. *The Clinical Neuropsychologist, 14*(3), 287–294. https://doi.org/10.1076/1385-4046(200008)14:3;1-P;FT287

Brearly, T. W., Shura, R. D., Martindale, S. L., Lazowski, R. A., Luxton, D. D., Shenal, B. V., & Rowland, J. A. (2017). Neuropsychological test administration by videoconference : a systematic review and meta-analysis. *Neuropsychology Review, 27*, 174–186. https://doi.org/10.1007/s11065-017-9349-1

Brunetti, R., Del Gatto, C., & Delogu, F. (2014). eCorsi : implementation and testing of the Corsi block-tapping task for digital tablets. *Frontiers in Psychology, 5*, 939. https://doi.org/10.3389/fpsyg.2014.00939

Buckley, J., Seery, N., & Canty, D. (2019). Spatial cognition in engineering education : developing a spatial ability framework to support the translation of theory into practice. *European Journal of Engineering Education, 44*(1–2), 164–178. https://doi.org/10.1080/03043797.2017.1327944

Buckley, J., Seery, N., & Canty, D. (2016, 16–18 octobre). The validity and reliability of online testing for the assessment of spatial ability. Dans Daniel Webster College (Eds.*), 71st EDGD midyear meeting proceedings* (pp.11–16). ASEE. http://research.thea.ie/handle/20.500.12065/3258

Bush, S. S. (Ed.). (2004). *A casebook of ethical challenges in neuropsychology.* Taylor & Francis. https://doi.org/10.4324/9780203025505

Carlew, A. R., Fatima, H., Livingstone, J. R., Reese, C., Lacritz, L., Pendergrass, C., Bailey, K. C., Presley, C., Mokhtari, B., & Cullum, C. M. (2020). Cognitive assessment via telephone : a scoping review of instruments. *Archives of Clinical Neuropsychology, 35*(8), 1215–1233. https://doi.org/10.1093/arclin/acaa096

Cha, S., Ainooson, J., & Kunda, M. (2018). *Quantifying human behavior on the block design test through automated multi-level analysis of overhead video.* Arxiv. https://doi.org/10.48550/arXiv.1811.07488

Città, G., Gentile, M., Allegra, M., Arrigo, M., Conti, D., Ottaviano, S., Reale, F., & Sciortino, M. (2019). The effects of mental rotation on computational thinking. *Computers & Education, 141.* https://doi.org/10.1016/j.compedu.2019.103613

Claessen, M. H. G., van der Ham, I. J. M., & van Zandvoort, M. J. E. (2015). Computerization of the standard corsi block-tapping task affects its underlying cognitive concepts : a pilot study. *Applied Neuropsychology. Adult*, *22*(3), 180–188. https://doi.org/10.1080/23279095.2014.892488

Clamann, M., Ma, W., & Kaber, D. (2013). Evaluation of a virtual reality and haptic simulation of a block design test. Dans P. Wetz, A. Anjomshoaa & A. Tjoa (Eds.), *Proceedings of the 2013 IEEE International Conference on Systems, Man, and Cybernetics* (pp. 882–887). IEEE. https://doi.org/10.1109/SMC.2013.155

Cogné, M., M. Taillade, B. N'Kaoua, A. Tarruella, E. Klinger, F. Larrue, H. Sauzéon, P. A. Joseph, & E. Sorita. 2017. The contribution of virtual reality to the diagnosis of spatial navigation disorders and to the study of the role of navigational aids : a systematic literature review. *Annals of Physical and Rehabilitation Medicine 60*(3), 164–176. https://doi.org/10.1016/j.rehab.2015.12.004

Cohen, H., Scherzer, P., Viau, R., Voss, P., & Lepore, F. (2011). Working memory for Braille is shaped by experience. *Communicative & Integrative Biology*, *4*(2), 227–229. https://doi.org/10.4161/cib.4.2.14546

Corcoran, S. (2022). Q-interactive : training implications for accuracy and technology integration. *Contemporary School Psychology*, 26, 90–99. https://doi.org/10.1007/s40688-021-00368-3

Corsi, P. M. (1972). *Human memory and the medial temporal region of the brain* [Unpublished doctoral dissertation]. McGill University. ProQuest Information & Learning.

Coughlan, G., Laczó, J., Hort, J., Minihane, A.-M., & Hornberger, M. (2018). Spatial navigation deficits – overlooked cognitive marker for preclinical Alzheimer disease? *Nature Reviews Neurology*, 496–506. https://doi.org/10.1038/s41582-018-0031-x

Cox, J. A., & Aimola Davies, A. M. (2020). Keeping an eye on visual search patterns in visuospatial neglect: a systematic review. *Neuropsychologia*, *146*. https://doi.org/10.1016/j.neuropsychologia.2020.107547

Critten, V., Campbell, E., Farran, E., & Messer, D. (2018). Visual perception, visual-spatial cognition and mathematics : associations and predictions in children with cerebral palsy. *Research in Developmental Disabilities*, *80*, 180–191. https://doi.org/10.1016/j.ridd.2018.06.007

Czaja, S. J. (2016). Long-term care services and support systems for older adults : the role of technology. *American psychologist*, *71*(4), 294–301. https://doi.org/10.1037/a0040258

Daniel, M. H., Wahlstrom, D., & Zhang, O. (2014). Equivalence of Q-interactive and paper administrations of cognitive tasks : WISC-V. *Q-Interactive Technical Report*, *8*.

DeDe, G., Ricca, M., Knilans, J., & Trubl, B. (2014). Construct validity and reliability of working memory tasks for people with aphasia. *Aphasiology, 28*(6), 692–712. https://doi.org/10.1080/02687038.2014.895973

Diersch, N., & Wolbers, T. (2019). The potential of virtual reality for spatial navigation research across the adult lifespan. *Journal of Experimental Biology, 222*(1). https://doi.org/10.1242/jeb.187252

Farmer, R. L., McGill, R. J., Dombrowski, S. C., Benson, N. F., Smith-Kellen, S., Lockwood, A. B., Powell, S., Pynn, C., & Stinnett, T. A. (2021). Conducting psychoeducational assessments during the COVID-19 crisis : the danger of good intentions. *Contemporary School Psychology, 25*, 27–32. https://doi.org/10.1007/s40688-020-00293-x

Fernandez-Baizan, C., Alcántara-Canabal, L., Solís-Sanchez, G., & Méndez, M. (2020). The association between perinatal and neonatal variables and neuropsychological development in very and extremely low-birth-weight preterm children at the beginning of primary school. *Applied Neuropsychology : Child, 10*(4), 348–358. https://doi.org/10.1080/21622965.2019.1709464

Fischer, M. H. (2001). Probing spatial working memory with the Corsi blocks task. *Brain and Cognition, 45*(2), 143–154. https://doi.org/10.1006/brcg.2000.1221

Gathercole, S.E., & Alloway, T. P. (2004). Working memory and classroom learning. *Dyslexia Review, 15*(5), 4–9. https://www.researchgate.net/publication/254392644_Working_memory_and_classroom_learning

Groenveld, M., & Jan, J. E. (1994). The intelligence profile of children with unequal vision. *Low Vision, 11*, 139–144. https://doi.org/10.3233/978-1-60750-855-7-139

Guidetti, G., Guidetti, R., Manfredi, M., & Manfredi, M. (2020). Vestibular pathology and spatial working memory. *Acta Otorhinolaryngologica Italica, 40*(1), 72–78. https://doi.org/10.14639/0392-100X-2189

Harrell, K. M., Wilkins, S. S., Connor, M. K., & Chodosh, J. (2014). Telemedicine and the evaluation of cognitive impairment : the additive value of neuropsychological assessment. *Journal of the American Medical Directors Association, 15*(8), 600–606. https://doi.org/10.1016/j.jamda.2014.04.015

Howieson, D. (2019). Current limitations of neuropsychological tests and assessment procedures. *The Clinical Neuropsychologist, 33*(2), 200–208. https://doi.org/10.1080/13854046.2018.1552762

Ijaz, K., Ahmadpour, N., Naismith, S. L., & Calvo, R. A. (2019). An immersive virtual reality platform for assessing spatial navigation memory in predementia screening : feasibility and usability study. *JMIR Mental Health, 6*(9). https://doi.org/10.2196/13887

Jagaroo, V. (2009). Neuroinformatics for neuropsychology. Dans V. Jagaroo (Ed.), *Neuroinformatics for Neuropsychology* (pp. 25–84). Springer US. https://doi.org/10.1007/978-1-4419-0060-9_3

Kaufman, A. S., Raiford, S. E., & Coalson, D. L. (2015). *Intelligent Testing with the WISC-V.* John Wiley & Sons.

Kessels, R. P. C., Jaap Kappelle, L., de Haan, E. H. F., & Postma, A. (2002). Lateralization of spatial-memory processes : evidence on spatial span, maze learning, and memory for object locations. *Neuropsychologia*, *40*(8), 1465–1473. https://doi.org/10.1016/S0028-3932(01)00199-3

Kessels, R. P. C., van den Berg, E., Ruis, C., & Brands, A. M. A. (2008). The backward span of the Corsi block-tapping task and its association with the WAIS-III digit span. *Assessment, 15*(4), 426–434. https://doi.org/10.1177/1073191108315611

Khine, M. S. (2017). Spatial cognition : key to STEM success. Dans M. S. Khine (Ed.), *Visual-spatial Ability in STEM Education : Transforming Research into Practice* (pp. 3–8). Springer International Publishing. https://doi.org/10.1007/978-3-319-44385-0_1

Korkman, M., Kirk, U., & Kemp, S. (2012). *NEPSY-II Bilan neuropsychologique de l'enfant 2nde édition.* Paris : ECPA.

Kourtesis, P., Collina, S., Doumas, L. A. A., & MacPherson, S. E. (2021). Validation of the virtual reality everyday assessment lab (VR-EAL) : an immersive virtual reality neuropsychological battery with enhanced ecological validity. *Journal of the International Neuropsychological Society*, *27*(2), 181–196. https://doi.org/10.1017/S1355617720000764

Krohn, S., Tromp, J., Quinque, E. M., Belger, J., Klotzsche, F., Rekers, S., Chojecki, P., Mooij, J. de, Akbal, M., McCall, C., Villringer, A., Gaebler, M., Finke, C., & Thöne-Otto, A. (2020). Multidimensional evaluation of virtual reality paradigms in clinical neuropsychology : application of the VR-Check framework. *Journal of Medical Internet Research*, *22*(4). https://doi.org/10.2196/16724

Lacroix, E., Cornet, S., Deggouj, N., & Edwards, M. G. (2021). The visuo-spatial abilities diagnosis (VSAD) test : evaluating the potential cognitive difficulties of children with vestibular impairment through a new tablet-based computerized test battery. *Behavior Research Methods, 53,* 1910–1922. https://doi.org/10.3758/s13428-020-01432-1

Lee, K., Jeong, D., Schindler, R. C., Hlavaty, L. E., Gross, S. I., & Short, E. J. (2018). Interactive block games for assessing children's cognitive skills : design and preliminary evaluation. *Frontiers in Pediatrics*, *6*. https://www.frontiersin.org/article/10.3389/fped.2018.00111

Lehman, R. M., Spiegel-Adolf, M., McCafferty, M., Dallos, E., Oberman, Z., Herzberg, M., & Stern, S. (1967). Constructional apraxia and the minor hemisphere. *Confinia Neurologica*, 29(1), 1–16. https://doi.org/10.1159/000103671

León, I., Tascón, L., Ortells-Pareja, J. J., & Cimadevilla, J. M. (2018). Virtual reality assessment of walking and non-walking space in men and women with virtual reality-based tasks. *Plos One*, *13*(10). https://doi.org/10.1371/journal.pone.0204995

Lin, Y., & Matsumi, N. (2022). Visuospatial working memory and the construction of a spatial situation model in listening comprehension : an examination using a spatial tapping task. *Cognitive Processing*, *23*, 41–54. https://doi.org/10.1007/s10339-021-01063-0

Lumsden, J., Edwards, E. A., Lawrence, N. S., Coyle, D., & Munafò, M. R. (2016). Gamification of cognitive assessment and cognitive training : a systematic review of applications and efficacy. *JMIR Serious Games*, *4*(2). https://doi.org/10.2196/games.5888

Malanchini, M., Rimfeld, K., Shakeshaft, N. G., McMillan, A., Schofield, K. L., Rodic, M., Rossi, V., Kovas, Y., Dale, P. S., Tucker-Drob, E. M., & Plomin, R. (2020). Evidence for a unitary structure of spatial cognition beyond general intelligence. *Npj Science of Learning*, *5*, 1–13. https://doi.org/10.1038/s41539-020-0067-8

Marra, D. E., Hamlet, K. M., Bauer, R. M., & Bowers, D. (2020). Validity of teleneuropsychology for older adults in response to COVID-19 : a systematic and critical review. *The Clinical Neuropsychologist*, *34*(7–8), 1411–1452. https://doi.org/10.1080/13854046.2020.1769192

Mazeau, M., & Le Lostec, C. (2010). *L'enfant dyspraxique et les apprentissages : Coordonner les actions thérapeutiques et scolaires.* Elsevier-Masson.

Milberg, W. P., Hebben, N., & Kaplan, E. (2009). The Boston process approach to neuropsychological assessment. Dans I. Grant & K. M. Adams (Eds.), *Neuropsychological assessment of neuropsychiatric and neuromedical disorders* (pp. 42–65). Oxford University Press.

Moffat, S. D. (2009). Aging and spatial navigation : What do we know and where do we go? *Neuropsychology Review*, *19*, 478. https://doi.org/10.1007/s11065-009-9120-3

Murray, L., Salis, C., Martin, N., & Dralle, J. (2018). The use of standardised short-term and working memory tests in aphasia research : a systematic review. *Neuropsychological Rehabilitation*, *28*(3), 309–351. https://doi.org/10.1080/09602011.2016.1174718

Newcombe, N. S., & Huttenlocher, J. (2000). *Making space : the development of spatial representation and reasoning.* MIT Press.

Nguyen, A., & Rank, S. (2016). Studying the impact of spatial involvement on training mental rotation with Minecraft. Dans *Chi EA '16 : Proceedings of the 2016 CHI Conference Extended Abstracts on Human*

Factors in Computing Systems (pp. 1966–1972). Association for Computing Machinery. https://doi.org/10.1145/2851581.2892423

Noyes, J. M., & Garland, K. J. (2008). Computer- vs. paper-based tasks: Are they equivalent? *Ergonomics*, *51*(9), 1352–1375. https://doi.org/10.1080/00140130802170387

Oak, E., Viezel, K. D., Dumont, R., & Willis, J. (2019). Wechsler administration and scoring errors made by graduate students and school psychologists. *Journal of Psychoeducational Assessment*, *37*(6), 679–691. https://doi.org/10.1177/0734282918786355

Pearson (2021). *Telepractice and the WISC–V.* https://www.pearsonassessments.com/content/dam/school/global/clinical/us/assets/telepractice/guidance-documents/telepractice-and-the-wisc-v.pdf.

Paulraj, S. R., Schendel, K., Curran, B., Dronkers, N. F., & Baldo, J. V. (2018). Role of the left hemisphere in visuospatial working memory. *Journal of Neurolinguistics*, *48*, 133–141. https://doi.org/10.1016/j.jneurolinq.2018.04.006

Pedroli, E., Serino, S., Cipresso, P., Pallavicini, F., & Riva, G. (2015). Assessment and rehabilitation of neglect using virtual reality: a systematic review. *Frontiers in Behavioral Neuroscience*, *9*, 226. https://doi.org/10.3389/fnbeh.2015.00226

Piccardi, L., Iaria, G., Ricci, M., Bianchini, F., Zompanti, L., & Guariglia, C. (2008). Walking in the Corsi test: which type of memory do you need?. *Neuroscience Letters*, *432*(2), 127–131.

Piccardi, L., L. Palermo, M. Leonzi, M. Risetti, L. Zompanti, S. D'Amico, & C. Guariglia. 2014. The walking Corsi test (WalCT): a normative study of topographical working memory in a sample of 4- to 11-Year-Olds. *The Clinical Neuropsychologist* 28(1), 84–96. https://doi.org/10.1080/13854046.2013.863976

Reznikova, Z. (2020). Spatial cognition in the context of foraging styles and information transfer in ants. *Animal Cognition*, *23*, 1143–1159. https://doi.org/10.1007/s10071-020-01423-x

Rice, V., Lindsay, G., Overby, C., Jeter, A., Alfred, P., Boykin, G. L., Vilbiss, C. D., & Bateman, R. (2011). *Automated Neuropsychological Assessment Metrics (ANAM) Traumatic Brain Injury (TBI): Human Factors Assessment. Alington, TN: Army Research Lab, 10.*

Richardson, J. T. E. (2007). Measures of short-term memory: a historical review. *Cortex*, *43*(5), 635–650. https://doi.org/10.1016/S0010-9452(08)70493-3

Robinson, S. J., & Brewer, G. (2016). Performance on the traditional and the touch screen, tablet versions of the Corsi block and the tower of Hanoi tasks. *Computers in Human Behavior*, *60*, 29–34. https://doi.org/10.1016/j.chb.2016.02.047

Rozencwajg, P., & Corroyer, D. (2001). Strategy development in a block design task. *Intelligence*, *30*(1), 1–25. https://doi.org/10.1016/S0160-2896(01)00063-0

Shepard, R. N., & Metzler, J. (1971). Mental rotation of three-dimensional objects. *Science*, *171*(3972), 701–703. https://doi.org/10.1126/science.171.3972.701

Simic, N., Khan, S., & Rovet, J. (2013). Visuospatial, visuoperceptual, and visuoconstructive abilities in congenital hypothyroidism. *Journal of the International Neuropsychological Society : JINS*, *19*(10), 1119–1127. https://doi.org/10.1017/S1355617713001136

Smyth, M. M., & Scholey, K. A. (1994). Interference in immediate spatial memory. *Memory & Cognition*, *22*(1), 1–13. https://doi.org/10.3758/BF03202756

Sokolov, M., Gordon, K. A., Polonenko, M., Blaser, S. I., Papsin, B. C., & Cushing, S. L. (2019). Vestibular and balance function is often impaired in children with profound unilateral sensorineural hearing loss. *Hearing Research*, *372*, 52–61. https://doi.org/10.1016/j.heares.2018.03.032

Stoffers, D., Berendse, H. W., Deijen, J. B., & Wolters, E. C. (2003). Deficits on corsi's block-tapping task in early stage Parkinson's disease. *Parkinsonism & Related Disorders*, *10*(2), 107–111. https://doi.org/10.1016/S1353-8020(03)00106-8

Tsirlin, I., Dupierrix, E., Chokron, S., Coquillart, S., & Ohlmann, T. (2009). Uses of virtual reality for diagnosis, rehabilitation and study of unilateral spatial neglect : review and analysis. *CyberPsychology & Behavior*, *12*(2), 175–181. https://doi.org/10.1089/cpb.2008.0208

Turner, T. H., Horner, M. D., Vankirk, K. K., Myrick, H., & Tuerk, P. W. (2012). A pilot trial of neuropsychological evaluations conducted via telemedicine in the veterans health administration. *Telemedicine Journal and e-Health : The Official Journal of the American Telemedicine Association*, *18*(9), 662–667. https://doi.org/10.1089/tmj.2011.0272

Vaes, N., Lafosse, C., Nys, G., Schevernels, H., Dereymaeker, L., Oostra, K., Hemelsoet, D., & Vingerhoets, G. (2015). Capturing peripersonal spatial neglect : an electronic method to quantify visuospatial processes. *Behavior Research Methods*, *47*, 27–44. https://doi.org/10.3758/s13428-014-0448-0

Vahia, I. V., Ng, B., Camacho, A., Cardenas, V., Cherner, M., Depp, C. A., Palmer, B. W., Jeste, D. V., & Agha, Z. (2015). Telepsychiatry for neurocognitive testing in lder Rural latino adults. *The American Journal of Geriatric Psychiatry*, *23*(7), 666–670. https://doi.org/10.1016/j.jagp.2014.08.006

Van der Ham, I. J. M., & Claessen, M. H. G. (2020). How age relates to spatial navigation performance : functional and methodological considerations. *Ageing Research Reviews*, *58*. https://doi.org/10.1016/j.arr.2020.101020

Vincent, A. S., Roebuck-Spencer, T. M., Cox-Fuenzalida, L. E., Block, C., Scott, J. G., & Kane, R. (2018). Validation of ANAM for cognitive screening in a mixed clinical sample. *Applied Neuropsychology : Adult*, *25*(4), 366–375. https://doi.org/10.1080/23279095.2017.1314967

Voyer, D., Butler, T., Cordero, J., Brake, B., Silbersweig, D., Stern, E., & Imperato-McGinley, J. (2006). The relation between computerized and paper-and-pencil mental rotation tasks : a validation study. *Journal of Clinical and Experimental Neuropsychology*, *28*(6), 928–939. https://doi.org/10.1080/13803390591004310

Vrana, S., & Vrana, D. (2017). Can a computer administer a Wechsler intelligence test? *Professional Psychology : Research and Practice*, *48*(3), 191–198. https://doi.org/10.1037/pro0000128

Wade, L., Leahy, A., Lubans, D. R., Smith, J. J., & Duncan, M. J. (2020). A systematic review of cognitive assessment in physical activity research involving children and adolescents. *Journal of Science and Medicine in Sport*, *23*(8), 740–745. https://doi.org/10.1016/j.jsams.2019.12.020

Wai, J., Lubinski, D., & Benbow, C. P. (2009). Spatial ability for STEM domains : aligning over 50 years of cumulative psychological knowledge solidifies its importance. *Journal of Educational Psychology*, *101*(4), 817–835. https://doi.org/10.1037/a0016127

Waller, D., & Nadel, L. (2013). *Handbook of spatial cognition*. American Psychological Association. https://doi.org/10.1037/13936-000

Wang, L., Bolin, J., Lu, Z., & Carr, M. (2018). Visuospatial working memory mediates the relationship between executive functioning and spatial ability. *Frontiers in Psychology*, *9*. https://www.frontiersin.org/articles/10.3389/fpsyg.2018.02302

Wechsler, D., & Naglieri, J. (2009). *WNV – Echelle non verbale d'intelligence de Wechsler*. Les Editions du Centre de Psychologie Appliquée.

Wechsler, D. (2014). *WPPSI-IV- Echelle d'intelligence de Wechsler pour enfants, 4ème édition : Le bilan du jeune réinventé*. Les Editions du Centre de Psychologie Appliquée.

Wiener-Vacher, S. 2005. Vertiges de l'enfant. *EMC – Oto-rhino-laryngologie*, *2*(2), 230–248. https://doi.org/10.1016/j.emcorl.2005.01.001

Wikström, V., Martikainen, S., Falcon, M., Ruistola, J., & Saarikivi, K. (2020). Collaborative block design task for assessing pair performance in virtual reality and reality. *Heliyon*, *6*(9). https://doi.org/10.1016/j.heliyon.2020.e04823

Woods, D. L., Wyma, J. M., Herron, T. J., & Yund, E. W. (2016). An improved spatial span test of visuospatial memory. *Memory*, *24*(8), 1142–1155. https://doi.org/10.1080/09658211.2015.1076849

Xiao, Y., Jia, Z., Dong, M., Song, K., Li, X., Bian, D., Li, Y., Jiang, N., Shi, C., & Li, G. (2022). Development and validity of computerized neuropsychological assessment devices for screening mild cognitive impairment: ensemble of models with feature space heterogeneity and retrieval practice effect. *Journal of Biomedical Informatics*, *131*. https://doi.org/10.1016/j.jbi.2022.104108

Chapitre 11

Le développement de reconnaissances numériques en contexte universitaire : l'exemple des Passeurs culturels à l'Université de Sherbrooke

Isabelle NIZET[1], Martin LÉPINE[1], Gabrielle LÉONARD-BENOIT[1], Eric TANGUY[2], Florian MEYER[1], Alex BOUDREAU[1]

1. Introduction

Ce chapitre présente les différentes étapes d'un projet de développement d'un dispositif de reconnaissance numérique destiné à soutenir le parcours d'expérience de futures enseignantes et futurs enseignants à la Faculté d'éducation de l'Université de Sherbrooke à titre de *Passeurs culturels*. Nous présenterons d'abord un ensemble de repères théoriques permettant de saisir les composantes de ce dispositif, ainsi que les enjeux et les assises conceptuelles, pédagogiques et numériques soulevés par ce projet. Nous décrirons ensuite le contexte de ce projet, sa méthodologie de conception et ses résultats. Nous conclurons enfin par une brève réflexion critique.

2. La reconnaissance numérique et son écosystème : repères théoriques

La reconnaissance numérique est un processus relativement récent dans l'univers éducatif. Il s'agit d'un processus de production de preuves numériques « au service de la reconnaissance de la personne en rendant visible les apprentissages informels, mais aussi ses compétences, réalisations, engagements, valeurs et aspirations » (Ravet, 2017, p. 3). Ce

[1] Université de Sherbrooke (Québec, Canada).

[2] Université de Nantes (France).

processus se matérialise par l'émission de badges définis comme «une image numérique dans laquelle sont enregistrées un certain nombre d'informations, ou métadonnées, dont les principales sont : l'identité du récepteur du badge ; celle de l'émetteur ; les critères d'attribution du badge ; les preuves justifiant de son attribution» (Ravet, 2017, p. 2).

2.1 Un processus au service de l'apprentissage tout au long de la vie

Ce processus prend place dans un contexte où la question de l'apprentissage tout au long de la vie et les modalités de valorisation des apprentissages informels, de gestion souple des parcours de formation et de conception curriculaire sont fortement influencés par une triple dynamique d'individualisation, d'autodétermination et de démocratisation (Baumann, 2020 ; Hadji, 2021 ; McDonnell & Curtis, 2014 ; Sharples et al., 2014). Ce processus suscite l'intérêt des institutions d'enseignement supérieur et d'autres institutions accréditées (Inamorato dos Santos et al., 2016) et les incite à créer des écosystèmes supportant la reconnaissance numérique ouverte (*open badges*) telle que définie plus haut. En enseignement supérieur, ces écosystèmes constitués par diverses instances ou personnes (universités, facultés, partenaires, plateforme émettrice de badges, bénéficiaires des badges, etc.) contribuent à la capitalisation des expériences d'un individu et à une accréditation de ses apprentissages informels passés et présents dans le but de les valoriser auprès de partenaires potentiels (Mozilla Foundation et al., 2011 ; Ravet, 2017). Par exemple, les expériences culturelles vécues par un étudiant qui visite un musée, assiste à un spectacle, ou crée une activité pédagogique à valeur culturelle ajoutée dans le cadre de cours ou de stages pourraient donner lieu à une accumulation de reconnaissances numériques endossées par différents partenaires tels que le musée, la salle de spectacle ou encore le formateur universitaire ou de terrain dans le cours ou la classe duquel a eu lieu la création de l'activité pédagogique. L'étudiant pourrait alors mettre en avant les badges obtenus pour donner une plus-value à son curriculum vitae en vue d'une embauche dans une école.

2.2 Le cycle de vie d'un badge

En ce qui concerne la terminologie, il est important de distinguer les *badges* des « *open* badges » ou reconnaissance numérique ouverte. Il existe en effet des plateformes émettant des badges dans des contextes fermés, pour lesquels l'authenticité des badges ne possède qu'une portée locale et interne à un système. D'autres plateformes, émettant des badges dits

« ouverts », s'inscrivent quant à elles dans un réseau d'accréditation de badges de large portée, imposant des standards de partage multiplateforme. Les institutions peuvent dès lors soit émettre des badges simples à l'interne, soit émettre des badges ouverts, en reliant leur propre système d'émission au réseau open badges ou encore faire directement appel à une plateforme d'émission de badges répondant aux mêmes standards.

La figure 1 décrit les principaux acteurs du système de reconnaissance numérique (badge). L'émetteur est l'organisation qui conçoit et publie un badge, examine les soumissions de demandes de badges, délivre ceux-ci à un apprenant et fournit une vérification numérique de son authenticité. C'est l'émetteur qui crée les critères que le porteur de badge doit rencontrer pour l'obtenir (Jovanović & Devedžić, 2014). La classe de badge décrit ce qu'il représente : l'identité de l'émetteur, les critères d'obtention, l'expiration, les balises du badge (Mozilla Open Badges, 2014b). L'endossement permet à des tiers (endosseurs) d'approuver le badge d'un émetteur ou ceux obtenus par un individu. Ces approbations sont nécessaires pour donner de la valeur aux badges et font partie des métadonnées d'un badge. Les attestations[3] contiennent des données uniques pour le destinataire, telles que la personne qui a gagné le badge, celle qui a donné le badge et ce que le badge représente (Mozilla Open Badges, 2014b). Les preuves sont les informations intégrées au badge, démontrant ce que le récipiendaire a fait pour obtenir la réalisation (IMS Global Learning Consortium, 2018). Le bénéficiaire du badge est la personne qui répond aux critères de son obtention et qui se le voit attribuer par l'émetteur. Une plateforme hôte permet d'afficher les badges, de les récupérer et de les valider. La vérification est le processus par lequel la validité d'un tel badge est confirmée. La plupart des outils d'émission d'OB fournissent des instructions pour la vérification des badges émis par leur système.

3 Notre traduction du terme *Assertion* en anglais.

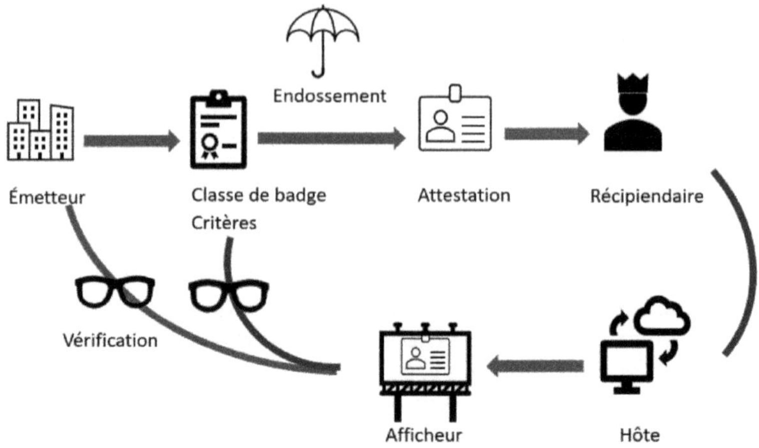

Figure 1 Représentation du fonctionnement du cycle d'un badge
Note. Inspiré de : https://openbadges.org/build

3. Les enjeux de la reconnaissance numérique

La conception d'un dispositif de reconnaissance numérique nécessite la considération d'enjeux que nous avons regroupés en quatre catégories : 1) les enjeux institutionnels, 2) les enjeux pédagogiques en lien avec la motivation et la ludification, 3) les enjeux pédagogiques en lien avec la reconnaissance et l'évaluation de compétences et 4) les enjeux opérationnels de conception de badges numériques.

3.1 Les enjeux institutionnels des badges numériques ouverts

La première catégorie d'enjeux relève de la pertinence du dispositif dans un contexte institutionnel. En effet, considérant les définitions présentées dans les repères théoriques, il pourrait, à première vue, sembler incompatible d'instaurer dans une université un système parallèle de reconnaissance à celui plus traditionnel lié à l'obtention de crédits de formation provenant de cours formels.

Si l'on considère la formation universitaire professionnalisante dans un cadre élargi, on voit aisément que celle-ci ne se passe pas en vase clos : les stages et la préparation à la profession font partie des préoccupations des étudiants. La projection dans le mode du travail présent ou futur incite souvent à développer des compétences dites transversales, à mettre en valeur toute une série d'expériences dont on espère qu'elles donneront une valeur ajoutée au diplôme obtenu (Young et al., 2019). Les partenaires de l'université deviennent ainsi des destinataires d'un système d'accréditation parallèle, mais aussi des endosseurs potentiels garantissant la valeur des expériences et des apprentissages informels à faire valoir (Lockley et al., 2016). L'université est alors considérée comme faisant partie d'un écosystème complexe et devient en soi un « territoire » dans lequel le dispositif de badges ouverts et numériques prend place (Pires Da Rocha & Magdelaine, 2019).

L'écosystème de badge devient alors un moyen de « connecter les divers apprentissages à la diversité des apprenants et traduire cet apprentissage en un outil puissant pour trouver des emplois, rejoindre des communautés de pratique, démontrer des compétences ou rechercher de nouvelles opportunités apprentissages » (Mozilla Foundation et al., 2012, p. 6).

L'idée centrale des badges numériques ouverts serait, selon Ravet (2017), de « déplacer le centre de gravité du pouvoir de la reconnaissance des institutions vers les individus » (p.3). L'université, attestant d'une forme traditionnelle de réussite, tire, en quelque sorte, profit de l'acte de conférer ce privilège aux personnes qui répondent aux critères ou aux seuils qu'elle a fixés (Diaz et al., 2015). Au-delà du fait que les récipiendaires de diplômes ou de certificats sont le reflet des institutions qui ont nourri et soutenu leurs capacités, les titres attestant de compétences, de comportements ou de contributions valorisés en dehors de l'institution par divers organismes satellites sont également, pour l'émetteur du badge, un moyen de mesurer son impact sur le monde et d'étendre sa mission, par le biais de personnes auxquelles il a délégué ce pouvoir d'attestation (Diaz et al., 2015). L'émetteur peut donc être une institution reconnue, par exemple, une université ou une entreprise, ou même des pairs dont l'avis compte au sein d'une communauté apprenante (Cieply & Grand, 2019).

3.2 *Les enjeux pédagogiques en lien avec la motivation et la ludification*

L'individu qui demande à faire reconnaitre une expérience vécue, attestée par cet organisme, est quant à lui porteur volontaire et libre de la demande, orientant réciproquement le flux de la reconnaissance à son bénéfice. Le récepteur-apprenant peut demander, accepter, refuser ou se voir refuser un badge. Il est essentiel qu'il s'approprie les badges et en comprenne la portée (Cieply & Grand, 2019). Les badges numériques contribuent à la motivation du récipiendaire en s'inspirant du processus de « ludification » des apprentissages, avec pour effets que les badges obtenus dans un cours *ludifié* (Cieply & Grand, 2019) augmentent la moyenne des résultats (Domínguez et al., 2013). Le badge détient une double fonction : d'une part, celle de reconnaitre ce qui a été accompli et d'autre part, celle de levier pour encourager des actions non encore accomplies, dans la mesure où la divulgation des badges et de leur valeur, dans un écosystème donné, crée une émulation pour leur accumulation dans un parcours de valorisation. Ainsi, les bénéfices de dispositifs de badges numériques se situent essentiellement sur les plans de la motivation et de l'augmentation de l'engagement dans l'accomplissement de tâches et de l'organisation de l'apprentissage (Dowling-Hetherington & Glowatz, 2017). Cependant, les badges n'empêchent pas la diminution de la motivation intrinsèque (Kyewski & Krämer, 2018). Si l'éducation formelle veut s'ouvrir à l'éducation informelle en la reconnaissant de façon formelle avec des badges, leur usage comme processus de reconnaissance formel aurait, en retour, des effets délétères sur les processus d'apprentissages informels, notamment par l'inflation de nouvelles normes décrivant les compétences hors champ académique ou professionnel (Ravet, 2017).

3.3 Les enjeux pédagogiques en lien avec la reconnaissance et l'évaluation de compétences

Les compétences sont fréquemment définies comme les objets à « badger » dans un continuum de développement présenté sous forme de référentiel (Ravet, 2017). Les dispositifs de badges sont notamment reconnus pour leur capacité à signaler les *soft skills* : l'écoute, l'empathie, la collaboration, etc. (Jovanović & Devedžić, 2014 ; Tomić et al., 2019) acquises par les apprenants dans leur formation ou encore en dehors de la salle de classe par leur implication sociale. Par exemple, l'Université de Nantes, dans son projet Softmedia (Pires Da Rocha & Magdelaine, 2019) a développé un écosystème de la reconnaissance des compétences « transversales » par les usages des *open badges*, fondé sur une démarche individuelle et volontaire des étudiantes et des étudiants. Il s'agit d'un projet de conception interprofessionnelle et d'animation territoriale d'un écosystème de reconnaissance par badge, inscrit dans les dispositifs informels de formation, d'interaction, de médiation et d'accompagnement, proposé par l'institution dans le cadre de sa stratégie institutionnelle « Campus Remarquable ». Un badge étant un indicateur d'un travail accompli, d'une compétence, d'une qualité, son émission repose sur des critères et des preuves d'attribution (Minichiello, 2018). La définition de ces critères et la création du répertoire de preuves acceptables permettent d'établir les conditions d'attribution d'un badge et son évolution dans un continuum de développement (Cieply & Grand, 2019).

La création de badges ouverts numériques pose ainsi indirectement la question de leur fonction évaluative. Selon Menezes et De Bortolli (2016), l'évaluation est source d'information critique pour la personne étudiante car elle lui permet de réguler ses apprentissages en fonction de l'atteinte ou non de buts pertinents et la production instantanée de cette information maintiendrait le flux de la motivation et une qualité assurée de l'apprentissage. Nous pensons qu'un système de badges numériques ouverts permet une reconnaissance accrue du développement de compétences professionnelles significatives par un mécanisme de validation de preuves diversifiées, authentifiées et consensuelles. Bien qu'elles relèvent de deux postures différentes, la reconnaissance et l'évaluation partagent, en effet, l'attribution d'une valeur à un objet et leur issue étant une marque de reconnaissance certifiante. L'évaluation peut avoir pour fonction de «reconnaitre» une compétence si elle est menée dans une perspective critériée, mais elle conserve également une fonction de sanction lorsque cette compétence est évaluée dans les conditions posées unilatéralement par la personne évaluatrice. La reconnaissance authentique permet à la personne qui souhaite voir ses compétences valorisées une plus grande souplesse quant au moment, aux conditions et aux modalités de cette reconnaissance. Le badge, comme possible représentation standardisée d'attestation de réussite, serait un moyen de rendre les reconnaissances d'apprentissages informels, de compétences, de réalisations, d'engagements, de valeurs et d'aspirations lisibles par les institutions de l'enseignement supérieur (Ravet, 2017). Sa fonction serait essentiellement de valoriser la reconnaissance d'un parcours éducatif individualisé, qu'il ait lieu sous forme d'activités créditées ou non créditées.

On peut, à la suite de Antin et Churchill (2011), considérer que le processus de gain d'un badge s'apparente à la réception d'un feed-back, d'une rétroaction, de la part d'une institution par le récipiendaire, l'informant de l'obtention d'un nouveau statut aux yeux des autres usagers et du système lui-même. Ainsi la place du badge dans le processus d'apprentissage gagne à être précisée, soit comme incitatif à l'apprentissage, soit comme reconnaissance au terme de celui-ci. D'après Jovanović et Devedžić (2014), les open badges ont différentes fonctions: motiver les personnes apprenantes en favorisant de nouvelles pratiques pédagogiques, soutenir les formes alternatives d'évaluation, reconnaitre et valider l'apprentissage, matérialiser la progression des apprentissages et le développement de compétences et soutenir la réflexivité.

3.4 Les enjeux opérationnels de la conception de badges numériques ouverts

Si un ensemble d'outils existe actuellement pour produire des badges, le design de ce dispositif ne se limite évidemment pas à la conception du badge lui-même (Clements et al., 2020).

Cette technologie très simple contient une richesse d'informations impossibles à altérer, grâce à des techniques de cryptographie (Cieply & Grand, 2019) ; toutefois, la gestion des badges semble être un point crucial de leur développement et de leur viabilité. En effet, il est nécessaire de définir tout d'abord sur quelle plateforme les badges vont être hébergés ; ensuite, comment les preuves vont être recueillies, analysées et reliées aux dossiers étudiants ; de plus, qui va en rendre compte au sein de l'institution et les gérer et enfin, comment les personnes en charge de cette gestion seront ou non rémunérées (Clements et al., 2020). La publication du badge implique la sélection d'une plateforme d'émission accessible aux bénéficiaires et aux endosseurs du badge. Le choix de cette plateforme dépend de ses avantages et de sa souplesse pour le type de badge émis, ainsi que du nombre de badges attribuables et à quels couts ; il est également possible de relier la plateforme d'émission aux dispositifs numériques utilisés par l'institution (Clements et al., 2020), ce qui n'est pas sans soulever des questions de sécurité, de maintenance et d'intégration avec les autres systèmes informatiques de l'établissement.

4. Problématisation de la conception d'un dispositif de reconnaissance numérique ouverte

La conception d'un dispositif de reconnaissance numérique ouvert peut donc être problématisée à l'aide d'un ensemble de questions. Du point de vue institutionnel, on pourra se poser les suivantes : qui est l'émetteur du badge ? Qui en est le bénéficiaire ? Aux yeux de qui ce badge a-t-il une valeur ? Quelles sont les entités qui vont endosser les attributions de badges ? Comment les acteurs du dispositif sont-ils reliés ?

D'un point de vue pédagogique, on se demandera comment s'assurer que l'émission de badges favorise une motivation intrinsèque et comment valoriser la fonction de reconnaissance en équilibre avec l'évaluation des apprentissages formels ou informels dans le parcours de la personne étudiante ; quelles sont les compétences à valoriser ; quels sont les critères et indicateurs d'attribution des badges ; quel nombre de badges attribuer et selon quel continuum ; quelles seront leur forme et leur description ; dans quelles conditions et circonstances ils peuvent être acquis et octroyés.

D'un point de vue opérationnel, les questions seront les suivantes : quelles ressources humaines et informatiques sont accessibles au sein de l'institution pour gérer le dispositif ? Quelles seront les formes de preuves à obtenir ? Comment ne pas alourdir le processus pour les étudiants ? Quelles plateformes institutionnelles pourront permettre le recueil de ces preuves ? Dans quelle mesure l'institution est-elle d'accord pour accorder les badges en son nom ? Quelle entité attribue les badges compte tenu des conditions techniques et du degré de simplicité et d'accessibilité du système ?

5. Le contexte du programme *Passeurs culturels*

Dans le cadre de la formation initiale en enseignement, un projet pilote intitulé *Former de futures enseignantes et futurs enseignants héritiers, critiques et interprètes d'objets de culture à l'Université de Sherbrooke* a été implanté progressivement de 2017 à 2020 (Lépine et al., 2021b).

5.1 Structure du programme

Financièrement soutenu par le ministère de la Culture et des Communications du Québec et fondé sur l'étroite collaboration de la Faculté d'éducation et du Centre culturel de l'Université de Sherbrooke, ce programme d'accompagnement et de recherche, tissant des liens privilégiés entre la culture, les arts et l'éducation, a été mené par une équipe interprofessionnelle composée de professeures et professeurs, d'étudiantes et étudiants ainsi que de spécialistes du milieu culturel. Les étudiants de quatre programmes de formation ont pu en bénéficier[4], étant invités à devenir des *Passeurs culturels* au cours de leur formation à l'enseignement. Ces futures enseignantes et futurs enseignants se sont vu offrir l'accès à deux spectacles gratuits par année et à des dizaines d'autres à faible cout. Leur parcours de passeurs culturels s'est enrichi d'expériences de médiation culturelle et d'apprentissages relatifs à l'articulation entre culture, art et éducation dans le cadre d'activités pédagogiques réalisées dans certains cours de leur programme de formation initiale.

Le déploiement de ce projet pilote pendant trois ans et ses retombées fructueuses sur différents plans (plus grande participation à des activités culturelles, développement du sentiment de compétence en matière de culture, interaction des étudiants de divers programmes, etc.) ont, depuis, permis d'enraciner l'initiative dans la Faculté d'éducation et d'en faire un programme établi. L'existence de ce programme est pleinement justifiée par le fait que l'une des compétences professionnelles que ces futurs enseignants doivent développer vise un agir professionnel comme héritier, critique et interprète d'objets de savoir ou de culture (Gouvernement du Québec, 2020).

---

[4] Pour un total de plus de 4200 étudiants, dont 2612 ont participé au projet. Soit 1) baccalauréat en enseignement au préscolaire et au primaire (BEPP); 2) baccalauréat en enseignement au secondaire (BES); 3) baccalauréat en enseignement de l'anglais langue seconde (BEALS); 4) baccalauréat en adaptation scolaire et sociale (BASS).

En prolongation de ce programme, une équipe interdisciplinaire de la Faculté d'éducation développe depuis 2019 un projet d'innovation pédagogique intitulé *Espace créatif éduculturel* dont l'objectif est de soutenir le développement de la fonction de passeur culturel de manière durable chez les personnes qui étudient, en favorisant la création d'activités pédagogiques à portée culturelle par les futurs enseignants du primaire, du secondaire et d'adaptation scolaire. Actuellement, aucune de ces deux initiatives n'est assortie d'un mécanisme de reconnaissance puisqu'il s'agit d'initiatives de participation personnelle, non créditées. Ces deux initiatives : le programme d'accès à l'expérience culturelle *Passeurs culturels* et la participation à *l'Espace créatif éduculturel* constituent donc, pour les étudiants, deux occasions de s'inscrire dans un processus de valorisation de ces expériences par un mécanisme de reconnaissance numérique ouverte facultaire dont nous décrirons plus loin la phase exploratoire.

5.2 Les défis pour le programme Passeurs culturels

La conception d'un dispositif de badges numériques ouverts dans le cadre du programme *Passeurs culturels* doit donc s'appuyer sur une délimitation d'un « territoire » dans et hors de l'institution, sur le repérage des endosseurs potentiels des badges dans et en dehors de l'institution et sur les partenaires qui pourront trouver une valeur ajoutée à ces badges dans le parcours des étudiantes et des étudiants qui y participent, avant, pendant et après leur cheminement en formation initiale à l'enseignement. Cependant, la question reste de savoir quelle fonction nous souhaitons attribuer au badge : est-ce un levier de motivation, une fonction de reconnaissance ou une fonction de référence pour des partenaires externes (Ahn et al., 2014) ? Il nous semble à priori que ces trois fonctions étant pertinentes et reliées réciproquement, elles gagneraient dès lors à être intégrées dans le dispositif. La tendance du processus de « badgeage » à transformer la reconnaissance en récompense pouvant, comme nous l'avons dit plus haut, dénaturer la motivation qui doit provoquer une adhésion au dispositif, est un risque important à prendre en considération. Il faut aussi relever que, pour le moment, la participation des étudiantes et étudiants dans le programme *Passeurs culturels* est forte et significative (plus des deux tiers y sont très actifs), et ce, sur une base volontaire seulement (Lépine et al., 2021ab). Un dilemme qui se pose alors est celui-ci : avec l'émission de badges, allons-nous modifier les intentions initiales du programme en souhaitant trop « formaliser » l'informel et ainsi enlever une partie du plaisir à assister à des spectacles en toute gratuité, sans obligation de compte rendu, de réponses à des questions ou de rapport d'évaluation ?

6. Méthodologie de conception

La démarche de conception entreprise a impliqué une équipe multidisciplinaire constituée d'experts en développement de compétences culturelles, en évaluation et en développement pédago-numérique.

6.1 *Elaboration d'un continuum de développement de la compétence «Agir en tant que médiatrice ou médiateur d'éléments de culture»*

Une première étape de quatre mois a été consacrée, en 2020, à définir un continuum de développement de la compétence référentielle visée. Au terme de cette démarche, le Service de Soutien à la Formation (SSF) de l'Université de Sherbrooke a été impliqué avec un conseiller pédagogique du Pôle d'innovation techno-pédagogique de la Faculté d'éducation pour identifier les enjeux de faisabilité, explorer les différentes possibilités techniques et concevoir un cahier de charges. Dans les sections qui suivent, nous décrivons ces étapes d'élaboration et les résultats de cette conception.

La reconnaissance numérique ouverte, inscrite dans un parcours de progression de développement de compétence, requiert l'élaboration d'un continuum d'obtention de badges. A cette fin, nous avons dégagé une synthèse de la visée de la première compétence «*Agir en tant que professionnelle ou professionnel cultivé, à la fois interprète, médiateur et critique d'éléments de culture dans l'exercice de ses fonctions*» fondée sur la consultation du *Référentiel de compétences professionnelles* (Gouvernement du Québec, 2020, p. 48)[5]. Il s'agit pour la future enseignante ou le futur enseignant d'adopter une approche culturelle de l'enseignement, en intégrant des repères culturels riches et signifiants aux situations d'enseignement et d'apprentissage. L'accompagnement de l'élève dans la construction du sens et de la valeur accordée à la culture, en l'encourageant à porter sur la culture un regard critique, en lui faisant découvrir des éléments de la culture et en lui permettant une meilleure compréhension de ceux-ci, est central, qu'il s'agisse de la culture propre à la discipline enseignée ou par l'entremise de savoirs, de savoir-faire, de pratiques, d'outils, de techniques, de méthodes, de procédures dont l'évolution, l'histoire, les enjeux, les réalisations, les personnes actrices et les courants de pensée sont pris en compte (Gouvernement du Québec, 2020).

---

5 Le libellé court de cette compétence est le suivant: Agir en tant que médiateur ou médiatrice d'éléments de culture. Nous utiliserons la formulation courte dans la suite du chapitre.

Nous avons ensuite consulté la littérature scientifique portant sur la thématique de l'approche culturelle de l'enseignement, afin de mieux comprendre le contexte prescriptif duquel émerge la préoccupation d'intégrer la dimension culturelle à l'école (Gouvernement du Québec, 2003) et l'évolution de la dimension culturelle à travers l'actuel *Programme de formation de l'école québécoise*. Nous avons ainsi considéré les fondements d'une approche culturelle de l'enseignement (Sorin et al., 2007) et le rapport à la culture des futures enseignantes et des futurs enseignants, qui agissent à titre d'interprètes, de médiateurs et de critiques de la culture (Simard et al., 2007). Pour nourrir ce rapport personnel à la culture, nous nous intéressons à six dimensions complémentaires qui constituent la personne sur le plan culturel : la dimension praxéologique désigne ses expériences et ses pratiques culturelles, voire artistiques ; la dimension subjective réfère à ses goûts et à ses intérêts ; la dimension axiologique réfère à la valeur donnée à l'expérience culturelle et à ses choix ; la dimension sociale désigne dans quel contexte elle privilégie l'expérience culturelle ; la dimension culturelle réfère à son bagage culturel et la dimension épistémique désigne les connaissances et les savoirs dont dispose la personne (Lépine et al., 2021a).

Afin d'arrimer l'élaboration du continuum de développement au programme *Passeurs culturels*, un partenariat a été établi avec ses responsables pour déterminer comment le dispositif d'inscription et de reconnaissance de participation au programme déjà largement informatisé (notamment par la billetterie du Centre culturel de l'Université de Sherbrooke) pourrait être techniquement inclus dans la reconnaissance de l'atteinte du premier niveau du continuum de développement de la compétence que nous décrirons dans la section 4.

Le continuum de développement de la compétence culturelle a été structuré en trois niveaux. Avec l'élaboration d'un premier niveau de reconnaissance du développement de la compétence professionnelle *Agir en tant que médiatrice ou médiateur d'éléments de culture*, nous considérons le rapport personnel à la culture des futures personnes enseignantes, puisque ce rapport semble avoir un impact à la fois sur la mise en œuvre d'une approche culturelle en enseignement, mais aussi sur les pratiques pédagogiques adoptées et également sur la prise en compte du rapport à la culture des élèves et leur développement culturel (Simard et al., 2007). Ainsi, dans un premier temps, dans une approche dite « sensible », il s'agit de construire une réception personnelle des arts vivants et des spectacles en explorant diverses expériences culturelles. Par l'entremise du premier niveau de badge nommé « *Être une personne cultivée en enseignement* », la personne étudiante se voit reconnaitre la construction de son bagage culturel par l'exploration et les expériences vécues selon ses goûts et ses intérêts personnels, avec les dimensions vivantes de la culture, dans le cadre du programme *Passeurs culturels*.

Au deuxième niveau, nous reconnaissons l'importance du fait que la future enseignante ou le futur enseignant se forme à l'appréciation des arts, dans une perspective interprétative, médiatrice et critique de la culture, et ce, par des activités de formation à l'université ou à l'extérieur de celle-ci. Ce deuxième niveau de développement de la compétence permet donc à la future enseignante ou au futur enseignant de faire valoriser des acquis de formation, notamment par la planification explicite de l'intégration de la dimension culturelle dans ses différentes dimensions (expérience, valeurs, connaissances, subjectivité, contexte social et contexte culturel) (Lépine et al., 2021a) pour un contenu disciplinaire donné pour des élèves. Il s'agit donc d'une approche dite « raisonnée » du rapport à la culture (le sien et celui des élèves).

Cela peut reposer, par exemple, sur le choix d'actions favorisant l'exploitation de repères culturels signifiants, associés à des savoirs essentiels, ou sur la mise en place d'interactions réelles et non superficielles avec la culture au sein de la classe, et ce, afin de donner la chance aux élèves d'élargir leurs horizons et leurs connaissances culturelles, de s'ouvrir au monde ainsi que d'ajouter dans leur bagage de nouvelles clés de compréhension du monde (Gouvernement du Québec, 2003 ; Raymond & Turcotte, 2012). Bien que les dimensions du rapport à la culture à développer soient les mêmes que pour la future personne enseignante sur le plan personnel, il convient d'être maintenant attentif aux effets de ces dimensions sur les élèves. C'est à ce moment que les rôles d'interprète, de médiateur et de critique peuvent se déployer davantage, en pensant de façon explicite à des situations d'enseignement et d'apprentissage à mettre en place en classe.

Au troisième niveau de reconnaissance, il s'agit de souligner l'élaboration d'activités culturelles qui font preuve de créativité et d'ingéniosité didactique, ainsi que leur animation auprès d'élèves (Raymond & Turcotte, 2012). Nous reconnaissons donc, chez une future personne enseignante, la modification de son rapport à la culture et ses retombées sur l'approche culturelle de son enseignement, par le recours à une démarche de conception ou de création. Cette démarche peut s'appuyer, par exemple, sur des ressources matérielles originales et pertinentes à sa discipline ou sur des personnes-ressources, des repères culturels diversifiés autour d'une thématique rassembleuse, permettant de les transposer en pistes d'activités ; il peut s'agir d'activités culturelles dans plusieurs disciplines scolaires et du prolongement de celles-ci à l'extérieur de la classe, de manière à favoriser des rapports à différents objets de culture chez les élèves (Raymond & Turcotte, 2012). Les dimensions prises en compte sont les mêmes que celles du badge de niveau 2 mais abordées dans une perspective de mise en action des élèves, dans une démarche de création ou de conception par la personne enseignante et avec les élèves.

6.2 Conception pédago-numérique des open badges

La démarche de conception pédago-numérique a nécessité de se familiariser avec les termes qui permettent de décrire le fonctionnement d'un dispositif de reconnaissance numérique, d'une part et avec les différents environnements numériques actuellement disponibles, d'autre part. En effet, l'intention était d'explorer comment combiner, de manière efficace et peu couteuse, une plateforme de conception de badges (les plateformes institutionnelles pouvant faciliter le recueil de preuves) et un dispositif d'inscription des badges dans le dossier étudiant.

6.2.1 Exploration en vue du choix d'une plateforme de création de badges

Dans un premier temps, nous avons constaté qu'il est important de distinguer les plateformes offrant des *badges* et des *open badges*. Il existe en effet plusieurs types et plateformes de badges, toutes ne se conformant pas aux standards de partage multiplateformes open badges (par exemple, plusieurs organisations, comme *Khan Academy*[6], décernent leurs badges qui n'entrent pas dans l'écosystème open badges et qu'ils hébergent eux-mêmes). *Mozilla*[7] a retiré sa plateforme d'open badges et a transféré les badges de sa plateforme vers *Badgr*[8], un service commercial d'émission de badges avec offre gratuite au moment de son exploration. Il existe cependant plusieurs autres plateformes qui emploient le standard open badge. Vingt-six d'entre elles sont officiellement reconnues et certifiées par l'*IMS Global Learning Consortium*[9]. Il est par ailleurs possible pour une institution de disposer de son propre serveur d'open badges qu'elle héberge alors, elle-même, en conformité avec les standards[10]. Ceci représentait un atout important pour notre projet et notre établissement qui peut ainsi gérer et sécuriser le système choisi en tenant compte de ses propres contraintes et infrastructures.

La plateforme institutionnelle *Moodle* comporte des fonctions permettant de créer des badges, lesquelles sont fonctionnelles à l'Université de Sherbrooke. Les enseignants et enseignantes peuvent créer dans Moodle des badges de cours (qui ne sont pas liés à un site de cours Moodle). Moodle prévoit la possibilité d'exporter ses badges vers un *backpack* open badges, tel que *Badgr*, par exemple. Cependant, cette fonction n'est

---

6 https://fr.khanacademy.org/badges

7 https://support.mozilla.org/en-US/kb/why-open-badges

8 https://info.badgr.com/resources/open-badges-backpack-2.0.html

9 https://site.imsglobal.org/certifications?refinementList%5Bstandards_lvlx%5D%5B0%5D=Open%20Badges

10 https://openbadges.org/build

pas implantée dans notre université. De plus, Moodle peut servir pour attribuer un badge en faisant l'attestation de pièces déposées sur sa plateforme. Toutefois les badges décernés dans Moodle ne sont ni authentifiés, ni encryptés, de sorte qu'il est facile pour quelqu'un qui dispose de compétences techniques de base de les modifier ou de se les attribuer. Ces badges n'ont donc pas de valeur s'ils sont consultés à l'extérieur du serveur Moodle de l'université.

Par ailleurs, *Badgr* peut être lié à Moodle ou d'autres plateformes comme *Wordpress* afin de décerner des open badges automatiquement quand la plateforme enregistrée envoie l'ordre de le faire. Il est alors possible d'attribuer des open badges directement dans *Badgr*, sans passer par une plateforme comme Moodle. La version gratuite de *Badgr* permet l'attribution d'un certain nombre de badges en autorisant le lien avec Moodle mais ne semble pas permettre l'implication d'un émetteur institutionnel. La création d'un compte institutionnel *Badgr* semble dès lors nécessaire si on veut donner à plus d'une personne l'autorité de créer ou de décerner des open badges. *Badgr* donne la possibilité, lors de la création d'un open badge, d'y associer une image et des critères d'obtention (données textuelles). On peut également y ajouter, sous forme de texte, des compétences, des mots-clés, l'identité de la personne ou de l'institution qui décerne l'open badge, une durée d'expiration ou encore des propriétés sur mesure avec la version payante. Ces données comportent un champ de description ainsi qu'un champ de *Preuves*, mais ce champ ne peut contenir qu'une URL ou du texte court. Ceci étant très limitatif pour le programme *Passeurs culturels*, il fallait donc prévoir déposer sur un autre serveur toute preuve, trace ou portfolio que la personne qui atteste ou décerne voudrait y incorporer. Des modalités alternatives devaient donc être envisagées.

6.2.2 Le programme Passeurs culturels comme émetteur et endosseur de badges

Les dernières versions du standard « Open Badges » permettent, en plus de l'entité ou de la personne qui crée et qui décerne le badge, d'endosser un badge créé par quelqu'un d'autre. Après avoir exploré la possibilité que l'Université de Sherbrooke émette les badges du programme *Passeurs culturels*, il s'avère que la complexité de ce dispositif et les implications institutionnelles semblaient en rendre l'issue très aléatoire à l'heure d'écrire ces lignes. Il est toutefois apparu possible d'envisager créer et décerner des open badges depuis une entité autre que l'Université de Sherbrooke, en créant par exemple une entité « Passeurs culturels » qui décernerait les badges en son nom propre. Cette voie semblait plus réaliste pour une réalisation à court terme, n'engageant pas de la même façon l'institution. Nous décrirons, dans la section 7, les choix établis au terme de ce processus d'exploration.

7. Résultats

Dans cette section, nous décrivons le continuum de développement de la première compétence référentielle en formation à l'enseignement, ainsi que les critères et manifestions (ou preuves) retenus comme conditions pour l'attribution/obtention des badges dans le cadre du programme *Passeurs culturels*. Nous présentons également les choix de plateformes envisagés pour la poursuite du projet.

7.1 Structuration des badges et critères d'attribution

L'attestation du premier niveau de badge doit reposer sur des preuves ou des manifestations dont l'interprétation est à la fois incontestable et rapide, et qui implique le moins d'actes évaluatifs formels possible. Nous devons nous limiter à repérer des traces objectives qui pourraient servir de preuves en référence à des critères d'attribution pour un premier niveau de badge, c'est-à-dire les manifestations ou les preuves liées à la participation à des événements culturels proposés dans le cadre du programme *Passeurs culturels*. Ces preuves doivent être aisément comptabilisées et endossées (tableau 1).

La détermination des manifestations du badge de niveau 2 exige que l'on réfère à des expériences dont la future enseignante ou le futur enseignant peut rendre compte de manière objective. Il s'agit de deux types de manifestations : celles relatives à la formation formelle en matière d'interprétation, de médiation et de critique culturelle reçue dans son parcours de formation initiale, et celles relatives à son interaction avec des élèves en stages sur les mêmes objets. Dans les deux situations, la personne formée doit recourir à un endosseur qui atteste de la qualité de ses productions (planifications ou interventions) et de leur qualité, qu'il s'agisse de la personne formatrice ou de la personne superviseuse de stage. Nous avons aussi fixé un seuil d'attribution en termes de nombre de contribution à offrir en preuves. Il est essentiel que l'attribution du badge ne soit pas en concurrence avec la démarche évaluative institutionnelle, mais qu'elle soit plutôt complémentaire (tableau 1).

Le choix des manifestations et de critères pertinents pour le niveau 3 implique des activités vécues en classe lors de stages ou à l'extérieur de la classe et la diffusion d'objets de culture. Les critères prennent en compte la qualité et le nombre d'activités. Le seuil minimal d'attribution du badge est fixé à deux (tableau 1).

Tableau 1 Description et critères d'attribution des trois niveaux de badges « Passeurs Culturels »

Niveaux de badges	Manifestations	Clés/critères d'atteinte du niveau	Seuil d'attribution du badge
Niveau 1 : Approche sensible Exploration/ réception	Participation	Nombre d'événements (spectacles, expériences de médiation culturelle) de la programmation Passeurs culturels auxquels la personne participe en première année de formation initiale à l'enseignement.	Participer au programme Passeurs culturels en assistant à au moins deux spectacles lors de sa première année (voire des années subséquentes) de formation initiale à l'enseignement.
Niveau 2 : Approche raisonnée de la culture Appréciation	Se former à la dimension interprétative, à la dimension médiatrice et à la dimension critique, dans des activités de formation initiale à l'Université ou à l'extérieur de celle-ci. Valoriser la dimension culturelle dans son enseignement en stage en planifiant et en animant des activités d'interprétation, de médiation et de jugement critique autour d'objets culturels.	Nombre d'activités planifiées et animées et degré d'engagement de la personne étudiante. Encadrement des activités par une personne compétente et reconnue (endossement). Qualité pédagogique de l'intervention et appréciation des élèves.	Intégrer les dimensions culturelles de l'ordre de l'interprétation, de la médiation ou du jugement critique à un portfolio culturel ou à un autre artefact, au moins trois planifications de séquence didactique ou pédagogique réalisées dans le cadre d'un cours ou d'un stage.

(*suite*)

Tableau 1 Suite

Niveaux de badges	Manifestations	Clés/critères d'atteinte du niveau	Seuil d'attribution du badge
Niveau 3 : Approche de conception ou de création dans la posture professionnelle en enseignement Création ou conception	Intégrer des activités de création ou de conception d'objets culturels dans sa planification en stage et les animer auprès d'élèves. Prolonger les activités à l'extérieur de la classe.	Nombre d'activités vécues et degré d'engagement de la personne étudiante. Appui par des ressources ou des personnes-ressources reconnues (endossement) Diffusion de ce qui est conçu ou créé et reconnaissance du milieu. Qualité pédagogique de l'intervention et appréciation des élèves.	Démontrer la planification, l'animation et le pilotage de deux activités de création ou de conception d'objets culturels avec des élèves ainsi que des prolongements vécus à l'extérieur de la classe.

7.2 Obtention des badges et parcours de formation

En ayant en tête ces trois niveaux de progression, nous envisageons qu'au terme de leur première année de baccalauréat, tous les étudiants ayant participé à au moins deux événements de la programmation *Passeurs culturels* puissent recevoir un badge de niveau 1 pour le développement de leur approche sensible (réception) face à la culture. Nous présenterions aux étudiants en formation initiale à l'enseignement la possibilité d'obtenir ce badge par la promotion de la programmation du programme *Passeurs culturels* et des badges. Le Centre culturel, partenaire du programme, assurerait, par la suite, un système de comptabilisation des spectacles auxquels chaque étudiant assisterait au cours de sa première année de baccalauréat en enseignement et transmettrait les données à la Faculté d'éducation de manière à attribuer le badge aux personnes qui le méritent.

Dans le cadre de trois activités de formation initiale à l'enseignement effectuées lors de la deuxième, de la troisième ou de la quatrième année de baccalauréat, les personnes qui manifestent une approche raisonnée (appréciation) face à l'approche culturelle de l'enseignement, par l'intégration des dimensions interprétative, médiatrice et critique à la planification d'une séquence didactique ou pédagogique, pourraient obtenir un badge de niveau 2. Nous envisageons de nous assurer que les personnes en formation initiale à l'enseignement aient la possibilité d'obtenir ce badge en élaborant un atelier destiné à informer et à sensibiliser, à l'égard des badges, les personnes formatrices des cours de didactique ou de pédagogie des six programmes de formation participant au projet *Espace créatif éduculturel* de la Faculté d'éducation ainsi qu'en créant pour ces personnes un guide qui oriente l'attribution du badge. Nous créerions aussi un partenariat avec ces personnes formatrices de manière à rassembler, au sein d'un catalogue, ce qui est reconnu par les badges.

Au cours de l'entièreté de leur formation initiale en enseignement, les personnes stagiaires qui feraient la démonstration de la planification, de l'animation et du pilotage de deux activités de création ou de conception d'objets culturels avec leurs élèves, ainsi que des prolongements vécus à l'extérieur de la classe, obtiendraient un badge de niveau 3. Nous nous assurerions que les personnes stagiaires en formation initiale à l'enseignement aient la possibilité d'obtenir ce badge en élaborant un atelier destiné à informer et à sensibiliser à l'égard des badges les personnes superviseuses des stages. Par l'entremise d'un guide que nous leur présenterions et que nous mettrions à leur disposition dans le cadre de cet atelier, nous leur offririons des outils et des ressources pour bonifier leur accompagnement auprès des personnes stagiaires ainsi que des pistes pour orienter leur attribution des badges.

7.3 Le choix de la plateforme CanCred

Nous avons exploré les démarches de création, d'attribution et de réception d'open badge et d'usage du sac à dos (*backpack*) de badges sur la plateforme CanCred Passport[11]. Plusieurs facteurs nous ont amenés à la retenir. Tout d'abord, *CanCred* est une plateforme canadienne dont les données sont stockées au Canada (critère incontournable pour notre institution) et qui a des clients parmi les universités et collèges canadiens. Ceci lui donne une crédibilité sur le plan de la confidentialité des données, ainsi qu'un espoir de fiabilité et de services adéquats en cas de problèmes. De plus, son interface est bilingue, ce qui n'est pas le cas de toutes les plateformes. Et finalement, elle permet une gestion complète du processus à l'intérieur de la plateforme et permet des parcours de badges plus complexes tels que le traitement en lot. Cette plateforme nous semblait simple, complète et intuitive dans son usage. Le forfait retenu est celui dit « premium ». Celui-ci semble le plus indiqué afin de permettre un processus d'émission vérifié plus crédible. Il comporte également la possibilité de badges jalons, ce qui est intéressant dans une perspective éventuelle de développer davantage l'écosystème de badges.

Plusieurs fonctionnalités importantes identifiées comme pertinentes pour notre projet sont à relever. En ce qui concerne la conception et l'attribution, on peut citer la facilité à créer des badges à partir d'une icône, l'automatisation de l'envoi de courriels au récipiendaire lors de l'attribution du badge et même la personnalisation du courriel.

---

11 https://passport.cancred.ca/fr/

Au moment de l'émission d'un badge, on peut aussi choisir de commencer à le délivrer immédiatement ou encore de l'annoncer dans le *Passport CanCred Factory* des étudiants, si on a choisi de les inviter à priori à s'en créer un sur la plateforme. Du point de vue de la hiérarchisation des badges dans une suite de badges, il est possible de créer des méta-badges (badges majeurs ou terminaux) avec des badges intermédiaires à obtenir, afin de déclencher l'attribution du badge clé. Par exemple, si chaque participation à une activité culturelle décernait un badge, alors un premier badge-clé pourrait être désigné dont chacun des badges attribués à la participation à un événement culturel concourrait à son obtention. En ce qui concerne la demande de badge, il est possible de créer un formulaire de demande de badge disponible aux étudiants. Ceci permet, par exemple, à un étudiant qui pense avoir satisfait aux critères généraux, sans avoir nécessairement assisté aux événements, de demander un badge en justifiant sa demande. Toute personne désignée pour émettre les badges (et pas nécessairement en créer de nouveaux) dispose d'un onglet en haut dans l'interface, lequel lui permet de choisir quel badge déjà créé elle souhaite émettre à quelqu'un. Puis, elle peut ajouter ses propres détails et choisir la ou les personnes à qui délivrer le badge, en entrant leur adresse de messagerie électronique. Aussitôt qu'un badge est émis à une personne, celle-ci reçoit alors un courriel lui permettant de réclamer son badge. Quand elle clique sur le lien pour l'obtenir, elle est automatiquement dirigée vers une page sur le serveur de *CanCred Factory*. Elle doit alors accepter les conditions d'utilisation qui sont adaptables. Comme la plateforme *CanCred* permet d'agir un peu comme un réseau social pour les personnes qui souhaitent rendre publics leurs badges, les modes de diffusion font l'objet de clauses qui respectent ces conditions. Ensuite, la personne est redirigée vers une page sur laquelle elle retrouve son sac à badges personnel *CanCred*, où elle peut choisir de télécharger le fichier du badge ou le refuser, ou encore lui donnant la possibilité de se connecter à son *CanCred Passport*.

Nous avons toutefois conscience que l'expérience de réception d'un badge par une personne étudiante, surtout si elle veut bénéficier des fonctions d'authentification, de partage et de description publique de celui-ci implique plusieurs étapes et que cela peut s'avérer relativement plus complexe que le reste du processus.

En conclusion, les premières expérimentations nous permettront de comprendre les usages et intérêts de cette plateforme, mais aussi de mieux distinguer de possibles complexités ou limites numériques. Ces aspects seront relevés et compilés afin de proposer une évaluation qui pourra être discutée avec la compagnie, si celle-ci est ouverte aux suggestions d'amélioration, ou amener des changements pédagogiques ou numériques.

8. Perspectives et discussion conclusive

Dans ce chapitre, nous avons présenté une expérimentation de l'ensemble du processus de reconnaissance de compétences professionnelles à partir d'activités extracurriculaires. Cette reconnaissance progressive devrait amener l'étudiant à agir en tant que professionnel cultivé dans le champ de l'éducation. Nous y avons décrit les enjeux et les problèmes que posent la conception de badges numériques pour un programme d'activités para-universitaires, valorisée par une université et ses programmes de formation, alors que les dispositifs technologiques ne permettent pas encore de faire de cette institution l'émettrice de badges en tant que telle. Le dispositif d'obtention de badges semble à priori simple à mettre en œuvre et légitime, mais la contribution des experts pédago-numériques à un niveau local et institutionnel nous a démontré que sa faisabilité, notamment en termes de circulation de l'information entre les personnes impliquées et d'authentification aux différents niveaux d'attribution, reste une limite importante à dépasser. Le caractère automatisé des badges, qui en fait leur attrait, cache, de fait, des mécanismes complexes qui reposent sur les liens entre les interfaces institutionnelles disponibles et donc gratuites. Le dépôt des preuves, leur interprétation à l'aide des critères, l'octroi des badges et leur publication pour un public partenaire élargi sont des défis techniques qui demandent une collaboration à large échelle et la création d'un véritable écosystème numérique, qui n'est pas nécessairement disponible. Enfin, le caractère commercial des producteurs de badges et les conditions d'achat du droit d'en produire restent des obstacles au niveau institutionnel.

Les usages potentiels d'open badges sont presque infinis et ne sont limités que par l'imagination des utilisateurs (institutions, individus, collectivités). A moyen terme, comme enregistrements numériques infalsifiables, les open badges seront un excellent support pour dématérialiser la délivrance des diplômes et autres reconnaissances formelles (Ravet, 2017). Certains établissements, comme le Massachusetts Institute of Technology (MIT) les utilisent déjà pour certifier leurs diplômes (https://credentials.mit.edu/). Il existe des sites pour vérifier la véracité d'un open badge (voir par exemple https://openbadgesvalidator.imsglobal.org/) et il est déjà possible de créer un méta-badge et une hiérarchie de badges ; le méta-badge est obtenu à la suite de l'obtention des badges intermédiaires. En utilisant ce type d'organisation, le méta-badge pourrait remplacer le traditionnel diplôme universitaire par un diplôme numérique (Ifenthaler et al., 2016). Dans le cadre de la formation tout au long de la vie, il semble possible d'utiliser les badges afin de capitaliser les apprentissages informels, les productions professionnelles avec pour objectif, par exemple, de les utiliser comme preuves dans un processus d'obtention de tout ou partie d'un diplôme, comme cela se fait par exemple dans la procédure de Validation des Acquis de l'Expérience (Cristol & Muller, 2013).

En contexte universitaire, réfléchir à l'utilisation des badges numériques peut être l'occasion de réinterroger la signification de l'évaluation et des valeurs qui la sous-tendent. Par exemple, il devient dès lors possible d'intégrer plus étroitement les étudiantes et les étudiants aux processus d'évaluation, soit en définissant de manière collégiale les critères d'attribution, soit en utilisant l'endossement par les pairs étudiants, soit en offrant la possibilité aux étudiants eux-mêmes d'émettre leurs propres badges (Cieply & Grand, 2019). Cela devrait aussi permettre une plus grande appropriation du dispositif, afin que les récipiendaires fassent effectivement les démarches leur permettant de récupérer et valoriser les badges qu'ils ont obtenus ou qu'ils souhaitent obtenir.

La question se pose également de la valeur ajoutée d'un système de badge au sein d'une institution universitaire. Au premier coup d'œil, on ne distingue pas dans une collection de badges d'une personne ce qui viendrait d'une université, d'un emploi précédent ou d'activité extrascolaire (Dubé, 2014) ce qui pourrait entretenir l'idée que la crédibilité de l'émetteur (université, entreprise, pair, collectif, . . .) n'est pas importante et que seule compte la signification du badge. Or, sans «référent» institutionnel, la «valeur» du badge peut changer en fonction de l'interlocuteur. Enfin, si on considère les badges comme un moyen d'attester de la véracité d'expériences professionnelles et de productions dans divers contextes, le seul badge n'est sans doute pas suffisant pour certifier que ces expériences et ces productions ont bien engendré des apprentissages et donc, qu'elles ont contribué au développement de compétences. Le caractère emblématique du badge doit être complété par une documentation approfondie. En effet, apprendre de l'expérience suppose de la réflexivité (Cristol & Muller, 2013). Cette étape de réflexion indispensable peut s'appuyer, par exemple, sur un portfolio complémentaire. Pour conclure, la fonction du badge en tant que signe d'un parcours demeure sous-tendue par un large processus d'évaluation «invisible», processus dans lequel la preuve apportée peut être source d'interprétation.

Références

Ahn, J., Pellicone, A., & Butler, B. S. (2014). Open badges for education: what are the implications at the intersection of open systems and badging ? *Research in Learning Technology, 22*, 1–12. http://dx.doi.org/10.3402/rlt.v22.23563

Antin, J., & Churchill, E. F. (2011, 7–12 mai) Badges in social media: a social psychological perspective. Dans D. Tan, Jones, G. Fitzpatrick, C. Gutwin, B. Begole & W. A. Kelogg (Eds.), *CHI'11: Proceedings of the*

SIGCHI. Conference ACM CHI on Human Factors in Computing Systems, Association for Computing Machinery.

Baumann, A. (2020). *Les contenus scolaires, sources d'inégalités ?: Une nouvelle piste pour les sciences de l'éducation*. L'Harmattan.

Cieply, S., & Grand, I. (2019). Quels usages pour les *Open Badges* dans l'enseignement supérieur ? Analyse de la diffusion d'une innovation à l'IAE Caen. *Management et Avenir*, 7(113), 15–38. https://doi.org/10.3917/mav.113.0015

Clements, K., West, R., & Hunsaker, E. (2020). Getting started with Open Badges and open micro credentials. *The International Review of Research in Open and Distributed Learning: Advanced research, theory, and practice in open and distributed learning worlwide, 21*(1), 154–172. https://doi.org/10.19173/irrodl.v21i1.4529

Cristol, D., & Muller, A. (2013). Les apprentissages informels dans la formation pour adultes. *Savoirs, 32*(2), 11–59. https://doi.org/10.3917/savo.032.0011

Diaz, V., Finkelstein, J., & Manning, S. (2015). *Developing a higher education badging initiative*. Educause. https://library.educause.edu/-/media/files/library/2015/8/elib1504-pdf.pdf

Dominguez, A., Saenz-De-Navarette J., de-Marcos, L., Fernandez-Sanz L., Pagés C., & Martinez-Herraiz J.-J. (2013). Gamify in elearning experiences: practical implications and outcomes, *Computers & Education, 63*, 380–392. https://doi.org/10.1016/j.compedu.2012.12.020

Dowling-Hetherington L., & Glowatz, M. (2017). The usefulness of digital badges in higher education: exploring the students'perspectives, *Irish Journal of Academic Practice, 6*(1), 1–28. https://doi.org/10.21427/D7Z13C

Dubé, J.S. (2014). Demain, la certification: jamais sans mes badges (2e partie). *Le SSF veille*. Demain, la certification: jamais sans mes badges (2 partie) – Perspectives SSF (usherbrooke.ca)

Gouvernement du Québec. (2003). *L'intégration de la dimension culturelle à l'école: document de référence à l'intention du personnel enseignant. La culture toute une école !* Ministère de l'Education et ministère de la Culture et des Communications du Québec.

Gouvernement du Québec. (2020). *Référentiel de compétences professionnelles. Profession enseignante*. Ministère de l'Education du Québec.

Ifenthaler, D., Bellin-Mularski, N., & Mah, D.-K. (2016). *Foundation of digital badges and micro-credentials: demonstrating and recognizing knowledge and competencies*. Springer. https://doi.org/10.1007/978-3-319-15425-1

IMS Global Learning Consortium. (2018). *Open Badges v2.0 IMS final release*. IMS Global Learning Consortium. https://www.imsglobal.org/sites/default/files/Badges/OBv2p0Final/index.html#BadgeObjects

Hadji, C. (2021). *Les défis d'une évaluation à visage humain. Dépasser les limites de la société de la performance.* ESF sciences humaines.

Inamorato dos Santos, A., Punie, Y., & Castaño-Muñoz, J. (2016). *4.* JRC Science for Policy Report (EUR27938). Publications Office of the European Union. https://doi.org/10.2791/293408

Jovanović, J., & Devedžić, V. (2014). Open badges : novel means to motivate, scaffold and recognize learning. *Technology, Knowledge and Learning, 20,* 115–122. https://doi.org/10.1007/s10758-014-9232-6

Kyewski E., & Krämer N. (2018). To gamify or not to gamify ? An experimental field study of the influence of badges on motivation, activity, and performance in an online learning course, *Computers & Education, 118,* 25–37. https://doi.org/10.1016/j.compedu.2017.11.006

Lépine, M., Bélanger, A., & Nadeau, A. (2021a). Chapitre 8 : Former des enseignants *Passeurs culturels* dès la formation initiale en enseignement ou comment mieux articuler éducation informelle et formelle en matière de culture ? Dans O. Maulini, J. Desjardins, P. Guibert & C. Van Nieuwenhowen (Eds.), *La formation buissonnière des enseignants. Leurs apprentissages personnels, enjeux pédagogiques et politiques* (pp. 153–167). De Boeck Université.

Lépine, M., Nadeau, A., Laurence, S., Bélanger, A., Tremblay, M.-C., & Alexandre, F. (2021b). *Rapport d'activité 2017–2020 : Former de futures enseignantes et futurs enseignants héritiers, critiques et interprètes d'objets de culture à l'Université de Sherbrooke.* Gouvernement du Québec et Université de Sherbrooke.

Lockley, A., Derryberry, A., & West, D. (2016). Drivers, affordances, and challenges of digital badges. Dans D. Ifenthaler, N. Bellin-Mularski & D.-K. Mah (Eds.), *Foundation of digital badges and micro-credentials* (pp. 55–70). Springer. https://doi.org/10.1007/978-3-319-15425-1_4

McDonnell, J., & Curtis, W. (2014). Making space for democracy through assessment and feedback in higher education : thoughts from an action research project in education studies. *Assessment & Evaluation in Higher Education, 39*(8), 932–948. https://doi.org/10.1080/02602938.2013.879284

Menezes, C. C. N., & De Bortolli, R. (2016). Potential of gamification as assessment tool. *Creative Education,* 7(4), 561–566. http://dx.doi.org/10.4236/ce.2016.74058

Minichiello, F. (2018). Evaluation, reconnaissance des acquis et technologie : tendances en éducation. *Revue internationale d'éducation de Sèvres, 78,* 11–14. https://doi.org/10.4000/ries.6254

Mozilla Foundation, Peer 2 Peer university, & The MacArthur Foundation (2012). *Open badges for lifelong learning : Exploring an open badge ecosystem to support skill development and lifelong learning for real results such as jobs and advancement.* https://wiki.mozilla.org/images/b/b1/OpenBadges-Working-Paper_092011.pdf

Mozilla Foundation, Peer 2 Peer University, & The MacArthur Foundation. (2011). *Open badges for lifelong learning : Exploring an open badge ecosystem to support skill development and lifelong learning for real results such as jobs and advancement.*

Mozilla Open Badges. (2014a, October 29). *Badges/Onboarding-issuer.* https://wiki.mozilla.org/Badges/Onboarding-Issuer

Mozilla Open Badges. (2014b, September 29). *Assertion information for the uninitiated.* https://github.com/mozilla/openbadges-backpack/wiki/assertion-information-for-the-uninitiated

Pires da Rocha, S., & Magdelaine, H. (2019). *Du co-design d'un écosystème de la reconnaissance par les usages des open badges pour mailler les compétences d'un territoire* [Communication]. Université de Nantes, Nantes métropole. file:///C:/Users/Utilisateur/Downloads/AIPU_NantesUniversit%C3%A9_ArticleReconnaissance_20191111%20(1).pdf

Ravet, S. (2017). Réflexions sur la genèse des Open Badges : De la valorisation des apprentissages informels à celle des reconnaissances informelles — point de vue d'un praticien. *Distances et Médiations des Savoirs, 20.* https://doi.org/10.4000/dms.2043

Raymond, C., & Turcotte, N. (2012). Des pratiques inspirantes pour intégrer la dimension culturelle à l'école. *Education et francophonie, 40*(2), 119–138. https://doi.org/10.7202/1013818ar

Sharples, M., Adams, A., Ferguson, R., Gaved, M., McAndrew, P., Rienties, B., Weller, M., & Whitelock, D. (2014). *Innovating Pedagogy 2014 Report (3).* The Open University. Institute of Educational Technology.

Simard, D., Falardeau, E., Emery-Bruneau, J., & Côté, H. (2007). En amont d'une approche culturelle de l'enseignement: le rapport à la culture. *Revue des sciences de l'éducation, 33*(2), 287–304. https://doi.org/10.7202/017877ar

Sorin, N., Pouliot, S., & Dubois Marcoin, D. (2007). Introduction à l'approche culturelle de l'enseignement. *Revue des sciences de l'éducation : L'enseignement du français et l'approche culturelle : perspectives didactiques, 33*(2), 277–286. https://doi.org/10.7202/017876ar

Tomić B., Jovanović J., Milikić N., Devedžić V., Dimitrijević S., Đurić D., & Ševarac Z. (2019). Grading students' programming and soft skills with open badges : A case study. *British Journal of Educational Technology, 50*(2), 518–530. https://doi.org/10.1111/bjet.12564

Young, D., West, R., & Nylin, T. (2019). Value of open microcredentials to earners and issuers : A case study of national instruments open badges. *The International Review of Research in Open and Distributed Learning : Advanced research, theory, and practice in open and distributed learning worlwide, 20*(5),104–121. https://doi.org/10.19173/irrodl.v20i5.4345

Partie 3. L'analyse et la modélisation des données

Chapitre 12

Les défis liés à l'analyse secondaire de données issues des évaluations à grande échelle en éducation

Patricia VOHL, Nathalie LOYE[1]

1. Introduction

L'analyse secondaire de données issues des évaluations à grande échelle en éducation, comme le PISA (Programme International pour le Suivi des Acquis des élèves, OCDE), le TIMSS (Trends in International Mathematics and Science Study, *IEA*) ou le PIRLS (Programme International de Recherche en Lecture Scolaire, *IEA*), comporte de nombreux défis. La majorité de ceux-ci découlent directement de trois considérations méthodologiques inhérentes à ces enquêtes que sont le plan d'échantillonnage utilisé, appelé *plan d'échantillonnage complexe* (*complexe sampling design)* (Lohr, 2019 ; Rutkovski et al., 2010 ; Stapleton, 2013 ; Skinner & Wakefield, 2017), la procédure de collecte de données mise en œuvre, appelée *procédure de rotation des items* et l'approche utilisée afin de rendre compte des performances, appelée *approche des valeurs plausibles* (OCDE, 2009).

Ce chapitre a pour objectif de décrire en quoi consistent chacune de ces considérations méthodologiques, de manière à mettre en exergue les éléments à l'origine des défis imposés par chacune, puis, de proposer des techniques d'analyse adaptées. La section 2 est consacrée aux plans d'échantillonnage complexes, la section 3, à la procédure de rotation des items et la section 4, à l'approche des valeurs plausibles.

Dans chacune des sections, les procédures, telles que mises en œuvre dans le cadre du PISA, seront utilisées à titre d'exemple, puis lorsqu'opportunes, les similitudes et particularités retrouvées dans le TIMSS et le PIRLS seront relevées. En guise de complément à ce chapitre, une liste de logiciels permettant de mener les analyses sera proposée en annexe A ;

1 Université de Montréal (Québec, Canada).

ensuite, les commandes permettant de les exécuter dans M*plus* Version 8 (Muthén & Muthén, 2017) seront fournies. En outre, un fichier de données, issu du cycle du PISA 2015, ainsi que des fichiers exécutables dans M*plus* Version 8 seront aussi inclus dans cette annexe, de manière à permettre au lecteur intéressé de s'exercer avec les procédures présentées.

2. Plans d'échantillonnage complexes

Les plans d'échantillonnage complexes sont des procédures de sondage particulières, caractérisées par trois éléments. Le premier de ces éléments a trait au fait que, dans un plan d'échantillonnage complexe, l'échantillon est obtenu par la mise en œuvre d'une série d'étapes appelées '*niveaux*'. De ce fait, les appellations «plans multiniveaux», «plans hiérarchiques» et «plans d'échantillonnage complexes» sont souvent utilisées de manière interchangeable (Muthén & Muthén, 2017).

Au premier niveau, des unités appelées *unités d'échantillonnage primaires* sont prélevées. Ensuite, à l'intérieur de celles-ci, des sous-unités appelées *unités d'échantillonnage secondaires* sont sélectionnées ; après quoi, le processus se poursuit jusqu'à ce que les sous-unités du dernier niveau prévu aient été prélevées. Les plans d'échantillonnage complexes du PISA, du TIMSS et du PIRLS comportent deux niveaux. Dans le cadre du PISA, au premier niveau, des écoles sont sélectionnées. Ensuite, à l'intérieur de chacune d'elles, des élèves sont échantillonnés. La figure 1 illustre le plan d'échantillonnage à deux niveaux mis en œuvre dans le cadre du PISA. Lors du TIMSS et du PIRLS, ce sont aussi des écoles qui sont choisies au premier niveau, mais ce sont des classes qui le sont au deuxième niveau (Joncas & Foy, 2011).

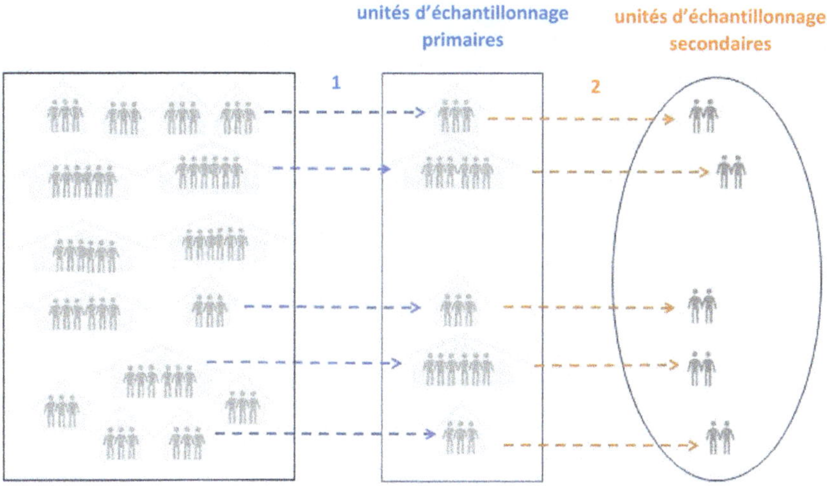

Figure 1 Plan d'échantillonnage à deux niveaux mis en œuvre dans le cadre du PISA

A chacun des niveaux d'un plan d'échantillonnage complexe, une ou plusieurs méthodes d'échantillonnage aléatoire de base que sont l'*échantillonnage aléatoire simple*, l'*échantillonnage aléatoire systématique*, l'*échantillonnage aléatoire par grappe* et l'*échantillonnage aléatoire stratifié* (*stratification*) peuvent être employées. Parmi ces procédés, l'échantillonnage aléatoire stratifié s'avère généralement un incontournable et de ce fait, constitue la deuxième caractéristique distinctive des plans d'échantillonnage complexes.

Afin de fixer les idées, rappelons brièvement en quoi consistent les quatre procédures d'échantillonnage de base. L'échantillonnage aléatoire simple consiste à tirer un certain nombre d'unités statistiques, à partir de l'ensemble des unités de la population, en donnant la même chance à chacune des unités d'être sélectionnée. L'échantillonnage aléatoire systématique, pour sa part, se réalise plutôt en sélectionnant, à intervalle régulier, des unités à inclure dans l'échantillon, à partir d'une liste ordonnée de l'ensemble des unités statistiques de la population ; l'intervalle utilisé, dans ce cas, porte le nom de *pas de sondage*. L'échantillonnage aléatoire par grappe, quant à lui, consiste à tirer un certain nombre d'unités primaires pour ensuite inclure l'ensemble des sous-unités statistiques contenues dans ces unités primaires, dans l'échantillon. Enfin, l'échantillonnage aléatoire stratifié consiste à subdiviser la population en un certain nombre de sous-populations homogènes et mutuellement exclusives, appelées des *strates*, pour ensuite procéder à un échantillonnage, à l'intérieur de chacune d'elles. Au moment de prélever les unités, un *taux de sondage* (proportion d'unités prélevées) identique peut être appliqué d'une strate à l'autre, ou pas. Dans le premier cas, la procédure sera appelée échantillonnage aléatoire stratifié *avec allocation proportionnelle* et dans le second cas, elle sera appelée échantillonnage aléatoire stratifié avec *allocation non proportionnelle* (Lohr, 2019). Ainsi, s'il est prévu de sélectionner 10 % des écoles d'une population et que cette population est divisée en 2 strates, 10 % des écoles seront sélectionnées dans la strate 1 et 10 % le seront dans la strate 2, avec l'allocation proportionnelle. Avec l'allocation non proportionnelle, certaines strates pourront être sur-échantillonnées et d'autres, sous-échantillonnées.

Le PISA, le TIMSS et le PIRLS offrent aux diverses économies participantes de procéder par échantillonnage aléatoire stratifié avec allocation non proportionnelle. Cela leur permet de favoriser certaines écoles d'intérêt, par exemple, des écoles à vocation particulière, écoles dont la langue d'enseignement est une langue minoritaire, etc., ou de défavoriser certaines autres, pour des raisons économiques ou pratiques, notamment, comme des écoles en milieux éloignés, etc. (Lohr, 2019, OCDE, 2014a). Notons enfin qu'il est suggéré de choisir les variables de stratification de sorte qu'elles soient corrélées à la variable réponse. Dans un tel cas, la stratification augmente la précision des estimations, tout en réduisant la variance des paramètres estimés. (Asparouhov, 2004 ; Kalton, 1983 ; Lohr, 2019 ; Stapleton, 2006, 2013). En outre, la stratification favorise la représentativité de l'échantillon (Lohr, 2019 ; OCDE, 2009 ; Stapleton, 2013).

Lorsqu'échantillonnage à plusieurs niveaux et échantillonnage aléatoire stratifié sont combinés, le terme *plan* d'*échantillonnage stratifié à plusieurs niveaux* peut être employé. Les plans d'échantillonnage du PISA, du TIMSS et du PIRLS sont des plans stratifiés à deux niveaux. En effet, dans le cadre du PISA, avant de procéder à la sélection des écoles au premier niveau, chaque nation participante subdivise ses écoles en un certain nombre de strates dites « implicites » et « explicites » (OCDE, 2014a), en fonction de facteurs liés aux performances tels que la langue d'enseignement, le type de financement (privé/public) ou encore le type d'emplacement (urbain/rural) (OCDE, 2009). La figure 2 illustre le plan d'échantillonnage stratifié à deux niveaux du PISA.

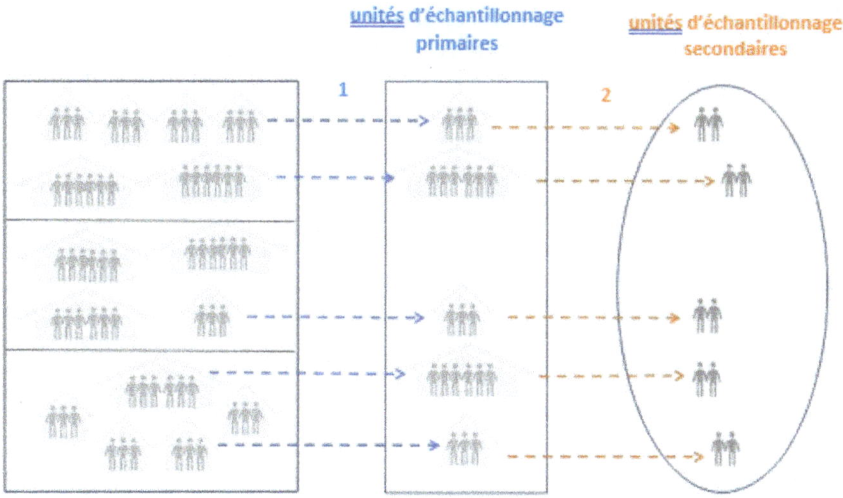

Figure 2 Plan d'échantillonnage stratifié à deux niveaux du PISA

Afin de conclure avec la présentation des caractéristiques des plans d'échantillonnage complexes, nous abordons le troisième et dernier élément distinctif de ce type de plan. Celui-ci a trait au fait que les plans d'échantillonnage complexes prévoient généralement une ou plusieurs mesures visant à limiter l'ampleur d'un biais appelé *biais dû à la non-réponse*, biais dû au refus de participer des écoles et des élèves (OCDE, 2009).

La stratégie mise en œuvre dans le cadre du PISA, du TIMSS et du PIRLS, en vue de limiter l'ampleur du biais dû à la non-réponse, comporte deux volets. Dans un premier temps, des taux de participation minimaux sont exigés pour les écoles et pour les élèves. Afin de maximiser le taux de participation des écoles, pour chacune de celle échantillonnée initialement, deux de remplacement sont prévues. Lorsque l'établissement scolaire échantillonné initialement s'avère non-participant, ceux de substitution sont sollicités. Dans le cadre du PISA, au sein de chacun des pays/nations, un taux de participation des écoles échantillonnées initialement situé entre 60 % à 85 % est jugé acceptable, pour autant que suffisamment d'écoles de remplacement acceptent de participer afin d'atteindre finalement un taux de participation des écoles de 85 % (OCDE, 2014a). Au sein des écoles, un taux de participation minimal de 50 % des élèves sélectionnés doit être atteint afin que l'établissement soit considéré comme participant. En effet, si ce taux se situe entre 25 et 50 %, l'école est considérée non-participante mais les données peuvent tout de même être utilisées pour effectuer certaines estimations. Si le taux de participation des élèves sélectionnés est inférieur à 25 %, les données relatives à l'école sont exclues de la base de données. À l'échelle d'une nation/pays, le taux de participation moyen des élèves doit être d'au moins 80 %; toutefois, il n'est pas nécessaire que ce taux soit atteint dans chacune des écoles, puisque le seuil minimal au sein de chacune des écoles est de 50 % (OCDE, 2014a)[2].

Le deuxième volet de la stratégie visant à limiter l'ampleur du biais dû à la non-réponse consiste à pondérer les observations des écoles participantes et des élèves participants, afin de tenir compte des écoles non-participantes (celles qui n'ont pas été remplacées par des écoles de remplacement) et des élèves non-participants. Par exemple, si 5 filles d'une école refusent de participer à l'étude sur les 20 sélectionnées au préalable, les observations issues des 15 participantes de cette école seront multipliées par 20/15, au moment de procéder aux analyses (OCDE, 2009). Une procédure semblable est appliquée pour les écoles. Les pondérations ainsi calculées sont intégrées à des facteurs appelés *poids de sondage*, qui seront discutés à la section 2.1.3.

Les **trois caractéristiques des plans d'échantillonnage complexes** abordées dans cette section font en sorte que les données issues d'un tel plan d'échantillonnage nécessitent une attention particulière au moment de procéder à leur analyse. En effet, **l'échantillonnage à plusieurs niveaux**, la **présence de stratification**, puis **l'ajustement pour la non-réponse** engendrent, seuls ou en association, quatre conséquences importantes d'un point de vue statistique qui seront abordées tour à tour, à la section 2.1. Ces conséquences vont comme suit :

1) **non-indépendance des observations** ;
2) **probabilité de sélection inégale** des unités statistiques de l'échantillon ;
3) présence de **poids de sondage ;**
4) et enfin, nécessité de recourir à des techniques particulières afin d'**estimer la variance des paramètres estimés**.

2.1 Conséquences des plans d'échantillonnage complexes

2.1.1 Non-indépendance des observations

Dans un plan d'échantillonnage complexe, comme l'échantillonnage s'effectue en plusieurs niveaux et ensuite, que plusieurs sous-unités sont prélevées au sein d'une même unité, les sous-unités forment des

[2] Voir Joncas & Foy (2011, p.8) pour les taux de participations exigés dans le cadre du TIMMS et du PIRLS.

collections appelées des *grappes*. Les observations issues d'une même grappe ont ceci de particulier : elles ne peuvent être considérées indépendantes (Asparouhov, 2005 ; Lohr, 2019 ; OCDE, 2009 ; Stapleton, 2006, 2008, 2013). En effet, en partageant plusieurs caractéristiques communes comme par exemple, le statut socio-économique, les ressources financières et matérielles de l'école ou encore les stratégies d'enseignement privilégiées par les enseignants, les élèves issus d'une même école sont davantage susceptibles de se ressembler que les élèves issus d'écoles différentes.

Ce fait revêt une grande importance d'un point de vue statistique. En effet, plusieurs formules statistiques de même que plusieurs techniques d'analyse, dont la régression linéaire et la modélisation par équations structurelles, postulent l'indépendance des observations. A la section 2.1.4, nous verrons comment la variance des paramètres estimés peut être calculée en prenant en compte la non-indépendance des observations. Puis, à la section 2.2, nous verrons comment des approches d'analyses ont été adaptées afin de tenir compte du phénomène.

2.1.2 Probabilité de sélection inégale des unités statistiques de l'échantillon

La probabilité de sélection inégale des unités statistiques de l'échantillon est la deuxième conséquence possible des plans d'échantillonnage complexes. Lorsque la probabilité de sélection des unités s'avère effectivement inégale, ce sont les méthodes d'échantillonnage de base, mises en œuvre à chacun des niveaux, qui en sont responsables.

Cette sous-section sera divisée en deux parties. Dans un premier temps, nous verrons comment se calcule la probabilité de sélection des unités statistiques, dans un plan d'échantillonnage complexe à deux niveaux. Ensuite, nous détaillerons l'ensemble des méthodes d'échantillonnage de base mises en œuvre dans le plan d'échantillonnage complexe du PISA et verrons de quelle manière celles-ci influencent le calcul de la probabilité de sélection des unités statistiques incluses dans l'échantillon.

2.1.2.1 Calcul de la probabilité de sélection des unités statistiques dans un plan d'échantillonnage à deux niveaux

Dans un plan d'échantillonnage à deux niveaux comme celui du PISA, la probabilité de sélection finale d'un élève dépend de deux probabilités : la probabilité de sélection de son école, au premier niveau, et la probabilité de sélection de cet élève, dans son école, au deuxième niveau. En effet, mathématiquement, la probabilité de sélection finale de l'élève j de l'école i, est égale à la probabilité de sélection l'école i, multipliée par la probabilité de sélection de l'élève j, sachant qu'il fréquente l'école i ;

cette dernière probabilité étant la probabilité conditionnelle de sélection de l'élève *j*. En langage mathématique, le tout peut s'écrire comme[3] suit :

$$P(i \cap j) = P(i) \cdot P(j \mid i). \tag{1}$$

Les probabilités $P(i)$ et $P(j \mid i)$ découlent des méthodes d'échantillonnage utilisées. Ci-après, nous verrons de quelle manière $P(i)$ et $P(j \mid i)$ s'obtiennent, dans le contexte du PISA.

2.1.2.2 Plan d'échantillonnage complexe du PISA et calcul de la probabilité de sélection des unités statistiques

Dans le plan d'échantillonnage stratifié à deux niveaux du PISA, au premier niveau, l'échantillonnage aléatoire stratifié et l'échantillonnage aléatoire systématique sont utilisés. En effet, avant même d'échantillonner les écoles, chaque nation participante stratifie sa population d'écoles en un certain nombre de strates dites « explicites » (OCDE, 2014a). Ensuite, dans chacune des strates, des écoles sont sélectionnées par échantillonnage aléatoire systématique avec probabilité proportionnelle à la taille des écoles[4]. Le nombre d'écoles à sélectionner dans chaque strate dépend du type d'allocation privilégiée dans le processus de stratification, à savoir l'allocation proportionnelle ou l'allocation non proportionnelle. A la fin de cette sous-section, nous verrons de quelle manière cette considération peut influencer les calculs proposés.

Afin de procéder à l'échantillonnage aléatoire systématique, une liste des écoles est dressée, puis les écoles y sont classées en ordre croissant de taille, ainsi qu'en respectant les strates dites « implicites » (OCDE, 2014a). Des numéros sont ensuite accordés à chacune d'elles, toujours en

---

3 Un théorème de base en théorie des probabilités stipule que pour deux événements *A* et *B*, où *B* est la condition, la probabilité conditionnelle de *A*, sachant *B*, s'obtient par la probabilité de l'intersection de *A* et *B*, divisée par la probabilité de la condition. Ce théorème peut s'écrire comme $P(A \mid B) = \frac{P(A \cap B)}{P(B)}$, d'où on peut déduire que $P(A \cap B) = P(B) \cdot P(A \mid B)$.

4 Une procédure de calcul est utilisée pour assigner une mesure de taille à chacune des écoles. Celle-ci est documentée dans OCDE (2014a, p.74). Essentiellement, la taille d'une école est donnée par le maximum entre : 1) le nombre d'élèves de 15 ans admissibles inscrits à cette école ou 2) la valeur 35, le nombre d'élèves à sélectionner dans chacune des écoles.

ordre croissant. Par exemple, si les tailles des deux écoles les plus petites sont de 100 et 150, ces écoles obtiennent respectivement les numéros 1 à 100, puis 101 à 250.

Ensuite, le pas de sondage nécessaire à l'échantillonnage systématique est déterminé en appliquant la formule suivante (OCDE, 2009, 2014a) :

$$\textit{pas de sondage} = \frac{\textit{somme des tailles des écoles de la strate}}{\textit{nombre d'écoles à sélectionner dans la strate}}.$$

De ce fait, si la somme des tailles des écoles d'une strate est de 4 000 et que le nombre d'écoles à sélectionner est de 4, le pas de sondage sera de 1 000, ce qui signifie qu'à tous les intervalles de longueur 1 000, une école de la liste sera retenue, dans cette strate[5]. En général, l'école qui précède l'école sélectionnée et celle qui la suit, sur la liste, seront toutes deux identifiées comme écoles de remplacement (OCDE, 2014a).

En agissant de la sorte, la probabilité *P(i)* de l'équation (1) est donnée par la formule suivante (OCDE, 2009, 2014a) :

$$P(i) = \begin{cases} \textit{taille école } i \cdot \frac{\textit{nombre d'écoles à sélectionner dans la strate}}{\textit{somme des tailles des écoles de la strate}} = \frac{\textit{taille école } i}{\textit{pas de sondage}} & \textit{si taille de l'école} < \textit{pas de sondage} \\ 1 & \text{sinon} \end{cases}$$

Il en découle l'expression « probabilité de sélection proportionnelle à la taille des écoles ».

Échantillonner avec probabilité proportionnelle à la taille des écoles permet de favoriser les écoles de grande taille qui présentent en général davantage de variabilité que les écoles de petite taille et ainsi maximiser la variabilité de l'échantillon, pour un coût donné (OCDE, 2009 ; Lohr, 2019). Procéder par échantillonnage aléatoire systématique permet aux écoles de petite taille d'être tout de même représentées dans

---

5 Afin de déterminer la première école à retenir, un nombre aléatoire entre 0 et 1 est tiré, puis ce nombre est multiplié par le pas de sondage. L'école qui inclut ce résultat est sélectionnée, puis les écoles subséquentes sont déterminées en additionnant le pas de sondage à de multiples reprises. Par exemple, si le nombre aléatoire tiré est 0,752 et que le pas de sondage est de 1000, la première école sélectionnée sera celle qui contient le numéro 752, la seconde, celle qui contient le numéro 1752, la troisième, celle qui contient le numéro 2752, etc.

l'échantillon, malgré le fait qu'elles ont une probabilité de sélection plus faible (OCDE, 2009).

Au deuxième niveau du plan d'échantillonnage du PISA, quelle que soit la taille des écoles échantillonnées au premier niveau, les élèves sont tirés en nombre fixe par échantillonnage aléatoire simple, à l'intérieur de chacune d'elles. De ce fait, la probabilité $P(j \mid i)$ de l'équation (1) est donnée par (OCDE, 2009) :

$$P(j \mid i) = \frac{nombre\ d'élèves\ à\ sélectionner\ dans\ l'école\ i}{taille\ de\ l'école\ i}$$

Échantillonner les élèves en nombre fixe, quelle que soit la taille de l'école, fait en sorte que les élèves fréquentant une école de grande taille ont une probabilité de sélection moindre dans leur école que les élèves fréquentant une école de petite taille. Enfin, comme la probabilité de sélection d'une école de grande taille est supérieure à la probabilité de sélection d'une école de petite taille, en multipliant $P(i)$ et $P(j \mid i)$, la probabilité $P(i \cap j)$ qui en résulte finalement est sensiblement la même pour tous les élèves de l'échantillon.

Afin d'illustrer concrètement les calculs de $P(i)$, $P(j \mid i)$ et $P(i \cap j)$ discutés ci-haut, prenons une situation où 4 000 élèves sont répartis en 10 écoles dont les tailles figurent dans la deuxième colonne du tableau 1. Imaginons que 4 écoles doivent être sélectionnées par échantillonnage aléatoire systématique avec probabilité proportionnelle à la taille, puis que 100 élèves doivent être échantillonnés par échantillonnage aléatoire simple, à l'intérieur de chacune d'elles. Comme le pas de sondage est de 1 000 dans ce cas, l'école 1, de taille 100, aura une probabilité de sélection de 0,1, l'école 2 de taille 150 aura une probabilité de sélection de 0,15, enfin, l'école 10 de taille 1 000 aura une probabilité de sélection de 1 (les colonne 1, 2 et 3 du tableau 1). Comme les élèves sont sélectionnés en nombre fixe, les élèves de l'école 1 ont une probabilité de sélection supérieure aux élèves de l'école 10 (colonne 4 du tableau 1). Finalement, la probabilité de sélection est sensiblement la même pour tous les élèves (colonne 5 du tableau 1).

Tableau 1 Exemple de calcul des trois probabilités de sélection des unités du plan d'échantillonnage en deux niveaux du PISA

Numéro de l'école i	Taille de l'école i	Probabilité de sélection de l'école i $P(i)$	Probabilité de sélection de l'élève j à l'intérieur de l'école i $P(j\mid i)$	Probabilité de sélection finale de l'élève j de l'école i $P(i \cap j)$
1	100	0,100	1,000	0,1
2	150	0,150	0,667	0,1
3	200	0,200	0,500	0,1
4	250	0,250	0,400	0,1
5	300	0,300	0,333	0,1
6	350	0,350	0,286	0,1
7	400	0,400	0,250	0,1
8	450	0,450	0,222	0,1
9	800	0,800	0,125	0,1
10	1000	1,000	0,100	0,1
Total	4000	--		

Note. Tableau adapté de OCDE, 2009, p.54

En ajoutant les considérations liées au type d'allocation privilégié avec la stratification, la probabilité de sélection finale des élèves peut devenir inégale. En effet, le type d'allocation influence la probabilité de sélection des écoles. Si les écoles sont choisies avec allocation proportionnelle, la probabilité de sélection de chacune des écoles se trouve modifiée de la même manière, de sorte que la probabilité de sélection des élèves demeure égale. Par contre, lorsqu'une allocation non proportionnelle est mise en œuvre, puis, que certaines strates sont sur-échantillonnées et d'autres sous-échantillonnées, la probabilité de sélection finale des élèves peut devenir inégale.

Lorsque tel est le cas, les observations doivent être pondérées pour tenir compte de cette réalité. Les poids de sondage sont les éléments qui permettent de procéder à de tels ajustements. Les grandes enquêtes internationales en éducation telles que le PISA, le TIMSS et le PIRLS publient, à même leur base de données, les *poids de sondage des écoles* et les *poids de sondage finaux des élèves de l'échantillon*. La manière dont ces poids de sondage sont calculés fait l'objet de la sous-section qui suit.

2.1.3 Poids de sondage

Dans leur forme la plus simple, les poids de sondage sont des pondérations données par l'inverse de la probabilité de sélection des unités (Lohr, 2019 ; OCDE, 2009). Ainsi, dans le contexte de l'échantillonnage du PISA, les plus simples expressions du poids de sondage de l'école *i*, du poids de sondage de l'élève *j* sachant qu'il fréquente l'école *i*, puis du poids de sondage de l'élève *j* de l'école *i*, notés respectivement w_i, $w_{j|i}$ et $w_{i\cap j}$, sont données par la formule suivante :

$$w_i = \frac{1}{P(i)}, w_{j|i} = \frac{1}{P(j\,|\,i)} \; et \; w_{i\cap j} = \frac{1}{P(i\cap j)} = \frac{1}{P(i)} \cdot \frac{1}{P(j\,|\,i)} = w_i \cdot w_{j|i}.$$

Afin d'illustrer les calculs de ces poids de sondage, reprenons l'exemple illustré dans le tableau 1 en supposant que les écoles retenues sont celles numérotées 3, 7, 9 et 10. Le tableau 2 montre le poids de sondage de ces écoles, le poids de sondage des élèves à l'intérieur de chacune d'elles et le poids de sondage final des élèves de l'échantillon, dans le contexte. La colonne 9 donne la somme des poids de sondage finaux de l'ensemble des élèves de l'échantillon, une somme toujours égale à la taille de la population, avant l'ajustement pour la non-réponse (OCDE, 2009).

Tableau 2 Poids de sondage associés aux probabilités de sélection données dans le Tableau 1

Numéro de l'école i	Taille de l'école i	Probabilité de sélection de l'école i $P(i)$	Poids de sondage de l'école i w_i	Probabilité de sélection de l'élève j à l'intérieur l'école i $P(j\|i)$	Poids de sondage de l'élève j à l'intérieur de l'école i $w_{j\|i}$	Probabilité de sélection finale de l'élève j de l'école i $P(i \cap j)$	Poids de sondage final de l'élève j de l'école i $w_{i \cap j}$	Somme des poids de sondage finaux des élèves
1	100	0,10		1,000		0,10		
2	150	0,15		0,667		0,10		
3	200	0,20	5	0,500	2,0	0,10	10	1000
4	250	0,25		0,400		0,10		
5	300	0,30		0,333		0,10		
6	350	0,35		0,286		0,10		
7	400	0,40	2,5	0,250	4,0	0,10	10	1000
8	450	0,45		0,222		0,10		
9	800	0,80	1,25	0,125	8,0	0,10	10	1000
10	1000	1,00	1,00	0,100	10,0	0,10	10	1000
Total	4000	--	**9,75**					4000

Note. Tableau adapté de OCDE, 2009, p.54

Le poids de sondage final des élèves, fourni par le PISA, le TIMSS et le PIRLS, implique davantage de facteurs que w_i *et* $w_{j|i}$. En effet, au total, 7 facteurs sont pris en compte dans le calcul du poids de sondage final de l'élève *j* de l'école *i*. La formule pour ce faire est donné par (OCDE, 2014a)[6] :

$$w_{i\cap j} = t_{j|i} f_i f_{j|i} f_{ij}^A t_i w_i w_{j|i},$$

w_i représente le poids de sondage de l'école *i*; $w_{j|i}$, le poids de sondage de l'élève *j* à l'intérieur de l'école *i* ; f_i, le facteur d'ajustement pour la non-réponse d'écoles similaires à l'école *i*, non compensée par les écoles de remplacement; $f_{j|i}$, le facteur d'ajustement pour la non-réponse d'élèves de la même école similaires à l'élève *j*, non compensée par les élèves de remplacement (même strate implicite, même genre, même niveau) ; f_{ij}^A, un facteur qui permet de compenser le fait que, dans certains pays, seulement les élèves de 15 ans du niveau scolaire modal des élèves de 15 ans de cette école ont été inclus; t_i un facteur d'ajustement utilisé pour borner les valeurs de w_i qui pourraient être anormalement élevées et enfin $t_{j|i}$, un facteur d'ajustement utilisé pour borner les valeurs de $w_{j|i}$ qui pourraient être anormalement élevées. Borner les valeurs à l'aide d'un facteur d'ajustement introduit un léger biais mais réduit l'erreur type (Kish, 1992).

Comme nous pouvons le lire dans OCDE(2014a) :

> Les procédures utilisées afin de calculer les poids de sondage du PISA reflètent les meilleurs pratiques d'analyse de données issues de plans d'échantillonnage complexes, des procédures aussi utilisées par les plus grandes agences statistiques au monde. Les mêmes procédures ont été utilisées dans d'autres grandes enquêtes internationales en éducation comme le TIMSS et le PIRLS, mis en œuvre par l'*IEA*. La théorie d'analyse statistique sous-jacente est issue des travaux de Cochran (1977), Lohr (2010) et Särndal et al. (1992), à partir d'une traduction libre de l'OCDE (2014a, p.132).

---

6 Les notations utilisées dans cette formule sont différentes de celles utilisées par l'OCDE (2014a, p.132). Elles ont été modifiées dans le but de s'adapter aux notations utilisées dans les paragraphes précédents.

Au moment de procéder aux analyses, les poids de sondage doivent être incorporés aux données. En effet, lorsque la probabilité de sélection des unités statistiques est inégale et que cette probabilité de sélection est corrélée à la variable réponse, omettre les poids de sondage risque de biaiser les estimations des paramètres (moyennes, totaux, coefficients de régression, paramètres de modélisation par équations structurelles) ; ce biais est appelé *biais de sélection*, dans le contexte (Asparouhov, 2005 ; Heeringa et al., 2017 ; Lohr, 2019 ; Muthén & Sattora, 1995 ; Stapleton, 2013). Lorsque les poids de sondage sont ajustés pour la non-réponse, les omettre risque d'accentuer le biais dû à la non-réponse ; le verbe accentuer est utilisé car ce type de biais est incontournable dans une grande enquête (Stapleton, 2013).

Horvitz et Thompson (1952) ont été les premiers à proposer un estimateur sans biais pour évaluer les totaux de population en incluant les poids de sondage (Asparouhov, 2005 ; Lohr, 2019 ; Skinner & Wakefield, 2017). Cet estimateur, appelé l'*estimateur d'Horvitz-Thompson*, consiste à multiplier chaque observation par son poids de sondage, puis, à en faire la somme. Les estimations de paramètres tels que la moyenne ou encore le coefficient de régression utilisent cet estimateur. Dans la sous-section qui suit et qui abordera la quatrième et dernière conséquence des plans d'échantillonnage complexes, nous verrons qu'une extension de l'estimateur d'Horvitz-Thompson permet d'estimer les paramètres de modèles multivariés à variable latente, en incluant les poids de sondage.

2.1.4 Nécessité de recourir à des techniques particulières afin d'estimer la variance des paramètres estimés

La quatrième et dernière conséquence des plans d'échantillonnage complexes a trait à la nécessité de recourir à des techniques d'approximation afin d'estimer la variance des paramètres, dans le contexte où les données sont issues d'un plan d'échantillonnage complexe. La variance d'un paramètre est une mesure dont la formule de calcul doit être adaptée à la méthode d'échantillonnage utilisée pour générer les unités statistiques de l'échantillon qui servent à l'estimer (Lohr, 2019 ; Stapleton, 2006, 2008). En effet, la méthode d'échantillonnage utilisée détermine un élément clé de ce calcul : la probabilité de sélection conjointe de chaque paire d'observations de l'échantillon.

La formule de calcul de la variance d'un paramètre, développée pour un échantillonnage aléatoire simple avec remise, suppose des observations indépendantes et identiquement distribuées. Dans ce contexte, la probabilité de sélection conjointe de chaque paire d'unités est donnée par la probabilité de sélection de la première unité multipliée par la probabilité de sélection de la seconde unité (Skinner & Wakefield,

2017). Dans ce contexte, la covariance de chacune des paires d'unités est nulle[7].

Avec un plan d'échantillonnage à plusieurs niveaux, utiliser cette formule entraine en général une sous-estimation de la variance des paramètres estimés car, dans cette situation, les observations ne peuvent être considérées indépendantes ; leur covariance risque d'être non-nulle (Asparouhov, 2005 ; Lohr, 2019 ; Stapleton, 2006, 2008, 2013). Parallèlement, en présence d'un plan d'échantillonnage aléatoire stratifié, utiliser la formule de base entraine habituellement une surestimation de la variance des paramètres (Asparouhov, 2004) car les strates sont en général choisies de manière à être les plus homogènes possible, ce qui a pour effet de diminuer la variance des paramètres estimés (Stapleton, 2006, 2008).

Lohr (2019) fournit les formules permettant de calculer la variance de paramètres comme les totaux et les moyennes, pour divers plans d'échantillonnage, dont l'échantillonnage aléatoire stratifié et l'échantillonnage aléatoire par grappe à un ou deux niveaux, avec probabilité de sélection égale ou inégale des unités. Pour les plans d'échantillonnage stratifiés à plusieurs niveaux, puis pour des paramètres comme les ratios ou les coefficients de régression, les formules ne sont pas présentées dans l'ouvrage : avec de tels plans d'échantillonnage, la probabilité de sélection conjointe de chaque paire d'unités peut être difficilement calculable (Lohr 2019 ; Skinner & Wakefield, 2017).

Dans ces contextes, il est recommandé de se tourner vers des approches d'approximation de la variance des paramètres. Parmi celles-ci, figurent la méthode de linéarisation de Taylor, aussi appelée méthode delta et méthode de propagation de la variance (*propagation of variance*, Kish, 1965) ainsi que diverses méthodes de réplication ou de rééchantillonnage (Lohr, 2019 ; Stapleton, 2006, 2008 ; OCDE, 2009).

La méthode de linéarisation de Taylor est une technique issue du calcul différentiel. Grâce aux dérivées, des fonctions non linéaires peuvent être approximées par des fonctions linéaires, ce qui permet d'estimer la variance de fonctions non linéaires par la variance de fonctions linéaires (Stapleton, 2008). Les méthodes de réplication ou de rééchantillonnage,

---

[7] En effet, en définissant un indicateur binaire de sélection de l'unité I_k (avec I_k suivant une loi de Bernouilli de paramètres $n = 1$ et de probabilité de succès *p* donnée par la probabilité de selection π_k), tel que $E(I_k) = \pi_k$ et $Var(I_k) = \pi_k(1 - \pi_k)$, l'espérance $E(I_k I_l)$ est alors donnée par $E(I_k I_l) = \pi_k \pi_l$ et la covariance $Cov(I_k, I_l)$ est donnée par $Cov(I_k, I_l) = \pi_{k \cap l} - \pi_k \pi_l$ (Skinner & Wakefield, 2017). Lorsque les unités *i* et *k* sont indépendantes, $\pi_{k \cap l} = \pi_k \pi_l$ et ainsi, $Cov(I_k, I_l) = \pi_{k \cap l} - \pi_k \pi_l = 0$. Dans le cas contraire, $\pi_{k \cap l} \neq \pi_k \pi_l$ et $Cov(I_k, I_l) \neq 0$.

quant à elles, consistent à traiter l'échantillon, comme s'il s'agissait de la population, puis à générer une série de sous-échantillons à partir de l'échantillon initial. Pour ce faire, la méthode du *bootstrap*, la méthode du *jacknife*, puis la méthode de la *réplication répétée et balancée* (*Balanced Repeated Replication, BRR*) et sa variante, la *modification de Fay* peuvent être appliquées. Chacune de ces méthodes est associée à une formule d'approximation de la variance de l'échantillon mais l'idée générale reste toujours la même : estimer le paramètre d'intérêt dans chaque sous-échantillon et dans l'échantillon initial, puis, approximer la variance du paramètre d'intérêt en comparant les valeurs obtenues dans les sous-échantillons à celles obtenues dans l'échantillon initial (Lohr, 2019 ; Stapleton, 2006, 2008).

Les bases de données du PISA, du TIMSS et du PIRLS fournissent, pour les analystes secondaires, tout ce qui est nécessaire afin d'approximer la variance de l'échantillon d'un paramètre d'intérêt, sans avoir à échantillonner à nouveau et sans avoir à recourir à la linéarisation de Taylor. En effet, l'*IEA* et l'OCDE procèdent eux-mêmes au rééchantillonnage. L'*IEA* applique la méthode du *jacknife*, alors que l'OCDE applique la méthode *BRR* et sa variante, la modification de Fay (OCDE, 2009).

Dans ce qui suit, nous décrirons brièvement chacune de ces méthodes ainsi que la variante. Ces descriptions nous permettront de présenter les formules à appliquer, dans chacun des cas, afin d'approximer la variance d'un paramètre estimé. Le lecteur intéressé pourra consulter les textes de Lohr (2019) et de Stapleton (2008) pour un traitement extensif de ces méthodes ainsi que pour un traitement exhaustif de la méthode de linéarisation de Taylor.

Afin d'illustrer la méthode du *jacknife* pour échantillonnage stratifié à deux niveaux (OCDE, 2009), supposons qu'une population ait été subdivisée en deux strates et que 10 écoles aient été sélectionnées, dans chacune des strates, par échantillonnage aléatoire systématique avec probabilité proportionnelle à la taille des écoles. Dans ce cas, la méthode du *jacknife* consisterait à former des paires d'écoles, à l'intérieur de chacune des strates, en conservant l'ordre dans lequel les écoles ont initialement été sélectionnées, afin que les paires regroupent des écoles similaires (même strate, taille semblable car l'ordre de sélection a été conservé). La strate 1 contiendrait alors 5 paires d'écoles, à savoir les écoles 1 et 2, 3 et 4, 5 et 6, 7 et 8, puis 9 et 10 et il en serait de même pour la strate 2. Au total, 10 paires seraient ainsi crées.

Ensuite, un nombre de sous-échantillons égal au nombre de paires formées serait créé. Dans ce cas-ci, 10 sous-échantillons seraient générés en retirant une seule école à la fois. La manière de retirer l'école serait la suivante : dans le sous-échantillon 1, une école de la 1re paire de la strate 1 serait retirée aléatoirement, dans le sous-échantillon 2, une école de la

2e paire de la strate 1 serait retirée aléatoirement et ainsi de suite, jusqu'à ce qu'une école de la 5e paire de la strate 2 soit retirée aléatoirement. Chaque école retirée se verrait attribuer un poids de sondage égal à 0, alors que les poids de sondage des écoles restantes serait doublé. Le tableau 3 ci-après illustre l'entièreté de cette situation.

Afin d'estimer la variance d'un paramètre d'intérêt, le paramètre serait estimé dans chaque sous-échantillon ainsi que dans l'échantillon initial. Ainsi, de manière générale, pour un nombre de sous-échantillons *i* allant de *1* à *G*, la valeur estimée dans le sous-échantillon *i* serait notée $\hat{\theta}_{(i)}$ et la valeur estimée dans l'échantillon initial, notée $\hat{\theta}$. La variance échantillonnale de $\hat{\theta}$ serait alors donnée par (OCDE, 2009, p.72)

$$\sigma^2_{(\hat{\theta})} = \frac{1}{G}\sum_{i=1}^{G}\left(\hat{\theta}_{(i)} - \hat{\theta}\right)^2 .$$

Tableau 3 Formation des sous-échantillons avec la méthode du *jacknife* et facteurs attribués aux poids de sondage des unités

Strate	Paire	École	Sous-échantillon									
			R1	R2	R3	R4	R5	R6	R7	R8	R9	R10
1	1	1	2	1	1	1	1	1	1	1	1	1
1	1	2	0	1	1	1	1	1	1	1	1	1
1	2	3	1	0	1	1	1	1	1	1	1	1
1	2	4	1	2	1	1	1	1	1	1	1	1
1	3	5	1	1	2	1	1	1	1	1	1	1
1	3	6	1	1	0	1	1	1	1	1	1	1
1	4	7	1	1	1	0	1	1	1	1	1	1
1	4	8	1	1	1	2	1	1	1	1	1	1
1	5	9	1	1	1	1	2	1	1	1	1	1
1	5	10	1	1	1	1	0	1	1	1	1	1
2	6	11	1	1	1	1	1	2	1	1	1	1
2	6	12	1	1	1	1	1	0	1	1	1	1
2	7	13	1	1	1	1	1	1	0	1	1	1
2	7	14	1	1	1	1	1	1	2	1	1	1
2	8	15	1	1	1	1	1	1	1	0	1	1
2	8	16	1	1	1	1	1	1	1	2	1	1
2	9	17	1	1	1	1	1	1	1	1	0	1
2	9	18	1	1	1	1	1	1	1	1	2	1
2	10	19	1	1	1	1	1	1	1	1	1	2
2	10	20	1	1	1	1	1	1	1	1	1	0

Note. Tableau adapté de OCDE, 2009, p.71

La méthode *BRR* est similaire à la méthode du *jacknife*, mais davantage d'écoles sont retirées afin de générer chacun des sous-échantillons. En effet, avec la méthode *BRR*, chaque sous-échantillon est créé en retirant une école de chaque paire. Les écoles retirées se voient attribuer un poids de sondage de 0, alors que le poids de sondage des écoles restantes est doublé. Comme une grande quantité de sous-échantillons pourraient être générée selon cette procédure, il est d'usage d'utiliser la règle suivante : générer un nombre de sous-échantillons égal au plus petit multiple de 4, supérieur ou égal au nombre de paires. En reprenant l'exemple ayant servi à illustrer la méthode du *jacknife* où 10 écoles ont été sélectionnées par échantillonnage aléatoire systématique avec échantillonnage proportionnel à la taille dans les deux strates d'une population et où 10 paires ont été formées, le nombre de sous-échantillons à générer dans ce cas-ci serait de 12 (tableau 4).

Tableau 4 Formation des sous-échantillons avec la méthode BRR et facteurs attribués aux poids de sondage des unités

Pseudo-strate	École	Sous-échantillon											
		R1	**R2**	**R3**	**R4**	**R5**	**R6**	**R7**	**R8**	**R9**	**R10**	**R11**	**R12**
1	1	2	0	0	2	0	0	0	2	2	2	0	2
1	2	0	2	2	0	2	2	2	0	0	0	2	0
2	3	2	2	0	0	2	0	0	0	2	2	2	0
2	4	0	0	2	2	0	2	2	2	0	0	0	2
3	5	2	0	2	0	0	2	0	0	0	2	2	2
3	6	0	2	0	2	2	0	2	2	2	0	0	0
4	7	2	2	0	2	0	0	2	0	0	0	2	2
4	8	0	0	2	0	2	2	0	2	2	2	0	0
5	9	2	2	2	0	2	0	0	2	0	0	0	2
5	10	0	0	0	2	0	2	2	0	2	2	2	0
6	11	2	2	2	2	0	2	0	0	2	0	0	0
6	12	0	0	0	0	2	0	2	2	0	2	2	2
7	13	2	0	2	2	2	0	2	0	0	2	0	0
7	14	0	2	0	0	0	2	0	2	2	0	2	2
8	15	2	0	0	2	2	2	0	2	0	0	2	0
8	16	0	2	2	0	0	0	2	0	2	2	0	2
9	17	2	0	0	0	2	2	2	0	2	0	0	2
9	18	0	2	2	2	0	0	0	2	0	2	2	0
10	19	2	2	0	0	0	2	2	2	0	2	0	0
10	20	0	0	2	2	2	0	0	0	2	0	2	2

Note. Tableau adapté de OCDE, 2009, p.72

De manière générale, pour un nombre de sous-échantillons *i* allant de *1* à *G*, dans ce cas, la variance échantillonnale de $\hat{\theta}$ serait donnée par la formule qui suit (OCDE, 2009, p.73):

$$\sigma^2_{(\hat{\theta})} = \frac{1}{G}\sum_{i=1}^{G}\left(\hat{\theta}_{(i)} - \hat{\theta}\right)^2.$$

Comme la méthode *BRR* génère des sous-échantillons dont la taille n'est donnée que par la moitié de celle de l'échantillon initial, l'estimation du paramètre d'intérêt pourrait devenir problématique. Afin de contourner cette limite, Fay a proposé de limiter l'écart entre les poids de sondage attribués aux unités retirées et ceux attribués aux unités retenues. La variante de Fay consiste à multiplier le poids de sondage des écoles retirées par un facteur *k* situé entre 0 et 1 et de multiplier le poids de sondage des écoles retenues par *2 – k*. Dans ce cas, la formule de calcul de la variance devient (OCDE, 2009, p.73):

$$\sigma^2_{(\hat{\theta})} = \frac{1}{G(1-k)^2}\sum_{i=1}^{G}\left(\hat{\theta}_{(i)} - \hat{\theta}\right)^2$$

Le PISA utilise la procédure de Fay avec un facteur de 0,5 de sorte que les poids de sondage des unités retirées et retenues sont multipliés respectivement par 0,5 et 1,5 (tableau 5). La formule de calcul de la variance est donnée par (OCDE, 2009, p.74):

$$\sigma^2_{(\hat{\theta})} = \frac{1}{G(1-0{,}5)^2}\sum_{i=1}^{G}\left(\hat{\theta}_{(i)} - \hat{\theta}\right)^2.$$

Comme le PISA utilise un nombre fixe de 80 sous-échantillons, la formule devient (OCDE, 2009, p.74):

$$\sigma^2_{(\hat{\theta})} = \frac{1}{80(1-0{,}5)^2}\sum_{i=1}^{80}\left(\hat{\theta}_{(i)} - \hat{\theta}\right)^2.$$

Tableau 5 Formation des sous-échantillons avec la méthode *BRR* et sa variante la modification de Fay et facteurs attribués aux poids de sondage des unités

Pseudo-strate	École	Sous-échantillon											
		R1	R2	R3	R4	R5	R6	R7	R8	R9	R10	R11	R12
1	1	1,5	0,5	0,5	1,5	0,5	0,5	0,5	1,5	1,5	1,5	0,5	1,5
1	2	0,5	1,5	1,5	0,5	1,5	1,5	1,5	0,5	0,5	0,5	1,5	0,5
2	3	1,5	1,5	0,5	0,5	1,5	0,5	0,5	0,5	1,5	1,5	1,5	0,5
2	4	0,5	0,5	1,5	1,5	0,5	1,5	1,5	1,5	0,5	0,5	0,5	1,5
3	5	1,5	0,5	1,5	0,5	0,5	1,5	0,5	0,5	0,5	1,5	1,5	1,5
3	6	0,5	1,5	0,5	1,5	1,5	0,5	1,5	1,5	1,5	0,5	0,5	0,5
4	7	1,5	1,5	0,5	1,5	0,5	0,5	1,5	0,5	0,5	0,5	1,5	1,5
4	8	0,5	0,5	1,5	0,5	1,5	1,5	0,5	1,5	1,5	1,5	0,5	0,5
5	9	1,5	1,5	1,5	0,5	1,5	0,5	0,5	1,5	0,5	0,5	0,5	1,5
5	10	0,5	0,5	0,5	1,5	0,5	1,5	1,5	0,5	1,5	1,5	1,5	0,5
6	11	1,5	1,5	1,5	1,5	0,5	1,5	0,5	0,5	1,5	0,5	0,5	0,5
6	12	0,5	0,5	0,5	0,5	1,5	0,5	1,5	1,5	0,5	1,5	1,5	1,5
7	13	1,5	0,5	1,5	1,5	1,5	0,5	1,5	0,5	0,5	1,5	0,5	0,5
7	14	0,5	1,5	0,5	0,5	0,5	1,5	0,5	1,5	1,5	0,5	1,5	1,5
8	15	1,5	0,5	0,5	1,5	1,5	1,5	0,5	1,5	0,5	0,5	1,5	0,5
8	16	0,5	1,5	1,5	0,5	0,5	0,5	1,5	0,5	1,5	1,5	0,5	1,5
9	17	1,5	0,5	0,5	0,5	1,5	1,5	1,5	0,5	1,5	0,5	0,5	1,5
9	18	0,5	1,5	1,5	1,5	0,5	0,5	0,5	1,5	0,5	1,5	1,5	0,5
10	19	1,5	1,5	0,5	0,5	0,5	1,5	1,5	1,5	0,5	1,5	0,5	0,5
10	20	0,5	0,5	1,5	1,5	1,5	0,5	0,5	0,5	1,5	0,5	1,5	1,5

Note. Tableau adapté de OCDE, 2009, p.73

Les informations fournies par l'*IEA* et l'OCDE, dans les bases de données, sont les poids de sondage des unités statistiques, calculés dans chacun des sous-échantillons générés. Ces éléments sont appelés des *poids de sondage répliqués*. L'OCDE fournit, pour l'ensemble des écoles de l'échantillon, 80 poids de sondage répliqués, en plus du poids de sondage calculé dans l'échantillon initial. Il fait de même avec les élèves. Chaque participant se voit attribuer 80 poids de sondage répliqués, en plus de son poids de sondage initial. Au moment de procéder à des analyses secondaires de données issues du PISA, du TIMSS et du PIRLS, l'analyste n'a qu'à utiliser les poids de sondages répliqués et à appliquer la formule de calcul de la variance liée à l'échantillon, adaptée à la méthode de réplication ayant permis de générer les sous-échantillons.

Pour les contextes multivariés, Skinner (1989), à partir des travaux de Binder (1983), a développé une méthode afin d'estimer les paramètres θ de modèles multivariés à un niveau avec probabilité de sélection inégale des unités, y compris les modèles à variables latentes (Asparouhov, 2005). Il s'agit de la *méthode de vraisemblance pseudo-maximale* (*Pseudo-maximum likelihood method, PML*). Les estimateurs de vraisemblance pseudo-maximale sont alors donnés par les valeurs qui maximisent la log-vraisemblance pondérée des observations (Asparouhov, 2005 ; Asparouhov & Muthén, 2005) donnée par

$$L = \sum_{i=1}^{n} w_i L_i ,$$

où n est le nombre d'observations, w_i, le poids de sondage de l'unité i et L_i, le logarithme de la vraisemblance de l'unité i. Selon Skinner (1989), les estimateurs $\hat{\theta}$ sont des estimateurs convergents de θ (Asparouhov, 2005). Avec cette méthode, la matrice de covariance asymptotique des estimations est donnée par l'estimateur sandwich

$$\left(\partial^2(L)/\partial\theta\partial\theta'\right)^{-1}\left(-\sum_i w_i^2\left(\partial(L_i)/\partial\theta\right)\left(\partial(L_i)/\partial\theta\right)'\right)\left(\partial^2(L)/\partial\theta\partial\theta'\right)^{-1},$$

où $\partial/\partial\theta$ et $\partial^2/\partial\theta\partial\theta'$ sont les dérivées premières et secondes (Asparouhov, 2005).

Muthén et Sattora (1995) ont poursuivi les travaux de Skinner (1989) et généralisé la méthode afin que cette dernière puisse être utilisée avec des données issues d'un plan d'échantillonnage complexe (Asparouhov, 2006 ; Stapleton, 2006). Comme les poids de sondage affectent la covariance asymptotique « qui elle, influence à son tour le facteur de correction du χ^2 » (traduction libre d'Asparouhov, 2005, p.418), Muthén et Sattora (1995) ont aussi proposé un test d'ajustement du χ^2 adapté au contexte (asymptotiquement équivalent au test statistique Yuan-Bentler T2*). Sans cette adaptation, la moyenne et la variance de l'indice d'ajustement du khi-deux seraient surévaluées de manière proportionnelle à la taille et à l'homogénéité des grappes (Muthén & Sattora, 1995). Comme l'indice d'ajustement du khi-deux permet d'évaluer le niveau d'adéquation entre les données et un modèle proposé, une telle inflation amènerait à rejeter, à tort, un certain nombre de modèles (augmentation de l'erreur de type 1) (Stapleton, 2013).

Dans ce qui suit, nous proposerons deux approches d'analyse qui permettent de traiter de manière adéquate les quatre conséquences des plans d'échantillonnage complexes que sont la non-indépendance des observations, la probabilité de sélection inégale des unités statistiques de la population, la présence de poids de sondage et enfin, la nécessité de recourir à des techniques particulières afin d'estimer la variance des paramètres estimés. Les approches proposées permettront des analyses tant pour les contextes univariés que bivariés ou multivariés, avec ou sans variables latentes.

2.2 Deux approches d'inférence pour les données issues d'un plan d'échantillonnage complexe

Afin d'analyser des données issues d'un plan d'échantillonnage complexe, deux approches peuvent être employées : l'approche orientée devis (*Design-Based Modeling*, Stapleton, 2013) et l'approche orientée modèle (*Model-Based analysis*, Kalton, 1977), aussi appelée modélisation multiniveau. L'approche orientée devis permet d'appliquer l'ensemble des procédures décrites à la section 2.1 en vue de considérer la non-indépendance des observations, la probabilité de sélection inégale des unités statistiques de la population, la présence de poids de sondage et la nécessité de recourir à des techniques particulières afin d'estimer la variance des paramètres estimés.

Cependant, concernant la non-indépendance des observations, au moment d'estimer les paramètres, le phénomène est ignoré : les données sont analysées de manière agrégée (*aggregated analysis*, Muthén & Sattora, 1995), sans considérer la grappe à laquelle appartiennent les observations. Au moment d'estimer la variance des paramètres estimés, le phénomène est considéré. Pour ce faire, une des méthodes d'approximation de la variance, discutées à la section 2.1.4, est appliquée.

Ainsi, l'approche orientée devis permet des analyses univariées, bivariées et multivariées, avec ou sans variables latentes. Sans variables latentes, les poids de sondage finaux des unités sont incorporés et traités avec l'estimateur d'Horvitz-Thompson, puis, la méthode de linéarisation de Taylor ou une des méthodes de réplication peut être utilisée afin d'estimer la variance des paramètres. Si les poids de sondages finaux répliqués sont fournis, comme cela est le cas dans le cadre du PISA, du TIMSS et du PIRLS, la variance des paramètres peut alors être estimée de cette façon.

Avec des variables latentes, les poids de sondage peuvent aussi être incorporés, puis la méthode de vraisemblance pseudo-maximale (*PML*), discutée à la section 2.1.4, permet d'estimer les paramètres. Une des méthodes de réplication (les poids de sondage répliqués lorsque fournis) ou l'estimateur sandwich peuvent être utilisés afin d'approximer la variance des paramètres. Le tableau 6 fournit une synthèse de la manière dont sont traitées les quatre conséquences des plans d'échantillonnage complexe avec l'approche orientée devis.

Tableau 6 Synthèse de la manière dont sont traitées les quatre conséquences des plans d'échantillonnage complexes avec l'approche orientée devis

Conséquences des plans d'échantillonnage complexes		Non-indépendance des observations	Probabilités de sélection inégales des unités statistiques	Présence de poids de sondage	Nécessité de recourir à des techniques particulières d'estimation de la variance des paramètres
Approche orientée devis Analyses univariées, bivariées ou multivariées	**Absence de variables latentes**	Traitée avec les techniques d'approximation de la variance	Traitées avec les poids de sondage	Estimations de paramètres avec l'estimateur d'Horwitz-Thompson et formules dérivées	Approximation de la variance des paramètres avec : Méthodes de réplication (utiliser les poids de sondage répliqués lorsque fournis) Méthode de linéarisation de Taylor
	Présence de variables latentes	Traitée avec les techniques d'approximation de la variance	Traitées avec les poids de sondage	Estimations de paramètres avec l'estimateur *PML*	Approximation de la matrice de covariance Approximation de la variance des paramètres avec : Méthodes de réplication (utiliser les poids de sondage répliqués lorsque fournis) Extension de la méthode de linéarisation de Taylor : l'estimateur sandwich est utilisé

L'analyse de données selon l'approche orientée modèle (ou modélisation multiniveau), avec ou sans variables latentes, constitue un vaste champ d'analyse. Il serait difficile d'en offrir un traitement exhaustif dans les quelques pages de ce chapitre. Dans ce contexte, le lecteur intéressé par le sujet est invité à consulter les ouvrages de Heck et Thomas (2015), Snijders et Bosker (2011) ainsi que le chapitre 17 de Kline (2016). Pour la modélisation par équations structurelles de données issues d'un plan d'échantillonnage complexe, les lectures suivantes sont recommandées: Byrne (2012, chapitre 12), Kim et al. (2013), Rabe-Hesketh et Skrondal (2004, 2006), Rabe-Hesketh et al. (2012), Rutkovski et Zhou (2013), Stapelton (2013). En outre, un bref traitement de l'approche est présenté dans ce qui suit.

Avec l'approche orientée modèle, la non-indépendance des observations est non seulement traitée mais également modélisée. En effet, avec cette approche, les données sont analysées de manière désagrégée (*disaggregated analysis*, Muthén & Sattora, 1995), en tenant compte de la grappe à laquelle appartiennent les observations, dans le but d'expliquer la variation de la variable réponse tant par la variation intra-grappe que par la variation inter-grappe. L'approche orientée modèle permet d'étudier les relations à l'intérieur des grappes ainsi que celles entre les grappes (Stapleton, 2013), puis permet d'intégrer des prédicteurs, à chacun des niveaux.

Afin de permettre la modélisation multiniveau (à deux et à trois niveaux) de données issues de plans d'échantillonnage complexes avec des variables latentes, la méthode de vraisemblance pseudo-maximale (*PML*), discutée à la section 2.1.4, a été adaptée (Asparouhov, 2004; Asparouhov, 2006; Rabe-Hesketh & Skrondal, 2006). Cette version a été appelée méthode multiniveau de vraisemblance pseudo-maximale (*Multilevel pseudomaximum likelihood estimator, MPML*) (Asparouhov & Muthén, 2005).

Contrairement à ce qui est recommandé avec l'approche orientée devis, avec celle orientée modèle, l'inclusion des poids de sondage n'est pas suggérée de manière systématique. En outre, lorsqu'il est suggéré de le faire, ce sont les poids de sondage calculés à chacun des niveaux qui doivent être incorporés. Par exemple, pour analyser les données issues du PISA en incluant les poids de sondage, ce sont les poids de sondage des écoles (*notés* w_i à la section 2.1.3) qui devraient être incorporés au premier niveau, puis les poids de sondage des élèves à l'intérieur des école (*notés* $w_{j|i}$ à la section 2.1.3) qui devraient l'être, au deuxième niveau. Comme ces derniers ne sont pas fournis dans les bases de données du PISA, du TIMSS et du PIRLS, ceux-ci devraient être préalablement calculés. Asparouhov (2006), Kim et al. (2013), Pfeffermann (1993) et Rutkovski et Zhou (2013) ont proposé diverses recommandations sur la manière de calculer ces poids de sondage ainsi que sur les conditions favorables à leur inclusion. Ces recommandations font l'objet de l'annexe B.

D'un point de vue théorique, l'approche orientée devis et l'approche orientée modèle diffèrent dans la manière dont la composante « aléatoire » y est définie. Avec l'approche orientée devis, l'ensemble des valeurs $y_1, \ldots, y_N$ de la population sont définies comme des composantes fixes, puis, une variable aléatoire I_k, de type Bernoulli, détermine l'inclusion de y_k dans l'échantillon *S*, ou pas. Les paramètres de la variable de Bernoulli sont $n = 1$ et probabilité de succès $p = \pi_k$, la probabilité de sélection de l'unité *k* (Lohr, 2019 ; Skinner & Wakefield, 2017). Avec l'approche orientée modèle, la variable Y_k est définie comme une variable aléatoire. Les *n* observations de l'échantillon sont vues comme des réalisations de *n* variables aléatoires Y_k, générées à partir d'une super population infinie (Lohr, 2019 ; Skinner & Wakefield, 2017).

Selon Stapleton (2013), au moment d'analyser des données issues d'un plan d'échantillonnage complexe, le choix de l'une ou l'autre des approches devrait être guidé par la nature de la question de recherche. Afin de fixer les idées, supposons, par exemple, que des données aient été recueillies selon un plan d'échantillonnage à deux niveaux (écoles au premier niveau et élèves au second niveau), puis que deux variables aient été étudiées : le temps d'écran hebdomadaire des élèves et leurs performances scolaires.

Si la question de recherche visait à étudier le lien entre le temps d'écran et les performances scolaires chez l'ensemble des participants, l'approche orientée devis serait adéquate. En effet, dans ce contexte, le fait que les élèves soient nichés à l'intérieur des écoles constitue davantage une nuisance qu'un phénomène à modéliser. A contrario, si la recherche visait à expliquer le lien entre le temps d'écran des élèves et les performances scolaires, par des variables de niveau école et de niveau élève, l'approche orientée modèle ou modélisation multiniveau serait davantage indiquée.

Stapleton (2013) propose d'utiliser le coefficient de corrélation intra-classe (*CCI*), un coefficient qui indique le niveau d'homogénéité à l'intérieur des grappes, afin de déterminer si les conditions sont favorables à l'utilisation de l'approche orientée modèle. Le *CCI* d'une variable est donné par la proportion de la variance intergroupe (au sens d'inter-grappe, dans le contexte) par rapport à la variance totale

$$CCI = \frac{\sigma_B^2}{\sigma_B^2 + \sigma_W^2}$$

avec *B*, la variance intergroupe, *W*, la variance intra-groupe et $0 \leq CCI \leq 1$ (Byrne, 2012). Une valeur de 1 indique que les grappes sont complètement homogènes. Une valeur proche de 0 indique peu de variabilité à modéliser au niveau des grappes. Avec des valeurs de CCI proches de 0, il est peu probable que les estimations d'un modèle multiniveau convergent (Asparouhov, 2006 ; Kovačević & Rai, 2003 ; Stapleton, 2013), de sorte que l'approche orientée devis est davantage indiquée dans le contexte.

Le logiciel M*plus* Version 8 permet l'analyse de données à l'aide de l'approche orientée devis ainsi qu'à l'aide de l'approche orientée modèle (pour des modèles à deux ou trois niveaux). l'approche orientée modèle (pour des modèles à deux ou trois niveaux). Dans l'annexe A, les commandes pour ce faire seront présentées, puis, un fichier de données ainsi que des fichiers de commandes exécutables dans M*plus* Version 8 seront fournis afin d'illustrer l'approche orientée devis.

Dans la section qui suit, nous aborderons la deuxième considération méthodologique inhérente aux grandes enquêtes en éducation, à l'origine des défis imposés aux analystes secondaires : la procédure de rotation des items lors de la collecte de données.

3. Rotation des items lors de la collecte de données

Dans le cadre des grandes enquêtes en éducation, de très nombreux items sont nécessaires afin de couvrir des domaines aussi vastes que la culture mathématique, la compréhension de l'écrit et la culture scientifique. Il serait déraisonnable et peu souhaitable de soumettre les participants à l'ensemble de ces items (OCDE, 2009). En effet, au-delà d'une certaine durée, le niveau de fatigue et la perte de motivation chez les participants pourraient biaiser les résultats. En outre, les directions d'écoles et les élèves pourraient se montrer peu enclins à participer à de telles épreuves, ce qui réduirait le taux de participation et pourrait constituer une source de biais supplémentaire (OCDE, 2009).

Afin de maximiser la couverture des items dans la population tout en minimisant le temps nécessaire à la passation des épreuves, le PISA administre, depuis 2003, les épreuves cognitives en mode rotatif. Cette manière de procéder induit le fait que chaque participant ne répond qu'à une partie des items de la banque totale d'items.

La procédure de rotation des items cognitifs, mise en œuvre par le PISA, est appelée procédure à *devis incomplet balancé* (*Balanced incomplete design*, OCDE, 2009 ; Weeks et al., 2013). Cette procédure consiste à répartir la totalité des items de mathématiques, de compréhension de l'écrit et de sciences en 13 blocs, pour ensuite former des cahiers, constitués de 4 blocs. De ce fait, 13 formats de cahiers sont produits, ensuite, un bloc donné se retrouve dans 4 cahiers mais y occupe, chaque fois, une position différente. Le tableau 7 illustre ce devis. Comme nous pouvons le constater, le bloc B1 est inclus dans les cahiers 1, 5, 11 et 13 et il s'y situe respectivement dans les positions suivantes : 1re, 4e, 3e et 2e.

Tableau 7 Procédure de rotation des items des épreuves cognitives mise en œuvre dans le PISA

	Partie 1 du test	Partie 2 du test	Partie 3 du test	Partie 4 du test
Cahier 1	B1	B2	B4	B10
Cahier 2	B2	B3	B5	B11
Cahier 3	B3	B4	B6	B12
Cahier 4	B4	B5	B7	B13
Cahier 5	B5	B6	B8	B1
Cahier 6	B6	B7	B9	B2
Cahier 7	B7	B8	B10	B3
Cahier 8	B8	B9	B11	B4
Cahier 9	B9	B10	B12	B5
Cahier 10	B10	B11	B13	B6
Cahier 11	B11	B12	B1	B7
Cahier 12	B12	B13	B2	B8
Cahier 13	B13	B1	B3	B9

Note. Tableau adapté de OCDE, 2009, p.91

Lors de la collecte de données, chaque élève répond à un seul cahier qui lui est attribué de manière aléatoire. De ce fait, deux élèves ne sont pas nécessairement soumis au même test. Toutefois, comme le PISA utilise un modèle issu de la théorie des réponses aux items (section 4), pour rendre compte des performances, cela ne pose pas problème. Le fait que les carnets partagent des items communs suffit pour comparer des élèves, sur une échelle commune, avec un tel type de modèle (OCDE, 2009). En effet, des procédures de mise à l'échelle permettent de s'assurer que les cahiers sont « équivalents » et que les performances sont estimées à partir d'une échelle commune (OCDE, 2009). Toutefois, la manière dont le PISA s'y prend pour rendre compte des performances pose un défi pour l'analyste secondaire. En effet, le PISA se tourne vers une approche appelée *approche des valeurs plausibles*. Les valeurs générées nécessitent un traitement particulier. Ce sujet fera l'objet de la section 4.

Depuis 2012, une rotation des items similaire à celle utilisée dans les épreuves cognitives a été implantée dans les questionnaires contextuels destinés aux élèves, questionnaires qui servent à décrire les participants, par exemple, leur genre, la langue parlée à la maison, leur statut socioéconomique, leurs attitudes et leurs expériences en lien avec l'apprentissage du domaine majeur d'évaluation du cycle, etc. (OCDE, 2014b). La procédure de rotation mise en œuvre dans ces questionnaires est appelée *devis en trois formes* (*Three-form design*, Graham et al., 1996). Celle-ci entraine des conséquences importantes quand vient le temps d'analyser les données qui en sont issues. En effet, comme nous le verrons ci-après, cette forme de rotation crée, pour certains items ou indices, une quantité importante de données manquantes qui devront être traitées.

Le devis en trois formes consiste à répartir les items en 4 blocs, puis, à répartir ces blocs de manière à former trois types de cahiers : A, B et C. Lors des épreuves, chaque participant se voit attribuer un cahier, de manière aléatoire. Quel que soit le cahier reçu, l'ensemble des participants répondent aux items du bloc commun, mais seulement 2/3 des participants répondent aux items des blocs 1, 2 et 3. Le tableau 8 illustre la méthode pour les items communs ainsi que pour les items de 6 concepts-clés évalués dans le cycle du PISA 2012.

Tableau 8 Forme rotative A, B et C utilisée pour les items du questionnaire contextuel destiné aux élèves lors du cycle PISA 2012

	Items du Bloc commun	Items du Bloc 1	Items du Bloc 2	Items du Bloc 3
Forme A	Genre Langue parlée à la maison	-	Familiarité avec les concepts mathématiques Stratégies d'apprentissage	Motivation instrumentale Motivation intrinsèque
Forme B	Genre Langue parlée à la maison	Anxiété mathématique Perception de soi en mathématiques	-	Motivation instrumentale Motivation intrinsèque
Forme C	Genre Langue parlée à la maison	Anxiété mathématique Perception de soi en mathématiques	Familiarité avec les concepts mathématiques Stratégies d'apprentissage	-

Note. Tableau adapté de OCDE, 2014b

En utilisant le devis en trois formes, au moins 33 % des données relatives aux items des blocs 1, 2 et 3 sont manquantes. Selon Enders (2010), comme elles le sont *à cause du devis* (*Missing by desing*), elles sont de type *MCAR* (*Missing completely at random*).

Le traitement des données manquantes est une étape essentielle lors de l'analyse secondaire de données issues des études à grande échelle. Supprimer les élèves et les écoles pour lesquelles des données sont absentes n'est pas une solution : cela pourrait générer des estimations biaisées des paramètres (Enders, 2010 ; Van Buuren, 2018 ; Kim et al., 2013). La méthode de vraisemblance maximale (*Full information maximum likelihood, FIML*) est jugée supérieure aux techniques traditionnelles, comme la délétion, pour traiter les données manquantes de type *MCAR* (Enders, 2010). La méthode de vraisemblance maximale est même jugée par plusieurs méthodologistes pour représenter l'état de l'art (Enders, 2010), dans le contexte. Le logiciel M*plus* Version 8 permet la prise en charge d'ensemble de données manquantes de type *MCAR* et leur traitement par la méthode de vraisemblance maximale (*Full information maximum likelihood, FIML*). Les commandes pour ce faire seront présentées dans l'annexe A.

Dans la section qui suit, nous décrirons l'approche utilisée par le PISA pour rendre compte des performances, à savoir l'approche des valeurs plausibles. Nous verrons comment de telles valeurs peuvent être analysées.

4. Approche des valeurs plausibles

Le modèle utilisé par le PISA pour rendre compte des performances des participants est un modèle issu de la théorie des réponses aux items (TRI), une généralisation multidimensionnelle et polychotomique du modèle de Rasch, le modèle logistique multinomial à coefficients mixtes multidimensionnel (Adams et al., 1997a). Comme l'ensemble des modèles issus du modèle de Rasch, le modèle logistique multinomial à coefficients mixtes multidimensionnels, estime le niveau d'habileté des individus en tenant compte des réponses qu'ils ont fournies, certes, mais aussi, en considérant le niveau de difficulté des items qui leur ont été soumis. Le modèle logistique multinomial à coefficients mixtes multidimensionnels (Adams et al., 1997a) est présenté en annexe C.

En général, lorsqu'un tel modèle est appliqué, le niveau d'habileté des individus est estimé à l'aide d'estimateurs ponctuels tels que l'EAP (estimateur de l'espérance à postériori, *Expected-a-posteriori estimate*, Bock & Mislevy, 1982) ou le *WML* (estimateur de vraisemblance maximale de Warm, *WML* pour *Warm's maximum likelihood estimate*, Warm, 1989). Cependant, comme le PISA s'intéresse davantage à l'habileté moyenne au sein des populations, qu'à l'habileté individuelle des participants et que de surcroit le nombre d'items soumis aux participants est restreint, les estimateurs ponctuels du niveau d'habileté ne sont pas optimaux, dans ce contexte. En effet, comme Mislevy (1991) l'a démontré mathématiquement et comme von Davier et al., (2009) l'ont montré à partir de simulations, l'EAP et le *WML* arrivent à estimer correctement l'habileté moyenne d'une population, mais pas l'écart-type. L'EAP le sous-estime et le *WML* le surestime ; ces deux phénomènes constituent des limites importantes au moment de comparer des moyennes de groupes ou d'effectuer des classements, comme cela est nécessaire dans les études à grandes échelles. Puisque l'approche des valeurs plausibles a la particularité d'estimer adéquatement la moyenne et l'écart-type du niveau d'habileté au sein des populations, peu importe le nombre d'items soumis aux individus (von Davier et al., 2009) ; c'est dès lors cette méthode qui est mise en œuvre dans le PISA, depuis 2003.

L'approche des valeurs plausibles est une méthode d'imputation multiple. De ce fait, elle traite le niveau d'habileté de chacun des individus comme une valeur manquante et fournit, pour chaque individu, M valeurs imputées (avec $M \geq 2$) (Lohr, 2019). Cela crée M ensembles de données « complètes », puis, comme nous le constaterons ci-après, les résultats combinés donnent une estimation de la variance additionnelle attribuable à l'imputation (Lohr, 2019). Les valeurs plausibles ne sont ni des scores ni des estimations ponctuelles du niveau d'habileté (OCDE, 2009). Ce sont des valeurs tirées aléatoirement à partir de la distribution de probabilité estimée du niveau d'habileté de l'individu, sachant les réponses que ce dernier a fourni aux items et le niveau de difficulté des items.

Au moment de traiter les données, les M ensembles de données « complètes » doivent être analysés (OCDE, 2009). Les estimations qui en résultent doivent ensuite être combinées selon une approche jugée comme un standard dans le domaine : l'approche de Little et Rubin (2002) (Snijders & Bosker, 2011 ; Kim et al., 2013 ; OCDE, 2009). Celle-ci suggère de fournir comme estimateur final la moyenne des M estimations, puis, d'ajuster la variance finale pour deux sources d'imprécision, la variance échantillonnale finale et la variance due à l'imputation. Ainsi, avec l'approche des valeurs plausibles, toute statistique d'intérêt θ de la population doit être calculée en suivant les 6 étapes suivantes (OCDE, 2009, p. 118–119) :

1) Estimer la statistique d'intérêt ainsi que sa variance dans les M ensembles de données, des estimations notées $\hat{\theta}_i$ et $\sigma^2_{\hat{\theta}_i}$ dans l'ensemble de données i avec i allant de 1 à M.

2) Calculer la statistique finale avec la formule

$$\hat{\theta} = \frac{1}{M}\left(\hat{\theta}_1 + \ldots + \hat{\theta}_M\right)$$

3) Calculer la variance échantillonnale finale en prenant la moyenne des variances échantillonnales obtenues dans les *M* ensembles de données.

$$\sigma^2_{(\hat{\theta})} = \frac{1}{M}\left(\sigma^2_{(\hat{\theta}_1)} + \ldots + \sigma^2_{(\hat{\theta}_M)}\right)$$

4) Calculer la variance due à l'imputation notée $\sigma^2_{(imp)}$ avec la formule suivante.

$$\sigma^2_{(imp)} = \frac{1}{M-1}\sum_{i=1}^{M}\left(\hat{\theta}_i - \hat{\theta}\right)^2$$

5) Combiner la variance échantillonnale finale et la variance due à l'imputation afin d'obtenir la variance finale de l'erreur, notée $\sigma^2_{(test)}$, avec la formule ci-après.

$$\sigma^2_{(test)} = \sigma^2_{(\hat{\theta})} + \left(\left(1 + \frac{1}{M}\right)\sigma^2_{(imp)}\right)$$

6) Prendre la racine carrée de la variance finale de l'erreur afin d'obtenir l'écart type de la statistique d'intérêt.

En 2003 et en 2012, chaque participant s'est vu attribuer cinq valeurs plausibles dans chacun des domaines d'évaluation afin de témoigner de ses performances. Depuis 2015, le nombre de valeurs plausibles fournies afin de rendre compte des performances dans chacun des domaines évalués est de 10. Le logiciel M*plus* Version 8 permet la prise en charge d'ensembles de données imputées et procède à leur analyse selon la méthode proposée par Little et Rubin (2002). En annexe A, les commandes pour ce faire seront présentées, puis un fichier de données ainsi qu'un fichier de commandes exécutables dans M*pl*us Version 8 seront fournis afin d'illustrer la procédure.

5. Conclusion

Dans ce chapitre, nous avons abordé trois méthodologies implantées dans le PISA, le TIMSS et le PIRLS qui engendrent des conséquences importantes quand vient le moment, pour un analyste secondaire, d'analyser les données issues de ces grandes enquêtes en éducation. Ces trois méthodologies sont tout d'abord le plan d'échantillonnage complexe mis en œuvre; vient ensuite la procédure de rotation des items ayant servi à générer les cahiers des épreuves cognitives et des questionnaires contextuels destinés aux élèves; enfin, l'approche utilisée pour rendre compte des performances, l'approche des valeurs plausibles. Pour chacune de ces trois méthodologies, nous avons proposé des approches d'analyses. Celles-ci sont résumées dans le tableau 9. Une liste de logiciels permettant de mener de telles analyses est suggérée en annexe A. En outre, les commandes pour ce faire à l'aide du logiciel M*plus* Version 8 sont proposées, puis des liens vers une base de données issue du PISA 2015 (OCDE, 2016) ainsi qu'un fichier M*plu*s sont fournis.

Tableau 9 Synthèse des considérations méthodologiques à l'origine des défis à relever lors de l'analyse secondaire de données issues du PISA, du TIMSS et du PIRLS et approches d'analyse adaptées

Considération méthodologique à l'origine des défis lors d'analyses secondaires de données issues du PISA, du TIMSS et du PIRLS	Conséquences	Approche d'analyse adaptée
Plan d'échantillonnage complexe	Non-indépendance des observations Probabilités de sélection inégales des unités statistiques Présence de poids de sondage Nécessite d'approximer la variance des paramètres estimés	**Approche orientée devis** - Inclusion de poids de sondage - Approximation de la variance par les méthodes de réplication (poids de sondage répliqués si fournis) ou méthode de linéarisation de Taylor et extension **Approche orientée modèle** - Inclusion de poids de sondage si indiqué - Approximation de la variance par les méthodes de réplication (poids de sondage répliqués si fournis) ou méthode de linéarisation de Taylor et extension
Procédure de rotation des items dans les questionnaires contextuels destinés aux élèves	Présence de données manquantes de type *MCAR*	Estimations avec l'estimateur *FIML*

Tableau 9 Suite

Considération méthodologique à l'origine des défis lors d'analyses secondaires de données issues du PISA, du TIMSS et du PIRLS	Conséquences	Approche d'analyse adaptée
Valeurs plausibles pour rendre compte des performances (et procédure de rotation des items des épreuves cognitives)	Nécessité de traiter et combiner toutes les valeurs plausibles	Approche de Little et Rubin (2002)

Annexe A. Logiciels permettant de mener les analyses vues dans ce chapitre

Tel que nous pouvons le lire dans Lohr (2019),

> Brogea (2005) a effectué une synthèse des logiciels qui permettent de traiter des données issues d'un plan d'échantillonnage complexe. SUDAAN (www.rti.org/sudaan), Stata (www.stata.com), *SPSS Complex Samples* (www.spss.com) et SAS (*SAS Institute Inc.*, 2008) utilisent la méthode de linéarisation afin d'estimer la variance de paramètres non linéaires. Les logiciels Espar (www.westat.com) et VPLX (Fay, 1990) utilisent les méthodes de rééchantillonnage pour estimer la variance des paramètres. Des versions récentes de SAS et SUDAAN utilisent la méthode *BRR* et la méthode du *jacknife*. Plusieurs librairies dans R (*R Development Core Team*, 2008) sont disponibles à l'adresse www.r-project.org. Lully (2000) a fourni une librairie de fonctions de sondage en *R* qui utilisent la linéarisation et les méthodes de réplication; Mate et Tillé (2005) ont fourni des fonctions dans *R* afin de sélectionner des échantillons et calculer l'estimateur d'Horvith-Thompson. Le logiciel gratuit *Ivar* (www.isr.umich.edu/src/smp/ive/) utilise la linéarisation et des méthodes des réplications ainsi que des méthodes d'imputation multiple pour le traitement des données manquantes (traduction libre de Lohr, 2019, p.393).

Le site du *Survey Research Methods Section* of the *American Statistical Association* (https://community.amstat.org/surveyresearchmethods section/home) fournit des mises à jour sur le sujet. Il suffit de consulter la section *Software for Analysis of Survey Data* dans *Links and Resources* sous l'onglet *Resources* ou d'aller directement à l'adresse suivante : https://www.hcp.med.harvard.edu/statistics/survey-soft/.

Les logiciels suivants permettent la modélisation par équations structurelles de données issues de plans d'échantillonnage complexes : M*plus* Version 6.1 et plus récentes, *LISREL* Version 8.8 et plus récentes, la librairie *gllamm* de Stata version 11 (Stapleton, 2013).

Tableau 10 Commandes Mplus Version 8, telles que spécifiées dans Muthén et Muthén (2017), permettant d'effectuer les analyses discutées dans ce chapitre

Considération méthodologique	Conséquences	Approche d'analyse adaptée	Commandes M*plus* Version 8
Plan d'échantillonnage complexe	Non-indépendance des observations Probabilités de sélection inégales des unités statistiques Présence de poids de sondage Nécessite d'approximer la variance des paramètres estimés	**Approche orientée devis** - Inclusion de poids de sondage - Approximation de la variance par les méthodes de réplication (poids de sondage répliqués si fournis) ou méthode de linéarisation de Taylor et extension **Approche orientée modèle** -Inclusion de poids de sondage si indiqué -Approximation de la variance par les méthodes de réplication (poids de sondage répliqués si fournis) ou méthode de linéarisation de Taylor et extension	Les poids de sondage des individus peuvent être spécifiés en inscrivant TYPE = COMPLEX dans la commande ANALYSIS en conjonction avec l'option WEIGHT de la commande VARIABLE. Les poids de sondage répliqués sont intégrés avec l'option REPWEIGHT de la commande VARIABLE. La méthode de linéarisation de Taylor et extensions est utilisée lorsque les options STRATIFICATION, CLUSTER et WEIGHT sont spécifiées dans la commande VARIABLE. L'estimateur à utiliser en conjonction avec TYPE = COMPLEX est l'estimateur MLR, à spécifier de la manière suivante dans la commande ANALYSIS : ESTIMATOR = MLR Les poids de sondage des écoles et des individus peuvent être spécifiés en inscrivant TYPE = TWOLEVEL dans la commande ANALYSIS en conjonction avec les options WEIGHT et BWEIGHT de la commande VARIABLE
Procédure de rotation des items dans les questionnaires contextuels destinés aux élèves	Présence de données manquantes de type MCAR	Estimations avec l'estimateur *FIML*	L'estimateur MLR opère avec le FIML.
Valeurs plausibles pour rendre compte des performances (et procédure de rotation des items des épreuves cognitives)	Nécessité de traiter et combiner les analyses de *M* ensemble de données imputées	Approche de Little et Rubin (2002)	La commande data = IMPUTATION combine les estimations obtenues pour tous les ensembles de données générés par imputation multiple, puis fournit les valeurs moyennes des paramètres, leur écart-type ajusté puis l'indice d'ajustement global du modèle (Muthén & Muthén, 2017), selon les recommandations de Little et Rubin (2002).

Fichiers complémentaires

Pour le lecteur intéressé, une base de données et des fichiers exécutables dans M*plus* Version 8 sont fournis. La base de données est aussi fournie en format SPSS, puis les fichiers exécutables et leur sortie sont aussi donnés en PDF, pour consultation. Ainsi, la liste des fichiers disponibles va comme suit :

- Une base de données SPSS dont le titre est CAN_PISA_2015_reduit.sav (qui constitue une partie de la base de données canadienne issue du PISA 2015) ;
- Un fichier qui fournit une description des variables incluses dans la base de données : le fichier Description de la base de données fournie.docx ;
- Un fichier contenant la base de données exécutable en M*plus* Version 8 : le fichier implistmodel.dat ;
- 10 fichiers textes auxquels réfère le fichier implist.dat : les fichiers CAN_PISA_2015_reduit_PV1.txt à CAN_PISA_2015_reduit_PV10.txt ;
- Un fichier permettant d'effectuer des analyses dans M*plus* Version 8 selon l'approche orientée devis : le fichier approche_orientee_devis.inp et sa version pour lecture en PDF : le fichier approche_orientee_devis_fichier_de_code.pdf ;
- Des fichiers de sortie obtenus lors de l'exécution : approche_orientee_devis.inp et approche_orientee_devis_fichier_sortie.PDF.

Voici le lien pour accéder à ces fichiers : evaluationgrandeechelle.ca

Annexe B

Avec l'approche multiniveau, avant d'incorporer les poids de sondage, il est nécessaire de considérer les principes suivants : d'une part, le fait d'inclure les poids de sondage dans les analyses est susceptible de générer des estimations sans biais mais moins efficaces (1) et d'autre part, les exclure augmente les chances de générer des estimateurs efficaces mais potentiellement biaisés (2) (Kim et al., 2013). Dans ce contexte, il est recommandé d'étudier au préalable la « valeur ajoutée des poids de sondage ».

La valeur ajoutée de l'information fournie par les poids de sondage peut être évaluée par une fonction appelée *fonction d'information des poids de sondage* (*informativeness,* Pfeffermann, 1993). Si les poids de sondage sont jugés informatifs, il est suggéré de les inclure dans les analyses. Sinon, il est indiqué de ne pas les inclure (Kim et al., 2013).

M*plus* contient une fonction qui permet d'évaluer la valeur de l'information fournie par les poids de sondage multiniveaux. Cette fonction a été développée par Asparahouvov (2006) et est notée par I_2. Lorsque I_2 est inférieur à 2, il est suggéré de ne pas intégrer les poids de sondage.

La base de données du PISA fournit les poids de sondage des écoles et les poids de sondage finaux des élèves. Les poids de sondage des écoles sont donnés par w_i et les poids de sondage finaux des élèves sont données par la formule suivante :

$$w_{i \cap j} = \frac{1}{\pi_{i \cap j}}$$

où $\pi_{i \cap j}$ représente la probabilité de sélection de l'élève *i* de l'école *j*.

Pour tenir compte de l'échantillonnage en deux niveaux et incorporer les poids de sondage à chacun des niveaux, Rutkovski et Zhou (2013) proposent de calculer les poids de sondage de l'élève *i* sachant qu'il provient de l'école *j* de la manière suivante :

$$w_{i|j} = \frac{1}{\pi_{i|j}} = \frac{1}{\left(\pi_{i \cap j} / \pi_j \right)}$$

Les w_j permettent d'ajuster le poids des écoles (sélectionnées au niveau 1) et les $w_{i|j}$ permettent d'ajuster le poids des participants à l'intérieur de chacune des écoles (sélectionnés au niveau 2).

Annexe C

Le modèle logistique multinomial à coefficients mixtes (Adams et al., 1997a) est une généralisation du modèle de Rasch. Contrairement au modèle de Rasch qui est un modèle unidimensionnel et dichotomique, le modèle logistique multinomial à coefficients fixes est multidimensionnel et polychotomique. Ainsi, plutôt que de considérer un seul niveau d'habileté θ sous-jacent aux réponses fournies par un individu, le modèle logistique multinomial à coefficients mixtes en considère plusieurs sous-jacents (aspect multidimensionnel), puis chaque item peut admettre plusieurs catégories de réponses (aspect polychotomique). Enfin, comme chaque item est décrit par une série de paramètres de difficulté inconnus mais fixes, puis, que les niveaux d'habileté sont définis comme des effets aléatoires, le modèle est dit à *coefficients mixtes*.

La définition mathématique du modèle va comme suit (OCDE, 2014a) :

Soit $\theta = (\theta_1, \theta_2, \ldots, \theta_D)$, le vecteur composé de D niveaux d'habiletés (traits latents).

Soit une série de I items indexés par $i = 1, 2, \ldots, I$ où chaque item admet $K_i + 1$ catégories de réponses indexées par $k = 0, 1, .., K_i$.

Soit $X_i = (X_{i1}, X_{i2}, \ldots, X_{iK_i})^t$, le vecteur réponse de l'item i

avec $X_{ij} \begin{cases} 1\text{, si la réponse à l'item i est dans la catégorie j} \\ 0\text{, sinon} \end{cases}$

(par définition, un vecteur X_i constitué uniquement de 0 signifie que la réponse à l'item i se situe dans la catégorie 0, mais d'autres catégories de réponses pourraient être définies de la sorte).

Soit $X^t = (X_1^t, X_2^t, \ldots, X_I^t)$, le vecteur qui résulte de la concaténation de l'ensemble des vecteurs réponses X_i d'un individu.

Soit $\xi = (\xi_1, \xi_2, \ldots, \xi_p)^t$, un vecteur de dimension p permettant de décrire la difficulté de chaque réponse de chacun des items à l'aide d'une combinaison linéaire des p dimensions du vecteur ξ.

Soit a_{ij} le vecteur de longueur p qui contient les coefficients de la combinaison linéaire qui décrit le niveau de difficulté de l'item i catégorie j.

Soit $A^t = (a_{11}, a_{12}, \ldots, a_{1k_1}, a_{21}, \ldots, a_{2k_2}, \ldots, a_{I1}, a_{I2}, \ldots, a_{Ik_I})$ la matrice qui contient chacun des vecteurs a_{ij} de longueur p. La matrice $\boldsymbol{A}$ fait le lien entre chacune des catégories de réponse des items et les paramètres de difficulté du modèle.

Soit b_{ijd} un pointage accordé à la dimension d'habileté d de la catégorie de réponse j à l'item i. Soit $b_{ij} = (b_{ij1}, b_{ij2}, \ldots, b_{ijD})$, le vecteur de pointage accordé aux D dimensions. Soit $B_i = (b_{i1}, b_{i2}, \ldots, b_{iD})^t$ la sous-matrice de score attribuée à chacune des dimensions d'habileté de l'item i. Soit $B = (B_1^t, B_2^t, \ldots, B_I^t)$, la matrice de score pour le test en entier qui fait le lien entre les items et les dimensions d'habileté.

La probabilité que la réponse donnée à l'item *i* soit celle de la catégorie *j* est modélisée par

$$P\left((X_{ij}=1;A,B,\xi\mid\theta\right)=\frac{\exp\left(b_{ij}\theta+a_{ij}^{t}\xi\right)}{\sum_{k=1}^{K}\exp\left(b_{ik}\theta+a_{ik}^{t}\xi\right)}$$

Pour un individu donné, il existe un vecteur réponse

$$f\left(x,\xi\mid\theta\right)=\Psi\left(\theta,\xi\right)\exp\left[x^{t}\left(B\theta+A\xi\right)\right]$$

avec $\Psi\left(\theta,\xi\right)=\left\{\sum_{z\int\Omega}\exp\left[z^{t}\left(B\theta+A\xi\right)\right]\right\}^{-1}$ où Ω est l'ensemble des vecteurs réponses.

Pour estimer les paramètres du modèle autres que θ, le PISA utilise la procédure d'estimation du maximum marginal de vraisemblance (Adams et al., 1997a ; Adams et al., 1997b ; Bock & Aitkin, 1981). Pour ce faire, il est nécessaire de spécifier, dans un premier temps, la distribution théorique de θ, ce qui est fait, en trois étapes, comme suit.

D'abord, en contexte unidimensionnel, il est d'usage courant de définir le scalaire θ comme

$$\theta=\mu+E$$

où E suit une loi normale de moyenne 0 et de variance σ^2 et par conséquent, où θ suit une loi normale de moyenne μ et de variance σ^2. Cependant, Adams et al. (1997b) ont proposé une extension, toujours pour la forme unidimensionnelle, qui consiste à remplacer μ par le modèle de régression $Y_n^t\beta$ où Y_n est un vecteur de données connues et fixes pour l'individu n (genre, statut socio-économique, etc.) et β, le vecteur composé des coefficients de cette régression. Le modèle pour l'individu n devient donc

$$\theta_n=Y_n^t\beta+E_n,$$

où E_n suit une loi normale de moyenne 0 et de variance σ^2. Par conséquent, θ_n est présumé suivre une loi normale de moyenne $Y_n^t\beta$ et de variance σ^2. La densité de cette distribution peut alors s'écrire comme

$$f_\theta\left(\theta_n;Y_n;\beta;\sigma^2\right)=\left(2\pi\sigma^2\right)^{-1/2}\exp\left[\frac{-1}{2\sigma^2}\left(\theta_n-Y_n^t\beta\right)^t\left(\theta_n-Y_n^t\beta\right)\right].$$

Enfin, pour généraliser à la forme multidimensionnelle à D dimensions, le scalaire θ_n doit être remplacé par le vecteur $\boldsymbol{\theta}_n$. La distribution normale devient une distribution normale multivariée dont la fonction de densité est donnée par

$$f_\theta\left(\theta_n;w_n\gamma;\Sigma\right)=\left(2\pi\right)^{-d/2}\left|\Sigma\right|^{-1/2}\exp\left[\frac{-1}{2\sigma^2}\left(\theta_n-\gamma w_n\right)^t\Sigma^{-1}\left(\theta_n-\gamma w_n\right)\right], \qquad (2)$$

où Σ est une matrice de variance-covariance de dimensions $D \times D$, w_n est un vecteur de variables fixes $u \times 1$ et γ, une matrice de coefficients de régression $u \times D$.

La combinaison de (1) et (2) permet d'obtenir $f_x\left(x;\xi;\gamma;\Sigma\right)$, le modèle marginal de réponses aux items :

$$f_x\left(x;\xi;\gamma;\Sigma\right)=\int_\theta f_x(x;\xi\mid\theta)f_\theta\left(\theta;\gamma;\Sigma\right)d\theta. \qquad (3)$$

C'est à partir du modèle marginal de réponses aux items (3) que la vraisemblance pour $p=1,2,\ldots,P$ individus est obtenue. Elle est donnée par

$$\Lambda=\prod_{p=1}^{P}f_x\left(x_p;\xi;\gamma;\Sigma\right) \qquad (4)$$

À partir de (4), les paramètres de population γ et Σ, ainsi que les paramètres d'items ξ peuvent être estimés par la méthode du maximum marginal de vraisemblance (Adams et al., 1997a; Adams et al., 1997b; Bock & Aitkin, 1981).

Références

Adams, R. J., Wilson, M., & Wang, W.-C. (1997a). The multidimensional random coefficients multinomial logit model. *Applied Psychological Measurement, 21*(1), 1–23. https://doi.org/10.1177/0146621697211001

Adams, R. J., Wilson, M., & Wu, M. (1997b). Multilevel item response modes : an approach to errors in variables regression. *Journal of Educational*

Behavioral Statistics, 22(1), 47–76. https://doi.org/10.3102/1076998602 2001047

Asparouhov, T. (2004). Stratification in multivariate modeling, *Mplus Web Notes*, 9. http://www.statmodel.com/download/webnotes/MplusNote 921.pdf

Asparouhov, T. (2005). Sampling weights in latent variable modeling. *Structural equation modeling, 12*(3), 411–434. https://doi.org/10.1207/s153280 07sem1203_4

Asparouhov, T. & Muthén, B. (2005). Multivariate statistical modeling with survey data. Dans *Proceedings of the Federal Committee on Statistical Methodology (FCSM) research conference.* http://www.statmodel.com/ download/2005FCSM_Asparouhov_Muthén_IIA.pdf

Asparouhov, T. (2006). General multi-level modeling with sampling weights. *Communications in Statistics—Theory and Methods, 35*(3), 439–460. https://doi.org/10.1080/03610920500476598

Asparouhov, T., & Muthén, B. (2006). Multilevel modeling of complex survey data. Dans *Proceedings of the joint statistical meeting in Seattle* (pp. 2718–2726), ASA Section on Survey Research Methods . https://www.statmodel.com/download/SurveyJSM1.pdf

Binder, D. A. (1983). On the variances of asymptotically normal estimators from complex surveys. *International Statistical Review/Revue Internationale de Statistique, 51*(3), 279–292. https://doi.org/10.2307/1402588

Bock, R. D., & Aitkin, M. (1981). Marginal maximum likelihood estimation of item parameters: Application of an EM algorithm. *Psychometrika, 46*, 443–459. https://doi.org/10.1007/BF02293801

Bock, R. D., & Mislevy, R. J. (1982). Adaptive EAP estimation of ability in a microcomputer environment. *Applied Psychological Measurement, 6*(4), 431–444. https://doi.org/10.1177/014662168200600405

Byrne, B. M. (2012). *Structural equation modeling with Mplus : basic concepts, applications, and programming.* Routledge/Taylor & Francis Group.

Enders, C. K. (2010). *Applied missing data analysis.* Guilford press.

Fay, R. E. (1990). VPLX : variance estimates for complex samples. *Bureau of the Census, Washington, DC.*

Graham, J. W., Hofer, S. M., & MacKinnon, D. P. (1996). Maximizing the usefulness of data obtained with planned missing value patterns : an application of maximum likelihood procedures. *Multivariate Behavioral Research, 31*(2), 197–218. https://doi.org/10.1207/s15327906mbr3102_3

Heck, R. H., & Thomas, S. L. (2015). *An introduction to multilevel modeling techniques : MLM and SEM approaches using Mplus* (3e éd.). Routledge.

Heeringa, S. G., West, B. T., & Berglund, P. A. (2017). *Applied survey data analysis.* Chapman et Hall/CRC. https://doi.org/10.1201/9781315153278

Horvitz, D. G., & Thompson, D. J. (1952). A generalization of sampling without replacement from a finite universe. *Journal of the American statistical Association*, *47*(260), 663–685. https://doi.org/10.1080/01621459.1952.10483446

Joncas, M, & Foy, P. (2011). Sample design in TIMSS and PIRLS. *Methods and procedures in TIMSS and PIRLS*, 1–21. https://pirls.bc.edu/methods/pdf/TP_Sampling_Design.pdf

Kalton, G. (1977). Practical methods for estimating survey sampling errors. *Bulletin of the International Statistical Institute*, *47*(3), 495–514.

Kalton, G. (1983). Models in the practice of survey sampling. *International Statistical Review/Revue Internationale de Statistique*, *51*(2), 175–188. https://doi.org/10.2307/1402747

Kim, J. S., Anderson, C. J., & Keller, B. (2013). Multilevel analysis of assessment data. Dans L. Rutkowski, M. von Davier & D. Rutkowsk (Eds.) *Handbook of international large-scale assessment : Background, technical issues, and methods of data analysis* (pp. 389–425). Colombia University Libraries. http://www.columbia.edu/~bsk2131/Kim_Anderson_Keller_2014.pdf

Kish, L. (1965). *Survey sampling.* Wiley.

Kish, L. (1992). Weighting for unequal Pi. *Journal of Official Statistics*, *8*(2), pp.183–200. https://www.proquest.com/scholarly-journals/weighting-unequal-pi/docview/1266806713/se-2

Kline, R. B. (2016). *Principles and practice of structural equation modeling* (4e éd.). Guilford Press.

Kovačević, M. S., & Rai, S. N. (2003). A pseudo maximum likelihood approach to multilevel modelling of survey data. *Communications in Statistics-Theory and Methods*, *32*(1), 103–121. https://doi.org/10.1081/STA-120017802

Little, R. J., & Rubin, D. B. (2002). *Statistical analysis with missing data.* John Wiley and Sons.

Lohr, S.L. (2019). *Sampling : Design and Analysis* (2e éd.). Chapman et Hall/CRC. https://doi.org/10.1201/9780429296284

Mislevy, R. J. (1991). Randomization-based inference about latent variables from complex samples. *Psychometrika, 56*, 177–196. https://doi.org/10.1007/BF02294457

Muthén, L. K., & Muthén, B. O. (2017). *Mplus User's guide* (8e éd.) *: Statistical Analysis with latent Variables.* Muthén & Muthén.

Muthén, B. O., & Satorra, A. (1995). Complex sample data in structural equation modeling. *Sociological methodology, 25,* 267–316. https://doi.org/10.2307/271070

OCDE (2009). *PISA Data analysis manual : SPSS and SAS* (2e éd.). Éditions OCDE. https://doi.org/10.1787/9789264056275-en

OCDE (2014a). PISA 2012 Technical Background. Dans *Pisa 2012 results : What students know and can do: Vol I. Student performance in mathematics, Reading and Science.* Editions OCDE. https://doi.org/10.1787/9789264201118-10-en

OCDE (2014b). PISA 2012 Technical report. Éditions OCDE.

OCDE (2016). *Résultats du PISA 2015 (Volume I) : L'excellence et l'équité dans l'éducation.* OECD Publishing. https://doi.org/10.1787/9789264267534-fr

Pfeffermann, D. (1993). The role of sampling weights when modeling survey data. *International Statistical Review/Revue Internationale de statistique, 61*(2), 317–337. https://doi.org/10.2307/1403631

Rabe-Hesketh, S., Skrondal, A., & Pickles, A. (2004). Generalized multilevel structural equation modeling. *Psychometrika, 69*(2), 167–190. https://doi.org/10.1007/BF02295939

Rabe-Hesketh, S., & Skrondal, A. (2006). Multilevel modelling of complex survey data. *Journal of the Royal Statistical Society Series A: Statistics in Society, 169*(4), 805–827. https://doi.org/10.1111/j.1467-985X.2006.00426.x

Rabe-Hesketh, S., Skrondal, A., Zheng, X., & Hoyle, R. (2012). Multilevel structural equation modeling. Dans R. H. Hoyle (Ed.), *Handbook of structural equation modeling* (pp. 512–531). The Guilford Publications.

Rutkowski, L., Gonzalez, E., Joncas, M., & von Davier, M. (2010). International large-scale assessment data: issues in secondary analysis and reporting. *Educational Researcher, 39*(2), 142–151. https://doi.org/10.3102/0013189X10363170

Rutkowski, L., & Zhou, Y. (2013). Using structural equation models to analyze ILSA data. Dans L. Rutkowski, M. von Davier & D. Rutkowski (Eds.), *Handbook of international large-scale assessment: Background, technical issues, methods of data analysis* (pp. 439–464). Chapman and all/CRC Press.

Skinner, C. J. (1989) Domain means, regression and multi-variate analysis. Dans C.J. Skinner, D. Holt & T.M.F. Smith (Eds.), *Analysis of Complex Surveys* (pp. 59–88). Wiley. http://eprints.soton.ac.uk/id/eprint/34696

Skinner, C., & Wakefield, J. (2017). Introduction to the design and analysis of complex survey data. *Statistical Science, 32*(2), 165–175. https://doi.org/10.1214/17-STS614

Snijders, T. A., & Bosker, R. J. (2011). *Multilevel analysis : an introduction to basic and advanced multilevel modeling* (2e éd.). Sage.

Stapleton, L. M. (2006). An assessment of practical solutions for structural equationmodeling with complex sample data. *Structural*

Equation Modeling: A Multidisciplinary Journal, 13(1), 28–58. https://doi.org/10.1207/s15328007sem1301_2

Stapleton, L. M. (2008). Variance estimation using replication methods in structuralequation modeling with complex sample data. *Structural Equation Modeling: A Multidisciplinary Journal, 15*(2), 183–210. https://doi.org/10.1080/10705510801922316

Stapleton, L. M. (2013). Multilevel structural equation modeling with complex sample data. Dans G. R. Hancock & R. O. Mueller (Eds.), *Quantitative methods in education and the behavioral sciences: Issues, research, and teaching. Structural equation modeling: A second course* (pp. 521–562). IAP Information Age Publishing.

Van Buuren, S. (2018). *Flexible imputation of missing data.* Chapman and Hall/CRC press.

von Davier, M., Gonzalez, E., & Mislevy, R. (2009). What are plausible values and why are they useful. *IERI Monograph Series, 2*, 9–36.

Warm, T. A. (1989). Weighted likelihood estimation of ability in item response theory. *Psychometrika, 54*(3), 427–450. https://doi.org/10.1007/BF02294627

Weeks, J. P., von Davier, M., & Yamamoto, K. (2013). Design considerations for the program for international student assessment. Dans L. Rutkowski, M. von Davier & D. Rutkowski (Eds.), *Handbook of international large-scale assessment: Background, technical issues, methods of data analysis* (pp. 259–275). Chapman and Hall/CRC press. https://www.taylorfrancis.com/chapters/edit/10.1201/b16061-16/design-considerations-program-international-student-assessment-jonathan-weeks-matthias-von-davier-kentaro-yamamoto

Chapitre 13

Voyage au cœur de la modélisation par équations structurelles : éléments clés et mise en pratique

Carla BARROSO DA COSTA[1], Jhonys DE ARAUJO[2]

Introduction

Influencée par les travaux fondateurs des psychométriciens du début du XXe siècle (Kaplan, 2000), la modélisation par équations structurelles (MES) consiste en un ensemble de techniques statistiques liées à la théorie classique des tests qui sont devenues très populaires dans les recherches non expérimentales en sciences sociales et humaines (Byrne, 2016). A l'aide d'une série d'équations de régression qui impliquent des relations linéaires entre plusieurs variables observables ou latentes (non directement observables), la MES vise à tester des modèles théoriques (Kember & Leung, 2005) constitués de deux composantes : le modèle de mesure et le modèle structurel. Le modèle de mesure, aussi connu comme l'analyse factorielle confirmatoire (AFC), examine les liens entre les variables observables et les variables latentes et sert à tester la validité factorielle des construits théoriques. Le modèle structurel, de son côté, analyse les relations entre les variables non directement observables (latentes).

Dans la littérature, la terminologie rattachée à la MES est assez diverse. En effet, la MES est appelée « analyse des structures de covariance et des relations structurelles linéaires » (Nunnally & Bernstein, 1994), « modélisation causale », « analyse causale », « modélisation d'équations simultanées » (Ullman, 2007) ou « modèles de traits latents » (Houssemand, 2021). Dans ce chapitre, le terme « modélisation par équations structurelles (MES) » est privilégié en raison de son emploi répandu en

[1] Université du Québec à Montréal (Québec, Canada).
[2] Université Fédérale de Minas Gerais (Minas Gerais, Brésil).

recherche en éducation et ce, pour les études tant francophones qu'anglophones.

La MES est généralement représentée par un diagramme dont la présentation utilise plusieurs conventions (figure 1). Les variables directement observables sont représentées par des carrés (ou des rectangles). Les facteurs latents, ou variables latentes, sont des construits non directement observables représentés par des cercles (ou des figures ovales). Les liens entre les variables sont indiqués par des flèches. Celle à une pointe indique une relation directe hypothétique entre deux variables. Ainsi, les lettres grecques lambda (λ) et gamma (ϒ) sont des valeurs calculées par une série de manipulations algébriques connues sous le nom de coefficients de régression ou de coefficients de saturation. La flèche à deux pointes et marquée par la lettre phi (*Φ*) indique une relation sans direction d'effet implicite, une corrélation entre deux variables. Il est à noter que toutes les variables dépendantes, observables et latentes ont des flèches marquées par des lettres grecques, zêta (ζ), epsilon *(ε)* et sigma (ς), pointant vers elles. Elles représentent des erreurs de mesure, indiquant que les prédictions effectuées par la modélisation ne sont jamais parfaites et qu'il y aura toujours des erreurs résiduelles.

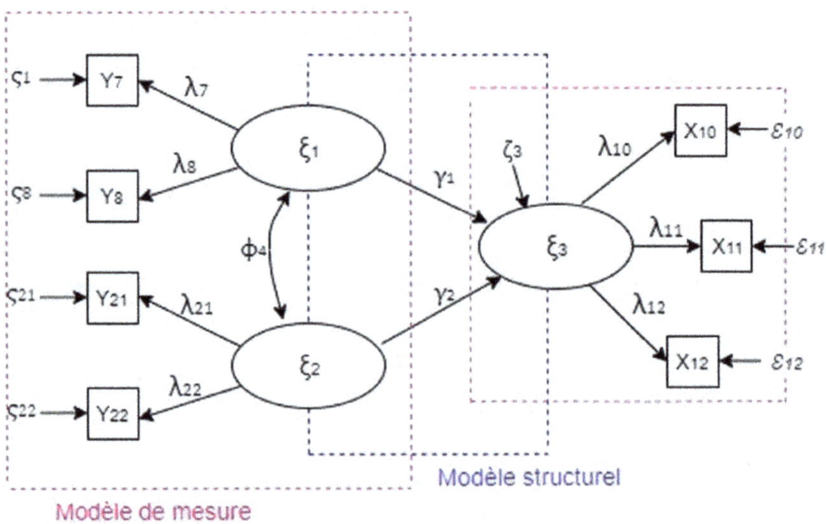

Figure 1 La représentation graphique de la MES

Note. X et Y sont des variables observables ; ξ1 et ξ2 sont des facteurs latents exogènes ; ξ1 est un facteur latent endogène ; λ et ϒ sont des coefficients de saturation ; Φ est la corrélation et ζ, ε et ς sont des erreurs de mesure.

Source : Élaboré par les auteurs.

De type confirmatoire, ces modèles explicatifs des phénomènes humains et sociaux offrent aux chercheurs la possibilité d'examiner la plausibilité empirique des modèles théoriques (Kline, 2016). En utilisant la MES, le chercheur peut créer, faire évoluer et comparer des modèles, ce qui peut être d'une grande pertinence pour l'étude des théories et de leurs hypothèses (Schumacker & Lomax, 2004).

Dans le domaine de l'éducation, plusieurs études s'intéressent à la manière dont les élèves apprennent et au processus d'apprentissage. Lorsque ces études sont quantitatives, la MES est de plus en plus utilisée, permettant ainsi d'élaborer des pratiques éducatives basées sur des preuves robustes. Ainsi, la MES sert, par exemple, pour comprendre les relations entre les stratégies d'apprentissage et les performances académiques (Trigwell et al., 2012) ; pour étudier la relation entre les approches d'apprentissage et la pratique des jeux vidéo (Gomes et al., 2020) ; pour tester et développer des modèles théoriques concernant l'engagement affectif des enseignants (Barroso da Costa, 2014) ou l'engagement cognitif des élèves (Poellhuber et al., 2016) ; ou encore, pour comprendre comment l'intelligence se structure chez la personne (Gomes et al., 2014). La MES peut également être utilisée pour soutenir le développement et la validation empirique des instruments de mesure en éducation, comme les stratégies de motivation (Duncan & McKeachie, 2005), la propension à tricher aux examens à l'université (Frenette et al., 2019), le sentiment de responsabilité des enseignants (Vaudroz & Berger, 2018) ou même, les stéréotypes de genre en mathématiques et en français à l'école (Plante, 2010).

Toutefois, pour que les résultats soient concluants, il faut utiliser la MES de manière rigoureuse et judicieuse, jamais de manière mécanique et irréfléchie. Une utilisation inappropriée peut entrainer certaines conséquences négatives telles qu'une définition erronée des constructions théoriques, la production de faux résultats ou encore des interprétations inexactes soutenues par des conclusions arbitraires (Pilati & Laros, 2007). Etant donné que les résultats des recherches qui utilisent la MES servent souvent à soutenir des recherches futures, à construire des instruments de mesure et à contribuer à leur validation ainsi qu'à examiner les effets des pratiques pédagogiques, il est très important que la prise de décision au moment de l'analyse soit prudente, réfléchie et rigoureuse.

Dans ce chapitre, le lecteur est invité à entreprendre un voyage au cœur de la MES par la présentation des éléments essentiels d'une démarche de modélisation des données et ainsi par la mise en lumière des bonnes pratiques à soutenir. Certains défis qui peuvent être rencontrés lors des analyses sont relevés, des possibles décisions à prendre pour surmonter ces défis sont discutées et des références importantes pour approfondir certains aspects abordés seulement en surface sont indiquées. Afin d'illustrer ces bonnes pratiques, une application détaillée de modélisation des données dans le domaine de l'éducation est proposée. Les aspects liés à la base théorique des concepts étudiés et les analyses préliminaires des données sont examinés et les résultats des modèles testés sont décrits.

Le chapitre est structuré comme suit : dans un premier temps, nous présentons, en plusieurs étapes, les éléments qui composent la MES en allant de la préparation des données aux indices d'ajustement des modèles et à leur fiabilité. Par la suite, nous illustrons ces éléments au travers d'une situation concrète dans le domaine de l'éducation. Nous clôturons ce chapitre en proposant quelques considérations pertinentes pour approfondir la compréhension et favoriser l'utilisation de la modélisation des données dans des contextes éducatifs.

Précisons que l'intention n'est pas ici d'épuiser le sujet car, en raison de son ampleur, cela ne serait pas possible en un seul chapitre. Cependant, nous pensons que le chercheur qui se familiarise avec l'utilisation de cette modélisation et qui acquiert de l'expérience en la matière trouvera dans cette étude plusieurs détails importants auxquels il doit être attentif lorsqu'il utilise la MES.

1. La modélisation des données avec la MES : éléments essentiels à la qualité de l'analyse

Avant tout, précisons que le but de la MES est de vérifier dans quelle mesure les données de l'échantillon soutiennent le modèle théorique. En effet, le modèle théorique construit et testé doit s'appuyer sur des recherches précédentes qui portent sur le phénomène étudié, rendant possible l'établissement de liens entre les variables en suivant des argumentaires rigoureux et convaincants. Cet aspect essentiel à la qualité de la MES est présenté plus en profondeur dans des ouvrages d'introduction de la MES, comme celui de Ho (2006) ou celui de Schumacker et Lomax (2004).

Cette section précisera certains éléments considérés comme essentiels à la qualité des analyses qui utilisent la MES : la taille de l'échantillon et la préparation des données pour la modélisation, la sélection d'estimateurs, les indices d'ajustement des modèles de mesure et des modèles structurels qui composent la MES, les indices de modification de ces modèles et, finalement, la fiabilité des facteurs latents en analyse.

1.1 La taille de l'échantillon et la préparation des données pour la modélisation

Comme dans toutes les études quantitatives, il faut s'assurer que la quantité de données est adéquate pour que les résultats soient concluants, que ces données sont de qualité et qu'elles sont inspectées avant de procéder aux analyses. L'observation de la taille de l'échantillon et la préparation des données pour effectuer la MES constituent ainsi une étape fondamentale du processus d'analyse. Elle vise à diminuer certains problèmes de convergence des modèles ainsi qu'à minimiser l'apparition d'erreurs de saisie des données et de biais éventuels qui peuvent compromettre les analyses et les résultats (Kline, 2016).

En ce qui concerne la taille de l'échantillon, précisons que la MES est, à la base, une approche à grande échelle bien qu'il n'y ait pas de consensus sur la taille minimale d'un échantillon pour mener des analyses (Wang & Wang, 2020). Traditionnellement, un ratio composé de dix cas par paramètre est acceptable (Hoogland & Boomsma, 1998; Kline, 2016), bien qu'un ratio de cinq cas par paramètre soit également admissible, même si l'augmentation des chances de rencontrer des problèmes techniques et des problèmes de convergence dans l'analyse des données soit réelle (Bentler, 1995; Bentler & Chou, 1987; Kline, 2016). Certains auteurs considèrent qu'un échantillon inférieur à 200 répondants est « limite » et risque de présenter des indices d'ajustement de modèles peu fiables et des résultats de qualité discutable (Kline, 2016; Schah & Goldstein, 2006). Cependant, selon Boomsma (1982, 1985), Chin et al. (2003) et Muthén et Muthén (2002), la taille de l'échantillon n'est pas nécessairement considérée comme une limite au-delà de 100 ou de 150 répondants si les variables sont distribuées normalement et s'il n'y a aucune valeur manquante dans la base de données. Malgré cette divergence d'opinion sur la taille minimale de l'échantillon (Watkins, 2021), les auteurs cités reconnaissent que, plus la complexité du modèle est élevée, plus le nombre de paramètres à évaluer tend à être important. Par conséquent, les modèles complexes requièrent des échantillons importants.

Quant à la préparation des données, trois points nous semblent essentiels à vérifier à cette étape, soit la vérification (1) des erreurs dans la base de données, (2) des items à inverser et (3) des valeurs manquantes. Nous allons donner quelques exemples de problèmes qu'il est possible de rencontrer à cette étape et proposer des solutions.

Le chercheur peut trouver des erreurs de frappe, comme la valeur 11 au lieu de la valeur 1 dans l'une des réponses aux variables. Si ces erreurs sont faciles à éviter dans des enquêtes réalisées en ligne, elles sont assez courantes dans les études traditionnelles, de type papier-crayon et dans lesquelles les réponses sont transférées à un logiciel d'analyse. Dans ce cas, l'inspection des statistiques descriptives, telles que la valeur minimale et celle maximale, peut aider à détecter ce type d'anomalie. Si c'est le cas, il faut faire les corrections qui s'imposent puisque ces valeurs erronées peuvent avoir un impact significatif sur les résultats.

Il est très fréquent que les instruments de mesure présentent des items qui indiquent des attributs opposés au construit qu'ils veulent mesurer. Dans ces cas, il faut les inverser de sorte que tous les items de l'échelle aient la même relation directionnelle avec le construit étudié, afin d'éviter des problèmes avec l'estimation de la fiabilité et l'interprétabilité des facteurs qui les composent. Par exemple, si, dans une échelle de type Likert à six points (1 étant « tout à fait d'accord » et 6 « tout à fait en désaccord ») un item présente une structure grammaticale opposée à celle des autres items de l'échelle, il faudra le recoder, en changeant les réponses « 6 » par « 1 », « 5 » par « 2 » et ainsi de suite. On procédera ainsi à son inversion.

Par ailleurs, les données manquantes constituent également un élément essentiel à analyser au moment de la préparation des données de la MES. Il s'agit de l'absence de données pour une variable chez un ou plusieurs répondants, alors qu'il serait logique que les informations soient présentes (Little & Rubin, 2002). Les données manquantes représentent un défi assez courant auquel le chercheur doit faire face au cours de l'analyse (Tabachnick & Fidell, 2007). Ce problème a de nombreuses sources : entre autres, des répondants récalcitrants ou qui oublient de répondre à un item du questionnaire, ou même une erreur commise lors du transfert des données à un logiciel d'analyse. Précisons qu'indépendamment de la source du problème, le chercheur doit décider de la solution la plus pertinente pour traiter les valeurs manquantes (Allison, 2001 ; Tabachnick & Fidell, 2007). Il peut, par exemple, éliminer le répondant ou les répondants de la base de données, analyser seulement les variables qui ne contiennent pas de valeurs manquantes ou utiliser une méthode d'imputation de données. Une technique habituelle pour aider le chercheur à décider de la solution idéale est de refaire les analyses avec et sans les valeurs manquantes afin de détecter la présence d'une structure spécifique d'items sans réponse qui peut affecter les résultats de l'étude, par exemple, si un seul groupe d'étudiants d'une année particulière avait laissé certaines questions sans réponse. Dans le cas où le pourcentage de données manquantes n'excède pas 5 % et que les résultats des analyses avec et sans les données manquantes sont semblables, les données peuvent être gérées selon le choix, toujours justifié, du chercheur, sans que les estimations soient biaisées (Little & Rubin, 2002). Bref, les publications sur les valeurs manquantes et sur les méthodes diverses d'imputation sont largement diffusées en français (Imbert & Vilaneix, 2018 ; Rousseau, 2006) et en anglais (Allison, 2001 ; Fichman & Cummings, 2003 ; Little & Rubin, 2002, van Buuren, 2012). Pour plus d'informations, nous suggérons la lecture du chapitre 2 de Tabachnick et Fidell (2007).

1.2 La sélection de la méthode d'estimation des paramètres

L'hypothèse de normalité multivariée des données est sous-jacente aux procédures statistiques qui composent la MES. Il est attendu que chaque variable ainsi que toutes les combinaisons linéaires des variables du modèle testé soient normalement distribuées. Autrement dit, l'examen de la normalité multivariée est une procédure essentielle pendant la MES. Il se peut que l'analyse univariée suggère une distribution normale alors que les résultats d'une analyse conjointe des variables montrent des signes d'une distribution asymétrique.

Lors de la réalisation de la MES, il faut choisir la méthode d'estimation des paramètres en fonction de l'analyse de la normalité multivariée des variables observables. Le chercheur dispose de plusieurs méthodes d'estimation, comme les moindres carrés généralisés (*generalized least squares* – GLS), les moindres carrés partiels (*partial least squares* – PLS) et les moindres carrés pondérés des moyennes et de la variance (*weighted least squares means and variance* – WLSMV). Cependant, c'est la méthode de l'estimation maximum de vraisemblance (*maximum likelihood* – ML) qui se présente par défaut dans de nombreux logiciels de MES (Hoyle, 2011). Cette méthode suppose la normalité multivariée, la présence de variables de type continu ainsi qu'un faible pourcentage (< 5 %) ou l'absence de valeurs manquantes (Hoyle 2011 ; Kline 2016 ; Li, 2016), hypothèses très peu démontrées dans les publications (Lai, 2019).

Dans le cas de la non-normalité multivariée, des estimateurs autres que le ML se révèlent les plus pertinents. C'est le cas, par exemple, de l'estimateur robuste du maximum de vraisemblance (*maximum likelihood robust* – MLR) indiqué dans les cas où les variables observables présentent cinq catégories ou plus et où les hypothèses de normalité multivariée sont légèrement ou modérément transgressées (Kline, 2016 ; Li, 2016). La méthode des moindres carrés pondérés des moyennes et de la variance (*weighted least squares means and variance* – WLSMV) est également une estimation intéressante, plus pertinente que la méthode ML lorsque nous analysons les données ordinales. Cette méthode utilise des matrices de corrélations polychoriques (Asún et al., 2015) et est acceptable même pour des échantillons d'environ 200 répondants (Beauducel & Herzberg, 2006 ; Li, 2016). Il est à souligner qu'une sélection inadéquate de l'estimateur tend à produire une sous-estimation des paramètres, générant des modèles avec un mauvais ajustement aux données, qui ont tendance à présenter des coefficients de saturation peu élevés. Malgré cela, cette étape est généralement peu signalée dans les publications (Schreiber et al., 2006). Pour plus de détails sur les estimateurs, veuillez consulter l'étude de simulation de Li (2016).

Pour examiner la normalité multivariée des données, il existe un grand éventail de tests dans la littérature, notamment présentés dans le chapitre 9 de Thode (2002), mais c'est le test de Mardia (1970, 1980) basé sur les coefficients d'asymétrie et d'aplatissement multivariés, qui est le plus couramment utilisé dans les logiciels MES (Gao et al., 2008). Ainsi, la normalité multivariée d'un échantillon est considérée lorsque les valeurs d'aplatissement et d'asymétrie sont inférieures à 5,00 et que la valeur *p* est inférieure à 0,05, indiquant que les coefficients d'aplatissement et d'asymétrie multivariés ne sont pas significativement différents de zéro (Korkmaz et al., 2019).

1.3 Les indices d'ajustement

Plusieurs indices d'ajustement sont utilisés pour évaluer la MES. Pour éviter de dresser une liste exhaustive d'indices qui décrivent les résultats des modèles, nous en avons priorisé trois : l'indice comparatif d'ajustement (*Comparatif Fit Index* – CFI), l'erreur quadratique moyenne de l'approximation (*Root Mean Square of Approximation* – RMSEA) et l'indice des résidus standardisés (*Standardized Root Mean Square Residual* – SRMR). Nous avons sélectionné ces trois indices pour deux raisons. Premièrement, ils permettent d'évaluer des aspects distincts et complémentaires de la validité empirique des modèles (Hooper et al., 2008). Deuxièmement, ces indices sont toujours présents dans l'évaluation des modèles, dans les études qui utilisent la MES (Goh et al., 2017 ; Justicia et al., 2008 ; López-Aguado & Gutiérrrez-Provecho, 2018 ; Stes et al, 2013 ; Sulaiman et al., 2013).

Le CFI est un indice d'ajustement très courant en MES. Il varie de 0 à 1 et provient de la comparaison entre le modèle théorique (modèle testé) et le modèle de base ou nul (qui suppose l'absence de corrélation entre les variables) ainsi qu'entre le modèle théorique et le modèle saturé (qui présente le meilleur ajustement possible parce qu'il reproduit parfaitement toutes les variances, toutes les covariances et toutes les moyennes). Selon les recommandations de la littérature, nous rejetons le modèle si le CFI < 0,95 (Hu & Bentler, 1999 ; Kline, 2016).

Comme le CFI, le RMSEA est un indice très populaire. Il compare le modèle théorique avec le modèle saturé qui suppose l'existence d'une corrélation entre toutes les variables (Kline, 2016). Cependant, pour être exprimé par degrés de liberté et, donc, pour être sensible au nombre de paramètres estimés dans le modèle, cet indice est également sensible à la complexité des modèles. Autrement dit, la valeur du RMSEA tend à augmenter au fur et à mesure que le modèle se complexifie. Des valeurs inférieures à 0,05 sont des indices de très bon ajustement ; entre 0,06 et 0,08, elles indiquent un bon ajustement ; entre 0,08 et 0,10, un ajustement médiocre et des valeurs supérieures à 0,10 sont des indicatifs d'un modèle inadéquat (Byrne, 2016 ; MacCallum et al., 1996). Il est à noter que l'intervalle de confiance est un indicateur qui accompagne la valeur RMSEA et qui doit également être observé à la lumière des indices présentés ci-haut.

Le SRMR est un indice qui évalue la différence entre la matrice de corrélation observée et celle qui est utilisée dans le modèle. Cette indication permet d'évaluer l'ampleur de l'écart entre les corrélations observées et celles qui sont attendues, selon le modèle. Plus les valeurs du SRMR sont élevées, plus la qualité de l'ajustement diminue. Les valeurs du SRMR supérieures à 0,80 indiquent l'inadéquation du modèle selon ce critère (Kline, 2016).

Pour obtenir plus de détails sur les indices d'ajustement, nous suggérons la lecture du chapitre 12 de l'ouvrage de Kline (Kline, 2016) et l'article de Schreiber et al. (2006) qui présentent des critères de coupure pour plusieurs indices d'ajustement utilisés dans la MES.

1.4 La modification des modèles

La modification des modèles poursuit deux objectifs, soit d'améliorer l'ajustement lors des études exploratoires et de tester des hypothèses. Généralement, une option très populaire consiste à consulter les indices de modification proposés par le logiciel utilisé. Dans ce cas, l'indice de modification est utilisé afin de cerner les associations qui pourraient augmenter l'ajustement du modèle, comme la corrélation entre deux items. Cet indice est basé sur l'information du khi carré ($\chi 2$), une mesure qui évalue l'ajustement global du modèle, en précisant l'ampleur de la divergence entre les matrices de covariance attendues selon le modèle et celles qui sont observées (Hooper et al., 2008). Plus la réduction du khi carré générée par l'ajout d'une relation est importante, plus son impact sur l'augmentation de l'ajustement du modèle est grand.

Lorsque le chercheur active les indices de modification, il peut examiner un ensemble de relations qui pourraient contribuer à améliorer l'ajustement du modèle. Il est essentiel qu'il analyse la pertinence des modifications suggérées par le logiciel. C'est à lui que revient la responsabilité de considérer l'adéquation théorique de chaque relation proposée et de choisir les modifications pertinentes et signifiantes.

La méthode traditionnellement utilisée pour la modification des modèles est celle de la différence du khi carré, qui consiste en la soustraction de la valeur $\chi 2$ du modèle original avec la valeur $\chi 2$ du modèle modifié. La différence, en $\chi 2$, est évaluée avec des degrés de liberté qui sont également le résultat de la différence entre les degrés de liberté du modèle original et ceux du modèle modifié. Par exemple, si la différence entre le modèle original ($\chi2$ = 19,48, dl = 4) et le modèle modifié ($\chi2$ = 8,02, df = 3) est de $\Delta\chi2$ = 11,46, df = 1, elle est statistiquement significative ($p < 0{,}01$) et le modèle modifié se montre plus ajusté que l'original. Toutefois, d'autres méthodes existent, présentées par Ullman et Bentler dans leur chapitre 23 (Ullman & Bentler, 2012), comme celle du multiplicateur de Lagrange (*multipliers Lagrange test)*. Basée sur les degrés de liberté, cette méthode permet de vérifier si le modèle s'améliore dans le cas où plusieurs des paramètres originalement fixes sont estimés. Lorsque le test indique un $p < 0{,}05$, nous constatons une différence statistique entre les modèles comparés et l'amélioration de l'ajustement du modèle avec l'ajout de la relation suggérée par le logiciel (Gana & Broc, 2019).

1.5 La fiabilité des variables latentes

Les analyses de fiabilité sont développées afin de vérifier la cohérence interne des facteurs latents, composés par un ensemble d'items. C'est une propriété généralement liée à l'idée de consistance (Traub & Rowley, 1991), plus précisément, la capacité de mesurer de façon cohérente le phénomène qui fait l'objet de la mesure (Ho, 2006). Traditionnellement, le coefficient alpha (α) est la mesure de fiabilité la plus largement utilisée en sciences humaines (Deng & Chan, 2017). En effet, celui-ci permet d'évaluer les chances d'obtenir des résultats similaires à partir de différents échantillons utilisant les mêmes instruments de mesure (Laveault, 2012). En revanche, lorsque les items mesurent le même facteur latent (unidimensionnel), le coefficient alpha donne une estimation cohérente de la fiabilité uniquement si les items présentent la même variance et si les erreurs ne sont pas corrélées, hypothèses rarement rencontrées dans la pratique (Béland et al., 2017; Bourque et al., 2019; Deng & Chan, 2017; Laveault, 2012). Si, d'un côté, les limites du coefficient alpha sont de plus en plus démontrées, d'un autre côté, le coefficient oméga de McDonald (Ω) se révèle être un indice très prometteur (Béland et al, 2017). Par exemple, l'étude de simulation effectuée par Bourque et al. (2019) met en évidence la supériorité de l'indice oméga sur l'indice alpha pour estimer la fidélité de scores tirés d'échelles constituées de peu d'items. L'oméga a également montré de meilleures estimations que l'alpha lors de tests de modèles avec des mesures congénères, dans lesquels la variance réelle de chaque item dépend du même facteur latent (Cho, 2016; Graham, 2006).

La littérature ne mentionne aucun point de coupure pour l'oméga, comme dans le cas pour l'alpha, généralement accepté lorsque les valeurs sont supérieures à 0,70. Toutefois, il est important de souligner que cette valeur de coupure de l'alpha est purement arbitraire (Béland & Michelot, 2020) et que l'élargissement des sources de preuves pour démontrer la fiabilité des facteurs latents (qui dépasse la détermination d'un niveau précis de tolérance) devient impératif afin de construire un argumentaire solide (Béland & Michelot, 2020 ; Parkes, 2007).

2. La mise en œuvre de la MES : une application détaillée pour illustrer les bonnes pratiques

La mise en œuvre de la MES dans cette section du chapitre sert à illustrer les aspects pris en compte dans la section précédente. Elle porte sur deux construits, les approches d'apprentissage et la rétroaction offerte aux étudiants, et teste des modèles MES en suivant les éléments mentionnés auparavant. Nous exposons d'abord les construits et les évidences empiriques qui soutiennent la construction des modèles théoriques étudiés. Ensuite, nous décrivons l'échantillon, les caractéristiques de nos données et la sélection de l'estimateur choisi selon les critères présentés dans la section précédente. En ce qui concerne le test des modèles de mesure et des modèles structurels, les indices d'ajustement utilisés pour l'analyse sont ceux abordés précédemment (CFI, RMSEA et SRMR). Dans le cas où des modifications de modèles seraient nécessaires, nous avons utilisé le test du multiplicateur de Lagrange. Ainsi, chaque fois que le logiciel R suggérait une relation, l'analyse de sa pertinence théorique était effectuée. Lorsqu'elle était jugée adéquate et qu'elle était ajoutée au modèle, celui-ci était comparé au modèle précédent afin de vérifier son adéquation statistique. En ce qui concerne la fiabilité des facteurs latents, nous avons utilisé l'oméga de McDonald comme indicateur de référence. Nous terminons la section de la mise en œuvre de la MES avec un retour à la théorie et la présentation de certaines limites rencontrées pendant l'analyse des modèles MES.

2.1 Les approches d'apprentissage et la rétroaction offerte aux étudiants : les construits en analyse dans la mise en œuvre de la MES

Influencée par la théorie constructiviste et par la théorie du traitement de l'information, la notion d'approches d'apprentissage a pris de l'ampleur grâce aux études menées par John Biggs dans les années 1980. Les approches d'apprentissage dépendent du style cognitif de l'étudiant, soit sa tendance à présenter des réponses similaires dans des situations différentes, ainsi que de sa motivation et des stratégies qu'il utilise pour apprendre. Ainsi, les approches dépendent du contexte d'apprentissage et peuvent varier en fonction des situations vécues par l'étudiant (Biggs, 1985 ; Gomes et al., 2020).

Les approches d'apprentissage intègrent une riche tradition de recherche sur l'engagement cognitif et sont généralement analysées à partir des perceptions des étudiants à l'égard des tâches académiques (Greene, 2015). Ainsi, l'interaction considérée comme profonde (approche en profondeur) est orientée à la fois vers l'appropriation des connaissances et vers la recherche du sens de la tâche étudiée, tandis que l'interaction considérée comme superficielle (approche en surface) est liée au processus de mémorisation et à la reproduction mécanique de contenus factuels (Biggs & Tang, 2011). Ces deux types d'approches d'apprentissage sont liées à la motivation et aux éléments stratégiques (Biggs, 1985). La motivation concerne la direction et l'intensité de l'engagement dans la réalisation d'une activité donnée. Les éléments stratégiques sont liés à la manière dont l'information est traitée pour comprendre le sujet à l'étude (Boruchovitch, 1999). Plusieurs recherches internationales se sont penchées sur la thématique des approches d'apprentissage afin de vérifier la manière d'apprendre des étudiants pendant leurs études. Les résultats de ces recherches indiquent que l'approche d'apprentissage, en profondeur ou en surface, adoptée par les étudiants peut influencer leur rendement académique et les expériences émotionnelles liées à leur formation (Gomes, 2011 ; Richardson et al., 2012 ; Watkins, 2001).

Par ailleurs, la rétroaction fournie aux étudiants par l'enseignant constitue l'un des éléments essentiels à leur apprentissage. Elle est l'un des moyens les plus efficaces pour développer des compétences et pour favoriser la régulation des situations d'enseignement-apprentissage (Allal, 2007 ; Black & William, 2009 ; Hattie & Timperley, 2007). Par conséquent, les caractéristiques de la rétroaction offerte aux étudiants se trouvent au centre des débats sur l'évaluation de l'apprentissage (Gibbs & Taylor, 2016). En ce sens, trois facteurs sont généralement associés au processus de rétroaction : la satisfaction de l'étudiant quant à la quantité, à la qualité et à l'utilité de la rétroaction reçue.

Au cours des dernières décennies, de nombreuses recherches ont soutenu l'existence d'un lien étroit, voire indissociable, entre l'acte d'évaluer et celui d'apprendre (Allal, 2013 ; Gijbels et al., 2008 ; Romainville, 2006). Cela signifie que les caractéristiques de l'évaluation peuvent influencer la qualité de l'apprentissage à privilégier par l'étudiant en lui indiquant ce qu'il doit étudier et de quelle manière il doit apprendre, ce qui entraine le choix de différentes approches d'apprentissage. Dans ce contexte, des recherches ont indiqué que la manière dont la rétroaction est mise en œuvre et la façon dont elle stimule l'apprentissage chez l'étudiant sont centrales quant à l'approche d'apprentissage qu'adoptera ce dernier (Gijbels et al., 2008 ; Segers et al., 2008). Ainsi, les rétroactions que les étudiants perçoivent comme insuffisantes en qualité et en quantité ont tendance à influencer négativement leur manière d'apprendre, les conduisant à un apprentissage superficiel (Allal, 2016 ; Gibbs & Simpson, 2005 ; Huang, 2016). D'autre part, une rétroaction que les étudiants perçoivent comme étant utile et appropriée, axée sur une variété d'activités de réflexion et de dialogue entre l'enseignant et les étudiants tend à promouvoir un apprentissage ciblé et approfondi (Carless, 2015 ; Segers et al., 2008).

Dans cette application de la modélisation des données, les associations mises en évidence dans la MES sont inspirées de la recherche de Segers et al. (2008), qui utilisent exactement les mêmes instruments de mesure.

2.2 L'échantillon, les instruments de mesure et le logiciel d'analyse statistique

Un échantillon composé de 339 étudiants universitaires francophones inscrits à la formation initiale à l'enseignement a été utilisé pour analyser les modèles[3]. Afin de mesurer les approches d'apprentissage, nous avons a utilisé le *Revised two-factor Study Process Questionnaire* (R-SPQ-2F) de Biggs et al. (2001), qui est un questionnaire composé de 20 items. Dans cette étude, nous avons utilisé une échelle de type Likert comprenant six catégories de réponses, allant de 1 = « pas du tout » à 6 = « énormément ». Pour mesurer les trois facteurs associés à la rétroaction (la qualité, la quantité et l'utilité de la rétroaction), nous avons utilisé l'instrument de Gibbs et Simpson (2004) nommé *Assessment Experience Questionnaire* (AEQ). Pour cette recherche, nous avons eu recours à 18 items, utilisant une échelle de six catégories de réponses, allant de 1 = « totalement en désaccord » à 6 = « totalement d'accord ». Il est à préciser que les échelles à six catégories de réponses de ces deux instruments diffèrent des échelles originales, tous les deux ayant cinq catégories de réponses. Cette différence est directement liée à l'un des objectifs de la recherche dans laquelle les données ont été recueillies, celui d'étudier la qualité psychométrique de ces deux instruments de mesure à six catégories de réponses. L'annexe 1 permet d'observer les 38 items qui constituent les deux instruments de mesure.

Les données ont été analysées avec le logiciel R v. 4.0.2 (R Core Team, 2020). Les fonctionnalités du paquet lavaan v. 0.6–6 (Rosseel et al., 2020) ont servi pour tester les modèles de mesure (AFC). L'indice de fiabilité oméga de McDonald a été privilégié et examiné à l'aide du paquet semTools v. 0.5–3 (Jorgensen et al., 2020). La normalité

[3] Un total de 257 femmes (76 %) et 81 hommes (24 %), d'âge moyen de 25,6 ans (é.t. = 5,98), leur âge allant de 19 à 57 ans, ont répondu à un questionnaire autoadministré de manière volontaire au cours de l'année 2019. La plupart des étudiants étaient inscrits en première année du baccalauréat (n = 140 ; 47 %) mais il y avait aussi des étudiants de deuxième année (n = 63 ; 21 %), de troisième année (n = 67 ; 22 %) et de quatrième année (n = 29 ; 10 %).

multivariée des données a été inspectée à l'aide du paquet MVN v. 5.8 (Korkmaz et al., 2019).

2.3 Les analyses des données et la sélection des estimateurs

Les données que nous utilisons dans ce chapitre ont été soumises à l'analyse préliminaire. En ce qui concerne les items à inverser, aucun des items de l'échelle des approches d'apprentissage n'a dû être inversé. Cependant, 10 des 18 items de l'échelle de mesure de la rétroaction utilisée dans notre recherche, l'AEQ ont été inversés (dans l'annexe 1, les items inversés sont représentés par la lettre i). Aucun problème n'a été détecté en ce qui concerne les doublons. De plus, les données ont montré un très faible taux de réponses manquantes (moins de 2 %). Afin d'examiner l'existence d'une structure spécifique d'items sans réponse, les analyses des modèles de mesure et des modèles structurels ont été refaites et aucune structure systématique de valeurs manquantes n'a été détectée.

Nous avons utilisé le test Mardia pour analyser la normalité multivariée des données du R-SPQ-2F (approches d'apprentissage) et de l'AEQ (caractéristiques de la rétroaction offerte aux étudiants). Les valeurs d'aplatissement et d'asymétrie ont indiqué une non-normalité des données (tableau 1). Deux éléments d'information ont étayé la manifestation d'une transgression de la normalité : les valeurs supérieures à 5,00 pour l'aplatissement et l'asymétrie ainsi que les $p < 0{,}001$. Compte tenu de ces résultats et du fait que les variables observables sont ordinales, nous avons choisi de tester les modèles de mesure et les modèles structurels avec l'estimateur WLSMV.

Tableau 1 Résultats du test Mardia

	R-SPQ-2F	**AEQ**
Aplatissement	2 048,10 ($p < 0{,}001$)	5 805,25 ($p < 0{,}001$)
Asymétrie	7,14 ($p < 0{,}001$)	14,93 ($p < 0{,}001$)

Source : Élaboré par les auteurs.

2.4 Les modèles de mesure

Deux modèles de mesure ont été testés : le modèle des approches d'apprentissage et le modèle de la rétroaction fournie aux étudiants. Ils sont présentés ci-après.

2.4.1 *Le modèle des approches d'apprentissage*

Les réponses individuelles, recueillies avec le R-SPQ-2F, ont été prises comme variables observables dans le modèle de mesure (AFC). Au total, trois modèles ont été testés. Les deux premiers étaient traditionnels dans la littérature (figure 2). Le modèle 1 permet d'étudier empiriquement la théorie des approches d'apprentissage avec quatre facteurs latents : la stratégie d'apprentissage en surface, la stratégie d'apprentissage en profondeur, la motivation en surface et la motivation en profondeur. Le modèle 2 teste la théorie en utilisant deux facteurs latents : l'approche d'apprentissage en surface et celle d'apprentissage en profondeur.

Nous soulignons que l'instrument de mesure R-SPQ-2F de Biggs a été largement testé auprès d'étudiants universitaires dans divers contextes culturels, dont celui du Québec (Côté et al., 2006). Parmi les études qui ont utilisé l'AFC, certaines ont trouvé des solutions satisfaisantes avec la structure à quatre facteurs (Biggs et al., 2001 ; Goh et al., 2017 ; Stes et al., 2013), comme le présente le modèle 1, figure 1. D'autres études ont obtenu des meilleurs ajustements en analysant des modèles avec deux facteurs (Justicia et al., 2008 ; López-Aguado & Guttiérrez-Provecho, 2018 ; Sulaiman et al., 2013) comme le présente le modèle 2, figure 2.

En nous basant sur ces études, nous avons testé initialement les modèles de mesure 1 et 2. Ensuite, nous avons expérimenté le modèle 3 à facteurs nichés (*nested-factor models*). Ce dernier est également connu sous l'appellation « modèle général-spécifique » en raison de la présence des niveaux hiérarchiques (Chen et al., 2006). Dans ce troisième modèle, les quatre facteurs spécifiques représentant les construits de la motivation et de la stratégie d'apprentissage sont nichés dans les deux facteurs d'ordre plus général, soit l'approche en profondeur et l'approche en surface (Gustafsson & Balke, 1993). Le choix de ce modèle repose sur le fait que les approches d'apprentissage sont conçues comme des constructions à multiples facettes, structurées de manière hiérarchique (Biggs et al., 2001).

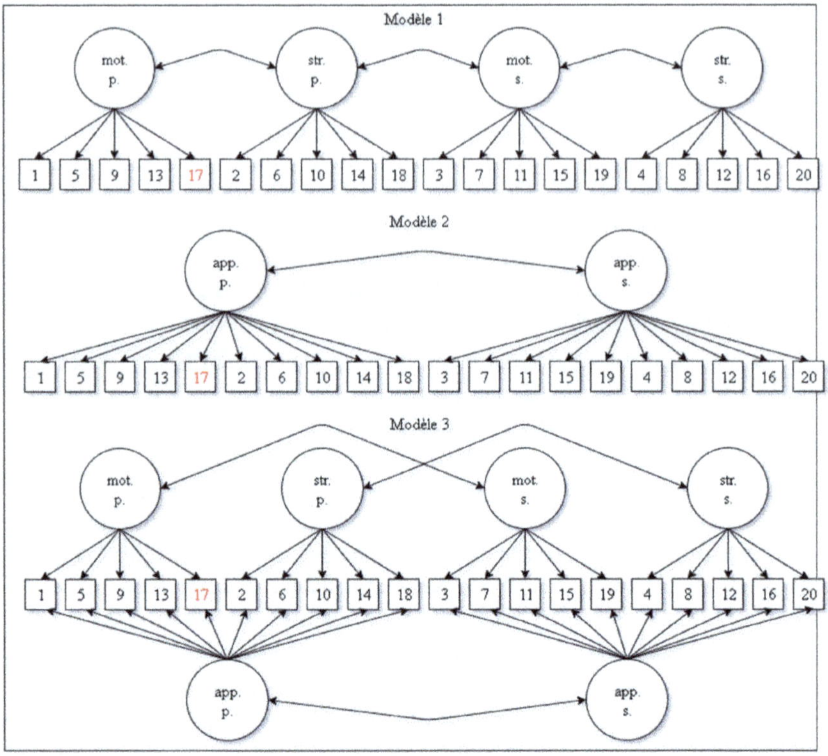

Figure 2 Les modèles des approches d'apprentissage testés
Note. mot.p. = motivation en profondeur; str.p. = stratégie d'apprentissage en profondeur; mot.s. = motivation en surface; str.s. = stratégie d'apprentissage en surface; app.p. = approche d'apprentissage en profondeur; app.s. = approche d'apprentissage en surface. Le point 17, écrit en rouge, est absent des modèles 1.1, 2.1, 3.1 et 3.2.
Source: Élaboré par les auteurs.

Les indices d'ajustement n'ont pas soutenu la validité empirique des modèles 1 et 2, en présentant des valeurs CFI < 0,95 et RMSEA > 0,08 (tableau 2). Ces deux modèles ont également été testés sans l'item 17 (modèles 1.1 et 2.1) dont le coefficient de saturation n'était pas statistiquement significatif et ne contribuait pas à la prédiction du facteur latent. Même avec son retrait, ces modèles présentaient des indices d'ajustement inférieurs aux niveaux acceptables et, pour cette raison, ils ont été rejetés (tableau 2). Il est à noter que l'item 17 avait déjà été problématique dans l'étude de Stes et al. (2013), ce qui les a amenés à le supprimer. Ces auteurs ont testé un modèle de mesure en utilisant le R-SPQ-2F et un échantillon composé de plus de 1 500 étudiants belges.

Tableau 2 Ajustement des modèles de l'approche d'apprentissage

Modèle	CFI	RMSEA	IC 90 %	SRMR
Modèle 1 : quatre facteurs latents	0,852	0,106	[0,099 ; 0,114]	0,097
Modèle 1.1. sans l'item 17	0,869	0,105	[0,097 ; 0,113]	0,096
Modèle 2 : deux facteurs latents	0,787	0,126	[0,118 ; 0,133]	0,112
Modèle 2.1. sans l'item 17	0,802	0,127	[0,119 ; 0,135]	0,112
Modèle 3 : six facteurs latents	0,921	0,082	[0,074 ; 0,091]	0,078
Modelo 3.1 sans l'item 17	0,930	0,082	[0,073 ; 0,091]	0,080
Modelo 3.2 sans l'item 17 + corrélations	0,957	0,065	[0,055 ; 0,074]	0,065

Note. IC = intervalle de confiance.

Source : Élaboré par les auteurs.

Les modèles 1 et 2 n'étant pas soutenus par nos données, nous avons testé le modèle 3, présenté dans la figure 2. Ce modèle, basé également sur la théorie de l'approche d'apprentissage, a considéré simultanément les quatre facteurs latents du modèle 1 (stratégie d'apprentissage en surface et en profondeur, motivation en surface et en profondeur) et les deux facteurs latents du modèle 2 (approche d'apprentissage en surface et approche d'apprentissage en profondeur). A cette fin, nous avons utilisé les mêmes relations item-facteur que celles des modèles 1 et 2. Autrement dit, nous n'avons pas changé la définition opérationnelle des facteurs définis dans les modèles précédents.

Si, d'un côté, le modèle 3 offre l'avantage d'examiner conjointement les facteurs présents dans les deux premiers modèles, d'un autre côté, il est plus complexe, ce que nous indique un ratio de 2,4 cas/paramètre, sans doute une limite à prendre en considération dans la conclusion.

Les résultats du modèle 3 ont montré des meilleurs indices d'ajustement que les modèles précédents. Cependant, cette adaptation restait en deçà de ce qui est attendu concernant les indices RMSEA et le CFI. Cherchant à améliorer la qualité de l'ajustement, un nouveau modèle (modèle 3.1) sans l'item 17 a été testé et, ensuite, les indices de modification du modèle ont été analysés afin de cerner les relations qui pourraient l'améliorer. Les corrélations entre cinq paires d'items ont été ajoutées dans ce que nous avons appelé le modèle 3.2 de la figure 3. Comme les indices de ce modèle se sont révélés acceptables (tableau 2), nous l'avons considéré comme le modèle final. Il convient de noter que toutes les corrélations entre les variables latentes sont négatives. Ceci concorde avec les définitions de la théorie selon lesquelles les approches en profondeur et en surface sont inversement associées (Biggs, 1985).

En analysant le modèle final 3.2, force est de constater qu'une bonne partie des items présente des saturations plus élevées pour expliquer les deux facteurs d'ordre plutôt général « approche en profondeur – app p » et « approche en surface – app s » que les quatre facteurs d'ordre spécifique (motivation en profondeur – mot p ; stratégie en profondeur – str p ; motivation en surface – mot s et stratégie en surface – str s). C'est le cas, par exemple, des items 7 ($\lambda_{mot.s.}$ = 0,18 et $\lambda_{app.s}$ = 0,59) et 20 ($\lambda_{str.s}$ = 0,13 et $\lambda_{app.s}$ = 0,46). Par ailleurs, l'analyse des coefficients oméga de McDonald (tableau 3a) indique une consistance interne très faible pour les facteurs spécifiques (mot p.; str p. ; mot s. et str s.) et plus élevée (Ω > 0,55) pour les deux facteurs d'ordre général (app p. et app s.). Par conséquent, les facteurs dits spécifiques des approches d'apprentissage n'ont pas été inclus dans les relations établies par les modèles structurels, car ils n'ont pas présenté une fiabilité qui nous semblait acceptable.

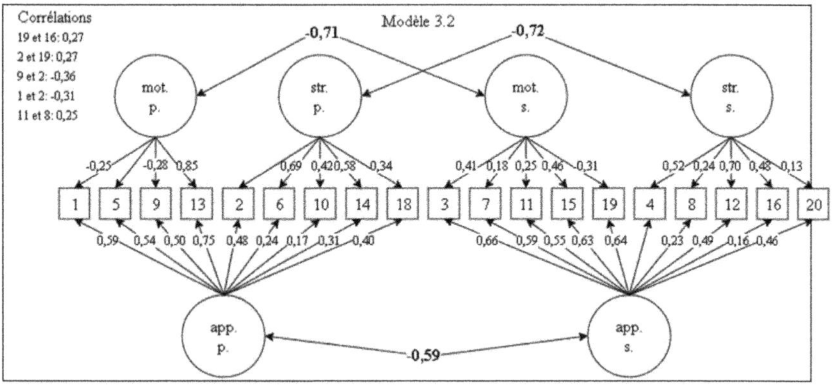

Figure 3 Modèle 3.2 : saturations factorielles, corrélations entre facteurs et corrélations entre items

Note. Les coefficients de régression indiqués dans la figure sont ceux qui sont statistiquement significatifs ($p < 0,05$).

Source : Élaboré par les auteurs

Tableau 3a Fiabilité et statistiques descriptives du modèle final 3.2

Variable latente	Moyenne	Min.	Max.	Fiabilité
Motivation en profondeur (mot p.)	0,10	0,06	0,85	Ω = 0,03
Stratégie en profondeur (str p.)	0,43	0,12	0,69	Ω = 0,30
Motivation en surface (mot s.)	0,20	0,18	0,46	Ω = 0,08
Stratégie en surface (str s.)	0,41	0,13	0,70	Ω = 0,42
Approche en profondeur (app p.)	0,44	0,17	0,75	Ω = 0,59
Approche en surface (app s.)	0,44	0,13	0,66	Ω = 0,58

Note. Les statistiques descriptives ont été calculées à partir des valeurs absolues des facteurs.

Source : Élaboré par les auteurs.

2.4.2 Le modèle de rétroaction

Les études menées avec l'instrument AEQ ne sont pas nombreuses mais soutiennent des résultats favorables à un modèle théorique composé de trois facteurs latents (figure 4) : la quantité, la qualité et l'utilité de la rétroaction perçue par les étudiants (Batten et al., 2019 ; Gibbs & Simpson, 2005 ; Núñez & Reyes, 2014).

Le modèle initial testé a été rejeté en fonction des indices d'ajustement (modèle 1, tableau 3b). Afin d'améliorer l'adaptation du modèle, nous avons examiné les indices de modification suggérés par le logiciel. Ce dernier a suggéré 17 corrélations qui, bien que nombreuses, se sont avérées théoriquement acceptables et ont été incluses dans un nouveau modèle[4], testé et accepté (modèle 1.1 dans le tableau 3b), même si la limite supérieure de l'intervalle de confiance a montré une valeur de 0,092, très proche du seuil de coupure. Cette décision a tenu compte de l'ajustement acceptable du CFI et du SRMR (tableau 3b). Le modèle 1.1 (figure 4) de rétroaction montre des coefficients de saturation modérés (à l'exception de l'item 7, non statistiquement significatif), renforçant notre décision de considérer le modèle comme adéquat. Contrairement à l'item 17 du modèle des approches d'apprentissage, l'item 7 du modèle de rétroaction n'a pas été éliminé des analyses. Nous avons préféré le conserver, comme dans l'instrument original, puisque nous n'avons pas trouvé d'études présentant des problèmes majeurs avec cet item, ce qui aurait pu justifier son élimination. Dans le modèle de rétroaction considéré comme final (modèle 1.1), les trois facteurs latents présentent des saturations d'ampleur modérée, des corrélations directement proportionnelles, modérées et élevées entre les facteurs latents ainsi que des indices de fiabilité que nous croyons acceptables (tableau 4).

[4] La présence d'un nombre élevé de corrélations dans le modèle 1.1 nous amène à envisager la présence potentielle d'un facteur général de rétroaction. Dans cette optique, nous avons testé un modèle alternatif qui comportait un facteur général expliquant la variance des items et trois facteurs spécifiques expliquant les mêmes items. Le modèle n'est pas détaillé dans ce chapitre car il n'a pas atteint des indices de fiabilité acceptables pour les facteurs.

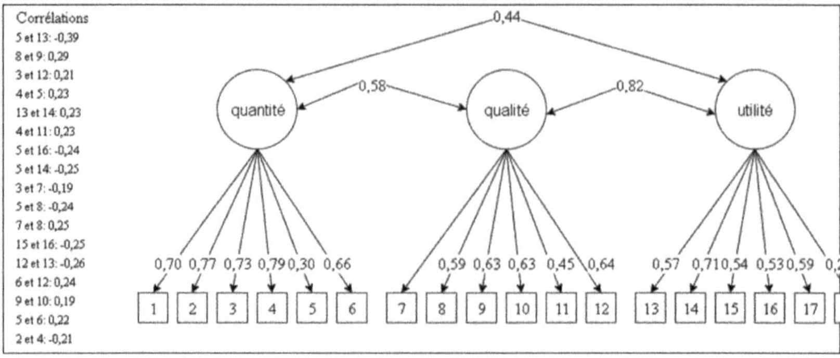

Figure 4 Modèle 1.1 : saturations factorielles, corrélations entre facteurs et corrélations entre items

Note. Les coefficients de régression et les corrélations indiqués dans la figure sont ceux qui sont statistiquement significatifs ($p < 0,05$).

Source : Élaboré par les auteurs

Tableau 3b Ajustement des modèles d'approche de rétroaction

Modèle	CFI	RMSEA	IC 90 %	SRMR
Modèle 1 : trois facteurs correlés	0,903	0,125	[0,114 ; 0,135]	0,106
Modèle 1.1 : trois facteurs corrélés + corrélations entre les items	0,966	0,080	[0,068 ; 0,092]	0,075

Note. IC = intervalle de confiance.

Source : Élaboré par les auteurs.

Tableau 4 Fiabilité et statistiques descriptives des saturations factorielles du modèle final 1.1

Facteur latent	Moyenne	Min.	Max.	Fiabilité
Quantité	0,57	0,02	0,78	Ω = 0,64
Qualité	0,59	0,44	0,71	Ω = 0,59
Utilité	0,44	0,20	0,56	Ω = 0,65

Note. Les statistiques descriptives ont été calculées à partir des valeurs absolues des saturations factorielles.

Source : Élaboré par les auteurs.

2.5 Le modèle structurel

Le modèle testé dans cette étape a été défini à partir de la relation établie entre les deux meilleurs modèles de mesure, à savoir le modèle 3.2 sur les approches d'apprentissage et le modèle 1.1 sur la rétroaction. Nous avons testé un modèle de MES dans lequel les facteurs généraux des approches d'apprentissage (approche en profondeur et approche en surface) étaient les variables endogènes (dépendantes) et les facteurs de la rétroaction (quantité, qualité et utilité) étaient les variables exogènes (indépendantes). Ces relations avaient déjà été analysées dans la recherche de Segers et al. (2008) dans le but d'étudier la variabilité des facteurs des approches d'apprentissage en fonction des rétroactions fournies aux étudiants. L'ajustement de ce modèle a également été vérifié en examinant les indices utilisés précédemment (CFI, RMSEA et SRMR).

Le modèle structurel testé a été considéré final (figure 5) grâce aux indices d'ajustement acceptables : CFI = 0,952 ; SRMR = 0,079 et RMSEA = 0,065 [90 % CI = 0,059 ; 0,071]. En ce qui concerne les relations entre les facteurs de rétroaction et les approches d'apprentissage, nous présentons, en caractères gras, celles qui ont été statistiquement significatives ($p < 0,05$). Ainsi, nous pouvons constater dans la figure 5 que le lien entre l'utilité et l'approche en surface n'est pas statistiquement significatif et que le facteur de la qualité ne contribue pas à la variabilité des deux grands facteurs des approches d'apprentissage.

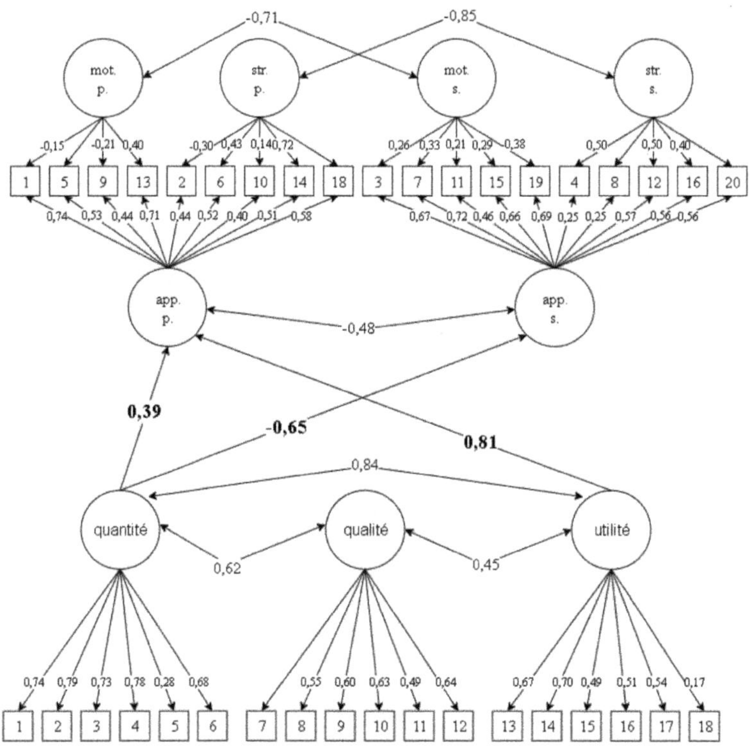

Figure 5 Le modèle d'équation structurelle

Note. Les corrélations et les coefficients de saturation présentés sont significatifs (p < 0,05).

Source : Élaboré par les auteurs.

En ce qui concerne les résultats présentés dans la figure 5, il convient tout d'abord de noter que les saturations factorielles sont similaires à celles des modèles de mesure (figures 3 et 4). Ce résultat est favorable car, si l'un des facteurs impliqués dans les relations prédictives présentait de nombreuses saturations factorielles non statistiquement significatives, cela affaiblirait les inférences et indiquerait des constructions pauvrement établies.

A propos des relations prédictives entre les facteurs de rétroaction et les approches d'apprentissage, nous pouvons noter que des rétroactions fournies en grande quantité aux étudiants sont liées à l'approche d'apprentissage en profondeur ($\gamma = 0{,}39$). En revanche, ce même facteur est négativement associé à l'approche en surface ($\gamma = -0{,}65$). Ces résultats suggèrent que la quantité de rétroaction perçue par l'étudiant peut jouer un rôle important dans la manière dont il apprend. On peut en dire autant de l'utilité de la rétroaction fournie aux étudiants, qui est le facteur ayant le pouvoir prédictif le plus grand dans le modèle, indiquant que plus l'étudiant perçoit la rétroaction comme utile, plus il a tendance à s'approprier la connaissance en adoptant l'approche d'apprentissage en profondeur ($\gamma = 0{,}81$).

Nos résultats corroborent ceux de Segers et al. (2008) dans la mesure où nous avons trouvé une relation selon laquelle les étudiants qui reçoivent une faible quantité de rétroaction ont tendance à adopter l'approche en surface alors que ceux qui reçoivent une grande quantité de rétroaction ont tendance à adopter l'approche en profondeur. Nous constatons également que si les étudiants perçoivent que la rétroaction a une grande utilité, il y a une probabilité accrue pour qu'ils adoptent l'approche en profondeur, comme l'ont montré des études du domaine de l'évaluation (Allal, 2016; Gibbs & Simpson, 2005; Huang, 2016). En somme, ces résultats ont démontré que la quantité et l'utilité des rétroactions peuvent prédire la manière dont les élèves apprennent. Cela souligne davantage l'importance de la rétroaction en tant que levier pour influencer le choix de l'approche d'apprentissage chez les étudiants en contexte universitaire. Cependant, contrairement à nos attentes et à ce que rapporte la littérature (Segers et al., 2008), nous n'avons trouvé aucune relation entre la qualité de la rétroaction et les approches d'apprentissage.

Conclusion

Dans ce chapitre, nous avons présenté les éléments essentiels que doivent comporter des études qui utilisent la MES. Nous avons illustré ces éléments avec l'étude détaillée de deux construits importants en éducation : les approches d'apprentissage et la rétroaction fournie à l'étudiant. Compte tenu de l'étendue du sujet, certains aspects n'ont pas été couverts, comme les décisions qu'il faut prendre lorsqu'il n'y a pas de convergence du modèle. Dans ce cas, pour couvrir le sujet, nous devrions détailler les cas Heywood et la saturation factorielle avec une variance négative (Savalei & Kolenikov, 2008), éléments que nous n'avons pas jugés pertinents pour ce chapitre.

Il est également important de noter que, pour la mise en œuvre de la MES, nous avons choisi d'utiliser une base de données qui contenait certains défis en termes d'analyse et de prise de décision. Le choix d'utiliser des données issues du contexte éducatif n'a pas été réalisé uniquement parce que nous trouvions passionnant de relever une série de défis en matière de modélisation, mais surtout parce que nous voulions présenter une situation très courante pour la plupart des chercheurs en sciences humaines et sociales. En effet, dans ces domaines, ces derniers disposent souvent d'un échantillon de taille limitée et les modèles testés ne présentent pas toujours un bon ajustement aux premiers résultats.

Par ailleurs, notre modèle final des approches d'apprentissage avec facteurs nichés (modèle 3.2) diffère de ce que des recherches précédentes ont présenté comme le meilleur modèle par la littérature (modèles 1 et 2). Nous rappelons que nos analyses sont effectuées avec des instruments présentant des échelles à six catégories de réponses, alors que les instruments originaux de l'approche d'apprentissage (R-SPQ-2F) et de rétroaction (AEQ) ont des échelles à cinq catégories de réponses. Il s'agit donc d'un modèle qui doit être analysé avec prudence et testé dans d'autres contextes culturels, avec des échantillons plus grands que le nôtre. De plus, des études utilisant des données recueillies au Japon (Fryer et al., 2011), aux Etats-Unis (Immekus & Imbrie, 2010), en Espagne (Justicia et al., 2008) et en Belgique (Stes et al., 2013) n'ont pas trouvé de preuves de dimensionnalité exactement comme mentionné par les auteurs de l'instrument de mesure R-SPQ-2F (Biggs et al., 2001). Ainsi, la sensibilité interculturelle est également un point important à garder à l'esprit lors de l'utilisation de cet instrument de mesure dans des recherches futures. Bien que les questions culturelles ne soient pas au centre de nos analyses dans ce chapitre, les réflexions à ce sujet quant à l'utilisation des instruments de mesure construits initialement pour des contextes anglophones semblent essentielles pour la prise de décision concernant le meilleur modèle.

Nous espérons que les informations contenues dans ce chapitre pourront être utiles aux praticiens et aux chercheurs qui effectuent des analyses quantitatives avec la MES dans des contextes éducatifs. Selon Kline (2016, p. 3), « *learning to use a new set of statistical techniques is also a kind of journey, one through a strange land, at least at the beginning* ». Non seulement nous sommes d'accord avec lui mais nous souhaitons ajouter que, dans le domaine de la mesure, l'apprentissage de techniques statistiques est un acte continu et beaucoup plus intéressant lorsque nous trouvons le soutien nécessaire pour dissiper nos doutes et aller de l'avant.

Références

Allal, L. (2007). Régulations des apprentissages : orientations conceptuelles pour la recherche et la pratique en éducation. Dans L. Allal & L. Mottier Lopez (Eds.), *Régulation des apprentissages en situation scolaire et en formation* (pp. 7–23). De Boeck Supérieur.

Allal, L. (2013). Évaluation : un pont entre enseignement et apprentissage à l'université. Dans M. Romainville, R. Goasoué & M. Vantourout (Eds.), *Évaluation et enseignement supérieur* (pp. 21–40). De Boeck Supérieur.

Allal, L. (2016). The co-regulation of student learning in an assessment for learning culture. Dans D. Laveault & L. Allal, (Eds.), *Assessment for learning : meeting the challenge of implementation* (pp. 259–274). Springer.

Allison, P. D. (2001). *Missing data.* Sage University papers series on quantitative applications in the social sciences, (pp. 07–136). Sage.

Asún, R. A., Rdz-Navarro, K., & Alvarado, J. M. (2015). Developing multidimensional Likert Scales using item factor analysis : the case of four-point items. *Sociological Methods and Research, 45*(1). https://doi.org/10.1177/0049124114566716

Barroso da Costa, C. (2014). *L'engagement professionnel chez les nouveaux enseignants et la satisfaction des gestionnaires d'école à l'égard du travail effectué par les enseignants novices* [Thèse de doctorat, Université de Montréal]. https://doi.org/1866/11918

Batten, J., Jessop, T., & Birch, P. (2018). Doing what it says on the tin ? A psychometric evaluation of the assessment experience questionnaire, *Assessment and Evaluation in Higher Education, 44*(2), 309–320. https://doi.org/10.1080/02602938.2018.1499867

Beauducel, A., & Herzberg, P. Y. (2006). On the performance of maximum likelihood versus means and variance adjusted weighted least squares estimation in CFA, *Structural Equation Modeling, 13*(2), 186–203, https://doi.org/10.1207/s15328007sem1302_2

Béland, S., Cousineau, D., & Loye, N. (2017). Utiliser le coefficient oméga de McDonald à la place de l'alpha de Cronbach. *Revue des sciences de l'éducation de McGill, 25*(3), 791–804. https://doi.org/10.7202/1050915ar

Béland, S., & Michelot, F. (2020). Une note sur le coefficient oméga (ω) et ses déclinaisons pour estimer la fidélité des scores. *Mesure et évaluation en éducation, 43*(3), 103–122. https://doi.org/10.7202/1084526ar

Bentler. P. M. (1995). *EQS structural equations program manual.* BMDP Statistic Software.

Bentler, P. M., & Chou, C.-P. (1987). Practical issues in structural modeling. *Sociologial Methods & Research, 16*(1), 78–117. https://doi.org/10.1177/0049124187016001004

Biggs, J.B. (1985). The role of meta-learning in study process. *British Journal of Educational Psychology, 55*(3), 185–212. https://doi.org/10.1111/j.2044-8279.1985.tb02625.x

Biggs, J. B., Kember, D., & Leung, D. Y. P. (2001) The revised two factor study process questionnaire : R-SPQ-2F. *British Journal of Educational Psychology, 71*(1), 133–149. https://doi.org/10.1348/000709901158433

Biggs, J., & Tang, C. (2011). *Teaching for quality learning at university*. Open University Press.

Black, P., & Wiliam, D. (2009). Developing the theory of formative assessment. *Educational Assessment, Evaluation and Accountability, 21*, 5–31. https://doi.org/10.1007/s11092-008-9068-5

Boomsma A. (1982). Robustness of LISREL against small sample sizes in factor analysis models. Dans K. Joreskog & H. Wold (Eds.), *Systems under indirection observation : causality, structure, prediction (Vol. 1).* (pp. 149–173). Computer Science.

Boomsma A. (1985). Nonconvergence, improper solutions, and starting values in LISREL maximum likelihood estimation. *Psychometrika, 50*, 229–242. https://doi.org/10.1007/BF02294248

Boruchovitch, E. (1999). Estratégias de aprendizagem e desempenho escolar : considerações para a prática educacional. *Psicologia : Reflexão e Crítica, 12*(2), 361–373. https://doi.org/10.1590/S0102-79721999000200008

Bourque, J., Doucet, D., LeBlanc, J., Dupuis, J., & Nadeau, J. (2019). L'alpha de Cronbach est l'un des pires estimateurs de la consistance interne : une étude de simulation. *Revue des sciences de l'éducation, 45*(2), 78–99. https://doi.org/10.7202/1067534ar

Byrne, B. M. (2016). *Structural equation modeling with AMOS : Basic concepts, applications, and programming.* (3e éd.). Routledge.

Carless, D. (2015). Exploring learning-oriented assessment processes. *Higher Education, 69*, 963–976. https://doi.org/10.1007/s10734-014-9816-z

Chen, F.F., West, S.G., & Sousa, K.H. (2006). A comparison of bifactor and second-order models of quality of life. *Multivariate Behavioral Research, 41*(2), 189–225. https://pubmed.ncbi.nlm.nih.gov/26782910/

Chin, W. W., Marcolin, B. L., & Newsted, P. R. (2003). A partial least squares latent variable modeling approach for measuring interaction effects : results from a Monte Carlo simulation study and an electronic-mail emotion/adoption study. *Information Systems Research, 14*(2), 189–217. https://doi.org/10.1287/isre.14.2.189.16018

Cho, E. (2016). Making reliability reliable : a systematic approach to reliability coefficients. *Organizational Research Methods, 19*(4). https://doi.org/10.1177/1094428116656239

Côté, D. J., Graillon, A., Waddell, G., Lison, C., & Noel, M.-F. (2006). L'approche d'apprentissage dans un curriculum médical préclinique basé sur l'apprentissage par problèmes. *Pédagogie Médicale, 7*(4), 201–212. https://doi.org/10.1051/pmed:2006002

Deng, L., & Chan, W. (2017). Testing the difference between reliability coefficients alpha and omega. *Educational and Psychological Measurement, 77*(2), 185–203. https://doi.org/10.1177/0013164416658325

Duncan, T. G., & McKeachie, W. J. (2005). The making of the motivated strategies for learning questionnaire. *Educational Psychologist, 40*(2), 117–128. https://doi.org/10.1207/s15326985ep4002_6

Fichman, M., & Cummings, J. N. (2003). Multiple imputation for missing data : making the most of what you know. *Organizational Research Methods, 6*(3), 282–308. https://doi.org/10.1177/1094428103255532

Frenette, E., Fontaine, S., Hébert, M.-H., & Ethier, M. (2019). Etude sur la propension à tricher aux examens à l'université : élaboration et processus de validation du Questionnaire sur la tricherie aux examens à l'université (QTEU). *Mesure et Evaluation en Education, 42*(2), 1–33. https://doi.org/10.7202/1071514ar

Fryer, L. K., Ginns P., Walker, R. A., & Nakao, K. (2011) The adaptation and validation of the CEQ and the R-SPQ-2F to the Japanese tertiary environment. *British Journal of Educational Psychology, 82*(4), 549–563. https://doi.org/10.1111/j.2044-8279.2011.02045.x

Gana, K., & Broc, G. (2018). *Structural Equation Modeling with lavaan.* Wiley-ISTE. http://dx.doi.org/10.1002/9781119579038

Gao, S., Mokhtarian, P. L., & Johnston, R. A. (2008). Nonnormality of data in structural equation models. *Transportation Research Record, 2082*(1), 116–124. https://doi.org/10.3141/2082-14

Gibbs, G., & Simpson, C. (2005). Conditions under which assessment supports students' learning. *Learning and Teaching in Higher Education, 1*, 3–31. http://eprints.glos.ac.uk/id/eprint/3609

Gibbs, J. C., & Taylor, J. D. (2016). Comparing student self-assessment to individualized instructor feedback. *Active Learning in Higher Education, 17*(2), 111–123. https://doi.org/10.1177/1469787416637466

Gijbels, D., Segers, M., & Struyf, E. (2008). Constructivist learning environments and the (im)possibility to change students' perceptions of assessment demands and approaches to learning. *Instructional Science, 36*, 413–443. https://doi.org/10.1007/s11251-008-9064-7

Goh, P. S. C., Wong, K. T. et Mahizer, H. (2017). Re-structuring the Revised Two-Factor Study Process Questionnaire (R-SPQ-2F) in the context of pre-service teachers in Malaysia. *Social Sciences & Humanities, 25*(2), 805–822. http://www.pertanika.upm.edu.my/resources/files/Pertanika%20PAPERS/JSSH%20Vol.%2025%20(2)%20Jun.%202017/18%20JSSH-1525-2016-3rdProof.pdf

Gomes, C. M. A. (2011). Abordagem profunda e abordagem superficial à aprendizagem : diferentes perspectivas do rendimento escolar. *Psicologia : Reflexão e Crítica, 24*(3), 479–488. https://www.scielo.br/j/prc/a/J6MjLPnqWpQLdt9DRqjPqZB/

Gomes, C. M. A., de Araújo, J., & Jelihovschi, E. G. (2020). Approaches to learning in the nonacademic context : construct validity of learning approaches test in video game (LATVideo Game). *International Journal of Development Research, 10*(11), 41842–41849. https://doi.org/10.37118/ijdr.20350.11.2020

Gomes, C. M. A., Golino, H. F., & Menezes, I. G. (2014). Predicting school achievement rather than intelligence : Does metacognition matter? *Psychology, 5*, 1095–1110. http://dx.doi.org/10.4236/psych.2014.59122

Graham, J. M. (2006). Congeneric and (essentially) Tau-equivalent estimates of score reliability : What they are and how to use them. *Educational and Psychological Measurement, 66*(6), 930–944. https://doi.org/10.1177/0013164406288165

Greene, B. A. (2015). Measuring cognitive engagement with self-report scales : reflections from over 20 years of research. *Educational Psychologist, 50*(1), 14–30. https://doi.org/10.1080/00461520.2014.989230

Gustafsson, J.-E., & Balke, G. (1993). General and narrow abilities as predictors of school achievement. *Multivariate Behavioral Research, 28*(4), 407–434. https://doi.org/10.1207/s15327906mbr2804_2

Hattie, J., & Timperley, H. (2007). The power of feedback. *Review of Educational Research*, 77(1), 81–112. https://doi.org/10.3102/003465430298487

Ho, R. (2006). *Handbook of univariate and multivariate data analysis and interpretation with SPSS*. Chapman & Hall/CRC.

Hoogland, J. J., & Boomsma, A. (1998). Robustness studies in covariance structure modeling : an overview and a meta-analysis. *Sociological Methods & Research, 26*(3), 329–367. https://doi.org/10.1177/0049124198026003003

Hooper, D., Coughlan, J., & Mullen, M. (2008). Structural Equation Modelling : guidelines for determining model fit. *The Electronic Journal of Business Research Methods, 6*(1), 53–60. https://www.researchgate.net/publication/254742561_Structural_Equation_Modeling_Guidelines_for_Determining_Model_Fit

Houssemand, C. (2021). *Recherches actuelles en psychologie différentielle.* Université du Luxembourg. http://hdl.handle.net/10993/47043

Hoyle, R. H. (2011) *Structural equation modeling for social and personality psychology.* Sage.

Hu, L. T., & Bentler, P. M. (1999). "Cutoff criteria for fit indexes in covariance structure analysis : conventional criteria versus new alternatives". *Structural Equation modeling : A Multidisciplinary Journal, 6*(1), 1–55. https://doi.org/10.1080/10705519909540118

Huang, S.-C. (2016). Understanding learners' self-assessment and self-feedback on their foreign language speaking performance. *Assessment and Evaluation in Higher Education, 41*(6), 803–820. https://doi.org/10.1080/02602938.2015.1042426

Imbert, A., & Vialaneix, N. (2018). Décrire, prendre en compte, imputer et évaluer les valeurs manquantes dans les études statistiques : une revue des approches existantes. *Journal de la Société Française de Statistique, 159*(2), 1–55. http://www.numdam.org/item/JSFS_2018__159_2_1_0/

Immekus, J. C., & Imbrie, R. K. (2010). A test and cross-validation of the revised two-factor study process questionnaire factor structure among western university students. *Educational and Psychological Measurement, 70*(3), 495–510. https://doi.org/10.1177/0013164409355685

Jorgensen, T. D., Pornprasertmanit, S., Schoemann, A., & Rosseel, Y. (2020). *Useful tools for structural equation modeling (R package semTools version 0.5–3).* [Logiciel]. https://CRAN.Rproject.org/package=semTools

Justicia, F., Pichardo, M. C., Cano, F., Berbén, A. B. G., & De la Fuente, J. (2008). The revised two-factor study process questionnaire (R-SPQ-2F) : Exploratory and confirmatory factor analyses at item level. *European Journal of Psychology of Education, 23*, 355–372. https://doi.org/10.1007/BF03173004

Kaplan, D. (2000). *Structural equation modeling: foundations and extensions.* Sage.

Kember, D., & Leung, D.Y. (2005). The influence of the teaching and learning environment on the development of generic capabilities needed for a knowledge-based society. *Learning Environments Research, 8*, 245–266. https://doi.org/10.1007/s10984-005-1566-5

Kline, R. B. (2016). *Methodology in the social sciences. Principles and practice of structural equation modeling* (4e éd.). Guilford Press.

Korkmaz, K., Goksuluk, D., & Zararsiz, G. (2019). *MVN: Multivariate Normality Tests* (version 5.8). [Logiciel]. https://cran.r-project.org/web/packages/MVN

Lai, K. (2019). More robust standard error and confidence interval for SEM parameters given incorrect model and nonnormal data. *Structural*

Equation Modeling: A Multidisciplinary Journal, 26(2), 260–279, https://doi.org/10.1080/10705511.2018.1505522

Laveault, D. (2012). Soixante ans de bons et mauvais usages du alpha de Cronbach. *Mesure et évaluation en éducation*, *35*(2), 1–7. https://doi.org/10.7202/1024716ar

Li, C. H. (2016). Confirmatory factor analysis with ordinal data : comparing robust maximum likelihood and diagonally weighted least squares. *Behavior Research Methods*, *48*, 936–949. https://doi.org/10.3758/s13428-015-0619-7

Little, R. J. A., & Rubin, D. B. (2002). *Statistical analysis with missing data*, (2e éd.). John Wiley et Sons inc. https://onlinelibrary.wiley.com/doi/pdf/10.1002/9781119013563.fmatter

López-Aguado, M., & Gutiérrez-Provecho, L. (2018) Checking the underlying structure of R-SPQ-2F using covariance structure analysis / Comprobación de la estructura subyacente del R-SPQ-2F mediante análisis de estructura de covarianza, *Cultura y Educación*, *30*(1), 105–141, https://doi.org/10.1080/11356405.2017.1416787

MacCallum, R. C., Browne, M. W., & Sugawara, H. M. (1996). Power analysis and determination of sample size for covariance structure modeling. *Psychological Methods*, *1*(2), 130–149. https://doi.org/10.1037/1082-989X.1.2.130

Mardia, K. V. (1970). Measures of multivariate skewness and kurtosis with applications. *Biometrika*, 57(3), 519–530. https://doi.org/10.1093/biomet/57.3.519

Mardia, K. V. (1980). Tests of univariate and multivariate normality. Dans P.R. Krishnaiah (Ed.), *Handbook of Statistics 1: Analysis of Variance.* (pp. 279–320). North Holland.

Muthén, L. K., & Muthén, B. O. (2002). How to use a Monte Carlo study to decide on sample size and determine power. *Structural Equation Modeling, 9*(4), 599–620. https://doi.org/10.1207/S15328007SEM0904_8

Núñez, J. L., & Reyes, C. I. (2014). La evaluación del aprendizaje de estudiantes : validación española del Assessment Experience Questionnaire (AEQ). *Estudios sobre Educación*, 26, 63–77. https://hdl.handle.net/10171/36785

Nunnally, J. C., & Bernstein, I. H. (1994). *Psychometric Theory* (3e éd.). McGraw-Hill.

Parkes, J. (2007). Reliability as argument. *Educational Measurement : Issues and Practice, 26*(4), 2–10. https://doi.org/10.1111/j.1745-3992.2007.00103.x

Pilati, R., & Laros, J. A. (2007). Modelos de equações estruturais em psicologia : conceitos e aplicações. *Psicologia : Teoria e Pesquisa*, *23*(2), 205–216. https://doi.org/10.1590/S0102-37722007000200011

Plante, I. (2010). Adaptation et validation d'instruments de mesure des stéréotypes de genre en mathématiques et en français. *Mesure et Evaluation en Education, 33*(2), 1–34. https://doi.org/10.7202/1024894ar

Poellhuber, B., Roy, N., & Bouchoucha, I. (2016). Les relations entre attentes, valeur, buts, engagement cognitif et engagement comportemental dans un MOOC. *Revue internationale des technologies en pédagogie universitaire*, *13*(2–3), 111–132. https://doi.org/10.18162/ritpu-2016-v13n3-01

R Core Team. (2020). *R 4.0.* [Logiciel]. R Foundation for Statistical Computing.

Richardson, M., Abraham, C., & Bond, R. (2012). Psychological correlates of university students' academic performance : a systematic review and meta-analysis. *Psychological Bulletin*, *138*(2), 353–387. https://doi.org/10.1037/a0026838

Romainville, M. (2006). Quand la coutume tient lieu de compétence : les pratiques d'évaluation des acquis à l'université. Dans N.R. Colet & M. Romainville (Eds.), *La pratique enseignante en mutation à l'université. Perspectives en éducation et formation* (pp. 19–40). De Boeck Supérieur.

Rosseel, Y., Jorgensen, T. D., Oberski, D., Vanbrabant, J. B. L., Savalei, V., Hallquist, E. M., M., Rhemtulla, M., Katsikatsou, M., Barendse, M., & Scharf, F. (2020). *Lavaan : Latent Variable Analysis* (version 0.6–6). [Logiciel]. https://cran.rproject.org/web/packages/lavaan/index.html

Rousseau, M. (2006). *L'impact des méthodes de traitement des valeurs manquantes sur les qualités psychométriques d'échelles de mesure de type Likert* [Thèse de doctorat, Université Laval]. http://hdl.handle.net/20.500.11794/18669

Savalei, V., & Kolenikov, S. (2008). Constrained versus unconstrained estimation in structural equation modeling. *Psychological Methods*, *13*(2), 150–170. https://doi.org/10.1037/1082-989X.13.2.150

Schah, R., & Goldstein, S. M. (2006). Use of structural equation modeling in operations management research : looking back and forward. *Journal of Operations Management*, *24*(2), 148–169. https://doi.org/10.1016/j.jom.2005.05.001

Schreiber, J. B., Stage, F. K., King, J., Nora, A., & Barlow, E. A. (2006). Reporting structural equation modeling and confirmatory factor analysis results : a review. *Journal of Educational Research*, *99*(6), 323–338. https://doi.org/10.3200/JOER.99.6.323-338

Schumacker, R. E., & Lomax, G. L. (2004). *A beginner's guide to structural equation modeling* (4e éd.). Routledge.

Segers, M., Gijbels, D., & Thurlings, M. (2008). The relationship between students' perceptions of portfolio assessment practice and their approaches to learning. *Educational Studies*, *34*(1), 35–44. https://doi.org/10.1080/03055690701785269

Stes, A., De Maeyer, S., & Van Petegem, P. (2013). Examining the cross-cultural sensitivity of the revised two-factor study process questionnaire (R-SPQ-2F) and validation of a dutch version. *PLOS ONE, 8*(1), e54099. https://doi.org/10.1371/journal.pone.0054099

Sulaiman, W. S. W., Rahman, W. R. A., Dzulkifli, M. A., & Sulaiman, W. S. W. (2013). Reliability of second-order factor of a revised two-factor study process questionnaire (R-SPQ-2F) among university students in Malaysia. *AJTLHE*, *5*(2), 1–13.

Tabachnick, B. G., & Fidell, L. S. (2007). *Using Multivariate Statistics (5e éd.)*. Pearson Education.

Thode, H. C. (2002). *Testing for Normality*. Marcel Dekker.

Traub, R. E., & Rowley, G. L. (1991). Understanding reliability: An NCME insctructional module on. *Educational measurement: Issues and practice*, *10*(1), 37–45. https://doi.org/10.1111/j.1745-3992.1991.tb00183.x

Trigwell, K., Ashwin, P., & Milan, E. S. (2012). Evoked prior learning experience and approach to learning as predictors of academic achievement. *British Journal of Educational Psychology*, *83*(3), 363–378. https://doi.org/10.1111/j.2044-8279.2012.02066.x.

Ullman, J. B. (2007). Structural Equation Modeling. Dans B. G. Tabachnick & L. S. Fidell (Eds.), *Using Multivariate Statistics* (5e éd.). (pp. 709–818). Pearson Education.

Ullman, J. B., & Bentler, P. M. (2012). Structural equation modeling. Dans B. W. Irving (Ed.), *Handbook of Psychology* (2e éd.). (pp. 661–690). John Wiley & Sons. https://doi.org/10.1002/9781118133880.hop202023

van Buuren, S. (2012). *Flexible imputation of missing data*. Chapman and Hall/CRC. https://doi.org/10.1201/b11826

Vaudroz, C., & Berger, J.-L. (2018). Validation de la version française de l'échelle du sentiment de responsabilité des enseignants (Teacher Responsibility Scale). *Mesure et Evaluation en Education*, *41*(3), 87–117. https://doi.org/10.7202/1065166ar

Wang, J., & Wang, X. (2020). *Structural equation modeling: applications using Mplus*. (2e éd.). Wiley.

Watkins, D. (2001). Correlates of approaches to learning: a cross-cultural meta-analysis. Dans R. J. Sternberg & L. F. Zhang (Eds.), *Perspectives on thinking, learning and cognitive styles* (pp. 165–195). Lawrence Erlbaum Associates.

Watkins, M. W. (2021). *A step-by-step guide to exploratory factor analysis with R and Rstudio.* Routledge. http://dx.doi.org/10.4324/9781003149286

Annexe 1

Les items de l'instrument de mesure R-SPQ-2F

1	Je ressens à l'occasion une profonde satisfaction personnelle à étudier.
2	Je considère que je dois étudier beaucoup sur un sujet avant d'en tirer mes propres conclusions et de me sentir capable d'affirmer que je le connais assez bien.
3	Mon but est de réussir mes cours en faisant le moins de travail possible.
4	J'étudie sérieusement seulement ce qui est distribué en classe, qui se trouve dans le plan de cours ou qui figure dans les références.
5	Je sens que pratiquement tous les sujets peuvent être très intéressants une fois que j'y suis plongé.
6	Je considère que la majorité des nouveaux sujets sont intéressants et j'y consacre souvent un surplus de travail pour obtenir plus d'informations à leur propos.
7	Je ne trouve pas mes cours très intéressants ; par conséquent, je ne fais que le strict nécessaire pour réussir les cours.
8	J'apprends certaines choses en les répétant jusqu'à ce que je les connaisse par cœur, même si je ne les comprends pas.
9	J'estime qu'étudier des sujets académiques peut à l'occasion être aussi stimulant que lire un bon roman ou voir un bon film.
10	Je me teste moi-même sur les sujets importants jusqu'à ce que je les comprenne complètement.
11	J'estime que j'ai pu passer la plupart des examens en mémorisant les sections-clés de la matière plutôt qu'en essayant de les comprendre.
12	Je limite généralement mon étude à ce qui est spécifiquement demandé dans les objectifs ou dans le plan de cours car je crois qu'il n'est pas nécessaire d'en faire plus.
13	Je travaille fort dans mes cours parce que je trouve que le contenu est intéressant.

14	Je passe beaucoup de mes temps libres à approfondir des sujets intéressants qui sont abordés dans différents cours.
15	Je crois qu'il n'est pas utile d'étudier en profondeur; cela porte à confusion et fait perdre du temps, alors qu'il suffit d'avoir une idée générale des sujets.
16	Je crois que les professeurs ne devraient pas s'attendre à ce que leurs étudiants passent beaucoup de temps à étudier des sujets qui ne sont pas matière à examen.
17	J'arrive la plupart du temps en classe avec en tête des questions pour lesquelles je désire obtenir une réponse.
18	J'essaie autant que possible de faire les lectures suggérées pour mes cours.
19	Je ne vois pas d'intérêt à apprendre de la matière qui a peu de chance de se retrouver aux examens.
20	Je crois que la meilleure façon de réussir les examens est de mémoriser les réponses aux questions qui vont probablement s'y retrouver.

Les items de l'instrument AEQ

1	Dans les cours, je reçois assez de commentaires sur la qualité de mon travail.
2	Les commentaires me sont communiqués très rapidement.
3 i	Quand je reçois mes travaux corrigés, ils ne contiennent presque aucun commentaire.
4 i	Quand je commets des erreurs ou quand j'ai des difficultés de compréhension, je reçois peu de conseils.
5 i	J'apprendrais davantage si je recevais plus de commentaires.
6 i	Les commentaires me parviennent trop tard pour m'être utiles.
7 i	Les commentaires m'indiquent principalement où je me situe par rapport aux autres.
8	Les commentaires m'aident à mieux comprendre la matière.
9	Les commentaires m'apprennent comment améliorer mes résultats à la prochaine évaluation.
10	Après avoir lu les commentaires, je comprends les notes que j'ai reçues.
11 i	Je ne comprends pas certains commentaires.

12 i	Les commentaires m'indiquent rarement le moyen de m'améliorer.
13	Je lis les commentaires attentivement et je tâche de bien les comprendre.
14	Je révise mon travail à l'aide des commentaires.
15 i	Les commentaires ne m'aident pas à mieux réussir mes prochains travaux.
16	Les commentaires me poussent à réviser la matière abordée plus tôt dans le cours.
17 i	Je ne révise pas à l'aide des commentaires.
18 i	En général, je ne consulte que les commentaires.

i = item inversé.

Chapitre 14

Les modèles de classification diagnostique : état des lieux et applications dans le domaine des langues

Dan Thanh DUONG THI[1]

1. Introduction

L'approche diagnostique cognitive (ADC) a récemment attiré l'attention de nombreux chercheurs et praticiens en éducation, grâce à son grand potentiel de fournir des rétroactions diagnostiques fines sur les profils de maitrise des habiletés des élèves. En effet, ces informations détaillées sur les forces et les faiblesses des élèves permettent aux enseignants de planifier des pistes d'intervention pédagogiques appropriées (de la Torre, 2011 ; George & Robitzsch, 2021 ; Kim, 2015 ; Rupp et al., 2010 ; Sessoms & Henson, 2018). Cette approche a été développée pendant les années 1980 avec la combinaison de la psychologie cognitive et de la psychométrie (Leighton & Gierl, 2007 ; Ravand & Robitzsch, 2015). Elle se base sur deux composantes principales : la première, l'analyse du contenu des items afin d'identifier des habiletés et des stratégies cognitives sous-jacentes (appelées attributs) que les élèves doivent mobiliser pour répondre correctement aux items (1) (Buck & Tatsuoka, 1998 ; Duong Thi & Loye, 2019 ; Kim, 2015 ; Leighton & Gierl, 2007), la seconde, les modèles psychométriques représentant les relations entre les items et les attributs (2) (Lee & Sawaki, 2009; Yang & Embretson, 2007).

L'identification des ces derniers est souvent réalisée par un panel d'experts en recourant à l'analyse des modèles théoriques sous-jacents liés aux habiletés évaluées, et à l'analyse de la spécification du test, du contenu des items et des résultats des recherches empiriques (Lee & Sawaki, 2009 ; Leighton & Gierl, 2007). Une matrice Q est ensuite développée pour établir le lien entre les attributs identifiés et les items. L'élaboration de la matrice Q est souvent réalisée en combinant l'analyse

[1] Université du Québec à Montréal (Québec, Canada).

du contenu des items et celle des données empiriques issues d'une passation d'un petit groupe d'élèves (Loye & Lambert-Chan, 2016; Tjoe & de la Torre, 2014), l'analyse des verbalisations à haute voix des élèves (Araydoust, 2021; Jang, 2005; Li & Suen, 2013; Ranjbaran & Alavi, 2017) ou le suivi du mouvement oculaire des élèves (eye tracking) lors de la passation de l'épreuve (Araydoust, 2021).

La matrice Q est présentée sous forme d'un tableau de spécifications comprenant des 1 et 0 qui déterminent si un attribut est nécessaire (1) ou non (0) pour répondre correctement à un item (Duong Thi & Loye, 2019). La matrice Q et les réponses des élèves sont analysées avec des modèles psychométriques afin de faire sortir des profils diagnostiques sur le degré de maitrise des habiletés des élèves. Ces modèles psychométriques sont appelés *les modèles diagnostiques cognitifs* (Rupp et al., 2010, les *modèles psychométriques cognitifs* (Gao & Rogers, 2010), *les modèles de classification diagnostique* (Rupp et al., 2010) ou encore les *modèles psychométriques diagnostiques cognitifs* (Fu & Li, 2007). Dans ce chapitre, nous les nommerons « modèles de classification diagnostique » (MCD), car il s'agit de l'appellation la plus utilisée dans les écrits en français.

Dans le domaine des langues, une variété de MCD ont été appliqués aux tests standardisés à grande échelle comme le TOEFL, le TOEFL iBT, le TOEIC, le MELAB, le IELTS, le PIRLS et le PISA, permettant de fournir des informations très fines sur les forces et les faiblesses cognitives des élèves (Araydoust, 2021; Buck & Tatsuoka, 1998; Buck et al., 1997; Chen & Chen, 2016; Duong Thi & Loye, 2019; Gao & Rogers, 2010; Jang, 2005, 2009; 2010; Kim, 2011; Lee & Sawaki, 2009; Li, 2011; Li & Suen, 2013; Liu et al., 2018; Ravand, 2016; Ravand & Robitzsch, 2018; Toprak-Yildiz, 2021; Von Davier, 2008; Xie, 2017; Yi, 2017). En effet, l'utilisation croissante de ces modèles dans l'analyse des données des tests standardisés à grande échelle en langues démontre clairement leur grande capacité d'extraire des informations diagnostiques fiables sur les difficultés des élèves afin de proposer des mesures de remédiation efficaces.

Ce chapitre vise donc à proposer un état des lieux des MCD appliqués en langues, à discuter des défis liés à l'application de ces modèles en langues et à présenter des pistes de recherches actuelles. Le chapitre est organisé en trois parties : premièrement, nous présenterons une définition des MCD; deuxièmement, nous décrirons, en détail, les spécificités des MCD utilisés pour analyser les données des tests en langues ainsi que les avantages et les limites des modèles; nous poursuivrons par une synthèse des recherches réalisées en langues avec les MCD; troisièmement, nous discuterons des défis de l'application des MCD ainsi que des orientations de recherche actuelles dans ce domaine.

2. Modèles de classification diagnostique et leurs applications dans le domaine des langues

2.1 Définition des modèles de classification diagnostique (MCD)

Les MCD sont des modèles de classes latentes qui classifient les élèves dans les groupes latents en fonction de la similitude de leurs réponses aux items du test (Haagenars & McCutcheon, 2002 ; Ravand & Robitzsch, 2015). Ils reposent sur le postulat que la performance des élèves au test dépend de la maitrise ou la non-maitrise d'un ensemble d'attributs impossibles à observer directement (Tatsuoka, 1983 ; Gierl et al, 2007). Malgré les appellations variées de ces modèles et le manque de consensus dans les définitions des MCD (Li, 2011), celle proposée par Rupp et Templin (2008) résume presque toutes les caractéristiques de ces modèles. Selon eux, les MCD se définissent comme suit :

> *Diagnostic classification models are probabilistic, confirmatory multidimensional latent-variable models with a simple or complex loading structure. They are suitable for modelling observable categorical response variables and contain unobservable (latent) categorical predictor variables. The predictor variables are combined in a compensatory and non-compensatory way to generate latent classes.* (Templin, 2008, p.226).

Les MCD sont des modèles *probabilistes* dans le sens où ils expriment la performance d'un élève au test en termes de probabilité de maitrise de chaque attribut séparément ou la probabilité que chaque élève appartienne à une classe latente (Lee & Sawaki, 2009 ; Ravand & Robitzsch, 2015). Les MCD sont aussi *confirmatoires* de nature car les variables latentes sont définies a priori lors du développement de la matrice Q (Li & Suen, 2013 ; Ravand & Baghaei, 2020).

Les MCD sont *multidimensionnels* et le nombre de dimensions dépend du nombre d'attributs sous-jacents identifiés dans le test (Jang, 2009). À la différence des modèles de la théorie de réponses aux items (TRI), qui attribuent aux élèves un score unique sur une échelle continue, les MCD classifient les élèves dans les profils multidimensionnels de maitrise ou non-maitrise de chaque attribut (Li & Suen, 2013 ; Ravand & Baghaei, 2020 ; Ravand & Robitzsch, 2015 ; Templin & Bradshaw, 2013).

Les MCD se distinguent par la structure des habiletés évaluées, la nature des items et l'interaction des attributs ainsi que par les méthodes d'estimation des paramètres (Lee & Sawaki, 2009). Habituellement, ces modèles sont classés en deux catégories : les modèles *compensatoires/disjonctifs* et les modèles *non-compensatoires/conjonctifs* (Dibello et al., 1995, 2007 ; Ranjbaran & Alavi, 2017). Dans un modèle *compensatoire ou disjonctif*, la maitrise d'un attribut ou d'un sous-ensemble d'attributs requis pour un item peut compenser la non-maitrise d'autres attributs

(Yi, 2017). Ainsi, la probabilité de répondre correctement à un item augmente selon le fait que l'élève maitrise un attribut, plusieurs attributs ou tous les attributs requis pour l'item (Ravand, 2019). Par contre, un modèle *non-compensatoire* ou *conjonctif* suppose que l'élève doit maitriser tous les attributs demandés afin de produire une réponse exacte (Rupp & Templin, 2008; Rupp et al. 2010). Autrement dit, le manque d'un attribut ne peut pas être compensé par un autre.

Plus récemment, les MCD additifs (A-MCD) ont été développés et considérés comme une autre catégorie des MCD (de la Torre, 2011). Contrairement aux modèles compensatoires qui ne tiennent pas compte du nombre d'attributs maitrisés, dans les modèles additifs, la maitrise de n'importe quel attribut affecte la probabilité de répondre correctement à l'item, indépendamment de la présence ou l'absence d'autres attributs (de la Torre, 2011; Ravand & Baghaei, 2020).

Les MCD peuvent être catégorisés comme des *modèles spécifiques* ou *modèles généraux* (G-MCD) selon le type d'interaction entre les attributs sous-jacents du test. Dans les modèles spécifiques, un seul type d'interaction entre les attributs est défini à l'avance: soit disjonctive, conjonctive ou additive, tandis que les modèles généraux n'assument aucune relation prédéfinie entre les attributs et laissent chaque item choisir le type d'interaction à postériori (Ravand & Baghaei, 2020). Nous présenterons plus en détails les caractéristiques des MCD et leurs applications dans le domaine des langues dans les lignes qui suivent.

3. Description des MCD et leurs applications dans le domaine de langues

3.1 Modèle Rule-Space (RSM)

3.1.1 Modèle

Le RSM (Im & Corter, 2011; Tatsuoka, 1983, 1998, 2009) présuppose qu'afin de répondre correctement à un item, le sujet doit maitriser tous les attributs nécessaires pour cet item (Jang, 2005; Im & Corter, 2011). Ce modèle se base sur l'approche de la reconnaissance des schémas (pattern recognition approach) en mesurant la distance entre *les états de connaissances observés* des sujets et un ensemble de *schémas de réponses idéaux*. La classification des distances est ensuite estimée par un modèle de la TRI à deux paramètres, avec θ qui représente le niveau d'habileté estimé du sujet et ζ, un indice qui fait référence au degré, selon lequel les sujets répondent incorrectement aux items plus faciles et correctement à ceux plus difficiles (Buck & Tatsuoka, 1998; Im & Corter, 2011; Tatsuoka, 1985).

Afin de déterminer le classement de chaque sujet, les couples (θ, ζ) sont représentés sur un plan cartésien à deux dimensions. Les distances de Mahalanobis au carré entre ce couple (θ, ζ) et le centre de gravité de chacun des schémas de réponses idéaux sont ensuite calculés. Si la distance entre la position de l'état de connaissance observée d'un sujet est plus proche que celle de la coupure (*cut off*), ce centre de gravité est considéré comme l'état de connaissance du sujet (Im & Corter, 2011). La règle de décision de Bayes est ensuite appliquée pour déterminer l'erreur minimale de classement des sujets dans des états de connaissances possibles (Buck & Tatsuoka, 1998). Enfin, la probabilité de maitrise des attributs du sujet est calculée par un modèle probabiliste en utilisant des attributs binaires des états de connaissances des sujets et les probabilités postérieures correspondantes.

3.1.2 Avantages et limites

Le RSM comporte l'avantage de ne pas avoir beaucoup de paramètres à estimer, ce qui facilite l'interprétation. Celle-ci est réalisée par la visualisation graphique de la distance entre les états des connaissances observés des sujets et ceux idéaux (Loye, 2008). Toutefois, lorsque le nombre des schémas de réponse idéaux est grand, ces points idéaux ne peuvent pas être séparés clairement l'un de l'autre et l'erreur commise dans le classement peut être élevée (Buck & Tatsouka, 1998 ; Buck et al., 1997 ; Kasai, 1997). En outre, une limite due à la nature du RSM est que ce modèle peut fournir des scores sur les attributs, uniquement aux candidats qui sont classés avec succès dans leur état de connaissance.

3.1.3 Applications

Avec le RSM, Buck et al. (1997) ont analysé des données en lecture de 5000 étudiants japonais du test TOEIC. Des 27 attributs initialement identifiés, 24 ont finalement été retenus, dont 16 attributs et 8 interactions. Ces attributs se basent principalement sur les taxonomies de sous-habiletés en lecture proposées par Grabe (1991) et sur les études empiriques menées par Freedle et Kostin (1993) qui se concentrent sur sept catégories. Avec ces attributs, les auteurs peuvent classifier 91 % des candidats dans leur profil de maitrise des habiletés et fournir la probabilité de maitrise pour chaque habileté. Ces scores sont ensuite analysés avec une régression multiple, ce qui suggère que les attributs peuvent expliquer 97 % de la variation de la performance de 91 % des candidats au test. Toutefois, le modèle ne peut pas fournir les scores des attributs à 9 % des candidats. Ainsi, si les chercheurs veulent l'utiliser pour des analyses diagnostiques, ils doivent trouver le moyen de fournir les scores à ces candidats.

Le RSM a été appliqué au test TOEFL dans les recherches de Kasai (1997) et Scott (1998). La recherche de Kasai (1997) a mis en évidence 27 attributs, dont 16 attributs principaux et 11 interactions. Les résultats indiquent que ces attributs principaux et interactions peuvent classer plus de 80 % des candidats dans les profils de maitrise des habiletés du test et expliquer 96 % de leur performance au test (Kasai, 1997).

Avec ce même test, la recherche de Scott (1998) a obtenu les résultats plus ou moins similaires à celle de Kasai (1997) même si les attributs ne sont pas tout à fait identiques. Plus précisément, parmi 24 attributs identifiés pour cette recherche, seulement 13 attributs sont semblables à ceux de Kasai (1997) tandis que 11 attributs avec 2 nouveaux attributs ont été ajoutés. L'analyse des données du TOEFL avec le RSM montre que le modèle peut classer 84 % des candidats dans les niveaux de maitrise appropriés. Ces attributs peuvent aussi prédire 94 % de leurs performances (Scott, 1998).

3.2 Modèle de Fusion

3.2.1 Modèle

Développé à partir du modèle unifié reparamétré (RUM) de Dibello et ses collaborateurs (1995), le Fusion ou le RUM non-compensatoire (NC-RUM) (Hartz, 2002; Jang, 2005, 2009; Li, 2011; Li & Suen, 2013; Ranjbaran & Avali, 2017; Roussos et al., 2007) est un modèle multidimensionnel de la TRI qui suppose que le sujet doit maitriser tous les attributs demandés pour un item afin d'y répondre correctement (Jang, 2005). À la différence du RSM qui estime seulement deux paramètres, le Fusion est un modèle à trois paramètres qui peut s'appliquer à la fois aux données dichotomiques ou polytomiques (Loye, 2010). Le paramètre π_i^* représente la probabilité de répondre correctement à un item lorsqu'un sujet maitrise tous les attributs nécessaires. Ce paramètre est interprété comme le niveau de difficulté de la matrice Q pour l'item i, qui varie entre 0 et 1. Le paramètre r_{ik}^* permet de comparer la probabilité de répondre correctement à l'item i lorsque le sujet maitrise l'attribut k et dans le cas de la non-maitrise de l'attribut k (Jang, 2005). Autrement dit, ce paramètre est considéré comme un indicateur de la capacité diagnostique de l'item i pour l'attribut k et prend aussi les valeurs entre 0 et 1. Plus l'attribut k est nécessaire pour l'item 1, plus petite est la valeur de r_{ik}^*. Cette valeur est donc interprétée comme le paramètre de discrimination de l'item 1 pour l'attribut k (Li, 2011). Finalement, le paramètre c_i qui varie entre 0 et 3 représente l'exclusivité de la liste d'attributs dans la matrice Q permettant de vérifier si cette matrice Q peut contenir tous les attributs nécessaires (Jang, 2005; Loye, 2010).

3.2.2 Avantages et limites

L'avantage du modèle Fusion est qu'il reconnait le caractère incomplet de la matrice Q en témoignant des attributs non identifiés mais qui ont été utilisés par le sujet pour répondre correctement aux items (Li, 2011 ; Roussos et al., 2007). Comme nous ne pouvons pas déterminer tous les types de connaissances et stratégies sous-jacentes du processus de compréhension en lecture de chaque sujet, il est impossible de pouvoir identifier tous les attributs nécessaires pour un item (Li, 2011). D'ailleurs, le modèle permet d'évaluer non seulement la performance du sujet sur chaque attribut, mais aussi la capacité diagnostique de chaque item et du test grâce au paramètre r^*_{ik}. Plus cette valeur est petite, plus grande est la capacité diagnostique de l'item (Li & Suen, 2013). Le désavantage réside peut-être dans la difficulté de l'interprétation des résultats, car le modèle contient plus de paramètres à estimer. D'ailleurs, si ces derniers sont estimés par le MCMC, il est difficile d'atteindre et de juger la convergence (Li & Suen, 2013 ; Loye, 2008 ; Sinharay, 2004).

3.2.3 Applications

Jusqu'à présent, le Fusion est le plus utilisé pour modéliser les données en langues. Jang (2009) a analysé les données de 2703 candidats du TOEFL iBT afin d'estimer leur probabilité de maitrise des attributs. En se basant sur les protocoles verbaux des apprenants, les experts ont identifié 9 attributs qui touchent à la fois la compréhension globale, la compréhension locale ainsi que les connaissances linguistiques du texte. Ce qui semble intéressant dans cette recherche est que la performance de certains étudiants a été évaluée avec le test avant et après avoir pris des cours préparatoires. Les résultats montrent que ces étudiants ont amélioré de 12 % leur probabilité de maitrise des habiletés après le cours et qu'environ 85 % des étudiants peuvent améliorer leur performance. Toutefois, une limite de l'étude est que le nombre d'attributs a été beaucoup diminué dans la Q matrice finale pour être théoriquement et statistiquement supportable (de 32 attributs à 16 et finalement à 9 attributs). Idéalement, le nombre d'attributs ne devrait pas être trop réduit pour ne pas perdre leur utilité diagnostique et leur interprétabilité (Jang, 2005 ; Roussos et al., 2007).

Li (2011) et Li & Suen (2013) ont utilisé ce même modèle pour analyser des données en lecture de 2019 candidats du test MELAB. Les attributs identifiés étaient basés sur les recherches de Gao (2006) et Jang (2005). Avec les protocoles verbaux et quatre experts, les auteurs ont initialement identifié 6 attributs pour les réduire à 4 vu le nombre insuffisant d'items par attribut. Le paramètre π, qui représente la probabilité qu'un candidat qui maitrise tous les attributs exigés pour l'item i va les utiliser correctement pour résoudre cet item, est très grand (π = 0,891).

Les attributs sont globalement maitrisés par plus de 55 % de candidats (74,4 % pour le vocabulaire; 71,3 % pour la syntaxe; 59,9 % pour l'extraction des informations explicites et 67,7 % pour la compréhension des informations implicites). Toutefois, la capacité diagnostique des items (r) varie entre 0,237 et 0,852. Ce paramètre est encore faible chez certains items car le test n'a pas été conçu spécifiquement dans un but diagnostique au départ (Li, 2011; Li & Suen, 2013).

Aryadoust (2011) a analysé les données en compréhension orale de 209 étudiants du test IELTS. Au total, huit attributs ont été identifiés pour cette section du test. Les résultats révèlent que le paramètre π varie entre 0,558 et 0,989, ce qui est considéré comme adéquat. Le paramètre r qui renvoie à la capacité de l'item de différencier des candidats du groupe de maitrise et non-maitrise des habiletés varie entre 0,37 et 0,98. Les résultats suggèrent également que le Fusion s'ajuste assez adéquatement aux données.

Kim (2015) a analysé les données en lecture de 1982 étudiants ayant passé un test d'entrée d'un programme d'études en anglais langue seconde, dans une université américaine. Au total, les experts ont identifié 10 attributs pour 30 items du test, dont 5 attributs sont liés aux connaissances de la langue et 5 attributs touchent les stratégies de compréhension. Les résultats montrent que ces attributs peuvent être utilisés comme cadre de référence pour diagnostiquer les difficultés des étudiants en anglais langue seconde. Pour les connaissances de la langue, les probabilités de maitrise des habiletés varient entre 0,519 et 0,615. L'attribut le moins maitrisé est la « Connaissance des connecteurs logiques » tandis que celui le plus maitrisé concerne les compétences pragmatiques. Quant aux stratégies de compréhension, l'attribut le plus difficile, donc le moins réussi, est la synthèse (0,537), tandis que celui le plus maitrisé est le scannage et le balayage (0,752). De plus, les résultats montrent une cohérence entre les profils de maitrise des habiletés des étudiants et leurs niveaux de performance en lecture (débutant, intermédiaire et avancé). En effet, les débutants ont une faible probabilité de maitrise de tous les attributs avec une faible variabilité. Les étudiants du niveau intermédiaire ont une probabilité de maitrise semblable à l'ensemble des étudiants avec une plus grande variabilité. Finalement, ceux du groupe avancé ont une probabilité de maitrise très élevée des 10 attributs (Kim, 2015).

À la différence des recherches précédentes qui modélisent les données des tests qui n'ont pas été initialement conçus avec une visée diagnostique au départ, celle de Ranjbaran et Alavi (2017) a pour but de développer un test diagnostique en lecture dans le respect du cadre de référence de l'ADC. Plus précisément, les experts, en se basant sur la littérature, ont travaillé à l'identification de 9 attributs, à partir desquels 20 items ont été développés pour le test. La matrice Q a été développée et raffinée par le panel d'experts à l'aide des verbalisations à haute voix de 13 étudiants. Le test a été ensuite administré auprès de 1986 étudiants ayant suivi un cours d'anglais général à l'Université de Tehran en Iran. Les données ont été modélisées avec le Fusion et permettent de conclure que la majorité des items sont capables de différencier les élèves dans les profils de maitrise ou non-maitrise des habiletés. Par ailleurs, les résultats suggèrent des profils détaillés des forces et des faiblesses des étudiants, et ce, afin d'aider les enseignants à préparer le matériel et les interventions pédagogiques utiles pour mieux accompagner ces étudiants, notamment pour les habiletés de haut niveau qui représentent une plus grande difficulté. La recherche propose également des pistes pertinentes pour guider la démarche d'élaborer et d'améliorer la qualité d'un test diagnostique en lecture.

3.3 Modèle DINA

3.3.1 Modèle

Le modèle DINA (Deterministic Inputs, Noisy and Gate model) (Cui et al., 2012; de la Torre & Douglas, 2008; de la Torre, 2011; Junker & Sijtsma, 2001) est un modèle non-compensatoire qui suppose que le sujet doit maitriser l'ensemble des attributs indispensables pour répondre correctement aux items. Il divise donc les sujets en deux classes latentes : ceux qui maitrisent tous les attributs exigés pour un item ($\xi_{ij} = 1$) et ceux qui ne les maitrisent pas ($\xi_{ij} = 0$) (Cui et al., 2012). Le modèle prend également en considération le fait que le sujet peut donner une mauvaise réponse même s'il maitrise tous les attributs nécessaires (Loye, 2010). Ainsi, il estime la probabilité de répondre correctement à un item avec deux paramètres : *le paramètre de pseudo-chance* (g_i) qui renvoie à la probabilité qu'un sujet peut répondre correctement à un item même s'il ne maitrise pas tous les attributs essentiels et *le paramètre d'étourderie* (s_i) qui fait référence à la probabilité qu'un sujet peut ne pas donner une bonne réponse même s'il maitrise tous les attributs demandés. Idéalement, ces deux paramètres devraient être assez petits pour montrer que l'item a une grande capacité diagnostique.

Ainsi, le modèle DINA estime la probabilité de répondre correctement à un item en fonction des probabilités des paramètres de pseudo-chance (g_i) et d'étourderie (s_i) dépendant de deux classes latentes distinguées par le modèle. Plus spécifiquement, pour le groupe qui maitrise tous les attributs, la probabilité de répondre correctement à un item est égale à $1-s_i$, tandis que pour le groupe qui ne les maitrise pas tous, cette probabilité est égale à g_i. Le tableau 1 résume donc ces probabilités selon les deux groupes latents.

Tableau 1 Probabilités de réponse dans le modèle de DINA

	$X_{ij} = 1$ (Réponse correcte)	$X_{ij} = 0$ (Réponse incorrecte)
$\xi_{ij} = 1$ (Maitrise de tous les attributs)	$1 - s_i$	s_i
$\xi_{ij} = 0$ (Non-maitrise de tous les attributs)	g_i	$1 - g_i$

Source : adapté de Rupp, Templin et Henson, 2010

3.3.2 Avantages

L'avantage du DINA réside dans sa simplicité. En effet, c'est le modèle le plus simple, donc le plus restrictif et interprétable des MCD qui peut traiter des données dichotomiques (de la Torre & Douglas, 2008). En effet, lors du choix d'un MCD, il faut tenir compte de la faisabilité et de la parcimonie qui sont liées à l'importance de garder le modèle aussi simple que possible en termes de paramètres afin d'arriver à un ajustement adéquat des données et atteindre l'objectif de diagnostic (DiBello et al., 2007).

3.3.3 Applications

En comparaison des modèles Fusion et RSM, le DINA est encore peu utilisé en langues. Seules deux études ont choisi ce modèle pour analyser des données en langues et se trouvent être l'une, de Ravand et al. (2013) et l'autre de George et Robitzsch (2021). Ravand et al. (2013) ont modélisé les données en lecture de 1500 candidats au doctorat ayant fait le test GET (General English Test), un test d'entrée à l'université en Iran. Au total, cinq attributs ont été identifiés pour le test. Les résultats suggèrent que les indices de pseudo-chance et d'étourderie des items sont assez élevés (0,36 et 0,38), ce qui fait que la capacité diagnostique des items est inférieure à 0,5. Deux raisons expliquent ces paramètres élevés de pseudo-chance et d'étourderie. D'abord, la nature compensatoire plutôt que conjonctive des habiletés, ce qui fait que les sujets ne doivent pas nécessairement maitriser tous les attributs pour répondre correctement à l'item. La deuxième raison est due à l'erreur de la spécification de la matrice Q, car le paramètre qui témoigne du caractère incomplet de cette dernière n'est pas estimé avec le modèle DINA (Ravand et al., 2013).

George et Robitzsch (2021) ont utilisé le DINA pour modéliser les données du Programme international de recherche en lecture scolaire (PIRLS) de 2016. Il s'agit d'un test international en lecture administré en quatrième année de l'enseignement primaire auprès de 49 pays et régions du monde entier. Les réponses de 270 275 élèves ont été analysées avec quatre processus de compréhension en lecture identifiés dans le cadre de référence du PIRLS. Les résultats montrent que le modèle s'ajuste adéquatement aux données et fournissent des profils de maitrise des habiletés des élèves, permettant de faire des comparaisons entre les pays et les régions qui ont participé au PIRLS 2016.

3.4 Modèle G-DINA

3.4.1 Modèle

Le modèle G-DINA (Generalized DINA) a été développé par de la Torre (2011) afin de combler une des limites du modèle DINA liée au fait que la probabilité de bonnes réponses ne varie pas selon « le nombre et le type d'habiletés qui ne sont pas maitrisées » (Loye, 2010, p.86; Roussos et al., 2007). Le G-DINA peut être classé parmi les MCD généraux qui ne tiennent pas compte de la relation restreinte comme conjonctive ou disjonctive des attributs, comme le modèle diagnostique général (GDM) de von Davier (2005) (Ravand et al., 2013). Ainsi, le modèle G-DINA assouplit l'hypothèse de la probabilité égale de réponses correctes lorsque le sujet ne maitrise pas tous les attributs qu'il faut pour cet item. Au lieu de séparer les sujets en deux classes latentes pour chaque item, le G-DINA partitionne les classes latentes en $2^{K_j^*}$ groupes latents, dont K_j^* est le nombre d'attributs demandés pour l'item j. Chaque groupe latent représente un vecteur d'attribut réduit α_{ij}^* qui obtient sa propre probabilité de réussite (de la Torre & Douglas, 2008).

3.4.2 Avantages

L'avantage majeur du G-DINA réside dans le fait qu'il tient compte de la complémentarité des attributs exigés pour un même item. En effet, le G-DINA présume que même si les sujets ne peuvent pas maitriser tous les attributs qu'il faut pour un item (ξ_{ij} = 0), les probabilités d'obtenir une réponse correcte peuvent varier. Par exemple, pour un item nécessitant trois attributs, le sujet qui en maitrise deux a une plus grande probabilité de réussite que celui qui en maitrise seulement un. Ainsi, en comparaison avec le DINA qui peut différencier les candidats en seulement deux groupes (ceux qui maitrisent tous les attributs et ceux qui ne les maitrisent pas tous), le G-DINA peut distinguer les sujets avec les différents niveaux de maitrise (de la Torre, 2011 ; Ravand et al., 2013).

3.4.3 Applications

Le modèle G-DINA est de plus en plus récemment utilisé pour modéliser des données des tests en langues. En effet, Chen et Chen (2016) ont analysé les données de 1029 élèves de l'enseignement secondaire en Grande Bretagne ayant passé le test du programme international pour le suivi des acquis scolaires (PISA). Basé sur le cadre de référence du PISA et la spécification du test, les six experts ont identifié 5 attributs pour 20 items du test. Les relations hiérarchiques entre les attributs identifiés par les experts et les originaux proposés dans le cadre de référence ont également été étudiées. Les indices de l'ajustement absolu indiquent que le modèle s'ajuste adéquatement aux données avec la matrice Q proposée par les experts. L'attribut « Évaluer et apprécier » semble le plus difficile avec une probabilité de maitrise de 0,52, viennent ensuite « Faire des inférences » (0,53) et « Interpréter et expliquer » (0,54). La probabilité de maitrise de l'attribut « Généraliser des idées principales » est de 0,65. Finalement, l'attribut « Identifier des informations explicites » est le plus maitrisé par les élèves (0,67). Le profil le plus populaire chez les élèves est celui qui maitrise les cinq attributs avec 24,9 % d'élèves, alors que 15,6 % d'élèves n'en maitrisent aucun.

Avec le même modèle, Javidanmehr et Anani Sarab (2019) ont utilisé les données de 4000 étudiants d'un test d'entrée en anglais aux différents programmes du doctorat en Iran en 2012. Il s'agit d'un examen standardisé administré annuellement par le Ministère des sciences, de la recherche et de la technologie en Iran. La matrice Q a été construite et raffinée par quatre experts ainsi que les protocoles verbaux de 10 étudiants. Cinq attributs ont été retenus pour l'analyse des données. Les résultats révèlent que le G-DINA est prometteur pour fournir des informations diagnostiques en lecture avec la matrice Q élaborée. Parmi ces attributs, la « connexion et la synthèse » est le plus difficile avec une probabilité de maitrise de 39 %, tandis que les connaissances lexicales et syntaxiques sont les plus maitrisées par les étudiants (83 % et 80 % respectivement). Quant aux profils de maitrise des habiletés, 37,7 % des étudiants maitrisent les cinq habiletés, ce qui constitue le profil le plus populaire chez les étudiants. Il y a environ 13 % des étudiants qui ne maitrisent aucune habileté et 12 % d'étudiants qui maitrisent les quatre premières habiletés, mais pas la connexion et la synthèse. Les résultats appuient la critique sur le type pédagogique en enseignement de l'anglais langue seconde en Iran, qui se concentre principalement sur l'enseignement du vocabulaire et de la syntaxe. L'étude suggère que les enseignants doivent davantage mettre l'accent sur les stratégies de lecture de hauts niveaux comme faire des inférences, mais également la connexion et la synthèse.

3.5 Modèle diagnostique général (GDM)

3.5.1 Modèle

Le modèle diagnostique général (GDM) (Lee & Sawaki, 2009 ; von Davier, 2008 ; von Davier & Yamamoto, 2004) est un modèle général qui s'inscrit dans un large cadre de référence analytique des MCD précédemment disponibles en combinant les caractéristiques de la TRI, des modèles log-linéaires et des analyses des classes latentes (Lee & Sawaki, 2009). Ainsi, le GDM englobe plusieurs modèles qui peuvent être utilisés pour des analyses diagnostiques cognitives tels que les modèles de classification multiple des classes latentes de Maris (1985), la version compensatoire de Hartz (2002) et la version de crédit partiel de GDM (pGDM) (Lee & Sawaki, 2009 ; von Davier, 2008).

Supposons qu'il y a k attributs dans un test, les probabilités de répondre correctement aux items pour la version logistique du pGDM peuvent être estimée par le β_{xi}, le paramètre de seuil de la réponse x à l'item i ; i_k, le paramètre de pente de l'attribut k pour chaque catégorie de réponse non nulle ; ik, l'entrée de la matrice Q pour l'item i et l'attribut k et le a_k, la variable latente multidimensionnelle, $\vartheta = (a_1, \ldots a_k)$ (Lee & Sawaki, 2009). Ces paramètres peuvent être estimés par le logiciel Mdltm (von Davier, 2008) en utilisant la vraisemblance marginale maximum (Marginal maximum likelihood).

3.5.2 Avantages

Cette version de crédit partiel du GDM est un modèle à la fois compensatoire et non compensatoire qui traite des données dichotomiques et polytomiques. Dans les modèles Fusion, DINA et G-DINA, les données devraient être dichotomiquement codées tandis qu'avec le GDM, il est possible de travailler avec des données polytomiques telles quelles. Le GDM offre donc la flexibilité d'analyses avec les différents types de données (Lee & Sawaki, 2009).

3.5.3 Application

Le modèle de crédit partiel de GDM a été utilisé dans la recherche de von Davier (2008) avec des données en lecture des formes A et B du test TOEFL iBT. Avec les 4 habiletés identifiées, les résultats obtenus ont démontré l'applicabilité du GDM à des tests à grande échelle en langue.

3.6 Synthèse

La section précédente vise à décrire les spécificités des MCD ainsi que leurs applications en langues. Le modèle de ***Rule-Space*** a été utilisé dans plusieurs recherches tant en lecture qu'en compréhension orale et démontre bien son applicabilité dans le diagnostic des difficultés des compétences langagières. Malgré la facilité de l'interprétation des résultats grâce à la visualisation graphique des états de connaissance, ce modèle ne peut fournir les scores des attributs qu'aux candidats qui sont classés avec succès selon l'état de leurs connaissances. D'ailleurs, le modèle peut commettre des erreurs dans le classement des états de connaissances lorsque le nombre de schémas de réponses est élevé. En comparaison du modèle Rule-Space, le modèle ***Fusion*** est le plus utilisé grâce à la complétude des paramètres estimés. En effet, il peut fournir plus d'informations sur le caractère incomplet de la matrice Q avec le paramètre résiduel en tenant compte de tous les autres attributs utilisés par le sujet mais qui n'ont pas été identifiés dans la matrice Q. Ceci engendre, toutefois, des difficultés tant dans l'interprétation que dans l'estimation, car le modèle contient plus de paramètres. Le ***GDM***, quant à lui, offre la possibilité de travailler avec les items polytomiques. Il est cependant moins appliqué aux données en langues à cause à la fois de la complexité du modèle mais aussi de l'inaccessibilité des logiciels pour les modélisations. Les modèles ***DINA et G-DINA*** sont de plus en plus utilisés en langues, étant donné qu'ils sont les plus simples, les plus restrictifs et les mieux interprétables parmi les MCD. Le G-DINA peut compléter une limite principale du DINA qui renvoie au fait que la probabilité des bonnes réponses ne varie pas selon le nombre et le type d'habiletés qui ne sont pas maitrisées (Loye, 2010).

Les résultats des recherches indiquent que les modèles s'ajustent assez adéquatement aux données. Bien que la qualité diagnostique moyenne des items des tests en langues, car ils n'ont pas été conçus avec l'idée de diagnostic au départ, les résultats des modélisations suggèrent que les informations diagnostiques générées par les MCD soient discriminantes, précises et fiables pour déterminer les forces et les faiblesses des élèves. Les tableaux 2 et 3 ci-dessous présentent une synthèse des recherches qui modélisent des données en langues avec un seul MCD ainsi que les habiletés évaluées.

Tableau 2 Synthèse des recherches en langue modélisées avec un seul MCD

Recherches	Tests utilisés	Nombre d'habiletés	Compétence visée	MCD
Buck, Tatsuoka et Kostin (1997)	TOEIC	24	Lecture	RSM
Kasai (1997)	TOEFL	27	Lecture	RSM
Scott (1998)	TOEFL	24	Lecture	RSM
Von Davier (2005)	TOEFL iBT	4	Lecture	GDM
Jang (2009)	TOEFL iBT	9	Lecture	Fusion
Svetina, Gorin et Tatsuoka (2011)	Test d'entrée au collège aux E-U	22	Lecture	RSM
Li (2011) ; Li et Suen (2013)	MELAB	4	Lecture	Fusion
Araydoust (2011)	IELTS	8	Compréhension orale	Fusion
Ravand, Barati et Widhiarso (2012)	GET	5	Lecture	DINA
Kim (2015)	Test d'entrée à un programme d'anglais langue seconde	10	Lecture	Fusion
Chen et Chen (2016)	PISA	5	Lecture	G-DINA
Ranjbaran et Alavi (2017)	Test diagnostique pour un cours général en anglais en Iran	9	Lecture	Fusion
Javidanmehr et Anani Sarab (2019)	Test d'entrée en anglais dans les programmes doctorat en Iran	5	Lecture	G-DINA
Toprak-Yildiz (2021)	PIRLS 2016	4	Lecture	LCDM
Geogre et Robitzsch (2021)	PIRLS 2016	4	Lecture	DINA

Source : adapté de Duong Thi, 2018

Tableau 3 Synthèse des attributs diagnostiquées dans les recherches en langues

Recherches /Attribut	Vocabulaire	Syntaxe	Négation	Organisation rhétorique	Connaissances antérieures	Repérer des informations explicites	Inférer	Scannage	Balayage	Déduire des informations implicites	Synthèse et connexion	Évaluer et apprécier
Buck, Tatsuoka et Kostin (1997)	X	X	X	X								
Kasai (1997)	X	X		X		X						
Scott (1998)	X	X		X		X						
Von Davier (2005)	X					X					X	
Jang (2009)	X	X	X	X		X	X			X	X	
Svetina, Gorin et Tatsuoka (2011)												
Li (2011) ; Li et Suen (2013)	X	X				X				X		
Araydoust (2011)	X	X				X				X		
Ravand, Barati et Widhiarso (2012)	X	X				X	X				X	
Kim (2015)	X	X		X		X	X	X	X	X	X	
Chen et Chen (2016)						X	X			X	X	X
Ranjbaran et Alavi (2017)					X	X	X	X	X	X	X	
Javidanmehr et Anani Sarab (2019)	X	X				X	X				X	
Toprak-Yildiz (2021)						X	X			X		X
Geogre et Robitzsch (2021)						X	X			X		X

Source : adapté de Duong Thi, 2018

3.7 Recherches sur la comparaison de différents MCD appliqués aux données en langue

Des recherches telles que Lee et Sawaki (2009); Li et al. (2016); Yi (2017); Liu et al. (2018); Aryadoust (2018) et Ravand et Robitzsch (2018) s'intéressent à modéliser les données des tests en langue avec plusieurs MCD congruents. L'objectif est de choisir le modèle qui s'ajuste le mieux aux données et aux matrices Q élaborées. Ces recherches utilisent à la fois les modèles spécifiques et généraux, compensatoires et non-compensatoires. Ces études analysent à la fois les données en lecture (Lee & Sawaki 2009; Li et al., 2016; Ravand & Robitzsch, 2018), en grammaire (Yi, 2017) et en compréhension orale (Aryadoust, 2018; Liu et al., 2018). Les résultats des modélisations suggèrent que les modèles généraux tels que le G-DINA et le LCDM (le modèle de classification diagnostique log-linéaire) s'ajustement mieux aux données que les modèles spécifiques comme le A-CDM (le MCD additif), le RRUM, C-RUM (le RUM compensatoire), NC-RUM (RUM non-compensatoire), le DINA, le HO-DINA (High-order DINA), le DINO (Deterministic Inputs, Noisy OR Gate model) et le NIDO (Noisy, Input, Deterministic-Or-Gate). Cependant, lorsque les résultats de l'ajustement sont plus ou moins semblables entre les MCD généraux et spécifiques, il est conseillé de choisir les MCD spécifiques. Parmi les modèles spécifiques étudiés, le C-RUM et le A-CDM semblent les modèles les plus appropriés pour analyser les données en langue (Li et al., 2016; Ravand & Robitzsch, 2018; Yi, 2017).

Les modèles compensatoires s'ajustent mieux aux données en langues que ceux non-compensatoires. A titre d'exemple, dans la recherche de Yi (2017), le C-RUM semble le modèle le plus approprié pour les données en grammaire parmi les modèles comparés, ce qui souligne le caractère compensatoire de trois types de connaissances: lexicales, des connecteurs logiques et morphosyntaxiques. Ces connaissances interagissent ensemble; ains, la maitrise de l'une d'elles peut compenser le manque de la maitrise de l'autre. De ce fait, le choix d'un MCD approprié pour modéliser des données en langues doit se baser sur un ensemble de facteurs, à savoir: l'interaction entre les habiletés qui décident le choix d'un modèle compensatoire ou non-compensatoire; la complexité du modèle (le nombre de paramètres d'items) ainsi que la disponibilité et la convivialité des logiciels (Li et al., 2016; Yi, 2017). Le tableau 4 propose une synthèse des recherches sur la comparaison des MCD appliquées en langues.

Tableau 4 Synthèse des recherches sur la comparaison de différents MCD appliqués aux données en langues

Recherches	Tests utilisés	Nombre d'habiletés	MCD	Compétences visées
Lee et Sawaki (2009)	TOEFL iBT	4	**Fusion**[2], GDM, LCA	Lecture et compréhension orale
Li, Hunter et Lei (2015)	MELAB	4	G-DINA, DINA, DINO, RRUM, **ACDM**	Lecture
Yi (2017)	Un test en anglais langue seconde	3	LCDM, **C-RUM**, DINA, DINO, NIDO	Grammaire
Liu, Huggins-Manley et Bulut (2018)	Test préparatoire au TOFEL	3	G-DINA, A-CDM, **DINA**, DINO, **HO-DINA**	Compréhension orale
Aryadoust (2018)	Test pour le certificat général en éducation de Singapore-Cambridge (GCE).	9	G-DINA, **RRUM,** DINA, DINO, HO-DINA	Compréhension orale
Ravand et Robitzsch (2018)	Test d'entrée aux programmes de maitrise en anglais	5	**G-DINA**, DINA, DINO, ACDM, C-RUM, NC-RUM	Lecture

4. Enjeux de l'application des MCD dans le domaine des langues et pistes de recherches actuelles

Malgré le grand intérêt des éducateurs accordé à l'ADC et l'immense potentiel de l'utilisation des MCD avec des tests de grande envergure afin d'extraire des informations diagnostiques fines sur les forces et les faiblesses cognitives des apprenants, l'application réelle des MCD aux données en langues présente encore quelques défis qu'il est important de souligner. En effet, ces enjeux sont liés principalement à la subjectivité dans l'identification des attributs et l'élaboration de la matrice Q, à la rationalité de la sélection des MCD, à la recherche des preuves de fiabilité et de validité des profils de maitrise des habiletés et, au développement et à la disponibilité des logiciels. Dans cette section, nous discuterons donc en profondeur de ces enjeux ainsi que des pistes de recherches actuelles liées à l'application des MCD en langues.

2 Le modèle le mieux ajusté aux données est marqué en gras.

4.1 *Enjeux et pistes de recherche liés à l'identification des attributs et l'élaboration de la matrice Q*

L'identification des attributs et l'élaboration de la matrice Q semblent les étapes les plus cruciales dans l'ADC. Avec des tests qui n'ont pas été conçus dans une visée diagnostique initialement, le jugement des experts est la source la plus utilisée pour l'identification des attributs et l'élaboration de la matrice Q (Kim, 2015 ; Lee & Sawaki, 2009 ; Ravand, 2016 ; Ravand & Baghaei, 2020). Idéalement, ces étapes devaient être réalisées en se basant sur l'analyse d'une combinaison de différentes ressources à la fois théoriques et empiriques : la revue de littérature et les modèles théoriques sous-jacents qui expliquent la compétence à évaluer, la spécification du test, les protocoles verbaux d'un groupe de candidats ainsi que leur suivi des mouvements oculaires lors de la passation du test (Ravand & Baghaei, 2020). Toutefois, ces étapes, qui sont de nature subjective de la part des experts, peuvent engendrer tant de la sur-spécification que de la sous-spécification des attributs dans la matrice Q, car ils peuvent proposer des stratégies ou habiletés cognitives différentes de celles des candidats du test. Ces erreurs de spécifications des attributs peuvent influencer l'exactitude de la classification des profils et l'estimation des paramètres d'items (Rupp & Templin, 2008).

Des méthodes empiriques ont été récemment développées pour détecter les erreurs de spécification des attributs dans la matrice Q. Par exemple, de la Torre et Chiu (2016) ont proposé une généralisation de l'indice de discrimination qui est compatible avec le G-DINA et les modèles spécifiques liés. Chen et al. (2013) ont suggéré d'utiliser le test Wald pour chaque item afin de vérifier si un tel attribut est nécessaire ou pas. Chen et al. (2017) ont proposé l'analyse de classe latente régularisée (RLCA), une méthode qui n'a pas besoin d'une Q matrice provisoire et suppose que le vrai modèle et la matrice Q sont inconnus ; le seul élément qui doit être connu est le nombre de classes latentes, qui à son tour, dépend du nombre d'attributs du test (Ravand & Baghaei, 2020).

Un autre facteur qui influence la qualité de la matrice Q est le degré de spécificité et de granularité des habiletés en lecture, car plus ces attributs sont détaillés et spécifiques, plus fines et riches sont les informations diagnostiques obtenues (Lee & Sawaki, 2009 ; Li, 2011). Cependant, un défi des modélisations avec des tests qui n'ont pas été conçus à visée diagnostique est de maintenir l'équilibre entre le nombre d'attributs identifiés et la longueur du test (Li, 2011). Idéalement, lorsque le nombre d'attributs est grand, il faudrait augmenter le nombre d'items et la taille de l'échantillon pour assurer l'ajustement des modèles aux données et la qualité des paramètres estimés (Ravand & Baghaei, 2020). Cependant, pour un même test, le nombre d'attributs identifiés est parfois différent d'un chercheur à l'autre. Par exemple, pour le test de MELAB de 20 items, Gao (2006) a suggéré 10 attributs tandis que Li (2011) en a seulement identifié 5. C'est le même constat observé dans l'étude de Sawaki et al. (2009) et de Jang (2009) avec le test TOEFL iBT lorsque ce dernier a proposé 9 habiletés alors que Sawaki et al. (2009) en ont proposé 4. Ceci renvoie à la granularité des habiletés en lecture, car les définitions de ces dernières dépendent des balises théoriques (par exemple, la représentativité du construit) et des techniques (accessibilité aux items du test) ainsi que des conditions pratiques (objectifs et contexte d'utilisation des rétroactions diagnostiques) (Jang, 2009 ; Li, 2011). Pour le moment, il n'existe pas d'indication précise à respecter pour limiter le nombre d'attributs à identifier pour un test. Comme règle générale, de la Torre et Minchen (2014) ont recommandé 10 attributs au maximum. De plus, chaque attribut devrait être mesuré par au moins de 3 items (Hartz, 2002).

Parfois, lorsque les conditions sur l'élaboration de la matrice Q ont été respectées, la décision de la meilleure matrice Q renvoie aux résultats fournis par les indices de l'ajustement lors des modélisations, ce qui est suggéré dans le cas où nous avons plusieurs modèles et matrices Q à sélectionner (Chen et al., 2013 ; Duong Thi & Loye, 2019). En effet, Lei et Li (2016) suggèrent que la sélection du modèle et de la matrice Q peut être faite par l'interprétabilité des attributs et des indices d'ajustement. Cependant, pour s'assurer de la proximité entre le modèle et la matrice Q sélectionnés des véritables modèle et matrice Q, il est souhaitable de réappliquer le modèle et la matrice Q sélectionnés à d'autres échantillons (Lei & Li, 2016 ; Ravand & Baghaei, 2020).

4.2 La sélection des MCD

La plupart des recherches sur le diagnostic cognitif en langues utilisent un seul MCD pour les analyses, sans avoir nécessairement donné des explications comparatives ni justifié sur le pourquoi le modèle a été choisi par rapport aux autres MCD (DiBello et al., 2007 ; Fu & Li, 2007 ; Kim, 2015). En effet, le choix du MCD est souvent établi d'une manière arbitraire selon la détermination à l'avance par des chercheurs de la nature compensatoire ou non-compensatoire des attributs, le type d'items (dichotomiques ou polytomiques), l'accessibilité des logiciels ou des codes ainsi que la facilité d'interpréter des paramètres.

Cependant, en lecture par exemple, il n'est pas toujours évident de garantir une relation tout à fait compensatoire ou non-compensatoire des attributs dans tous les items du test car les processus cognitifs pour répondre aux questions peuvent varier d'une personne à l'autre et d'un item à l'autre (Li et al., 2016 ; Yi, 2017). Ce constat corrobore très bien les conclusions de Lee et Sawaki (2009) et de Jang (2009) qui suggèrent que les interactions entre les attributs en lecture peuvent être mieux capturées par un MCD qui permet simultanément des relations compensatoires et non compensatoires. Ainsi, lorsque les relations entre les attributs ne sont pas complètement connues, il est recommandé d'utiliser un MCD saturé comme le G-DINA ou le LCDM, qui sont suffisamment flexibles pour s'adapter à différents types de relations entre les habiletés (Ravand & Robitzsch, 2018; Yi, 2012). De plus, les résultats des recherches de Chen et al. (2013), Li et al. (2016) et Yi (2012), appuient que tous les MCD saturés s'ajustent toujours mieux aux données que les MCD réduits en raison de leur estimation des paramètres plus complexe.

Selon Ravand et Robitzsch (2018), les relations entre les attributs sous-jacents du test peuvent être distinguées selon deux aspects dichotomiques: compensatoire ou non et hiérarchique ou non. Or, la plupart des MCD, qu'ils soient spécifiques ou généraux, supposent qu'il n'y a pas de relation hiérarchique des habiletés, prémisse qui pourrait être peu plausible en éducation (Ravand, 2019). Des développements récents des MCD permettent de tenir compte de cette relation hiérarchique des attributs dans la modélisation des données. A titre d'exemple, Templin et Bradshaw (2013) ont proposé une adaptation du LCDM qui considère la nature hiérarchique des habiletés. Plus récemment, le CDM hiérarchique (HCDM) a été développé avec le cadre de référence de LCDM et appliqué aux données en langues dans l'étude de Ravand (2019), permettant de vérifier la structure hiérarchique des attributs.

Étant donné que les élèves peuvent utiliser les stratégies différentes pour répondre à une même question, Huo et de la Torre (2014) ont développé le modèle DINA multi-stratégies (MS-DINA), permettant de tenir compte des multiples stratégies possibles que les élèves peuvent utiliser pour résoudre des problèmes complexes. Cependant, jusqu'à présent, aucune recherche n'utilise ce modèle pour des tests en langues. Il serait donc intéressant de l'appliquer aux données en langues pour vérifier si les élèves, surtout ceux qui sont très compétents, recourent aux différentes stratégies pour répondre aux questions.

Face à la complexité des attributs ainsi qu'aux différents types d'interaction qui peuvent exister dans un même test, certaines recherches s'intéressent à la comparaison de différents modèles appliqués aux mêmes données et laissent les indices de l'ajustement décider le modèle le plus approprié. Cette pratique pourrait être pertinente pour les modélisations avec les données réelles dont le vrai modèle est généralement inconnu (Ravand & Robitzsch, 2018).

Cependant, au lieu d'imposer les mêmes modèles à tous les items du test, de la Torre et Lee (2013) ont proposé une méthode pour sélectionner le meilleur MCD au niveau de chaque item. En fait, cette procédure passe par deux étapes: la première étape consiste à appliquer des

MCD généraux aux données comme le G-DINA et le LCDM et dans l'étape suivante, l'ajustement des modèles spécifiques sont comparés avec le modèle général. Si l'ajustement est du modèle spécifique n'est pas plus faible que celui du général, il est retenu comme le meilleur modèle pour cet item (de le Torre & Lee, 2013; Ravand & Baghaei, 2020). Également, de la Torre et Lee (2013) ainsi que Ma et al. (2016) ont réussi à utiliser le test Wald pour étudier la sélection du MCD pour chaque item. Cette procédure de sélection du MCD a été appliquée avec succès aux données en langues avec la recherche de Ravand et Robitzsch (2018). À l'heure actuelle, il existe deux paquets dans R : G-DINA (Ma & de la Torre, 2018) et CDM (Robitzsch et al., 2017) qui permettent d'implémenter le test Wald pour comparer l'ajustement des MCD au niveau de l'item (Ravand & Baghaei, 2020).

En somme, la sélection d'un MCD optimal pour des données en langue doit tenir compte des facteurs tels que les indices de l'ajustement du modèle, la complexité du modèle et la facilité d'interprétation (Yi, 2017). De plus, nous devons prendre en considération des types d'interaction entre les attributs sous-jacents. Dans le cas où ces types d'interaction sont inconnus, il est donc pertinent d'utiliser un MCD général qui accepte à la fois des relations compensatoires et non-compensatoires au sein d'un même test (Yi, 2012). Ainsi, les MCD généraux n'assument pas la même relation entre les attributs à l'ensemble des items, mais supposent que cette relation pourrait changer en fonction de la difficulté des items, la compétence évaluée et la charge cognitive des attributs (Ravand & Robitzsch, 2018). De plus, plutôt que de chercher un modèle spécifique qui s'ajuste à tous les items, il est conseillé d'appliquer d'abord un MCD général aux données et de laisser chaque item choisir son meilleur modèle spécifique par la suite (Ravand & Robitzsch, 2018).

4.3 La recherche des preuves de validité et de fiabilité pour les MCD

Malgré les contributions remarquables des MCD dans le diagnostic des difficultés en langues, l'application de ces modèles en réalité a fait face à certaines critiques quant au manque des preuves de validité et de fiabilité des informations diagnostiques obtenues (Ravand, 2016; Rupp & Templin, 2008; Sinharay & Haberman, 2009). De plus, les décisions prises à partir des résultats diagnostiques sont rarement documentées, car la plupart des applications des MCD sont des études de simulation ou des modélisations à partir des données des tests existants, rares étant les études avec des tests spécifiquement conçus à visée diagnostique (Lee & Sawaki, 2009; Sessonms & Henson, 2018). Étant donné que la finalité des modélisations avec les MCD est de fournir aux apprenants des profils individuels fiables sur l'état de maitrise des habiletés, il est nécessaire d'assurer la fiabilité des résultats obtenus (Sessonms & Henson, 2018; Templin & Bradshaw, 2013). En effet, des chercheurs tels que Cui et al. (2012), Gierl et al. (2009), Templin et Bradshaw (2013) et Wang et al. (2015) ont récemment souligné l'importance d'évaluer les indices de fiabilité à partir des estimations des MCD (Sinharay & Johnson, 2019).

La fiabilité des résultats des MCD se définit comme la consistance dans l'estimation de la classification du profil de maitrise d'un candidat à travers des observations répétées hypothétiques (Templin & Bradshaw, 2013). Autrement dit, sans avoir été influencée par des facteurs contextuels, la classification des profils du candidat devrait être la même peu importe si c'est la première ou la deuxième fois que ce dernier a passé le test. La fiabilité est donc grande lorsque la plupart des candidats reçoivent les mêmes classifications de profils aux deux moments (Sessoms & Henson, 2018).

Cui et al. (2012) et Wang et al. (2015) ont suggéré d'utiliser deux indices, à savoir la consistance *(Pc)* et la précision *(Pa)* de la classification, ce qui fait référence à la fiabilité et à la validité de la classification des candidats dans les classes latentes de chaque attribut. *Pc* est la probabilité que deux tests semblables peuvent fournir la même classification des classes latentes, tandis que *Pa* est la probabilité que la classification de classe latente d'un candidat estimée par un MCD corresponde à son vrai profil de maitrise ou de non-maitrise d'un attribut donné (Ravand & Baghaei, 2020; Sinharay & Johnson, 2019).

Bradshaw et al. (2014) et Templin et Bradshaw (2013) ont également développé un indice pour évaluer la fiabilité des classifications de profil des MCD. L'estimation de cet indice avec des données réelles démontre que le MCD fournit des estimations de profils des candidats avec une fiabilité plus élevée que celles d'un modèle de la TRI analogue, autrement dit, le MCD peut mesurer des traits latents plus précis que les modèles de la TRI. Cependant, ces études font partie des très rares recherches qui étudient la fiabilité des MCD, ce qui fait qu'il n'existe pas de balises précises pour interpréter adéquatement ces indices.

La recherche des preuves de validité est aussi un des défis importants dans l'application des MCD par le manque à la fois de consensus sur la définition du concept de validité des MCD mais aussi de recherches empiriques sur le sujet. Des études qui s'intéressent au sujet proposent de chercher des preuves de validité pour des MCD d'une manière à la fois interne et externe (Roussos et al., 2007). La validité interne peut être vérifiée par exemple, à travers l'évaluation de l'ajustement des modèles aux données, de l'étude de la corrélation entre les indices de difficulté des items et les probabilités de maitrise des habiletés, car idéalement, la probabilité de maitrise des habiletés est plus faible lorsque les items sont plus difficiles et vice versa (Sessoms & Henson, 2018). Il est donc important d'explorer des possibilités d'analyser des résultats, avec les modèles de la TRI ou de la théorie classique des tests (TCT), car il existe des modèles équivalents dans ces deux approches sous certaines contraintes (Liu et al., 2018).

Par contre, la validité externe peut être montrée en examinant, par exemple, la corrélation entre la classification des profils fournis par les MCD et les résultats d'un test du contenu comme dans le cas de Jang et al. (2013) lorsqu'ils ont évalué les profils en lecture des apprenants proposés par les MCD et leurs résultats en anglais. Nous pouvons aussi corréler les probabilités de maitrise des habiletés en lecture avec l'évaluation à priori de l'enseignant sur les forces et les faiblesses des élèves ou avec d'autres variables contextuelles telles que le nombre de livre à la maison ou la vitesse de lecture, etc. (Sessoms & Henson, 2018). Une autre manière d'assurer les arguments de validité des MCD est de montrer comment des informations diagnostiques obtenues peuvent guider des interventions pédagogiques en salle de classe. Sur cet aspect, il existe des recherches qui visent à développer des rapports diagnostiques destinés aux apprenants ou aux enseignants afin de fournir des profils détaillés des apprenants sur leurs forces et faiblesses ainsi que des pistes d'interventions appropriées (Duong Thi & Loye, 2020; Jang, 2009; Roberts & Gierl, 2010; Wang, 2011). Jang (2009) et Duong Thi et Loye (2020) ont également validé ces rapports auprès du public ciblé afin de vérifier la compréhension et l'utilité de ces rapports diagnostiques. Toutefois, le nombre de recherches qui travaillent sur l'organisation et la communication des résultats diagnostiques issus des modélisations avec des MCD est encore très limité.

4.4 Le développement et la disponibilité des logiciels pour les MCD

Un des défis importants qui a influencé l'utilisation en grand nombre des MCD aux données à grande échelle tient à l'inaccessibilité aux logiciels et aux codes pour pouvoir estimer des paramètres ou faire des comparaisons entre les modèles (Ravand & Robitzsch, 2015; Yi, 2017). Auparavant, les logiciels pour les MCD étaient majoritairement payants et liés à un seul MCD, par exemple Arpeggio ou Mplus (Ravand & Baghaei, 2020). L'équipe de de la Torre a ensuite développé les codes pour le DINA et G-DINA avec le logiciel gratuit Ox (Doornik, 2009). Pour le moment, il existe deux paquets dans R pour les MCD, à savoir: le GDINA (Ma & de la Torre, 2018) et le CDM (Robitzsch et al., 2017). Le paquet GDINA permet de calibrer le modèle G-DINA et d'autres modèles réduits comme DINA, DINO, RRUM, A-CDM et le modèle linéaire logistique (LLM, Maris, 1999). Ce paquet peut offrir la possibilité de modéliser avec des attributs et des données polytomiques avec le modèle G-DINA polytomiques et le G-DINA séquentiel avec des données nominales et ordinales (Ma, 2019). De plus, le paquet GDINA peut aussi estimer des modèles avec des données ayant des structures hiérarchiques, des attributs ou des groupes multiples, en utilisant des stratégies de résolution de problèmes différents (Multi-stratégie DINA) (Ma, 2019). Si l'on compare le paquet GDINA au CDM, on observe des ressemblances majeures. Le CDM est mieux apprécié par les chercheurs en termes de convivialité lors de l'utilisation de la couverture des modèles d'extensions des MCD et d'indices d'ajustement de modèle implémentés dans le paquet ainsi que le temps alloué pour la calibration (Ravand & Baghaei, 2020). Ainsi, à l'heure actuelle, la disponibilité des paquets pour les MCD dans le logiciel R ouvre plus d'opportunités aux chercheurs de procéder aux analyses pour la comparaison des modèles, pour l'évaluation de l'ajustement des modèles aux données, pour la sélection des modèles au niveau du test et des items ainsi que pour des analyses plus approfondies afin de détecter les erreurs de spécifications dans la matrice Q et les indices de fiabilité et de validité des classifications des profils.

5. Conclusion

Ce chapitre permet de brosser un portrait sur des MCD utilisés dans le domaine des langues. Nous avons décrit les spécificités de ces modèles et avons présenté une synthèse des recherches empiriques avec les données en lecture, en écriture, en compréhension et en grammaire. Les défis liés à l'application des MCD en langues et les pistes de recherches actuelles avec les MCD ont également été discutés.

Les recherches avec des MCD ont progressé à grands pas au cours de ces dix dernières années. La quantité abondante d'études recensées dans ce chapitre démontre très clairement l'applicabilité des MCD dans le diagnostic des difficultés des compétences langagières des élèves. En effet, les avancements méthodologiques et l'accessibilité des logiciels offre la possibilité de comparer la performance de différents MCD afin de sélectionner le meilleur modèle, non seulement pour l'ensemble du test, mais aussi, pour chaque item. Les nouvelles extensions des MCD permettent de travailler avec des données polytomiques et des structures des attributs hiérarchiques, des multi-stratégies de résolution des problèmes ou des multi-groupes. Toutefois, la plupart des recherches ont été réalisées à partir des tests de grande envergure qui n'ont pas été initialement conçus dans un but diagnostique. A l'avenir, il est souhaitable que des tests diagnostiques puissent être élaborés et administrés à grande échelle, afin d'avoir des données pertinentes à modéliser avec les MCD. De nouveaux modèles devraient être développés pour permettre de travailler sur des échantillons plus petits avec des logiciels plus simples et conviviaux, ce qui rendrait plus accessible l'utilisation des MCD pour les enseignants en salle de classe. Par ailleurs, des recherches supplémentaires sur la définition de la fiabilité, la performance et les directives pour interpréter des indices de fiabilité sont nécessaires afin d'évaluer et d'assurer la fiabilité des profils diagnostiques fournis aux candidats (Sessoms & Henson, 2018). Finalement, les démarches de l'élaboration et de la validation des rapports diagnostiques auprès des publics visés doivent être mises en place afin de proposer des stratégies immédiates et appropriées de remédiation pour soutenir les élèves en difficulté. Ce chapitre contribue donc à enrichir la base de références sur les MCD pour lesquels la quantité d'écrits reste encore très limitée dans le monde francophone.

Références

Anderson, N. J., Bachman, L., Perkins, K., & Cohen, A. (1991). An exploratory study into the construct validity of a reading comprehension test : Triangulation of data sources. *Language Testing*, *8*(1), 41–66. https://doi.org/10.1177/026553229100800104

Aryadoust, V. (2011). Application of the fusion model to while-listening performance tests. SHIKEN : JALT Testing and Evaluation SIG Newsletter, *15*(2), 2–9. https://hosted.jalt.org/test/ary_2.htm

Aryadoust, V. (2018). A cognitive diagnostic assessment study of the listening test of the Singapore–Cambridge general certificate of education O-level : Application of DINA, DINO, G-DINA, HO-DINA, and RRUM. *International Journal of Listening*, 1–24. doi:10.1080/10904018.2018.1500915

Aryadoust, V. (2021). A cognitive diagnostic assessment study of the listening test of the Singapore–Cambridge general certificate of education O-level : application of DINA, DINO, G-DINA, HO-DINA, and RRUM. *International Journal of Listening*, *35*(1), 29–52. https://doi.org/10.1080/10904018.2018.1500915

Bradshaw, L., Izsak, A., Templin, J., & Jacobson, E. (2014). Diagnosing teachers' understandings of rational numbers : building a multidimensional test within the diagnostic classification framework. Educational Measurement : Issues and Practice, *33*, 2–14. https://doi.org/10.1111/emip.12020

Buck, G., & Tatsuoka, K. (1998). Application of the rule-space procedure to language testing : examining attributes of a free response listening test.

Language testing, 15(2), 119–157. https://doi.org/10.1177/026553229801500201

Buck, G., Tatsuoka, K., & Kostin, I. (1997). The subskills of reading: rule-space analysis of a multiple-choice test of second language reading comprehension. *Language learning, 47*(3), 423–466. https://doi.org/10.1111/0023-8333.00016

Carrell, P. L. (1983). Some issues in studying the role of schemata, or background knowledge, in second language comprehension. *Reading in a foreign language, 1*(2), 81–92. http://hdl.handle.net/10125/66968

Chen, H., & Chen, J. (2016). Retrofitting non-cognitive-diagnostic reading assessment under the generalized DINA model framework. *Language Assessment Quarterly, 13(3),* 218–230. https://doi.org/10.1080/15434303.2016.1210610

Chen, J., Torre, J., & Zhang, Z. (2013). Relative and absolute fit evaluation in cognitive diagnosis modeling. *Journal of Educational Measurement, 50(2),* 123–140. https://www.jstor.org/stable/24018103

Chen, Y., Li, X., Liu, J., & Ying, Z. (2017). Regularized latent class analysis with application in cognitive diagnosis. *Psychometrika, 82(3),* 660–692. https://doi.org/10.1007/s11336-016-9545-6

Cui, Y., Gierl, M. J., & Chang, H.-H. (2012). Estimating classification consistency and accuracy for cognitive diagnostic assessment. *Journal of Educational Measurement, 49(1),* 19–38. https://doi.org/10.1111/j.1745-3984.2011.00158.x

de la Torre, J. (2011). The generalized DINA model framework. *Psychometrika, 76*(2), 179–199. https://doi.org/10.1007/s11336-011-9207-7

de la Torre, J., & Chiu, C. -Y. (2016). General method of empirical Q-matrix validation. *Psychometrika, 81*(2), 253–273. https://doi.org/10.1007/s11336-015-9467-8

de la Torre, J., & Douglas, J. A. (2008). Model evaluation and multiple strategies in cognitive diagnosis: An analysis of fraction subtraction data. *Psychometrika, 73*(4), 595–624. https://doi.org/10.1007/s11336-008-9063-2

de la Torre, J., & Lee, Y. S. (2013). Evaluating the Wald test for item-level comparison of saturated and reduced models in cognitive diagnosis. *Journal of Educational Measurement, 50*(4), 355–373. https://doi.org/10.1111/jedm.12022

de la Torre, J., & Minchen, N. (2014). Cognitively diagnostic assessments and the cognitive diagnosis model framework. *Psicología Educativa, 20(2),* 89–97. https://doi.org/10.1016/j.pse.2014.11.001

DiBello, L. V., Roussos, L. A., & Stout, W. (2007). Review of cognitively diagnostic assessment and a summary of psychometric models. Dans

C. V. Rao & S. Sinharay (Eds.), *Handbook of statistics: Vol. 26. Psychometrics* (pp. 979–1027). Elsevier.

DiBello, L. V., Stout, W., & Roussos, L. (1995). Unified cognitive/psychometric diagnostic assessment likelihood-based classification techniques. Dans P. Nichols, S. Chipman, & R. Brennan (Eds.), *Cognitively diagnostic assessment* (pp. 361–390). Routledge.

Doornik, J.A. (2009). An Object-oriented Matrix Programming Language Ox 6. Londres : Timberlake Consultants Press.

Duong Thi, D. T. (2018). Modélisation, élaboration et évaluation de rapports à visée diagnostique des données du PIRLS 2011. [Thèse de doctorat non publiée]. Université de Montréal.

Duong Thi, D.T., & Loye, N. (2019). Analyses diagnostiques cognitives des résultats du test du Programme international de recherche en lecture scolaire (PIRLS) 2011. *Mesure et évaluation en éducation*, *42*(3), 29–69. https://doi.org/10.7202/1074103ar

Duong Thi, D. T., & Loye, N. (2020). Élaboration et évaluation des rapports à visée diagnostique des données du PIRLS 2011 : perceptions des enseignants au primaire, des conseillers pédagogiques et des orthopédagogues. *Revista Educativa-Revista de Educação, 23*(1). https://doi.org/10.18224/educ.v23i1.8605

Freedle, R., & Kostin, I. (1993). The prediction of TOEFL reading item difficulty: implications for construct validity. *Language Testing*, *10*(2), 134–169. https://doi.org/10.1177/026553229301000203

Fu, J., & Li, Y. (2007). *An integrated review of cognitively diagnostic psychometric models.* [Communication]. The annual meeting of the National Council on Measurement in Education, Chicago.

Gao, L. (2006). Toward a cognitive processing model of MELAB reading test item performance. *Spann Fellow Working Papers in Second or Foreign Language Assessment, 4*, 1–39. https://michiganassessment.org/wp-content/uploads/2020/02/20.02.pdf.Res_.TowardaCognitiveProcessingModelofMELABReadingTestItemPerformance.pdf

Gao, L., & Rogers, W. T. (2010). Use of tree-based regression in the analyses of L2 reading test items. *Language Testing, 28*(1), 1–28. https://doi.org/10.1177/0265532210364380

George, A. C., & Robitzsch, A. (2021). Validating theoretical assumptions about reading with cognitive diagnosis models. *International Journal of Testing*, *21*(2), 105–129, https://doi.org/10.1080/15305058.2021.1931238

Gierl, M. J., Cui, Y., & Zhou, J. (2009). Reliability and attribute-based scoring in cognitive diagnostic assessment. *Journal of Educational Measurement*, *46*(3), 293–313. https://doi.org/10.1111/j.1745-3984.2009.00082.x

Gierl, M. J., Leighton, J. P., & Hunka, S. M. (2007). Using the attribute hierarchy method to make diagnostic inferences about examinees' cognitive skills. Dans J. P. Leighton & M. J. Gierl (Eds.), *Cognitive diagnostic assessment for education : Theory and applications* (pp. 2420–274). Cambridge University Press.

Grabe, W. (1991). Current developments in second language reading research. *TESOL quarterly, 25*(3), 375–406. https://doi.org/10.2307/3586977

Haagenars, J., & McCutcheon, A. (2002). *Applied latent class analysis.* Cambridge University Press.

Hartz, S. M. (2002). *A bayesian framework for the unified model for assessing cognitive abilities : Blending theory with practicality.* [Thèse de doctorat non publiée]. University of Illinois Urbana-Champaign.

Huo, Y., & de la Torre, J. (2014). Estimating a cognitive diagnostic model for multiple strategies via the EM algorithm. *Applied Psychological Measurement, 38*(6), 464–485. https://doi.org/10.1177/0146621614533986

Huebner, A., & Wang, C. (2011). A note on comparing examinee classification methods for cognitive diagnosis models. *Educational and Psychological Measurement, 71*(2), 407–419. https://doi.org/10.1177/001316441 0388832

Im, S., & Corter, J.E. (2011). Statistical consequences of attribute misspecification in the Rule-Space method. *Educationnal and psychological measurement, 71*(4), 712–731. https://doi.org/10.1177/0013164410384855

Jang, E. E. (2010). Demystifying a Q-matrix for making diagnostic inferences about 12 reading skills : the author responds. *Language Assessment Quarterly,* 7(1), 116–117. https://doi.org/10.1080/15434300903559225

Jang, E.E. (2005). *A validity narrative : effects of reading skills diagnosis on teaching and learning in the context of NG TOEFL.* [Thèse de doctorat non publiée]. University of Illinois Urbana-Champaign.

Jang, E.E. (2009). Cognitive diagnostic assessment of L2 reading comprehension ability : validity argument for fusion model application to LanguEdge assessment. *Language testing, 26*(1), 31–73. https://doi.org/10.1177/0265532208097336

Jang, E. E., Dunlop, M., Wagner, M., Kim, Y.-H., & Gu, Z. (2013). Elementary school ELLs' reading skill profiles using cognitive diagnosis modeling : roles of length of residence and home language environment. *Language Learning, 63(3),* 400–436. https://doi.org/10.1111/lang.12016

Javidanmehr, Z., & Anani Sarab, M. R. (2019). Retrofitting non-diagnostic reading comprehension assessment : Application of the G-DINA model to a high-stakes reading comprehension test. *Language Assessment Quarterly, 16*(3), 294–311. https://doi.org/10.1080/15434303.2019.1654479

Junker, B. W., & Sijtsma, K. (2001). Cognitive assessment models with few assumptions, and connections with nonparametric item response theory. *Applied Psychological Measurement, 25*(3), 258–272. https://doi.org/10.1177/01466210122032064

Kasai, M. (1997). *Application of the rule space model to the reading comprehension section of the test of English as a foreign language (TOEFL).* [Thèse de doctorat non publiée]. University of Illinois Urbana-Champaign.

Kim, A. Y. (2015). Exploring ways to provide diagnostic feedback with an ESL placement test: cognitive diagnostic assessment of L2 reading ability. *Language Testing, 32*(2), 227–258. https://doi.org/10.1177/0265532214558457

Kim, Y. H. (2011). Diagnosing EAP writing ability using the Reduced Reparameterized Unified Model. Language Testing, *28*(4), 509–541. https://doi.org/10.1177/0265532211400860

Koda, K. (1994). Second language reading research: problems and possibilities. *Applied psycholinguistics, 15*(1), 1–28. https://doi.org/10.1017/S0142716400006950

Lee, Y.-W., & Sawaki, Y. (2009). Cognitive diagnosis approaches to language assessment: an overview. *Language Assessment Quarterly, 6*(3), 172–189. https://doi.org/10.1080/15434300902985108

Leighton, J. P., & Gierl, M. J. (2007). Defining and evaluating models of cognition used in educational measurement to make inferences about examinees' thinking processes. *Educational Measurement: Issues and Practice, 26*(2), 3–16. https://doi.org/10.1111/j.1745-3992.2007.00090.x

Lei, P.-W., & Li, H. (2016). Performance of fit indices in choosing correct cognitive diagnostic models and Q-matrices. *Applied Psychological Measurement, 40*(6), 405–417. https://doi.org/10.1177/0146621616647954

Li, H. (2011). A cognitive diagnostic analysis of the MELAB reading test. *Spaan Fellow Working Papers in Second or Foreign Language Assessment, 9*, 17–46. https://michiganassessment.org/wp-content/uploads/2020/02/20.02.pdf.Res_.ACognitiveDiagnosticAnalysisoftheMELABReadingTest.pdf

Li, H., & Suen, H. K. (2013). Constructing and Validating a Q-Matrix for Cognitive Diagnostic Analyses of a Reading Test. *Educational Assessment, 18*(1), 1–25. https://doi.org/10.1080/10627197.2013.761522

Li, H., Hunter, C. V., & Lei, P.-W. (2016). The selection of cognitive diagnostic models for a reading comprehension test. *Language Testing, 33*(3), 391–409. https://doi.org/10.1177/0265532215590848

Liu, R., Huggins-Manley, A. C., & Bulut, O. (2018). Retrofitting diagnostic classification models to responses from IRT-based assessment forms. *Educational and Psychological Measurement, 78(*3), 357–383. https://doi.org/10.1177/0013164416685599

Loye, N. (2008). *Conditions d'élaboration de la matrice Q des modèles cognitifs et impact sur sa validité et sa fidélité.* [Thèse de doctorat non publiée]. Université d'Ottawa.

Loye, N. (2010). 2010, odyssée des modèles de classification diagnostique (MCD). *Mesure et évaluation en éducation*, *33*(3), 75–98. https://doi.org/10.7202/1024892ar

Loye, N., & Lambert-Chan, J. (2016). Au coeur du développement d'une épreuve en mathématique dotée d'un potentiel diagnostique. *Mesure et évaluation en éducation. 39* (3), 29–57. https://doi.org/10.7202/1040136ar

Ma, W. (2019). Cognitive diagnosis modeling using the GDINA R package. Dans M. von Davier & Y.-S. Lee (Eds.), *Handbook of Diagnostic Classification Models: Models and Model Extensions, Applications, Software Packages* (pp. 593–601). Springer.

Ma, W., & de la Torre, J. (2018). GDINA: The generalized DINA model framework. R package version 2.1. https://cran.r-project.org/web/packages/GDINA/GDINA.pdf

Ma, W., Iaconangelo, C., & de la Torre, J. (2016). Model similarity, model selection, and attribute classification. *Applied Psychological Measurement, 40*(3), 1–18. https://doi.org/10.1177/0146621615621717

Maris, E. (1999). Estimating multiple classification latent class models. *Psychometrika*, *64*, 187–212.

Ranjbaran, F., & Alavi, S. M. (2017). Developing a reading comprehension test for cognitive diagnostic assessment: A RUM analysis. *Studies in Educational Evaluation*, *55*, 167–179. https://doi.org/10.1016/j.stueduc.2017.10.007

Ravand, H. (2016). Application of a cognitive diagnostic model to a high-stakes reading comprehension test. *Journal of Psychoeducational Assessment, 34*(8), 782–799. https://doi.org/10.1177/0734282915623053

Ravand, H. (2019). Application of a hierarchical diagnostic classification model in assessing reading comprehension. Dans V. Aryadoust & M. Raquel (Eds.) *Quantitative Data Analysis for Language Assessment Volume II: Advanced Methods* (pp. 79–98). Routledge.

Ravand, H., Barati, H., & Widhiarso, W. (2013). Exploring diagnostic capacity of a high stakes reading comprehension test: a pedagogical demonstration. *Iranian Journal of Language Testing, 3*(1), 11–37. https://scholar.google.com.vn/scholar?hl=en&as_sdt=0%2C5&as_vis=1&q=Exploring+Diagnostic+Capacity+of+a+High+Stakes+Reading+Comprehension+Test%3A+A+Pedagogical+Demonstration&btnG=

Ravand, H., & Baghaei, P. (2020) Diagnostic classification models : recent developments, practical issues, and prospects *International Journal of Testing, 20*(1*)*, 24–56, https://doi.org/10.1080/15305058.2019.1588278

Ravand, H., & Robitzsch, A. (2015). Cognitive diagnostic modeling using R. *Practical Assessment, Research & Evaluation (PARE), 20*, 112. https://doi.org/10.7275/5g6f-ak15

Ravand, H., & Robitzsch, A. (2018). Cognitive diagnostic model of best choice : a study of reading comprehension. *Educational Psychology, 38(10)*, 1255–1277. https://doi.org/10.1080/01443410.2018.1489524

Roberts, M. R., & Gierl, M. J. (2010). Developing score reports for cognitive diagnostic assessments. *Educational Measurement : Issues and Practice, 29*(3), 25–38. https://doi.org/10.1111/j.1745-3992.2010.00181.x

Robitzsch, A., Kiefer, T., George, A., & Uenlue, A. (2017). CDM : Cognitive diagnosis modeling. R package version 3.1–14 : Retrieved from the Comprehensive R Archive Network [CRAN] https://cran.r-project.org/web/packages/CDM/CDM.pdf

Roussos, L. A., DiBello, L. V., Stout, W., Hartz, S. M., Henson, R. A., & Templin, J. L. (2007). The fusion model skills diagnosis system. *Cognitive diagnostic assessment for education : Theory and applications*, 275–318.

Rupp, A. A., Templin, J., & Henson, R. A. (2010). *Diagnostic measurement : Theory, methods, and applications*. Presses de Guilford.

Rupp, A. A., & Templin, J. L. (2008). Unique characteristics of diagnostic classification models : a comprehensive review of the current state-of-the-art. *Measurement : Interdisciplinary Research and Perspectives*, *6*(4), 219–262. https://doi.org/10.1080/15366360802490866

Sawaki, Y., Kim, H.-J., & Gentile, C. (2009). Q-matrix construction : defining the link between constructs and test items in large-scale reading and listening comprehension assessments. *Language Assessment Quarterly*, *6*(3), 190–209. https://doi.org/10.1080/15434300902801917

Scott, H. S. (1998). *Cognitive diagnostics perspectifs of a second language reading test*. [Thèse de doctorat non publiée]. University of Illinois Urbana-Champaign.

Sessoms, J., & Henson, R. A. (2018). Applications of diagnostic classification models : a literature review and critical commentary. *Measurement : Interdisciplinary Research and Perspectives*, *16*(1), 1–17. https://doi.org/10.1080/15366367.2018.1435104

Sinharay, S. (2004). Experiences with Markov Chain Monte Carlo convergence assessment in two psychometric examples. *Journal of Educational and Behavioral Statistics, 29*(4), 461–488. https://doi.org/10.3102/10769986029004461

Sinharay, S., & Haberman, S. J. (2009). How much can we reliably know about what examinees know ? *Measurement: Interdisciplinary Research and Perspectives, 7*, 46–49. https://doi.org/10.1080/15366360802715486

Sinharay, S., & Johnson, M. S. (2019). Measures of agreement: reliability, classification accuracy, and classification consistency. Dans M. von Davier & Y.-S. Lee (Eds.), *Handbook of diagnostic classification models: Modeles and Model Extensions, Applications, Software Packages* (pp. 359–377). Springer.

Tatsuoka, K. K. (1983). Rule space: an approach for dealing with misconceptions based on item response theory. *Journal of Educational Measurement, 20(4)*, 345–354. https://www.jstor.org/stable/1434951

Tatsuoka, K. K. (1985). A probabilistic model for diagnosing misconceptions by the pattern classification approach. *Journal of Educational Statistics, 10(1)*, 55–73. https://doi.org/10.3102/10769986010001055

Tatsuoka, C. (2009). Diagnostic models as partially ordered sets. *Measurement: Interdisciplinary Research and Perspectives, 7(1)*, 49–53. https://doi.org/10.1080/15366360802715510

Templin, J., & Henson, R. A. (2006). Measurement of psychological disorders using cognitive diagnosis models. *Psychological Methods, 11*(3), 287–305. https://doi.org/10.1037/1082-989X.11.3.287

Templin, J., & Bradshaw, L. (2013). Measuring the reliability of diagnostic classification model examinee estimates. *Journal of Classification, 30*, 251–275. https://doi.org/10.1007/s00357-013-9129-4

Tjoe, H., & de la Torre, J. (2014). The identification and validation process of proportionnal reasonning attributes: an application of a cognitive diagnosis modeling framework. *Mathematics educational research journal, 26*(2), 237–255. https://doi.org/10.1007/s13394-013-0090-7

Toprak-Yildiz, T. E. (2021). An international comparison using Cognitive Diagnostic Assessment: fourth graders' diagnostic profile of reading skills on PIRLS 2016. *Studies in Educational Evaluation*, *70*, article 101057. https://doi.org/10.1016/j.stueduc.2021.101057

van Dijk, T. A., & Kintsch, W. (1983). *Strategies of discourse comprehension.* Academic Press.

von Davier, M. (2008). A general diagnostic model applied to language testing data. *The British journal of mathematical and statistical psychology, 61*(2). 287–307. https://doi.org/10.1348/000711007X193957

von Davier, M., & Yamamoto, K. (2004, 20–23octobre). *A class of models for cognitive diagnosis.* [Communication]. The 4th Spearman Conference, Philadelphia.

Wang, C., & Gierl, M. J. (2011). Using the attribute hierarchy method to make diagnostic inferences about examinees' cognitive skills in critical reading. *Journal of Educational Measurement*, *48*(2), 165–187. https://doi.org/10.1111/j.1745-3984.2011.00142.x

Wang, W., Song, L., Chen, P., Meng, Y., & Ding, S. (2015). Attribute-level and pattern-level classification consistency and accuracy indices for cognitive diagnostic assessment. *Journal of Educational Measurement*, *52*(4), 457–476. https://doi.org/10.1111/jedm.12096

Xie, Q. (2017). Diagnosing university students' academic writing in English : Is cognitive diagnostic modelling the way forward? *Educational Psychology, 37(1)*, 26–47. https://doi.org/10.1080/01443410.2016.1202900

Yang, X., & Embretson, S. E. (2007). Construct validity and cognitive diagnostic assessment. Dans J.P. Leighton, M.J. Gierl (Ed.), *Cognitive diagnostic assessment for education : Theory and applications*. Presses universitaires de Cambridge.

Yi, Y. (2012). *Implementing a cognitive diagnostic assessment in an institutional test : a new networking model in language testing and experiment with a new psychometric model and task type*. [Thèse de doctorat non publiée]. University of Illinois Urbana Champaign.

Yi, Y. S. (2017). In search of optimal cognitive diagnostic model(s) for ESL grammar test data. *Applied Measurement in Education*, *30*(2), 82–101. https://doi.org/10.1080/08957347.2017.1283314

Chapitre 15

Étude des effets d'une mauvaise distribution des niveaux de difficulté des questions d'une banque vouée au testing adaptatif

Christian BOURASSA[1], Gilles RAÎCHE[2], Sébastien BÉLAND[1], Christophe CHÉNIER[1]

1. Introduction

La plupart des tests standardisés évaluant des construits cognitifs, tels le *Test Of English as a Foreign Language, internet-Based Test* (TOEFL iBT®) ou les examens d'habilitation professionnelle, sont, encore aujourd'hui, tous administrés d'une manière identique, différentes versions du test étant distribuées aux individus d'un groupe. Ces formes sont jugées équivalentes. En effet, elles ont une longueur fixe, la même pour toutes les versions, et les niveaux de difficulté des questions qui les composent sont distribués similairement, soit une majorité de questions moyennes auxquelles s'ajoutent quelques questions plus faciles et quelques questions plus difficiles. Ce type de test fonctionne bien lorsque la population ciblée est homogène, c'est-à-dire lorsque le test s'ajuste bien à l'ensemble des individus qui composent la population, parce qu'ils ne diffèrent pas tellement les uns des autres et qu'un test « moyen » convient à tous. Le fonctionnement est simple et les résultats, sur un même dénominateur, sont dès lors facilement comparables.

Cependant, un test à longueur fixe ne peut fonctionner aussi bien lorsqu'il est administré à une population hétérogène, où les individus diffèrent davantage. En fait, il ne peut fonctionner aussi bien à tous les niveaux d'habileté possibles, toujours avec les mêmes questions. Avec un nombre restreint de questions très difficiles et très faciles, comment un tel test pourrait-il à la fois distinguer deux individus très habiles entre eux et deux

[1] Université de Montréal (Québec, Canada).
[2] Université du Québec à Montréal (Québec, Canada).

individus qui le sont moins ? Pour qu'un test puisse bien fonctionner à tous les niveaux d'habileté, il devrait être constitué de plusieurs questions de différents niveaux de difficulté. Toutefois, un tel test serait assurément long, ce qui pourrait constituer un premier écueil. De plus, les individus seraient inévitablement confrontés à plusieurs questions mal ajustées – trop faciles ou trop difficiles – ce qui pourrait constituer un second obstacle. Alors, de plus en plus d'organisations délaissent ces tests « prêts à porter » et se tournent vers le testing adaptatif informatisé, mieux outillé pour appréhender de telles situations (Wainer et al., 1990). Le testing adaptatif informatisé repose sur l'idée qu'un test, constitué uniquement d'items bien ajustés à l'individu, n'a pas besoin d'être aussi long qu'un test traditionnel pour être aussi ou plus précis. Laurier (1993) a exploré et exposé comment le testing adaptatif peut, justement, s'appliquer au domaine de l'évaluation en langues et produire des tests plus efficients et précis.

Le testing adaptatif a été pensé et conceptualisé bien avant ses premières utilisations dans les années 1980. À la suite de la parution de *Statistical theories of mental test scores* (Lord & Novick, 1968), article dans lequel Birnbaum présentait des modèles logistiques qui allaient poser les jalons de la théorie de la réponse à l'item (TRI), plusieurs ont tenté d'imaginer comment un test pourrait être administré, question par question, afin de bénéficier des avantages de ces nouveaux modèles logistiques. Ainsi, Holtzman (1970), Reckase (1974), Weiss (1974) et Urry (1977) ont notamment donné une nouvelle direction au *tailored testing*, la volonté étant alors de créer un test qui s'adapte à l'individu à même la passation du test, avec pour possibilité de choisir la question suivante la mieux ajustée au candidat, et ce, à tout moment du test. L'arrivée des micro-ordinateurs vers la fin des années septante tombait à point nommé : un programme informatique bien développé pouvait opérationnaliser diverses manières de choisir les questions les mieux adaptées. Néanmoins, il allait falloir encore quelques années de plus avant qu'une organisation, le *College Board* des États-Unis, se lance et donne vie à la première instance de test adaptatif. C'est en 1984 que la firme *Educational Testing Service* a commencé à implanter un projet de test adaptatif pour aider à la sélection et l'admission d'étudiants au collège et à l'Université aux États-Unis (Ward et al., 1986). Depuis, le testing adaptatif a connu plusieurs développements à travers le monde, dans des domaines variés comme l'éducation, l'évaluation en langues et la médecine (IACAT, 2016).

Un test adaptatif est fait à l'ordinateur et se construit une question à la fois. Chacune d'elle est sélectionnée au sein d'une banque afin de n'être ni trop facile, ni trop difficile pour l'individu, selon son niveau d'habileté estimé à ce moment-là. Ce test s'arrête lorsque l'une des conditions d'arrêt prédéfinies est rencontrée : par exemple, l'atteinte d'un certain degré de précision, l'administration d'un certain nombre de questions ou encore la fin d'un laps de temps. Ainsi, deux individus qui passent un test adaptatif puisant dans une même banque de questions pourraient se voir administrer des tests de longueurs différentes, avec des contenus très différents, mais leurs résultats respectifs seraient tout de même comparables et rapportés sur une même échelle.

L'efficience d'un test adaptatif repose en grande partie sur la qualité de la banque de questions qui le nourrit. Bjorner et al. (2007) affirment qu'une banque de questions vouée au testing adaptatif devrait être valide au niveau de son contenu, et donc couvrir tous les aspects du construit mis à l'épreuve, et qu'elle devrait contenir suffisamment de questions pour permettre l'atteinte d'une précision acceptable à tous les niveaux du continuum de ce construit. Ces prescriptions rejoignent celles de Reckase (2007) qui décrit une banque optimale comme disposant toujours d'une question du niveau de l'individu afin de maximiser la précision. Tout comme le calcul de cette dernière doit tenir compte de la proximité entre le niveau d'habileté estimé de l'individu et les niveaux de difficulté des questions qui lui ont été administrées (Hambleton & Swaminathan, 1985), il est d'autant plus important d'avoir une banque de questions dont les niveaux de difficulté sont bien distribués le long de l'échelle de mesure. Néanmoins, il est possible qu'une banque d'items ne contienne pas suffisamment de questions d'un niveau de difficulté quelconque, notamment parce que ce ne sont pas les analystes qui fixent ces niveaux de difficulté. En effet, ces derniers laissent plutôt des algorithmes de calibrage fixer ces paramètres aux valeurs les plus vraisemblables selon les données, ce qui ne donne pas toujours le portrait complet désiré. Cela mène naturellement à la question suivante : qu'arrive-t-il si un individu se voit administrer des questions trop faciles ou trop difficiles pour lui parce que la banque qui nourrit le test adaptatif ne dispose plus de questions de son niveau ?

Les effets de l'administration répétée de questions trop faciles ou trop difficiles sur les individus sont déjà connus. Linacre (2000) avance que dans de telles situations des comportements indésirables peuvent apparaitre, comme commettre des erreurs d'inattention quand les questions sont trop faciles ou répondre au hasard quand les questions sont trop difficiles. Toutefois, l'administration répétée de questions mal ajustées à l'individu peut aussi avoir des effets sur la mesure elle-même :

- Un test adaptatif qui administre des questions trop difficiles aux individus risque-t-il de produire des estimations biaisées, nivelées vers le bas parce que les individus échouent systématiquement à toutes ces questions ?
- Un test adaptatif qui administre des questions trop faciles ou trop difficiles à un individu risque-t-il de produire des estimations imprécises, avec des intervalles de confiance si larges qu'ils rendent leur usage difficile ?

- Un test adaptatif qui administre des questions trop faciles ou trop difficiles aux individus et qui, conséquemment, peine à en arriver à des erreurs-types satisfaisantes, risque-t-il d'allonger les passations de ces individus ?
- Un test adaptatif qui administre des questions trop faciles ou trop difficiles aux individus permet-il de les évaluer à leur juste valeur ?

Le présent chapitre tente de répondre à ces questions parce qu'elles sont d'une importance cruciale en testing adaptatif. En effet, le test adaptatif est souvent préféré à un test à longueur fixe parce qu'il est moins biaisé, plus précis et, possiblement, plus court (Weiss, 1982). A travers ce chapitre, nous verrons si ces affirmations tiennent lorsque la banque de questions qui nourrit le test n'est pas optimale.

2. Cadre théorique

2.1 Théorie de la réponse à l'item pour des réponses dichotomiques

La plupart des tests adaptatifs développés et utilisés aujourd'hui reposent sur les modélisations issues de la théorie de la réponse à l'item[3] (TRI). Les premiers modèles de cette théorie ont été développés par Lord (1952, 1953) et Birnbaum (1969). Ces modèles visent à quantifier la dynamique entre un individu et chacune des questions qui lui sont administrées, supposant tout d'abord qu'une seule habileté est mobilisée par un sous-ensemble des questions (1), ensuite qu'un individu plus habile aura plus de chance de réussir les questions qu'un autre moins habile (2) et enfin, que la réussite d'un individu à une question ne soit pas tributaire du résultat de cet individu à une autre question (3) (de Ayala, 2009). Bien que mathématiquement différents, les modèles de la TRI avancent tous que la probabilité qu'un individu réussisse à une question peut être estimée si le niveau d'habileté de l'individu et le niveau de difficulté de la question sont mesurés et mis sur une même échelle exprimée en scores-Z. Dans sa forme la plus simple[4], la probabilité se calcule ainsi :

$$P\left(individu\ j\ réussisse\ à\ la\ question\ i\right) = \frac{e^{D\left(\theta_j - b_i\right)}}{1 + e^{D\left(\theta_j - b_i\right)}} \qquad (1)$$

[3] Un item est le terme technique utilisé pour parler d'une question au sein d'un test.

[4] L'équation 1 est celle du modèle logistique à 1 paramètre (1PL) qui ne considère qu'un seul paramètre par question, sa difficulté. D'autres modèles plus complexes considèrent d'autres paramètres de question et/ou de personne.

où e est la fonction exponentielle[5] e^x, D est la constante de Haley (1,702)[6], θ_j correspond au niveau d'habileté de l'individu j et b_i se rapporte au paramètre de difficulté de la question i. Cette équation produit une courbe caractéristique d'item (CCI) qui présente la probabilité de réussite estimée à toutes les valeurs possibles de θ dans un intervalle donné (ex. [-4, 4]). La figure 1 présente les CCI de trois questions de difficultés différentes : -1,25 (facile), 0 (moyenne), 2,06 (très difficile) :

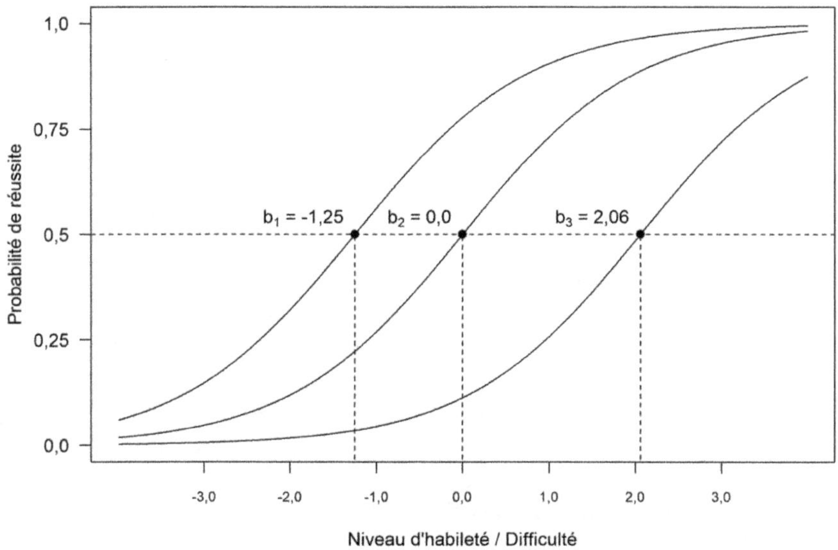

Figure 1 CCI de trois questions fictives de difficultés différentes

Comme un seul paramètre d'item est considéré pour chaque question au sein de ce modèle, les CCI ne varient que d'une seule façon, ici de gauche à droite le long de l'abscisse. Cependant, d'autres modèles de la TRI, qui considèrent d'autres paramètres, produisent des CCI qui peuvent varier de différentes façons :

---

5 La fonction exponentielle e^x retourne e (2,718) à la puissance x, ici $1,702 \cdot \left(\theta_j - b_i\right)$.

6 La constante de Haley (Haley, 1952) est utilisée pour reproduire le plus fidèlement possible l'ogive normale.

- L'utilisation du paramètre de discrimination dans le modèle 2PL modifie la pente de la CCI à son point d'inflexion ; une pente plus abrupte exacerbe les différences dans les probabilités de réussite de deux individus de niveaux d'habileté différents à un même item et une pente plus douce minimise ces différences. Dans les modèles à un seul paramètre d'item, ce paramètre est fixé à une même valeur pour tous les items (ex. 1,7) ou spécifiquement à 1 pour le modèle de Rasch.
- L'utilisation du paramètre de pseudo-chance dans le modèle 3PL modifie l'asymptote inférieure de la CCI, soit la probabilité minimale de réussite, qui est normalement à 0 ; par ailleurs, dans les modèles à un ou deux paramètres d'item (1PL ou 2PL), ce paramètre est fixé à 0.

Dans un modèle logistique à un paramètre, lorsque le niveau d'habileté de l'individu correspond parfaitement au niveau de difficulté d'une question qui lui est administrée $\left(\theta_j - b_i = 0\right)$, sa probabilité de la réussir sur la base de son habileté est de 0,5. Ce sont spécifiquement ces questions, ni trop faciles, ni trop difficiles pour ledit individu, qui contribuent le plus à la précision de la mesure lorsqu'un niveau d'habileté doit être estimé. Autrement dit, plus l'écart absolu $\theta_j - b_i$ est élevé, moins la question i génère de l'information sur l'individu j et, plus cet écart est petit, plus la question en génère. Cette information est quantifiable et elle se cumule à travers les questions[7]. Lorsque le niveau d'habileté d'un individu est estimé selon ses réponses à des questions, la précision de l'estimation est inversement proportionnelle à l'information totale générée par ces dernières.

Comme la TRI permet de savoir quelles questions sont les mieux ajustées à un individu – selon que la probabilité de réussite de l'individu s'approche de 0,5 – il est théoriquement possible de construire un test pour cet individu, test qui serait constitué exclusivement de questions de son niveau. Il est même possible de réviser le niveau d'habileté de l'individu après chaque question et de choisir la prochaine selon cette nouvelle valeur estimée θ_j ou alors d'éviter, de manière minimale, d'administrer des questions moins bien ajustées qui ne contribuent pas autant que d'autres à la précision de la mesure. C'est justement autour de ces idées que le testing adaptatif a été pensé et développé. D'ailleurs, pour plusieurs, le testing adaptatif « [...] is the reason of being of item response theory » (Wainer et al., 1990, p. 9).

---

7 Dans un modèle logistique à un paramètre (1PL), l'information, au sens de Fisher, se calcule en multipliant la probabilité qu'un individu réussisse à une question par la probabilité qu'il n'y réussisse pas.

2.2 Testing adaptatif

Un test adaptatif repose sur un ensemble de règles prédéfinies qui circonscrivent chaque passation, dirigeant l'individu d'une question à l'autre jusqu'à la fin du test. Une première règle – la règle de départ – détermine comment le niveau d'habileté de l'individu est estimé avant l'administration de la première question. Une valeur peut être attribuée arbitrairement ; par exemple, l'individu peut être considéré comme étant moyen $\left(\hat{\theta}_j = 0\right)$[8], jusqu'à ce que le test le voie performer. Sinon, une valeur peut lui être attribuée en fonction de renseignements disponibles à son sujet, par exemple, les résultats antérieurs, les renseignements socio-démographiques, l'autoévaluation, etc.

Une deuxième règle – la règle d'estimation – détermine comment le niveau d'habileté d'un individu est estimé à partir de ses réponses à des questions aux paramètres connus. Différents estimateurs sont utilisés, la plupart font appel à la fonction de vraisemblance qui calcule, pour chaque valeur possible de θ, la probabilité conjointe d'avoir produit les réponses observées. L'estimateur du maximum de vraisemblance ou ML[9] (Fisher, 1922) pointe vers la valeur de θ qui produit la probabilité conjointe la plus élevée. L'estimateur du maximum de vraisemblance pondéré de Warm (1989) pondère la fonction de vraisemblance à θ par la racine carrée de l'information à θ, ce qui a pour effet de donner moins d'importance aux items moins informatifs au niveau d'habileté estimé. Les estimateurs bayésiens du maximum a posteriori ou MAP (Birnbaum, 1969) et de l'espérance a posteriori ou EAP (Bock & Mislevy, 1982) se servent de la connaissance prealable de la distribution de θ dans la population, ce qui a pour effet de donner plus de poids aux valeurs de θ plus probables selon la distribution choisie (ex. normale). Toutefois, plus on administre de questions, moins le choix de cette distribution à priori pèse sur l'estimation. Aussi, l'estimateur choisi peut varier pendant le test : un premier peut être utilisé au début du test, là où les réponses, moins nombreuses, peuvent avoir plus d'impact ; un autre peut être utilisé le reste du temps et enfin, un autre peut être utilisé pour l'estimation finale du niveau d'habileté, selon les besoins du test.

Une troisième règle – la règle de sélection – détermine la manière dont la prochaine question d'un test adaptatif est sélectionnée pour un individu. Deux stratégies sont habituellement employées. La première stratégie consiste à sélectionner la question qui maximise l'information à

8 Lorsqu'on réfère à un niveau d'habileté estimé, on utilise $\hat{\theta}$ plutôt que θ.

9 ML signifie *Maximum Likelihood.*

$\hat{\theta}_j$; dans les modèles à un seul paramètre, cette information est maximale quand le paramètre de difficulté de la question est aussi près que possible du niveau d'habileté estimé de l'individu (Urry, 1970). La deuxième stratégie consiste à sélectionner la question qui minimisera l'erreur-type de l'estimateur du niveau d'habileté après son administration. Cette stratégie emploie un principe bayésien et suppose que de l'information sur la distribution des niveaux d'habileté dans la population est connue ou supposée (ex. loi normale) (Owen, 1975 ; Thissen & Mislevy, 1990).

Enfin, une quatrième règle – la règle de fin – détermine les conditions qui peuvent mettre fin au test adaptatif. Comme le niveau d'habileté estimé est mis à jour après chaque question administrée, l'erreur-type de l'estimateur peut être comparée à un seuil de précision jugé acceptable. Ainsi, si l'erreur-type diminue suffisamment, jusqu'à ce seuil ou plus bas encore, le test peut s'arrêter parce qu'il ne juge pas nécessaire d'administrer davantage de questions. Un nombre maximal de questions à administrer peut aussi être spécifié afin de limiter la durée des passations. Habituellement, la règle d'arrêt est définie par un ensemble de conditions utilisées en tandem ; satisfaire à l'une d'elles met automatiquement fin au test. Ce faisant, le test peut s'arrêter si les gains en précision sont négligeables, notamment si des questions beaucoup trop faciles finissent par être administrées par manque d'ajustement. Sinon, le test prend fin après un certain nombre de questions, que la précision désirée ait été atteinte ou non (Wainer et al., 1990 ; Raîche, 2004).

Une fois configuré et ses règles de fonctionnement bien définies, le test adaptatif peut initier et supporter une passation. La figure 2 présente le schéma du déroulement d'une passation d'un test adaptatif pour l'individu *j*.

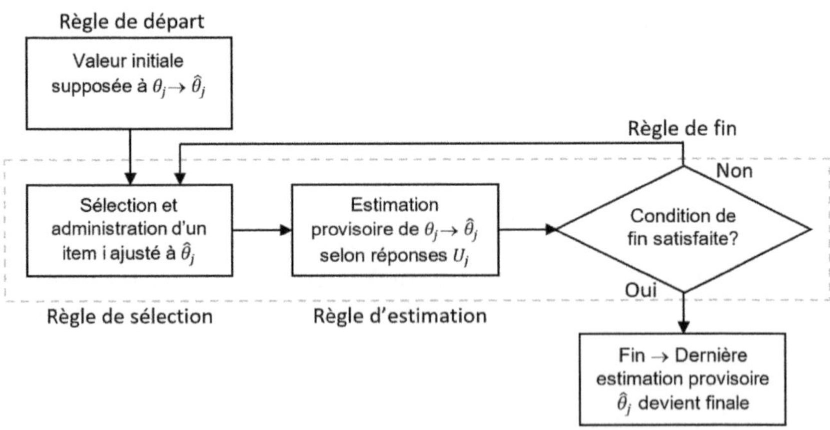

Figure 2 Déroulement d'un test adaptatif pour l'individu *j*

Le test adaptatif estimera donc le niveau d'habileté de l'individu *j* à de nombreuses reprises, après chaque question, et ses estimations seront de plus en plus précises jusqu'à ce que cette précision atteigne un seuil désirable, qu'un certain nombre de questions aient été administrées ou que toutes les questions de la banque aient été administrées. La figure 3 représente la passation de l'individu *j* dont le niveau réel est de $\theta_j = 1$, où la ligne centrale correspond à l'évolution de l'estimation du niveau d'habileté après chaque question et où les lignes inférieure et supérieure constituent l'intervalle de confiance à 0,95, calculé à partir de l'erreur-type de chaque estimation.

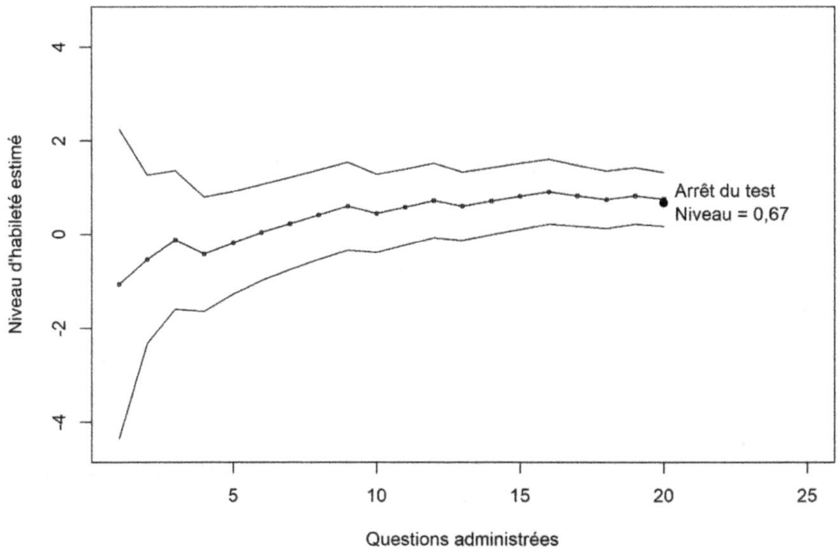

Figure 3 Évolution de l'estimation du niveau d'habileté de l'individu *j* dans un test adaptatif

2.3 Banques de questions

Le développement d'un test adaptatif est une entreprise complexe et dispendieuse. Par exemple, le test gouvernemental de positionnement en ligne à des fins de classement en français langue étrangère du Ministère de l'Immigration, de la Francisation et de l'Intégration (MIFI) du Québec est un test adaptatif de classement à enjeux peu élevés, destiné à diriger les immigrants vers des cours de français de leur niveau pour aider leur intégration. Le projet aura nécessité plusieurs années de travail pour, ultimement, administrer deux tests adaptatifs de 25 questions approximativement à chaque individu. Une partie considérable du travail qu'un tel projet demande se rattache au développement des banques de questions qui nourrissent les tests adaptatifs. Comme elles sont développées en vue d'être utilisées longtemps, elles doivent être assemblées prudemment et elles doivent être bien entretenues. A cet effet, Flaugher (1990), Linacre (2000) et Veldkamp et van der Linden (2000) décrivent bien comment se déclinent les étapes de la construction d'une banque de questions vouée au testing adaptatif. La banque de questions doit aussi être bien entretenue, sans quoi différents problèmes peuvent survenir et rendre stérile toute tentative de testing adaptatif à partir de cette dernière (Bjorner et al., 2005). Parmi les types de problèmes possibles peuvent apparaître :

- Des problèmes de l'ordre de la dimensionnalité. Un test adaptatif qui ne met à l'épreuve qu'une seule habileté devrait reposer sur un modèle de mesure unidimensionnel. Autrement dit, la réussite ou l'échec d'un individu à toute question de la banque ne devrait être tributaire que de cette seule habileté. Si, par exemple, une analyse factorielle montre que la réponse d'un individu à une question est fonction de plus d'une habileté, alors, cette question mal ajustée au modèle de mesure doit être révisée. Dans sa méta-analyse, Hattie (1984, 1985) a recensé différentes méthodes pour étudier la dimensionalité d'un ensemble de données.
- Des problèmes de fonctionnement différentiel d'items. Des individus d'un même niveau d'habileté mais appartenant à des groupes différents (ex. femmes/hommes) devraient, théoriquement, avoir autant de chances de réussir à une question. Si des individus sont désavantagés par leur appartenance à un groupe en tentant de répondre à cette question parce que leur probabilité de réussite est systématiquement inférieure, alors ladite question peut être problématique, voire potentiellement biaisée. Différentes méthodes ont été développées pour détecter ce fonctionnement différentiel d'item : Chi-carré de Lord (1977), Mantel-Haenszel (Holland & Thayer, 1988), analyse de l'aire entre CCI (Raju, 1988), etc.
- Des problèmes de surexposition ou de sous-exposition des questions. Dans un test adaptatif, les questions sont choisies pour l'individu mis à l'épreuve. Toutefois, si l'algorithme en vient à toujours sélectionner les mêmes questions, les contenus de ces dernières seront naturellement plus exposés et plus à risque d'être partagés. Dans un test adaptatif à enjeux élevés, il peut être problématique de tester des individus qui se sont préparés à faire face à ces questions et qui arrivent au test avec des connaissances supplémentaires. Inversement, il peut être dommage de constater que certaines questions ne sont jamais sélectionnées parce que les algorithmes en trouvent toujours de meilleures. Les couts reliés au développement d'une question sont, après tout, substantiels. Alors, plusieurs

auteurs proposent des stratégies pour assurer un certain équilibre dans l'exposition des questions : la méthode de Sympson et Hetter (1985), la méthode *Randomesque* (Kingsbury & Zara, 1989), l'utilisation de *Shadow tests* (van der Linden & Veldkamp, 2004), etc. De plus, Chen et al. (2022) ont travaillé sur un cadre permettant de détecter les changements drastiques dans les propriétés psychométriques des questions, changements dus, majoritairement, à la surexposition des questions, qui favorisent la prise de décision.

Un autre type de problème peut survenir et celui-ci est au cœur de cette étude : un problème de l'ordre de la distribution des paramètres des questions.

2.4 Distribution des paramètres des questions

Lorsqu'une banque de questions est élaborée, les paramètres de ces dernières sont habituellement estimés par un processus itératif qui estime tour à tour les paramètres des questions et des personnes jusqu'à l'atteinte d'une certaine stabilité. La distribution des paramètres des questions ainsi produits – surtout des paramètres de difficulté – doit être analysée afin de s'assurer que la banque puisse bien fonctionner auprès d'individus de tous niveaux. Si, dès la calibration initiale de la banque ou lors de calibrations ultérieures après l'ajout et le retrait de questions, la distribution des paramètres de difficulté des questions semble problématique, notamment parce que moins d'items semblent disponibles dans un certain intervalle de niveaux d'habileté (θ), il importe de vérifier si la banque respecte tout de même les recommandations de Bjorner et al. (2007) : la banque doit être valide au niveau du contenu et elle doit contenir assez de questions pour estimer précisément un niveau d'habileté où qu'il soit sur le continuum. Au regard de cette deuxième recommandation, les travaux de Reckase (2007) sont d'une importance capitale.

2.5 P-optimalité

Une banque de questions est dite *p*-optimale (Reckase, 2007) si elle contient suffisamment de questions pour générer, à toute valeur de θ, une passation constituée uniquement de questions *p*-optimales, c'est-à-dire des questions qui fournissent au moins la portion p (ex. $p = 0,9$) de l'information qu'une question parfaitement ajustée pourrait fournir. À partir de cette valeur de p et d'un nombre fixe de questions jugé satisfaisant, l'algorithme de Reckase génère une distribution de fréquences montrant combien de questions sont nécessaires dans différents intervalles de b pour que la banque soit considérée *p*-optimale. Par exemple, en utilisant le modèle 1PL, une question parfaitement ajustée à l'individu génère 0,72 en quantité d'information[10]. En utilisant $S \leq 0{,}3$ comme seuil de précision acceptable, 16 questions optimales sont nécessaires pour satisfaire la condition de fin du test[11]. En utilisant $p = 0{,}9$, on accepte d'administrer des questions qui fournissent au moins 90 % de l'information que fournirait une question parfaitement ajustée, donc $0{,}72 \times 0{,}9 = 0{,}65$. Il faudrait maintenant 18 questions pour atteindre la précision acceptable minimale à n'importe quelle valeur de θ[12]. Avec ces nombres, l'algorithme génère une distribution de fréquences, indiquant combien de questions sont nécessaires dans différents intervalles de *b* pour que l'ensemble des passations se déroulent bien, comme le montre la figure 4.

$$pp = 0{,}9\ S = 0{,}3$$

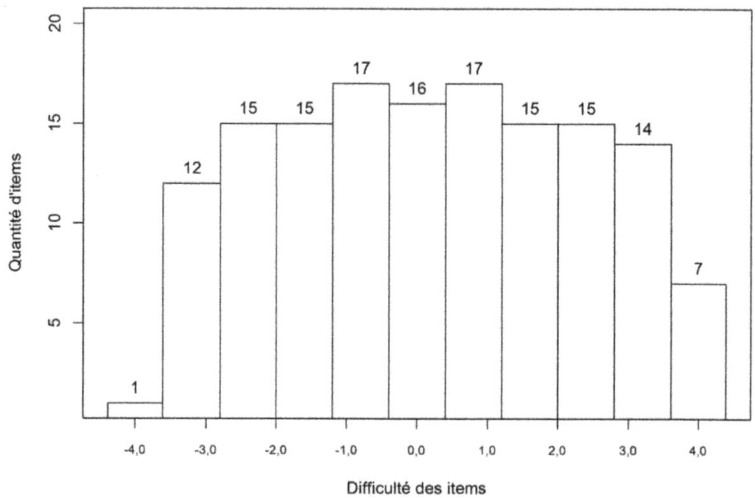

Figure 4 *Distribution de fréquences d'une banque de questions p-optimale à* $p = 0{,}9$ *pour atteindre une précision minimale de* $S = 0{,}3$

10 Dans le modèle 1PL, l'information que fournit une question pour un individu d'un niveau d'habileté donné s'obtient par le produit suivant : $1{,}7^2 \cdot P \cdot (1 - P)$ où P correspond à la probabilité de réussite de l'individu à la question et $(1 - P)$ à sa probabilité de non-réussite.

11 L'erreur-type d'une estimation par maximum de vraisemblance se calcule ainsi : $\sqrt{\frac{1}{InfoCumulée}}$.

12 $\sqrt{(18\, items \times 0{,}65)^{-1}} = 0{,}29$

Considérant qu'un seuil minimum de questions par intervalle de *b* peut être établi afin qu'une banque soit dite *p*-optimale, il serait intéressant d'étudier les effets du non-respect de ces seuils afin de comprendre à quoi on s'expose en utilisant une banque incomplète, mal outillée pour faire face à des individus de tous niveaux.

La littérature contient plusieurs monographies et articles scientifiques mettant en valeur les vertus du testing adaptatif et ses avantages par rapport à des stratégies conventionnelles mais elle dispose de peu d'articles faisant état de situations où il n'a pas été à la hauteur, son utilisation engendrant des effets indésirables. C'est naturel : une organisation qui se met au testing adaptatif le fait justement parce qu'il répond à ses attentes. Le présent chapitre vise à présenter des scénarios problématiques et à décrire les effets d'une banque mal ajustée afin de sensibiliser le lecteur à l'importance de considérer et d'analyser la distribution des niveaux de difficulté des questions d'une banque vouée au testing adaptatif.

3. Méthodologie

Pour étudier les effets d'une mauvaise distribution des paramètres de difficulté des questions d'une banque sur différentes variables liées à des passations de test adaptatif, une stratégie par simulation a été employée. Cet outil très puissant et très flexible permet de générer artificiellement des environnements et des situations spécifiques d'intérêt pour la recherche qui sont plus difficiles à rencontrer et à étudier dans le monde réel (Axelrod, 2007; Conte et al., 2012). Comme il n'est pas commun d'utiliser une banque de questions aux propriétés psychométriques qui laissent à désirer dans des situations réelles, de telles données sont introuvables. Une telle stratégie est de ce fait particulièrement bien indiquée. Les fonctions générant ces passations et opérant le test adaptatif ont été développées et opérées dans R (R Core Team, 2023).

3.1 Individus

Pour cette étude, les réponses de 1000 individus ont été générées et la distribution des niveaux d'habileté de ces individus suit approximativement une loi normale $N(0,1)$. Lorsqu'une question est administrée à un individu fictif, sa réponse – succès ou échec – est déterminée selon sa probabilité de réussir ladite question[13]. Cette dernière se base sur son niveau d'habileté réel, soit l'une des valeurs générée aléatoirement au départ, et non sur son niveau d'habileté estimé. Un nombre réel aléatoire

[13] Voir l'équation 1

entre 0 et 1 est alors obtenu et si ce nombre est inférieur ou égal à la probabilité calculée, la question est réussie $\left(u_{ij}=1\right)$, sinon la question ne l'est pas $\left(u_{ij}=0\right)$.

3.2 Tests adaptatifs

Chacun des individus de l'échantillon s'est vu administrer quatre tests adaptatifs différents. Tous ces tests adaptatifs ont été configurés de la même façon.

- Règle de départ : Le test suppose que l'individu est de niveau moyen avant l'administration de la première question (donc $\hat{\theta}=0$) parce que les individus sont distribués selon une loi normale $N\left(0,1\right)$ qui fait en sorte qu'il y a davantage d'individus de ce niveau ou proches de ce niveau.
- Règle d'estimation : L'estimateur de la vraisemblance pondérée de Warm (1989) est utilisé pour toute estimation d'un niveau d'habileté. Cet estimateur est moins biaisé que d'autres estimateurs classiques (Park & Muraki, 2003) ce qui laisse à cet estimateur la possibilité de sélectionner des valeurs plus « extrêmes » s'il les juge plus probables.
- Règle de sélection : La prochaine question à administrer est toujours choisie selon l'information maximale qu'elle génère à $\hat{\theta}$. Puisqu'un modèle à un paramètre est utilisé (1PL), cette question sera celle dont la difficulté *b* s'approche le plus du niveau d'habileté estimé $\hat{\theta}$ (Urry, 1970). Il n'y a aucune contrainte relative au contenu du test ou à l'exposition des questions, c'est donc systématiquement la question la mieux ajustée à l'individu qui est sélectionnée.
- Règle de fin : Le test s'arrête après l'administration de 50 questions ou avant si l'erreur-type est inférieure ou égale à 0,3. Ce seuil de précision est souvent utilisé parce qu'il correspond à un coefficient de fidélité marginale de 0,9[14]. C'est notamment le seuil utilisé par Wainer et al. (1990) dans ses simulations.

---

[14] Dans la théorie classique des tests, l'erreur-type correspond à $S_{observé} \cdot \sqrt{\left(1-\mathit{fidélité}\right)}$, ou $S_{observé}$ correspond à l'écart-type du score observé, tel que spécifié dans Babcock et Weiss (2009).

3.3 Banques de questions

Pour générer des banques incomplètes, manquant de questions dans certains intervalles de *b*, deux stratégies ont été envisagées :

- générer des distributions normales ou uniformes et enlever manuellement des valeurs dans des intervalles de *b* ciblés ;
- générer des distributions asymétriques qui, selon le sens de l'asymétrie, manquent par défaut de valeurs dans des intervalles de *b*.

Afin d'obtenir des valeurs plausibles ayant pu être produites à travers des calibrations, la seconde option a été retenue. A cet effet, la bibliothèque R *sn* (Azzalini, 2022) de l'environnement R a été utilisée. Celle-ci offre un éventail d'outils pour travailler avec des distributions normales asymétriques (*skew-normal*).

Une distribution est dite asymétrique lorsqu'un écart est constaté entre la moyenne et la médiane d'une distribution. Si la moyenne est inférieure à la médiane, alors le coefficient d'asymétrie a^3 sera négatif et la distribution sera plus allongée vers les valeurs négatives et plus concentrée vers les valeurs positives. Inversement, si la moyenne est supérieure à la médiane, alors le coefficient d'asymétrie sera négatif et la distribution sera plus allongée vers les valeurs positives et plus concentrée vers les valeurs négatives. Ainsi, pareilles distributions semblent tout à fait indiquées pour étudier les effets d'une mauvaise distribution des niveaux de difficulté des questions d'une banque.

La bibliothèque R *moments* (Komsta & Novomestky, 2022) est utilisée pour calculer le coefficient d'asymétrie de chacune des distributions, donc des banques de questions. Cette bibliothèque calcule le coefficient d'asymétrie ainsi :

$$a^3 = \frac{\sum\left(x-\bar{x}\right)^3 / \mathrm{J}}{\left(\sum\left(x-\bar{x}\right)^2 / \mathrm{J}\right)^{3/2}} \tag{2}$$

où x correspond à une valeur de l'échantillon, $\bar{x}$ correspond à la moyenne de l'échantillon, J à la taille de l'échantillon et $\sum\left(x-\bar{x}\right)^y$ correspond à la somme de toutes les différences $\left(x-\bar{x}\right)$ mises à la puissance y. Plus cette valeur se rapproche de 0, plus la distribution est symétrique et plus la valeur s'éloigne de 0, moins elle est symétrique. Pour aider l'interprétation de ce coefficient, Bulmer (1979) propose les seuils absolus suivants :

- de 0 à 0,49 : asymétrie faible ;
- de 0,5 à 0,99 : asymétrie modérée ;
- supérieur ou égal à 1 : asymétrie forte ;

Ces seuils sont arbitraires, une valeur de $a^3 = 1$ pourrait être considérée comme faible dans un certain contexte et forte dans un autre. Néanmoins, les seuils de Bulmer sont utilisés ici pour caractériser les banques de questions.

Pour la présente étude, quatre banques de questions ont été générées, soit deux banques de petite taille (200 questions), l'une distribuée normalement et l'autre fortement asymétrique négativement, et deux banques de grande taille (1000 questions) avec des distributions similaires à celles des deux petites banques. La figure 5 montre, pour chaque banque, la distribution empirique des niveaux de difficulté des questions en rose, la distribution « normale » en vert et la distribution *p*-optimale à $p = 0,9$ en bleu :

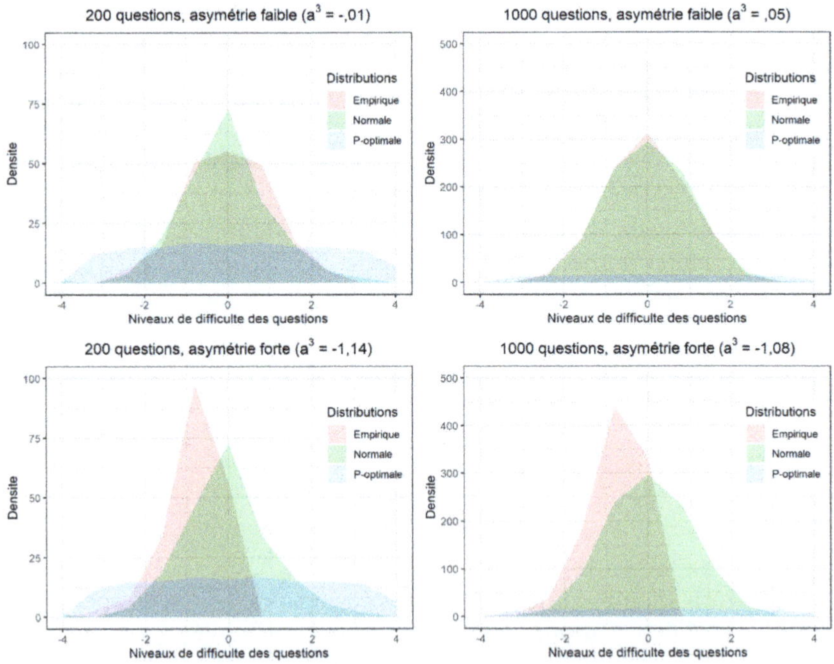

Figure 5 Distribution des niveaux de difficulté des questions des quatre banques fictives

Les zones problématiques se trouvent là où la distribution empirique en rose n'arrive pas à la densité de la distribution *p*-optimale en bleu. Les individus situés dans ces zones sont ceux qui seront mal desservis par la banque de questions nourrissant leur test adaptatif.

3.4 Passations

Enfin, pour chaque passation d'un test adaptatif effectuée par un individu à l'aide d'une banque de questions, les renseignements suivants ont été conservés :

- Le niveau d'habileté réel $\left(\theta_j\right)$: Ce niveau d'habileté correspond à la valeur attribuée à l'individu *j* au départ. C'est à partir de cette valeur que la probabilité de réussir à une question est calculée.
- Le niveau d'habileté estimé $\left(\hat{\theta}_j\right)$: Ce niveau d'habileté correspond à l'estimation WML finale du niveau d'habileté de l'individu *j* fictif à la suite de l'administration de la dernière question de son test adaptatif.
- L'erreur-type de l'estimation finale $\left(S\left(\hat{\theta}_j\right)\right)$: L'erreur-type mesure la précision de l'estimation, elle est donc calculée chaque fois que le niveau d'habileté est estimé. C'est avec cette erreur-type qu'un intervalle de confiance à 0,95 peut être érigé autour de $\hat{\theta}_j$: $\left[\hat{\theta}_j - 1{,}96 \cdot S\left(\hat{\theta}_j\right); \hat{\theta}_j + 1{,}96 \cdot S\left(\hat{\theta}_j\right)\right]$.
- L'erreur de mesure : L'erreur de mesure correspond à l'écart entre le niveau d'habileté réel de l'individu *j*, soit la valeur numérique qui lui a été administrée au départ[15], et le niveau d'habileté estimé par le test adaptatif $\left(\hat{\theta}_j - \theta_j\right)$. Plus cet écart est petit, plus le test adaptatif a vu juste, et plus cet écart est grand, moins le test est en mesure de bien cibler le niveau d'habileté de l'individu. Le biais, lui, correspond à l'erreur de mesure moyenne :

$$Biais = \frac{\sum_1^J \left(\hat{\theta}_j - \theta_j\right)}{J} \tag{3}$$

[15] Voir la section 3.1 sur la génération des individus.

Si le biais est positif, c'est que le test adaptatif a une tendance à surestimer les niveaux d'habileté des individus. S'il est négatif, c'est qu'il a une tendance à sous-estimer les niveaux d'habileté des individus. Lorsque le biais est près de zéro, c'est que l'estimation est très peu biaisée et que, dès lors, la direction du biais est insignifiante. Cependant, si le biais est considérable et qu'il pointe systématiquement dans la même direction (ex. niveau d'habileté estimé systématiquement inférieur au niveau d'habileté réel), alors le test peut être biaisé, à l'instar d'une balance mal calibrée qui affiche 2 grammes de plus à toutes ses mesures.

- La longueur : La longueur correspond au nombre de questions qui constitue chaque passation. Ce nombre n'excèdera pas 50 parce que la règle de fin comporte une condition à cet effet. Normalement, plus un test adaptatif est court, plus il a été en mesure de cibler les bonnes questions à administrer à l'individu parce que ces questions bien ajustées ont un impact plus important sur l'erreur-type et, par conséquent, sur la longueur du test.

4. Résultats

A partir des données récupérées des passations fictives de tests adaptatifs, des figures sont présentées afin de présenter graphiquement les différences selon qu'une banque de questions d'une petite ou grande taille est utilisée, et que la distribution des paramètres de difficulté des questions la constituant est faiblement asymétrique ou fortement asymétrique. De plus, des tableaux sont produits lorsque certaines observations doivent être expliquées plus en profondeur. Enfin, les résultats sont présentés par variable dépendante – effets de l'asymétrie sur le biais d'estimation, sur l'erreur-type de l'estimateur et sur la longueur des passations – et à la fin de chaque section, un constat est émis, qui résume en quelques mots les effets de l'asymétrie sur la variable en question.

4.1 Effets d'une mauvaise distribution de b *sur le biais d'estimation*

Tableau 1 Biais d'estimation (erreurs de mesure moyennes) pour des passations fictives de tests adaptatifs nourris de quatre banques différentes

	200 questions $a^3 = -0{,}01$	**200 questions** $a^3 = -1{,}14$	**1000 questions** $a^3 = 0{,}05$	**1000 questions** $a^3 = -1{,}08$
$[\infty -; -3{,}6]$				
$]-3{,}6; -2{,}8]$	-0,83	0,11	-0,12	0,07
$]-2{,}8; -2{,}0]$	0,08	-0,07	0,10	0,01
$]-2{,}0; -1{,}2]$	0,02	0,02	-0,03	-0,01
$]-1{,}2; -0{,}4]$	-0,02	0,04	0,01	0,00
$]-0{,}4; 0{,}4]$	0,00	-0,05	-0,01	-0,03
$]0{,}4; 1{,}2]$	0,00	-0,05	-0,03	-0,10
$]1{,}2; 2{,}0]$	-0,03	0,01	-0,02	0,01
$]2{,}0; 2{,}8]$	0,07	-0,16	-0,12	-0,04
$]2{,}8; 3{,}6]$	-0,44	-0,37	-0,18	-0,78
$]3{,}6; \infty +]$				

Le tableau 1 montre, pour chaque regroupement d'individus, le biais d'estimation, soit l'écart moyen entre le niveau d'habileté estimé par le test adaptatif et le niveau d'habileté réel. Généralement, le biais d'estimation semble satisfaisant parce qu'il est inférieur au seuil de précision jugé acceptable $(S \leq 0{,}3)$ mais aux extrémités du continuum de θ, le biais d'estimation dépasse à quelques reprises l'erreur-type acceptable (voir les zones grisées).

Lorsqu'une banque de questions normalement distribuée est utilisée ($a^3 = -0{,}01$ et $a^3 = 0{,}05$), il est cohérent de constater des situations semblables. Une distribution normale a, par définition, davantage de valeurs près de la moyenne que loin d'elle. Justement, dans le tableau 1, les occurrences d'un biais d'estimation plus élevé lorsqu'une banque normalement distribuée est utilisée ne se trouvent qu'aux extrémités du continuum de θ, lorsque $|\theta| \geq 2,8$, soit pour 0,6 % des individus de l'échantillon. Ainsi, une banque de questions normalement distribuée, peut ne pas convenir à tous les individus d'un échantillon, simplement parce qu'elle n'est pas *p*-optimale, mais elle demeure néanmoins convenable pour une vaste majorité des individus dans un échantillon distribué normalement.

Lorsqu'une banque de questions mal distribuée – fortement asymétrique dans le cadre de cette étude – est utilisée ($a^3 = -1,14$ et $a^3 = -1,08$), les effets sur le biais d'estimation demeurent sensiblement les mêmes. Les seules occurrences d'un biais d'estimation plus élevé ne se trouvent qu'à l'extrémité supérieure du continuum de θ, lorsque $\theta \geq 2,8$, soit pour 0,4 % des individus de l'échantillon. Ainsi, une banque de questions mal distribuée peut demeurer convenable pour une vaste majorité des individus dans un échantillon distribué normalement.

En somme, l'utilisation d'une banque de questions dont les niveaux de difficulté sont mal distribués n'a que peu d'effets sur le biais d'estimation parce que l'utilisation d'items mal ajustés peut être contrebalancée par l'utilisation d'un plus grand nombre d'items. Or, les effets de l'utilisation d'une telle banque se manifesteront ailleurs.

4.2 Effets d'une mauvaise distribution de b *sur l'erreur-type de l'estimation*

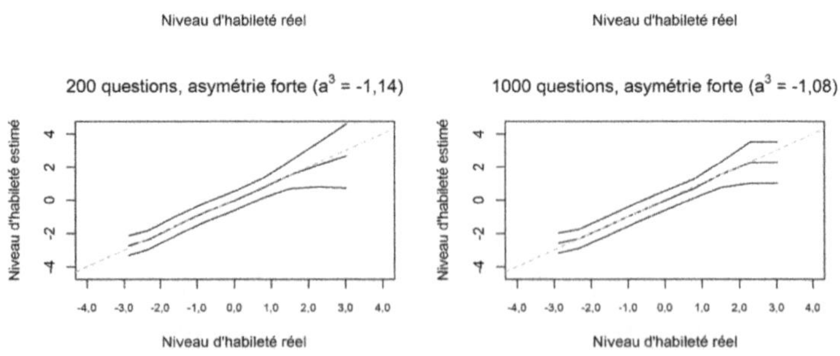

Figure 6 Erreurs-types moyennes pour des passations fictives de tests adaptatifs nourris de quatre banques différentes

La figure 6 montre que lorsque les paramètres de difficulté des questions d'une banque sont normalement distribués ($a^3 = -0{,}01$ et $a^3 = 0{,}05$), l'erreur-type est constante, pratiquement égale au seuil minimal acceptable $(S \leq 0{,}3)$ et ce, sur l'ensemble du continuum de θ. Par conséquent, l'utilisation d'une banque de questions normalement distribuée semble en mesure de satisfaire aux exigences de précision du test, même lorsque la taille de la banque est petite. Certes, les individus aux extrémités du continuum se verront administrer des questions moins ajustées, mais ces questions ne sont pas assez mal ajustées pour que 50 d'entre elles ne suffisent pas à cumuler l'information nécessaire.

Toutefois, lorsque les paramètres de difficulté des questions d'une banque sont mal distribués ($a^3 = -1{,}14$ et $a^3 = -1{,}08$), les effets sur les erreurs-types des estimations sont manifestes. À partir de $\theta > 1{,}2$, les erreurs-types et les intervalles de confiance qu'elles érigent autour des estimations de θ s'élargissent de plus en plus, notamment parce que de moins en moins de passations prennent fin avant l'atteinte de la limite du nombre de questions (50 questions au maximum), faute de questions bien ajustées et informatives. Avec la banque de 1000 questions, l'intervalle de confiance à 0,95 atteint une étendue de 4,45 et avec la banque de 200 questions, cet intervalle de confiance atteint une étendue de 4,47.

En somme, l'utilisation d'une banque mal distribuée a des effets manifestes sur l'erreur-type des estimations des niveaux d'habileté d'individus pour qui peu ou pas de questions ajustées sont disponibles, selon la distribution de la banque. De plus, ces effets semblent légèrement plus importants lorsqu'une banque de questions de petite taille est utilisée, encore une fois parce que beaucoup moins de questions ajustées sont disponibles et que le test adaptatif doit aller puiser ses questions de plus en plus loin du niveau de l'individu.

4.3 *Effets d'une mauvaise distribution de* b *sur la longueur d'une passation*

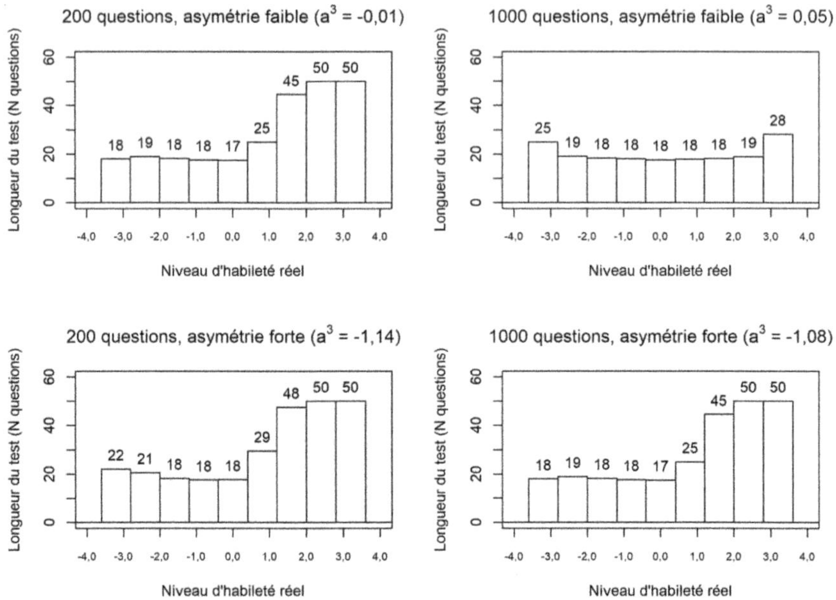

Figure 7 Longueurs moyennes pour des passations fictives de tests adaptatifs nourris de quatre banques différentes

La figure 7 présente les longueurs moyennes des tests adaptatifs administrés à des individus simulés. Les observations sur ces longueurs moyennes vont de pair avec les observations sur les biais et les erreurs-types : une passation de test adaptatif est plus courte lorsqu'il y a plusieurs questions ajustées à l'individu et plus longue si, par manque de questions ciblées, on doit lui en administrer d'autres, moins ajustées. Ainsi, moins la distribution des niveaux de difficulté des questions d'une banque est optimale, plus il y a d'individus pour qui 50 questions ne suffisent pas pour atteindre la précision minimale acceptable spécifiée dans la règle de fin ($S \leq 0,3$).

Lorsque les paramètres de difficulté des questions d'une banque sont normalement distribués ($a^3 = -0,01$ et $a^3 = 0,05$), les longueurs moyennes des passations sont de 18,3 questions (banque de 200 questions) et de 18 questions (banque de 1000 questions). Bien que les longueurs moyennes soient un peu plus élevées dans les extrémités du continuum de θ, ces longueurs demeurent acceptables. De plus, une seule passation sur 1000 (0,1 %) a requis 50 questions lorsque la banque de grande taille a été utilisée et seulement six passations sur 1000 (0,6 %) ont atteint le nombre limite de questions pouvant être administrées lorsque la banque de petite taille a été utilisée.

Toutefois, lorsque les paramètres de difficulté des questions d'une banque sont mal distribués ($a^3 = -1{,}14$ et $a^3 = -1{,}08$), la longueur moyenne des passations des individus mal desservis par la banque de questions en est affectée. Bien que les longueurs moyennes des passations ne soient qu'un peu plus élevées – 24 questions (banque de 200 questions) et 22,6 questions (banque de 1000 questions), 13,1 % des passations ont requis 50 questions et en auraient nécessité davantage pour atteindre la précision jugée acceptable lorsque la banque de petite taille a été utilisée, et 9,4 % lorsque la banque de grande taille a été utilisée.

En somme, l'utilisation d'une banque mal distribuée a des effets sur la longueur moyenne des passations de tests adaptatifs d'individus pour qui peu ou pas de questions ajustées sont disponibles. Moins il y a de questions ajustées disponibles, plus nombreux sont les individus pour qui 50 questions ne suffisent pas à atteindre la précision souhaitée.

5. Discussion

5.1 Interprétation des résultats

Les résultats rapportés par cette étude montrent que la distribution des niveaux de difficulté des questions d'une banque n'a que peu d'effets sur le biais d'estimation mais qu'elle a des effets sur la précision de la mesure ainsi que sur la longueur des passations, spécifiquement pour les individus pour lesquels la banque peine à trouver des questions ajustées. Ainsi, une banque ne comportant pas assez de questions compliquées éprouvera des difficultés à différencier les individus forts entre eux parce que ceux-ci se verront administrer des questions qu'ils réussiront plus souvent que les plus faibles. Alors, il n'y aura pas assez de variabilité au sein des réponses de ces individus pour que le test adaptatif alimenté par cette banque les évalue avec précision. Pourtant, un test adaptatif est habituellement préféré à un test conventionnel justement parce qu'il performe bien là où les autres ont plus de difficultés à distinguer les individus aux extrémités du continuum de θ.

Les résultats observés dans cette recherche montrent qu'une banque mal distribuée, disposant de peu de questions très difficiles, génère des passations beaucoup plus longues pour les individus forts. Alors que les passations des individus au niveau d'habileté moins élevé ($\theta < 0$) comportent en moyenne 17,7 questions (banque de petite taille) ou 17,6 questions (banque de grande taille), celles des individus au niveau d'habileté plus élevé ($\theta > 0$) comportent en moyenne plus du double de questions: 30,8 questions (banque de petite taille) et 28 questions (banque de grande taille). Or, davantage de questions signifie davantage de temps de passation. Bien qu'il soit jugé acceptable qu'un test comporte 50 questions au maximum dans un contexte donné, il est difficilement défendable qu'un individu au niveau d'habileté plus élevé passe beaucoup plus de temps en situation d'évaluation qu'un autre au niveau moins élevé. L'inverse est vraisemblablement encore plus problématique : l'administration d'un nombre beaucoup plus important de questions à des individus au niveau d'habileté moins élevé, surtout si ces dernières sont généralement trop difficiles pour eux. Ce constat est très loin des recommandations de Gershon (1992), Andrich (1995), Kimura et Nagaoka (2011, 2012) qui affirment qu'une probabilité de réussite – et *de facto* un taux de réussite – d'environ 0,5 ne suffit pas pour préserver la motivation et le sentiment d'auto-efficacité des individus soumis à un test adaptatif. D'ailleurs, van Gog et Sweller (2015) et Roelle et Berthold (2017) avancent qu'un test trop difficile, en plus d'être inefficace, peut même devenir contre-productif. De plus, administrer autant de questions supplémentaires à certains individus sans que celles-ci ne contribuent vraiment à la précision de la mesure est également problématique. En effet, 98 % des passations qui ont nécessité 50 questions n'ont pas généré une estimation jugée a minima satisfaisante ($S \leq 0,3$), alors que la précision moyenne de ces estimations est de 0,5, une erreur-type qui dépasse de 67 % le seuil acceptable.

Évidemment, aucune organisation ne veut d'une banque incomplète qui ne comporte pas assez de questions bien ajustées à des individus de tous niveaux d'habileté. Cependant, une telle situation peut se présenter même lorsque la banque de questions semble initialement tout à fait adéquate. En effet, à travers l'ajout et le retrait de questions et la recalibration des questions résultant de ces modifications[16], il serait possible qu'une banque en vienne à ne plus disposer d'assez de questions d'un certain niveau de difficulté. De plus, si la sélection d'une prochaine question doit tenir compte de contraintes sur le contrôle du contenu des questions ou sur le contrôle de l'exposition des questions, des questions de moins en moins ajustées peuvent être sélectionnées même si la banque dispose pourtant de questions appropriées, notamment si ces contraintes rendent certaines questions indisponibles afin de préserver les taux d'exposition au minimum (van der Linden & Veldkamp, 2004, 2007 ; van der Linden & Choi, 2019). Ainsi, le scénario d'une banque de questions mal distribuée – fortement asymétrique dans le cadre de cette recherche – n'est alors plus aussi improbable qu'il n'y paraissait *a priori*.

---

16 L'entretien d'une banque de questions vouée au testing adaptatif consiste à vérifier périodiquement si des questions semblent mal s'ajuster aux individus et si de nouvelles questions doivent être ajoutées à la banque. Dans un cas comme dans l'autre, une recalibration des paramètres de ces questions doit être effectuée.

5.2 Limites de la recherche

Les résultats de cette étude permettent d'éclairer un aspect rarement étudié du testing adaptatif, mais le devis utilisé souffre de certaines limites. D'abord, comme cette recherche utilise une stratégie de simulation pour générer des passations de tests adaptatifs, elle est assujettie d'emblée à la limite d'une telle stratégie : la difficulté à reproduire fidèlement le comportement humain. En effet, les réponses des individus, générées selon les modèles probabilistes de la TRI, ne sont tributaires que des niveaux d'habileté réels des individus. Dans une situation d'évaluation réelle, leurs réponses seraient assurément tributaires de différentes variables personnelles (ex. niveau de fatigue et/ou d'anxiété, enjeux, etc.) ou environnementales (ex. lieu du test, bruits ambiants, etc.) additionnelles. Toutefois, comme il est difficile de quantifier ces variables, la simulation se fait sur la seule relation pouvant être facilement mathématisée : celle entre le niveau d'habileté d'un individu et le niveau de difficulté d'une question qui lui est administrée. Ainsi, les données générées sont « propres », sans perturbation, sans bruit, ce qui pourrait, somme toute, constituer un problème mais comme la présente recherche s'intéresse davantage aux effets d'une mauvaise distribution des questions qu'aux comportements des individus en situation d'évaluation, cette limite apparait négligeable.

Aussi, d'autres limites se rattachent aux choix des tailles des banques de questions. En effet, par souci d'économie d'espace, les expérimentations ont été conduites avec deux tailles seulement : petite (200 questions) et grande (1000). Par conséquent, les effets d'une mauvaise distribution des niveaux de difficulté des questions, lorsqu'une banque de moyenne taille (ex. 500 questions) est utilisée, n'ont pas été consignés mais tout porte à croire qu'ils seraient à mi-chemin entre les effets observés avec celles de petite taille et celles de grande taille. De plus, les effets d'une mauvaise distribution des questions, lorsqu'une banque de taille immense (ex. 5000 questions) est utilisée, n'ont pas été consignés non plus et il serait possible que ces effets s'amenuisent en augmentant significativement la taille de la banque[17] mais les tests adaptatifs réels puisant dans des banques de taille aussi grande sont plutôt rares.

6. Conclusion

Dans ce chapitre, le testing adaptatif et les modèles de mesure qui le soutiennent le mieux ont été sommairement présentés parce que

---

[17] En augmentant significativement la taille de la banque, il est possible d'avoir quelques questions de plus dans les niveaux problématiques.

nécessaires à la compréhension du contexte de la présente étude. Ensuite, les effets d'une mauvaise distribution des paramètres de difficulté des questions d'une banque sur différentes variables liées à des passations de tests adaptatifs ont été étudiés. A la lumière des résultats, un test adaptatif peut difficilement être aussi précis et efficient qu'il le prétend lorsque la banque qui le nourrit n'est pas optimale. Il apparait qu'une mauvaise distribution de b a bien des effets néfastes sur les passations d'individus pour qui le test adaptatif ne réussit pas à trouver et administrer des questions sur mesure. Les estimations de ces individus sont moins précises alors leurs passations sont *de facto* plus longues puisque le seuil de précision acceptable pouvant mettre fin prématurément à une passation, comme stipulé dans la règle de fin, est moins souvent atteint pour ceux-ci. De plus, il apparait que la taille de la banque peut aussi influencer ces variables lorsqu'elle est considérée petite. En effet, une banque de questions imparfaite de petite taille fait face aux mêmes problèmes qu'une banque qui laisse à désirer plus volumineuse mais, comme encore moins de questions ajustées à $\hat{\theta}$ sont disponibles, le test adaptatif doit aller puiser ses questions de plus en plus loin de $\hat{\theta}$.

La p-optimalité de Reckase (2007) est une solution intéressante aux problèmes des banques de questions mal distribuées. Elle permet de cibler rapidement les intervalles de θ où il semble manquer de questions pour obtenir une mesure précise. Toutefois, les relations entre p (ex. 0,9), le seuil de précision jugé acceptable (ex. 0,3) et la longueur maximale d'une passation (ex. 50) doivent être explorées ; après tout, une p-optimalité de 0,9 n'est peut-être pas nécessaire pour atteindre la précision demandée selon le contexte d'évaluation et les règles de fin stipulées.

Aussi, il serait intéressant de voir si une banque minimale p-optimale demeure adéquate même lorsque les individus simulés à qui sont ensuite administrés des tests adaptatifs font usage de comportements inadéquats : réponses au hasard, sous-classement volontaire, tricherie, etc. Ces comportements pourraient gonfler les besoins en questions très faciles pour les individus qui visent à se sous-classer et les besoins en questions très difficiles pour ceux qui visent à se surclasser, changeant ainsi la distribution des niveaux de difficulté des questions d'une banque.

Enfin, il serait intéressant de répéter cette étude avec des items à réponses polychotomiques afin de voir si les effets d'une mauvaise distribution des paramètres de difficulté des questions d'une banque sont aussi manifestes lorsqu'une question peut être réussie à différents degrés.

Références

Andrich, D. (1995). Review. *Psychometrika, 60*(4), 615–620. https://doi.org/10.1007/BF02294331

Axelrod, R. (2007). Simulation in the social sciences. Dans J. P. Rennard (Ed.), *Handbook of research on nature-inspired computing for economics and management* (pp. 90–100). IGI Global.

Azzalini, A. (2022). *sn:* [version 2.0.2]. Bibliothèque R. https://cran.r-project.org/web/packages/sn/sn.pdf

Babcock, B., & Weiss, D. J. (2009, 2 juin). *Termination criteria in computerized adaptive tests: variable-length CATs are not biased* [Communication]. Realities of CAT Paper.

Birnbaum, A. (1969). Statistical theory for logistic mental test models with a prior distribution of ability. *Journal of Mathematical Psychology, 6*(2), 258–276. https://doi.org/10.1016/0022-2496(69)90005-4

Bjorner, J. B., Kosinski, M., & Ware Jr, J. E. (2005). Computerized adaptive testing and item banking. Dans P. Fayers & R. D. Hays (Eds.), *Assessing quality of life in clinic trials: methods and practice.* (pp. 95–112). Oxford University Press.

Bjorner, J. B., Chang, C. H., Thissen, D., & Reeve, B. B. (2007). Developing tailored instruments: item banking and computerized adaptive assessment. *Quality of Life Research, 16*(S1), 95–108. https://doi.org/10.1007/s11136-007-9168-6

Bock, R. D., & Mislevy, R. J. (1982). Adaptive EAP estimation of ability in a microcomputer environment. *Applied Psychological Measurement, 6*(4), 431–444. https://doi.org/10.1177/014662168200600405

Bulmer, M. G. (1979). *Principles of statistics.* Dover Publications.

Chen, Y., Lee, Y.H., & Li, X. (2022). Item pool quality control in educational testing: change point model, compound risk, and sequential detection. *Journal of Educational and Behavioral Statistics, 47*(3), 322–352. https://doi.org/10.3102/10769986211059085

Conte, R., Gilbert, N., Bonelli, G., Cioffi-Revilla, C., Deffuant, G., Kertesz, J., Loreto, V., Moat, S., Nadal, J.-P., Sanchez, A., Nowak, A., Flache, A., San Miguel, M., & Helbing, D. (2012). Manifesto of computational social science. *The European Physical Journal Special Topics, 214*, 325–346. https://doi.org/10.1140/epjst/e2012-01697-8

de Ayala, R. J. (2009). *The Theory and Practice of Item Response Theory.* The Guilford Press.

Fisher, R. A. (1922). On the mathematical foundations of theoretical statistics. *Philosophical Transactions of the Royal Society A: Mathematical, physical and engineering sciences*, *222*(594–604), 309–368. https://doi.org/10.1098/rsta.1922.0009

Flaugher, R. (1990). Item pools. Dans H. Wainer (Ed.), *Computerized adaptive testing: A primer* (pp. 41–63) Lawrence Erlbaum associates.

Gershon, R. C. (1992). Test anxiety and item order: new concerns for item response theory. Dans M. Wilson (Ed.), *Objective measurement: theory into practice* Ablex Publishing Corporation.

Haley, D. C. (1952). *Estimation of the dosage mortality relationship when the dose is subject to error.* Technical Report (N°15), Applied Mathematics and Statistics Laboratory, Standford University.

Hambleton, R. K., & Swaminathan, H. J. (1985). *Item response theory: Principles and applications.* Springer Science and Business Media, LLC.

Holland, P. W., & Thayer, D. T. (1988). Differential item performance and the Mantel-Haenszel procedure. Dans H. Wainer & H. I. Braun (Eds.), *Test validity* (pp.129–145). Lawrence Erlbaum associates.

Holtzman, W. H. (1970). *Computer-assisted instruction, testing and guidance.* Harper and Row.

IACAT (2016). *Operational CAT Programs.* IACAT.org. http://iacat.org/content/operational-cat-programs

Kimura, T., & Nagaoka, K. (2011, 3–5 octobre). Psychological aspects of CAT: how test-takers feel about CAT. Dans T. J. H. M. Eggen (Ed.), *Proceedings of the International Association for Computer Adaptive Testing Conference,* International Association for Computer Adaptive Testing.

Kimura, T., & Nagaoka, K. (2012, 12–14 août). *Psychological aspects of CAT: seeking item selection rules which do not decrease test takers' learning self-efficacy and motivation.* [Communication]. CAT Conference 2012, CAT- the past, present and future, Sydney.

Kingsbury, G. G., & Zara, A. R. (1989). Procedures for selecting items for computerized adaptive tests. *Applied Measurement in Education, 2*(4), 359–375. https://doi.org/10.1207/s15324818ame0204_6

Komsta, L., & Novomestky, F. (2022). *moments: moments, cumulants, skewness, kurtosis and related tests* [0.14.1]. Bibliothèque R.

Laurier, M. (1993). *L'informatisation d'un test de classement en langue seconde.* Centre international de recherche en aménagement linguistique. https://files.eric.ed.gov/fulltext/ED362063.pdf

Linacre, J. M. L. (2000). Computer-adaptive testing: a methodology whose time has come. Dans S. Chae, U. Kang, E. Jeon & J. M. L. Linacre (Eds.), *Development of Computerized Middle School Achievement Tests.* MESA Research Memorandum (69). Komesa Press. https://www.rasch.org/memo69.pdf

Lord, F. M. (1952). A theory of test scores. *Psychometrie monographs*, 7.

Lord, F. M. (1953). The relation of test score to the trait underlying *the test. Educational and psychological meastrement*, 13(4), 517–549.

Lord, F. M. (1977). A study of item bias using item characteristic curve theory. Dans Y. H. Poortinga (Ed.), *Basic problems in cross-cultural psychology* (pp. 19–29) Swets & Zeitlinger.

Lord, F. M., & Novick, M. R. (1968). *Statistical theories of mental test scores.* Information age publishing.

Owen, R. J. (1975). A Bayesian sequential procedure for quantal response in thecontext of adaptive mental testing. *Journal of the American Statistical Association, 70*(350), 351–356. https://doi.org/10.2307/2285821

Park, C., & Muraki, E. (2003). Bias of ability estimates using Warm's weighted likelihood estimator (WLE) in the generalized partial credit model (GPCM). Dans H. Yanai, A. Okada, K. Shigemasu, Y. Kano & J. J. Meulman (Eds.), *New developments in Psychometrics* (pp. 199–206). Springer.

R Core Team (2022). *R: A language and environment for statistical computing.* R Foundation for Statistical Computing.

Raîche, G. (2004). Le testing adaptatif. Dans R. Bertrand & J.-G. Blais (Eds.), *Modèles de mesure : l'apport de la théorie des réponses aux items.* Presses de l'Université du Québec.

Raju, N. S. (1988). The area between two item characteristic curves. *Psychometrika, 53*(4), 495–502. https://doi.org/10.1007/BF02294403

Reckase, M. D. (1974). An interactive computer program for tailored testing based on the one-parameter logistic model. *Behavior Research Methods & Instrumentation, 6*, 208–212. https://doi.org/10.3758/BF03200330

Reckase, M. D. (2007, 7 juin). *The design of p-optimal item pools for computerized adaptive tests.* [Communication] 2007 GMAC Conference on Computerized Adaptative Testing. Minneapolis.

Roelle J., & Berthold K. (2017). Effects of incorporating retrieval into learning tasks : the complexity of the tasks matters. *Learning and Instruction, 49*, 142–156. https://doi.org/10.1016/j.learninstruc.2017.01.008

Sympson, J. B., & Hetter, R. D. (1985). Controlling item exposure rates in computerized adaptive testing. Dans Navy Personnel Research and Development Center (Ed.), *Proceedings of the 27th Annual Meeting of the Military Testing Association.* ERIC Clearinghouse .

Thissen, D., & Mislevy, R. J. (1990). Testing algorithms. Dans H. Wainer (Ed.), *Computerized adaptive testing: A primer* (pp. 103–135). Lawrence Erlbaum associates.

Urry, V. W. (1970). *A Monte Carlo investigation of logistic test models* [Thèse non publiée], Purdue University, West Lafayette.

Urry, V. W. (1977). Tailored testing : a successful application of latent trait theory. *Journal of Educational Measurement, 14*(2), 181–196. https://doi.org/10.1111/j.1745-3984.1977.tb00035.x

Van der Linden, W. J., & Choi, S. W. (2019). Improving item-exposure control in adaptive testing. *Journal of Educational Measurement, 57*(3), 405–422. https://doi.org/10.1111/jedm.12254

Van der Linden, W. J., & Veldkamp, B. P. (2004). Constraining item exposure in computerized adaptive testing with shadow tests. *Journal of Educational and Behavioral Statistics, 29*(3), 273–291. https://doi.org/10.3102/10769986029003273

Van der Linden, W. J., & Veldkamp, B. P. (2007). Conditional item-exposure control in adaptive testing using item-ineligibility probabilities. *Journal of Educational and Behavioral Statistics, 32*(4), 398–418. https://doi.org/10.3102/1076998606298044

Van Gog T., & Sweller J. (2015). Not new, but nearly forgotten : the testing effect decreases or even disappears as the complexity of learning materials increases. *Educational Psychology Review, 27*, 247–264. https://doi.org/10.1007/s10648-015-9310-x

Veldkamp, B. P., & van der Linden, W. J. (2000). Designing item pools for computerized adaptive testing. Dans W. J. van der Linden & C. A. W. Glas (Eds.), Computerized adaptive testing : theory and practice (pp. 149–162). Springer. https://doi.org/10.1007/0-306-47531-6_8

Wainer, H., Dorans, N; J., Green, B. F., Steinberg, L., Flaugher, R., Moslevy, R. J., & Thissen, D. (1990). *Computer adaptive testing : a primer.* Lawrence Erlbaum Associates.

Ward, W. C., Kline, R. G., & Flaugher, J. (1986). College Board computerized placement tests : Validation of an adaptative test of basic skills, *ETS Research Report Series, 1986(2),* i-21. https://doi.org/10.1002/J.2330-8516.1986.TB00184.X

Warm, T. A. (1989). Weighted likelihood estimation of ability in item response theory. *Psychometrika, 54*, 427–450. https://doi.org/10.1007/BF02294627

Weiss, D. J. (1974). *Strategies of Adaptive Ability Measurement*, Office of Naval Research, Arlington, VA. Personnel and Training Research Programs Office. https://doi.org/10.1037/e517742009-001ED104930.pdf

Weiss, D. J. (1982). Improving measurement quality and efficiency with adaptive testing. *Applied Psychological Measurement, 6*(4), 473–492. https://doi.org/10.1177/014662168200600408

Chapitre 16

L'épreuve uniforme ministérielle d'écriture en français en 5e secondaire au Québec[1] : le recours à des outils informatiques est-il équitable ?

Christophe CHÉNIER, Gabriel MICHAUD, Alioum ALIOUM[2]

1. Introduction

La pertinence du recours à des outils informatiques pour aider à la rédaction de productions écrites et les éventuels effets, positifs ou négatifs, de tels outils, sont des sujets qui préoccupent à la fois les chercheurs, les praticiens et les administrations éducatives, et ce depuis plusieurs années. Deux champs de questionnement s'entrecroisent ici, soit l'aspect pragmatique et l'aspect éthique. Le premier pourrait se résumer par la question : « Quels sont les effets motivationnels, techniques et pédagogiques de ces outils en contexte de production écrite ? »; le second, indissociable du premier, par la question : « Le recours différentiel à ces outils pourrait-il créer des inégalités injustes au sein d'une population d'apprenants ? » Les recherches sur ce premier aspect ont une longue histoire. La machine à écrire, prédécesseur du clavier d'ordinateur actuel, a déjà fait l'objet de recherches assidues au début des années 60. Legris (1960) et Tootle (1961) se réfèrent à une littérature remontant au moins jusqu'aux années 1920 sur cette question (Freeland, 1921, dans Tootle, 1961). Les effets de l'utilisation, pour des productions écrites, d'outils technologiques ou informatiques sur la motivation, le sentiment de compétence, l'attitude, le nombre d'erreurs ou le style ont fait l'objet de nombreuses études, aux résultats souvent contradictoires (Deneault & Lavoie, 2020 ; Russell & Plati, 2000 ; Sessions et al., 2016). Or, les réponses que l'on peut donner à ces questions pragmatiques ont un impact important sur les jugements éthiques que l'on peut poser sur l'utilisation de tels outils

[1] Équivalent de la 11e année de scolarité, les élèves ont 16–17 ans.

[2] Université de Montréal (Québec, Canada).

en contexte d'évaluation à enjeux élevés et, par conséquent, sur les décisions prises par les administrations éducatives désirant autoriser, baliser ou proscrire le recours à de tels outils lors de ces évaluations.

Au Québec, le ministère de l'Éducation fait face à ces questions depuis une dizaine d'années pour son épreuve uniforme (« EU ») ministérielle d'écriture en français langue d'enseignement en 5e secondaire. Cette épreuve est obligatoire pour tous les élèves. Elle compte pour 50 % de la note finale de la compétence d'écriture pour le français et la note de cette compétence vaut, elle, 50 % de la note finale disciplinaire, ce qui est important, puisque la réussite en français est prise en compte dans la décision d'octroyer ou non un diplôme d'études secondaires à un élève. Les enjeux de cette épreuve sont donc assez élevés et cette importance trouve des échos dans les médias et la population générale (Dion-Viens, 2020 ; Leduc & Morasse, 2021). Il est donc primordial, pour que l'épreuve soit jugée juste, égale et équitable, que les conditions de passation soient identiques pour tous les élèves de la province, à l'exception de ceux bénéficiant de mesures d'adaptation documentées (Ministère de l'Éducation, 2003a). Normalement, le recours à toute ressource informatique est interdit lors de la passation de l'épreuve mais, depuis quelques années, le Ministère autorise certains établissements, sous réserve de justifications jugées suffisantes, à permettre à certains groupes d'élèves l'utilisation d'outils informatiques comme des ouvrages de référence numériques ou la rédaction informatique à l'aide d'un traitement de texte sans correcteur (Ministère de l'Éducation et de l'Enseignement supérieur, 2018), généralement parce que ces groupes d'élèves sont dans des classes « technophiles » et ont utilisé ces outils tout au long de l'année scolaire. Ces établissements jugent donc qu'il serait nuisible pour ces élèves de les obliger à rédiger leur épreuve à la main après avoir passé une année scolaire à rédiger sur ordinateur. La question est de savoir si le recours à ces outils informatiques est lié à des avantages inéquitables dont bénéficierait uniquement une minorité d'élèves fréquentant les établissements faisant une demande de dérogation. Étant donné la nature de cette épreuve, sa durée limitée et l'utilisation de ses résultats, le seul avantage suffisamment important pour être jugé inéquitable serait celui en lien avec la note obtenue. Cette étude a donc l'objectif général de comparer les notes obtenues par les élèves utilisant des outils informatiques à l'épreuve uniforme ministérielle de français en 5e secondaire aux notes obtenues par les élèves n'ayant pas recours à de tels outils.

2. Contexte théorique

Pour atteindre cet objectif, l'épreuve uniforme est d'abord présentée, suit une courte synthèse de divers modèles théoriques de l'acte d'écrire.

Une recension des écrits sur la comparaison entre la rédaction à la main et au clavier mène ensuite à une synthèse et à l'élaboration de deux objectifs spécifiques de recherche.

2.1 L'épreuve uniforme ministérielle de français, écriture, en 5e secondaire

L'élaboration des épreuves uniques durant les sessions d'examen de janvier, juin et juillet relève de la responsabilité du ministère de l'Éducation. De ce fait, l'épreuve unique d'écriture, destinée aux élèves de cinquième année du secondaire, a pour objectif d'évaluer la maitrise de la langue écrite auprès de ces élèves (MEES, 2018). Cette épreuve, qui relève de la famille de situations «*Appuyer ses propos en élaborant des justifications et des argumentations.*», représente 50 % de la note finale des élèves pour la compétence «*Écrire des textes variés.*» (MEES, 2018). Dans les faits, après avoir réalisé deux activités préparatoires dans les jours précédents l'épreuve, les élèves ont un maximum de trois heures quinze pour rédiger une lettre ouverte d'environ 500 mots. La correction de ce texte repose sur cinq critères pondérés de la manière suivante: l'adaptation à la situation de communication (30 %); la cohérence du texte (20 %); l'utilisation d'un vocabulaire approprié (5 %); la construction des phrases et la ponctuation appropriées (25 %) et pour terminer, le respect des normes relatives à l'orthographe d'usage et à l'orthographe grammaticale (20 %) (MEES, 2018). Durant la passation de l'épreuve, les élèves ont droit à la feuille de notes détachées de leur dossier préparatoire, au dictionnaire usuel ou spécialisé unilingue français en format papier, à la grammaire ou code grammatical et au recueil de conjugaison. Cependant, le Ministère autorise également aux établissements qui disposent de classes/laboratoires informatiques à mettre à la disposition de leurs élèves des outils technologiques sous certaines conditions[3] (MEES, 2018). Les épreuves sont centralisées et évaluées de manière uniforme dans deux centres de correction, par des correcteurs recrutés et formés spécifiquement pour cela et ce, afin d'assurer l'égalité des conditions de passation et de correction de l'épreuve.

---

[3] Les conditions exigées sont les suivantes: les outils technologiques utilisés ne doivent pas permettre la communication, la navigation sur Internet, la traduction de textes ou la création, l'enregistrement ou la consultation de données et le correcteur automatique doit être désactivé pour le traitement de texte (MEES, 2018).

2.2 Modèles théoriques de l'écriture

L'acte d'écrire est un processus complexe qui implique de nombreuses composantes. Plusieurs modèles ont été proposés pour rendre compte des opérations impliquées dans l'écriture. Parmi les plus cités, figurent ceux de Flower et Hayes (1981), de Hayes (1996) et de Kellogg (1996). Malgré certaines différences, ces derniers conceptualisent l'écriture sous trois aspects, soit une première phase de planification et d'organisation des idées (planification, réflexion ou formulation respectivement dans les trois modèles), une deuxième phase de rédaction (mise en texte, production de texte ou d'exécution) et une troisième phase de révision (révision, interprétation de texte ou contrôle). Soulignons que chaque étape suppose l'existence de nombreux sous-processus impliqués dans d'autres opérations. Malgré une apparence de séquentialité des étapes, ces modèles conçoivent l'écriture comme un processus non linéaire et itératif. En plus des processus liés plus directement à l'écriture du texte, ces modèles considèrent également d'autres composantes, liées à l'individu et au contexte d'où émerge la tâche, et qui interviennent dans la dynamique scripturale. Hayes (1996) et Kellogg (1996) soulignent notamment le rôle de la mémoire de travail qui gère l'attribution des ressources cognitives limitées du scripteur tout au long du processus. Enfin, le modèle révisé de Hayes (1996) fait notamment une place à la motivation de la personne qui s'engage dans une tâche d'écriture, qui peut être influencée par ses buts, ses prédispositions, ses croyances et attitudes.

Cette brève revue des modèles théoriques met en lumière la nature complexe de l'écriture. Toutefois, ces derniers ne distinguent pas spécifiquement le fait d'écrire à la main sur le papier, de l'écriture sur un clavier d'ordinateur. Il est néanmoins possible de les interroger pour voir en quoi les caractéristiques inhérentes à ces modalités de transcription peuvent influencer l'acte d'écrire. Il faut premièrement reconnaitre que les logiciels de traitement de texte accentuent le caractère non linéaire et récursif de l'écriture, l'ébauche d'un brouillon laissant place à une version finale au sein d'une même interface. Par ailleurs, les modèles supposent une capacité limitée de traitement de la mémoire de travail. Par conséquent, des processus et sous-processus, qui seraient facilités par l'écriture sur clavier et les logiciels de traitement de texte, pourraient libérer des ressources qui seraient affectées au traitement d'autres opérations. Il est possible de supposer que la convivialité des fonctionnalités des logiciels, par exemple, effacement, déplacement, recherche et remplacement, pourrait alléger la pression exercée sur les processus impliqués à l'étape de la rédaction. De plus, l'intégration d'outils méta-textuels, comme la fonction de statistiques, peut rendre plus facile la gestion de la longueur du texte dans un contexte où le temps est compté et où le nombre de mots revêt un caractère important. Enfin, la consultation d'ouvrages de référence numériques (dictionnaire et tableaux de conjugaison) peut également simplifier les opérations de révision, qui demanderaient un investissement de temps plus important pour la recherche de la conjugaison d'un verbe donné dans un ouvrage papier. Par conséquent, il se pourrait que les apprenants dans une condition d'écriture manuscrite et de consultation d'ouvrage papier attribuent davantage de ressources à la phase de rédaction et de révision au détriment d'autres processus. Enfin, en ce qui concerne les facteurs d'ordre affectif que reconnaissent ces modèles, la modalité d'écriture pourrait jouer sur la motivation à l'égard de la tâche (Hayes, 1996). Un environnement informatique pourrait exercer un attrait plus grand envers l'écriture chez des scripteurs avides de technologies.

2.3 Recension des écrits

Plusieurs études ont examiné l'effet d'un outil informatique sur divers aspects de la démarche scripturale, allant de la motivation des scripteurs au nombre de mots du texte final. Toutefois, un nombre restreint d'outils semble avoir été analysés, comme en témoigne la méta-analyse de Goldberg et al. (2003). Plusieurs études portent sur la rédaction au clavier, que ce soit avec un traitement de texte habituel (Côté, 2020 ; Kimmons et al., 2017) ou dans l'environnement en ligne d'un test (White et al., 2015 ; Wolfe & Manalo, 2004), et plusieurs concernent l'utilisation d'un programme fournissant des rétroactions et commentaires (Fernando, 2018 ; Lee, 2019 ; Zhang, 2017). Toutefois, aucune recherche recensée n'examine le recours à de seuls ouvrages de référence informatiques. Les études présentées ci-après concernent donc uniquement les liens entre la rédaction au clavier et le recours à un correcteur sur la motivation des scripteurs, sur le nombre de mots écrits et sur les notes ou cotes obtenues. Un total de 15 études empiriques primaires a été identifié, celles-ci ayant été réalisées en langue d'usage ou d'enseignement (L1) ou en langue seconde ou étrangère (L2), avec des participants enfants, adolescents et adultes. Les effets sur la motivation des scripteurs seront d'abord présentés, puis ceux sur le nombre de mots et, finalement, sur les notes.

2.4 Motivation

Toutes les études recensées présentant des résultats sur la motivation des scripteurs montrent que ceux utilisant un clavier pour la rédaction ont un niveau de motivation aussi ou plus élevé que les scripteurs écrivant à la main. Les cinq recherches identifiées sont en L1 (Deneault & Lavoie, 2020 ; Duguay, 2016 ; Grégoire & Karsenti, 2013 ; Karsenti & Collin, 2013) ou L2 (Kim et al., 2018) et elles concernent des élèves de l'enseignement primaire (Deneault & Lavoie, 2020 ; Duguay, 2016), de l'enseignement secondaire (Grégoire & Karsenti, 2013), des deux (Karsenti & Collin, 2013) ou des adultes (Kim et al., 2018). Quatre des cinq études montrent que les scripteurs rédigeant au clavier ont une motivation plus élevée. La cinquième étude (Duguay, 2016) obtient le même résultat, mais seulement pour une partie de son échantillon, les élèves de 6e année dactylographiant leur texte ayant un niveau de motivation plus élevé, alors que ceux de 2e et 4e année rédigeant au clavier ont un niveau comparable à celui des élèves rédigeant de manière manuscrite. Il est à noter que quatre de ces études sont quasi expérimentales, celle de Karsenti et Collin (2013) étant une étude observationnelle utilisant des données autorapportées.

2.5 Nombre de mots

L'unanimité règne quant à l'effet de la rédaction au clavier sur la longueur des textes produits. Toutes les études ayant des résultats sur cette question montrent que les scripteurs qui dactylographient leur production réalisent, en moyenne, des textes plus longs que ceux qui rédigent à la main. Les résultats des études en L1 (Grégoire, 2018 ; Horkay et al., 2006 ; Pleau & Lavoie, 2016) et en L2 (Barkaoui & Knouzi, 2018 ; Kim et al., 2018) concordent, que celles-ci aient été réalisées auprès de scripteurs du primaire (Pleau & Lavoie, 2016), du secondaire (Grégoire, 2018 ; Horkay et al., 2006) ou d'adultes (Barkaoui & Knozi, 2018 ; Kim et al., 2018). Ces cinq études quasi expérimentales mettent en évidence que les scripteurs rédigeant au clavier produisent des textes plus longs de 2 à 74 mots en moyenne, celles réalisées auprès d'élèves du primaire (Pleau & Lavoie, 2016) ou de secondaire 2 (Horkay et al., 2006) ayant des écarts plus petits (de 2 à 44 mots), ce qui semble normal puisque les textes à produire sont plus courts, tandis que les études faites avec des adolescents plus âgés ou des adultes (Barkaoui & Knozi, 2018; Grégoire, 2018; Kim et al., 2018) montrent des écarts moyens plus importants (52 à 74 mots).

2.6 Notes

Le portrait est beaucoup plus nuancé, voire négatif, en ce qui concerne les effets putatifs de la rédaction au clavier sur la qualité du texte produit, qualité traduite par une note ou une cote octroyée par un évaluateur. Parmi les neuf études recensées, deux se sont déroulées en L2 auprès d'étudiants universitaires. Brunfaut et al. (2018) ont examiné les performances de 283 étudiants de Trinity College au *Integrated Skills in English*, un test d'anglais L2 comportant deux tâches d'écriture et englobant trois niveaux de compétence. Les analyses ont montré qu'il y avait une petite différence statistiquement significative en faveur des notes papier-crayon pour l'une des deux tâches, mais seulement pour les étudiants de l'un des trois niveaux de compétence, aucune autre différence n'ayant été observée pour le reste de l'échantillon. Chan et al. (2018) ont, eux, comparé les performances de 153 étudiants universitaires au test *IELTS Academic*, ces étudiants rédigeant deux textes dans un ordre contrebalancé, l'un au crayon et l'autre à l'ordinateur. Aucune différence statistiquement significative n'a été observée, les étudiants ayant des notes presque identiques en moyenne à leurs deux textes.

Les études faites en L1 avec des scripteurs du primaire ont des résultats mitigés. L'étude de Deneault et Lavoie (2020) faite auprès de 254 élèves de 2e, 4e et 6e année, les a soumis à deux tâches d'écriture, l'une manuscrite et l'autre dactylographiée, dans un ordre contrebalancé. Il faut savoir que, pour la rédaction à l'ordinateur, le correcteur orthographique était activé. La première tâche consistait en l'écriture de mots séparés, en dictée, la deuxième, en la rédaction d'un texte narratif. Dans tous les cas et ce, pour les trois années du primaire, les élèves ont eu de meilleures notes lors de la rédaction à la main. L'étude de Russel et Plati (2000) comporte à la fois des élèves de 4e année du primaire (n = 152), de secondaire 2 (n = 228) et 4 (n = 145) qui ont rédigé un texte d'opinion en deux heures, la moitié ayant réalisé la tâche à la main et l'autre moitié à l'ordinateur. Dans les trois cas, les élèves ayant travaillé sur ordinateur ont obtenu de meilleures notes que ceux rédigeant à la main, les écarts de moyenne allant de 1,5 à 1,9 sur une échelle de 0 à 16. Burke et Cizek (2006) ont examiné les performances de 80 élèves de 6e année rédigeant deux textes, l'un d'opinion et l'autre informatif, dans un devis croisé où des élèves ont rédigé les deux textes à la main, à l'ordinateur, ou l'un à la main et l'autre à l'ordinateur. Les élèves ayant rédigé à la main ont obtenu une meilleure note globale pour l'un des deux textes. Pour l'autre texte, les élèves écrivant à la main ont obtenu de moins bonnes notes, mais seulement en regard de certains critères et, pour l'autre texte, l'inverse s'est produit, mais seulement pour certains critères d'évaluation. Laurie et al. (2015) ont comparé la rédaction à la main et à l'ordinateur dans le contexte d'une épreuve provinciale d'écriture de secondaire 2 en français langue d'enseignement. Les 302 élèves ont écrit deux textes, l'un à la main et l'autre à l'ordinateur avec un correcteur, et leurs performances ont été comparées. Les textes ont été évalués à l'aide de six critères : « Idées », « Structure », « Vocabulaire », « Ponctuation », « Syntaxe » et « Orthographe ». Les résultats mettent en avant qu'il n'y a pas de différence pour la note globale selon la modalité rédactionnelle mais qu'il y en a de significatives en faveur de la rédaction à la main pour les critères « Idées », « Ponctuation » et « Syntaxe », tandis que les notes sont plus élevées à la rédaction à l'ordinateur pour le critère « Orthographe ».

Les deux dernières études recensées ont été menées au Québec, en 5e secondaire, dans des circonstances semblables à celles de l'épreuve uniforme mais il est à noter que les textes produits l'ont été pour une recherche et non dans le cadre de l'épreuve ministérielle officielle. Diarra et Laurier (2015) ont recruté 127 élèves de deux écoles, qui ont rédigé deux textes d'opinion de 500 mots, l'un à la main et l'autre à l'ordinateur. Les sujets de ces deux textes étaient tirés d'anciens thèmes utilisés lors d'épreuves ministérielles officielles. Parmi ces 127 élèves, 50 ont eu le droit d'utiliser un correcteur, tandis que les 77 autres n'en avaient pas la possibilité. Les textes ont été évalués à l'aide de la grille d'évaluation ministérielle officielle, dont les détails se trouvent dans la section « Méthodologie » ci-après. Les résultats révèlent que les 50 élèves d'une école ont obtenu des notes similaires dans les deux modalités, alors que les 77 élèves de l'autre école, n'ayant pas eu droit au correcteur, ont significativement mieux performé en rédigeant à la main, avec une note globale supérieure de ±7 %, les notes obtenues aux trois critères linguistiques expliquant la majorité de cet écart. L'étude de Grégoire (2018), elle, a porté sur 304 élèves répartis en quatre groupes expérimentaux : un groupe papier-crayon, un groupe ayant rédigé au traitement de texte et deux groupes ayant rédigé au traitement de texte avec l'aide d'un correcteur, avec ou sans formation spécifique à l'utilisation du correcteur. Tous les élèves ont rédigé deux textes : le premier, en prétest, à la main, et le second selon la modalité rédactionnelle indiquée par leur groupe. Les textes ont été évalués à l'aide de la grille d'évaluation ministérielle. Les résultats montrent que les élèves ayant utilisé le correcteur après avoir été formés pour cela ont fait légèrement plus d'erreurs de vocabulaire que les élèves des trois autres groupes. Les élèves ayant utilisé le correcteur, avec ou sans formation, ont toutefois fait moins d'erreurs d'orthographe d'usage et grammaticale ; les élèves ayant rédigé à l'ordinateur sans accès à un correcteur, n'ont pas amélioré leur performance pour ce critère.

2.7 Synthèse de la recension des écrits et objectifs spécifiques de recherche

Les études recensées ne permettent pas d'affirmer que la rédaction au clavier est associée à de meilleures notes. A contrario, seule l'étude de Russell et Plati (2000), la plus ancienne de celles ici présentées, montre des résultats systématiquement en faveur de la rédaction au clavier, les autres études ayant des résultats mitigés (Burke & Cizek, 2006 ; Grégoire, 2018 ; Laurie et al., 2015), neutres (Brunfaut et al., 2018 ; Chan et al., 2018) ou en faveur de la rédaction à la main (Deneault & Lavoie, 2020 ; Diarra & Laurier, 2015). Bien que la dactylographie soit associée à des niveaux de motivation plus élevés, se traduisant par des textes plus longs, il ne semble pas que ces effets positifs soient en lien avec la qualité des textes produits. Qui plus est, des limites contextuelles et méthodologiques circonscrivent les interprétations que nous pouvons tirer des résultats de ces études. Plus précisément, des huit études ayant des résultats pour la qualité des textes, une seule a été opérée de manière authentique (Laurie et al.) plutôt que dans le cadre d'une étude universitaire, à enjeux forcément moins élevés. Si deux études ont été menées dans un contexte similaire à celui de l'EU (Diarra & Laurier, 2015 ; Grégoire, 2018), celles-ci disposent de petits échantillons et les analyses statistiques qui ont été effectuées ne sont pas toutes appropriées. Dans l'étude de Diarra et Laurier (2015), seules des comparaisons de moyenne portant sur la note globale (sur 100) ou sur les notes aux critères communicationnels (sur 50) et linguistiques (sur 50) ont été exécutées, bien que ces notes ne soient que l'amalgame des notes ou cotes accordées à chacun des cinq critères d'évaluation individuels. Analyser les notes amalgamées plutôt que les résultats de chaque critère brouille les cartes et ne permet pas d'identifier précisément d'éventuels effets de la rédaction au clavier, ce qui diminue la validité des résultats. L'étude de Grégoire (2018), elle, présente des analyses critère par critère, mais d'une manière moins optimale, utilisant des analyses de variance plutôt que des analyses ordinales ou pour données discrètes, alors que les cotes octroyées (de A à E) ont été transformées en scores de 1 à 5 et que le nombre d'erreurs commises a été assimilé à une variable continue, ce qui, dès lors diminue la validité des résultats obtenus. De plus, ces deux études ne tiennent pas compte des différences dues aux variables socio-démographiques et scolaires, ce qui rend difficile l'attribution des effets au seul recours à des outils informatiques.

Par conséquent, cette étude ayant pour objectif général de « comparer les notes obtenues par les élèves utilisant des outils informatiques à l'épreuve uniforme ministérielle de français en 5e secondaire aux notes obtenues par les élèves n'ayant pas recours à de tels outils » poursuit les objectifs spécifiques suivants :

1) Comparer, critère par critère, les résultats obtenus selon que les élèves aient eu ou non recours à des outils informatiques.
2) Modéliser les effets des variables socio-démographiques et scolaires lors des analyses des effets potentiels du recours à des outils informatiques.

3. Méthodologie

3.1 Participants

Les données proviennent de la quasi totalité des élèves inscrits à l'épreuve uniforme de juin 2019, soit 56 168 élèves. Seules les données des élèves de quelques établissements n'ont pas été collectées et ce, pour des raisons administratives. Parmi ces élèves, 26 534 sont des garçons (47 %) et 29 634, des filles (53 %) ; 13 916 élèves fréquentaient alors un établissement privé (25 %), contre 42 252 un établissement public (75 %). Le pourcentage de données manquantes étant très faible (0,44 %), aucune imputation n'a été effectuée et il ne semble y avoir aucune donnée aberrante.

3.2 Instruments de collecte des données

Quatre types de données ont été collectées et analysées. Premièrement, il s'agissait des cotes et notes de l'épreuve uniforme au point de vue des cinq critères de la grille d'évaluation officielle utilisée par l'ensemble des correcteurs. Rappelons que les cinq critères et leur pondération sont : « Adaptation à la situation de communication (30 %) » ; « Cohérence du texte (20 %) » ; « Utilisation d'un vocabulaire approprié (5 %) » ; « Construction des phrases et ponctuation appropriées (25 %) » et « Respect des normes relatives à l'orthographe d'usage et à l'orthographe grammaticale (20 %) ». Chaque critère est évalué avec une échelle à cinq échelons, de « E » à « A », et chaque échelon est associé à une note. Une note globale sur 100, pour l'ensemble du texte, est ainsi calculée : la note EU. Une copie de la grille officielle se trouve à l'annexe I, ainsi que le tableau de correspondance utilisé pour convertir les cotes en note EU. Pour les critères 4 et 5, le nombre d'erreurs commises par chaque élève a également été collecté.

Deuxièmement, le ministère de l'Éducation a fourni, pour chaque élève, les résultats disciplinaires en français. Il s'agit des notes sur 100 obtenues au bulletin de la 3e et dernière étape de l'année scolaire pour la communication orale et la lecture. La note en écriture a aussi été fournie mais sous forme de note « modérée ». Pour chaque classe, la note brute accordée par l'enseignant avant la tenue de l'épreuve uniforme, a été convertie en unités d'écarts-types et ramenée à une note en pourcentage selon la moyenne et l'écart-type obtenus par la classe à l'épreuve uniforme (Ministère de l'Education, de l'Enseignement supérieur et de la Recherche, 2015). Troisièmement, le genre et l'âge en mois de chaque élève ont été collectés et, quatrièmement, le type d'école (publique ou privée) et l'indice de milieu socioéconomique (IMSE) des écoles publiques. L'IMSE est un indice de défavorisation représentant le rang décile de défavorisation d'une école, calculé selon la sous-scolarisation de la mère et l'inactivité des parents de chaque élève inscrit à cette école (Ministère de l'Éducation, 2003b). Les écoles les plus défavorisées ont un indice de 10 et les plus favorisées, un indice de 1.

3.3 Déroulement

Les élèves ont passé l'épreuve le 2 mai 2019 dans les mêmes conditions de passation, sauf pour les élèves des établissements ayant obtenu une dérogation leur permettant l'utilisation d'outils informatiques. Trois groupes d'élèves ont donc été identifiés : premièrement, les élèves faisant l'épreuve en version entièrement « papier-crayon » (« modalité 0 »), deuxièmement les élèves ayant accès à des ouvrages de référence informatiques tout en rédigeant à la main (« modalité 1 ») et troisièmement les élèves ayant accès à des ouvrages de référence informatiques et rédigeant leur texte au clavier, sans recours à un correcteur (« modalité 2 »). La modalité 1 était presque exclusivement constituée d'élèves ayant eu accès à la suite logiciel *Antidote Ardoise*, constituée de 11 dictionnaires et 11 guides linguistiques. Pour la modalité 2, presque tous les élèves avaient accès, en sus de la rédaction au clavier, à des ouvrages de référence informatiques comme *Antidote Ardoise* ou *Usito*, un dictionnaire informatique. Les textes ont été corrigés de manière anonyme durant les mois de juin et juillet dans les deux centres de correction centralisée opérés par le ministère de l'Éducation. Les données ont ensuite été mises à disposition des chercheurs.

3.4 *Analyses*

Étant donné que la note globale à l'EU n'est que la somme des notes accordées à chacun des critères, les analyses ont été menées critère par critère, afin d'identifier précisément les effets éventuels de l'accès aux outils informatiques. Les trois premiers critères se voient attribuer des cotes de « E » à « A » et ils constituent des variables ordinales, pour lesquelles des régressions ordinales ont été effectuées. Pour les critères 4 et 5, les analyses ont porté sur le nombre d'erreurs identifiées par les correcteurs pour chaque critère. Des analyses de régressions binomiales négatives ont été réalisées, puisque les analyses préliminaires ont montré que le nombre d'erreurs suivait une distribution binomiale négative (Gelman et al., 2020). Tant les régressions ordinales que binomiales négatives ont utilisé une fonction lien « logit ». Nous avons choisi une approche bayésienne pour les analyses et ce, pour deux raisons : tout d'abord, afin de tenir compte des différences entre les notes que les garçons et les filles obtiennent dans les cours de langues (Voyer & Voyer, 2014) ; ensuite, afin de proposer des résultats mettant l'accent sur les tailles d'effet et les intervalles de crédibilité, au détriment de tests d'hypothèse dénués de sens ici, ne serait-ce qu'à cause de l'influence de la taille d'échantillon sur la valeur p (Gelman et al., 2020).

Les analyses ont suivi deux grandes étapes. Premièrement, une approche descriptive exploratoire a été utilisée afin de prendre connaissance des données. Ensuite, les analyses définitives ont été réalisées par modélisations bayésiennes, avec la bibliothèque *brms* du logiciel R (Bürker et al., 2021). Toutes les analyses, dont les résultats sont rapportés, sont des analyses multiniveaux à deux niveaux, avec des élèves nichés au sein des écoles. Seule l'ordonnée à l'origine varie pour chaque école, tous les autres paramètres étant « fixes ». L'estimation des paramètres à postériori a été faite par chaines de Markov monte-carlistes avec deux chaines et des à priori faiblement informatifs ont été utilisés pour tous les paramètres, sauf celui relié au genre, pour lequel un à priori fortement informatif a été retenu, étant donné l'avantage avéré des filles par rapport aux garçons dans les cours de langue. La qualité des modélisations a été vérifiée à l'aide d'une étude graphique de la qualité de la convergence des chaines de Markov monte-carlistes, du rapport entre les valeurs à priori et à postériori, des vérifications prédictives à postériori sous formes graphiques[4] et des indices diagnostiques de Gelman et Rubin (1992) et de Geweke (1991). Gelman *et al.* (2013) apportent des informations complètes.

3.5 Considérations éthiques

La *Direction de l'accès à l'information et des plaintes* du ministère de l'Éducation et de l'Enseignement supérieur a accordé aux chercheurs le droit d'utiliser les données anonymisées à des fins de communication et de publication scientifiques.

4. Résultats

Le tableau 1 montre le nombre d'élèves par catégorie sociodémographique et selon les trois modalités d'accès aux outils informatiques. De plus, le pourcentage de filles de chaque cellule est indiqué entre parenthèses. L'IMSE a été divisé en trois groupes de valeurs, ce qui, avec les écoles privées, donne quatre groupes de tailles similaires pour le statut socioéconomique. Toutes les analyses subséquentes ont été faites avec cette variable à quatre valeurs.

---

[4] Traduction libre de P*osterior predictive check*

Tableau 1 Répartition socio-démographique en fonction des modalités de passation et du statut de l'école

	Privé		IMSE 1 à 3		IMSE 4 à 7		IMSE 8 à 10	
	n	% Filles	*n*	% Filles	*n*	% Filles	*n*	% Filles
Modalité 0	9855	53	12566	52	16277	53	12361	53
Modalité 1	3981	53	155	60	182	54	64	59
Modalité 2	80	54	319	45	318	56	10	30
Total mod. 1 et 2	4061	53	474	50	500	55	74	55
Total	13916	53	13040	52	16777	53	12435	53

Quatre constats ressortent. La grande majorité des élèves n'ont eu accès à aucun outil informatique (91 %). Parmi les élèves y ayant eu accès, 79 % fréquentent une école privée et 86 % ont eu accès à une modalité de type 1. Finalement, parmi les élèves fréquentant une école ayant un IMSE de 8 à 10, soit les écoles les plus défavorisées, presqu'aucun n'a eu accès à un outil informatique. En complément, le tableau 2 montre les résultats médians des élèves, selon les mêmes catégories qu'au tableau 1. Les notes sont sur 100.

Tableau 2 Notes médianes sur 100 en français en fonction des modalités de passation et du statut de l'école

	Privé		IMSE 1 à 3		IMSE 4 à 7		IMSE 8 à 10	
	Écriture	Lecture	Écriture	Lecture	Écriture	Lecture	Écriture	Lecture
Modalité 0	75	77	71	73	70	73	67	71
Modalité 1	76	77	68	66	66	72	70	76
Modalité 2	77	79	71	75	72	73	63	68
Total	75	77	71	73	70	73	67	71

Tel qu'attendu, les élèves fréquentant une école privée ont des notes médianes plus élevées. Par conséquent, le déséquilibre dans l'accès aux outils informatiques et dans les notes des élèves selon leur statut socioéconomique a pour conséquence que les résultats bruts ne peuvent être directement interprétés. Les analyses critère par critère tiennent donc compte du statut socioéconomique de l'école, des notes des élèves, de leur âge (en mois), de leur genre ainsi que de leur accès à une modalité informatique.

4.1 Critère 1 : Adaptation à la situation de communication

La figure 1 montre la répartition des cinq cotes selon l'accès à une modalité informatique.

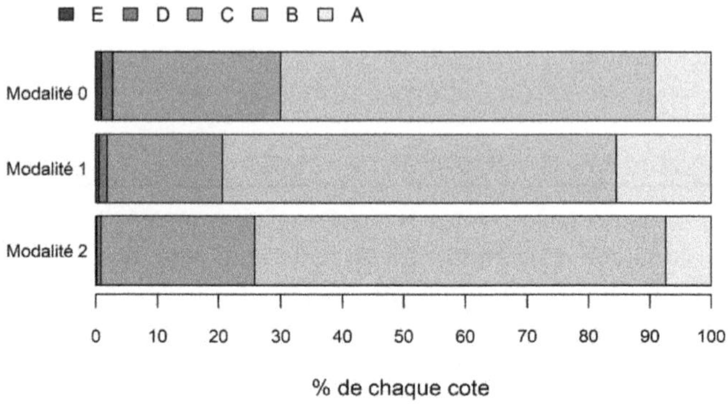

Figure 1 Répartition des cotes au critère 1 selon l'accès à une modalité informatique

La presque totalité des élèves a obtenu un « A », un « B » ou un « C », les cotes sous le seuil de réussite « D » et « E » représentant moins de 3, 2 et 1 % selon la modalité. Le modèle de régression ordinale obtenu a un excellent ajustement aux données (figure 8 en annexe II). Les autres vérifications de la qualité du modèle n'ont révélé aucun problème et les résultats peuvent être interprétés avec confiance. Afin de faciliter l'interprétation des résultats, les coefficients sont présentés sous forme exponentielle, ce qui donne des rapports de cote (RC) et seuls ceux-ci sont présentés dans cette section afin de favoriser la compréhension du lectorat[5]. Le tableau 3 représente les valeurs des rapports de cote obtenus ainsi que leurs intervalles de crédibilité à 95 %[6].

[5] Le reste des résultats, avec les détails, sont disponibles auprès du premier auteur.

[6] Les modélisations bayésiennes ont des intervalles de crédibilité qui représentent la probabilité que la valeur d'un paramètre se retrouve dans un intervalle quelconque, selon la modélisation retenue.

Tableau 3 Rapports de cote et intervalles de crédibilité pour le critère 1

	Rapport de cote	**I. C. à 95 %**	
Fille	0,80	0,78	0,83
Âge en mois	0,99	0,99	1,00
IMSE 1–3	0,99	0,86	1,15
IMSE 4–7	0,93	0,81	1,06
IMSE 8–10	0,84	0,73	0,96
Note « oral »	1,01	1,00	1,01
Note « lecture »	1,03	1,03	1,03
Note « écriture »	1,04	1,04	1,05
Modalité 1	1,23	1,04	1,45
Modalité 2	1,28	0,97	1,68

La variable IMSE s'interprète par rapport à la valeur de base, soit un élève fréquentant une école privée. La variable « modalité » s'interprète par rapport à un élève n'ayant accès à aucune modalité informatique. Rappelons qu'un rapport de cote s'interprète de la sorte : toute chose égale par ailleurs, un élève ayant utilisé une modalité informatique 1 obtient 1,23 fois plus de chance d'avoir un « A » par rapport à un « B » (ou un « B » par rapport à un « C », etc.) qu'un élève n'ayant utilisé aucune modalité informatique. L'étroitesse des intervalles de crédibilité de la plupart des rapports de cote est due au grand nombre des données et est normale. Finalement, précisons que les intervalles de crédibilité qui incluent la valeur de 1 doivent être interprétés avec grande prudence.

Les analyses révèlent quelques résultats intéressants. Premièrement, les filles ont une probabilité plus faible (RC = 0,80) que les garçons d'avoir une cote plus élevée, ce qui semble étrange, mais s'explique. Alors que la différence entre la note en écriture et la note à l'EU est positive pour les garçons (m = 1,9), elle est négative pour les filles (m = -1,6), ce qui signifie que, toute chose égale par ailleurs, un garçon aura une meilleure note attendue qu'une fille à l'EU. Ensuite, les élèves des écoles publiques ont une plus faible probabilité d'avoir une bonne cote, par rapport aux élèves du privé, surtout pour les élèves fréquentant une école d'un IMSE de 8 à 10 (RC = 0,84). Ensuite, les notes au bulletin en français en lecture (RC = 1,03) et en écriture (RC = 1,04) sont associées à une probabilité plus élevée d'avoir une bonne cote. Finalement, les élèves ayant eu une modalité de type 1 ont 1,23 fois plus de chance que les élèves sans accès à un outil informatique d'avoir une meilleure cote. Les élèves ayant eu accès à une modalité de type 2 ont aussi une chance plus élevée que ceux sans outil d'avoir une bonne bote mais l'intervalle de crédibilité étant assez large et incluant « 1 », nous ne pouvons donc nous prononcer définitivement.

4.2 Critère 2 : Cohérence du texte

La figure 2 montre la répartition des cinq cotes selon l'accès à une modalité informatique.

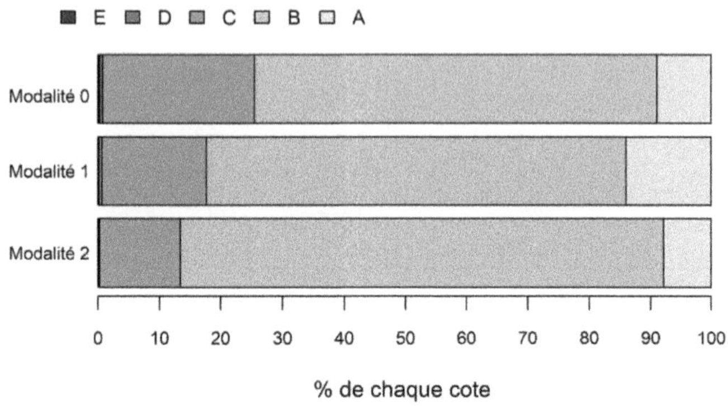

Figure 2 Répartition des cotes au critère 2 selon l'accès à une modalité informatique

Pour ce critère, apparaissent moins de « E » et « D » que pour le premier (moins de 1 %), bien que le modèle de régression ordinale ait tout de même un excellent ajustement aux données (figure 8 en annexe II). Les autres indices de la qualité de la modélisation sont aussi satisfaisants et les résultats peuvent être interprétés avec confiance. Le tableau 4 montre les rapports de cote et leurs intervalles de crédibilité à 95 %.

Tableau 4 Rapports de cote et intervalles de crédibilité pour le critère 2

	Rapport de cote	**I. C. à 95 %**	
Fille	0,86	0,83	0,90
Âge en mois	0,99	0,99	0,99
IMSE 1–3	0,98	0,86	1,10
IMSE 4–7	0,92	0,82	1,02
IMSE 8–10	0,83	0,74	0,94
Note « oral »	1,00	1,00	1,01
Note « lecture »	1,03	1,02	1,03
Note « écriture »	1,05	1,05	1,06
Modalité 1	1,06	0,91	1,23
Modalité 2	1,46	1,14	1,89

Les filles ont une chance plus faible d'avoir une meilleure cote, de même que les élèves plus jeunes et ceux fréquentant une école ayant un IMSE de 8 à 10. A l'inverse, les élèves ayant de meilleures notes en lecture et en écriture ont une chance plus élevée d'avoir une meilleure cote, de même que les élèves ayant eu accès à une modalité de type 2, avec un rapport de cote assez élevé (1,46) mais dont l'intervalle de crédibilité est assez large. L'accès à une modalité de type 1 est aussi associée à une chance légèrement plus élevée, toutefois l'intervalle de crédibilité inclut 1, ce qui laisse en suspens la question de l'efficacité pour ce critère.

4.3 Critère 3: Utilisation d'un vocabulaire approprié

La figure 3 montre la répartition des cinq cotes selon l'accès à une modalité informatique.

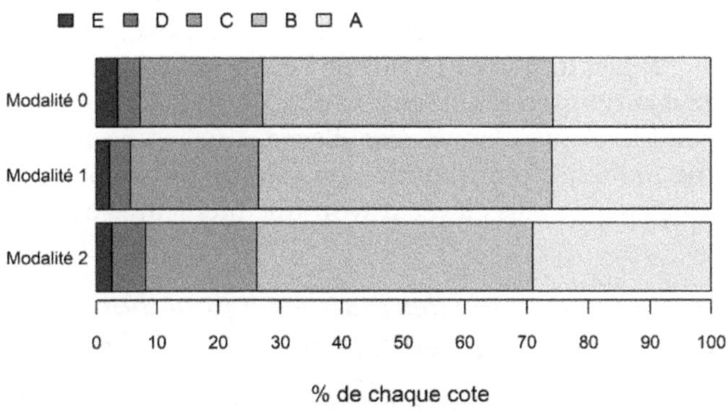

Figure 3 Répartition des cotes au critère 3 selon l'accès à une modalité informatique

Bien que le phénomène soit moins prononcé que pour les critères 1 et 2, les pourcentages de « E » et « D » sont encore faibles. Une régression ordinale a été faite et la modélisation obtenue est d'une très bonne qualité, avec une prédiction légèrement inférieure de « B » (figure 8 en annexe II). Les autres vérifications n'ont révélé aucun problème important avec la modélisation et les résultats obtenus peuvent donc être interprétés avec une grande confiance. Le tableau 5 en communique les résultats.

Tableau 5 Rapports de cote et intervalles de crédibilité pour le critère 3

	Rapport de cote	I. C. à 95 %	
Fille	0,77	0,74	0,80
Âge en mois	0,99	0,99	0,99
IMSE 1–3	1,12	1,03	1,22
IMSE 4–7	1,17	1,08	1,26
IMSE 8–10	1,17	1,08	1,27
Note « oral »	1,00	0,99	1,00
Note « lecture »	1,01	1,00	1,00
Note « écriture »	1,03	1,03	1,03
Modalité 1	1,01	0,91	1,11
Modalité 2	1,01	0,83	1,22

Les filles ainsi que les élèves plus jeunes ont de plus faibles chances d'avoir une meilleure cote. En revanche, les élèves fréquentant une école publique ont une chance plus élevée que ceux du privé, d'avoir une meilleure cote et ce, peu importe l'IMSE de l'école, ce qui parait plutôt étonnant. Parmi d'autres variables, seule la note en écriture est associée d'une manière crédible à une chance plus élevée d'avoir une meilleure cote ; l'accès à une modalité informatique ne semble pas associé de manière crédible à une chance plus élevée d'avoir une meilleure cote.

4.4 Critère 4 : Construction des phrases et ponctuation appropriées. Nombre d'erreurs de syntaxe et de ponctuation

La figure 4 montre la fonction de densité de la distribution du nombre d'erreurs commises par les élèves selon la modalité informatique.

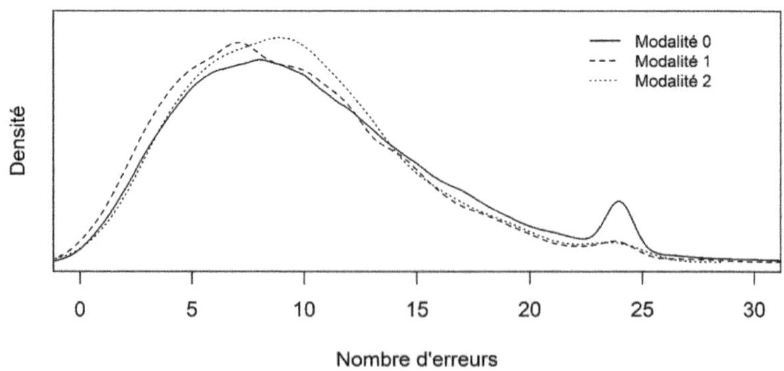

Figure 4 Nombre d'erreurs de syntaxe et de ponctuation selon la modalité informatique

Le maximum local autour de 24 est dû à un phénomène inexplicable, soit le très grand nombre d'élèves ayant commis 24 erreurs, qui est de 6 à 10 fois plus élevés que le nombre ayant commis 23 ou 25 erreurs par exemple. Cela ne semble dû ni à une erreur de traitement des données ni à la grille d'évaluation utilisée, puisque les élèves faisant 22 erreurs ou plus ont la même note à ce critère, soit 0. Les analyses préliminaires ayant révélé que cette variable suit presque parfaitement une distribution binomiale négative, une régression binomiale négative a donc été effectuée. L'ajustement du modèle aux données est bon, avec une surprédiction du nombre d'erreurs entre 5 et 9 mais un excellent ajustement pour le reste de la distribution, à part pour le maximum local de 24 erreurs (figure 9 en annexe II). Les autres vérifications n'ont révélé aucun problème saillant. Le tableau 6 montre les rapports de cote ainsi que les intervalles de crédibilité à 95 %.

Tableau 6 Rapports de cote et intervalles de crédibilité pour le critère 4

	Rapport de cote	I. C. à 95 %	
Fille	1,08	1,07	1,09
Âge en mois	1,00	1,00	1,01
IMSE 1–3	1,00	0,97	1,02
IMSE 4–7	0,99	0,97	1,02
IMSE 8–10	1,02	1,00	1,04
Note « oral »	1,00	1,00	1,00
Note « lecture »	1,00	1,00	1,00
Note « écriture »	0,98	0,98	0,98
Modalité 1	1,01	0,98	1,04
Modalité 2	0,98	0,92	1,03

Les filles ont une probabilité plus grande de commettre des erreurs et, à l'inverse, les élèves ayant de meilleures notes en écriture ont une probabilité plus faible d'en faire. Aucune autre variable n'a un rapport de cote dont l'intervalle de crédibilité exclut la valeur de 1.

4.5 Critère 5: Respect des normes relatives à l'orthographe d'usage et à l'orthographe grammaticale. Nombre d'erreurs d'orthographes d'usage et grammaticales

La figure 5 montre la fonction de densité de la distribution du nombre d'erreurs commises par les élèves selon la modalité informatique.

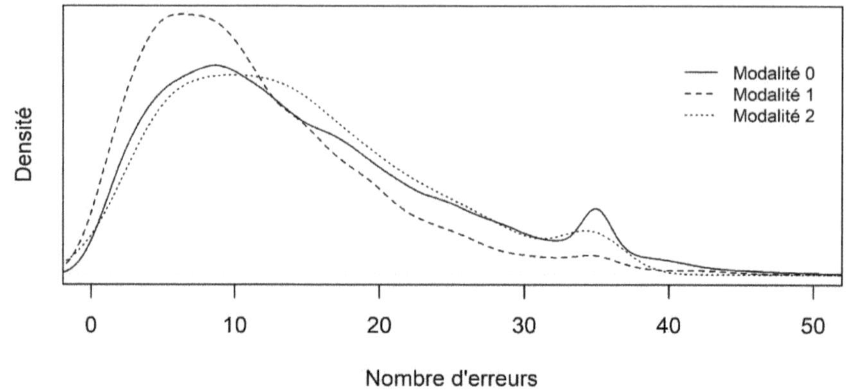

Figure 5 Nombre d'erreurs d'orthographe d'usage et grammaticale selon la modalité informatique

Comme pour le critère 4, il y a un maximum local dans la distribution : un nombre anormalement élevé d'élèves ont commis 35 erreurs, environ cinq fois plus que d'élèves ayant fait 34 ou 36 erreurs.

Cela est probablement dû au fait que les textes ayant 35 erreurs ou plus sont susceptibles de se voir attribuer la note de 0 aux critères 3 à 5, en vertu de ce que le Ministère nomme le *filtre orthographique* (Lombard, 2012). Il est donc possible que, parfois, les correcteurs de l'épreuve cessent de relever les erreurs après la 35e, ce qui expliquerait le maximum local de 35 erreurs. Cela dit, la distribution des erreurs d'orthographe d'usage et grammaticales suit une binomiale négative ; dès lors, une régression binomiale négative a été réalisée. L'ajustement du modèle aux données est assez bon, avec une sur-prédiction du nombre d'erreurs entre 5 et 14, mais un excellent ajustement pour le reste de la distribution, à l'exception du maximum local à 35 (figure 9 en annexe II). Les autres vérifications n'ont rien révélé de préoccupant. Le tableau 7 met en évidence les rapports de cote ainsi que les intervalles de crédibilité à 95 %.

Tableau 7 Rapports de cote et intervalles de crédibilité pour le critère 5

	Rapport de cote	I. C. à 95 %	
Fille	0,97	0,96	0,98
Âge en mois	1,00	1,00	1,00
IMSE 1–3	1,12	1,08	1,15
IMSE 4–7	1,11	1,08	1,14
IMSE 8–10	1,12	1,09	1,15
Note « oral »	1,00	1,00	1,00
Note « lecture »	1,00	1,00	1,00
Note « écriture »	0,97	0,97	0,97
Modalité 1	0,97	0,94	1,01
Modalité 2	1,01	0,95	1,07

De manière surprenante par rapport aux résultats pour les autres critères, les filles sont ici avantagées, alors qu'elles ont une probabilité légèrement inférieure de commettre une erreur par rapport aux garçons. La même chose est vraie des élèves ayant de meilleures notes en écriture. A l'opposé, les élèves fréquentant une école publique, peu importe son IMSE, ont une probabilité plus élevée de faire des erreurs que ceux des écoles privées. Toutes les autres variables ont un rapport de cote trop près de 1 pour que l'on puisse se prononcer à leur sujet.

4.6 Synthèse des résultats

Les figures 6 et 7 montrent les rapports de cote des variables, pour chaque critère, avec leurs intervalles de crédibilité. Les critères ont été regroupés selon leur logique propre. Pour les critères 1 à 3, un rapport de cote supérieur à 1 indique une chance plus élevée d'avoir une meilleure cote, alors que, pour les critères 4 et 5, un rapport de cote supérieur à 1 indique une chance plus élevée de commettre des erreurs et donc, d'avoir une cote plus mauvaise. Les abscisses des deux figures sont identiques afin de faciliter la comparaison entre les deux groupes de critères, bien qu'il faille rester prudent en ce faisant : les rapports de cote des critères 1 à 3 proviennent de régressions ordinales à 5 valeurs et ces rapports de cote représentent le rapport de probabilité de passer d'une cote à une autre. Les rapports de cote des critères 4 et 5, eux, proviennent de régressions binomiales négatives et ils représentent la probabilité de commettre une erreur, sachant que l'immense majorité des élèves font de 0 à 15 ou 20 erreurs, voire davantage. Il est donc normal que, en comparaison des rapports de cote des critères 1 à 3, ceux des critères 4 et 5 soient plus petits.

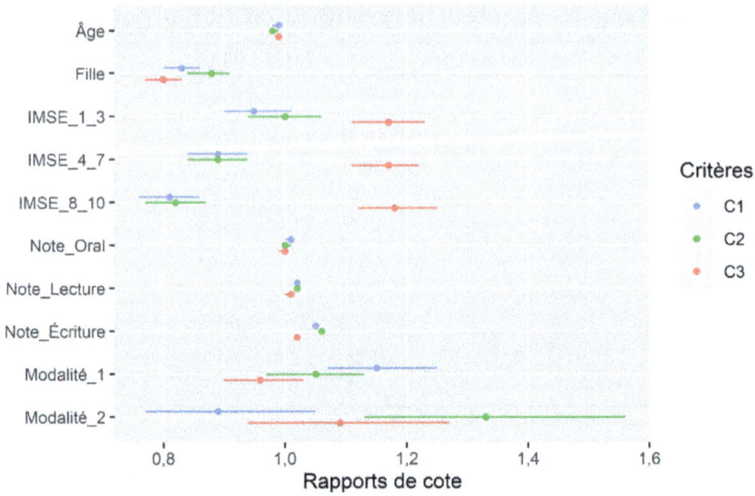

Figure 6 Comparaison des rapports de cote et intervalles de crédibilité pour les critères 1 à 3

Les rapports de cote obtenus sont, pour chaque variable, relativement homogènes d'un critère à l'autre, à deux exceptions près : la variable IMSE, associée à de meilleures cotes seulement pour le critère 3, et la variable « Modalité », dont les effets passent de neutres à positifs selon le critère. La modalité de type 1 est associée à une probabilité d'avoir une meilleure cote seulement pour le critère 1, tandis que la modalité de type 2 est associée à une telle probabilité uniquement pour le critère 2 et c'est le seul effet à être d'une taille plus importante. La modalité de type 2 a un rapport de cote assez élevé aussi pour le critère 1 mais les intervalles de crédibilité incluent tout juste la valeur de 1, ce qui ne nous permet pas de nous prononcer avec certitude dans ce cas.

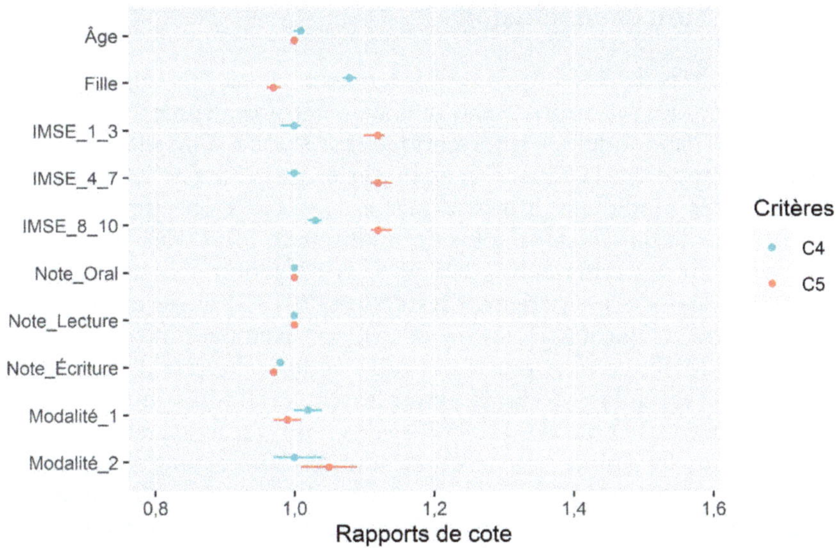

Figure 7 Comparaison des rapports de cote et intervalles de crédibilité pour les critères 4 et 5

Pour les critères 4 et 5, la situation est plus homogène. Tous les rapports de cote sont situés entre 0,97 et 1,12 et les écarts entre les deux critères pour une même variable sont minimes. Certains rapports de cote sont toutefois étonnants, notamment celui pour la variable « Fille », associé à un effet positif pour le critère 5 (probabilité de faire des erreurs légèrement inférieure), alors que cette variable est liée à un effet négatif pour les quatre autres critères. La variable IMSE est aussi intéressante, alors que le fait de fréquenter une école publique par rapport au privé est systématiquement associé à une probabilité supérieure de commettre des erreurs de grammaire et d'orthographe (critère 5), mais pas d'erreurs de syntaxe ou de ponctuation (critère 4).

Pour synthétiser les effets reliés aux deux modalités informatiques, d'une part, l'accès à la modalité 1 est lié à un effet positif pour le critère 1, tandis que l'accès à la modalité 2 est lié à un effet positif pour le critère 2. D'autre part, l'accès à une modalité informatique n'a pas de lien avec la probabilité de commettre des erreurs de français, que ce soit pour le vocabulaire, la syntaxe, la ponctuation ou l'orthographe d'usage et grammaticale, les rapports de cote de la variable « Modalité » étant près de 1 et ayant des intervalles de crédibilité englobant 1 pour les critères 3, 4 et 5.

5. Discussion et conclusion

Les résultats de cette étude sont intéressants lorsqu'ils sont comparés à ceux des études recensées. Alors que, dans certaines études antérieures, le recours à des modalités informatiques est associé à de moins bonnes notes par rapport à la rédaction manuscrite, ce n'est pas le cas ici. Le recours à des modalités informatiques est associé à un effet neutre ou positif, mais jamais négatif. Plus étonnamment, alors que, dans la littérature, pour les critères linguistiques, la rédaction à l'ordinateur est associée à des notes supérieures (Grégoire, 2018 ; Laurie et al., 2015) ou inférieures (Diarra & Laurier, 2015), par exemple pour le critère 3 (Grégoire, 2018), ce n'est pas le cas pour cette recherche. Les rapports de cote de la variable « Modalité » pour les critères linguistiques – 3 à 5 – sont très près de 1 et ont des intervalles de crédibilité assez restreints. De surcroit, dans les études recensées, ce sont les critères linguistiques qui sont responsables de la majorité des écarts observés entre les notes des élèves ayant rédigé à la main ou à l'ordinateur ; seule l'étude de Laurie et al. (2015) rapporte une différence significative, en faveur des élèves ayant rédigé à la main, pour un critère communicationnel. Les résultats de cette recherche s'inscrivent en faux par rapport aux résultats des études antérieures, puisque les différences observées sont pour les critères communicationnels.

Ces résultats surprennent et il est difficile de les expliquer. Pourquoi le recours à des ouvrages de référence informatiques (la modalité 1) donnerait-il un avantage pour le critère 1 (RC = 1,23 [IC = 1,04 ; 1,45]), soit l'adaptation à une situation de communication, alors qu'il n'en donne pas pour le critère 2, soit la cohérence du texte (RC = 1,06 [IC = 0,91 ; 1,23]) ? Rappelons que le critère 1 renvoie à la qualité des arguments déployés, ainsi qu'au style, alors que le critère 2 réfère à la grammaire du texte, aux marqueurs de relation, etc. Logiquement, on se serait attendu à ce qu'un effet bénéfique soit plutôt observé pour le critère 2, puisque l'on aurait pu croire que le recours à des ouvrages de référence sous forme informatique aurait favorisé leur consultation et donc, la recherche de synonymes, de marqueurs de relation, etc., éléments pris en compte dans le critère 2. On voit mal, à vrai dire, en quoi le fait d'avoir recours à des dictionnaires et grammaires informatiques pourrait aider à trouver de bons arguments ou à adopter un style approprié à la situation de communication, ce qui relève du critère 1. Et pourtant, le rapport de cote de la modalité 1 pour le critère 1 est plus élevé que celui du critère 2 et ces deux rapports sont directement comparables, puisqu'ils renvoient à une même variable dépendante à 5 valeurs. Il est possible, suivant les modèles théoriques recensés, qu'un accès plus convivial à des ouvrages de référence informatiques libère des ressources pour d'autres processus scripturaux mais cela n'explique guère les différences observées entre les critères 1 et

2. Rappelons, pour terminer, que ces résultats ne peuvent être comparés à ceux de la littérature, puisqu'aucune étude recensée n'avait une modalité de cet ordre.

Les résultats observés en lien avec la modalité 2, soit la rédaction au clavier en sus du recours à des ouvrages de référence informatiques, sont moins évidents et ce, à cause du nombre relativement petit d'élèves ayant eu recours à cette modalité (n = 727). Les intervalles de crédibilité sont donc assez larges et, bien que le rapport de cote de la modalité 2 soit positif et assez élevé pour le critère 1, l'intervalle de crédibilité inclut tout juste la valeur de 1. Nous ne pouvons donc nous prononcer avec confiance sur l'effet putatif de cette modalité pour le critère 1. Il est toutefois possible que, si un nombre plus élevé d'élèves avait eu recours à cette modalité, le rapport de cote serait resté positif, mais avec un intervalle de crédibilité excluant 1, ce qui nous aurait permis de nous prononcer de manière plus définitive. Dans l'état actuel, l'effet positif assez important pour le critère 2 semble avéré, mais l'effet positif que l'on devine pour le critère 1 reste incertain, malgré le fait que ces effets positifs associés à la rédaction au clavier sont théoriquement plus facilement explicables. La rédaction au clavier étant associée dans la littérature à un temps de rédaction plus court, il est logique de supposer que les élèves, prenant alors moins de temps pour rédiger et, surtout, n'ayant pas besoin de transcrire leur brouillon au propre, ont plus de temps pour penser à la structure de leur texte et à la qualité de leurs arguments, pour utiliser des sources pertinentes et améliorer leur texte dans son ensemble. Cette explication aux allures séduisantes se heurte toutefois à un problème incontournable : pourquoi ces effets bénéfiques seraient-ils circonscrits aux seuls éléments communicationnels du texte (le fond, critères 1 et 2), sans que les éléments linguistiques (la forme, critères 3 à 5) n'en bénéficient, alors que la révision grammaticale est une étape essentielle pour diminuer le nombre d'erreurs, bien que souvent longue ou fastidieuse ?

Dès lors, quelle réponse pouvons-nous apporter à la question posée dans le titre de ce chapitre ? Clairement, le recours à de telles modalités ne semble pas procurer d'avantages pour les critères 3 à 5. Du strict point de vue des notes obtenues par les élèves, l'inégalité d'accès à ces outils informatique n'est donc pas inéquitable. En revanche, pour les critères 1 et 2, il semble que l'accès à ces modalités informatiques, qu'il s'agisse d'ouvrages de référence informatiques ou de la rédaction au clavier, procure un avantage pour les notes pour au moins l'un de ces critères, ce qui parait potentiellement inéquitable. Nous ne pouvons cependant pas affirmer, hors de tout doute, qu'il y a avantage inéquitable et ce, pour deux raisons. D'une part, il s'agit d'une étude observationnelle rétrospective où nous tentons de tenir compte des différences interindividuelles par l'entremise de variables socio-démographiques et éducatives, ce qui ne fonctionne pas parfaitement en cas de déséquilibre dans la répartition des élèves selon les catégories pertinentes. Par exemple, le fait que 91 % des élèves ayant eu accès à une modalité de type 1 allaient à une école privée, alors que pour la modalité 2, il s'agissait de seulement 11 %, fait en sorte qu'il subsiste possiblement une confusion entre ce qui relève du statut socioéconomique des élèves et ce qui relève de leur accès aux modalités informatiques. D'autre part, l'autre enjeu réside en les covariables utilisées pour tenter de tenir compte des différences individuelles de niveau de compétence en français. Nous avons utilisé les notes au bulletin des trois compétences en français mais cela comporte des limites, puisque les enseignants ne notent pas tous de la même manière. Un 85 % peut être une « très bonne note » dans un groupe-classe et une note légèrement supérieure à la moyenne dans l'autre. Ces notes au bulletin ont donc des limites en tant que covariables représentant le niveau de compétence de l'élève.

Une autre limite est que nous n'avons aucune donnée individuelle sur l'utilisation des outils informatiques mais uniquement des variables du niveau du groupe-classe représentant l'accès aux outils et pas leur utilisation effective. Les analyses supposent donc que tous les élèves ayant eu accès à des outils informatiques en ont fait un usage similaire, ce qui est un présupposé invérifiable. De même, toute la variété des outils informatiques est ici réduite à deux grandes catégories, soit l'accès à des ouvrages de référence et l'accès à la rédaction au clavier, sans que l'on ne sache si les élèves ont écrit sur un ordinateur portable, de bureau, sur une tablette, avec un clavier connecté à une tablette ou autre. Or, il est possible que le type exact d'outil informatique et le degré de familiarité avec l'outil influencent les performances des élèves (Barkaoui & Knouzi, 2018; Horkay et al., 2006).

Finalement, l'autre limite importante est que les données utilisées n'incluent aucune information quant au nombre d'élèves ayant un plan d'intervention octroyant des accommodements de diverses natures pour la passation de l'EU. Des analyses que nous avons faites dans d'autres contextes ont toutefois montré que les élèves ayant un plan d'intervention obtiennent, en moyenne, des notes inférieures de 1 à 5 % selon l'épreuve ministérielle et la discipline (Chénier & Grazziani, 2019). Cela a un impact non négligeable sur les notes, d'autant plus que les estimations pour le pourcentage d'élèves de 5e secondaire ayant un plan d'intervention ou un code HDAA oscillent entre 25 % et 30 % (Dion-Viens, 2019). Cette différence dans les notes a donc été attribuée, dans nos analyses, à d'autres variables, probablement les notes au bulletin ou l'IMSE de l'école, ce qui peut avoir affecté la valeur des coefficients obtenus. De surcroit, plusieurs élèves ayant un plan d'intervention ont des mesures d'adaptation leur permettant d'utiliser divers outils technologiques lors des évaluations, y compris les outils répertoriés dans cette étude dans les modalités de type 1 et 2. Les données de cette recherche ne représentent donc pas les usages effectifs de ces outils mais bien seulement, les usages pour lesquels des classes complètes ont obtenu une dérogation pour leur utilisation. Cela réduit grandement la portée des inférences que l'on peut tirer des résultats observés.

Malgré ces limites, cette recherche possède de nombreuses forces. L'authenticité des données, la taille de l'échantillon, la pertinence des modélisations statistiques retenues et la qualité de celles-ci font en sorte que les résultats sont très crédibles. Notre probité fait toutefois en sorte que nous ne pouvons apporter de réponses définitives à la question éthique que nous posions en début de chapitre. Les résultats obtenus font apparaitre qu'il semble y avoir un risque, pour les deux critères communicationnels, que l'accès à des outils informatiques mène à un avantage inéquitable mais il faudrait, pour conclure hors de tout doute raisonnable, que l'accès aux outils informatiques soit mieux réparti à travers les catégories socio-démographiques importantes et que les informations individuelles sur le recours à ces outils, par exemple pour les élèves bénéficiant d'un plan d'intervention, soient disponibles.

Références

Barkaoui, K., & Knouzi, I. (2018). The effects of writing mode and computer ability on L2 test-takers' essay characteristics and scores. *Assessing Writing*, *36*, 19–31. https://doi.org/10.1016/j.asw.2018.02.005

Brunfaut, T., Harding, L., & Batty, A. O. (2018). Going online : the effect of mode of delivery on performances and perceptions on an English L2 writing test suite. *Assessing Writing*, *36*, 3–18. https://doi.org/10.1016/j.asw.2018.02.003

Burke, J. N., & Cizek, G. J. (2006). Effects of composition mode and self-perceived computer skills on essay scores of sixth graders. *Assessing Writing*, *11*(3), 148–166. https://doi.org/10.1016/j.asw.2006.11.003

Bürker, P.-C., Gabry, J., Weber, S., Johnson, A., & Modrak, M. (2021). *brms R package for Bayesian generalized multivariate non-linear multilevel models using Stan* (version 2.15.0) [Bibliothèque R]. https://github.com/paul-buerkner/brms

Chan, S., Bax, S., & Weir, C. (2018). Researching the comparability of paper-based and computer-based delivery in a high-stakes writing test. *Assessing Writing*, *36*, 32–48. https://doi.org/10.1016/j.asw.2018.03.008

Chen, J., White, S., McCloskey, M., Soroui, J., & Chun, Y. (2011). Effects of computer versus paper administration of an adult functional writing assessment. *Assessing Writing*, *16* (1), 49–71. https://doi.org/10.1016/j.asw.2010.11.001

Chénier, C., & Grazziani, E. (2019, 13–15 novembre). *Sévérité et modération sociale : l'évaluation en anglais, langue d'enseignement de 5e secondaire.* [Communication]. 41e session d'études de l'ADMEE, Sherbrooke.

Côté, L. (2020). *Impacts de l'utilisation d'un réviseur orthographique, comme aide technologique à l'apprentissage, sur les compétences en orthographe grammaticale de tous les élèves d'une classe inclusive du secondaire.* [Mémoire de maitrise non publié]. Université du Québec, Chicoutimi. https://constellation.uqac.ca/id/eprint/6781/

Deneault, J., & Lavoie, N. (2020). Motivation et compétence à écrire au primaire : comparaison entre le clavier et le crayon. *Revue des sciences de l'éducation*, *46*(1), 64–92. https://doi.org/10.7202/1070727ar

Diarra, L., & Laurier, M. (2015). Comparaison entre les modalités d'évaluation manuscrite et informatisée pour la production de textes à la fin du secondaire au Québec. Dans J.-G. Blais, J.-L. Gilles & A. Tristan-Lopez (Eds.), *Bienvenue au 21e siècle : Évaluation des apprentissages et technologies de l'information et de la communication* (pp. 45–78). Peter Lang. https://www.semanticscholar.org/paper/Comparaison-entre-les-modalit%C3%A9s-d%E2%80%99%C3%A9valuation-et-la-Blais-Gilles/03f66c280dc5bf6bdfdc56cb0d63b65eab910470

Dions-Viens, D. (2019, 10 mai). Les 2/3 des élèves en difficulté au secondaire n'obtiennent pas leur diplôme : « Une honte », selon la Coalition d'enfants à besoins particuliers. *Le journal de Québec.* https://www.journaldequebec.com/2019/05/10/peu-deleves-en-difficulte-finissent-leur-secondaire

Dion-Viens, D. (2020, 26 juin). Grand virage vers des examens de fin d'année à l'écran. *Le journal de Québec.* https://www.journaldequebec.com/2020/06/26/grand-virage-vers-des-examens-de-fin-dannee-a-lecran

Duguay, V. (2016). *Motivation d'élèves en difficulté des trois cycles du primaire à l'égard de l'écriture manuscrite et de l'écriture à l'ordinateur.* [Mémoire de maîtrise non publié]. Université du Québec, Rimouski. https://semaphore.uqar.ca/id/eprint/1252/

Fernando, W. (2018). Show me your true colours : scaffolding formative academic literacy assessment through an online learning platform. *Assessing Writing*, *36*, 63–76. https://doi.org/10.1016/j.asw.2018.03.005

Flower, L., & Hayes, J. R. (1981). A cognitive process theory of writing. *College Composition and Communication*, *32*(4), 365–387. https://www.jstor.org/stable/356600

Gelman, A., Carlin, J. B., Stern, H. S., Dunson, D. B., Vehtari, A., & Rubin, D. B. (2013). *Bayesian Data Analysis.* CRC Press. https://doi.org/10.1201/b16018

Gelman, A., Hill, J., & Vehtari, A. (2020). *Regression and other stories.* Cambridge University Press. https://doi.org/10.1017/9781139161879

Gelman, A., & Rubin, D. B. (1992). Inference from iterative simulation using multiple sequences. *Statistical Science*, *7*(4), 457–511. https://www.jstor.org/stable/2246093

Geweke, J. (1991). *Evaluating the accuracy of sampling-based approaches to the calculation of posterior moments.* Taff Report (148), Federal Reserve Bank of Minneapolis. https://ideas.repec.org/p/fip/fedmsr/148.html

Goldberg, A., Russell, M., & Cook, A. (2003). The effect of computers on student writing : a meta-analysis of studies from 1992 to 2002. *Journal of Technology, Learning, and Assessment*, *2*(1). http://ejournals.bc.edu/ojs/index.php/jtla/article/view/1661/1503

Grégoire, P. (2018). *L'utilisation d'un outil d'aide à la révision et à la correction en contexte d'écriture numérique.* Université du Québec en Abitibi-Témiscamingue et Gouvernement du Québec. https://pascalgregoire.files.wordpress.com/2018/02/gregoire_2018.pdf

Grégoire, P., & Karsenti, T. (2013). Les TIC motivent-elles les élèves du secondaire à écrire ? *Éducation et francophonie*, *41*(1), 123–146. https://doi.org/10.7202/1015062ar

Hayes, J. R. (1996). A new framework for understanding cognition and affect in writing. Dans M. Levy & S. Ransdell (Eds.), *The science of writing : Theories, methods, individual differences, and applications* (pp. 1–27). Lawrence Erlbaum Associates. https://psycnet.apa.org/record/1996-98203-001

Horkay, N., Bennett, R. E., Allen, N., Kaplan, B., & Yan, F. (2006). Does it matter if I take my writing test on computer? An empirical study of mode effects in NAEP. *Journal of Technology, Learning, and Assessment*, *5*(2). https://ejournals.bc.edu/index.php/jtla/article/view/1641

Karsenti, T., & Collin, S. (2013). Avantages et défis inhérents à l'usage des ordinateurs portables au primaire et au secondaire. *Éducation et francophonie*, *41*(1), 94–122. https://doi.org/10.7202/1015061ar

Kellogg, R. (1996). A model of working memory in writing. Dans M. Levy & S. Ransdell (Eds.), *The science of writing : Theories, methods, individual differences, and applications* (pp. 57–71). Lawrence Erlbaum Associates.

Kim, H. R., Bowles, M., Yan, X., & Chung, S. J. (2018). Examining the comparability between paper- and computer-based versions of an integrated writing placement test. *Assessing Writing*, *36*, 49–62. https://doi.org/10.1016/j.asw.2018.03.006

Kimmons, R., Darragh, J. J., Haruch, A., & Clark, B. (2017). Essay composition across media : a quantitative comparison of 8th grade student essays composed with paper vs. chromebooks. *Computers and Composition*, *44*, 13–26. https://doi.org/10.1016/j.compcom.2017.03.001

Laurie, R., Bridglall, B. L., & Arseneault, P. (2015). Investigating the effect of computer-administered versus traditional paper and pencil assessments on student writing achievement. *SAGE Open*, *5*(2), 1–8. https://doi.org/10.1177/2158244015584616

Leduc, L., & Morasse, M. (2021, 24 mai). Le français écrit compte-t-il encore ? *La Presse.* https://www.lapresse.ca/actualites/education/2021-05-24/le-francais-ecrit-compte-t-il-encore.php

Lee, C. (2019). A study of adolescent English learners' cognitive engagement in writing while using an automated content feedback system, *Computer Assisted Language Learning*, *33*(1–2), 26–57. https://doi.org/10.1080/09588221.2018.1544152

Legris, M. D. (1960). *An experiment to determine the relative advantage of improving spelling by typewriting as opposed to handwriting.* [Mémoire de maitrise non publié]. Virginia Polytechnic Institute, Blacksburg. https://vtechworks.lib.vt.edu/bitstream/handle/10919/43019/LD5655.V855_1960.L447.pdf?sequence=1

Lombard, V. (2012). *L'évolution de l'évaluation de la composante linguistique de la compétence à écrire par le ministère de l'Éducation : une étude longitudinale sur les épreuves uniques d'écriture de 5e secondaire.* [Mémoire de maitrise non publié]. Université de Montréal, Montréal. https://papyrus.bib.umontreal.ca/xmlui/handle/1866/9169

Ministère de l'Éducation du Québec. (2003a). *Politique d'évaluation des apprentissages.* Gouvernement du Québec. http://www.education.gouv.qc.ca/fileadmin/site_web/documents/dpse/evaluation/13-4602.pdf

Ministère de l'Éducation (2003b). La carte de la population scolaire et les indices de défavorisation. *Bulletin statistique de l'éducation*, 26, 1–9. http://www.education.gouv.qc.ca/fileadmin/site_web/documents/PSG/statistiques_info_decisionnelle/bulletin_26.pdf

Ministère de l'Éducation et de l'Enseignement supérieur (2018). *Épreuve unique : français, langue d'enseignement. Document d'information : juin 2019 – juillet 2019 – janvier 2020 : 5e année du secondaire : écriture 132–520.* Gouvernement du Québec. https://numerique.banq.qc.ca/patrimoine/details/52327/4045136

Ministère de l'Éducation, de l'Enseignement supérieur et de la Recherche (2015). *Guide de gestion – édition 2015 : Sanction des études et épreuves ministérielles : Formation générale des jeunes ; Formation générale des adultes ; Formation professionnelle.* Gouvernement du Québec. http://www.education.gouv.qc.ca/fileadmin/site_web/documents/dpse/sanction/Guide-sanction-2015_fr.pdf

Pleau, J., & Lavoie, N. (2016). Crayon ou clavier ? Effets de l'outil d'écriture sur les performances graphomotrices et rédactionnelles d'élèves de sixième année. *Revue de recherches en littératie médiatique multimodale, 3.* https://doi.org/10.7202/1047130ar

Russell, M., & Plati, T. (2000). *Mode of administration effects on MCAS composition performance for grades four, eight, and ten. A report of findings submitted to the Massachusetts department of education. NBETPP Statements World Wide Web Bulletin.* Malden. https://eric.ed.gov/?id=ED456142

Sessions, I., Kang, M. O., & Womack, S. (2016). The neglected R : Improving writing instruction through iPad apps. *Tech Trends*, *60*, 218–225. https://rdcu.be/ddOVQ_

Tootle, J. C. (1961). *Typewriting in the written communication activities of the fifth grade.* [Thèse de doctorat non publiée]. Ohio State University, Columbus.

Voyer, D., & Voyer, S. D. (2014). Gender differences in scholastic achievement: a meta-analysis. *Psychological Bulletin*, *140*(4), 1174–1204. https://doi.org/10.1037/a0036620

White, S., Kim, Y. Y., Chen, J., & Liu, F. (2015). *Performance of fourth-grade students in the 2012 NAEP computer-based writing pilot assessment: scores, Text Length, and use of editing tools. Working paper serie.* (NCES 2015–119). National Center for Education Statistics. https://eric.ed.gov/?id=ED562627

Wolfe, E. W., & Manalo, J. R. (2004). Composition medium comparability in a direct writing assessment of non-native English speakers. *Language Learning & Technology*, *8*(1), 53–65. https://doi.org/10125/25229

Zhang, Z. (2017). Student engagement with computer-generated feedback : a case study. *ELT Journal*, *71*(3), 317–328. https://doi.org/10.1093/elt/ccw089

Annexe I : Grille d'évaluation du texte de l'épreuve uniforme ministérielle d'écriture en français secondaire 5

Écrire des textes variés – **Appuyer ses propos en élaborant des justifications et des argumentations**					
CRITÈRES	A MANIFESTATION D'UNE COMPÉTENCE MARQUÉE	B MANIFESTATION D'UNE COMPÉTENCE ASSURÉE	C MANIFESTATION D'UNE COMPÉTENCE ACCEPTABLE	D MANIFESTATION D'UNE COMPÉTENCE PEU DÉVELOPPÉE	E MANIFESTATION D'UNE COMPÉTENCE TRÈS PEU DÉVELOPPÉE
1. Adaptation à la situation de communication (30 %)	Tient compte de tous les éléments de la tâche[1] : ▪ en recourant à des arguments pertinents pour défendre sa thèse et en les développant de façon approfondie et personnalisée[2] ; ▪ en utilisant des moyens efficaces et variés pour adopter et maintenir un point de vue[3].	Tient compte de tous les éléments de la tâche : ▪ en recourant à des arguments pertinents pour défendre sa thèse et en les développant de façon généralement approfondie ; ▪ en utilisant des moyens efficaces pour adopter et maintenir un point de vue.	Tient compte de la plupart des éléments de la tâche : ▪ en recourant généralement à des arguments pertinents pour défendre sa thèse et en les développant de façon acceptable ; ▪ en utilisant des moyens satisfaisants pour adopter et maintenir un point de vue.	Tient compte de certains éléments de la tâche : ▪ en recourant à des arguments peu pertinents ou contradictoires pour défendre sa thèse ou en développant des arguments de façon très sommaire ; ▪ en utilisant certains moyens pour adopter et maintenir un point de vue.	Présente quelques éléments sans tenir compte de la tâche.
2. Cohérence du texte (20 %)	Organise son texte de façon appropriée ET Assure la continuité de façon judicieuse au moyen de substituts[4] variés et appropriés ET Fait progresser ses propos en établissant des liens étroits.	Organise son texte de façon appropriée ET Assure la continuité au moyen de substituts variés et appropriés ET Fait progresser ses propos en établissant des liens logiques.	Organise son texte de façon appropriée, malgré des maladresses ET Établit la continuité au moyen de substituts généralement appropriés ET Fait généralement progresser ses propos, malgré des maladresses.	Organise son texte de façon appropriée, malgré des maladresses ET Établit la continuité au moyen de substituts souvent imprécis ou inappropriés ET Fait peu progresser ses propos ou le fait de façon inadéquate.	Présente ses propos sans les organiser ni les lier.

Écrire des textes variés – **Appuyer ses propos en élaborant des justifications et des argumentations**					
3. Utilisation d'un vocabulaire approprié (5 %)	Utilise des expressions et des mots conformes à la norme et à l'usage. (0 erreur[5])	Utilise des expressions et des mots conformes à la norme et à l'usage, à l'exception de rares erreurs. (1 ou 2 erreurs)	Utilise des expressions et des mots conformes à la norme et à l'usage, à l'exception de quelques erreurs. (3 ou 4 erreurs)	Utilise des expressions ou des mots généralement conformes à la norme et à l'usage. (5 ou 6 erreurs)	Utilise plusieurs expressions ou mots incorrects. (7 erreurs et plus)
4. Construction des phrases et ponctuation appropriées (25 %)	Construit et ponctue correctement ses phrases sans faire d'erreurs ou en en faisant très peu. (0 à 4 erreurs[5])	Construit et ponctue ses phrases en faisant peu d'erreurs. (5 à 9 erreurs)	Construit et ponctue ses phrases de façon généralement correcte. (10 à 14 erreurs)	Construit et ponctue ses phrases en respectant peu les normes. (15 à 17 erreurs)	Construit et ponctue ses phrases en respectant rarement les normes. (18 erreurs et plus)
5. Respect des normes relatives à l'orthographe d'usage et à l'orthographe grammaticale (20 %)	Orthographie ses mots sans faire d'erreurs ou en en faisant très peu. (0 à 4 erreurs[5])	Orthographie ses mots en faisant peu d'erreurs. (5 à 9 erreurs)	Orthographie ses mots de façon généralement correcte. (10 à 14 erreurs)	Orthographie ses mots en faisant de nombreuses erreurs. (15 à 18 erreurs)	Orthographie ses mots en faisant de très nombreuses erreurs. (19 erreurs et plus)

1. L'élève tient compte de la question à traiter, du destinataire, du genre de texte et du nombre de mots demandé.
2. La personnalisation renvoie aux repères culturels et aux procédés d'écriture utilisés par l'élève (programme d'études, p. 58).
3. Les moyens sont des marques de modalité (vocabulaire connoté, auxiliaires de modalité, différents types et constructions de phrases, figures de style, etc.) utilisées pour exprimer l'attitude de l'élève par rapport à ses propos ainsi que son attitude par rapport au destinataire (programme d'études, p. 112–113).
4. Les substituts (synonymes, termes synthétiques, périphrases, termes indiquant une relation de tout à partie, etc.) sont utilisés pour assurer la continuité (programme d'études, p. 115–116). La variété du vocabulaire lié à la reprise de l'information est prise en compte dans ce critère.
5. Ces nombres d'erreurs sont présentés comme des points de repère pour l'évaluation formelle d'un texte de 500 mots, rédigé dans un temps limité et avec des ressources restreintes. L'évaluation de ce critère devrait faire appel, comme celle des autres critères, au jugement professionnel. Elle ne devrait pas se réduire au simple comptage des erreurs, mais prendre en compte leur nature et leur récurrence, la complexité des phrases, la longueur du texte, etc.

Tableau de correspondance

	A						B			C					D						E					
Critère 1 (30 %)	30						24			20					15						6					
Critère 2 (20 %)	20						16			13					10						4					
Critère 3 (5 %)																										
Nombre d'erreurs	*0*						*1–2*			*3–4*					*5–6*						*> 6*					
Points	5						4			3					2						1					
Critère 4 (25 %)																										
Nombre d'erreurs	*0*	*1–2*		*3*		*4*	*5–6*	*7–8*	*9*	*10–11*	*12*	*13*		*14*	*15*		*16*		*17*		*18–19*		*20*		*21*	*> 21*
Points	25	24		23		22	21	20	19	18	17	16		15	14		12		10		7		4		1	0
Critère 5 (20 %)																										
Nombre d'erreurs	*0*		*1–2*		*3–4*		*5–6*	*7–8*	*9*	*10–11*	*12–13*		*14*		*15*	*16*		*17*		*18*	*19*	*20*		*21*		*> 21*
Points	20		19		18		17	16	15	14	13		12		11	10		9		8	6	4		1		0

Annexe II

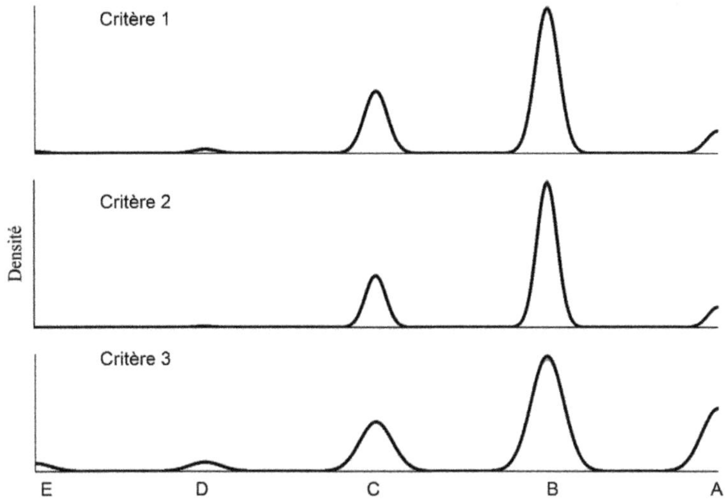

Figure 8 Vérifications prédictives à postériori pour les critères 1 à 3. Le trait foncé représente la distribution empirique et les traits gris pâle 100 prédictions générées à partir du modèle obtenu

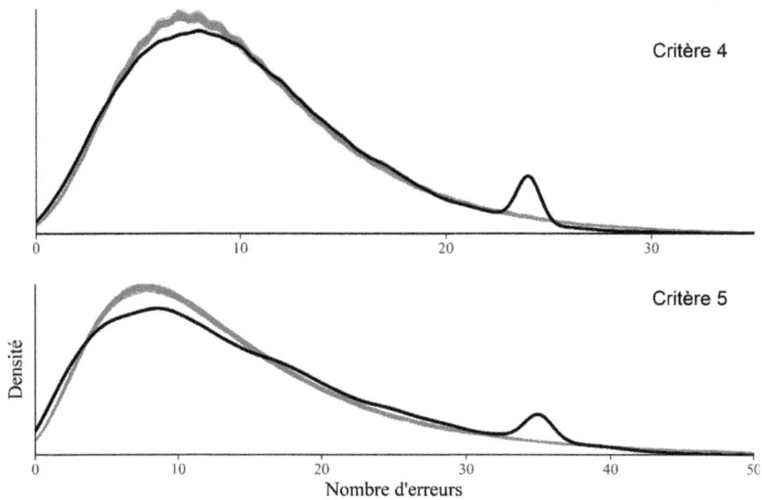

Figure 9 Vérifications prédictives à postériori pour les critères 4 et 5. Le trait foncé représente la distribution empirique et les traits gris pâle 100 prédictions générées à partir du modèle obtenu

Chapitre 17

Apports de l'utilisation d'une approche écologique pour l'analyse des résultats d'évaluations standardisées à grande échelle

Alioum ALIOUM[1], Nathalie LOYE[2]

1. Introduction

Les évaluations standardisées à grande échelle (EGE) ont connu un grand essor durant ces trois dernières décennies (Loye, 2011; Rutkowski et al., 2013). Aujourd'hui, ces types d'évaluations sont les mieux connues et les plus répandues sur le globe (Hogan, 2017). Cette situation s'explique en grande partie par la fièvre de l'évaluation qui s'est emparée des systèmes éducatifs dans les années 1990 (Damon, 2009; Gingras, 2008). Durant ces années, les politiques de l'*accountability* ont réussi à imposer, aux acteurs du secteur public, le fait de rendre des comptes, dans le but de légitimer leurs actions (Felouzis & Hanhart, 2011). Profitant de cette situation, les résultats des évaluations standardisées se sont imposés, au fil du temps, comme des données statistiques fiables, permettant d'évaluer les politiques publiques en matière d'éducation dans beaucoup de pays (Mons & Crahay, 2011). Les EGE se déploient généralement à l'échelle régionale, nationale, voire internationale (Loye, 2011).

Dans la catégorie des évaluations internationales, figurent en bonne place, le Programme International pour le Suivi des Acquis des élèves (PISA), les Tendances dans les Etudes Internationales de Mathématiques et de Sciences (TIMMS), le Programme international de recherche en lecture scolaire (PIRLS), le Consortium d'Afrique australe et orientale pour le pilotage de la qualité de l'éducation (SACMEQ) ou encore, le Programme d'Analyse des Systèmes Educatifs de la CONFEMEN[3]

[1] Université de Montréal.

[2] Faculté des sciences de l'éducation, Université de Montréal.

[3] Conférence des ministres de l'Education des Etats et gouvernements de la Francophonie.

(PASEC). Ces quelques programmes couvrent ensemble, plus d'une centaine de pays (Loye, 2011). A travers des tests psychométriques et des questionnaires contextuels[4], ces programmes visent la validation des acquis scolaires des élèves ou la mesure de certaines compétences essentielles à l'insertion socio-professionnelles de ceux-ci (Wagemaker, 2013). Ils offrent ainsi, un panorama sur les performances des systèmes éducatifs des pays (Hogan, 2017).

Cependant, les données collectées durant ces évaluations servent à estimer les performances des élèves, uniquement sur la base de leurs réponses aux différentes tâches des tests et donc, de leurs supposées capacités cognitives. Ce n'est qu'à postériori que les analyses s'intéressent aux effets des variables contextuelles sur ces performances. Dès lors, les évaluations standardisées privilégient des approches évaluatives centrées sur la maitrise des contenus et des approches pointées sur les différences individuelles. Dans la réalité, les performances aux tests sont de nature plus complexe et ne se réduiraient pas qu'aux capacités cognitives (Bertrand & Blais, 2004).

Beaucoup de recherches récentes présentent la performance à un test comme résultant à la fois des capacités cognitives des individus, mais aussi de leurs caractéristiques individuelles, de leur environnement de vie, de l'environnement dans lequel ils réalisent leurs apprentissages et également des conditions dans lesquelles ils effectuent le test (Mislevy, 2018; Zumbo et al., 2015). La perspective écologique qui s'inscrit dans cette logique, invite également à lire la performance à un test à l'aune des caractéristiques individuelles des candidats et des caractéristiques des environnements scolaire et extrascolaire dans lesquels ils évoluent (Zumbo et al., 2015).

Cette perspective, malgré sa pertinence, a été sous-utilisée dans les études précédentes, ce qui laisse une lacune dans notre compréhension des performances dans les EGE. L'approche écologique offre une contribution innovante car elle permet une interprétation plus holistique des résultats des tests, qui tient compte non seulement des capacités cognitives mais aussi du contexte dans lequel les élèves évoluent (Zumbo et al., 2015). De plus, elle pourrait aider à améliorer les prises de décisions politiques, en fournissant une vision plus complète et plus précise des facteurs influençant les performances éducatives selon les contextes (Mislevy, 2018).

Le présent chapitre mobilise l'approche écologique et propose de revisiter les résultats du test de lecture du PASEC2014 au Cameroun des élèves francophones de sixième année du primaire, à l'aide de l'Analyse

[4] Caractéristiques de l'élève, de son milieu familial, de l'environnement de l'école et de la classe.

des Classes Latentes (ACL) avec covariables. Notre choix de travailler sur le test de lecture PASEC2014 repose en grande partie sur l'enjeu de plus en plus crucial que jouent les compétences littéraires et notamment la lecture au sein de la société. En effet, en plus de servir de support d'apprentissage, la connaissance fonctionnelle de la lecture est nécessaire, voire indispensable pour trouver sa place dans la société (Giasson & Escoyez, 2013 ; Giasson & VandecasteEGE, 2011). A ce titre, l'enseignement de la lecture reste une tâche importante pour les enseignants à la maternelle et au primaire (Giasson & Escoyez, 2013 ; Giasson & VandecasteEGE, 2012). De même, la capacité des apprenants à pouvoir lire demeure une préoccupation majeure pour les décideurs du système éducatif (PASEC, 2015).

2. Contexte et problématique

Dans cette section, nous présentons une vue générale des évaluations standardisées à grande échelle en soulignant notamment leurs principes, leurs impacts et la mesure des performances dans le cadre de ces évaluations. Et comme nous le présentons, l'un des principaux défis pour ces évaluations est celui de voir comment il est possible de tenir compte des aspects contextuels au moment d'estimer les performances des individus.

2.1 Les évaluations standardisées à grande échelle (EGE)

2.1.1 Principes des EGE

Evaluer des individus à grande échelle à l'aide des tests standardisés pour ensuite les classer et les comparer ne date pas d'hier. Cette pratique remonterait vers l'an 1115 ACN, en Chine (Bertrand & Blais, 2004). A cette époque, la dynastie Chan procédait à la sélection des bureaucrates à travers un concours constitué de tests standardisés (Bertrand & Blais, 2004). Au fil du temps, d'autres gouvernants à travers le monde vont également essayer de comparer ou de classer leur population (Bertrand & Blais, 2004). Cependant, les évaluations standardisées des apprentissages des élèves, telles que nous les connaissons aujourd'hui, datent des années 1960 (Rutkowski et al., 2013). L'Association Internationale pour l'Evaluation des Acquis Scolaires (IEA) avait alors, à travers la First International Mathematics Study (FIMS), lancé la toute première évaluation internationale en mathématiques (Rutkowski et al., 2013). Dans les années 1990, grâce à l'instauration des politiques de pilotage à la suite des résultats dans plusieurs pays, ces types de programmes vont se multiplier et gagner en prestige (Felouzis & Hanhart, 2011 ; Loye, 2011 ; Mons & Crahay, 2011).

La mise en œuvre de ces évaluations consiste à collecter des données sur le niveau d'apprentissage des individus à l'aide de tests et d'autres informations telles que les caractéristiques personnelles et socio-économiques des participants ou les conditions de passation. (American Educational Research Association et al., 2003). Elles se déroulent généralement à l'échelle nationale ou internationale et les participants se voient soumis à des conditions de passation identiques (Loye, 2011 ; Rutkowski et al., 2013). Les étapes les plus récurrentes durant ces évaluations sont, entre autres, la définition des objectifs de l'évaluation, la confection des instruments de collecte de données, le choix des participants, les prétests, l'analyse des données et la dissémination des résultats (OCDE, 2016 ; PASEC, 2015). Ces opérations peuvent s'étaler sur trois à cinq ans (Loye, 2011) et impliquer des équipes pluridisciplinaires composées de pédagogues, de psychopédagogues, de statisticiens, d'informaticiens, de psychométriciens et beaucoup d'autres spécialistes (OCDE, 2016 ; PASEC, 2015).

Tous ces programmes d'évaluation partagent des objectifs assez communs qui sont entre autres : (1) de fournir des informations permettant d'améliorer les pratiques d'enseignement et le processus d'apprentissage ; (2) de permettre aux différents pays participants de prendre des décisions éclairées en matière de politiques éducatives et (3) de comparer les différents systèmes éducatifs des pays du monde en matière d'organisation, de curricula, de ressources et de pratiques favorisant la réussite des élèves (OCDE, 2016 ; PASEC, 2015). A ces objectifs communs peuvent s'ajouter d'autres objectifs spécifiques en lien avec les populations cibles. Le PISA, par exemple, vérifie si les systèmes éducatifs préparent les élèves à faire face aux défis futurs de leur vie d'adultes (Loye, 2011).

Cette brève présentation des EGE souligne différentes fonctions que ces évaluations ont rempli au fil du temps. Ces rôles vont de la sélection des citoyens les plus aptes à exercer certaines responsabilités (Bertrand & Blais, 2004) au pilotage des systèmes éducatifs (Loye, 2011 ; Rutkowski et al., 2013) en passant par la comparaison des systèmes éducatifs des différents pays entre autres (OCDE, 2016 ; PASEC, 2015).

Cependant, malgré leur vaste utilisation et leur importance reconnue, les EGE sont souvent critiquées pour leur focalisation sur les capacités cognitives des élèves, en négligeant l'impact de divers facteurs contextuels sur les performances individuelles. Cette approche réductrice pourrait conduire à des interprétations simplistes ou biaisées des résultats des évaluations, qui pourraient à leur tour influencer de manière inappropriée les politiques éducatives (Mons & Crahay, 2011). La section suivante présente quelques impacts de ces évaluations au sein de différents pays.

2.1.2 Impacts des EGE

La popularité des EGE est aujourd'hui indéniable au regard du nombre de pays qui ont adopté ces évaluations au fil du temps, marquant ainsi leur grand intérêt. L'évaluation PIRLS qui a regroupé 37 pays participants en 2001 a connu la participation de 58 pays en 2011 (Loye, 2011 ; Wagemaker, 2013). L'évaluation PISA de son côté, a réuni 63 pays participant à son édition de 2009 contre 41 pays en 2003 (Loye, 2011 ; Wagemaker, 2013). Le nombre de pays participant à l'évaluation TIMMS a quant à lui presque doublé entre 1999 et 2011, passant de 40 pays participants à 79 pays (Loye, 2011 ; Wagemaker, 2013). De même, l'évaluation PASEC, qui concernait trois pays, à savoir le Congo, Djibouti et le Mali lors de sa première édition en 1994, a connu la participation de dix pays d'Afrique subsaharienne durant son édition de 2014 (CONFEMEN, 2018).

L'une des traces les plus visibles de l'intérêt des pays pour les EGE se traduit par la prise en compte des résultats de ces évaluations dans les différents discours politiques. C'est le cas des résultats des toutes premières évaluation TIMSS, qui ont « secoué » l'élite politique en Afrique du Sud et poussé les autorités à débattre de ces résultats (Howie, 2011, cité par Wagemaker, 2013). Ces mêmes résultats ont suscité des inquiétudes en Israël et donné lieu à plusieurs titres à la une des journaux, dont le plus célèbre est celui du journal Education Week intitulé : « Down in Rankings : Israel Seeks Changes in Education » (Goldstein, 2004, cité par Wagemaker, 2013). Aux Etats-Unis, Alan Greenspan, alors président de la Réserve fédérale américaine, avait utilisé des résultats de l'évaluation TIMSS en 2004 dans son allocution devant la Commission de l'éducation et du personnel de la Chambre des représentants pour attirer l'attention sur ces résultats (Wagemaker, 2013).

En Allemagne, le parlement a dû organiser une session spéciale « PISA » pour débattre des résultats à l'évaluation PISA-2000 (Gruber, 2006, cité par Wagemaker, 2013). A l'île Maurice comme aux Seychelles, les autorités ont dû mettre sur la table des questions autour du redoublement et du recours à des tuteurs privés à la suite des résultats aux évaluations SACMEQ (Murimba, 2005, cité par Wagemaker, 2013). De même, au Sénégal, le ministre de l'Education et les membres de son cabinet ont beaucoup échangé sur la question du redoublement après la présentation des résultats PASEC (Bernard & Michaelowa, 2006, cités par Wagemaker, 2013). Dans le lot des impacts des résultats des EGE dans différents pays, figurent, également, des modifications des programmes scolaires, des changements en matière de pratiques pédagogiques ou encore, la mise en place de structures nationales pour les évaluations d'apprentissages.

C'est le cas par exemple des résultats à l'évaluation TIMSS-1995 qui ont servi de catalyseur à la révision des programmes d'études dans les pays comme l'Islande, le Koweït, la Nouvelle-Zélande, la Norvège, la Roumanie ou l'Afrique du Sud (Wagemaker, 2013). De même, les résultats TIMSS et PIRLS ont conduit à l'élaboration de nouvelles normes éducatives pour le cycle primaire en 2011 en Russie (Kovaleva, 2011, cité par Wagemaker, 2013). Au Chili, les autorités se sont penchées sur le déséquilibre qui existait entre les programmes en mathématiques et en sciences pour les réformer à la suite des résultats de l'évaluation TIMSS 1999 (Cariola et al., 2011, cités par Wagemaker, 2013). Au Japon, les résultats PISA-2009 ont eu pour conséquences d'augmenter, d'une part, le nombre de journées d'instruction annuelles pour les écoles et d'autre part, le temps consacré à l'enseignement (Nakajima, 2010, cité par Wagemaker, 2013). En Afrique du Sud, les résultats de l'évaluation PIRLS-2006 ont permis la mise en place d'une campagne d'apprentissage et d'une stratégie de lecture nationale (Howie, 2011, cité par Wagemaker, 2013). Dans un autres sillage, dans les pays comme la Hongrie, la Macédoine, le Malawi ou encore la Russie, les résultats à des EGE ont poussé les autorités à instaurer des structures nationales pour l'évaluation et le suivi des apprentissages (Wagemaker, 2013).

Ces quelques exemples illustrent à suffisance, la place de choix que les EGE ont pris auprès des décideurs dans le système éducatif de nombreux pays. La tâche qui consiste à fournir aux décideurs des éléments d'aide à la décision, basés sur l'évaluation des apprentissages, est cependant ardue. La mesure des performances des individus dans le cadre des EGE repose principalement sur des attributs psychologiques observables indirectement, complexes et cette mesure peut être instable dans le temps et l'espace (Bertrand & Blais, 2004). Cette tâche devient dès lors délicate et sujette, le plus souvent, à des critiques. Dans la section suivante, nous allons donc porter notre attention sur ce qui est considéré comme la mesure des performances aux EGE et souligner quelques limites de cette approche.

2.2 La mesure des performances dans les EGE

2.2.1 Mesure des attributs psychologiques

Bertrand et Blais (2004) regroupent les différentes définitions de la mesure en deux grandes tendances : celle qui soutient que la quantité est essentiellement empirique et celle qui soutient que les nombres ont une existence au-delà du monde réel. La première tendance, plus adaptée à la mesure des attributs physiques tels que la taille, le poids, la température, et bien d'autres, considère la mesure comme l'acte qui consiste à déterminer le rapport entre deux quantités (Bertrand & Blais, 2004).

La deuxième tendance, qui promeut des définitions plus souples de la mesure, la considère comme l'assignation des nombres à des objets ou à des phénomènes selon des règles (Stevens, 1951, cité par Bertrand & Blais, 2004). Avec ce deuxième courant, il devient possible de parler de mesure des attributs psychologiques tels que l'habileté en mathématique ou en langue (Bertrand & Blais, 2004). Cependant, le processus de mesure des attributs psychologiques est plus complexe et va au-delà de la seule activité d'assignation de nombres selon des règles. Bertrand et Blais (2004) identifient, en effet, 6 étapes indispensables au processus de mesure des attributs psychologiques.

La première étape commence donc par le choix du ou des construits qui seront mesurés comme le présente la figure 1. Un construit représente la caractéristique que le test est censé mesurer (American Educational Research Association et al., 2003). Il peut correspondre par exemple, à l'habileté à résoudre un certain type d'exercice en mathématiques ou à lire un texte (Bertrand & Blais, 2004). Dans les EGE, il s'agit de mettre en place les cadres de références qui soutiendront les futurs tests (Loye, 2011). Ces cadres cibleront non seulement les domaines et compétences qui seront évalués, mais pourront également indiquer comment les tests seront administrés et à quel moment (Loye, 2011). La deuxième étape concerne la rédaction des items en cohérence avec le cadre de référence rédigé (Bertrand & Blais, 2004). Cette phase aboutit généralement à la mise en place d'une banque d'items qui seront prétestés dans le but de s'assurer que les instruments et les procédures de passation fonctionnent bien (Loye, 2011; Von Davier & Sinharay, 2013).

La troisième étape symbolise l'étape d'administration et de consolidation des différentes réponses des participants aux tests (Bertrand & Blais, 2004). A ce stade, les EGE sont souvent confrontées au défi d'évaluer des domaines et des sujets larges et ce, à travers des tests administrés en une heure ou deux heures (Von Davier & Sinharay, 2013). Pour faire face à cet écueil, les programmes d'évaluation utilisent plusieurs blocs de tests liés entre eux par des items d'ancrage et chaque groupe de participants n'est évalué que sur une partie du contenu du cadre de référence des tests (Von Davier & Sinharay, 2013). Les trois dernières étapes consistent à procéder à un ensemble d'analyses qui vont aboutir à la construction d'échelles ou à l'assignation de scores sensés refléter le construit qui est mesuré (Bertrand & Blais, 2004). Ces trois dernières étapes de la partie du processus de mesure, qui se font à l'aide de modèles de mesures, sont les étapes qui nous intéressent dans le cadre de ce travail; l'instrumentation et la passation des tests étant des domaines assez vastes qui font également l'objet de plusieurs recherches.

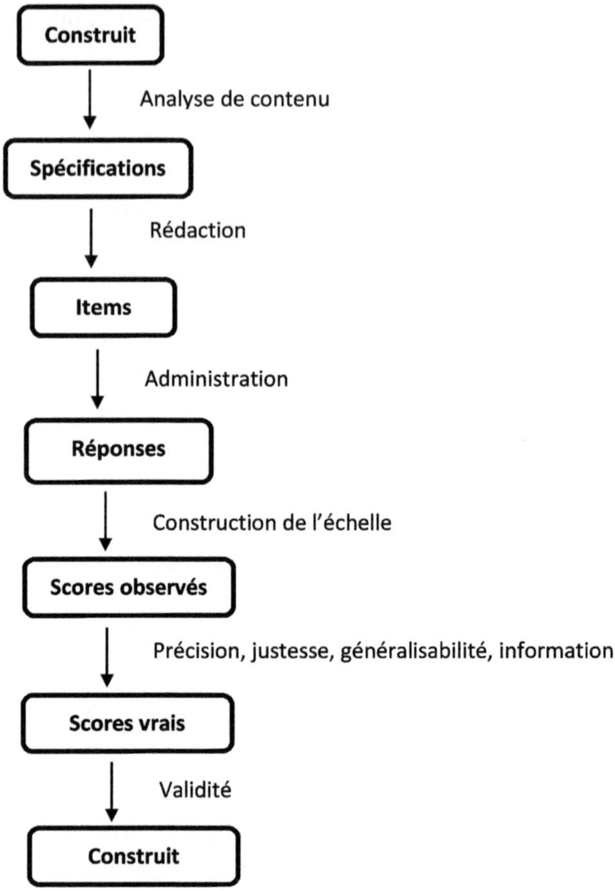

Figure 1 Processus de mesure des attributs psychologiques (Bertrand & Blais, 2004, p.32)

Dans le cadre des EGE, les participants fournissent, en remplissant un ou plusieurs questionnaires, une variété d'informations en plus des réponses aux questions du test (Loye, 2011 ; Von Davier & Sinharay, 2013). Ce questionnaire permet de recueillir des informations, dites covariables, sur l'environnement scolaire et extrascolaire des participants, leurs activités académiques et non académiques, leurs attitudes, leurs impressions ainsi que des variables démographiques les concernant (Loye, 2011 ; Von Davier & Sinharay, 2013). Le traitement de cet ensemble de données se fait en deux temps à l'aide de modèles de mesures distincts (Von Davier & Sinharay, 2013). Dans un premier temps, un modèle estime les habiletés ou performances des participants, puis un autre modèle intègre les covariables aux résultats pour déceler des éventuels liens entre celles-ci et les performances aux tests (Von Davier & Sinharay, 2013).

L'estimation des performances dans les EGE se fait généralement à l'aide de trois modèles de mesure : (1) le modèle de la théorie classique, (2) le modèle de la théorie de la généralisabilité et (3) le modèle de la théorie des réponses à l'item (TRI) (Mislevy, 2018). Ces trois modèles de mesures sont cependant essentiellement axés sur les processus mentaux qui se rapportent aux fonctions de connaissance, à la mémoire, au raisonnement, à la prise de décision et autres aspects liés à la cognition (Von Davier & Sinharay, 2013). Ainsi, ils ne prennent pas en considération des facteurs externes dans la mesure d'un construit (Mislevy, 2018 ; Von Davier & Sinharay, 2013). L'utilisation de ces différents modèles pour estimer les performances des individus dans les EGE soulève toutefois quelques critiques.

Dans le domaine de l'évaluation, l'idée d'un individu intériorisant des connaissances dans lesquelles il puiserait pour résoudre des problèmes, est en train de s'effacer progressivement au profit de celle d'un individu qui interagirait avec son milieu et qui mobiliserait des ressources personnelles et externes pour résoudre ces problèmes (Mislevy, 2018 ; Mondada & Pekarek, 2000). Dans cette perspective, les processus mentaux sont des processus sociaux situés, liés ainsi à des valeurs culturelles ou institutionnelles, et des possibles interactions entre les individus et leur environnement (Mislevy, 2018 ; Mondada & Pekarek, 2000). Dans le cadre des EGE, les épreuves se déroulent dans des pays et des régions où résident des populations de culture, de langue et de situations économiques différentes (Sireci, 2011). De même, chacun de ces pays offre des cadres d'apprentissages scolaires à sa population en fonction de sa propre politique en matière d'éducation (Sireci, 2011). Dans la littérature, plusieurs écrits interrogent la capacité de ces évaluations à fournir des tests et des résultats qui tiennent compte de toute cette diversité (Zumbo, 2007).

Des recherches montrent par exemple que des versions traduites d'un même test, en raison des spécificités linguistiques propres aux pays ou à des régions, fonctionnent différemment (Ercikan,1998). C'est le cas des tests PIRLS et TIMSS en langue et en sciences qui favoriseraient des élèves canadiens anglophones, comparativement à leurs camarades francophones (Ercikan,1998). Les résultats montrent que des versions différentes d'un même test pourraient évaluer différents construits à cause des biais liés à la traduction et compromettre ainsi la comparabilité des résultats entre pays (Ercikan,1998). Dans le même sillage, des études montrent que les différences en termes de contenu de programmes scolaires au sein des pays jouent également un rôle dans les performances des élèves (Ercikan, 2002 ; Ercikan & Koh, 2005). Les études d'Ercikan (2002) et d'Ercikan et Koh (2005) montrent en effet que les résultats des élèves canadiens, français, anglais et américains aux tests de mathématiques et de sciences de TIMSS de 1995 sont liés aux différents curricula dans ces pays.

Les différences culturelles et les pratiques pédagogiques dans les pays apparaissent également comme des entraves aux comparaisons internationales des résultats aux EGE (Huang et al., 2016). Huang et al. (2016) ont pu montrer que ces facteurs imposaient des limites à comparer les résultats aux tests PISA de 2006 entre des pays comme le Canada, les Etats-Unis, Hong Kong et la Chine. A cause des différences culturelles et des pratiques pédagogiques propres à ces pays, les résultats des tests PISA 2006 semblaient mesurer différents construits en fonction de ces pays (Huang et al., 2016).

Ces quelques exemples, parmi tant d'autres, soulignent la difficulté pour les résultats aux tests des EGE à tenir compte de la diversité des contextes dans lesquels évoluent les différents participants aux tests (Sireci, 2011). Pourtant, ces mêmes résultats, comme nous l'avons exposé dans les sections précédentes, s'imposent de plus en plus dans les pays comme des outils indispensables d'aide à la décision en matière de politiques éducatives (Loye, 2011 ; Wagemaker, 2013). De même, les impacts possibles de ces résultats sur les réformes curriculaires et pédagogiques sont considérables (Wagemaker, 2013). De telles implications poussent aujourd'hui les chercheurs à envisager d'autres avenues permettant de réduire, davantage, les problèmes liés à l'estimation des performances dans le cadre de ces évaluations (Mislevy, 2018). L'approche écologique est un cadre théorique qui se propose d'apporter des solutions à une telle problématique.

Cette approche permet de conceptualiser la performance à un test comme étant le produit à la fois des capacités cognitives des individus, de leurs caractéristiques individuelles et des caractéristiques sociales et contextuelles de l'environnement dans lequel ils évoluent (Zumbo et al., 2015). Avant de souligner les éclairages que l'approche écologique fournit pour comprendre les mécanismes qui entrent en jeu dans la réalisation d'une performance à un test, nous revenons brièvement sur la théorie du développement humain de Bronfenbrenner, principale source des « écologistes » de la mesure (Zumbo et al., 2015).

3. Cadre théorique

3.1 L'approche écologique en évaluation

Les approches évaluatives traitent des différentes orientations d'ordre pratique autour de l'organisation des activités d'évaluation (Daigneault, 2011; Pangaro et al., 2018). Elles orientent également sur la nature du savoir généré à propos de l'objet évalué (construction du savoir) et des valeurs représentées dans l'évaluation (Daigneault, 2011; Jouquan, 2002). L'approche écologique en évaluation est un courant qui repose sur la théorie du développement humain du psychologue américain Urie Bronfenbrenner (Papalia et al., 2010). Cette théorie s'inspire de l'écologie en biologie et s'intéresse à l'individu et aux possibles interrelations qu'il pourrait entretenir avec son environnement (Papalia et al., 2010). Dans le paradigme écologique, le développement est tributaire d'interactions mutuelles et permanentes entre l'individu et son environnement (Bronfenbrenner, 1994; Malo, 2000; Papalia et al., 2010). Compte tenu de l'importance de l'environnement, cette approche se penche sur la mesure des possibles effets des facteurs environnementaux (géographiques, culturels, familiaux, politiques, économique, etc.) sur l'individu et des interactions entre ces facteurs (Malo, 2000; Papalia et al., 2010). Pour modéliser son approche, Bronfenbrenner (1979) développe une taxonomie d'environnements emboités les uns aux autres.

3.1.1 L'écologie du développement humain de Bronfenbrenner

Le modèle du développement humain de Bronfenbrenner (1979) repose sur six principales couches: (1) l'ontosystème, (2) le microsystème, (3) l'exosystème, (4) le macrosystème, (5) le mésosystème et le (6) le chronosystème (Malo, 2000; Papalia et al., 2010).

> ***L'ontosystème**:* Il représente l'individu avec toutes ses caractéristiques personnelles sur le plan physique, émotionnel, intellectuel et comportemental (Hayes et al., 2017; Malo, 2000; Papalia et al., 2010). Ces caractéristiques peuvent être innées ou acquises chez l'individu.
>
> ***Le microsystème:*** Pour Bronfenbrenner (1979), le microsystème représente l'environnement immédiat dans lequel se trouve l'individu et où il a une participation active et directe (Hayes et al., 2017; Malo, 2000; Papalia et al., 2010). Ce niveau englobe des personnes, des lieux physiques ou des objets qui s'y trouvent ou encore des activités qui peuvent s'y dérouler ou des rôles qu'il peut y tenir (Hayes et al., 2017; Malo, 2000; Papalia et al., 2010).
>
> ***L'exosystème**:* Celui-ci renvoie aux milieux qui peuvent avoir des influences sur le développement de l'individu sans pour autant que ce dernier ne soit directement impliqué (Hayes et al., 2017; Malo, 2000; Papalia et al., 2010). L'exosystème compte alors tous les lieux physiques, avec les personnes et les objets qu'ils contiennent et les activités et rôles qui s'y déroulent, mais aussi, toutes les décisions qui sont prises dans cet environnement (Malo, 2000).

Le macrosystème: Il englobe l'ensemble de croyances, idéologies, valeurs politiques ou économiques et normes véhiculées dans une société (Hayes et al., 2017; Malo, 2000; Papalia et al., 2010). Le niveau inclut également les différentes cultures véhiculées dans les sociétés (Hayes et al., 2017; Malo, 2000; Papalia et al., 2010).

Le mésosystème: Celui-ci renferme les différents liens et interactions qui peuvent exister entre deux ou plusieurs microsystèmes en termes d'échanges et d'interactions (Hayes et al., 2017; Malo, 2000; Papalia et al., 2010).

Le chronosystème: Il renferme les temporalités de la vie de l'individu en termes de temps biologique (naissance, anniversaire, . . .), familial et autres (Malo, 2000). Le chronosystème contient également toutes les possibles influences liées au temps à l'exemple de l'effet que pourrait avoir l'expérience sur le comportement futur d'un individu ou l'effet de l'âge sur ses capacités cognitives (Malo, 2000).

Le modèle du développement humain Bronfenbrenner (1979) permet d'appréhender certains comportements ou certains troubles qui pourraient subvenir dans le développement des individus notamment chez les enfants (Absil et al., 2012). Des résultats dans le domaine de la recherche en psychologie montrent qu'un individu ayant à sa naissance des prédispositions désavantageuses et qui grandit dans un environnement riche en opportunités pourrait se développer de façon harmonieuse (Absil et al., 2012; Malo, 2000; Papalia et al., 2010). A l'inverse, un individu né avec un potentiel élevé peut développer certains troubles s'il évolue dans un environnement pauvre en opportunités (Absil et al., 2012; Malo, 2000; Papalia et al., 2010). Le développement physique ou cognitif chez un individu ne serait donc pas un acte isolé, mais plutôt le résultat d'un ensemble d'éléments individuels et environnementaux en constance interactions (Absil et al., 2012; Malo, 2000; Papalia et al., 2010).

S'inspirant de l'approche Bronfenbrenner (1979), les écologistes dans le domaine de l'évaluation insistent également sur la nécessité de tenir compte, au moment de l'évaluation, des caractéristiques individuelles des apprenants, et de leurs environnements avant de porter un jugement sur leurs résultats (Fox, 2003; McNamara, 1997; McNamara, 2007; McNamara & Roever, 2006). La prise en compte du contexte social de l'évaluation au moment de cette appréciation fournirait un aperçu plus juste de leurs performances (McNamara, 2007). Outre l'intérêt autour des possibles interactions entre l'individu évalué et son environnement, l'approche écologique reconnait la multi-dimensionalité des compétences à évaluer (Jouquan, 2002).

En évaluation, le modèle écologique de Zumbo et al. (2015), qui s'inspire du modèle de développement humain de Bronfenbrenner (1979), est à notre connaissance le plus exhaustif. Dans le cadre de cette étude, nous ne présentons que ce modèle.

3.1.2 Le modèle écologique en évaluation

Le modèle écologique que proposent Zumbo et al. (2015) repose sur cinq couches : (1) le format et le contenu du test, (2) les caractéristiques individuelles, (3) l'environnement scolaire, (4) l'environnement extra-scolaire et, (5) les caractéristiques de la communauté (Zumbo et al., 2015). Le but principal avec les couches du modèle est de recenser de manière exhaustive, les différents éléments qui pourraient médier les performances cognitives des individus au moment de l'évaluation (Zumbo et al., 2015).

> ***Le format et le contenu de l'évaluation :*** Cette couche renferme les différentes caractéristiques de l'évaluation ainsi que son contenu (Zumbo et al., 2015). Dans cette couche, Zumbo et al. (2015) abordent également la question en lien avec la dimensionnalité des tests ou des tâches à effectuer. Des individus, peu familiers avec le format des questions d'un test ou les termes et expressions contenues dans ces questions, auraient de faibles probabilités à fournir de bonnes réponses (McNamara, 2007 ; McNamara & Roever, 2006). Cependant, ces individus ne seraient pas pour autant moins habiles que ceux qui fourniraient de bonnes réponses à ces questions (McNamara, 2007 ; McNamara & Roever, 2006). Des versions traduites d'un même test pourraient également mesurer différents construits (Zumbo et al., 2015). Les biais liés à la traduction sont assez récurrents et pourraient compromettre l'idée de comparer des individus qui passent différentes versions d'un même test, lorsque cet aspect n'est pas pris en compte (Ercikan, 1998 ; Ercikan, 2002 ; Ercikan & Koh, 2005).
>
> ***Les caractéristiques individuelles :*** La deuxième couche du modèle écologique de Zumbo et al. (2015) renferme les caractéristiques individuelles des apprenants (Zumbo et al., 2015). A l'instar de l'ontosystème dans le modèle du développement humain de Bronfenbrenner (1979), ces caractéristiques peuvent être physiques, émotionnelles, intellectuelles ou comportementales. Pendant longtemps, les caractéristiques individuelles ont en effet focalisé l'attention des chercheurs sur les disparités au niveau des résultats des tests (Zumbo et al., 2015). Plusieurs travaux de recherches indexent le sexe comme un élément justifiant les performances des individus (Martinková et al., 2017 ; Ryan & Chiu, 2001 ; Taylor & Lee, 2012). Cependant, certains auteurs réfutent de plus en plus cette idée d'une performance à un test liée au sexe (Zumbo et al.,

2015). Ces derniers se tournent vers d'autres facteurs tel que le statut socio-économique (Willms, 2003), la maitrise de la langue d'enseignement (Mc Andrew et al., 2008), la personnalité, l'état de santé, le niveau de concentration ou encore le parcours scolaire (Papalia et al., 2010). Ces différents éléments pourraient justifier les performances des individus aux tests (Zumbo et al., 2015).

L'environnement scolaire : Cette couche renferme les différents éléments de l'environnement immédiat et éloigné de l'apprenant dans le milieu éducatif (Zumbo et al., 2015). Ce sont, notamment, les différentes ressources matérielles mises à la disposition de l'apprenant, de ses enseignants et de ses camarades. Contrairement à Bronfenbrenner (1979), Zumbo et al. (2015) ne font pas de distinctions entre l'environnement direct et indirect des apprenants, mais plutôt entre l'environnement scolaire et extrascolaire. Beaucoup d'études qui s'intéressent aux performances scolaires révèlent des effets significatifs qu'auraient les ressources d'une école et d'une salle de classe sur les performances des élèves (Willms, 2003). Ces ressources peuvent être pédagogiques, matérielles ou humaines (Willms, 2003). De même, dans une recension récente d'écrits, Poulin et ses collègues (2015) indiquent que certaines études lient la performance scolaire au climat qui prévaut dans les établissements scolaires. Des élèves victimes de violences de la part de leurs pairs auraient de faibles performances scolaires (Poulin et al., 2015).

L'environnement extrascolaire : Cette strate fait référence à l'environnement familial de l'individu, sa communauté, sa ville, etc. (Zumbo et al., 2015). Ces milieux peuvent notamment avoir de l'influence sur l'individu (Zumbo et al., 2015). Dans son étude par exemple, Koné (2007) montre que le cadre familial a un impact sur les performances aux tests de langues pour des élèves allophones arabes et créoles vivant à Montréal. En effet, elle souligne que la pratique de la langue d'enseignement dans un contexte familial ainsi que le soutien scolaire des proches ont des effets positifs sur les résultats aux tests de langues des élèves (Koné, 2007). A l'inverse, ceux des élèves n'ayant pas ce soutien ou qui ne pratiquent la langue d'enseignement que dans un contexte d'apprentissages auraient de faibles performances (Koné, 2007).

Les caractéristiques de la communauté : La dernière couche du modèle écologique de Zumbo et al. (2015) est à l'image du macrosystème de Bronfenbrenner (1979). Cependant, en plus d'englober l'ensemble de croyances, d'idéologies, de valeurs politiques ou économiques dans une société, elle englobe également le voisinage ou de façon plus large, les autres groupes d'individus vivant dans un même pays (Zumbo et al., 2015.) Willms (2003) souligne justement que le statut socioéconomique moyen d'une collectivité aurait un effet sur les performances scolaires des individus de cette collectivité. Asil et Brown (2016) montrent également que le niveau de développement économique des pays aurait un impact sur les performances des élèves aux tests de lecture de PISA 2009.

Le modèle écologique de Zumbo et al. (2015) essaye donc de tenir compte du maximum de facteurs qui concourent à générer la réponse à un item. Ils préconisent également la prise en compte de tous ces facteurs au moment d'estimer la performance à un test (Zumbo et al., 2015). De ce fait, ils se détachent de la posture qui consiste à estimer les performances uniquement sur la base des réponses des participants et à les expliquer ensuite à l'aide des facteurs contextuels.

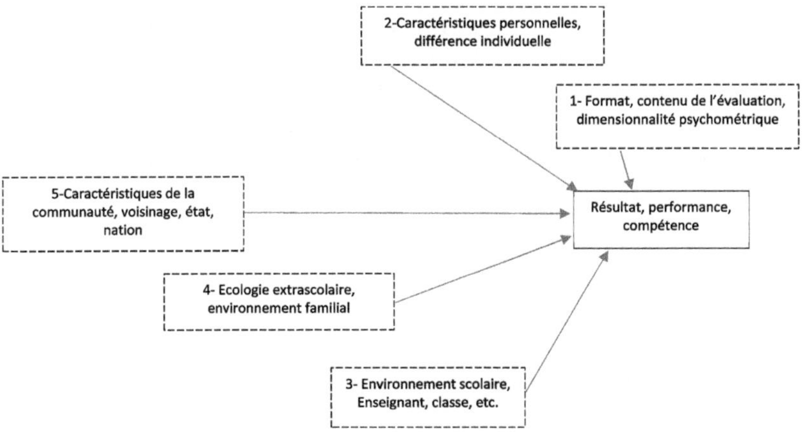

Figure 2 Modèle écologique en évaluation
Source : Zumbo et al., 2015, p.5

A travers les sections précédentes, nous avons montré que les EGE sont des évaluations à grands enjeux dans plusieurs pays (Loye, 2011 ; Wagemaker, 2013). Cependant, les programmes d'EGE utilisent des modèles de mesure qui ne tiennent compte que des réponses des participants pour mesurer leurs performances aux tests (Bertrand & Blais, 2004 ; Von Davier & Sinharay, 2013). Cette approche présente des limites qui pourraient remettre en cause la comparabilité des résultats entre groupes d'individus (Huang et al., 2016 ; Oliveri et al., 2012 ; Zumbo, 2007). Des recherches récentes suggèrent de considérer une performance à un test comme un phénomène qui se réalise dans un réseau interconnecté de connaissances, de caractéristiques individuelles et de contextes particuliers (Mislevy, 2018 ; Zumbo et al., 2015). La perspective écologique de Zumbo et al. (2015), qui apparait fort intéressante, s'inscrit dans cette logique.

L'hypothèse que nous faisons également dans le cadre de cette étude est qu'un processus de mesure, qui intègre à la fois des réponses aux items et des données contextuelles pour estimer les performances à un test, pourrait fournir une lecture fort intéressante des résultats et suggérer de nouvelles pistes pour les prises de décisions. L'objectif principal de notre recherche sera donc de répondre à la question générale suivante :

Comment la mesure des performances qui intègre une approche écologique influence-t-elle les résultats du test en lecture du PASEC2014 ?

Répondre à cette question nécessitera, bien évidemment, de rendre opérationnelle la mesure dans une approche écologique. Pour répondre à cette préoccupation, nous retenons la proposition de Zumbo et al. (2015) qui nous suggèrent de regarder du côté du modèle d'analyse des classes latentes avec covariables (ACL). Comme nous le verrons dans la section suivante, le modèle ACL avec covariables, combinaison du modèle ACL et du modèle de régression logistique multinomiale, permet d'intégrer, au même moment et dans un même modèle, des réponses aux items et les éléments conxtextuels en lien avec les individus qui ont passé ce test (Collins & Lanza, 2009 ; Zumbo et al., 2015).

4. Méthodologie

4.1 Données de recherche

Les données de cette étude proviennent des données d'évaluation PASEC 2014 portant sur les résultats au test de lecture des élèves francophones de 6e année du primaire au Cameroun. Ces élèves sont au nombre de 2186, répartis dans 167 écoles francophones et regroupés dans trois strates[5]. Le tableau 1 présente la répartition de ces élèves par école et par strate.

[5] Le PASEC a procédé au regroupement des écoles des 10 régions du Cameroun par strates relativement homogènes sur la base des caractéristiques socioéconomiques et culturelles desdites régions (PASEC, 2015). Ainsi le plan d'échantillonnage PASEC2014 est composé de trois strates : (i) la strate du Grand Nord qui contient des écoles des régions de l'Adamaoua, de l'Extrême-Nord et du Nord, (ii) la strate du Grand Centre composée d'écoles des régions du Centre, de l'Est et du Sud et (iii) la strate du Grand Ouest qui regroupe des écoles des régions du Littoral, du Nord-Ouest, de l'Ouest et du Sud-Ouest (PASEC, 2016).

Tableau 1 Echantillon réalisé en 6e année primaire au Cameroun

Strates	Ecoles	Elèves
Grand Ouest	50	851
Grand Centre	62	690
Grand Nord	55	645
Total	**167**	**2 186**

Source : PASEC, 2016

Les tests de lecture de 6e année primaire PASEC2014, de type « papier-crayon », mesurent des compétences qui doivent, d'une part permettre aux élèves de comprendre, d'apprendre et de s'adapter à des situations quotidiennes courantes et d'autre part, leur permettre de poursuivre une scolarité post-primaire dans de meilleures conditions (PASEC, 2015). Ces élèves ont effectué des exercices sur le décodage de mots et de phrases isolés ainsi que sur la compréhension de textes, pour un total de 23 items (PASEC, 2015). Le tableau 2 présente un récapitulatif des sous-domaines évalués en lecture et leur poids.

Tableau 2 Récapitulatif des sous-domaines évalués en lecture et leur poids

	Sous-domaines évalués	Poids dans le test
Lecture		
	Décodage de mots et de phrases isolés	26 %
	Compréhension de textes	74 %

Source : PASEC, 2015

Les questionnaires contextuels soumis aux élèves, aux enseignants, aux directeurs d'écoles et aux responsables des ministères en charge de l'éducation ont permis au PASEC de recueillir une quantité importante d'informations. Les questionnaires « élèves » captent des informations sur les caractéristiques familiales des élèves, leur parcours scolaire, leur ressenti à propos de leur bien-être à l'école, leur appréciation du travail qu'ils fournissent à l'école, leur gout pour la lecture et les mathématiques, leur santé et aussi sur les ressources éducatives et les occasions d'apprentissage auxquels ils ont accès à domicile (PASEC, 2017a, 2017b, 2017c). Les questionnaires « enseignants » collectent des informations sur ces derniers et sur la classe dans laquelle ils donnent cours, à l'instar des infrastructures et des ressources éducatives (PASEC, 2017a, 2017b, 2017c). Les directeurs des écoles ont de leur côté répondu à des questions sur des thématiques en lien avec l'environnement scolaire et leur fonction (PASEC, 2017a, 2017b, 2017c). Le tableau 3 présente les données retenues dans le cadre de cette étude par niveau de regroupement PASEC2014.

Tableau 3 Classification PASEC2014 de ses données contextuelles par niveau

Niveau	Regroupement	Données contextuelles
Niveau 1	L'élève et son milieu familial	Sexe
		Âge
		Indice socioéconomique
		Redoublement
		Préscolaire
Niveau 2	L'environnement de la classe	Indice de ressources pédagogiques de la classe
		Sexe de l'enseignant
		Niveau universitaire de l''enseignant
		Ancienneté de l'enseignant
Niveau 3	L'environnement de l'école	Statut de l'école
		Zone de l'école
		Sexe du directeur
		Niveau universitaire du directeur

Source: PASEC, 2017c

A ces différentes variables, nous avons associé des indices présents dans la base de données PASEC2014, lesquels sont notamment l'indice socioéconomique de l'élève[6], l'indice de ressources pédagogiques de la classe[7], l'indice d'implication de la communauté[8] et l'indice

6 L'indice socioéconomique de la famille de l'élève renferme des informations sur la disponibilité de biens matériels dans les ménages et les caractéristiques de l'habitation (PASEC, 2015). L'indice socioéconomique ainsi calculé repose sur une échelle dont la moyenne est de 50 et l'écart-type de 10 (PASEC, 2015).

7 L'indice de ressources pédagogiques de la classe regroupe des informations sur le niveau d'équipement de la classe comme la disponibilité des manuels pour les élèves, les documents et matériels pédagogiques pour les enseignants et le mobilier de classe (PASEC, 2015). Ces données sont synthétisées sur une échelle ayant une moyenne de 50 et un écart-type de 10 dans le but de construire l'indice d'équipement de la classe (PASEC, 2015).

8 L'indice d'implication de la communauté synthétise un ensemble de variables contextuelles que sont: la présence ou non au sein de l'école d'une association de parents d'élèves et d'enseignants (APEE), d'une association des mères éducatrices (AME), d'une coopérative scolaire, d'un conseil d'école ou encore d'un comité de gestion, l'existence de différentes collaborations entre l'école et la collectivité locale, la fréquence de ces collaborations au cours d'une année scolaire, et divers appuis que la collectivité apporte aux écoles (PASEC, 2017b)

d'aménagement du territoire[9]. Pour le besoin de l'étude, nous avons redistribué ces variables en différentes couches du modèle écologique de Zumbo et al. (2015). Le tableau 4 présente cette distribution ainsi qu'une description de ces variables, leur format et leurs modalités.

Tableau 4 Sommaire des variables utilisées et leur classification dans le modèle écologique de Zumbo et al. (2015)

Couche	Variable	Libellé	Format	Modalités
Couche 1 : format et contenu du test	f1–f23	Items f1 à f3	Binaire	**1** : Bonne réponse **2** : Mauvaise réponse
Couche 2 : caractéristiques individuelles	Sexe	Sexe de l'élève	Binaire	**0** : Fille **1** : Garçon
	Age		Continue	Numérique
	SES	Indice socioéconomique	Continue	Numérique
	Redoublement		Binaire	Numérique
	Préscolaire	Genre de l'élève	Binaire	**1** : Fille **2** : Garçon
Couche 3 : environnement scolaire	Sexe_ens	Sexe de l'enseignant	Binaire	**0** : Femme **1** : Homme
	Niveau_univ_ens	L'enseignant a un niveau universitaire	Binaire	**0** : Non **1** : Oui
	Anc_ens	Ancienneté de l'enseignant (en années)	Continue	Numérique
	Sexe_dir	Sexe du directeur	Binaire	**0** : Femme **1** : Homme
	Niveau_univ_dir	Le directeur a un niveau universitaire	Binaire	**0** : Non **1** : Oui
	Zone	Zone où est située l'école	Nominale	**0** : Rurale **1** : Urbaine

(*suite*)

9 L'indice d'aménagement de la localité de l'école est calculé sur la base de la présence dans la localité de certains biens et services tel que la route goudronnée, l'électricité, le collège, le lycée, l'hôpital, le centre de soin ou de santé, le poste de gendarmerie ou de police, la banque, la caisse d'épargne, le bureau de poste, le centre culturel ou la bibliothèque (PASEC, 2015)

Tableau 4 Suite

Couche	Variable	Libellé	Format	Modalités
	Indice_resso_peda_mt	Indice de ressources pédagogiques de la classe	Continue	Numérique
Couche 4 : environnement extrascolaire	Langue	Langue française parlée à la maison	Binaire	**1** : Toujours ou parfois **2** : Jamais
Couche 5 : caractéristiques de la communauté	Iindice_impli_communau	Indice d'implication de la communauté	Continue	Numérique
	Indice_amenag_terri	Indice d'aménagement du territoire	Continue	Numérique

4.2 Analyses

L'analyse de classes latentes (ACL) est une méthode qui permet d'appréhender des variables non observables directement (variables latentes) mais dont les valeurs peuvent être estimées à partir de variables manifestes (Collins & Lanza, 2009 ; Lazarsfeld & Henry, 1968). Elle permet ainsi, d'explorer des structures sous-jacentes parmi un ensemble de variables observées dans une perspective exploratoire ou de tester des hypothèses sur ces structures dans une perspective confirmatoire (McCutcheon, 1987).

Selon Collins et Lanza (2009), une classe latente se réfère à un groupe non observable directement mais pouvant être identifié à partir de schémas de réponses observées à un ensemble de variables. Ces variables observées, également appelées variables manifestes, sont utilisées pour estimer les valeurs des variables latentes. Une classe latente est caractérisée par un ensemble de probabilités qui déterminent la prévalence de chaque individu dans cette classe, ainsi que les probabilités conditionnelles associées à chaque modalité de réponse des variables observées pour les membres de cette classe (Lazarsfeld & Henry, 1968). Les classes latentes sont mutuellement exclusives et exhaustives, ce qui signifie qu'un individu est attribué à une seule classe latente en fonction de sa plus grande probabilité de prévalence (Collins & Lanza, 2009). Elles permettent ainsi de regrouper des individus similaires, ayant des schémas de réponses similaires aux variables observées, facilitant dès lors l'analyse et l'interprétation des modèles (Collins & Lanza, 2009).

Les variables latentes qui découlent des analyses ACL sont catégorielles ; ce qui suppose l'existence des différences quantitatives et qualitatives entre les groupes d'individus ou objets sur le construit mesuré

(Collins & Lanza, 2009). Les analyses ACL sont généralement identifiées comme des approches orientées « personne » car elles se focalisent sur les relations entre individus et ce, sur la base de leurs schémas de réponses aux variables observées qui seraient pertinentes pour le problème considéré (Collins & Lanza, 2009). Le modèle identifie ensuite des sous-types d'individus relativement homogènes à l'aide de leurs schémas de réponses (Collins & Lanza, 2009).

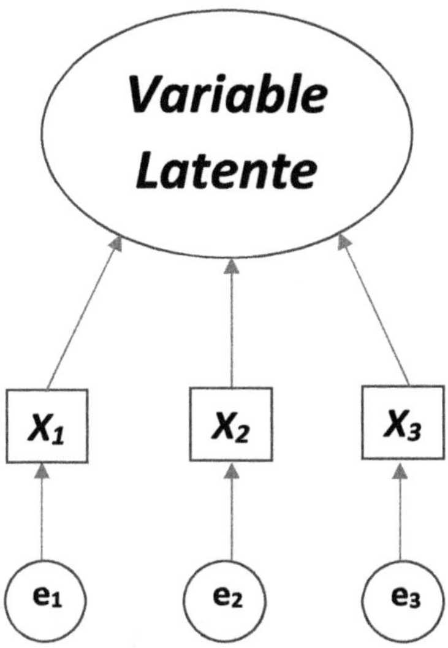

Figure 3 Variable latente avec trois variables observées
Source : Collins & Lanza, 2009, p.5

Dans une situation où on aurait un ensemble de variables manifestes j avec $j = 1,\ldots,J$ et chaque variable observée J associée à un nombre de catégories de réponses noté r_j avec $r_j = 1,\ldots,R_j$, l'ensemble des patrons de réponses possibles formerait une table de contingence comportant $W = \prod_{j=1}^{J} R_j$ cellules. L'ensemble des patrons de réponses ferait l'objet d'une matrice Y ayant W lignes et J colonnes où chaque ligne de cette matrice correspondrait à un patron de réponses et serait associée à une probabilité $P(Y = y)$; la somme des probabilités pour l'ensemble des patrons de réponses étant égale à 1.

Une analyse ACL consisterait à dégager une variable latente catégorielle notée L constituée de classes latentes notées c avec $c = 1,\ldots,C$. Ainsi, chaque individu est caractérisé par sa probabilité d'appartenir à une classe latente c, ce paramètre étant appelé prévalence et noté γ_c . Les classes latentes étant mutuellement exclusives et exhaustives, ce qui se traduit par $\sum_{c=1}^{C}\gamma_c = 1$, chaque individu sera classé dans la classe latente où il aura la prévalence la plus élevée.

Les individus d'une même classe latente sont également caractérisés par leurs probabilités de choisir chacune des modalités de réponse de chaque item, notées ρ_{j,r_j} (Collins & Lanza, 2009). Ainsi, le paramètre $\rho_{j,r_j c}$ correspond à la probabilité conditionnelle qu'un individu fasse le choix de la modalité de réponse r_j pour la variable j sachant qu'il appartient à la classe c; étant donné que chaque individu ne choisit qu'une seule modalité de réponse à une question donnée, on a $\sum_{r_j=1}^{R_j}\rho_{j,r_j c} = 1$.

En considérant y_j la valeur de la réponse donnée par un individu à la question j, l'indicateur $I\left(y_j = r_j\right)$ prend la valeur 1 lorsque $y_j = r_j$ et la valeur 0 sinon. L'équation du modèle ACL correspond donc à la probabilité d'observer un vecteur particulier de réponses *y*. Cette probabilité est alors fonction des probabilités d'appartenance de l'individu aux classes latentes et des probabilités conditionnelles d'observer chaque réponse en fonction de l'appartenance à une classe latente (équation 1).

$$P\left(Y = y\right) = \sum_{c=1}^{C}\gamma_c \prod_{j=1}^{J}\prod_{r_{j=1}}^{R_j}\rho_{j,r_j c}^{I\left(y_j = r_j\right)} \qquad (1)$$

L'ajout de covariables au modèle ACL permet de décrire la formation des classes latentes et de les caractériser (Collins & Lanza, 2009). Pour une covariable X, et les mêmes notations que pour l'équation 1, le modèle ACL avec covariables correspond à l'équation 2 ci-après.

$$P\left(Y = yX = x\right) = \sum_{c=1}^{C}\gamma_c\left(x\right) \prod_{j=1}^{J}\prod_{r_{j=1}}^{R_j}\rho_{j,r_j c}^{I\left(y_j = r_j\right)} \qquad (2)$$

Dans cette équation, γ_c (x) est un modèle logistique multinomial correspondant à l'équation 3 pour une seule covariable (l'indice $c' = 1,\ldots,C-1$ correspond à l'utilisation de la classe C comme référence). L'équation 2 peut être généralisée afin de tenir compte de plusieurs covariables (équation 3).

$$\gamma_c(x) = P(L = cX = x) = \frac{e^{\beta_{0c} + \beta_{1c}x}}{1 + \sum_{c'=1}^{C-1} e^{\beta_{0c'} + \beta_{1c'}x}} \quad (3)$$

Comme dans toutes les régressions, l'ACL avec covariables prend en compte des variables catégorielles et continues comme covariables (Collins & Lanza, 2009). Ce modèle traite toutes les covariables comme des variables numériques; cela implique souvent une codification des variables prédictives catégorielles en «variables factices» binaires (0/1) (Collins & Lanza, 2009). La variable sexe, par exemple, peut être recodifiée dans une variable factice qui prend la valeur 0 pour les femmes et 1 pour les hommes ou inversement. Les variables continues ne nécessitent pas de recodification. Cependant, Collins et Lanza (2009) proposent de standardiser ces variables pour faciliter l'interprétation des résultats.

Lubke et Muthén (2007) proposent de tester le modèle en incluant une covariable à la fois, puis, d'inclure dans le modèle final, uniquement les covariables qui ont eu un effet significatif sur la formation des classes. Ils suggèrent ensuite d'étudier les autres variables à postériori pour caractériser les différents profils (Lubke & Muthén, 2007).

L'ACL avec covariables nécessite également la désignation d'une variable latente comme catégorie de référence (Collins & Lanza, 2009). Le choix de cette dernière est arbitraire et n'affecte pas les résultats de manière substantielle. Cependant, ce choix doit être judicieux afin de faciliter l'interprétation des résultats (Collins & Lanza, 2009).

Pour cette étude, les 23 items au test de lecture PASEC2014 représentent nos variables manifestes qui ont servi à l'estimation des variables latentes, dans l'analyse ACL avec covariables que nous avons effectuée. D'un autre côté, les variables du tableau 4 sont celles ayant servi comme covariables dans notre modèle.

4.3 Considérations éthiques

Les données PASEC2014 sont disponibles, après demande, sur le site internet du PASEC à l'adresse http://www.pasec.confemen.org/donnees. Sur cette page, les termes suivants apparaissaient dans la rubrique «conditions d'utilisation»:

- Informer le PASEC et, le cas échéant, fournir les résultats (publication, document de travail, article scientifique, etc.) issus de l'exploitation des données obtenues;
- Citer clairement le PASEC dans les références de ses travaux;

- Si les travaux de recherche de l'utilisateur sont disponibles sur Internet, le PASEC se propose, après approbation de celui-là, de diffuser leur lien sur le site Internet de la CONFEMEN et du PASEC ;
- L'utilisation faite des données n'engage que leur utilisateur et, en aucun cas, le PASEC ne pourra en être tenu responsable.

Les données PASEC2014 sont des données anonymes dépouillées de toute indication qui pourrait permettre de reconnaitre une école participante ou un élève. Des codes numériques permettent de représenter écoles et élèves. De même, cette étude est tirée, en partie, de nos travaux de recherche de maitrise qui ont obtenu un certificat éthique, sous le No CEREP-20-006-D, auprès du Comité d'éthique de la recherche en éducation et en psychologie de l'Université de Montréal.

5. Résultats

Compte tenu de la nature de notre échantillon, lequel est composé de sous-groupes (strates), nous avons procédé à une analyse préalable de l'invariance de la mesure ACL sur ces données. Le but de cette analyse, comme le mentionnent Collins et Lanza, (2009), est de déterminer s'il est plus judicieux de mener une seule analyse ACL sur l'ensemble des données ou de mener des analyses ACL séparées par sous-groupes (dans notre cas, par strates), les considérant comme des sous-ensembles de données distinctes. Les résultats que nous avons obtenus suggèrent de rejeter l'hypothèse de l'invariance de la mesure pour les données globales et donc, d'analyser nos données en sous-groupes, soit par strates. Une description de l'analyse de l'invariance de mesure en ACL ainsi que les différents résultats obtenus sont consignés dans l'annexe 1.

Une comparaison des indicateurs d'ajustement sur 6 modèles d'ACL par strate, comme le montrent les tableaux 5, 6 et 7, suggère de retenir un modèle à 3 classes latentes pour la strate « Grand Ouest » et 2 classes latentes pour chacune des strates « Grand Centre et Grand Nord ». Ce sont en effet ces modèles qui minimisent au mieux, les critères d'information bayésien (BIC), d'information bayésien ajusté (ABIC), d'information d'Akaike (AIC) et d'information d'Akaike (AIC) et le rapport de vraisemblance (G^2).

Tableau 5 Indicateurs d'ajustement des modèles d'ACL pour la strate « Grand Ouest »

Nbre de classes	LL	DF	G^2	AIC	BIC	CAIC	ABIC	ENTRO-PIE
2	-2497,39	8388560	2682,64	2776,64	2935,71	2982,71	2786,77	0,90
3*	**-2406,67**	**8388536**	**2501,19**	**2643,19**	**2883,49**	**2954,49**	**2658,50**	**0,88**
4	-2374,02	8388512	2435,90	2625,90	2947,43	3042,43	2646,38	0,87
5	-2344,28	8388488	2376,42	2614,42	3017,18	3136,18	2640,08	0,88
6	-2315,84	8388464	2319,54	2605,54	3089,52	3232,52	2636,37	0,91
7	-2293,75	8388440	2275,36	2609,36	3174,58	3341,58	2645,37	0,93

* *En gras les indicateurs du modèle retenu*

Tableau 6 Indicateurs d'ajustement des modèles d'ACL pour la strate « Grand Centre »

Nbre de classes	LL	DF	G^2	AIC	BIC	CAIC	ABIC	ENTRO-PIE
2*	-2207,02	8388560	2577,65	2671,65	2821,19	2868,19	2672,35	0,89
3	-2166,97	8388536	2497,55	2639,55	2865,45	2936,45	2640,60	0,85
4	-2131,78	8388512	2427,15	2617,15	2919,42	3014,42	2618,57	0,89
5	-2104,45	8388488	2372,50	2610,50	2989,13	3108,13	2612,27	0,89
6	-2079,87	8388464	2323,35	2609,35	3064,34	3207,34	2611,48	0,90
7	-2054,70	8388440	2273,01	2607,01	3138,36	3305,36	2609,49	0,92

* *En gras les indicateurs du modèle retenu*

Tableau 7 Indicateurs d'ajustement des modèles d'ACL pour la strate « Grand Nord »

Nbre de classes	LL	DF	G^2	AIC	BIC	CAIC	ABIC	ENTRO-PIE
2*	**-2168,52**	**8388560**	**2642,68**	**2736,68**	**2883,78**	**2930,78**	**2734,97**	**0,85**
3	-2123,63	8388536	2552,91	2694,91	2917,13	2988,13	2692,32	0,89
4	-2086,88	8388512	2479,41	2669,41	2966,75	3061,75	2665,95	0,90
5	-2055,05	8388488	2415,74	2653,74	3026,19	3145,19	2649,40	0,92
6	-2021,94	8388464	2349,52	2635,52	3083,10	3226,10	2630,32	0,91
7	-2000,33	8388440	2306,31	2640,31	3163,00	3330,00	2634,23	0,92

* *En gras les indicateurs du modèle retenu*

5.1 Profils de performances dans les strates

5.1.1 Strate « Grand Ouest »

Dans la strate « Grand Ouest », où se dégagent trois classes latentes, la première de celles-ci regroupe 46 % d'élèves de cette strate (figure 2). Cette classe latente est constituée des élèves qui ont des probabilités très élevées (de plus de 0,5 à 1) de trouver la bonne réponse sur la quasi-totalité des items (19 items sur 23) du test de lecture (figure 3). Cependant, ils peinent quelque peu, comme les élèves des deux autres classes latentes, sur les items f11, f18, f19 et f20 pour lesquels ils ont des probabilités inférieures à 0,5 de trouver les bonnes réponses (figure 3). Au regard de leurs prouesses sur la quasi-totalité des items, cette catégorie d'élèves peut être étiquetée de « **très bons lecteurs** ».

La deuxième classe latente contient 39 % d'élèves de la strate et ceux-ci présentent des probabilités inférieures à 0,5 de trouver la bonne réponse à 9 items, dont une probabilité quasi nulle (0,09) pour l'item f11 (figure 3). Sur les 14 autres items où ils ont une probabilité supérieure à 0,5 de réussite, celles-ci sont légèrement inférieures à celles des élèves de la classe 1, excepté aux items f2 et f22 (figure 3). Nous appellerons ce groupe d'élèves par le terme « **bons lecteurs** ».

La troisième et dernière classe latente de la strate « Grand Ouest » regroupe des élèves visiblement en grande difficulté sur l'ensemble du test de lecture (figure 3). Ces élèves représentent 14 % des effectifs de la strate « Grand Ouest » (figure 2) et ont des probabilités de réussite aux différents items inférieures à 0,5, excepté à l'item f2 où ils ont une probabilité de 0,53 à réussir à cet item (figure 3). Nous identifions cette dernière catégorie d'élèves, visiblement en difficulté, de « **lecteurs en difficulté** ».

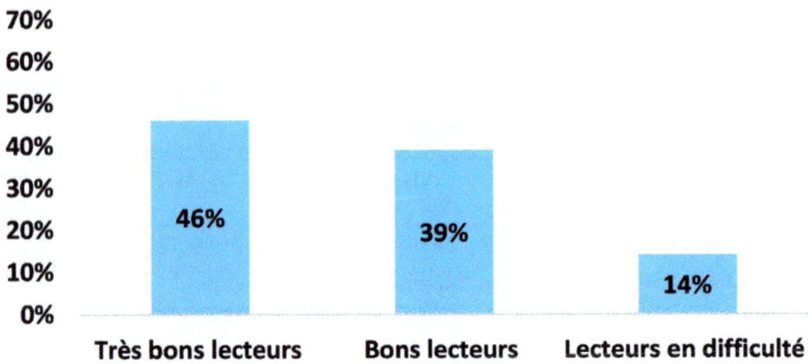

Figure 4 Prévalences d'appartenance aux classes latentes dans la strate « Grand Ouest »

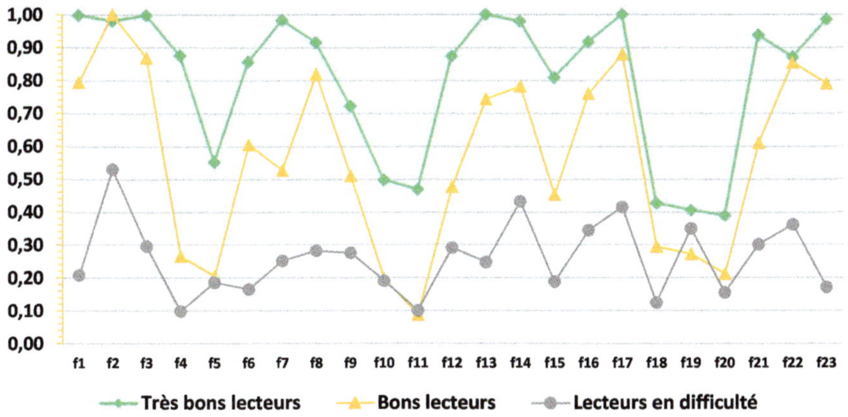

Figure 5 Probabilités de fournir des réponses justes par item et par classe latente dans la strate « Grand Ouest »

5.1.2 Strate « Grand Centre »

Deux classes latentes se dégagent pour la strate du « Grand Centre ». La première classe latente regroupe 65 % d'élèves (figure 4) ayant des probabilités de réussite aux items supérieures à 0,5 sur l'ensemble du test, excepté pour 6 items. Cette classe est très similaire à la classe « **bons lecteurs** » de la strate « Grand Ouest » pour ce qui est des probabilités de réussite aux items. Nous donnons également le nom de « **bons lecteurs** » à cette catégorie d'élèves. La deuxième classe latente de cette strate contient les 35 % d'élèves restants (figure 4). Ces élèves, à l'instar des « **lecteurs en difficulté** » dans la strate « Grand Ouest », ont des probabilités de réussites aux items inférieures à 0,5 sur la quasi-totalité (18 items) du test (figure 5).

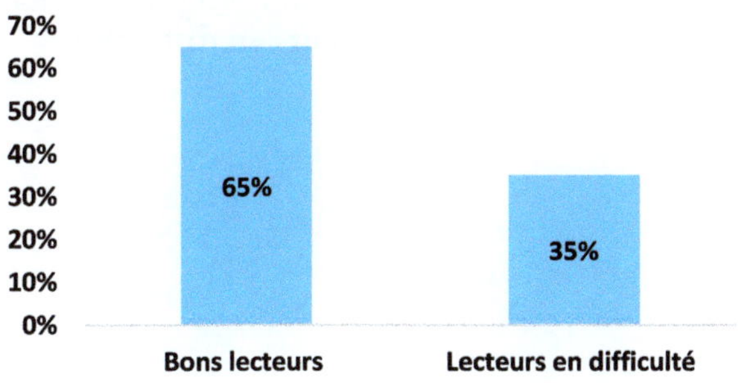

Figure 6 Prévalences d'appartenance aux classes latentes dans la strate « Grand Centre »

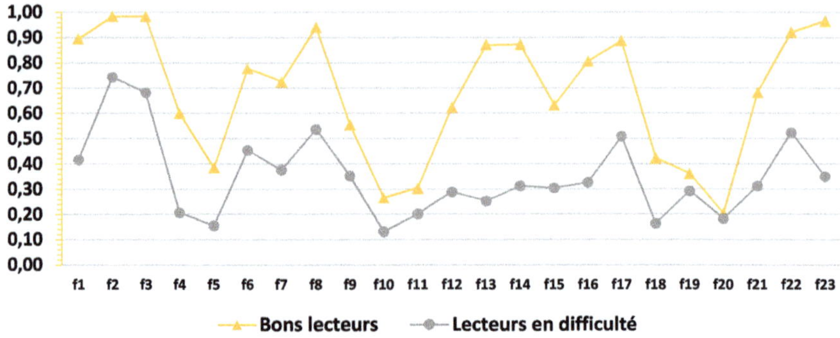

Figure 7 Probabilités de fournir des réponses justes par item et par classe latente dans la strate « Grand Centre »

5.1.3 Strate « Grand Nord »

Parmi les deux classes latentes dans la strate du « Grand Nord », l'une regroupe 47 % d'élèves (figure 6). Ces élèves ont des probabilités supérieures à 0,5 de réussir la moitié (11 items) du test et des probabilités inférieures à 0,5 à trouver la bonne réponse sur l'autre moitié (12 items) du test (figure 7). Ce groupe d'élève a des résultats quelque peu inférieurs aux « **bons lecteurs** » des classes latentes « Grand Ouest » et « Grand Centre ». Nous donnons donc le nom de « **lecteurs moyens** » à cette classe latente.

Dans la deuxième classe latente, qui regroupe la moitié des effectifs (53 %), les probabilités de réussir aux items pour les élèves sont très similaires à celles des « **lecteurs en difficulté** » des strates « Grand Ouest » et « Grand Centre » (figure 6). A l'image de ces « **lecteurs en difficulté** », les élèves de cette classe latente éprouvent des difficultés sur la quasi-totalité du test. Ils ont ainsi des probabilités inférieures à 0,5 de fournir la bonne réponse à ces items à l'exception de l'item f2 (figure 7). Nous désignons également cette classe latente de « **lecteurs en difficulté** ».

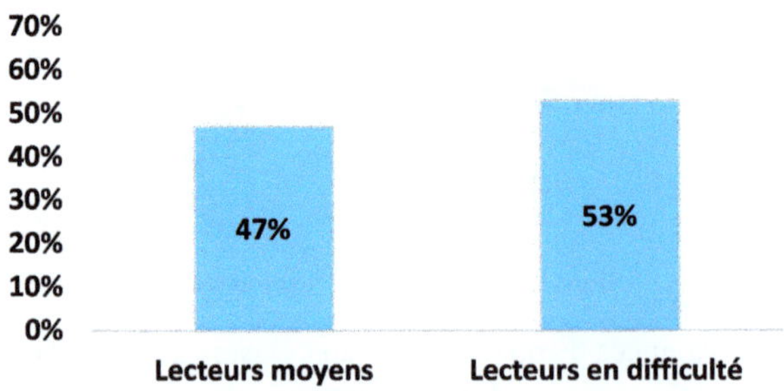

Figure 8 Prévalences d'appartenance aux classes latentes dans la strate « Grand Nord »

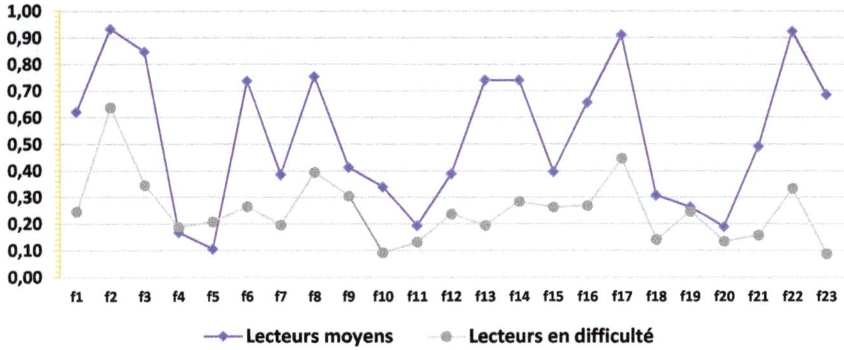

Figure 9 Probabilités de fournir des réponses justes par item et par classe latente dans la strate « Grand Nord »

5.2 Ecologies de performances en lecture dans les différentes strates

Dans la strate « Grand Ouest », le contexte semble plus favorable comparativement aux autres strates. En effet, elle est celle qui accueille le plus d'élèves en zone urbaine ($p<0{,}01$ et V de Cramer =0,5) et ses écoles sont les mieux dotées en ressources pédagogiques ($p<0{,}01$ et r =0,6). Cette meilleure dotation peut s'expliquer par le fait que c'est dans cette strate que la proportion d'écoles privées est la plus élevée ($p<0{,}01$ et V de Cramer =0,2) ; les écoles privées en Afrique subsaharienne étant généralement mieux dotées que les écoles publiques (PASEC, 2015). Au niveau de l'encadrement de ces élèves, les enseignants de la strate « Grand Ouest » sont plus expérimentés comparativement à leurs collègues des autres strates ($p<0{,}01$ et r =0,2). Cependant, c'est dans la strate « Grand Centre » que se trouvent les plus grandes proportions d'enseignants et de directeurs d'écoles ayant un niveau universitaire ($p<0{,}01$ et V de Cramer =0,3).

Pour ce qui est de l'environnement extrascolaire, le milieu familial des élèves de la strate « Grand Ouest » est légèrement plus stimulant pour la maitrise de la langue d'enseignement à travers notamment la pratique plus régulière de la langue dans les foyers ($p<0{,}01$ et V de Cramer =0,2). Les localités de la strate « Grand Ouest » sont également mieux aménagées que celles des autres strates : l'indice moyen d'aménagement dans cette strate y est plus élevé ($p<0{,}01$ et r =0,4). Aucune communauté d'une strate particulière ne semble par contre se détacher de celles des autres strates pour ce qui est de son engagement auprès des écoles et les divers appuis qu'elle offre à celles-ci.

Rappelons également que les covariables contextuelles que nous venons de présenter ont des valeurs supérieures à la moyenne nationale dans la strate « Grand Ouest », des valeurs proches de la moyenne nationale dans la strate « Grand Centre » et des valeurs inférieures à la moyenne nationale dans la strate « Grand Nord ». Nous pouvons traduire ces situations à travers un environnement scolaire et extrascolaire aux « **conditions favorables** » pour la strate « Grand Ouest », aux « **conditions modérées** » pour la strate « Grand Centre » et aux « **conditions défavorables** » pour la strate « Grand Nord ». Le tableau 8 résume les caractéristiques de ces environnements en fonction des strates.

Tableau 8 Caractéristiques des milieux scolaires et extrascolaires dans les différentes strates

Strates	Caractéristiques des milieux scolaire et extrascolaire
Grand Ouest	Conditions favorables
Grand Centre	Conditions modérées
Grand Nord	Conditions défavorables

Les résultats des analyses ACL avec covariables ont, de leurs côtés, permis d'identifier, parmi les variables contextuelles retenues pour les analyses, celles qui contribuent à la formation des différents profils de lecteurs que nous venons de présenter par strate. A l'aide des résultats de la précédente section, des résultats de l'ACL avec covariables et en reprenant le modèle écologique de Zumbo et al. (2015), nous brossons un portrait des différentes écologies de performances au test de lecture en fonction des strates.

5.2.1 Strate « Grand Ouest »

Dans la strate « Grand Ouest », sur les seize (16) covariables retenues pour les analyses, dix (10) se sont avérées statistiquement significatives dans la formation des différents profils de performances. Il s'agit du statut socioéconomique, de l'âge de l'élève, du redoublement, de la fréquentation du préscolaire, du sexe du directeur, du statut de l'école, de la zone où est située l'école, de l'indice de ressources pédagogiques de la classe, de la langue française parlée à la maison et de l'indice d'aménagement du territoire. La figure 8 présente l'écologie de performances en lecture dans la strate « Grand Ouest ». Les milieux scolaire et extrascolaire ayant déjà des « **conditions favorables** » dans cette strate, sont également déterminants dans la réalisation des performances au test de lecture pour les élèves. La figure 8 illustre cette écologie de performances dans la strate « Grand Ouest ».

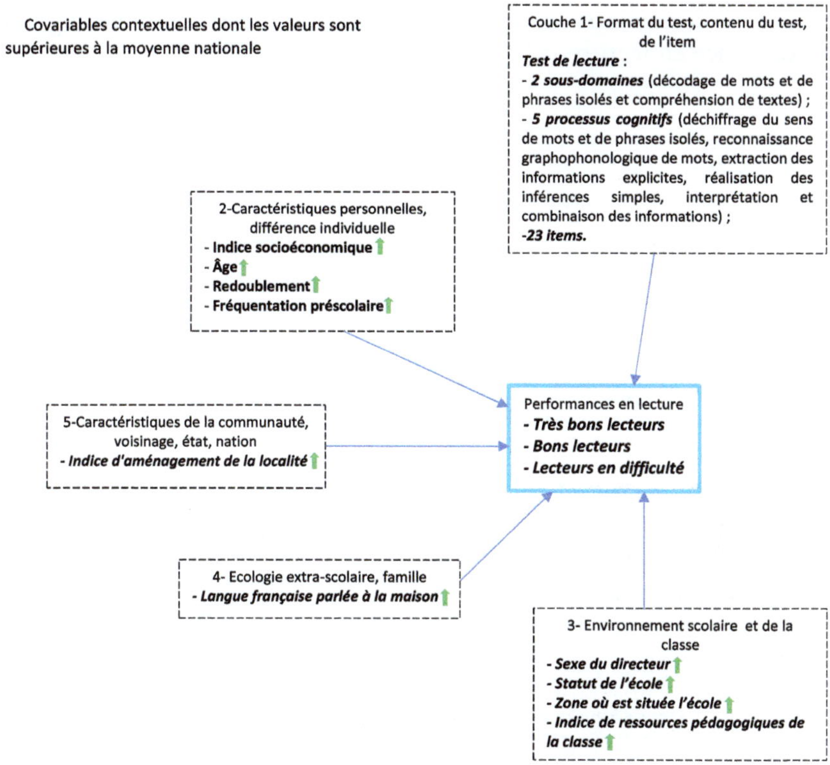

Figure 10 L'écologie de performances au test de lecture dans la strate Grand Ouest

5.2.2 Strate « Grand Centre »

Les résultats dans la strate du Grand Centre révèlent 9 covariables sur 16 qui contribuent de façon significative à la formation des deux profils de performance dans cette strate. Il s'agit du statut socioéconomique, du redoublement, de la fréquentation du préscolaire, du niveau scolaire du directeur, du statut de l'école, de la zone où est située l'école, de l'indice de ressources pédagogiques de la classe, de la langue française parlée à la maison et de l'indice d'aménagement du territoire. Comparativement aux covariables statistiquement significatives dans la strate du Grand Ouest, l'âge de l'élève et le sexe du directeur ne le sont pas pour les données de la strate du Grand Centre. En revanche, le dernier niveau académique atteint par les responsables des écoles a un effet significatif dans la formation des profils de performance dans cette strate; ce qui n'était pas le cas pour les résultats dans la strate du Grand Ouest. Dans cette strate également, les milieux scolaire et extrascolaire sont déterminants pour les performances des élèves en lecture, quoique ces milieux ayant des « **conditions modérées** ». La figure 9 illustre cette écologie de performance en lecture.

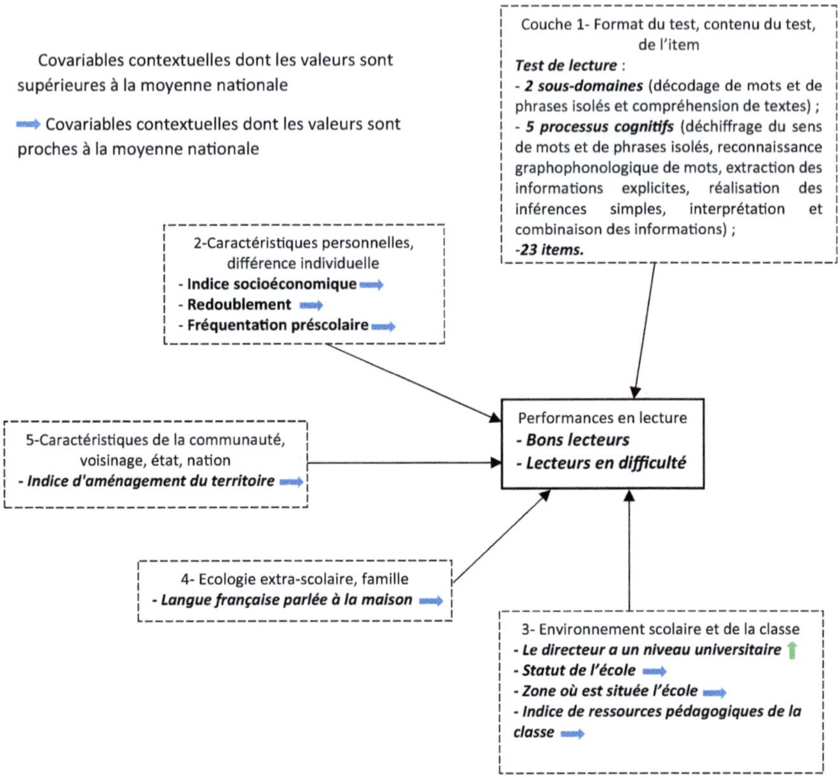

Figure 11 L'écologie de performances au test de lecture dans la strate « Grand Centre »

5.2.3 Strate « Grand Nord »

Dans la strate « Grand Nord », nous avons retiré 5 covariables des analyses pour des problèmes liés à la taille des échantillons. C'est le cas des covariables sexe de l'enseignant, niveau de l'enseignant, sexe du directeur, niveau du directeur et zone de l'école, pour les analyses des données dans cette strate. L'échantillon pour cette strate ne contenait par exemple que des enseignants hommes ou de très faibles proportions de certaines modalités pour les autres covariables. Sur les 11 covariables que nous avons utilisées dans nos analyses, seules 4 se sont avérées statistiquement significatives dans la formation des deux profils de performance « lecteurs moyens » et « lecteurs en difficulté » (tableau 27). Il s'agit du statut socioéconomique, de la fréquentation du préscolaire, de la langue française parlée à la maison et de l'indice d'aménagement du territoire. Dans la strate «Grand Nord» dont les milieux scolaire et extrascolaire semblaient déjà représenter des «**conditions défavorables**», seul l'environnement extrascolaire semble déterminant dans la réalisation des performances en lecture pour les élèves. La figure 12 illustre l'écologie de performance en lecture dans la strate du Grand Nord.

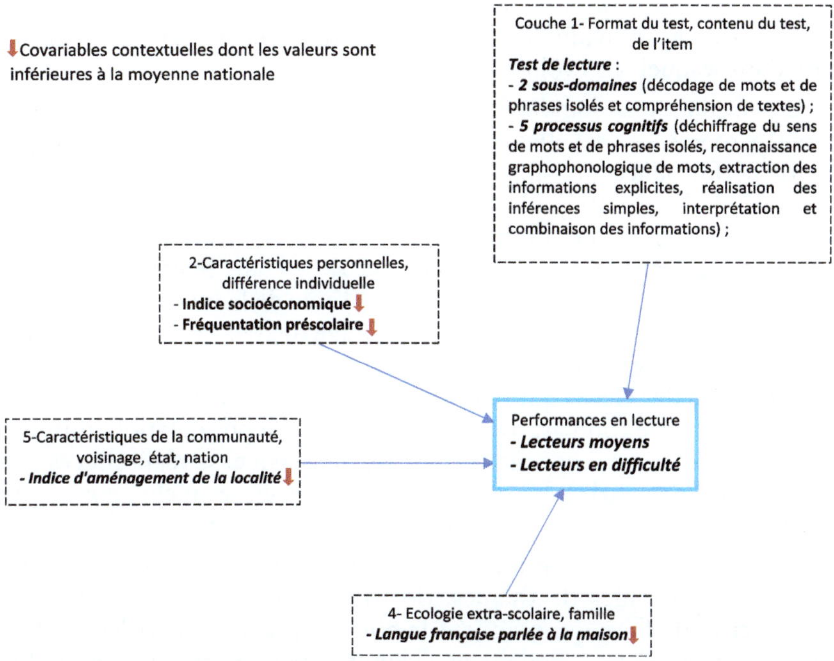

Figure 12 L'écologie de performances au test de lecture dans la strate «Grand Nord»

6. Discussion et conclusion

La question de recherche à laquelle nous répondons dans cette étude est: «Comment la mesure des performances qui intègre une approche écologique influence-t-elle les résultats du test en lecture du PASEC2014?»

Les évaluations en général et les tests de langue en particulier peuvent être déterminants en matière d'opportunités, d'accès, de privilèges et de discrimination (Mislevy, 2018). Ces implications nous invitent à faire un choix judicieux du prisme à travers lequel nous décidons d'analyser les données de ces évaluations. En effet, chaque modèle de mesure que nous utilisons pour nous faire une représentation d'un concept donné, à l'instar des performances à un test, raconte une histoire particulière sur le concept étudié (Magnani & Bertolotti, 2017).

En optant pour une approche écologique, matérialisée par une analyse ACL avec covariables, nous faisons donc le choix de donner un aperçu différent des résultats du test de langue PASEC2014. Ce faisant, nous adoptons une vision locale et contextualisée de la performance dans laquelle nous ne pouvons démêler les performances des individus de leurs caractéristiques individuelles et des environnements scolaire et extrascolaire dans lesquels ils évoluent.

Les évaluations standardisées évoquent généralement, et à raison, l'idée de scores et d'échelles qui font office de performance ou de catégories de performance qui s'appliqueraient à tous les candidats (Blais, 2008 ; Loye, 2011 ; Pons, 2011). Ces échelles et scores permettent ainsi de comparer des individus, des établissements scolaires ou plus largement des systèmes éducatifs (Loye, 2011 ; Pons, 2011). Dans le cas des résultats PASEC2014, les strates sont comparées à l'aide de leurs scores moyens et du score moyen national (PASEC, 2016). De même, sur une échelle de 4 niveaux de compétence, le PASEC (2016) compare les strates à l'aide de pourcentages des élèves qui se retrouvent dans chaque niveau de compétence. Cette visée comparative impose ainsi une représentation uniforme de la performance qui occulte le contexte dans lequel se réalisent ces performances (Pons, 2011). L'approche écologique, en revanche, nous invite à porter un regard local sur le concept de performance.

En effet, chaque communauté présente des configurations identifiables et récurrentes de thèmes, de structures, d'activités, des façons de penser et de faire qui prennent le nom de pratiques (Mislevy, 2018). Ces pratiques sont généralement façonnées par des régularités renforcées dans l'usage quotidien, dans des pratiques institutionnelles ou encore éducatives. Il est donc courant de voir des individus d'une même aire géographique partager des types de jeux, des rituels ou des modèles sociaux communs, une même conception de la notion de maladie ou du mariage ou encore partager des granularités langagières (Mislevy, 2018).

Ainsi, en fonction des lieux et des situations, la pratique d'une langue peut prendre des colorations spécifiques qui peuvent se décliner en un accent particulier, un usage singulier de la grammaire ou des constructions particulières de phrases (Mislevy, 2018). Les différents profils de performances qui se sont dégagés de nos analyses nous révèlent des performances en lecture propres à chacune des strates. De même, chaque strate accueille des profils d'élèves particuliers et présente des caractéristiques contextuelles particulières. Tout se passe en effet comme si le fait pour un élève d'être dans une strate donnée le prédisposait à faire partie d'un ensemble de profils de performances en lecture donné.

Ces présentations écologiques des résultats au test de lecture PASEC2014 que nous proposons, suggèrent des lectures contextualisées des résultats en fonction des strates. Chaque performance est située en fonction de son contexte ce qui permet ainsi une lecture plus équitable de ces performances. Dans la strate « Grand Ouest » par exemple, nous comprenons ainsi que les trois profils de performances (« très bons lecteurs », « bons lecteurs » et « lecteurs en difficulté ») émergent en raison des caractéristiques des élèves qui les prédisposent à fournir de bons résultats mais également d'un environnement scolaire et extrascolaire à conditions « favorables » et « déterminants ». Dans la strate « Grand Nord » cependant, les deux profils de performances (« lecteurs moyens » et « lecteurs en difficulté ») sont tributaires des caractéristiques de ces élèves qui les rendent vulnérables et d'un environnement extrascolaire à conditions « défavorables » mais « déterminants ». Cette lecture rejoint fortement le point de vue de Mislevy (2018) selon qui, lorsque nous évaluons, nous observons des candidats agir dans une situation particulière et nous devons donc interpréter cette situation et les actions dans un contexte social et tirer des conclusions à propos de ces candidats.

Notons cependant que la prise en compte de données supplémentaires, notamment individuelles et contextuelles lors de l'estimation des performances des individus, n'est pas une problématique totalement absente dans les EGE (Von Davier & Sinharay, 2013). Au contraire, elle est au centre des recherches en cours dans les programmes tel que le PISA, le TIMSS et le PIRLS (Von Davier & Sinharay, 2013). Actuellement, le PISA utilise une version multidimensionnelle du modèle Rasch comme modèle analytique de base tandis que le TIMSS et le PIRLS utilisent respectivement des modèles de la théorie de réponse à l'item logistiques à deux paramètres (2PL) et à trois paramètres (3PL) (Von Davier & Sinharay, 2013). Le choix de ces modèles de mesure traduit déjà le souhait de ces programmes d'exploiter les nombreux avantages de l'IRT associés à une approche explicative basée sur des informations supplémentaires, autre que les réponses aux items, pour tenir compte de certaines caractéristiques des sous-groupes d'individus (Von Davier & Sinharay, 2013). Des discussions sur l'insertion ou non de données supplémentaires dans les modèles lors de l'estimation des performances des individus sont également en cours (Von Davier & Sinharay, 2013).

Les voix les plus concordantes vont dans le sens d'encourager les recherches qui visent à étendre les modèles IRT actuels pour les rendre moins restrictifs (Von Davier & Sinharay, 2013). Cette option privilégie ainsi une évolution du modèle IRT vers un modèle de plus en plus souple au lieu d'une révolution qui le remplacerait par des modèles alternatifs à l'exemple de l'ACL avec covariables que nous avons utilisé dans le cadre de nos travaux. Ce qui est important de souligner ici est le consensus grandissant autour de l'idée d'intégrer des données supplémentaires, en plus des réponses aux items, lors de l'estimation des performances des individus à un test. Dans le cadre des analyses ACL qui nous concernent, la majeure partie des recherches existant sur le sujet s'accordent à souligner que le modèle ACL avec covariables présente plus d'avantages que le modèle ACL de base sans covariables (Muthén & Curran, 1997 ; Reboussin et al., 2008 ; Vermunt & Magidson, 2005 ; Wurpts & Geiser, 2014). En ce qui concerne les modèles IRT couramment utilisés dans les EGE, les recherches à venir éclaireront davantage sur l'apport des modèles qui incluent des covariables versus les modèles actuels (Von Davier & Sinharay, 2013). Les résultats de nos analyses ne remettent donc pas en cause les cadres actuels d'analyses des performances dans les EGE, mais viennent plutôt enrichir les réflexions qui sont déjà en cours au sein de ces différents programmes d'évaluations. Ces résultats, comme nous en avons discuté, apportent des éclairages nouveaux et proposent une lecture contextualisée des performances à un test. Opter pour un tel point de vue sur la performance a des implications sur l'utilisation des résultats qui se dégagent.

Annexes

Annexe 1 : description de l'analyse de l'invariance de mesure en ACL sur les données PASEC2014.

Collins et Lanza, (2009) proposent une analyse de l'invariance de la mesure, qui comporte trois phases :

- Le choix du modèle le plus parcimonieux pour les données globales en comparant les différents indicateurs d'ajustements de plusieurs modèles : le modèle retenu s'appelle alors le modèle restreint, car il ne tient pas compte d'une éventuelle variance de la mesure en lien avec les sous-groupes visés ;
- L'estimation des indicateurs d'ajustements pour le modèle non restreint pour les données globales : ce modèle doit avoir le même nombre de classes latentes que le modèle restreint ;
- La comparaison des indicateurs d'ajustement des deux modèles (restreint et non restreint) au moyen d'un test de Khi2 : si le test est non significatif, les analyses ACL peuvent se faire sur les données globales et l'inférence faite sur les données s'applique, indépendamment des sous-groupes. Si en revanche le test est significatif, les analyses ACL doivent se faire sur chacun des sous-groupes de façon distincte.

Pour nos données, les résultats, comme le montre le tableau a, suggèrent de retenir un modèle à 4 classes latentes pour le modèle restreint.

C'est en effet ce modèle à 4 classes latentes qui minimise au mieux les critères d'information bayésien (BIC), d'information bayésien ajusté (ABIC), d'information d'Akaike (AIC) et d'information d'Akaike (AIC) et le rapport de vraisemblance (G^2). L'estimation de notre modèle non restreint s'est donc également faite sur la base d'un modèle à 4 classes latentes.

Tableau a Indicateurs d'ajustement des modèles d'ACL pour les données globales

Nbre de classes	LL	DF	G^2	AIC	BIC	CAIC	ABIC	ENTRO-PIE
2	-7079,87	8388560	7 132,21	7 226,21	7 430,04	7 477,04	7 280,84	0,88
3	-6901,01	8388536	6 774,49	6 916,49	7 224,41	7 295,41	6 999,02	0,83
4*	**-6842,21**	**8388512**	**6 656,89**	**6 846,89**	**7 258,89**	**7 353,89**	**6 957,31**	**0,83**
5	-6812,56	8388488	6 597,58	6 835,58	7 351,67	7 470,67	6 973,90	0,85
6	-6751,59	8388464	6 475,65	6 761,65	7 381,81	7 524,81	6 927,86	0,84
7	-6698,74	8388440	6 369,96	6 703,96	7 428,21	7 595,21	6 898,06	0,82

* *En gras les indicateurs du modèle retenu*

Le tableau b présente les indicateurs d'ajustements des deux modèles restreints (du tableau a) et du modèle non restreint à quatre classes latentes.

Tableau b Indicateurs d'ajustement des modèles ACL à 4 classes latentes sur les données globales (modèle restreint et modèle non restreint)

Modèle à 4 classes	LL	DF	G^2	AIC	BIC	CAIC	ABIC	ENTRO-PIE
Modèle restreint	-6842,21	8388512	6 656,89	6 846,89	7 258,89	7 353,89	6 957,31	0,83
Modèle non restreint	-6769,41	25165722	7 695,93	7 897,93	8 335,95	8 436,95	8 015,33	0,84

Le test de Khi2 que nous avons effectué sur ces indicateurs d'ajustements est significatif ($p<0,01$) ; ce qui suggère de rejeter l'hypothèse de l'invariance de la mesure, indépendamment des strates. Nous avons donc considéré les résultats des élèves des différentes strates comme des sous-ensembles de données distinctes et mené des analyses ACL avec covariables séparées.

Références

Absil, G., Vandoorne, C., & Demarteau, M. (2012). *Bronfenbrenner, l'écologie du développement humain : réflexion et action pour la promotion de la santé.* APES-Ulg. EGE https://orbi.uliege.be/bitstream/2268/114839/1/EGE%20MET-CONC%20A-243.pdf

American Educational Research Association, American Psychological Association, Institut de recherches psychologiques, Sarrazin, G., National Council on Measurement in Education, & Ordre des conseillers et conseillères d'orientation et des psychoèducateurs et psychoèducatrices du Quèbec. (2003). *Normes de pratique de testing en psychologie et en éducation.* Institut de recherches psychologiques.

Asil, M., & Brown, G. T. (2016). Comparing OECD PISA reading in english to other languages : identifying potential sources of non-invariance. *International Journal of Testing, 16*(1), 71–93. https://doi.org/10.1080/15305058.2015.1064431

Bertrand, R., & Blais, J.-G. (2004). *Modèles de mesure : L'apport de la théorie des réponses aux items.* Presses de l'Universitè du Quèbec.

Blais, J.-G. (2008). Les standards de performance en éducation. *Mesure et évaluation en éducation, 31*(2), 93–105. https://doi.org/10.7202/1025009ar.

Bronfenbrenner, U. (1979). *The ecology of human development : Experiments by nature and design.* Harvard university press.

Bronfenbrenner, U. (1994). Chapter 5 : Ecological models of human development. Dans T. Husén & T. N. Postlethwaite (Eds.), *International Encyclopedia of Education, Vol.* 3 (pp. 37–43). https://www.ncj.nl/wp-content/uploads/media-import/docs/6a45c1a4-82ad-4f69-957e-1c76966678e2.pdf

Collins, L. M., & Lanza, S. T. (2009). *Latent class and latent transition analysis : with applications in the social, behavioral, and health sciences.* Wiley & Sons. https://doi.org/10.1002/9780470567333.

CONFEMEN (2018). *Rapport technique CONFEMEN 2018.* https://www.confemen.org/wp-content/uploads/2022/07/Rapport-Technique_2018_version-synthetique.pdf

Daigneault, P. M. (2011). Les approches théoriques en évaluation : état de la question et perspectives. *Cahiers de la performance et de l'évaluation, 4,* 2–6. http://labos.ulg.ac.be/apes/wp-content/uploads/sites/4/2014/07/perfeval-approche-theorique-eval.pdf.

Damon, J. (2009). La fièvre de l'évaluation. *Sciences humaines, 208.* http://eclairs.fr/wp-content/uploads/2011/09/Evaluation-2.pdf.

Ercikan, K. (1998). Translation effects in international assessments. *International Journal of Educational Research, 29*(6), 543–553. https://doi.org/10.1016/S0883-0355(98)00047-0.

Ercikan, K. (2002). Disentangling sources of differential item functioning in multilanguage assessments. *International Journal of Testing, 2*(3–4), 199–215. https://doi.org/10.1080/15305058.2002.9669493.

Ercikan, K., & Koh, K. (2005). Examining the construct comparability of the English and French versions of TIMSS. *International Journal of Testing, 5*(1), 23–35. https://doi.org/10.1207/s15327574ijt0501_3.

Felouzis, G., & Hanhart, S. (2011). Gouverner l'éducation par les nombres ? Usages, débats et controverses. *Revue des sciences de l'éducation, 40*(1), 164. https://doi.org/10.7202/1027633ar.

Fox, J. D. (2003). From products to process : an ecological approach to bias detection. *International Journal of Testing, 3*(1), 21–47. https://doi.org/10.1207/S15327574IJT0301_2.

Giasson, J., & VandecasteEGE, G. (2012). *La lecture : apprentissage et difficultés.* de Boeck Education.

Giasson, J., & Escoyez, T. (2013). *La lecture : de la théorie à la pratique (4e éd.).* de Boeck Education.

Gingras, Y. (2008). Du mauvais usage de faux indicateurs. *Revue d'histoire moderne et contemporaine, 55*(4bis), 67–79. https://doi.org/10.3917/rhmc.555.0067.

Hayes, N., O'Toole, L., & Halpenny, A. M. (2017). *Introducing Bronfenbrenner : a guide for practitioners and students in early years education.* Routledge. http://dx.doi.org/10.4324/9781315646206

Hogan, T. P. (2017). *Introduction à la psychométrie.* Chenelière Education.

Huang, X., Wilson, M., & Wang, L. (2016). Exploring plausible causes of differential item functioning in the PISA science assessment : language, curriculum or culture. *Educational Psychology :An International Journal of Experimental Educational Psychology, 36*(2), 378–390. https://doi.org/10.1080/01443410.2014.946890.

Jouquan, J. (2002). L'évaluation des apprentissages des étudiants en formation médicale initiale. *Pédagogie médicale, 3*(1), 38–52. https://doi.org/10.1051/pmed:2002006.

Koné, A. S. (2007). *L'influence de trois facteurs familiaux sur la réussite scolaire au primaire et au secondaire d'élèves arabophones, créolophones et francophones de Montréal.* [Mèmoire de maitrise, Université du Québec]. Archipel. https://archipel.uqam.ca/7348/1/M9854.pdf.

Lazarsfeld, P. F., & Henry, N. W. (1968). *Latent structure analysis.* Houghton Mifflin Co.

Loye, N. (2011). Panorama des programmes actuels d'enquêtes à grande échelle. *Mesure et évaluation en éducation*, *34*(2), 3–24. https://doi.org/10.7202/1024847ar.

Lubke, G., & Muthén, B. O. (2007). Performance of factor mixture models as a function of model size, covariate effects, and class-specific parameters. *Structural Equation Modeling: A Multidisciplinary Journal*, *14*(1), 26–47. https://doi.org/10.1080/10705510709336735.

Magnani, L., & Bertolotti, T. (Eds.). (2017). *Springer handbook of model-based science*. Springer.

Malo, C. (2000). Le modèle écologique du développement humain : conditions nécessaires de son utilité réelle. [*Atelier présenté dans le cadre du Psycho-stage.*] IRDS. EGEEGE http://www.stes-apes.med.ulg.ac.be/Documents_EGEctroniques/MIL/MIL-GEN/EGE%20MIL-GEN%207647.pdf

Martinková, P., Drabinová, A., Liaw, Y. L., Sanders, E. A., McFarland, J. L., & Price, R. M. (2017). Checking equity: Why differential item functioning analysis should be a routine part of developing conceptual assessments. *CBE—Life Sciences Education*, *16*(2). https://doi.org/10.1187/cbe.16–10-0307.

Mc Andrew, M., Garnett, B., Ledent, J., Ungerleider, C., Adumati-Trache, M., & Ait-Said, R. (2008). La réussite scolaire des élèves issus de l'immigration : une question de classe sociale, de langue ou de culture ? *Education et francophonie*, *36*(1), 177–196. https://doi.org/10.7202/018096ar.

McCutcheon, A. L. (1987). *Latent class analysis*, *64*(7). Sage University Paper.

McNamara, T. F. (1997). 'Interaction' in second language performance assessment: Whose performance? *Applied linguistics, 18*(4), 446–466. https://doi.org/10.1093/applin/18.4.446.

McNamara, T., & Roever, C. (2006). Language testing : the social dimension. *International Journal of Applied Linguistics, 16*(2), 242–258. https://doi.org/10.1111/j.1473-4192.2006.00117.x.

McNamara, T. (2007). Chapter 7 : Language testing : a question of context. Dans J. Fox, M. Wesche, D. Bayliss, L. Cheng, C. E. Turner & C. Doe, *Language testing reconsidered* (pp. 131–137) University of Ottawa Press. https://doi.org/10.2307/j.ctt1ckpccf.13

Mislevy, R. J. (2018). Sociocognitive foundations of educational measurement. Routledge.

Mondada, L., & Pekarek Doehler, S. (2000). Interaction sociale et cognition située : quels modèles pour la recherche sur l'acquisition des langues ? *Acquisition et interaction en langue étrangère*, *12*. https://doi.org/10.4000/aile.947.

Mons, N., & Crahay, M. (2011). L'évaluation des performances scolaires des élèves : un instrument d'évaluation des politiques éducatives ? *Raisons Educatives*, 77–98. https://enpc.hal.science/hal-00668839

Muthén, B. O., & Curran, P. J. (1997). Latent variable analysis : Growth mixture modeling of individual differences in experimental designs : A latent variable framework for analysis and power estimation. *Psychological Methods*, 2, 371–402.

OCDE (2016). *PISA 2015, résultats à la loupe*. OCDE. https://www.oecd.org/pisa/pisa-2015-results-in-focus-FR.pdf

Oliveri, M. E., Olson, B. F., Ercikan, K., & Zumbo, B. D. (2012). Methodologies for investigating item-and test-level measurement equivalence in international large-scale assessments. *International Journal of Testing*, *12*(3), 203–223. https://doi.org/10.1080/15305058.2011.617475.

Pangaro, L. N., Durning, S. J., & Holmboe, E. S. (2018). Evaluation frameworks, forms, and global rating scales. Dans E. S. Holmboe, S. J. Durning & R. E. Hawkins (Eds.), *Practical Guide to the Evaluation of Clinical Competence* (2e éd.) (pp. 37–60). Elsevier.

Papalia, D. E., Olds, S. W., & Feldman, R. D. (2010). *Psychologie du développement humain (7e éd.)*. Chenelière Mc Graw-Hill.

PASEC (2015). PASEC2014 : *Performances des systèmes éducatifs en Afrique subsaharienne : Compétences et facteurs de réussite au primaire francophone*. PASEC de la CONFEMEN. https://www.unicef.org/congo/media/561/file/PASEC%202014.pdf

PASEC (2016). PASEC2014 : *Performances du système éducatif camerounais : Compétences et facteurs de réussite au primaire*. PASEC de la CONFEMEN. https://www.confemen.org/wp-content/uploads/2022/09/PASEC2014-CAMEROUN-HD.pdf

PASEC (2017a). *Cadre de référence des tests PASEC2014 de lecture et de mathématiques de fin de scolarité primaire*. PASEC de la CONFEMEN. http://www.pasec.confemen.org/publication/cadre-de-reference-des-tests-pasec2014-de-lecture-et-de-mathematiques-en-fin-de-scolarite-primaire/

PASEC (2017b). *Manuel d'exploitation des données : évaluation internationale PASEC2014*. PASEC de la CONFEMEN.

PASEC (2017c). *Rapport technique de l'évaluation internationale PASEC2014*. PASEC de la CONFEMEN. https://www.confemen.org/wp-content/uploads/2022/07/Rapport-technique_2017_VF.pdf

Pons, X. (2011). Les méthodes des enquêtes internationales et leurs fonctions politiques. L'exemple de la France face à PISA (1995–2008). *Mesure et évaluation en éducation, 34*(2), 57–85. https://doi.org/10.7202/1024849ar

Poulin, R., Beaumont, C., Blaya, C., & Frenette, E. (2015). Le climat scolaire : un point central pour expliquer la victimisation et la réussite scolaire. *Canadian Journal of Education*, *38*(1), 1–23. https://www.jstor.org/stable/pdf/canajeducrevucan.38.1.13.pdf.

Reboussin, B. A., Ip, E. H., & Wolfson, M. (2008). Locally dependent latent class models with covariates : an application to under-age drinking in the USA. *Journal of the Royal Statistical Society,* 171(4), 877–897. https://doi.org/10.1111/j.1467-985X.2008.00544.x.

Rutkowski, L., von Davier, M., & Rutkowski, D. (Eds.). (2013). *Handbook of international large-scale assessment : Background, technical issues, and methods of data analysis*. CRC Press.

Ryan, K. E., & Chiu, S. (2001). An examination of item context effects, DIF, and gender DIF. *Applied Measurement in Education*, *14*(1), 73–90. https://doi.org/10.1207/S15324818AME1401_06.

Sireci, S. G. (2011). Chapter 8 : Evaluating test and survey items for bias across languages and cultures. Dans D. Matsumoto & F. J. R. van de Vijver (Eds.), *Cross-cultural research methods in psychology (pp. 216–240)*. Cambridge University Press. https://doi.org/10.1017/cbo9780511779381.011.

Taylor, C. S., & Lee, Y. (2012). Gender DIF in reading and mathematics tests with mixed item formats. *Applied Measurement in Education*, *25*(3), 246–280. https://doi.org/10.1080/08957347.2012.687650.

Vermunt, J. K., & Magidson, J. (2005). Structural equation models : mixture models. Dans B. Everittand & D. Howell (Eds.), *Encyclopedia of Statistics in Behavioral Science* (pp.1922–1927). John Wiley. https://www.researchgate.net/profile/Jeroen-Vermunt-2/publication/284580856_Latent_class_analysis/links/568ab30f08ae1e63f1fbe5aa/Latent-class-analysis.pdf

Von Davier, M., & Sinharay, S. (2013). Analytics in international large-scale assessments : item response theory and population models. Dans L. Rutkowski, M. von Davier & D. Rutkowski (Eds.), *Handbook of international large-scale assessment : Background, technical issues, and methods of data analysis* (pp. 155–174). CRC Press.

Wagemaker, H. (2013). International large-scale assessments : from research to policy. Dans L. Rutkowski, M. von Davier & D. Rutkowski (Eds.), *Handbook of international large-scale assessment : Background, technical issues, and methods of data analysis* (pp. 11–36). CRC Press. https://doi.org/10.1201/B16061-4.

Willms, J. D. (2003). *Dix hypothèses sur l'impact des gradients socioéconomiques et des différences communautaires sur le développement de l'enfant. Rapport final (SP-560-01-03F).* http://cdi.merici.ca/dev_ress_hum_canada/dix_hypotheses.pdf.

Wurpts, I. C., & Geiser, C. (2014). Is adding more indicators to a latent class analysis beneficial or detrimental ? Results of a Monte-Carlo study. *Frontiers in psychology*, 5, 920. https://doi.org/10.3389/fpsyg.2014.00920.

Zumbo, B. D. (2007). Three generations of DIF analyses : considering where it has been, where it is now, and where it is going. *Language assessment quarterly*, *4*(2), 223–233. https://doi.org/10.1080/15434300701375832.

Zumbo, B. D., Liu, Y., Wu, A. D., Shear, B. R., Olvera Astivia, O. L., & Ark, T. K. (2015). A methodology for Zumbo's third generation DIF analyses and the ecology of item responding. *Language Assessment Quarterly*, *12*(1), 136–151. https://doi.org/10.1080/15434303.2014.972559.

Chapitre 18

Développement et analyse des propriétés métriques d'un questionnaire visant à situer les enseignants vis-à-vis de leurs pratiques évaluatives soutenant l'apprentissage

Chantal TREMBLAY[1], Sébastien BÉLAND, Diane LEDUC, Éric DIONNE[2]

1. Introduction

L'observation des pratiques évaluatives des enseignants fait l'objet de nombreuses études (DeLuca et al., 2016; Joughin, 2009). Si certaines visent, comme celle de Leroux (2010), à les documenter de manière générale, ou selon certaines pratiques précises comme le recours au numérique (Leroux & Nolla, 2022), d'autres visent plutôt à les décrire selon leur intention: soutenir ou mesurer l'apprentissage (Girouard-Gagné, 2021). Pour ces dernières, le but est généralement soit de décrire les pratiques évaluatives soutenant les apprentissages, soit de déterminer si les enseignants utilisent majoritairement des pratiques visant à les mesurer (Girouard-Gagné, 2021), afin de proposer des pistes d'action ou de réflexions pour hausser le recours à des pratiques évaluatives visant à soutenir les apprentissages (Deaudelin et al., 2007). De fait, il semble que peu de formations ou de ressources soient offertes aux enseignants pour améliorer leurs pratiques évaluatives (Allal, 2013 ; Langevin, 2007).

A cet effet, l'Observatoire sur les pratiques innovantes en évaluation des apprentissages (OPIEVA) s'intéresse particulièrement à documenter les pratiques qui visent à soutenir l'apprentissage. De telles pratiques, cohérentes avec une vision qui intègre l'évaluation dans le processus d'apprentissage, seront qualifiées de *pratiques évaluatives soutenant*

[1] Université du Québec à Montréal (Québec, Canada).

[2] Université d'Ottawa (Canada).

l'apprentissage (PESA)[3] dans ce chapitre. Elles s'opposent à celles qui visent la mesure des apprentissages et qui ont davantage une fonction administrative, regroupées sous l'appellation *pratiques évaluatives mesurant les apprentissages* (PEMA)[4]. Ainsi, l'OPIEVA a conçu un questionnaire composé de deux axes dont les items représentent des pratiques associées aux PESA (axe 1) ou aux PEMA (axe 2). Cette étude vise donc à présenter les preuves de validation de ce questionnaire (étude 1), puis à présenter les résultats de l'enquête en s'appuyant sur une analyse par classe latente pour déterminer si les données permettent de regrouper les répondants selon leur fréquence d'usage de PESA et de PEMA (étude 2).

Le plan de ce chapitre est le suivant. Pour débuter, la problématique de la formation à l'évaluation des apprentissages est exposée. Ensuite, le cadre conceptuel précise les caractéristiques des pratiques et des évaluations qui soutiennent l'apprentissage, par opposition aux pratiques qui visent à les mesurer. La partie méthodologie qui suit expose la procédure de conception du questionnaire, la démarche de collecte de données et les analyses des deux études. De même, les résultats sont présentés distinctement pour chacune des études. Finalement, la discussion permet de montrer la cohérence entre les résultats obtenus et la littérature sur les pratiques évaluatives des enseignants, la conclusion mettant en avant l'état des forces et limites de ces études, tout en proposant des pistes de recherche futures.

2. Problématique

Bien que les pratiques évaluatives fassent partie intégrante de la profession de l'enseignant, il semble y avoir des lacunes dans la formation initiale à l'enseignement (Langevin, 2007). Tout d'abord, la formation à l'évaluation des apprentissages varie selon l'ordre d'enseignement. Au Québec, il n'est pas obligatoire d'avoir suivi une formation créditée en évaluation pour enseigner au collégial ou à l'université (enseignement supérieur). Dans cette province, la formation initiale de baccalauréat visant à former les futurs enseignants du primaire n'impose qu'un seul cours de 3 crédits au minimum (45 heures d'enseignement) sur l'évaluation des apprentissages (CSE, 2018). Or, de multiples enseignants éprouvent de l'anxiété et ne se sentent pas suffisamment compétents lorsqu'ils doivent planifier les évaluations des apprentissages, pour ensuite poser un jugement professionnel sur l'atteinte des objectifs ou la maitrise

---

3 L'expression « pratiques évaluatives innovantes » ou « perspective nouvelle » (Scallon, 2004) est aussi utilisée dans la littérature pour classifier ces pratiques.

4 L'expression « pratiques évaluatives traditionnelles » ou « perspective traditionnelle » (Scallon, 2004) est aussi utilisée dans la littérature pour classifier ces pratiques.

d'une compétence (Fontaine et al., 2013). De plus, Fontaine et al. (2011) suggèrent que le manque de formation à l'évaluation aurait un impact sur l'intention de quitter la profession. Ils soutiennent que cela est aussi observé ailleurs dans le monde.

Par conséquent, le Conseil supérieur de l'éducation du Québec suggérait en 2018 de revoir la formation initiale et continue des enseignants, pour qu'ils puissent adopter des pratiques visant à soutenir les apprentissages plutôt qu'à les mesurer (CSE, 2018). Le projet de l'OPIEVA visait donc à documenter ces pratiques, afin d'expliquer si les enseignants québécois optent davantage pour des PEMA ou des PESA et ainsi, proposer des pistes de formation continue.

Bien qu'il existe de nombreux outils pour analyser les pratiques évaluatives (DeLuca et al., 2016 ; Looney et al., 2018), la recension effectuée pour ce projet n'a pas permis d'en repérer qui visent spécifiquement à documenter ces pratiques en les classant sous ces deux axes. Ces outils ont généralement comme objectif de décrire les connaissances, habiletés et pratiques des enseignants (Looney et al., 2018), notamment en s'appuyant sur les standards américains de 1990 (DeLuca et al., 2016). L'OPIEVA a donc conçu un questionnaire pour documenter ces pratiques sous ces axes, tout en ayant également pour but d'aider les enseignants à adopter une posture réflexive au sujet de l'évaluation. Ainsi, après avoir rempli le questionnaire, ces derniers obtiennent un portrait de leurs pratiques évaluatives et des ressources pertinentes pour soutenir leur développement professionnel[5].

Toutefois, il semble nécessaire d'étudier les propriétés métriques de ce questionnaire, afin de s'assurer qu'il permet effectivement de documenter les pratiques évaluatives des enseignants, en les distinguant selon ces deux axes et d'y apporter des modifications si nécessaire. La validation des scores des répondants constitue l'objectif de l'étude 1. Une fois que ce travail est effectué, il semble judicieux d'analyser les résultats pour déterminer s'il existe des profils de répondants types que l'on pourrait associer à l'un des deux axes. Le cas échéant, il serait possible de comparer ces résultats à ceux de la recension de Girouard-Gagné (2021), qui suggère que les PEMA seraient beaucoup plus fréquemment utilisées que les PESA. Ainsi, l'étude 2 présente les résultats du questionnaire en exploitant un modèle de classes latentes, afin de dégager deux grands profils d'enseignants. Ce chapitre contribue donc à la littérature scientifique, car il existe un faible nombre d'études comparables visant à analyser les propriétés métriques d'un questionnaire dont l'objectif est de documenter les pratiques évaluatives selon ces deux finalités. De

[5] Le questionnaire est accessible en ligne à l'adresse suivante : https://opieva.ca/fr/boussole/questionnaire/register/d81c7828-625c-4052-a700-04e25cb79c09/

surcroit, notre contribution s'observe aussi par les choix méthodologiques (le modèle de Rasch pour items polytomiques et le modèle de classes latentes pour items à réponse polytomique) qui sont moins fréquemment employés pour valider la bonne interprétation des scores à un questionnaire, bien qu'ils améliorent la rigueur des analyses.

3. Cadre conceptuel

3.1 Les pratiques évaluatives

Bien qu'il existe de nombreuses définitions de l'évaluation des apprentissages, celle retenue pour cette étude correspond à la version de Scallon (2004), qui explique que l'évaluation consiste à apprécier la performance d'un apprenant lorsqu'il accomplit une tâche relativement complexe. Ce choix se justifie par sa flexibilité puisqu'il permet à la fois d'inclure les multiples formes d'évaluations, mais également les pratiques variées décrites dans le questionnaire conçu par l'OPIEVA.

En se basant sur le concept de pratique enseignante de Talbot (2012), les pratiques évaluatives peuvent se définir comme des manières d'agir et d'apprendre, à partir de et pendant l'activité où l'enseignant joue le rôle d'évaluateur. Trois dimensions en interactions influencent les pratiques des enseignants : les facteurs personnels internes, l'activité et les contextes (Talbot, 2012). Les facteurs personnels représentent les connaissances de l'enseignant, ses conceptions et son identité professionnelle. Les activités concernent les actions mises en œuvre lorsqu'il accomplit une tâche, comme évaluer les apprentissages, en incluant ses processus mentaux (Figari et al., 2014). Les contextes réfèrent aux éléments externes et dynamiques de l'environnement dans lequel se déroule l'action.

3.2 Des pratiques visant à soutenir les apprentissages et d'autres visant à les mesurer

En s'appuyant sur plusieurs travaux, le questionnaire conçu par l'OPIEVA considère que les pratiques évaluatives visent à soutenir les apprentissages lorsqu'elles reflètent, entre autres, une pratique réflexive de la part de l'enseignant, suivent le principe d'alignement pédagogique de Biggs (1999), sont multidimensionnelles et permettent d'évaluer à la fois le produit, le processus et le propos (Albero, 2011 ; Bédard & Béchard, 2009 ; Biggs, 1996, 1999 ; Endrizzi, 2012). Ces PESA exigent de poser un jugement professionnel, notamment en faisant appel à une approche dont les critères sont communiqués à l'avance aux apprenants. Les PESA sont également centrées sur l'apprentissage ; elles facilitent donc la rétroaction, permettent aux apprenants de tirer profit de leurs erreurs, d'être actifs, participatifs, ainsi qu'autonomes. Ces pratiques favorisent le développement de leurs compétences métacognitives et d'habiletés de haut niveau cognitif (tâches complexes). Enfin, les PESA visent à favoriser l'engagement des apprenants.

Par opposition, les PEMA sont davantage centrées sur l'enseignant qui souhaite mesurer les apprentissages dans une perspective utilitaire (Vial, 2012). Elles reflètent des pratiques basées sur la passation d'examens, dont la notation et le classement entre apprenants constituent la finalité. Les enseignants souhaitent alors exercer un contrôle élevé sur la situation d'évaluation (CSE, 2018) et sont par conséquent généralement seuls pour les concevoir. Elles s'opposent au PESA car tout d'abord, les PEMA incluent celles où l'enseignant a confiance en ses pratiques et ne les questionne que peu dans le but de les améliorer (faible pratique réflexive). De plus, les PEMA impliquent aussi des pratiques de rétroaction limitée difficiles à réinvestir par l'apprenant. Généralement séparées de l'enseignement, la rétroaction se produit à des moments distincts de l'apprentissage et les attentes ne sont pas clairement annoncées aux apprenants (Vial, 2012 ; CSE, 2018). Enfin, les PEMA ne visent pas à développer les compétences métacognitives et engendrent souvent un développement d'habiletés cognitives de bas niveau, un apprentissage en surface et elles suscitent peu l'engagement des apprenants.

Bien que ces axes conceptuels s'opposent, les enseignants mobilisent généralement des PESA et des PEMA dans des proportions distinctes et en fonction des situations. Par exemple, l'enseignant pourrait offrir une rétroaction détaillée et personnalisée lors d'évaluations formatives (PESA), tout en n'offrant peu, voire aucune, rétroaction lors d'évaluations sommatives (PEMA).

3.3 Les caractéristiques des évaluations selon leur catégorie de pratiques

Scallon (2004) compare les caractéristiques des évaluations selon qu'il les associe aux PESA ou aux PEMA. Celles associées aux PESA sont composées de tâches complexes et authentiques ; elles peuvent être personnalisées et permettent aux apprenants d'apprendre durant le processus d'évaluation (intégration de l'évaluation et de l'apprentissage) (Tardif, 1993). A l'opposé, l'usage de tests à choix multiples, où il est impossible d'adapter les questions aux apprenants et dont les réponses sont objectives et brèves, relèvent des PEMA. Les évaluations associées à ces dernières portent sur la réalisation de tâches individuelles qui reposent souvent sur des problèmes scolaires. Reposant essentiellement sur le produit de la dimension cognitive, ces évaluations sont unidimensionnelles. Leur correction est considérée comme objective et les résultats sont dès lors ancrés dans une approche normative de classement, permettant ainsi de récompenser les apprenants plus performants.

En somme, les PESA correspondent à des pratiques où l'enseignant conçoit et utilise des évaluations pour que l'apprenant puisse réaliser des tâches complexes authentiques et recevoir une rétroaction qui lui permettra de s'améliorer (Romainville, 2013). Le but de l'évaluation n'est donc pas de classer l'apprenant relativement à une norme ou un standard, mais plutôt de situer sa progression, ses apprentissages, ses forces et ses faiblesses, dans l'optique de l'amener à poursuivre ses apprentissages (Tardif, 1993). Les PEMA, quant à elles, visent principalement le classement de l'apprenant relativement à une norme ou un standard en lui attribuant une note (CSE, 2018). L'évaluation a davantage une fonction administrative et permet difficilement à l'apprenant de poursuivre le développement de ses compétences car la rétroaction n'est pas suffisante.

Ainsi, le questionnaire de l'OPIEVA vise à mesurer la fréquence d'usage de ces pratiques, en ayant recours à des items qui portent à la fois sur les pratiques évaluatives et sur les caractéristiques des évaluations. Pour s'assurer qu'il mesure adéquatement les pratiques évaluatives, cette étude vise dans un premier temps à valider les scores obtenus en utilisant le modèle de Rasch pour données polytomiques, dont le choix est justifié à la section 4.3.

4. Méthodologie et démarche d'analyse des données

4.1 La conception du questionnaire et des outils d'accompagnement pour les enseignants

Cette section vise à présenter la démarche de conception du questionnaire et des documents destinés à accompagner les enseignants lorsqu'ils le complètent. Des explications concernant la séparation selon les deux axes et les classements des répondants selon leurs réponses sont données. Ensuite, une brève description des outils d'accompagnement fournis aux enseignants est présentée.

4.1.1 La construction d'une première version du questionnaire

Tout d'abord, précisons qu'il a été décidé de construire un questionnaire en français, puis de le traduire dans une phase ultérieure du projet. Ce chapitre porte donc uniquement sur l'analyse des propriétés métriques de la version française du questionnaire. La démarche de construction de sa première version comporte quatre étapes principales, dont la première a consisté en une recension des écrits portant sur des questionnaires visant à mesurer les pratiques évaluatives. Une recherche documentaire menée dans la base de données ERIC et Google Scholar avec les mots clés « pratiques évaluatives » et « questionnaires » ou « assessment practices » et « questionnaire OR survey » a permis de recenser 274 documents. Parmi eux, 25 faisaient effectivement référence à l'usage de questionnaires pour mesurer les pratiques évaluatives. Après les avoir consultés, l'équipe de recherche a conservé cinq documents, soit trois articles de périodiques (Howe & Ménard, 1994 ; Monfette & Grenier, 2015 ; Taras & Davies, 2017) et deux rapports de recherche (Bélanger & Tremblay, 2012 ; Durand et al., 2013), car ces questionnaires contenaient des items pertinents pour mesurer les pratiques évaluatives en les distinguant selon les axes PESA et PEMA (Durand & Chouinard, 2006 ; Scallon, 2004). La seconde étape ayant mené à la construction du questionnaire est l'association des items de ces questionnaires (un peu plus de 150) aux exemples de pratiques associés à chacun des axes (tableau 1). Dans certains cas, des items ont été rédigés par l'équipe de recherche pour s'assurer qu'il y en ait au moins un pour chacun de ces exemples.

La troisième étape a consisté à évaluer la pertinence, la clarté et la cohérence de chacun de ces items par le comité directeur de l'OPIEVA. A cette étape, il a été décidé que le questionnaire devait contenir un nombre équivalent d'items pour chaque axe, afin de brosser un portrait adéquat des pratiques évaluatives. Ainsi, les items jugés moins pertinents ont été retirés de la liste, pour en conserver soixante, soit trente par axe. Ces trente items associés aux PESA représentent des exemples de pratiques qui s'opposent à celles des items des PEMA. Le questionnaire vise à situer l'enseignant sur chaque axe (PEMA et PESA), permettant alors de le positionner sur un diagramme à quatre cadrans, selon sa fréquence d'utilisation de PESA (axe horizontal) et PEMA (axe vertical). Il avait aussi été convenu d'utiliser une échelle de fréquence à quatre niveaux (échelle de Likert), afin d'éviter des choix superflus. Cette première version du questionnaire a ensuite été soumise à des experts en évaluation des apprentissages, qui ont relu les items et suggéré des modifications quant à leur formulation pour en assurer la clarté et l'unidimensionnalité.

Une prévalidation auprès d'une centaine d'enseignants qui sont abonnés à la liste de diffusion de l'OPIEVA constitue la quatrième étape de construction du questionnaire. Les enseignants étaient invités à remplir ce dernier et à donner leurs commentaires sur la clarté ou leur degré de compréhension des items. Cette démarche a permis de reformuler plusieurs d'entre eux et surtout a motivé la décision d'allonger l'échelle de fréquence à six niveaux (échelle de Likert : 1 = Jamais ; 2 = Très rarement ; 3 = Rarement ; 4 = Souvent ; 5 = Très souvent ; 6 = Toujours). En effet, l'usage d'une échelle trop restreinte ne menait pas à la distinction des catégories d'enseignants, c'est-à-dire que cela ne permettait pas d'observer de la variabilité dans les réponses des enseignants et entre eux.

L'ajout de deux choix supplémentaires visait à améliorer la dispersion des réponses obtenues, pour mieux documenter les différences de pratiques. Enfin, une dernière relecture par l'équipe de recherche a mené au questionnaire final utilisé pour la collecte de données. Le questionnaire complet est présenté à l'annexe 1.

Tableau 1 Exemples associés aux PESA et PEMA

PESA	PEMA
Pratiques évaluatives	*Pratiques évaluatives*
Application du principe de l'alignement pédagogique	Évaluations isolées, sans relation entre elles
Participation de l'apprenant à l'évaluation de ses productions	Aucune participation de l'apprenant à l'évaluation de ses productions
Centration sur l'apprentissage	Centration sur l'enseignement
Communication encouragée avec l'enseignant et les pairs	Communication réduite avec l'enseignant
Description des critères et des évaluations	Descriptions brèves, usages d'évaluations surprises ou à pièges
Visent à susciter l'engagement de l'apprenant	Ne se préoccupent pas de susciter l'engagement de l'apprenant
Évaluations intégrées à l'apprentissage	Évaluations séparées de l'apprentissage, à des moments distincts
Évaluation critériée	Évaluation normative
Usage du jugement professionnel	Correction objective
Pratique réflexive sur l'évaluation	Absence de pratique réflexive sur l'évaluation
Rétroaction détaillée	Rétroaction brève ou absente
Évaluation du processus d'apprentissage	Évaluation du produit seul
Développent l'autonomie face à l'apprentissage	Assujettissent l'apprentissage aux évaluations
Caractéristiques des évaluations	*Caractéristiques des évaluations*
Contextes authentiques	Contextes artificiels
Collaboratives	Individuelles
Hauts niveaux cognitifs	Bas niveaux cognitifs
Multidimensionnelles	Unidimensionnelles
Personnalisées	Conditions identiques
Mobilisation de compétences métacognitives	Absence de mobilisation des compétences métacognitives
Significative	Tâches simples

4.1.2 La conception des outils d'accompagnement pour les enseignants

Afin d'outiller les enseignants qui acceptent de participer à cette étude, il a été décidé de leur montrer un portrait de leurs pratiques. L'intention est qu'ils puissent poser un regard réflexif sur leurs pratiques évaluatives et possiblement les améliorer s'ils le souhaitent. Comme mentionné en introduction, il semble y avoir des lacunes quant aux ressources disponibles pour aider les enseignants qui souhaiteraient intégrer plus de PESA. Ceci a donc motivé la conception de ce portrait et la proposition de ressources adaptées pour soutenir ces enseignants. Ce portrait est élaboré par un algorithme qui positionne l'enseignant sur le diagramme composé de quatre cadrans (figure 1). Il est accompagné d'un court texte qui explique la fréquence de pratiques, dont les qualificatifs (ex. souvent, rarement, peu) sont déterminés par l'algorithme à partir de ses réponses. Selon celles fournies au questionnaire, l'enseignant peut consulter des ressources adaptées qui visent à soutenir son développement professionnel en proposant des pistes pour intégrer des PESA à sa pratique. Ces ressources prennent la forme d'un court texte présentant une PESA, puis des liens vers des références sont proposés[6].

[6] Le lecteur est invité à consulter, s'il le désire, les ressources à l'adresse suivante : https://opieva.ca/fr/innover/

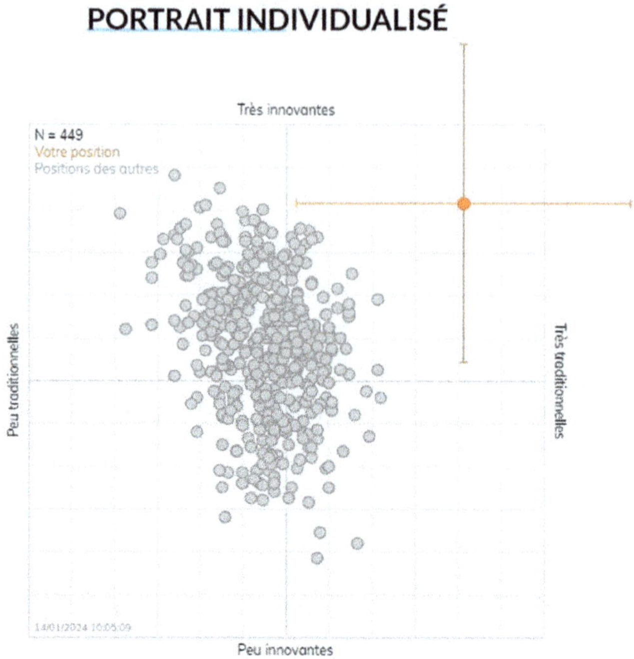

Figure 1 Diagramme présentant le positionnement du répondant après qu'il a rempli le questionnaire

4.2 La collecte de données et les statistiques descriptives de l'échantillon

4.2.1 La collecte de données

La première version du questionnaire a été complétée en septembre 2019, ce qui a permis d'entamer la procédure de collecte en mobilisant la liste de diffusion de l'OPIEVA composée de membres d'universités et de collèges québécois francophones et anglophones, d'écoles primaires et secondaires, d'association d'enseignants et de partenaires de recherche de l'Observatoire. Un courriel d'invitation à y participer a donc été envoyé aux personnes inscrites sur cette liste ; certaines d'entre elles l'ont transmis aux membres de leur établissement. Il convient alors de préciser qu'il s'agit d'un échantillon de convenance et non d'un échantillon aléatoire.

4.2.2 Les statistiques descriptives des répondants

En tout, 571 personnes ont répondu au questionnaire entre septembre 2019 et septembre 2021, soit 396 femmes, 170 hommes et 5 individus qui n'ont pas indiqué leur genre. L'histogramme présenté à la figure 2 montre la répartition des répondants selon leur âge et leur genre. La majorité des répondants, soit 373, ont entre 30 et 49 ans. La province d'emploi de 489 répondants est le Québec, suivi par l'Ontario (n = 18) et l'Alberta (n = 8). Notons que 54 répondants n'ont pas indiqué de province et sept répondants ont précisé une autre province ou un territoire canadien. Le nombre plus faible de répondants provenant de l'extérieur du Québec peut s'expliquer par le fait que le questionnaire était uniquement accessible en français lors de cette collecte.

La figure 3 présente la répartition des répondants selon leur ordre d'enseignement et indique que près de la moitié enseignent au secondaire (n = 228) tandis qu'un peu moins du quart enseignent à l'université (n = 150). Notons que 65 répondants n'ont pas répondu à tous les items, dont 57 ont omis plus des deux tiers. Ces répondants avec données manquantes ont été retirés du corpus.

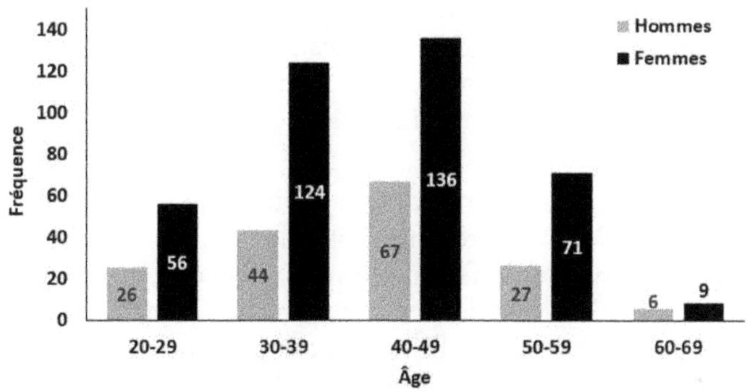

Figure 2 Histogramme des répondants selon leur groupe d'âge et leur genre

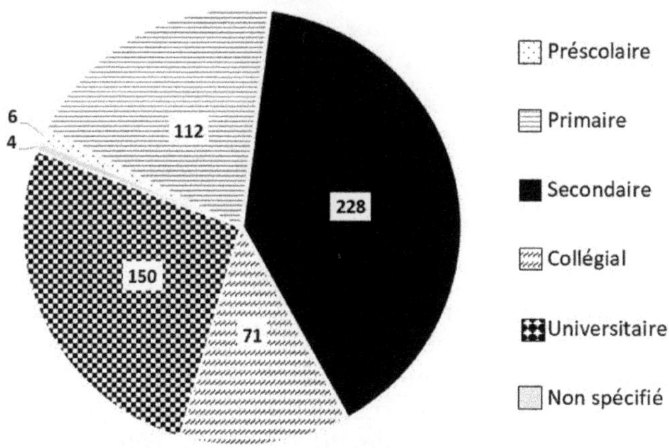

Figure 3 Répartition des répondants selon leur ordre d'enseignement

4.3 Analyse des données

Rappelons que cette section est scindée en deux parties. La première porte sur l'étude 1 qui vise à présenter des preuves de validité de ce questionnaire en s'appuyant sur un ensemble d'indicateurs de fidélité, puis, en les comparant. Après avoir documenté les preuves qui soutiennent que le questionnaire mesure bien les pratiques évaluatives, la seconde étude vise à étudier la présence d'individus PESA et PEMA en utilisant une démarche d'analyse par classe latente pour items de type échelle de Likert.

4.3.1 Validation des scores au questionnaire

Bien qu'il existe plusieurs types de validité (de contenu, concurrente, prédictive ou de construit) (Andrich & Marais, 2019), Messick (1989) soutient que la validité de construit contient des preuves des autres types et qu'il est préférable que la validation d'un instrument porte sur la relation entre les preuves empiriques et les inférences qui sont déduites à partir des scores. Ce chapitre permet donc d'entamer la réflexion sur ce type de validité en vérifiant si le questionnaire mesure bien ce qu'il devrait mesurer.

La fidélité des scores permet de quantifier si le questionnaire génère de l'erreur ou pas. Dans la littérature, plusieurs indicateurs sont couramment utilisés pour évaluer la fidélité, dont l'alpha de Cronbach (α) qui est basé sur la théorie classique des tests (Andrich & Marais, 2019). Or, cet indicateur comporte certaines limites, notamment le fait que la fidélité sera influencée par le nombre d'items inclus dans l'instrument et par l'échantillon de répondants (Andrich & Marais, 2019). La famille des coefficients oméga de McDonald (ω) constitue un autre ensemble d'indicateurs de la fidélité des scores d'un instrument, dont l'estimation peut être obtenue par des analyses factorielles exploratoires ou confirmatoires (Béland & Michelot, 2020).

Plusieurs modèles d'analyse factorielle sont disponibles pour la relation entre les dimensions et les items à réponse polytomique. Ici, le modèle de Rasch de type Rating scale est un choix intéressant car il est mieux adapté que l'analyse factorielle pour items à réponses continues (Bond et al., 2021).

Les analyses effectuées visent à déterminer si les items mesurent effectivement ce qu'ils doivent mesurer, c'est-à-dire l'adhésion des répondants aux PESA. Pour mieux comprendre les 60 items à l'étude, leur moyenne, la médiane et l'écart-type sont présentés. Deux librairies développées en R ont été utilisées pour analyser les propriétés métriques du questionnaire. La librairie Psych (Revelle, 2020), de son côté, est utilisée pour calculer les coefficients α et ω_Total. La librairie TAM par Robitzsch et al. (2081) a été utile pour calculer la fidélité basée sur l'estimateur EAP. Cette librairie est aussi celle qui a permis d'estimer les paramètres du modèle Rating scale. Dans cette section, ce que les chercheurs appellent le paramètre de difficulté est rapporté. Dans le modèle Rating scale, ce paramètre doit plutôt être interprété comme un degré d'adhésion à un item. Ainsi, plus le paramètre de difficulté est faible, plus on observe que les répondants ont choisi « souvent », « très souvent » et « toujours ». À l'opposé, plus la valeur de ce coefficient est élevée, plus les répondants auront sélectionné les choix « jamais », « rarement » ou « très rarement ».

Pour évaluer l'adéquation des items au modèle de Rasch Rating scale, les populaires coefficients Outfit et Infit ont été ajoutés. Selon Linacre (2002), une valeur entre 0,5 et 1,5 présente une adéquation acceptable, donc productive pour la mesure (productive for measurement). Une attention particulière est donc portée aux items qui sortent de cet ensemble de valeurs.

Deux postulats du modèle est aussi étudiés. D'abord, la dimensionnalité générale est évaluée à l'aide de deux méthodes sont utilisées : l'analyse parallèle, qui sélectionne le nombre de valeurs propres supérieures ou égales à la moyenne des valeurs propres d'une matrice de corrélations, et la méthode du facteur d'accélération, qui utilise comme point de coupure l'endroit où la pente des valeurs propres change abruptement. Ces analyses sont effectuées à l'aide de la librairie nFactors (Raîche & Magis, 2020). Ensuite, pour évaluer l'indépendance locale entre les items, le coefficient Q3 de Yen (et sa version corrigée aQ3) est utilisé, qui est basé sur la corrélation entre les résidus d'une paire d'items. Toutes les valeurs qui sont au-dessus de |0,3| sont considérées comme des preuves d'items localement dépendants| (Christensen et al., 2017).

4.3.2 Analyse par classe latente

L'analyse par classe latente est un modèle probabiliste qui permet de regrouper les réponses à une série d'items en classes (qui sont des groupes de répondants). A l'instar de plusieurs auteurs (Cloitre et al., 2014 ; De Pedro et al., 2016 ; Liu et al., 2017), cette étude utilise un modèle d'analyse par classe latente adaptée pour des items de type échelle de Likert (Weller et al., 2020).

Cette analyse s'effectue généralement sur un nombre restreint d'items associés à une même dimension. Elle montre comment des groupes d'individus ont répondu aux différents choix de réponses de plusieurs items (ce qui se nomme des « classes »). Ces classes permettent de mieux comprendre les comportements de réponses relativement à la dimension analysée et de déterminer ceux qui sont les plus fréquents et qui reflètent la majorité des répondants.

Dans le cadre de cette étude, l'hypothèse qu'il existe deux classes d'individus, ceux qui utilisent majoritairement des PESA et ceux qui, à l'opposé, mobilisent surtout des PEMA est retenue, en cohérence avec la littérature sur ce sujet (Girouard-Gagné, 2021). Il a donc été choisi d'effectuer les analyses sur deux classes pour vérifier cette hypothèse. Pour ce faire, il a été décidé de choisir un groupe d'items précis qui porte sur les tâches cognitives effectuées par les apprenants durant l'évaluation (items 13,15, 27, 37, 39, 49). L'intention est de vérifier la présence d'une classe de répondants qui fait un usage important d'évaluations impliquant des tâches cognitives de haut niveau (PESA) et d'une classe où les évaluations sont principalement dotées de tâches de bas niveau cognitif (PEMA). La librairie R PolCA (Linzer & Lewis, 2011) a donc été utilisée pour faire ces analyses.

5. Résultats

Cette section présente les résultats de la validation des scores du questionnaire (étude 1) et de l'analyse par classe latente (étude 2).

5.1 Validation des scores au questionnaire

Le tableau 2 présente les statistiques descriptives (la moyenne, la médiane et l'écart-type) pour chacun des items du questionnaire. Certains items se distinguent par leur faible médiane et leur faible écart-type, suggérant une distribution des scores asymétrique. Les items 2 (« Mes évaluations sont conçues pour piéger les apprenants. »), 10 (« Je fais des évaluations surprises. ») et 45 (« Il m'arrive de modifier les notes des apprenants pour ajuster la moyenne de classe. »), tous associés aux PEMA, ont une médiane égale à 1, qui correspond à l'échelon « jamais ». A l'opposé, deux items possèdent une médiane égale à 6 (échelon « toujours »), soit les items 48 (« Je m'assure qu'il y a correspondance entre les évaluations et les objectifs inscrits dans mon plan de cours. ») et 57 (« J'évalue les apprenants en fonction d'exigences préétablies et non en les comparant entre eux. »).

Ensuite, la fidélité basée sur l'estimateur EAP est égale à 0,841. A titre de comparaison, les autres indicateurs de fidélités, alpha de Cronbach (α) et oméga de McDonald (ω_{Total}) valent 0,88 et 0,90 respecti vement, ce dernier étant basé sur une EFA hiérarchique (RMSEA = 0,054). Ces résultats sont cohérents entre eux et montrent tous une très bonne fidélité. Les résultats pour le modèle Rating scale sont présentés au tableau 3.

Tableau 2 Statistiques descriptives des items du questionnaire

Item	Moy.	Méd.	E.T.	Item	Moy.	Méd.	E.T.
1	3,38	4	1,43	31	3,62	4	1,23
2	1,59	1	0,84	32	4,81	5	1,21
3	3,08	3	1,19	33	1,9	2	1,09
4	2,25	2	1,31	34	1,98	2	1,24
5	4,49	4	0,85	35	2,19	2	1,33
6	3,63	4	1,39	36	3,76	4	1,28
7	2,99	3	1,39	37	3,74	4	1,15
8	2,8	3	1,62	38	2,14	2	1,04
9	4,47	4	1,01	39	3,9	4	1,15
10	1,59	1	1,02	40	4,59	5	0,96
11	4,36	4	1,35	41	3,91	4	1,32
12	5,07	5	0,97	42	3,98	4	1,31
13	3,03	3	1,18	43	4,22	4	0,95
14	2,61	3	1,28	44	4,45	4	1,17
15	3,25	3	1,30	45	1,6	1	1,00
16	4,86	5	1,24	46	2,71	3	1,27
17	3,5	4	1,25	47	2,31	2	1,19
18	4,51	4	1,09	48	5,44	6	0,77
19	4,23	4	0,9	49	3,57	4	1,32
20	3,35	3	1,49	50	3,14	3	1,26
21	4,24	4	1,02	51	4,78	5	1,23
22	4,57	5	1,13	52	4,46	5	1,28
23	4,68	5	1,11	53	4,59	5	1,34
24	4,44	4	1,17	54	2,9	3	1,20
25	5,14	5	0,91	55	3,76	4	1,32
26	4,90	5	1,10	56	3,2	3	1,37
27	2,90	3	1,03	57	5,36	6	0,85
28	4,30	4	1,07	58	5	5	1,00
29	3,29	3	1,33	59	2,11	2	1,17
30	4,17	4	1,00	60	4,51	4	1,04

Tableau 3 Résultats du modèle Rating scale (estimation, erreur type, score, outfit et infit)

Item	Est.	Err.T	Score	Outfit	Infit	Item	Est.	Err.T	Score	Outfit	Infit
1	-1,13	0,03	1911	1,49	1,43	31	-1,28	0,04	1863	0,99	0,96
2	0,24	0,05	893	1,07	1,02	32	-2,19	0,04	2473	1,36	1,36
3	-0,95	0,03	1707	0,93	0,9	33	-0,11	0,04	976	0,93	0,97
4	-0,40	0,04	1242	1,36	1,34	34	-0,18	0,04	1014	1,50	1,40
5	-1,9	0,04	2454	0,53	0,53	35	-0,36	0,04	1119	1,34	1,33
6	-1,29	0,03	1964	1,10	1,10	36	-1,37	0,04	1923	0,90	0,89
7	-0,89	0,03	1617	1,03	1,03	37	-1,36	0,04	1913	0,71	0,71
8	-0,77	0,03	1510	1,56	1,56	38	-0,32	0,04	1093	0,93	0,90
9	-1,89	0,04	2385	0,75	0,74	39	-1,47	0,04	1987	0,82	0,81
10	0,24	0,05	848	1,56	1,41	40	-1,99	0,04	2332	0,78	0,76
11	-1,80	0,04	2336	1,52	1,48	41	-1,48	0,04	1992	1,21	1,2
12	-2,46	0,05	2709	1,05	1,03	42	-1,53	0,04	2028	1,27	1,26
13	-0,91	0,03	1619	0,95	0,93	43	-1,7	0,04	2153	0,54	0,54
14	-0,65	0,03	1391	0,92	0,93	44	-1,87	0,04	2283	0,91	0,93
15	-1,05	0,03	1717	0,89	0,88	45	0,22	0,05	813	1,31	1,27
16	-2,23	0,04	2576	1,44	1,39	46	-0,71	0,04	1378	0,86	0,86
17	-1,21	0,03	1849	0,90	0,89	47	-0,45	0,04	1177	1,02	0,99
18	-1,92	0,04	2374	0,88	0,89	48	-2,97	0,06	2769	0,95	0,96
19	-1,70	0,04	2216	0,50	0,49	49	-1,25	0,04	1814	0,93	0,93
20	-1,11	0,03	1755	1,37	1,36	50	-0,98	0,03	1597	0,84	0,84
21	-1,71	0,04	2219	0,70	0,69	51	-2,16	0,04	2427	1,36	1,36
22	-1,97	0,04	2387	0,96	0,96	52	-1,88	0,04	2270	1,46	1,42
23	-2,06	0,04	2432	1,05	1,06	53	-1,99	0,04	2340	1,50	1,48
24	-1,86	0,04	2305	1,15	1,13	54	-0,84	0,03	1477	1,01	0,98
25	-2,54	0,05	2667	0,92	0,94	55	-1,38	0,04	1922	1,03	1,03
26	-2,28	0,04	2530	1,11	1,13	56	-1,02	0,03	1627	1,14	1,13
27	-0,83	0,03	1498	0,76	0,74	57	-2,85	0,06	2725	1,10	1,12
28	-1,75	0,04	2219	0,79	0,79	58	-2,38	0,05	2540	0,96	0,97
29	-1,07	0,03	1694	1,28	1,24	59	-0,29	0,04	1070	0,95	0,95
30	-1,65	0,04	2142	0,59	0,60	60	-1,92	0,04	2290	0,78	0,78

Ce tableau montre que seulement trois items dépassent la valeur infit/outfit de 1,5 (8,10 et 11) et seulement l'item 19 est légèrement en dessous de la valeur de 0,5. Ceci signifie que les données observées des items 8 («J'évalue la participation en classe.»), 10 («Je fais des évaluations surprises.») et 15 («Je conçois mes évaluations pour qu'elles amènent les apprenants à évaluer.») comportent davantage de variabilité que ce que prédit le modèle (Bond et al., 2021). A l'opposé, les données de l'item 19 («Je conçois des évaluations qui sont motivantes pour les apprenants.») sont moins dispersées que celles prédites par le modèle.

L'analyse des coefficients estimés et de leurs scores met en évidence que certains items comportent un niveau d'endossement très élevé. De fait, les items 16 («Je transmets à l'avance les critères d'évaluation pour chacune des évaluations.»), 26 («Ce qui doit être réussi par les apprenants est décrit de façon précise dans mes évaluations.»), 48 («Je m'assure qu'il y a correspondance entre les évaluations et les objectifs inscrits dans mon plan de cours.»), 57 («J'évalue les apprenants en fonction d'exigences préétablies et non en les comparant entre eux.») et 58 («Je donne une rétroaction permettant à l'apprenant d'identifier ses forces et ses faiblesses.») possèdent des coefficients inférieurs à -2,3 et des scores supérieurs à 2500. Cela signifie qu'une proportion élevée de répondants ont indiqué un haut niveau de fréquence pour ces items. Il est intéressant de noter qu'à l'exception de l'item 26, tous sont associés aux PESA. Cet item particulier est associé aux PEMA, mais il est inversé : une fréquence faible signifierait une pratique inspirée des PEMA, alors qu'une fréquence élevée reflète une pratique liée aux PESA. Trois items (2, 10 et 45) se distinguent par un taux élevé de désaccord observé par des coefficients estimés supérieurs à 0 et des scores inférieurs à 900 («Mes évaluations sont conçues pour piéger les apprenants.»; «Je fais des évaluations surprises.»; «Il m'arrive de modifier les notes des apprenants pour ajuster la moyenne de classe.»), qui sont tous associés aux PEMA.

La dimensionnalité des variables a été étudiée à l'aide de deux méthodes qui donnent des résultats contradictoires. En effet, l'analyse parallèle fait émerger sept dimensions, alors que la méthode du facteur d'accélération n'en montre l'existence que d'une seule. Rappelons que l'EFA hiérarchique utilisée pour calculer le coefficient ω_Total permettait de montrer que le facteur général compte pour 36 % de la variance. La valeur du SRMSR devrait être sous la valeur de 0,05 pour indiquer une bonne adéquation des données au Partial credit, mais elle est plutôt de 0,16. Cela laisse croire que le modèle ne permet pas de représenter parfaitement les items analysés.

Enfin, l'étude du coefficient Q3 de Yen et aQ3 montre qu'environ 4 % de toutes les paires d'items pourraient représenter de la dépendance. Le tableau 4 présente les résultats pour les 10 paires d'items qui affichent les coefficients Q3 les plus élevés, auxquels la version corrigée de Q3, le coefficient aQ3, a été ajoutée. La corrélation la plus élevée est de -0,52 entre les items 23 («Dans les évaluations, je tiens compte de la démarche des apprenants.») et 54 («Mes évaluations portent sur le produit (résultat) plutôt que sur la démarche.»). Une corrélation négative de -0,50 entre les items 34 («Je ne fais pas de rétroaction une fois que les notes sont distribuées.») et 58 («Je donne une rétroaction permettant à l'apprenant d'identifier ses forces et ses faiblesses.») et aussi observée, ainsi qu'une autre de -0,48 entre les items 27 («Je conçois des évaluations qui sont composées uniquement de tâches simples.») et

39 (« Je conçois mes évaluations comme des tâches complexes. »). Ces corrélations s'expliquent potentiellement par les oppositions entre ces items : un enseignant qui tient compte de la démarche lors des évaluations (item 23) n'évaluera probablement pas uniquement le produit (item 54). Pareillement, concevoir des évaluations composées uniquement de tâches simples (item 27) s'oppose au fait d'en concevoir avec des tâches complexes (39). Par ailleurs, une corrélation positive de 0,53 est observée entre les items 33 (« Je conçois mes évaluations avec les apprenants. ») et 59 (« Les apprenants participent à la construction des critères par lesquels ils seront évalués. »), items qui reflètent tous deux des PESA où les apprenants participent à l'élaboration des évaluations. Ce tableau montre donc l'existence d'items localement dépendants, toutefois leur présence n'est pas trop élevée. Ces résultats indiquent néanmoins que le modèle ne fonctionne pas parfaitement bien.

Tableau 4 Paires d'items des dix coefficients Q3 et aQ3 les plus élevés

Items	Q3	aQ3
23–54	-0,52	-0,54
34–58	-0,50	-0,52
33–59	0,53	0,52
27–39	-0,48	-0,50
46–59	0,48	0,46
14–50	0,44	0,43
42–50	-0,39	-0,41
46–49	0,42	0,41
43–44	0,42	0,40
30–60	0,41	0,40

En résumé, les indicateurs de validation des scores suggèrent que ce questionnaire mesure bien un même construit associé aux pratiques évaluatives. Cependant, certains résultats indiquent que le modèle de Rasch n'est pas parfaitement adapté aux données. Autrement dit, il semble que le questionnaire ne respecte pas parfaitement toutes les hypothèses du modèle de Rasch, soit celles qui concernent l'unidimensionnalité et l'indépendance locale. En résumé, cela permet de conclure que le questionnaire permet de mesurer adéquatement les pratiques évaluatives, bien qu'il comporte certaines limites liées à l'unidimensionnalité ou à l'indépendance locale. Il est donc raisonnable de poursuivre en analysant les données collectées, ce qui a été fait par une analyse par classe latente.

5.2 Analyse par classe latente

La figure 4 présente les probabilités de réponse de chaque profil (classe de répondants) aux items associés aux tâches cognitives effectuées par les apprenants durant l'évaluation. Le profil 1 représente 70,4 % de l'échantillon et se distingue du profil 2 (29,6 % de l'échantillon) par la probabilité d'inclure des tâches liées à la mémorisation (item 13) dans les évaluations. De fait, la probabilité qu'ils ou elles répondent « très souvent » (9 %) est plus élevée qu'auprès de ceux et celles du profil 2 (3 %). A l'opposé, la probabilité de répondre « jamais » (6 %) est plus faible pour le profil 1 que pour le profil 2 (24 %). Autrement dit, les probabilités de réponses positives (« souvent », « très souvent », « toujours ») sont plus élevées chez les répondants du profil 1 que ceux du profil 2. De surcroit, les probabilités de réponses négatives (« rarement », « très rarement », « jamais ») sont plus faibles chez les répondants du profil 1 que ceux du profil 2. Cette observation se reproduit également pour le second item qui fait référence à des PEMA, soit l'item 27 qui porte sur l'utilisation de tâches simples dans les évaluations.

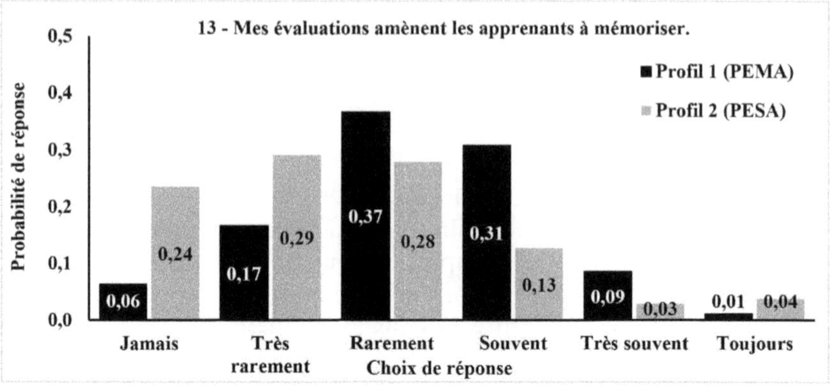
13 - Mes évaluations amènent les apprenants à mémoriser.
Profil 1 (PEMA)
Profil 2 (PESA)
Probabilité de réponse
0,5
0,4
0,3
0,2
0,1
0,0
0,06
0,24
0,17
0,29
0,37
0,28
0,31
0,13
0,09
0,03
0,01
0,04
Jamais
Très rarement
Rarement
Souvent
Très souvent
Toujours
Choix de réponse

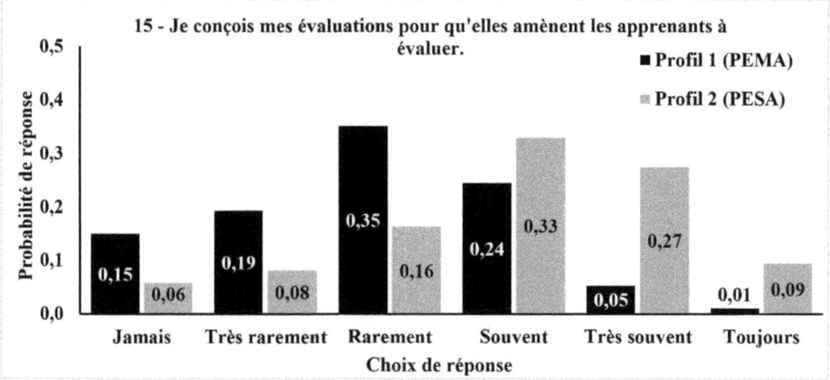
15 - Je conçois mes évaluations pour qu'elles amènent les apprenants à évaluer.
Profil 1 (PEMA)
Profil 2 (PESA)
Probabilité de réponse
0,5
0,4
0,3
0,2
0,1
0,0
0,15
0,06
0,19
0,08
0,35
0,16
0,24
0,33
0,05
0,27
0,01
0,09
Jamais
Très rarement
Rarement
Souvent
Très souvent
Toujours
Choix de réponse

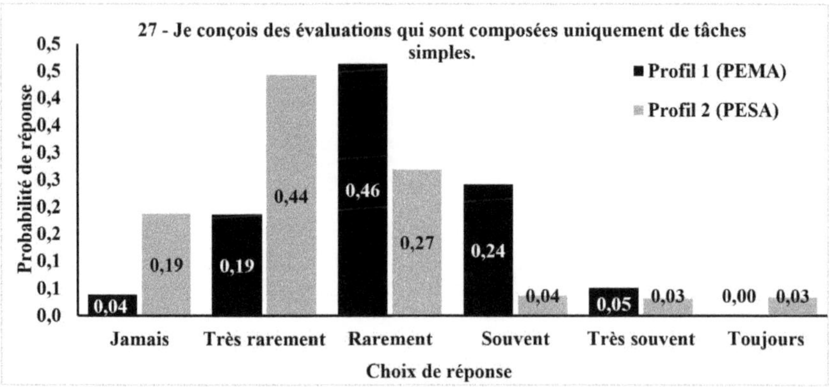
27 - Je conçois des évaluations qui sont composées uniquement de tâches simples.
Profil 1 (PEMA)
Profil 2 (PESA)
Probabilité de réponse
0,5
0,5
0,4
0,4
0,3
0,3
0,2
0,2
0,1
0,1
0,0
0,04
0,19
0,19
0,44
0,46
0,27
0,24
0,04
0,05
0,03
0,00
0,03
Jamais
Très rarement
Rarement
Souvent
Très souvent
Toujours
Choix de réponse

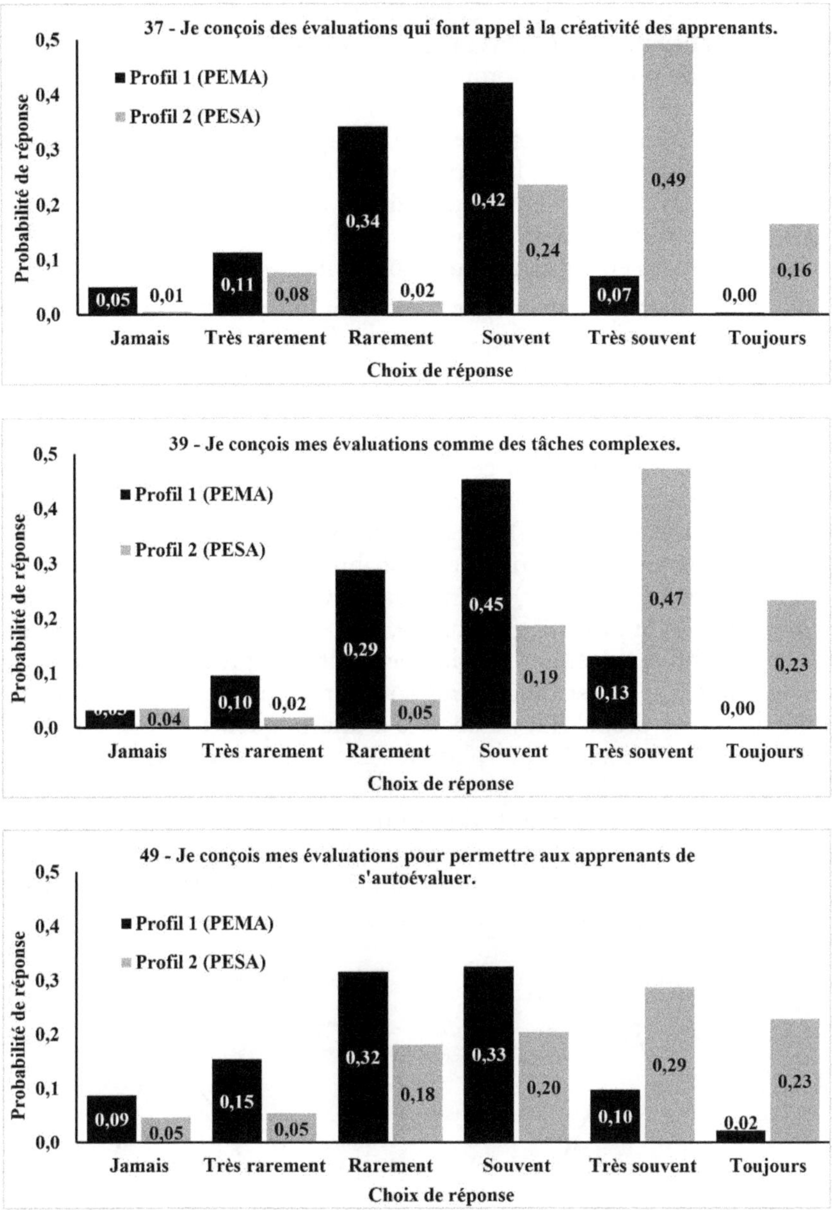

Figure 4 Probabilités de réponses aux items 13, 15, 27, 37, 39 et 49 selon le profil (la classe) des répondants

Par ailleurs, la situation opposée est observée pour les items qui se rapportent aux PESA. Par exemple, les probabilités de réponses positives à l'item 15, qui porte sur l'inclusion de tâches liées à l'évaluation, sont plus élevées auprès des répondants du profil 2 que du profil 1. Les probabilités de réponses négatives sont plus faibles chez ces répondants, comparativement à ceux du profil 1. En somme, les répondants associés au profil 1 ont plus de chances de concevoir des tâches d'évaluation qui font appel à la mémorisation et moins de chances de faire appel à l'évaluation, en termes de processus cognitifs, que les répondants du profil 2. Les probabilités de réponses observées semblent donc indiquer que le profil 1 représente des enseignants qui mobilisent davantage des PEMA, tandis que le profil 2 représenterait des enseignants qui mobilisent plus de PESA.

Cette distinction se manifeste également lorsque leurs probabilités de réponses aux items 27 et 39, qui opposent l'utilisation de tâches simples (27 : « Je conçois des évaluations qui sont composées uniquement de tâches simples. ») à des tâches complexes (39 : « Je conçois mes évaluations comme des tâches complexes. ») sont comparées. La figure 5 illustre ces probabilités en opposant ces deux items. Elle montre que la probabilité de réponse la plus élevée pour l'item 27 des répondants du profil 2 est de 2 (« très rarement ») alors qu'elle est de 3 (« rarement ») pour les répondants du profil 1. De plus, les probabilités de réponses associées aux choix positifs 4 (« souvent ») et 5 (« très souvent ») sont plus élevées chez les répondants du profil 1. A l'opposé, les résultats à l'item 39 montrent que la probabilité de réponse la plus élevée chez le profil 1 est de 4 (« souvent »), alors qu'elle est de 5 (« très souvent ») pour le profil 2. De surcroit, toutes les probabilités associées à une fréquence faible (choix 1 à 3) ou modérée (choix 4) sont plus élevées pour le profil 1, tandis qu'ils deviennent plus faibles pour les choix de fréquences élevées (choix 5 et 6). Autrement dit, les répondants du profil 1 ont plus de chances de concevoir des évaluations avec des tâches simples que ceux et celles du profil PESA. La probabilité qu'ils conçoivent des évaluations avec des tâches complexes serait plus faible que celle des répondants du profil 2.

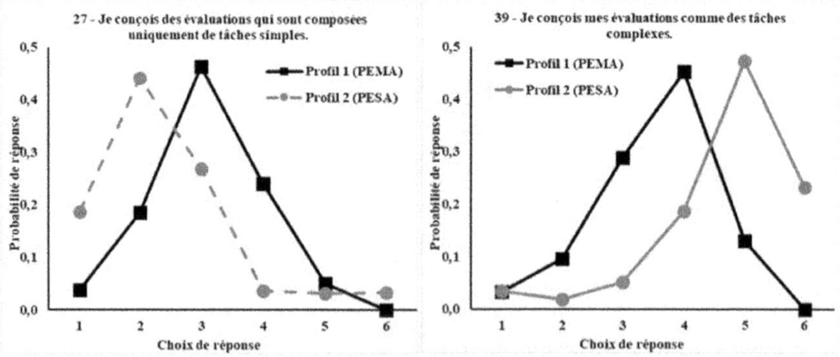

Figure 5 Probabilités de réponses selon les profils aux items 27 et 39
Légende : Choix de réponse : 1 – Jamais ; 2 – Très rarement ; 3 – Rarement ; 4 – Souvent ; 5 – Très souvent ; 6 – Toujours.

Cette deuxième étude suggère donc l'existence de deux profils de répondants parmi l'échantillon analysé. Ainsi, une majorité se situerait dans une classe davantage associée aux PEMA en concevant des évaluations dont les tâches cognitives sont plus simples que complexes et faisant appel à des niveaux cognitifs plus bas (profil 1). La minorité se situerait dans une classe qui reflète surtout des pratiques associées aux PESA en intégrant des tâches complexes aux évaluations et en construisant des travaux qui font appel à des niveaux cognitifs élevés (profil 2).

6. Discussion

6.1 Une contribution sur le plan de l'analyse de la qualité métrique d'un questionnaire qui s'intéresse aux pratiques évaluatives

Bien que ces résultats ne permettent pas entièrement d'être satisfaits de la qualité métrique du questionnaire, cela est possiblement attribuable au fait que le modèle de Rasch est contraignant. Néanmoins, les résultats de l'étude 1 suggère que le questionnaire représente les pratiques évaluatives et qu'il pourrait être utilisé dans d'autres recherches qui en font l'objet. Par exemple, il serait intéressant de mesurer l'évolution des pratiques évaluatives d'enseignants, avant et après avoir suivi une formation en évaluation. Le questionnaire pourrait aussi être utilisé pour comparer les pratiques évaluatives des groupes d'enseignants selon certaines caractéristiques, par exemple l'ordre d'enseignement, les années d'expérience dans la profession ou encore la formation initiale. En effet, comme il a été mentionné précédemment, peu de questionnaires dont les scores ont été validés pour mesurer ces pratiques semblent accessibles aux chercheurs du domaine. Cette étude leur permet donc d'avoir accès à un instrument validé pour répondre au besoin d'utiliser des instruments adéquats pour leurs recherches.

6.2 Des résultats qui soutiennent les deux axes de pratiques évaluatives

Les résultats de l'étude 2 soutiennent la pertinence de mesurer les pratiques évaluatives des enseignants selon les deux axes PEMA et PESA. Il semble effectivement se dégager deux profils d'enseignants selon la nature des tâches cognitives effectuées par les apprenants durant les évaluations. La majorité des répondants au questionnaire semblent alignés avec un profil associé aux PEMA, où les probabilités de construire des tâches simples faisant appel à des niveaux taxonomiques faibles, comme mémoriser, sont plus élevées que celles du deuxième profil. Celui-ci, davantage associé aux PESA, présente des probabilités plus élevées de concevoir des tâches complexes faisant appel à des niveaux taxonomiques cognitifs élevés, comme évaluer, comparativement au premier profil. Ces résultats sont cohérents avec ceux de la recension de Girouard-Gagné (2021), dont les études analysées suggèrent un usage marqué de PEMA et un faible recours aux PESA auprès d'enseignants universitaires.

Ainsi, il semble pertinent de poursuivre la recherche pour déterminer si cette distinction de profils s'applique à d'autres dimensions des pratiques évaluatives. En effet, il pourrait être intéressant de comprendre si cette opposition s'observe également lorsqu'on regroupe des items liés à la collaboration, à la correction ou encore aux formats des évaluations. Par ailleurs, cette étude ne permet pas de déterminer des facteurs qui contribuent à l'appartenance à l'un ou l'autre de ces profils. Il serait donc pertinent d'approfondir ces facteurs pour proposer des pistes d'accompagnement qui permettraient à ces enseignants d'intégrer davantage de PESA.

7. Conclusion

En conclusion, ce chapitre a permis de présenter les pratiques évaluatives des enseignants en faisant référence à deux axes, soit les PEMA et PESA. Ensuite, la procédure ayant permis la construction d'un questionnaire visant à mesurer la fréquence d'utilisation de ces pratiques a été décrite. L'étude 1 visait à présenter des preuves de validité de ce questionnaire, ce qui a été accompli en utilisant le modèle de Rasch pour données polytomiques. Les résultats soutiennent que le questionnaire mesure adéquatement les pratiques évaluatives, bien que certains items problématiques aient été identifiés.

L'étude 2 visait à analyser les résultats du questionnaire, ce qui a été réalisé en utilisant l'analyse par classe latente. Deux classes ont ainsi été identifiées en ce qui concerne les pratiques évaluatives associées aux tâches cognitives durant l'évaluation. La première présente des résultats cohérents avec une probabilité d'usage fréquent de pratiques associées aux PESA. La seconde est en adéquation avec une probabilité d'usage important de pratiques associées aux PEMA. Cela suggère que des enseignants seraient davantage portés vers les PESA, alors que d'autres mobiliseraient surtout des PEMA. Toutefois, cette étude s'appuie sur un nombre limité de six items du questionnaire. De plus, elle ne permet pas de comprendre les facteurs qui amènent les enseignants vers l'un ou l'autre de ces profils. Dès lors, il semble nécessaire de poursuivre la recherche pour mieux comprendre les pratiques évaluatives des enseignants, afin de proposer des pistes d'action pour qu'ils intègrent davantage de PESA, ce qui pourrait contribuer à améliorer l'apprentissage des apprenants.

Annexe 1. Items du questionnaire regroupés selon leur axe

#	Item	Axe
1	Mes évaluations ne permettent qu'un seul essai.	PEMA
2	Mes évaluations sont conçues pour piéger les apprenants.	PEMA
3	J'utilise des modalités d'évaluation qui permettent de réduire ma charge de correction.	PEMA
4	Mes évaluations me servent à classer les apprenants les uns par rapport aux autres.	PEMA
5	Mes évaluations permettent aux apprenants de se sentir en contrôle de leurs capacités.	PEMA*
6	Je conçois des évaluations où les apprenants sont en situation d'apprentissage pendant qu'ils et elles sont évalués.	PESA
7	Les apprenants ont droit à leur opinion sur la manière dont ils et elles seront évalués.	PESA
8	J'évalue la participation en classe.	PEMA
9	Mes évaluations permettent aux apprenants de s'ajuster aux attentes.	PEMA*
10	Je fais des évaluations surprises.	PEMA
11	Mes évaluations se déroulent dans des conditions identiques pour tous les apprenants.	PEMA
12	Je m'interroge sur la qualité de mes évaluations.	PEMA*
13	Mes évaluations amènent les apprenants à mémoriser.	PEMA
14	Je permets aux apprenants de communiquer entre eux et elles lors d'une évaluation.	PEMA*
15	Je conçois mes évaluations pour qu'elles amènent les apprenants à évaluer.	PESA
16	Je transmets à l'avance les critères d'évaluation pour chacune des évaluations.	PESA
17	Dans mes évaluations, j'amène les apprenants à découvrir de nouveaux contextes d'application.	PESA
18	J'utilise plusieurs évaluations variées pour approfondir mon jugement.	PESA
19	Je conçois des évaluations qui sont motivantes pour les apprenants.	PESA

#	Item	Axe
20	Je fais examiner les consignes de mes évaluations par un ou des collègues avant de les présenter aux apprenants.	PESA
21	Je conçois des évaluations qui sont en lien avec les situations de la vie courante des apprenants.	PESA
22	Je fais des évaluations formatives permettant à l'apprenant de comprendre ce qu'il ou elle a à améliorer.	PESA
23	Dans les évaluations, je tiens compte de la démarche des apprenants.	PESA
24	Mes évaluations se déroulent à des moments distincts de l'apprentissage.	PEMA
25	J'accompagne les apprenants en vue des évaluations.	PEMA*
26	Ce qui doit être réussi par les apprenants est décrit de façon précise dans mes consignes et évaluations.	PEMA*
27	Je conçois des évaluations qui sont composées uniquement de tâches simples.	PEMA
28	Je conçois des évaluations qui nécessitent que les apprenants démontrent à la fois leurs connaissances (savoir), leurs habiletés (savoir-faire) et leurs attitudes (savoir-être).	PESA
29	J'évalue les apprenants uniquement à la fin d'une séquence d'apprentissages.	PEMA
30	Mes évaluations permettent aux apprenants de prendre conscience de leur processus d'apprentissage.	PESA
31	J'utilise plusieurs évaluations à faible pondération.	PEMA
32	J'utilise des grilles de correction avec des critères.	PESA
33	Je conçois mes évaluations avec les apprenants.	PESA
34	Je ne fais pas de rétroaction une fois que les notes sont distribuées.	PEMA
35	Pour faire travailler les apprenants, je leur accorde des points.	PEMA
36	Je conçois mes évaluations comme une occasion de dialoguer avec les apprenants.	PESA
37	Je conçois des évaluations qui font appel à la créativité des apprenants.	PESA

#	Item	Axe
38	J'utilise majoritairement des tests ou des examens à choix multiples pour évaluer les apprenants.	PEMA
39	Je conçois mes évaluations comme des tâches complexes.	PESA
40	J'évalue la compréhension de la matière plutôt que la connaissance des faits.	PEMA*
41	Mes évaluations me fournissent de l'information qui me permet d'identifier les meilleurs apprenants.	PEMA
42	J'évalue les apprenants uniquement de manière individuelle.	PEMA
43	Mes évaluations amènent les apprenants à trouver un sens à ce qu'ils et elles font.	PESA
44	J'utilise l'évaluation pour aider les apprenants à apprendre.	PESA
45	Il m'arrive de modifier les notes des apprenants pour ajuster la moyenne de classe.	PEMA
46	Lors de mes évaluations, les apprenants sont appelés à co-évaluer.	PESA
47	J'ai tendance à encourager un apprenant faible en accordant une note de passage.	PEMA
48	Je m'assure qu'il y a correspondance entre les évaluations et les objectifs d'apprentissage planifiés.	PESA
49	Je conçois mes évaluations pour permettre aux apprenants de s'autoévaluer.	PESA
50	Lors de mes évaluations, les apprenants sont appelés à collaborer.	PESA
51	Je permets aux apprenants de communiquer avec moi lors des évaluations.	PEMA*
52	Je me charge seul et intégralement de l'évaluation.	PEMA
53	Mes évaluations formatives servent à préparer les évaluations sommatives.	PESA
54	Mes évaluations portent sur le produit (résultat) plutôt que sur la démarche.	PEMA
55	J'évalue l'argumentaire des apprenants sur ce qu'ils et elles ont réalisé et appris.	PESA

#	Item	Axe
56	Je fais des évaluations qui impliquent mon jugement personnel et ma subjectivité.	PEMA*
57	J'évalue les apprenants en fonction d'exigences préétablies et non en les comparant entre eux et elles.	PESA
58	Je donne une rétroaction permettant à l'apprenant d'identifier ses forces et ses faiblesses.	PESA
59	Les apprenants participent à la construction des critères par lesquels ils et elles seront évalués.	PESA
60	Je conçois mes évaluations pour permettre aux apprenants de se responsabiliser face à leurs apprentissages.	PESA

*Note : Les items avec * sont inversés. Par exemple, pour que l'item 51 reflète une pratique associée aux PEMA, il faut que l'enseignant choisisse un niveau d'accord faible (ex. « jamais »).*

Références

Albero, B. (2011). Le couplage entre pédagogie et technologies à l'université : cultures d'action et paradigmes de recherche. *Revue internationale des technologies en pédagogie universitaire / International Journal of Technologies in Higher Education*, *8*(1–2), 11–21. https://doi.org/10.7202/1005779ar

Allal, L. (2013). Evaluation : un pont entre enseignement et apprentissage à l'université. Dans M. Romainville, R. Goasdoué & M. Vantourout (Eds.), *Evaluation et enseignement supérieur* (pp. 13–40). De Boeck Supérieur.

Andrich, D., & Marais, I. (2019). *A course in Rasch measurement theory: Measuring in the educational, social and health sciences* (vol. 1–1). Springer. https://public.ebookcentral.proquest.com/choice/publicfullrecord.aspx?p=5925413

Bédard, D., & Béchard, J.-P. (2009). *Innover dans l'enseignement supérieur.* Presses Universitaires de France.

Béland, S., & Michelot, F. (2020). Une note sur le coefficient oméga (ω) et ses déclinaisons pour estimer la fidélité des scores. *Mesure et évaluation en éducation*, *43*(3), 103–122. https://doi.org/10.7202/1084526ar

Bélanger, D.-C., & Tremblay, K. (2012). *Portrait actualisé des croyances et des pratiques en évaluation des apprentissages au collégial.* Regroupement des collèges Performa. https://cdc.qc.ca/performa/788243-belanger-tremblay-croyances-pratiques-evaluation-PERFORMA-2012.pdf

Biggs, J. (1996). Enhancing teaching through constructive alignment. *Higher Education*, *32*, 347–364. https://doi.org/10.1007/BF00138871

Biggs, J. (1999). What the student does: teaching for enhanced learning. *Higher Education Research & Development, 18*(1), 57–75. https://doi.org/10.1080/0729436990180105

Bond, T. G., Yan, Z., & Heene, M. (2021). *Applying the Rasch model: fundamental measurement in the human sciences* : Vol. 1 (4e éd,). Routledge. https://doi.org/10.4324/9780429030499

Christensen, K. B., Makransky, G., & Horton, M. (2017). Critical values for Yen's Q3 : Identification of local dependence in the Rasch model using residual correlations. *Applied Psychological Measurement, 41*(3), 178–194. https://doi.org/10.1177/0146621616677520

Cloitre, M., Garvert, D. W., Weiss, B., Carlson, E. B., & Bryant, R. A. (2014). Distinguishing PTSD, complex PTSD, and borderline personality disorder: a latent class analysis. *European Journal of Psychotraumatology, 5*(1). https://doi.org/10.3402/ejpt.v5.25097

Conseil supérieur de l'éducation CSE (2018). *Evaluer pour que ça compte vraiment: Rapport sur l'état et les besoins de l'éducation 2016–2018.* https://www.cse.gouv.qc.ca/publications/evaluer-compte-vraiment-rebe-16-18-50-0508/

De Pedro, K. T., Gilreath, T., & Berkowitz, R. (2016). A latent class analysis of school climate among middle and high school students in California public schools. *Children and Youth Services Review, 63,* 10–15. https://doi.org/10.1016/j.childyouth.2016.01.023

DeLuca, C., LaPointe-McEwan, D., & Luhanga, U. (2016). Teacher assessment literacy: a review of international standards and measures. *Educational Assessment, Evaluation and Accountability, 28,* 251–272. https://doi.org/10.1007/s11092-015-9233-6

Deaudelin, C., Desjardins, J., Dezutter, O., & Thomas, L. (2007). *Evaluer pour soutenir l'apprentissage: Quelles pratiques mettre en œuvre et dans quelles conditions ?* Université de Sherbrooke. https://www.usherbrooke.ca/education/fileadmin/sites/education/documents/recherche/Evaluation_personnel_enseignant.pdf

Durand, M.-J., & Chouinard, R. (2006). *L'évaluation des apprentissages: de la planification de la démarche à la communication des résultats.* Hurtubise HMH.

Durand, M.-J., Chouinard, R., Lefrançois, P., & Poirier, L. (2013). *Documenter le jugement professionnel d'enseignants de 6e année du primaire en regard de l'évaluation des compétences en cours et en fin de cycle et des résultats obtenus par leurs élèves aux examens ministériels.* Fonds de recherche Société et culture du Québec. https://frq.gouv.qc.ca/app/uploads/2021/08/pt_durandm-j_rapport013_ensenseignants-6e.pdf

Endrizzi, L. (2012). Les technologies numériques dans l'enseignement supérieur, entre défis et opportunités. *Institut français de l'éducation Ifé, 78.* http://veille-et-analyses.ens-lyon.fr/DA-Veille/78-octobre-2012.pdf

Figari, G., Remaud, D., & Tourmen, C. (2014). *Méthodologie d'évaluation en éducation et formation : Ou l'enquête évaluative.* De Boeck Supérieur.

Fontaine, S., Kane, R., Duquette, O., & Savoie-Zajc, L. (2011). New teachers' career intentions : factors influencing new teachers' decisions to stay or to leave the profession. *Alberta Journal of Educational Research, 57*(4), 379–408. https://doi.org/10.11575/ajer.v57i4.55525

Fontaine, S., Savoie-Zajc, L., & Cadieux, A. (2013). L'impact des CAP sur le développement de la compétence des enseignants en évaluation des apprentissages. *Education et francophonie, 41*(2), 10–34. https://doi.org/10.7202/1021025ar

Girouard-Gagné, M. (2021). L'évaluation pour l'apprentissage à l'éducation supérieure : qu'en est-il ? *Initio, 9*(1), 31–44.

Howe, R., & Ménard, L. (1994). Croyances et pratiques en évaluation des apprentissages. *Pédagogie Collégiale, 7*(3), 21–28.

Joughin, G. (2009). Assessment, learning and judgement in higher education : a critical review. Dans G. Joughin (Ed.), *Assessment, Learning and Judgement in Higher Education* (pp. 1–15). Springer Netherlands. https://doi.org/10.1007/978-1-4020-8905-3_2

Langevin, L. (2007). *Formation et soutien à l'enseignement universitaire : des constats et des exemples pour inspirer l'action.* Presses de l'Université du Québec.

Leroux, J. L. (2010). *L'évaluation des compétences au collégial : un regard sur des pratiques évaluatives.* Cégep de Saint-Hyacinthe.

Leroux, J. L., & Nolla, J.-M. (2022). L'intégration des technologies numériques à l'évaluation des apprentissages à distance en enseignement supérieur : quelles transformations des pratiques évaluatives ? *Médiations et médiatisations*, (9), 28–52. https://doi.org/10.52358/mm.vi9.254

Linacre, J. M. (2002). What do infit and outfit, mean-square and standardized mean ? *Rasch Measurement Transactions, 16*(2), 878. https://www.rasch.org/rmt/rmt162f.htm

Linzer, D. A., & Lewis, J. B. (2011). poLCA : an R package for polytomous variable latent class Analysis. *Journal of Statistical Software, 42*, 1–29. https://doi.org/10.18637/jss.v042.i10

Liu, L.-K., Guo, C.-Y., Lee, W.-J., Chen, L.-Y., Hwang, A.-C., Lin, M.-H., Peng, L.-N., Chen, L.-K., & Liang, K.-Y. (2017). Subtypes of physical frailty : Latent class analysis and associations with clinical characteristics and outcomes. *Scientific Reports, 7.* https://doi.org/10.1038/srep46417

Looney, A., Cumming, J., van Der Kleij, F., & Harris, K. (2018). Reconceptualising the role of teachers as assessors : teacher assessment identity. *Assessment in Education : Principles, Policy & Practice*, *25*, 442–467. https://doi.org/10.1080/0969594X.2016.1268090

Messick, S. (1989). Meaning and values in test validation : the science and ethics of assessment. *Educational Researcher*, *18*(2), 5–11. https://doi.org/10.3102/0013189X018002005

Monfette, O., & Grenier, J. (2015). Portrait des pratiques évaluatives déclarées par des enseignants d'éducation physique et à la santé au primaire. *Canadian Journal of Education/Revue canadienne de l'éducation, 38*(2), 1–28.

Raîche, G., & Magis, D. (2020). nFactors : parallel analysis and other non graphical solutions to the cattell scree test. Package R (version 2.4.1.) [Logiciel]. https://CRAN.R-project.org/package=nFactors

Revelle, W. (2020). Procedures for personality and psychological research. Package R (version 2.0.12.) [Logiciel]. https://CRAN.R-project.org/package=psych

Robitzsch, A., Kiefer, T., & Wu, M. (2018). TAM : Test analysis modules. Package R (version 3.7–16.) [Logiciel]. https://CRAN.R-project.org/package=TAM

Romainville, M. (2013). Evaluation et enseignement supérieur : un couple maudit, au bord du divorce ? Dans M. Romainville, R. Goasdoué & M. Vantourout (Eds.), *Evaluation et enseignement supérieur* (pp. 273–322). De Boeck Supérieur.

Scallon, G. (2004). *L'évaluation des apprentissages dans une approche par compétences.* Editions du Renouveau pédagogique.

Talbot, L. (2012). Les recherches sur les pratiques enseignantes efficaces. *Questions Vives. Recherches en éducation*, *6*(18), 129–140. https://doi.org/10.4000/questionsvives.1234

Taras, M., & Davies, M. S. (2017). Assessment beliefs of higher education staff developers. *London Review of Education*, *5*(1), 126–140. https://doi.org/10.18546/LRE.15.1.11

Tardif, J. (1993). L'évaluation dans le paradigme constructiviste. Dans R. Hivon (Ed.), *L'évaluation des apprentissages : réflexions, nouvelles tendances et formation* (pp. 27–56). Editions du CRP.

Vial, M. (2012). *Se repérer dans les modèles de l'évaluation* : Méthodes-Dispositifs- Outils. De Boeck Supérieur. https://doi.org/10.3917/dbu.vial.2012.01

Weller, B. E., Bowen, N. K., & Faubert, S. J. (2020). Latent class analysis : a guide to best practice. *Journal of Black Psychology*, *46*(4), 287–311. https://doi.org/10.1177/0095798420930932

www.ingramcontent.com/pod-product-compliance
Ingram Content Group UK Ltd.
Pitfield, Milton Keynes, MK11 3LW, UK
UKHW020721041026
15590UKWH00002B/798

9 782875 748782